Voyage inachevé

Yehudi Menuhin

Voyage inachevé

autobiographie

Traduit de l'anglais par
James du Mourier
Conseiller musical à la traduction
Bruno Monsaingeon

Éditions du Seuil

ISBN 2-02-005326-8
(ISBN 2-02-004734-9 - 1re publication)

à Diana

mon hôte céleste sur ce chemin terrestre,
et à ces prédécesseurs et successeurs,
parents et enfants,
uniques et irremplaçables,
sans l'enseignement dévoué desquels
il n'y aurait pas eu de pages à remplir.

Remerciements

Je veux exprimer ma reconnaissance aux nombreux personnages, bons et moins bons, qui donnent vie à ce récit — et qui tous ont contribué à cette expérience positive. Dans un livre qui s'efforce de raconter soixante années d'événements, il est hélas impossible de rendre justice à tous ceux qui ont réchauffé, coloré, stimulé de quelque façon ma vie et celle des membres de ma famille. J'espère que ceux qui n'ont pas été cité me le pardonneront, sachant que je les ai chéris dans mon cœur même s'ils n'apparaissent pas ici noir sur blanc. Un jour, j'espère, un autre livre viendra combler les lacunes de celui-ci. Je tiens également à remercier Frederick Brown qui, le premier, m'a suggéré ces fouilles archéologiques en moi-même, et Maureen McConville dont la patience et la sensibilité ont su donner cohérence à mes aveux oraux et écrits. Y. M.

Pas de préface, mais quelques mots de remerciements

Le génie demeure un mystère. Il peut y avoir compétence technique, originalité, intelligence hors pair, et pourtant pas de génie. Originellement, le mot a le sens d'esprit présent, de puissance d'âme conférant à une poignée d'êtres humains le secret du rayonnement. L'homme ordinaire projette une ombre. D'une façon que nous ne comprenons pas très bien, l'homme de génie dispense de la lumière.

Devant cette lumière, nous reculons instinctivement. Nous nous persuadons que le génie a un tribut redoutable à payer. Souvent l'histoire nous le confirme : le créateur, l'artiste supérieur, le maître en politique portent les cicatrices de leur grandeur — soit par quelque déformation de la personnalité, soit par quelque détresse intime ou publique, par ces rejets dramatiques qui semblent caractériser la vie des célébrités. Une maladie atroce persécuta Paganini, et la tradition veut que son seul compagnon ait été un nabot.

Allier le génie au bonheur est quasiment scandaleux. D'ordinaire, ceux que les dieux ont gratifiés de leurs largesses sont jalousés, haïs même par leurs pairs et contemporains. Or Yehudi Menuhin est probablement la personnalité la plus universellement aimée parmi tous les interprètes qui appartiennent à l'histoire. Il en fut ainsi après ses débuts triomphaux en 1927 ; il en est de même aujourd'hui.

Ceci dépasse largement le problème de la prééminence artistique. Il existe d'autres grands violonistes. Le rayonnement de Menuhin est perceptible à quiconque lui est proche, mais également à tous ceux qui occupent le dernier rang d'une salle de concert. La finesse de ses traits, la mesure et l'élégance des gestes qui accompagnent son exécution ont bien sûr leur importance. Mais sa force est à rechercher plus en profondeur. Menuhin a transformé la musique qu'il interprète en une expression totale, une incarnation de l'être. L'écouter jouer la Sonate pour violon seul *de Bartók (qu'il a lui-même suscitée) ou le Concerto d'Elgar, même à distance ou sur un disque usé, c'est être littéralement convoqué, d'une façon on ne peut plus intime et directe, par sa propre présence. C'est une présence qui semble aller au-devant du monde et de soi-même avec la politesse souveraine du cœur.*

La fortune lui sourit dès le début en le dotant d'une famille remarquablement douée, d'une enfance protégée mais qui favorisa son épanouissement, d'une succession de vrais professeurs — Persinger, Enesco, Busch —, le tout créant entre l'esprit et le système nerveux une harmonie qui permit au très jeune virtuose de passer sans presque s'en rendre compte de l'interprétation mécanique d'une partition à sa compréhension intime. La renommée internationale en découla logiquement à l'époque aujourd'hui révolue des paquebots, des suites d'hôtel éclairées au feu de bois, d'une franc-maçonnerie de la culture musicale qui n'admettait aucune frontière. A ces dons propres à Menuhin s'ajoutait de surcroît une triple hérédité, plus forte que toute autre : celle de la vie des Juifs en Russie, celle de cette Amérique libre au sein de laquelle avait grandi le garçon, et celle d'une lignée de maîtres musiciens qui en revenaient à la fusion de la musique classique et de l'intensité romantique de l'époque de Liszt et Ysaye.

Avec une modestie si naturelle qu'elle en devient presque une sorte d'arrogance, Menuhin nous dit que le langage des mots lui paraît bien incommode. Néanmoins, il écrit avec une vivacité et un rythme dignes de son jeu. Le lecteur qui entrera dans ces mémoires y découvrira les meilleurs moments de sa vie : Einstein se précipitant sur la scène de la salle de concert à Berlin pour proclamer au jeune garçon éberlué qu'en vérité il y a un Dieu au ciel ; Sir Edward Elgar se rendant aux courses ; Enesco faisant répéter à Menuhin, déjà mondialement célèbre, après le départ de l'orchestre, le dernier mouvement du Concerto de Brahms, parce qu'il n'a pas été exécuté de façon irréprochable ; le piano décrit comme un objet « inanimé et neutre » ; Menuhin mettant par deux fois dans le mille d'une cible alors qu'il n'a jamais tenu jusque-là un fusil entre ses mains (anecdote à la lumière de laquelle le conteur doit prendre conscience des connotations menaçantes qui entourent une chance excessive). Et puis les manifestations d'une humanité qui vont bien au-delà de l'art : le séjour à Belsen, peu après que les détenus de l'enfer en ont été libérés ; l'engagement vital de Menuhin dans l'affaire d'Israël ; ses voyages en Union soviétique et le rôle qu'il a pu jouer pour permettre aux artistes russes de se faire entendre en Occident.

Mais, avant tout, ce livre est une histoire d'amour. Il relate sans aucune retenue l'amour de Menuhin pour la musique et pour certains êtres. Il est rare qu'un interprète nous laisse ainsi entrer dans le secret de son atelier. En une suite de passages étonnants, Menuhin raconte avec précision la manière dont il a fait sienne la découverte du premier mouvement du Concerto de Beethoven ou de telle sonate de Mozart. « La musique nous est offerte avec la vie. » Sans aucun doute ; mais combien sont en mesure de restituer pareil présent ? Comme pour sa famille, ce don fait partie intégrante du sens des réalités de Menuhin. Tout au long de ce livre, les parents de Menuhin, ses sœurs, Hephzibah et Yaltah, aux nombreux talents, et ses propres enfants occupent une place centrale ou presque. Car s'il est vraiment un centre, un lieu de retour chez soi dans une carrière aussi diverse et étendue, il est occupé par la propre épouse de Menuhin, Diana, artiste elle-même et qui sait éveiller l'art chez les autres. Nombre d'illustres figures traversent encore cette scène : Willa Cather, Toscanini, de Gaulle, Chaim Weizmann, Soljénitsyne. Bartók s'élève là comme un phare. Mais ce sont Diana et la famille qui dispensent le rayon de lumière.

Que de chance. Oui, mais autant en retour donné à maintes bonnes œuvres personnelles que Menuhin omet dans son histoire, à la cause si difficile de la compréhension mutuelle entre les peuples, au rêve d'une réconciliation entre Israël et les Arabes, à la préservation d'une île où les macareux pourraient nicher en paix, et, pour finir, aux jeunes musiciens d'une douzaine de pays différents qui achèvent leur formation à l'école créée par Yehudi Menuhin à Stoke d'Abernon, dans le Surrey.

On relève deux fières devises dans ce livre : « Je ne me suis jamais résigné » et « J'ai passé ma vie à réaliser des utopies ». Elles auraient pu témoigner de plus de fierté encore. Tant de gens ont tiré courage du refus opposé par Yehudi Menuhin à la résignation ; tant de gens ont trouvé accueil dans ses utopies.

George Steiner

Un âge d'or

Si, du seuil de mon soixantième anniversaire, je me retourne sur ma vie passée, je suis d'abord frappé par la rectitude du dessin. Tout ce que je suis, tout ce que je pense ou fais, presque tout ce qui m'est arrivé, il me semble que j'en puis remonter le cours jusqu'à l'origine dans toute la simple clarté de l'esprit de géométrie. Il est curieux, voire un peu déconcertant, de s'apercevoir qu'on a accompli quelque chose qui ressemble à une destinée. On a envie de protester que l'initiative n'est pas illusoire, qu'on aurait pu influer sur les événements dans un sens très différent; et ce n'est certes pas là une prétention déraisonnable. Prenez par exemple la composition musicale : le compositeur qui pave à tâtons son chemin, laborieusement, de note en note jusqu'à la dernière mesure triomphale d'une symphonie, n'y parvient que pour découvrir que le choix et la succession de ces notes n'avaient jamais cessé d'être inéluctables mais cela n'ôte rien à son mérite, car ce n'est qu'après coup que des notes différentes apparaissent impossibles, et il était le seul à pouvoir produire celles qu'il a effectivement mises sur le papier. Il en va de même de ma vie. Au terme du voyage, l'itinéraire est limpide, mais je n'en ai pas eu la prescience et je suis au moins en partie responsable des tournants qu'il a empruntés.

Je dis : en partie responsable seulement. Car, d'une part, ç'a été un *leitmotiv* de mon histoire que la sorte d'heureux accident qui n'a pas requis de moi d'autre effort de volonté que celui de m'y soumettre (soumission qui, n'empêche, a en général réclamé une honnête dépense d'énergie). Et, d'autre part, je n'ignore pas que j'ai des racines dans le passé. Pour beaucoup, le schéma de ma vie était tracé dès avant ma naissance et j'ai parfois l'impression d'avoir fait fructifier non seulement mes propres aspirations, mais celles de mes parents, peut-être même à leurs propres dépens.

La destinée n'aurait pu unir deux êtres plus différents que mon père et ma mère, pour le plus grand bien de leur progéniture. Ce qu'ils avaient de commun tient en peu de mots : tous deux étaient nés en Russie; ils étaient tous les deux juifs; ils avaient émigré en Palestine dans leur jeunesse; l'un et l'autre l'avaient quittée pour les États-Unis. Au physique, ils étaient minces, blonds et avenants. Au moral, ils étaient ce qu'ils sont encore : méthodiques, romantiques, ardents, animés de principes élevés, doués de l'esprit de sacrifice et pleins d'énergie.

Cependant, mes parents trouvaient le moyen de développer une antithèse sous chaque rubrique de la liste de leurs points communs. L'esprit méthodique de mon père avait fait de lui un mathématicien, quelqu'un qui tenait ses dossiers avec soin, réglait les affaires pendantes et répondait promptement au courrier. Alors que la méthode de ma mère était à long terme : s'étant fixé un but, elle progressait inexorablement vers sa réalisation, abattant les obstacles sur son passage au fur et à mesure qu'ils se présentaient et traversant comme un désert d'ennui la zone des détails intermédiaires. Si elle était, si elle est toujours romantique, c'est en se livrant à l'action, tandis que mon père l'est par ses rêves. La spontanéité et l'exubérance de ses émotions sont une menace constante pour le bon ordre de ses dossiers et de ses catégories. Tandis que ma mère maîtrise rigoureusement ses sentiments, ne les montre que quand elle le veut bien, tout en en ayant d'assez intenses pour la faire monter sur ses grands chevaux dès que la défense d'un principe ou d'un ami la met en selle. Là où mon père est prudent, ma mère est téméraire. Il a besoin d'être entraîné par quelque chose à approuver ou à condamner, par l'image d'un héros ou d'un méchant où il puise son enthousiasme, alors que ma mère trouve ses ressources en elle-même — ou dans ses antécédents, ce qui pour elle revient pratiquement au même. Au nom de ses principes, mon père se soucie de l'humanité en général et de son avenir. Ma mère n'a pas un regard pour la foule anonyme, elle répand son amour sur l'individu, elle honore le passé. Elle s'identifie volontiers aux nomades, aux captifs, à tous ceux que leur destinée solitaire conduit au martyre ou à la grandeur, hors des normes confortables des sociétés établies. Si mon père avait pour idole dans sa jeunesse, mettons, Eugène Debs, je doute que ma mère ait pu prodiguer son admiration à rien de moins qu'un Tamerlan ou un Savonarole, qu'une Judith ou une Catherine de Russie. Plus superficiellement, disons que mon père semblait aussi grégaire que ma mère l'était peu; ils se rencontraient aux extrêmes où les portaient leurs natures opposées.

Les circonstances entourant leur jeunesse contribuent à expliquer leurs différences, ou du moins à les mettre en relief.

Les Mnuchin (c'est ainsi que mon père avait d'abord transcrit le nom russe « **МНУХИН** » en débarquant à New York) s'étaient établis à Gomel, petite ville à égale distance — soit quinze cents kilomètres — de la Baltique et de la mer Noire, en plein centre de l'Empire. La famille Sher, celle de ma mère, au contraire, était de l'extrémité sud de la Russie, non loin de Yalta, sur la côte de la péninsule de Crimée. Le sort — ou la providence — aurait dû intervenir avec une obstination fort singulière pour faire se rencontrer en Russie Masche Mnuchin et Marutha Sher : il lui aurait fallu faire descendre le Dniepr au jeune homme, puis traverser la plaine de Prichepnomorsk. Il s'avéra plus simple de les transférer séparément en Palestine, où ils se rencontrèrent; puis de leur souffler des raisons différentes de se rendre à New York, où ils finirent par se retrouver et se marier. Mais si telle était la manigance du sort, elle ne s'était pas annoncée sous des auspices aussi bienveillants, car les pogroms étaient à la source de ces diverses traversées. Je dois la vie aux mêmes épisodes qui coûtèrent tant au peuple juif.

Mon père descend d'une famille de rabbins hassidiques, titulaires d'une fonction héréditaire, qui avaient leur espèce de petite cour personnelle à Loubavitch, près de Gomel, communauté juive russe typique dans laquelle la prééminence spirituelle du rabbin lui conférait du même coup l'autorité temporelle : c'est donc à un double titre qu'il était le centre d'une société close sur elle-même, rejetée par la société plus vaste où elle était insérée, mais trouvant son réconfort dans le fait d'avoir survécu jusque-là et dans l'attente d'une nouvelle Jérusalem. Fondé à la fin du XVIIIe siècle, le rite hassidique avait jadis constitué un groupe rebelle parmi le Peuple élu, groupe qui trouvait plus de gloire dans la communion extatique

que dans la communauté de la Loi, qui plaçait les mystiques au-dessus des exégètes et refusait une religion purement cérébrale, préférant danser et faire de la musique à la gloire de son Dieu. Une approche aussi vivante de la piété aurait admirablement convenu au tempérament de mon père si la spontanéité hassidique n'avait été, de son temps, tuée par l'institutionnalisation, ce qui l'obligea à se révolter de nouveau. En 1904, un an avant les atrocités antisémites de 1905, quand un pogrom éclata à Gomel, la mère de Mosche Mnuchin, veuve et remariée, accompagna son fils de onze ans à Odessa où il prit le *Kornilov*, un paquebot en partance pour la Palestine où il allait retrouver ses grands-parents paternels. Il grandit donc à Sion, sans jamais retourner en Russie dont il laissa volontiers la langue et les souvenirs s'effacer de sa mémoire. Il y avait pourtant une image cuisante qu'il ne devait point oublier : étant tout petit à la mort de son père, il avait tourné en rond sur son tricycle autour du cadavre étendu à terre. Il ne s'est jamais pardonné l'irrespect dont il avait fait preuve dans son incompréhension enfantine.

On n'appartient pas impunément à une tradition orthodoxe. A Jérusalem, sous l'égide de son dévot grand-père, il fut forcé de lire la Bible, de l'étudier, de la réciter et de se balancer tout au long de la nuit au rythme des prières, jusqu'à perdre toute conscience du monde extérieur. Avec son gros manteau noir bon pour les climats nordiques mais condamnant le corps et l'esprit au pire malaise sous les températures du Moyen-Orient, avec ses cheveux tire-bouchonnés sur les tempes et des godillots aux pieds, il devait représenter l'archétype de l'étudiant juif pauvre. Mais son aspiration à la liberté le faisait constamment sortir du cadre étroit où sa famille entendait le maintenir, si bien qu'il scandalisait son mentor et s'attirait maints ennuis. Un jour, il lança un cerf-volant avec des camarades arabes et se fit réprimander; une autre fois, il prit l'initiative de s'inscrire pour quelques leçons de violon et son grand-père en fut profondément affligé : comment donc un Juif pouvait-il s'amuser à de telles frivolités alors que le Temple n'était pas encore reconstruit? Parmi les quelques anecdotes que mon père m'a racontées, il y en a une en particulier qui vaut la peine d'être rapportée, car elle illustre sa propension à voir le monde en noir et blanc, réservant la gamme des gris à certaines victimes anonymes de la société. Il est question de deux parties du corps qui occupent, on le sait, une place privilégiée dans la Bible : les yeux et les dents. Une dent de devant lui était poussée obliquement par rapport à ses voisines, suffisamment projetée en avant pour qu'il la sentît à tout moment et — ce qui était pire — pour être constamment visible. Ce n'était pas grand-chose en soi, mais sa grand-mère l'avait prévenu que ses yeux se mettraient à « fuir » s'il la faisait arracher, parce que c'était une canine ou dent « œillère ». Préférant encore n'être pas beau à voir plutôt que de perdre la vue, il resta plusieurs années écartelé entre les termes de ce dilemme jusqu'au jour où, de passage à Jaffa, la vue d'une plaque de dentiste lui fit précipiter une décision qu'il avait certainement déjà prise dans son subconscient. Une heure plus tard, il ressortait de chez le praticien, délesté de la dent fautive et doublement heureux de ne pas devoir rentrer chez lui à tâtons. Or, le hasard voulut que ce dentiste fût arabe; ce n'était ni le premier ni le dernier Arabe que mon père devait avoir lieu d'estimer, mais il devint un symbole des vertus arabes et contribua sans s'en douter à justifier la désillusion grandissante de mon père vis-à-vis du sionisme. Je crois cependant que, s'il finit par le rejeter complètement, ce fut à cause de l'exaspération où le mettait l'étroitesse de l'orthodoxie religieuse.

Il avait quatorze ans à la mort de son grand-père, et un legs de cent dollars rendit alors possible son émancipation. Moins prévoyant qu'il ne devait jamais l'être par la suite, le voilà aussitôt parti, à cet âge fragile, pour les États-Unis; il n'alla pas plus loin que Marseille où il se rendit soudain compte, avec l'aide des autorités, qu'il n'était absolument pas prêt pour un tel voyage, ce qui l'arrêta net. Il se résigna donc à retourner en Palestine, non sans faire un crochet pour visiter Paris, et il entreprit de se rendre à la hauteur d'un nouvel envol vers la liberté. Cet apprentissage dura quatre ans au cours desquels les mathématiques prirent la place des Écritures et le lycée Herzlia de Tel-Aviv succéda au collège de Jérusalem. A dix-huit ans, il reçut une bourse de l'université de New York pour y poursuivre ses études de mathématiques, et quitta la Palestine à jamais. On était en 1912. Ainsi avait-il déjà rejeté deux patries avant d'atteindre sa majorité; il ne devait jamais remettre en question la troisième qu'il avait lui-même choisie, celle qui, dans ses rêves, se trouvait aux antipodes de toutes les forces de l'obscurantisme et de l'oppression.

La rencontre décisive pour ma préhistoire et celle de mes sœurs avait déjà eu lieu. A Tel-Aviv, où il faisait ses études, mon père avait fait la connaissance de Marutha Sher, qui venait d'arriver de Russie avec sa mère, et il était tombé amoureux de cette fille belle, fière et aventureuse. Soit qu'il n'eût pas déclaré son amour, soit que sa déclaration fût passée inaperçue parmi celles d'une foule d'autres soupirants, ce n'était pas dans l'intention de le retrouver que Marutha entreprit à son tour le voyage de New York, environ un an après. Bien qu'elle n'eût pas, apparemment, porté à conséquence, la première rencontre de nos parents en Palestine était pour nous remplie d'un sens profond, non seulement parce qu'elle préfigurait l'heureux dénouement du roman — leurs retrouvailles et leur mariage à New York —, mais parce qu'elle était le seul point de jonction de leur jeunesse, le seul qui nous procurât une vision stéréoscopique du passé. Tous les autres récits nous étaient faits séparément par l'un ou par l'autre : ils manquaient de relief, ils avaient les pâles couleurs de la fable. Notre histoire familiale n'était pas nourrie d'anecdotes avunculaires ou de cousinage, mais de personnages emblématiques, de héros lointains, de saints et de martyrs qui se refusaient décidément à toute connaissance intime. Ma grand-mère maternelle était la seule personne sur laquelle nous jouissions de deux points de vue, l'un corroborant l'autre dans l'amour, le respect et l'admiration. L'attitude de mon père vis-à-vis de telle ou telle personne variait en général de l'aveuglement partisan au dénigrement inconditionnel; il lui était aussi difficile qu'à un pendule en pleine oscillation de s'arrêter à une position moyenne. Mais il avait pour sa belle-mère une considération inaltérable, l'ayant adoptée avec vénération dans sa propre généalogie. De ce fait, et parce qu'elle était la seule parmi notre ascendance à avoir joué un rôle actif dans notre vie, j'étais très attiré par elle. Malheureusement, je ne l'ai jamais connue; elle est morte en Palestine alors que j'étais encore tout jeune enfant.

Nous ne cherchâmes pas à savoir à la suite de quelles tribulations elle s'était trouvée séparée de son mari. Qu'il suffise de dire que le grand-père Sher avait laissé sa femme et sa fille en Crimée pour émigrer en Amérique où il gagnait sa vie grâce à un modeste emploi dans une synagogue du Middlewest. Mes parents firent leur devoir à son égard. C'est à cause de son propre mariage que ma mère s'établit aux États-Unis, mais c'était une visite filiale qui l'y avait conduite. Quand son beau-père devint vieux, mon père préleva sur son salaire de quoi l'aider, mais il ne figura jamais au panthéon familial; ma mère ne renouvela pas sa visite, elle ne parlait pas de lui et ne se reconnaissait d'allégeance qu'envers sa mère.

Seule survivante de sept enfants, elle avait habité la Crimée jusqu'à l'âge de quinze ans; une poussée d'antisémitisme s'était alors combinée avec l'attraction de la Terre promise pour entraîner à Jaffa la mère et la fille. Pas plus que mon père, elle n'est jamais retournée en Russie, mais, contrairement à lui, elle en chérit le souvenir, elle parle la langue avec l'aisance d'une autochtone et rend honneur aux vertus nationales par son propre tempérament. Si mon père est plus juif que russe, ma mère, elle, est indubitablement plus russe que juive; des Russes, elle a l'âpreté à servir une cause, la sauvagerie implacablement bridée, et un mépris héroïque pour la prison sécurisante du ghetto. A l'époque où elle rencontra mon père, elle portait déjà sa différence en cocarde. Plus que de ses yeux bleus et de ses cheveux de miel, il caresse le souvenir de sa « présence ». Elle se maintenait à distance et en parfait équilibre : non pas une Juive parmi tant d'autres, mais la solitaire descendante des khans tartares. Les vicissitudes de l'histoire avaient peut-être à tel point confondu Tartares et Khazars dans la légende familiale qu'il était devenu impossible de discerner les faits généalogiques. Un mélange de ces divers sangs devait couler dans les veines de ma mère. Elle descendait de ces Karaïtes qui vivaient, semble-t-il, en marge des Russes et des Ashkenazim et parlaient tartare entre eux.

Elle avait pour idéal, souvent proposé à mon admiration d'enfant, le guerrier tcherkesse, un parfait Galaad par l'honneur et le courage, chevaleresque et noble accompli, mais plus rude et plus pittoresque que le dévot chevalier chrétien. Tandis que le Juif survivait par ruse, gardait la tête basse quand les choses tournaient mal et se distinguait quand les circonstances lui étaient favorables, le Tcherkesse ne se souciait pas de simplement survivre, il exigeait de la vie plus de splendeur dans l'affirmation de soi. Il y avait justement un héros de ce type dans la famille : le grand-père de ma mère avait perdu la vie en défendant un pauvre Juif que la populace voulait lyncher. Mais c'était encore elle qui incarnait le mieux cet héritage. A seize ans, elle s'était rendue seule, successivement à Kiev, à

Moscou, à Londres, à Manchester et aux États-Unis pour y rendre visite à des membres de sa famille. Avant la Première Guerre mondiale, ce n'était pas la première demoiselle venue qui pouvait parcourir ainsi la moitié du monde sans chaperon; ce simple fait dénote un esprit libre, indépendant, une audace confiante que certains prirent même pour de l'arrogance. Mariée et mère de famille, son errance devait continuer; elle se sentait partout chez elle, non parce qu'elle s'adaptait mais parce qu'elle restait elle-même. Respectant la tradition, elle estime les autres gens qui sont fidèles à la leur et l'est elle-même magnifiquement à la sienne. Elle ne se conduisait pas autrement que sa mère avait jamais fait. Dans toutes les maisons que nous avons habitées était reproduit le harem, avec son divan garni de coussins sous les fenêtres, et des tapis d'Orient dès que nous en eûmes les moyens. Quand elle recevait des amis à la maison, elle passait un pantalon en soie à la turque, retenu à sa taille mince par une ceinture d'argent. Elle arriva d'ailleurs à sauvegarder de façon remarquable, pour elle et pour ses filles, le caractère privé du harem — rares ont été les photographies de presse de ma mère, même aux moments de notre vie où il a été fait le plus de publicité autour de nous. A la façon de ses ancêtres, elle faisait passer l'homme avant la femme, mais il n'y avait rien de dépendant ni de soumis dans sa nature. Le sens du devoir, le but et la discipline qu'elle s'imposait donnaient une certaine raideur à tout ce qu'elle faisait, comme à sa silhouette élancée les corsets qu'elle portait sans en avoir aucunement besoin. Je n'ai jamais vu ma mère qu'habillée et sanglée pour la journée, je ne l'ai jamais surprise s'abandonnant à la fatigue ou à l'abattement, et chaque fois que je l'étreignis enfant, c'est sur l'inexorable corset que mes bras se refermaient.

Pour poursuivre ce parallèle de différences dans la ressemblance entre mes deux parents, je pourrais dire qu'ils sont l'un et l'autre sensuels à leur façon. Mon père est capable de gourmandise immodérée; dans sa jeunesse à Jérusalem, il avait précipité une crise d'appendicite en s'adonnant sans réserve à son amour des glaces : il en avait mangé quatorze d'affilée, m'a-t-il avoué! Ma mère ne risque pas de succomber à une telle tentation : adulte, jamais jusqu'à maintenant elle n'a grossi d'une livre. Mais tandis que la jeunesse de mon père s'était déroulée dans l'austère contexte de la culture livresque, de l'érudition, de l'ambition intellectuelle et de la piété, celle de ma mère avait été rehaussée des couleurs plus gaies d'une culture un peu barabre qui tenait compte des besoins du corps et des cinq sens, qui respectait les prouesses du cavalier, du musicien ou du danseur, mais aussi l'indolence du pacha allongé sous sa tente à la tombée du jour. La sensualité de ma mère se logeait dans les tissus luxueux, les armes finement ciselées, et surtout dans les formes et les couleurs de l'Orient, dans ses sons, ses odeurs et ses objets d'art. Ces choses évoquent pour elle à la fois son enfance et un pays fabuleux dont nul autre ne peut égaler les beautés; attachement passionné qu'elle m'a transmis.

Aussi loin que je me souvienne, ma mère représentait tout à la fois une garantie de normalité familiale et un ailleurs exotique où resplendissaient des dômes et des temples, une architecture différente de tout ce que j'avais vu, situés dans des paysages d'autant plus saisissants qu'ils m'étaient peu familiers. *Les Mille et une Nuits*, dans une édition expurgée, furent très tôt l'un de mes livres de chevet, qui me rappelait ma mère et nourrit ma passion pour l'Orient. De même que la musique. Puis, au fil du temps, certains voyages, d'abord en Roumanie, puis en Russie, enfin en Inde, source originelle, pays maternel dans l'étrangeté duquel je me suis senti chez moi. L'une des constantes de ma vie a donc pris naissance dans la jeunesse de ma mère, sinon plusieurs générations avant, et c'est pour l'évoquer qu'il m'a fallu faire cette incursion dans le passé.

Ma naissance américaine a constitué un autre élément important du schéma que je tente d'esquisser. Les esprits épris de symétrie attendent sans doute que cette seconde ligne de développement soit tournée vers l'avenir, mais ce n'est ni la première ni sans doute la dernière fois que l'amour de la régularité et de la symétrie déformerait ici les faits. L'Amérique signifie beaucoup pour moi, mais de tout cela les promesses d'avenir ne constituent pas l'essentiel. L'élément le plus important et le plus durable en est inconstestablement la beauté de la nature. Mais ce n'est pas ma ville natale qui allait m'en faire la révélation.

Arrivant séparément de Palestine, les deux jeunes gens ne s'attendaient pas à se retrouver à New York, mais le destin n'eut pas à déployer des trésors de ruse pour susciter cette rencontre. La population de New York avait beau être immense et fort diverse, c'était une mosaïque dont chaque élément ethnique fournissait aux nouveaux arrivants un cadre instantané, quoique assez superficiel. En fait, ils auraient eu plus de mal à éviter cette rencontre qu'à la provoquer. Je n'ai aucune peine à comprendre que leur amour réciproque se soit épanoui rapidement dans ce contexte et qu'il ait fait annuler à Marutha son projet de reprendre le bateau pour retourner auprès de sa mère. D'abord, ils étaient tous deux jeunes et d'un physique agréable, mais ils représentaient aussi l'un pour l'autre un facteur rassurant : le connu dans un monde inconnu. Sans famille qui leur assignât des devoirs ou canalisât leur affection, n'ayant encore que peu d'amis, ils durent se sentir presque aussi détachés du monde que sur une île déserte : pour des jeunes pleins d'espoirs, de telles circonstances sont de nature à évoquer le Paradis terrestre de façon plus convaincante que la vraie solitude ou un isolement réel. Par la suite, cela devint une plaisanterie familiale que de contester le caractère romantique de leur précoce mariage et de le réduire à une simple question de comptabilité, deux personnes ensemble pouvant vivre pour le même prix qu'une seule.

Pendant environ un an, ils se contentèrent de ce qu'il y avait de meilleur marché, une chambre en location, et ils ne pouvaient raisonnablement se permettre d'autres sources de distraction que ce qu'ils trouvaient en eux-mêmes. Bronx Park fit office d'Eden, qu'ils traversaient en chantant en hébreu comme s'ils avaient été Adam et Eve et que leurs paroles eussent nommé tout ce qui vit sur terre et tout ce qui vole dans les cieux. Mon arrivée annonça leur chute en les contraignant à sortir de l'autarcie. Obligés de trouver un appartement indépendant, ils cherchèrent dans le voisinage et, après quelques déboires, portèrent leur choix sur un logement situé à quelques centaines de mètres du parc. En les raccompagnant après leur avoir fait visiter les lieux, la propriétaire, bien décidée à plaire à ses nouveaux locataires et à conclure le marché, s'empressa de leur faire savoir qu'elle n'acceptait pas de Juifs chez elle, « je le dis pour vous rassurer ». L'Histoire — du moins à New York — a mis un terme à de tels comportements, mais on peut imaginer combien mes parents durent amèrement ressentir une hostilité qui, non contente de les exiler sur les rivages du Nouveau Monde, les y avait suivis! Mes parents révélèrent à la propriétaire antisémite qu'elle avait commis une légère erreur et trouvèrent un autre appartement où ils réunirent petit à petit des amis, des camarades d'Université et d'autres jeunes gens aussi impécunieux et insouciants qu'eux-mêmes, qui constituèrent un havre joyeux à l'abri du préjugé. Mais la gaffe de la dame devait laisser des traces; ma mère ne l'eut pas plus tôt quittée qu'elle fit le vœu que son enfant à naître porterait un nom proclamant sa race à la face du monde : il s'appellerait « le Juif ».

On peut trouver bizarre, dans ces conditions, le choix de « Yehudi » comme prénom. Si ma mère avait eu pour unique préoccupation d'éviter toute ambiguïté, elle aurait mieux fait de me donner le nom d'un quelconque patriarche (sauf Moïse, bien entendu, car la coutume juive interdit au fils de porter le nom du père), car pourquoi les Gentils seraient-ils censés comprendre l'hébreu? Aucun Yehudi dans l'Ancien Testament pour éclairer la lanterne des non-initiés. Il était tout à fait dans le caractère de ma mère de prendre des décisions impulsives et de s'y tenir, et c'était bien le réflexe à attendre de sa part qu'une insulte adressée à sa race l'incitât à la proclamer hautement et sans tarder; mais un autre facteur avait pu jouer dans cette résolution apparemment soudaine. Le langage du symbole venait aisément à l'esprit de ma mère. Abraham, Isaac ou Jacob, cela appartient à l'Histoire, c'est reçu et ça se transmet, tandis que « le Juif », c'est Monsieur Tout-le-Monde, un nom qui n'évoque aucun modèle et ne continue aucune lignée. Ma mère refusait énergiquement, j'espère le montrer, que ses enfants fussent entravés par quelque fardeau du passé que ce soit, y compris les rappels de parenté ou de traditions juives. Mon nom voulait peut-être dire qu'une page était tournée... Quoi qu'il en soit, je naquis le 22 avril 1916.

Ma mère avait vingt ans et mon père vingt-trois; à compter de ce jour, ils n'allaient cesser de subordonner leur propre intérêt à ceux de leurs enfants, situation qui ne prit fin qu'en 1938 avec le mariage de mes sœurs et le mien. Mon père devait par deux fois renoncer à cause de moi à une carrière qu'il avait commencée : en 1917 lorsqu'il interrompit ses études universitaires pour gagner le pain de la famille en enseignant l'hébreu, puis, dix ans plus tard, lorsqu'il quitta l'enseignement pour devenir mon imprésario. On ne s'étonnera donc pas de la grande reconnaissance, fortement mêlée de culpabilité, que j'éprouve pour mes parents en songeant que ma propre vie s'est épanouie à leurs dépens, mais c'est là une réflexion rétrospective d'adulte, que j'ai faite en devenant capable de mesurer ce qu'avait coûté mon existence; à l'époque, je n'avais pas conscience qu'elle pût restreindre celle d'autrui. En vérité, je suis un de ces privilégiés qui peuvent se souvenir de leur enfance comme d'une époque de bienheureuse béatitude. Mes premiers souvenirs précis ne remontent qu'à San Francisco où nous arrivâmes peu après mon deuxième anniversaire, mais l'impression d'amour total que je devais à mes parents était sûrement beaucoup plus ancienne, elle datait de mes premiers mois passés à New York, puis des suivants dans le New Jersey.

En arrivant à New York, mon père avait entre les mains à l'intention du Dr Magnes, alors à la tête de la communauté juive new-yorkaise, une lettre de recommandation d'un des distingués professeurs du lycée Herzlia, et un certain Dr Benderly eut tôt fait de lui offrir un emploi fort sérieux. Dès le deuxième jour suivant notre débarquement, il était déjà au travail, enseignant l'hébreu parlé et l'histoire des prophètes à l'école talmudique de la 111e rue. Parallèlement, il étudia à l'université de New York et en sortit diplômé en 1917. Par la suite, accédant à l'âge adulte, il occupa les fonctions d'adjoint principal du directeur de cette école de la 111e rue, M. Ish Koshor. C'était l'époque de la fondation de l'Office de l'enseignement juif, avec le Dr Magnes pour animateur, qui s'était mis à publier d'excellents manuels de littérature moderne, probablement la seule et unique réalisation d'importance de la Kehila (c'est-à-dire de la communauté juive).

L'emploi occupé par mon père lui rapportait soixante dollars par mois. Ma mère, dans le même temps, gagnait trente dollars par mois à l'école hébraïque animée par le Dr de Sola et son équipe. Sans y mettre fin complètement, ma naissance réduisit le nombre de ses heures consacrées à l'enseignement, mais obligea mon père à s'adonner à plein temps à son propre travail, comme *melamed* ou répétiteur préparant les petits garçons pour la *Bar Mitzvah*. C'est pour prendre un autre emploi qu'il nous emmena à Elizabeth, dans le New Jersey; les charmes de cette localité lui furent si peu évidents que, par la suite, il devait toujours la surnommer « Elizabethdump[1] », de façon injuste et peu pertinente. Ce qualificatif était dû en fait à un conflit d'opinions entre mes parents et leurs employeurs que n'importe qui aurait pu prévoir en jetant un coup d'œil impartial sur la situation.

Ni mon père ni ma mère n'étaient représentatifs des immigrants juifs implantés aux États-Unis. D'abord, c'étaient des *chalutzim* (des pionniers de Palestine) qui ne parlaient pas yiddish entre eux et traitaient l'hébreu comme langue véhiculaire pour la communication quotidienne, non comme langue sacrée réservée aux Écritures. D'autre part, ma mère se différenciait encore par son hérédité tartare, et mon père parce qu'il était un disciple d'Achad Ha'am dont il prêchait en classe le sionisme éthique. Leurs regards sur le monde plongeaient d'une citadelle asiatique, passé idéalisé pour l'un, idéal d'avenir pour l'autre, tous deux situés hors du continuum historique. Les Juifs d'Élizabeth, au contraire, vivaient encore plus ou moins en Pologne. A part l'horizon industriel d'entrepôts et de raffineries de pétrole, on aurait pu transporter un immigrant de la Baltique à South Court Street sans qu'il y découvrît rien de nouveau; l'ancien mode de vie était pour ainsi dire resté intact dans le nouvel environnement. Il y avait donc du rituel poussiéreux dans l'air. Bon gré mal gré, les élèves étaient initiés sans tendresse à l'étude de la Torah et devaient réciter par cœur les chapitres des Livres des Prophètes et du Pentateuque, mais les professeurs — d'avis que plus la langue est morte, mieux cela vaut — leur interdisaient de s'intéresser de trop près à l'expérience vécue. Parmi tant de toiles d'araignées, mes parents firent irruption avec toute la vivacité redoutée d'une paire de balais neufs.

Je le tiens d'un ami très cher, Samuel Marantz, qui, alors âgé de douze ans, était en train de purger les derniers mois de son initiation religieuse : l'apparition de mes parents avait sidéré tout le monde. Jeunes, agréables, libres et sûrs d'eux comme ils l'étaient, mon père bel homme et ma jolie mère aux cheveux scandaleusement courts avaient de quoi couper le souffle à leurs aînés et les faire se demander si des Juifs pareils ne rendaient pas les Gentils superflus. Mais si les adultes demandaient de la gravité et ne l'obtenaient point, les enfants eux, se réjouissaient de la spontanéité, du messianisme et de

1. C'est-à-dire « le champ d'ordures » ou la « décharge publique » (NdT).

l'énergie de la jeunesse. Pour la première fois, ils ne sortaient pas lugubres mais vibrants d'enthousiasme de l'étude de la Torah. Les enfants partagent avec les prêtres le besoin d'un langage occulte, sachant que la puissance réside dans le caché; ce qu'ils reprochent à leurs aînés, ils le leur envient. L'hébreu dont les rabbins — et, par suite, leurs parents — avaient la garde, leur était maintenant offert comme le feu volé au temple, et on le leur présentait en fait comme plus incendiaire que sacerdotal, comme une force de destruction ou de création plutôt que comme une petite lueur d'outre-tombe. Si Sammy Marantz, au bout de cinquante ans, se souvient encore du poème de Bialik, *la Cité du massacre*, sur le pogrom de Kichinev, dans lequel l'auteur reproche aux Juifs leur soumission, c'est que l'histoire telle que l'enseignait mon père devait être martiale et apocalyptique, devait viser à recruter des pionniers plutôt que des paroissiens. Tel Nicolas de Cologne rameutant des enfants pour la 5e croisade, il brandissait l'image d'une Jérusalem prête à être conquise par les jeunes. Le fait que Nicolas soit devenu dans la légende le Joueur de flûte de Hamelin, et Jérusalem Venusberg, ajoute encore à ma comparaison : mon père préparait ses élèves à un rite de passage bien différent en esprit de la confirmation officielle. Tandis que celle-ci consacre la puberté en introduisant le jeune homme dans la tribu adulte, il les invitait à se joindre à une tribu sans aînés, entendant leur faire trouver, du côté lumineux de la Bar Mitzvah, une renaissance extatique et non une compromission, un domaine de sentiments raffinés et de valeureux exploits, non le monde routinier qui les entourait. Le texte de la déclaration Balfour étant parvenu à la connaissance des habitants d'Élizabeth peu après notre arrivée, mon père prit, aux yeux de ses élèves, l'envergure d'un prophète annonciateur. Sammy Marantz écrivit un poème dont le titre — *Enfin!* — indique que deux mois sous la tutelle de Menuhin père pouvaient ressusciter chez un enfant de douze ans des aspirations plusieurs fois millénaires.

Mes parents ne doutaient jamais de la fermeté du sol qu'ils foulaient. Tant d'assurance exerçait déjà un énorme attrait, mais je ne crois pas que ce soit la seule chose en eux qui ait fasciné les enfants. Ma mère, en particulier, ne pouvait rencontrer un être jeune sans vouloir l'intégrer à la famille, élan dont elle ne s'est d'ailleurs jamais départie et qu'elle a transmis à ma sœur Hephzibah. Sammy Marantz fut, que je sache, le premier à le susciter, et par suite il n'a cessé depuis lors de faire partie de la famille à titre adoptif. Les soirs d'hiver où il y avait de la neige, il chargeait un traîneau de bois à brûler et de tomates vertes pimentées empruntées aux réserves familiales comme autant de messages d'amour juifs, et débarquait à la maison, Julia Street, en le tirant derrière lui. C'était un échange symbolique : il apportait du bois et des amuse-gueule et venait chercher la chaleur et la provende spirituelle que seuls mes parents étaient capables de lui fournir. Quelque six ans plus tard, Sammy, qui s'était inscrit à Berkeley, devait un beau jour sonner à notre porte à San Francisco : il ne fut pas plus tôt entré qu'il se mit à lire *Ivanhoé* avec moi. Et encore deux ans plus tard, il était de retour chez lui, et nous en exil et provisoirement privés de père à New York; il vint alors souvent éclairer d'un peu de joie les ténèbres de notre bannissement. Sa jeune dévotion me permet de mesurer l'effet produit par mes parents sur les enfants d'Élizabeth, mais aussi ce qu'il en advint quand mes parents quittèrent soudain la ville.

L'animation des enfants n'était point passée inaperçue du rabbin, qui n'avait pas manqué de la désapprouver. Non qu'il fût cruel, on peut s'en douter, mais la culpabilité, l'exil et les lamentations constituant tout son répertoire, il ne pouvait rester passif en voyant la gaieté condamner à la faillite une si prometteuse entreprise de larmoiement. Il défendit son univers clos contre les tentatives de mes parents d'y faire pénétrer l'air et la lumière. L'ardeur juvénile était leur arme; les règlements tatillons, la sienne. Mais avant que la bataille ne fût vraiment engagée, une petite annonce concernant la Californie attira l'attention de mon père dans le journal; en l'espace d'une matinée, elle atteignit les proportions d'une vision et notre avenir en fut décidé. Les préparatifs du départ ne prirent guère plus longtemps.

Notre fuite ne fut pas plus tôt parvenue à la connaissance de la classe talmudique que celle-ci entra en révolte, et, avec le même instinct qui pousse des insurgés adultes à occuper les Archives nationales et les bureaux de l'état civil, elle confisqua les registres de l'école. Le rabbin, naïf, leur offrit des sachets de bonbons, puis, les élèves refusant de laisser acheter leur soumission, il les renvoya. Mes parents avaient créé un état d'esprit messianique, mais n'avaient point laissé de corps de doctrine ni réglé de succession apostolique chez leurs disciples de douze ans. Croyants dont la foi ne trouvait plus rien de solide sur quoi s'appuyer, ils regagnèrent tristement leurs pénates et, avec le temps, inconsolés, rentrèrent probablement dans le rang.

Entre-temps, nous étions parvenus jusqu'à la Gare centrale de New York pour découvrir que les billets les moins chers, ceux qui forçaient à une succession de petits trajets à bord d'omnibus d'intérêt local, coûtaient quinze dollars de plus que ce dont nous disposions. « Vous tracassez pas », dit un généreux préposé aux billets apitoyé par nos espérances brisées, « je vais vous trouver les sous ». Ce fut mon premier bienfaiteur, et il me plaît de saluer ici sa mémoire et de rendre hommage à son bon cœur américain : où trouverait-on son pareil aujourd'hui? Une semaine plus tard, nous arrivions en Californie.

J'avais quatre ans à la naissance d'Hephzibah et cinq ans et demi lorsque celle de Yaltah vint compléter le cercle de famille. Avoir des sœurs, surtout quand elles vous aiment et vous admirent, c'est une expérience que je recommanderais volontiers (si j'avais eu un frère, qui peut dire s'il n'aurait pas contesté ma place?). Mais je crois que, dans la même mesure où mon existence se trouva enrichie par celle de mes sœurs, elle le fut préalablement par la jouissance exclusive, pendant quatre ans, de l'amour de mes parents. Quand je me penche sur cette période, j'ai l'impression qu'Aba (« papa » en hébreu), Imma (« maman ») et moi étions toujours ensemble; impression qui doit comporter une part de vérité, car, à Elizabeth, mes parents m'emportaient, semble-t-il, dans un grand couffin jusqu'à leur classe de Talmud pour me surveiller tout en dispensant leur enseignement, mais il n'en reste pas moins que les devoirs professionnels d'Aba devaient sans doute le séparer souvent de moi. Quoi qu'il en soit, cette impression de sécurité et de bonheur est si forte qu'elle a complètement effacé le souvenir de ses absences. Une image parmi d'autres peut servir à résumer ma petite enfance californienne : Aba me porte sur ses épaules, Imma nous accompagne, nous sommes tous les trois ensemble, il ne nous reste rien à désirer, et surtout nous n'avons rien à craindre.

Un télégramme au frère d'Aba, propriétaire d'un élevage de poulets près de San Francisco, nous avait devancés en Californie; mon oncle vint nous chercher à Oakland Pier, terminus des trains, et nous passâmes quelques jours ou quelques semaines à la ferme, mais l'indépendance de caractère d'Imma ne tarda pas à nous faire déménager pour Berkeley. Nous y passâmes quelques semaines ou quelques mois, puis mon père fut nommé professeur d'hébreu par la communauté juive de San Francisco, pour un salaire mensuel de cent cinquante dollars, et nous allâmes nous installer de l'autre côté de la baie dans un appartement sis au 732, Hayes Street. Nous y restâmes jusqu'à mes six ans; à ce moment-là, avec les deux petites sœurs en plus, dont l'une commençait juste à marcher et l'autre était encore au berceau, le modeste appartement craquait un peu aux entournures et nous fîmes l'acquisition d'une maison bien à nous.

Si ma sensibilité ne se trouve nulle part plus à l'aise que dans une pièce en bois sonore dont les parois s'incurvent autour d'un solide pilier, c'est qu'elle a été d'abord formée sous la tente. Imma avait un goût tout particulier pour les hauteurs, les rivages, les vues dégagées. A un demi-tour du monde, de la mer Noire aux côtes du Pacifique, au terme d'un itinéraire en lisière de tout, elle trouva dans la ville vertigineuse de San Francisco, entourée de mer, une bonne raison de marquer un temps d'arrêt. Mais son besoin d'air et de liberté ne pouvait se satisfaire de simples perspectives à travers la fenêtre, si nobles fussent-elles, ni même d'épuisantes randonnées, de sorte que, à peine installés à Hayes Street, nous déménageâmes à nouveau, si l'on peut dire. Les fenêtres donnaient sur un toit plat agrémenté d'un auvent et c'est là que nous dormions dès que le temps le permettait plus ou moins. Quatre ans plus tard, ayant acheté la maison de Steiner Street, nous prîmes des dispositions moins précaires pour échapper à la claustration. On bâtit dans le jardin, à distance de la maison, une espèce d'abri ou de petit pavillon consistant en une charpente, un sol, un toit et des cloisons de bois s'élevant à hauteur de la taille, complétés par une moustiquaire. A l'intérieur, une cloison divisait le pavillon en deux parties égales dont l'une était réservée à mes parents; l'autre était à son tour partagée en deux chambres, la plus grande pour mes sœurs, la plus petite pour moi. Le sens pratique jouait un rôle dans cet arrangement, car on gagnait ainsi de la place et libérait un étage pour des locataires, mais les raisons d'économie domestique n'étaient pas déterminantes. Bivouaquer sur une terrasse ou dans un jardin, aussi près du ciel que possible, était une coutume tcherkesse. Ses effets sur notre santé furent sans aucun doute bénéfiques. Le frisson des draps froids par les soirées de brouillard, suivi de l'infini bien-être de s'endormir peu à peu à mesure que le lit se réchauffait, est un de mes souvenirs d'enfance les plus marquants. Nous nous couchions et nous levions avec le soleil.

On a prétendu que les jésuites, doués d'une longue expérience de l'éducation, estimaient qu'à huit ans un enfant est définitivement formé ou déformé. En ce qui me concerne, ces années furent certainement déterminantes pour la suite de ma vie et si j'en venais à discuter la thèse des jésuites, ce serait plutôt pour dire qu'ils sont trop généreux de moitié en avançant l'âge de huit ans. Sortant du cocon protégé de la petite enfance dans une famille aimante, j'ai vite découvert l'enchantement des sons naturels. Je n'avais sans doute pas plus de deux ou trois ans lorsqu'une première prise de conscience s'est faite en moi en entendant le chant d'un coq. Volatile bien ordinaire pour le rendre responsable de l'intérêt ultérieurement manifesté dans ma vie pour les aspects extra-humains de la création, pour l'agriculture, la conservation de la nature et l'écologie; mais dans son chant résonne encore pour moi un peu de l'allégresse de tout ce qui vit. J'y fus donc sensible dès ces lointaines années. J'avais dû probablement entendre des coqs pendant le bref séjour que nous avions fait chez mon oncle, mais le premier souvenir que j'en ai ne remonte qu'à une autre ferme de Juifs russes, les Kavin, à Walnut Creek. M. Kavin était un homme de haute taille, à la chevelure et à la barbe rousses, nanti d'une petite femme docile et de deux filles, Ida et Zena, excellentes compagnes avec qui je construisais des cabanes de cageots où nous nous cachions.

Être amoureux : voilà qui fait aussi partie de mes premiers souvenirs. Depuis ma petite enfance, j'ai toujours eu un faible pour les filles, et j'étais sans discontinuer amoureux de telle ou telle avec qui je m'inventais des idylles, et qui me faisait vivre à la hauteur de l'image que je m'en faisais, sans en rien dire à personne. En tête de ce long défilé de filles, un bébé appelé Lili, rencontré alors que j'habitais Berkeley. Peut-être étais-je trop jeune pour dissimuler ma passion, toujours est-il que mes parents l'exploitaient cyniquement pour me faire bien tenir. « Lili dort », me disaient-ils d'un ton de reproche, dans l'espoir que cette affirmation m'amènerait à en faire autant et, pris à cette ruse, je me résignais à ce que le jour finisse avec des berceuses sur ma bien-aimée : *Lili alcha lichon* (« Lili fait dodo ») — à l'époque, nous parlions encore hébreu à la maison. Reuben Rinder, un ami de San Francisco venu en visite, ayant entendu par hasard une de ces berceuses, y trouva du talent musical et, deux ans plus tard, encouragea Aba et Imma à prendre mes ambitions au sérieux. Il était cantor à la synagogue et je suis sûr que cet avis de professionnel ne fut pas sans influence.

Mes deux parents (Imma en particulier) étaient doués pour les langues; l'un et l'autre parlaient anglais avant leur arrivée aux États-Unis. Pourtant, ils ne m'ont pas parlé anglais avant l'âge de trois ans; l'unité de la famille s'exprimait par une langue propre à la famille. Je regrette seulement que l'anglais ait été introduit à la maison avant que j'aie pu apprendre à lire et à écrire l'hébreu. J'en ai encore les sonorités dans l'oreille et j'ai pu, par exemple, prononcer une allocution radiophonique en hébreu, mais seulement avec un texte transcrit phonétiquement, les accents marqués dessus. J'ai perdu mes premières facilités dans cette langue et les seuls mots dont je me souvienne tendent à se rattacher aux préoccupations physiologiques d'un petit garçon de trois ans : ce sont des mots comme *regel* (jambe) ou *beten* (ventre), sans doute souvent utilisés en rapport avec divers bobos servant de prétexte pour qu'on s'occupe de moi. Dès lors que nous fûmes passés à l'anglais, l'hébreu demeura une sorte de code domestique pour me dire de faire ceci ou cela, de rester tranquille et de bien me tenir, quand ça ne regardait pas nos invités. Aucune de mes deux sœurs n'a eu la même chance d'être ainsi initiée à l'hébreu, mais notre apprentissage ultérieur de nouvelles langues — et il devait y en avoir plusieurs — fut une entreprise commune. En fait, elles l'ont même poussée plus loin que moi.

Bien que ni mon père ni ma mère ne parlassent yiddish avec leurs enfants, tous deux le comprenaient, et Aba le parlait couramment. Un peu plus tard, de mon lit placé contre la cloison dans le pavillon du jardin de Steiner Street, je l'entendais lire à ma mère les œuvres de Sholom Aleichem, et souvent leurs éclats de rire parvenaient jusqu'à moi. C'étaient des moments de bonheur pour nous tous. Pour moi, encore éveillé dans le noir, cela signifiait qu'une harmonie complète régnait dans la maisonnée. Non que le désaccord fût de règle le reste du temps, au contraire, car mes parents dépendaient étroitement l'un de l'autre et la répartition des rôles était parfaitement établie : mon père gagnait l'argent du ménage et assumait toutes les affaires pratiques, ma mère était responsable du ménage, de l'éducation et de la bonne tenue des enfants; il n'y avait donc pas lieu à dissensions. Mais la lecture de Sholom Aleichem fournissait l'occasion de descendre des hauteurs de l'idéal et de trouver plaisir dans la simple chaleur humaine. Imma avait une conception de l'existence si élevée que tout se passait comme si elle vivait un scénario idéal légué par ses ancêtres et maintenu à un niveau altier par sa discipline personnelle. C'est intentionnellement que j'emploie une image scénique, car une personne qui ne capitule jamais devant la douleur ou l'indolence nous donne l'impression d'obéir à une puissance supérieure, comme font les acteurs. Mais ceux-ci dépouillent l'illusion dans les coulisses, tandis qu'Imma ne le faisait jamais; ses convictions étaient si loin d'être illusoires qu'elles avaient pénétré au plus profond de son tempérament.

Elle aimait à considérer toutes choses dans leur plus complète unité. Une excursion n'était pas qu'une excursion, elle comportait des aspects moraux et spirituels aussi bien que physiques; les vacances n'allaient pas sans une certaine part d'étude appropriée; on ne prenait pas de plaisir sans penser à d'autres gens moins privilégiés. Ainsi racontait-elle, en approuvant l'attitude de sa mère, un petit drame que celle-ci lui avait causé dans son enfance; un jour qu'on lui avait donné une robe neuve pour quelque fête et qu'elle ne pouvait plus se tenir de joie, sa mère lui avait dit : « Écoute, je sais que tu adores ta nouvelle robe, mais il y a beaucoup de petits enfants qui n'ont pas de jolis vêtements. Est-ce que tu ne te sentirais pas plus à l'aise d'aller à la fête avec ta vieille robe et de faire cadeau de celle-ci à une petite fille? » Je me souviens moi-même d'un événement de mes jeunes années qui exigea moins d'abnégation de ma part mais dont les implications n'étaient pas moins nettes. Ce fut ma première excursion seul avec ma mère — déjà mémorable, ne fût-ce que pour cela, car j'avais beau n'avoir que trois ans, elle me remplissait d'un sentiment d'importance chevaleresque en me confiant la responsabilité de l'escorter. Puis il y a le fait que nous nous rendions dans le comté de Napa, belle région agricole de Californie. Enfin et surtout, notre voyage avait une justification morale : il s'agissait de rendre visite à un patient interné dans un hôpital psychiatrique. Je ne me rappelle pas grand-chose de notre expédition, si ce n'est une institution entourée de hautes grilles, ainsi qu'une perception générale du triste état de ce pauvre malheureux, mais la leçon, elle, resta acquise : point de plaisir sans contracter une dette. Comme je l'ai déjà dit, ma mère s'identifiait aux prisonniers de toute sorte, mais plus particulièrement aux « visionnaires » pour qui le monde véritable est ailleurs. A Jaffa, pendant quelque temps, elle avait suivi les cours d'une école tenue par des religieuses et en avait gardé le respect de ceux qui renoncent à tout pour se consacrer au service d'autrui (en revanche, elle se méfiait des prêtres, des rabbins et de quiconque faisait profession de dévotion). Sa propre vie a été à l'évidence une vie de renoncement : il lui a fallu sacrifier à ses enfants bien plus que des robes de fêtes, mais sa liberté même et son épanouissement personnel.

Nous habitions encore Hayes Street, mais j'étais déjà assez grand pour me rendre compte que mon père allait au travail tous les jours, quand ma convoitise se fixa sur un moulin à vent hollandais dans une boutique de jouets. Nous passions régulièrement devant la boutique en question, le matin en allant prendre l'air dans un jardin public du voisinage, mais l'habitude, loin de diminuer l'attrait du moulin à vent, ne fit que le renforcer. Une fois de plus, Imma trouva là l'occasion de lier la récompense à l'accomplissement d'un effort utile : j'aurais droit au moulin à vent quand je serais capable de prononcer un « r » correctement sans le transformer en « l » pour tourner la difficulté. Je savais fort bien à quoi un « r » devait ressembler, mais ma fichue langue n'avait pas l'agilité nécessaire pour émettre cette consonne impossible, sans aucun doute inventée par des gens dotés d'une anatomie différente de la mienne. Vaillamment, je m'entraînai matin et soir, à l'abri des oreilles indiscrètes, et c'est alors que se révéla l'utilité de dormir sous la tente, à l'extérieur de la maison. Mes petites sœurs étant bébés, mises au lit et endormies avant moi, et mes parents encore debout et occupés dans la maison pour quelques heures, j'avais tout loisir de me rapprocher, en roulant les « r », du but désiré. Justement, un soir qu'Aba et Imma venaient de se coucher, je me rendis compte que ça y était. Que faire? Si je les réveillais dans leur premier sommeil, ils ne seraient sans doute pas très contents de moi; mais si j'attendais jusqu'au matin, peut-être ma langue aurait-elle oublié sa nouvelle agilité. La tête sous les couvertures, je vérifiai donc périodiquement, au fil de la nuit, que je tenais toujours ma consonne et, dès le point du jour, je réveillai la maisonnée d'un « RRRRR » superbe et retentissant! J'eus mon moulin à vent. (J'hésite certes à attribuer une signification profonde à cet épisode, mais il n'en est pas moins vrai que, plus d'un demi-siècle ayant passé, j'ai trouvé un regain d'intérêt pour les moulins à vent et que je les recommande à qui veut m'entendre comme source écologique d'énergie électrique...)

J'ai conscience de ne pas encore avoir rendu pleinement justice à ma mère.

D'une part, elle donnait forme à l'existence par la noble idée qu'elle s'en faisait, mais, d'autre part, elle avait le talent de nous réserver de délicieuses surprises. Ce que dicte le sens du devoir, elle l'utilisait autant pour assujettir son propre caractère que pour fournir des lignes directrices à la formation de ses enfants. Elle avait incontestablement un tempérament explosif, capable de déchaînements redoutables, mais, étant si maîtresse d'elle-même, elle n'en laissait jamais surprendre que le reflet ou l'écho. Ce n'était qu'en matière de réjouissances, pique-niques, vacances et autres interruptions de la routine laborieuse, qu'elle laissait libre cours au côté spontané et imprévisible de sa nature; mais alors, totalement. Elle ne pouvait et ne peut toujours pas laisser ternir par la prudence les joies de l'existence. Aba avait tendance à prévoir les éventualités fâcheuses et à prendre des mesures pour y parer. C'était accepté, on en tenait compte dans le cours ordinaire des événements, mais si la prévoyance d'Aba empiétait sur le loisir, Imma disait d'un ton d'avertissement mêlé d'ironie : « Mosche! Les plans, tu sais...! », et on envoyait balader tout emploi du temps au profit de l'aventure.

Ces vacances qui bouleversaient le train-train avec une si agréable imprévoyance devaient marquer toute mon enfance et ma jeunesse. Naturellement, quand mes sœurs étaient encore en bas âge et que nous dépendions encore des transports publics, d'aussi audacieuses entreprises dépassaient nos moyens, mais je ne me souviens pas d'une seule époque où des sorties ne soient venues vivifier nos semaines comme de généreux rayons de soleil. Il y avait des pique-niques dominicaux — divertissement typique du San Francisco de ce temps-là. Il y avait des visites aux Kavin, à la campagne, et aux Kayes, famille d'un artisan prospère, qui habitaient Berkeley. Mes parents rendaient les invitations à la maison. Et, dès avant mes premiers souvenirs conscients, il y avait aussi la musique.

En 1918 — j'avais deux ans —, mes parents m'amenèrent en resquillant à un concert en matinée de l'orchestre symphonique de San Francisco, et comme aucune mésaventure ne vint les en dissuader, ils répétèrent régulièrement cette opération de contrebande jusqu'à ce que j'aie atteint l'âge d'avoir mon billet à moi. Par la suite, Imma raconta qu'ils m'y avaient emmené parce qu'ils n'avaient pas les moyens de payer quelqu'un pour me garder. Les baby-sitters étaient sans aucun doute un luxe, en ce temps de leur jeunesse où ils avaient à lutter, mais, tout en l'admettant, je ferai quelques réserves sur cette version de l'histoire. Il était bien dans la manière de ma mère de dégonfler le mythe d'une flèche toute prosaïque. Mais il ne l'était pas moins de considérer que plus précocement on faisait une expérience, mieux cela valait. Quand elle attendait mes sœurs, je me souviens de sa conviction que la vie qu'elle menait, la musique qu'elle écoutait, les pensées qu'elle entretenait faisaient partie intégrante de l'environnement du bébé à naître. C'est là aujourd'hui un sujet de thèses pour de savants médecins; pour elle, c'était la vérité la plus élémentaire. Il en ressort qu'elle devait croire encore plus fermement que, dès lors qu'on pouvait compter sur moi pour ne pas faire de bêtises, on pouvait également me permettre de partager avec Aba et elle ce qui illuminait leur vie. Si l'on considère ce que les concerts allaient représenter dans la mienne, on pourrait, non sans quelque raison, prétendre que c'est moi qui les y conduisais; mais mon interprétation personnelle de ce que dissimulait la cherté des baby-sitters se fonde avant tout sur le bonheur de mes premières années. Mes souvenirs m'assurent si bien que mes parents me chérissaient comme la prunelle de leurs yeux que je ne puis imaginer qu'ils aient jamais envisagé d'aller au concert sans moi. Nous allions donc au concert ensemble, comme nous faisions ensemble la plupart des choses.

Je ne prétends certes pas me rappeler le tout premier concert, mais la répétition de l'expérience a laissé en moi des souvenirs précis et présents : du poulailler où je suis installé sur les genoux d'Imma, je domine un précipice ombreux et je vois tout au fond, comme par le mauvais bout de la lorgnette, les musiciens dans une flaque de lumière, minuscules mais distincts, tout occupés à produire des sons à ravir l'âme et les sens.

Je dois ce ravissement à un édifice pesant, le Curran Theatre, où jouait alors l'orchestre. Mais comme si ce n'était pas assez, ce bâtiment fournit encore d'autres aliments à mon imagination déjà stimulée par la musique. La Pantages Vaudeville Company venait chaque année à San Francisco, et à chacune de ses visites je pouvais m'émerveiller du spectacle de ses acrobates, de ses clowns, de ses magiciens et de ses danseurs, sans parler de l'enchantement renouvelé du premier solo de violon qui m'ait jamais impressionné. Il était exécuté par un individu très basané appelé Carichiarto, qui avait régulièrement sa petite participation au programme et jouait avec un talent certain. J'avais notion que mon univers n'était pas borné à San Francisco, je devinais l'exotisme oriental de ma mère, je me sentais moi-même attiré par les grandes distances : j'étais immanquablement conduit à conférer une réalité à ce monde magique et, le moment venu, à trouver à mon tour une salle pour mon violon; cet espace n'était-il pas assez vaste pour contenir des jongleurs, des danseurs, une horde tartare, des gitans, des souks, des caravansérails, des houris et, en fait, le paradis entier? Mais nulle expérience des arts du spectacle ne m'a marqué plus durablement qu'une apparition d'Anna Pavlova. En vérité, je l'ai vue danser deux fois; aussi loin que je me souvienne, ce furent les premières où je me sentis transporté par une admiration délirante. La simple vue de ses bagages n'était d'ailleurs guère moins enthousiasmante. Un matin à Geary Street où se trouvait l'entrée des artistes du Curran Theatre, nous aperçûmes six ou sept grandes malles, probablement remplies de ses costumes et de ceux du corps de ballet, attendant d'être enlevées après son unique soirée. Cette image de l'artiste en tournée m'a si profondément impressionné que je retrouve encore aujourd'hui, à m'en ressouvenir, un peu de mon émotion juvénile. Elle avait à son programme *The California Poppy* (le Pavot de Californie), un pas en l'honneur d'une de mes fleurs préférées dont je devais toujours avoir la nostalgie dans les années passées loin de cette contrée, car si elle y pousse partout au printemps, elle ne croît nulle part ailleurs à l'état sauvage. D'un orange délicat et parfumé, le pavot de Californie a une façon particulièrement touchante de se refermer avant de se faner. Et le pas de la Pavlova finissait ainsi.

Je fus fou d'elle. Délaissant Lili et toutes celles qui lui avaient succédé, je ne rêvai que de la Pavlova pendant des mois et des mois. Je ne devais pas la voir danser une troisième fois, ni jamais la rencontrer, mais le rêve dura. Cette graine renfermant une certaine conception de la beauté et de la grâce perfectionnée par la discipline de la danse, semée par la Pavlova sur le terrain d'une sensibilité modelée par ma mère, devait germer et s'épanouir un jour en la personne de ma femme, Diana.

Une Chevrolet et un petit violon

Perché au bord de l'abîme du Curran Theatre, les après-midi de concert je n'arrêtais guère mon attention sur le chef d'orchestre dont le rôle, dans la magie de ce qui se passait en bas, me restait plutôt obscur, mais n'avais d'yeux que pour le premier violon, Louis Persinger. De temps à autre, il avait un solo, et je pris l'habitude d'attendre ces moments où le son doux et caressant du violon s'élevait légèrement jusqu'au poulailler, plus saisissant, plus grisant qu'aucun autre. A l'occasion d'un de ces concerts, je demandai à mes parents de bien vouloir m'offrir un violon pour mon quatrième anniversaire, et Louis Persinger pour m'apprendre à en jouer.

Si j'ai quelque peu tardé à raconter cette anecdote que d'autres comptes rendus de ma vie ont coutume de citer d'emblée, c'est pour détruire l'impression que, d'informe protoplasme un jour, je devins moi-même dès le lendemain et que le don musical apparut avec la soudaineté d'une scène de métamorphose dans quelque pantomine. En montrant du doigt Louis Persinger, j'avais derrière moi quatre ans d'une vie qui m'avait procuré ce que quatre années d'études donnent rarement à un jeune diplômé : le sentiment d'une vocation. L'éclosion de ce sentiment est-elle liée à l'enfance en tant que telle? Je ne sais. Les bienheureux élus ne seraient-ils pas ceux qui sauvent d'un âge d'innocence, par ailleurs révolu, la foi en leurs talents illimités, l'instinct des valeurs essentielles, cela même qui fait qu'un enfant s'identifie plus facilement qu'un adulte à un grand soliste ou à une âme simple. Quoi qu'il en soit, considérant les enfants d'un point de vue d'adulte, j'ai acquis depuis beau temps l'impression que les grandes personnes, de façon générale, sous-estiment beaucoup les jeunes : l'ambition les plonge dans le ravissement et elles voient de la réussite personnelle là où il n'y en a guère. A l'âge de quatre ans, j'étais trop jeune pour savoir que les exigences du violon étaient à la mesure de la grâce qu'il offrait, la grâce de voler, de flotter à l'intérieur d'un espace parfaitement intégré, de dominer ses nerfs, ses os et ses muscles si complètement que le corps s'absente dans l'extase. Mais ce que je possédais d'instinct, c'était cet autre *cogito :* je joue donc je suis.

Je voulais tout simplement *être* Persinger, je n'y allai donc pas par quatre chemins pour suggérer les moyens d'y parvenir. Je ne pense pas que mes parents aient trouvé ma requête invraisemblable — il y avait, après tout, un précédent dans l'enfance d'Aba —, mais ils durent y voir une foucade plutôt qu'une nécessité pressante et ils hésitèrent à investir la moindre miette de leurs maigres ressources dans ce qui ne s'avérerait peut-être qu'un simple caprice enfantin. Comme tous les parents affectueux, ils firent part de mon désir à des proches et amis; il en résulta qu'en fait de violon, je reçus d'abord un jouet.

Je n'oublierai jamais la déception que me causa ce faux violon. Il était en métal, avec des cordes en métal, froid au toucher, et produisait un son de boîte de conserve comme sa carcasse. Cette dénaturation de l'objet désiré me fit piquer, autant que je m'en souvienne, la première rage de mon existence. C'est dans un parc magnifique sur une colline en haut de Steiner Street, dont mes sœurs et moi devions connaître par cœur les pelouses et les fourrés deux ou trois ans plus tard, que l'on me présenta et que je reçus — fort mal — ce cadeau. Le pauvre homme, un collègue d'Aba à l'école, était assis sur un banc avec mes parents. Il me tendit l'objet et dut être consterné en me voyant éclater en sanglots, incapable de tirer quelque chose du jouet, le jeter par terre et refuser d'en entendre parler davantage. Je suis navré d'avoir si mal remercié mon premier mécène en fait de violons. Mais je ne pouvais savoir que j'allais bientôt obtenir satisfaction.

Cette satisfaction me fut procurée peu de temps après grâce à un chèque de huit cents dollars envoyé de Palestine par ma grand-mère maternelle. Mise au courant de mon penchant pour la musique, elle avait eu assez d'imagination, de générosité ou d'imprudence pour le prendre au sérieux. Sagement, mes parents décidèrent que la moitié de cette somme considérable suffirait pour acquérir un violon de débutant et que le reste servirait à couvrir le prix d'achat de notre première voiture. Je ne saurais dire laquelle de ces deux acquisitions, à l'époque, contribua le plus à mon bonheur.

J'aurais pu avoir l'occasion de connaître ma grand-mère, n'était l'angoisse de mon père à la pensée de se séparer — fût-ce très provisoirement — de sa femme. Vers l'époque du cadeau qu'elle nous fit, un projet de voyage avait été envisagé : ma grand-mère partie de Jaffa, et ma mère d'Amérique, flanquée d'Hephzibah nouveau-née et de moi-même, se seraient retrouvées en Italie. Il fut abandonné à cause de la grande détresse d'Aba, qui ne devait cesser de regretter d'avoir demandé ce sacrifice à Imma au lieu d'en accepter un lui-même. Car elle ne devait jamais revoir sa mère. Un matin — j'avais six ou sept ans et nous habitions déjà Steiner Street —, elle se réveilla avec la terrible certitude que sa mère était morte. Sa prémonition était si grave qu'Aba envoya un télégramme à Jaffa. Comme aucune réponse, bonne ou mauvaise, n'était arrivée le lendemain, il appela le bureau du télégraphe. La nouvelle redoutée était bien parvenue, en effet, mais les employés n'avaient pas encore eu le courage de nous la communiquer. C'est dans ces circonstances solennelles et peu communes que je pris conscience du premier événement irréversible de ma vie.

La mort de ma grand-mère Sher avait rompu notre lien le plus solide avec la Palestine. Aba continua d'écrire consciencieusement à une sœur aînée qui y résidait, mais comme il ne l'aimait guère et lui tenait rigueur d'une malheureuse aventure amoureuse de sa sœur cadette qui s'était terminée par le suicide de celle-ci, Imma le convainquit assez énergiquement que son prétendu devoir n'était qu'hypocrisie, et cette correspondance cessa. Aba s'était probablement laissé persuader d'autant plus facilement que les arguments d'Imma intervenaient au moment où il répudiait ses dernières attaches sionistes, devenant désormais un antisioniste convaincu. Mais les mobiles de ma mère étaient sans rapport avec l'un ou l'autre parti. Selon elle, le meilleur cadeau à faire à ses enfants était celui d'une vie libérée de toutes restrictions, prétentions et inhibitions dues au passé, celui d'un monde qui fût le leur.

Notre voiture, une petite Chevrolet découverte à quatre portières, aurait pu servir de symbole de cette liberté que ma mère ambitionnait pour nous. Elle avait sa personnalité propre et un nom de baptême que j'avoue, à ma honte, avoir oublié. Nous lui vouions tous une passion assez extravagante. N'ayant ni capote ni fenêtres, on y voyageait au grand air sans souffrir des gaz d'échappement. En vérité, l'odeur même de l'essence me plaisait à l'époque, avant qu'on n'y ait ajouté du plomb. Le matin, quand le soleil tout juste levé tiédissait le carburant, cette légère odeur grisante évoquait pour moi les paysages que nous n'allions pas tarder à explorer. Elle ne faisait d'ailleurs pas moins d'effet sur Aba. Nos voyages l'incitaient toujours à chanter, lui offrant le déversoir émotionnel qu'il se refusait trop souvent. Il était prudent au volant. La première année, il ne dépassa jamais les vingt kilomètres à l'heure, puis il osa se lancer jusqu'à vingt-cinq, tout en tenant ceux qui nous dépassaient à trente pour des aventuriers et des fous dangereux, sans respect pour la vie de leur famille et des autres sur la route. Il nous fallait donc quatre heures pour couvrir les cent kilomètres séparant San Francisco de Santa Cruz, mais c'étaient quatre heures très détendues, toute la famille réunie et l'aventure en perspective. Mon père fêtait cela à sa manière en chantant des airs, très tristes pour la plupart, de la tradition hassidique. Ces mélodies lancinantes, généralement sans paroles (ou bien, si elles en avaient, je ne les comprenais pas), nous accompagnaient en grimpant et redescendant les verdoyants itinéraires de Californie.

Les voitures privées étaient plutôt rares, et d'ailleurs la Californie était encore relativement peu peuplée. Posséder une voiture, à l'époque, donnait accès à la campagne sans la pollution qui sévit aujourd'hui et sans les foules de co-excursionnistes à dépasser. A quelques heures de Hayes Street se trouvait la vallée de Santa Clara, véritable jardinière de fleurs au printemps, à peine interrompue par quelques agglomérations qui n'étaient guère que des hameaux; et les montagnes de Santa Cruz, peu élevées mais couvertes de forêts romantiques; et, plus loin, la Sierra Nevada dont on a depuis lors brûlé ou débité tant et tant d'arbres; et les profondeurs vertes et glacées du lac Tahoe aux rivages touffus où il semblait que l'homme n'eût jamais mis le pied — non sans raison car les Indiens qui avaient foulé ces rives pendant des siècles n'y avaient point laissé de traces durables. La voiture nous procurait un contact direct avec la nature, on aurait dit qu'elle en profitait elle-même. Grimpant des pistes étroites, abruptes, tortueuses, non recouvertes, elle parvenait péniblement en haut d'un col, le radiateur brûlant et à sec; il fallait aller chercher de l'eau pour la refroidir, pour la calmer, mais notre patience était récompensée par des panoramas d'une beauté à vous couper le souffle. Au cours de ces excursions, la Californie a imprégné mon esprit de paysages idéaux que rien par la suite ne devait supplanter; elle y a semé le germe de mes enthousiasmes d'adulte pour un monde total englobant toute la création — humaine, animale, végétale et minérale — et elle a déterminé mes premières réactions admiratives à l'égard de l'héritage américain.

Une fois ou deux, nous louâmes un chalet à la campagne dans un village baptisé Holy City (« Ville Sainte »), dénomination qui cachait l'affaire commerciale sous un vernis d'idéaux utopiques. Il était géré par un soi-disant « Père » Ricker dont la pieuse fourberie avait réussi à délester plus d'un « saint » habitant de toutes ses économies. Nous ne courions aucun risque, n'étant que des visiteurs estivaux, et le souvenir que ce frauduleux paradis terrestre m'a laissé est avant tout celui des divertissements qu'il avait à proposer, si humbles qu'ils en étaient attendrissants. Amusements typiques des débuts de l'ère automobile : un petit zoo montrant des pumas et des serpents à sonnette comme il s'en promenait encore en liberté dans les forêts environnantes, une salle de glaces déformantes et un ou deux juke-boxes primitifs. Les montagnes et les séquoias alentour étaient beaucoup plus impressionnants, sans trucage ni commerce : rien que l'infinie fascination du monde naturel. De ces vacances d'été, les plus mémorables furent les premières, en 1922. Il nous fallut deux jours pour couvrir les trois cents kilomètres séparant San Francisco de Yosemite. Au bout de la route, il y avait une vallée si étrange et majestueuse entre les montagnes voisines, les unes boisées, les autres nues, que nous eûmes l'impression d'être les premiers à l'avoir découverte (en fait, des tables de pique-nique installées çà et là indiquaient qu'on était déjà passé par là). En 1922, je commençais à me débrouiller au violon, et pendant ces vacances-là je travaillai un concerto de Bériot. Par la suite, mon père a toujours appelé son mouvement lent « Yosemite » : plaintif et nostalgique, il résumait à ses yeux toute la magie de ces instants.

Nous dormions naturellement sous la tente et mangions à l'une de ces longues tables en bois qui attendaient les touristes. Un peu plus loin, mais invisible, se trouvait une autre tente avec ses campeurs, deux jeunes gens qu'Imma invitait de temps à autre à la fortune du pot. Je me souviens qu'une fois, nos visiteurs m'intriguèrent fort en faisant une démonstration de lancer de crêpes. Un des jeunes gens me fit également cadeau d'un sifflet taillé dans une branche. Il fallait que je fusse sans cœur pour l'en récompenser en lui faisant subir, ainsi qu'à son ami, le spectacle d'un affrontement familial assez gênant. Ils avaient été invités au petit déjeuner, repas de crêpes justement, à la fin duquel je quittai sans cérémonie la table. Imma me rappela: on ne s'en allait pas ainsi sans demander d'abord la permission. Le comportement des êtres est inexplicable. L'instant d'avant, j'étais d'humeur radieuse; à présent, l'orgueil blessé et l'entêtement s'étaient fait jour en moi, ne me laissant d'autre choix que de rester assis, malheureux et boudeur, devant les reliefs du petit déjeuner. Les invités s'éclipsèrent, un peu gênés; bientôt, Aba s'en alla lui aussi; du temps passa; nous demeurions assis face à face, Imma et moi, murés dans notre opposition. Sans doute aurais-je pu m'épargner cette peine, car qui eût été capable de faire céder Imma? Finalement, je marmonnai quelque chose, pas exactement un « excuse-moi » ni un « je peux partir? », mais quelque chose ressemblant assez à une parole humaine pour pouvoir être accepté comme telle sans qu'aucun des deux eût l'impression d'avoir perdu la face. C'en était fait de ma première rébellion contre l'autorité. Il devait depuis lors y en avoir d'autres, mais jamais en pareille situation d'inégalité.

Mais ce n'est pas là le souvenir le plus marquant que je garde de Yosemite. La forte impression de la nature qui avait précédé cette anicroche lui survécut. Bien plus tard, en voyage de noces différé après mon premier mariage, je vis en cet endroit l'un des plus magnifiques spectacles de ma vie : du pic dénudé de

Half Dome, un coucher de soleil et un lever de lune simultanés, les deux globes symétriquement suspendus dans l'espace, identiques par la couleur, la forme et les proportions.

Mais revenons-en à l'autre moitié du cadeau de ma grand-mère Sher. Ma mère estimant que chacun devait se consacrer entièrement au but qu'il s'était fixé, on pouvait s'attendre qu'une fois le violon accueilli chez nous, mon apprentissage devînt une affaire sérieuse et qu'on me donnât toutes les chances de faire de mon mieux, sans rien épargner. Il y eut cependant deux faux départs avant que je ne fusse lancé pour de bon. Tenant à la main mon instrument récemment acquis, je trottinai d'abord chez le professeur du quartier dont toute la réputation tenait dans l'enseigne « Leçons de violon » pendue à l'entrée de sa maison délabrée. Imma et moi gravîmes le sombre escalier, mais pour le redescendre aussitôt, rebutés par la saleté et le délabrement des lieux, par l'haleine vineuse du vieillard et la fumée de tabac qui régnait là-haut. S'il y eut une ou deux leçons avant de battre en retraite, elles n'ont laissé aucune trace dans ma mémoire. La seconde tentative fut faite auprès de Louis Persinger, sans doute moins à cause de ma requête initiale que parce qu'ayant fait l'expérience du pire, Imma ne pouvait se contenter désormais que de ce qu'il y avait de mieux. Le cantor Rinder ne manqua pas de chanter mes louanges, mais Persinger avait si souvent entendu cet air-là sur les lèvres d'amis et de parents épris de leur progéniture qu'il avait appris à y faire la sourde oreille. Les petits débutants de quatre ans ne pouvaient rien apporter de très passionnant à sa vie bien remplie.

Entre le meilleur et le pire, il fallait bien s'arrêter à quelque compromis — ce fut le studio de Sigmund Anker qui, recourant aux techniques disciplinaires de l'ancien temps qui avaient déjà fait leurs preuves, transformait industriellement garçons et filles en virtuoses. Ce professeur à succès attirait dans ses classes quantité de jeunes aspirants violonistes de San Francisco et considérait que sa mission consistait à les dresser à exécuter brillamment Sarasate et Tchaïkovsky. Je ne fis pas partie de ses succès. Peut-être exigeais-je trop de moi-même, de l'instrument et par conséquent du professeur, et voulais-je exprimer ce qui était manifestement au-dessus de mes capacités, peut-être ne parvenais-je pas à me sentir inspiré par lui, ou attendais-je tout simplement le moment où Persinger me prendrait en main ; j'étais néanmoins capable de jouer suffisamment bien pour tirer profit de ses indications et les mettre en application. A cette époque, au demeurant, l'enseignement du violon était dispensé au petit bonheur la chance, comme c'est encore trop souvent le cas aujourd'hui. Il en résultait qu'on réussissait ou échouait à apprendre à jouer par soi-même, tout comme on avait jadis pratiquement appris à marcher et à parler par ses propres moyens.

Au commencement, le simple fait de tenir le violon à bout de bras et très fermement, de peur qu'il ne tombe ou recule, me paraissait déjà un sérieux problème; où trouver une seconde paire de bras pour jouer? C'était comme si l'on m'avait dit de voler. Je réagis en m'agrippant de toutes mes forces. Alors que la main gauche, dans la position fondamentale, aurait dû décrire des spirales autour du manche de l'instrument (comme la main droite autour de l'archet), la mienne l'étranglait entre le pouce et la base de l'index. Alors que les doigts auraient dû s'arquer doucement sur la touche, chacun musculairement indépendant des autres, les miens — tous sauf le petit doigt qui pendait en arrière — restaient collés les uns aux autres comme un attelage de front et se déplaçaient *en masse* d'un échelon à l'autre, sur l'échelle chromatique, comme s'ils n'avaient pu se trouver en sécurité qu'en faisant nombre. Alors que le violon doit reposer sur la clavicule, maintenu par le poids naturel de la tête, délicatement installé, je le tenais coincé. Alors que la main droite (et par extension le poignet, le coude, le bras, l'omoplate) et l'archet fonctionnent plutôt comme la roue et l'axe d'un gyroscope, l'une tournant pour que l'autre suive son cours légitime, je traçais un mouvement de scie en ligne droite et dérapais ou « virais » à la fin de chaque coup d'archet tiré (pour comble de malchance, l'archet était trop long pour moi). Aux points cruciaux où le son aurait dû vibrer librement, il était désespérément plat. Ces abominations étaient autant de symptômes de mon ignorance de la nature du violon, ignorance à laquelle, visiblement, n'allaient pas remédier les explications d'autrui, mais que seules pourraient combler mes propres recherches. Les girations, les balancements pendulaires, les ondulations exigées par un instrument qui forme lui-même une courbe continue, je dus les apprendre moi-même et j'eus sans doute d'autant moins de mal à le faire que j'habitais pleinement mon propre espace, que j'étais dépourvu de ces perspectives linéaires qui relient les gens les uns aux autres, que je sentais toutes choses en termes de cercles.

J'avais remarquablement peu progressé au bout de six mois. M. Anker, s'étant attendu au mieux, prédisait le pire; Imma rapportait l'amenuisement de ses espoirs, Aba sombrait dans le mutisme et je me sentais comme un malade condamné faisant l'objet de commentaires de la part de ceux qui vont suivre son enterrement. Puis, sans aucune raison apparente, le violon commença à m'être moins étranger, mon étreinte se relâcha, mon corps découvrit cette libération de s'oublier lui-même, et je pus prendre plaisir à ce que je faisais. J'étais enfin lancé. A cette distance, ce que je me rappelle le plus distinctement, c'est ma conquête du vibrato. Pour l'enseigner, Anker se contentait de crier : « Vibrez! Allez-y, vibrez! » sans donner la moindre indication sur la façon de s'y prendre. Je n'aurais pas demandé mieux que de lui obéir si j'avais pu. J'avais tellement envie de réussir à vibrer, car à quoi bon un violon pour un petit garçon d'origine juive russe s'il ne pouvait faire vivre et palpiter les notes? C'était comme ma lutte pour rouler les « r », le problème étant moins d'imaginer le son que de le produire, quoique le vibrato fût bien plus ardu à attraper. J'avais peut-être six ou sept ans et j'avais déjà quitté la classe d'Anker quand un beau jour, merveille des merveilles, mes muscles se trouvèrent avoir résolu ce casse-tête. C'est par de telles illuminations successives, chaque solution s'avérant aussi mystérieuse que le problème correspondant et, une fois trouvée, n'apportant pratiquement aucune lumière, que la plupart des violonistes apprenaient alors leur métier. (Ma quête de la perfection dans le vibrato devait durer bien des années encore. Même quand, petit garçon, je jouais déjà régulièrement en public, mon vibrato n'était jamais très rapide et il me fallut attendre, à l'âge adulte, d'avoir entrepris de démonter et de reconstituer le mécanisme de l'opération pour commencer à être à peu près content de moi.)

Une fois l'an, les virtuoses en herbe d'Anker donnaient au Fairmont Hotel un concert, mi-démonstration mi-concours, à leurs familles et amis. Mon tour arriva en novembre 1921. Je jouai un petit morceau intitulé *Souvenir* pour lequel j'obtins la seconde place, ce dont je fus légèrement vexé. Je n'ai pas une mémoire des noms bien extraordinaire, mais je me rappelle encore celui de mon heureuse rivale; c'était une petite fille de douze ans nommée Sarah Kreindler, qui avait fort justement mérité la première place pour son exécution des *Airs bohémiens* de Sarasate. Mon défenseur de la première heure, Reuben Rinder, se trouvait dans la salle; il me donna un livre, peut-être pour me récompenser de ce que j'avais fait, à moins que ce ne fût plus probablement un prix de consolation pour n'avoir pas fait mieux. A maints égards, cette première apparition en public fut un tournant pour moi, et tout d'abord parce qu'elle marqua la fin de l'ère Anker. Soit qu'Imma eût conclu qu'il ne pouvait plus rien m'apporter, soit encore — c'est fort possible — parce que je n'avais pas réussi à jouer mieux que Sarah Kreindler, elle reprit contact avec Louis Persinger. Je n'ai pas la moindre idée des influences qui furent cette fois-ci déployées, mais toujours est-il qu'il m'accepta comme élève.

Des nombreuses raisons que j'ai de chérir la mémoire de Persinger, nulle n'est plus importante que la hauteur de vues qu'il me proposa dès le début. Pour la première leçon, on me dit de jouer un petit quelque chose et l'on me donna quelques petits conseils, mais, ces préliminaires rapidement expédiés, Persinger nous invita à nous asseoir, Imma et moi, il prit son violon et nous annonça qu'il allait jouer pour nous. Avec une intuition admirable, cet homme qui ne faisait pas métier d'enseigner aux jeunes enfants choisit de ne pas nous éblouir par un feu d'artifice de virtuosité, mais de nous exalter par l'audition d'une des œuvres les plus nobles jamais écrites, l'adagio de la *Sonate en sol mineur pour violon seul* de Bach. Cet adagio improvisé est si passionné et si émouvant que, bien des années plus tard, Pablo Casals, s'abandonnant en ma présence au piano, lui donna un accompagnement arpégé, imitant le cymbalum hongrois : d'après lui, c'était là la preuve que Bach avait du sang tsigane! Entendant l'adagio pour la première fois à l'âge de cinq ans, je ne risquai pas de me livrer à de telles spéculations. Je me sentis seulement très proche de cette musique et la trouvai très émouvante. Nous restâmes sous l'empire de son charme jusqu'à ce que la dernière note s'évanouît et que le silence emplît la pièce à déborder, puis nous rentrâmes à la maison, encore transportés sur un plan d'existence supérieur, ivres de Bach. Il me faudrait lutter pour parvenir à une telle sublimité, mais je savais que c'était ce que je cherchais et que ma mère attendait de moi cet effort non moins que je ne l'exigeais de moi-même.

Cette expérience partagée nous marqua l'un et l'autre. Mes parents étaient tous deux sensibles à la musique, mais Imma avait eu la chance de l'apprendre un peu. A Hayes Street, nous avions un piano droit sur lequel elle jouait de temps à autre, et c'est elle qui m'accompagna lors de ma deuxième apparition en public où je jouai le *Menuet* de Paderewski à l'occasion de quelque fête de l'YMCA au Presidio de San Francisco, dans les premiers mois de 1922. Elle prit des leçons de violoncelle jusqu'à la naissance de mes sœurs, mais sacrifia ensuite sa propre formation à la mienne, mettant tout son cœur, son énergie et son imagination au service de mes efforts. Elle ne surveillait pas mes exercices, mais elle y prêtait l'oreille. Les années passées à Hayes Street furent doublement bien remplies : d'une part notre espace se rétrécissait à mesure que la famille s'agrandissait, d'autre part nous débordions d'activité. Imma n'avait pas seulement à tenir la maison et à élever ses enfants — tâche qui passait pour elle avant toute autre —, il y avait aussi un flot constant de candidats à la *Bar Mitzvah* à diriger, et d'amis à recevoir. Malgré tant de devoirs, elle trouvait encore le moyen de m'écouter jouer d'une oreille. S'il m'arrivait d'être particulièrement en forme, elle le remarquait; si je raclais sans entrain, elle me disait que je jouais « comme un violoneux de village » et m'exhortait à trouver le moyen de produire de grands sons. Elle me disait de tenir le violon selon une inclinaison à la Heifetz et transforma pour moi le solfège en un jeu. Ma première leçon de lecture musicale eut lieu sur le banc d'un jardin public, non loin du magasin de jouets d'heureuse mémoire. Je devais chanter le nom des notes à mesure qu'elle les traçait sur une portée. Comme mes erreurs semblaient l'amuser, je faisais de temps en temps la bête, préférant passer pour ignorant plutôt que de perdre le plaisir de la voir rire. C'était elle qui accordait mon violon. Quand elle dut partir à la maternité pour la naissance de Yaltah en octobre 1921, il fallut trouver une solution de secours. Persinger vint donc une fois par jour accorder le violon; on ne pouvait jurer que l'instrument resterait accordé pendant vingt-quatre heures, mais c'était toujours mieux que rien. Et je mettais mon point d'honneur à jouer très régulièrement et honnêtement : j'en étais récompensé par une visite quotidienne à la clinique pour voir Imma et ma nouvelle petite sœur.

Dès qu'elle fut de retour à la maison et que reprit le train-

train quotidien, Imma recommença à m'escorter à mes leçons de violon qui avaient désormais lieu au studio Persinger dans Hyde Street. Nous prenions le tram, robuste véhicule capable de grimper les côtes les moins roides de San Francisco, laissant les plus escarpées aux funiculaires. Jour inoubliable que celui où, comme nous risquions d'arriver en retard à la leçon, nous hélâmes un taxi; voyant le plaisir que me procurait ce luxe inhabituel, Imma fit la remarque que, si je travaillais dur, je pourrais me payer très souvent des taxis quand je serais grand. Bach, les taxis et les espérances d'Imma : l'avenir était aussi riche de promesses qu'exigeant. Mais les enfants ne sont pas des pages blanches sur lesquelles écriraient les adultes; l'ambition qui couronnait toutes les autres — celle de jouer de façon à faire pleurer et se réjouir le monde entier — était déjà en moi.

Le scepticisme est le propre des adultes. S'ils songeaient à leur enfance, je crois que la plupart des gens reconnaîtraient qu'ils avaient alors la foi qui déplace les montagnes. J'étais moi aussi convaincu que je pouvais accomplir des miracles, mais, pas plus dans mon cas que dans celui d'autres enfants, ce n'était là présumer de mes capacités; il s'agissait plutôt de la conviction qu'un suprême effort de concentration ou de prière peut nous libérer des lois naturelles. J'étais depuis quelques mois l'élève de Persinger quand la famille quitta Hayes Street pour acheter à tempérament la grosse maison en bois d'un étage, au 1043, Steiner Street, où nous devions rester les sept années suivantes. Une volée de marches conduisait à la porte d'entrée au-dessus du soubassement surélevé par rapport au sol; à l'arrière, une autre porte donnait sur le jardin assez vaste où fut construit notre abri-dortoir. La disposition de ses portes, dans une maison agrémentée d'un jardin entièrement à nous, donna naissance à une image qui m'obsédait régulièrement avant de m'endormir. C'était tout ce qu'il y a de plus simple. Je commençais à creuser un tunnel devant la porte de derrière et, en le prolongeant, faisais surface devant la porte d'entrée! Le plaisir, la surprise que me procurait cette image n'eussent pas été plus intenses si mon voyage souterrain avait abouti en Mongolie extérieure ou aux origines de la Création. Je suppose que les tunnels sont une idée fixe des enfants; ayant depuis peu vu le jour hors du giron maternel, ils doivent dès lors s'employer assidûment à creuser le tunnel qui mène de l'enfance à la liberté et à la responsabilité. Mais ce qui me fascinait, c'était cet exploit incroyable que j'avais l'impression d'être parfaitement à même d'accomplir. Tout comme je me croyais capable d'opérer des miracles en musique. Ma confiance en moi me faisait dédaigner volontiers le fait que le temps seul permet d'acquérir habileté et discernement : si je m'appliquais vraiment à étudier une œuvre aujourd'hui, je devais immanquablement la savoir le lendemain, j'en étais sûr, et il n'est pas douteux que cette confiance en la possibilité de toutes choses en a facilité quelques-unes.

Notre nouvelle maison coûtait huit mille dollars, à rembourser à raison de cinquante dollars par mois. Au moment de ce déménagement, le salaire d'Aba était passé de cent cinquante à deux cents ou même deux cent cinquante dollars par mois, et ses responsabilités s'étaient accrues d'autant : il n'était plus simple professeur mais directeur d'une école. Je me rappelle fort bien ses bâtiments de briques rouges, car j'étais là lors de l'inauguration, quand un arbre fut planté à cette occasion. Avant notre départ de San Francisco en 1927 pour aller passer une année en Europe, les talents d'administrateur et d'éducateur de mon père lui avaient permis de conquérir le poste de surintendant des septs écoles hébraïques de la région, et son salaire s'élevait à trois cent cinquante dollars par mois. De temps à autre, nous allions visiter en famille les écoles dont il avait la charge. Je suis sûr que si mon père avait pu terminer ses études supérieures, il aurait fait une très belle carrière dans l'enseignement; et que si son image du Juif idéal avait été conciliable avec le nationalisme juif, il aurait pratiquement pu obtenir n'importe quel poste en Israël. En 1922, ces deux possibilités étaient déjà éliminées; cinq ans plus tard, il devait rayer également de la liste, dans mon intérêt, la carrière dans laquelle il réussissait alors.

En attendant, il se débrouillait avec son modeste salaire pour faire bénéficier les siens de vacances, d'une voiture, de musique et de notre jolie maison. Le sous-sol servit de garage à six ou sept voitures du voisinage : il fallait beaucoup de manœuvres délicates pour arriver à les placer toutes dans cet espace exigu. La location du garage couvrait à peu près les remboursements du prêt hypothécaire et l'on tirait de la location des deux pièces du premier étage un revenu supplémentaire qui permit de payer la construction de notre abri-dortoir. La plus vaste, côté rue, était occupée par deux vieilles dames russes, sœurs ou amies, je ne suis jamais parvenu à le savoir. Nous leur rendions visite une fois l'an, à l'occasion d'une fête russe ; elles nous conviaient cérémonieusement à manger de la pâtisserie russe, échafaudage compliqué de baguettes entrecroisées, le tout délicieusement croquant et sucré. Les locataires se succédèrent dans l'autre pièce, la plus petite, donnant sur le jardin, mais le dernier, Ezra Shapeero, resta plusieurs années. Il était jeune, séparé de sa famille et travaillait dur pour faire ses études de droit ; situation assez difficile pour toucher le cœur de ma mère. Elle ne pouvait supporter de le laisser là-haut à sa solitude, le rez-de-chaussée lui fut donc ouvert et on l'accueillit dans le sein chaleureux de la famille. A la fin de ses études, il cessa d'être notre pensionnaire, mais il ne quitta jamais le cercle de famille ; aujourd'hui qu'il est mort, sa femme et ses deux filles sont restées en relation avec nous.

La vie de famille se déroulait ainsi au rez-de-chaussée comprenant cuisine, salon et salle à manger (nous dormions au jardin). A côté de la cuisine, une pièce supplémentaire pouvait au besoin servir d'infirmerie ; sinon, j'y faisais mes exercices de violon, avec vue sur le jardin et notre dortoir, à portée d'oreille de ma mère quand elle faisait la cuisine dans la pièce à côté.

La maison de Steiner Street, par ses dimensions, permit à ma mère d'exercer pleinement ses talents d'hôtesse, et mes parents prirent l'habitude de recevoir à dîner plusieurs fois l'an. Vingt personnes ou plus prenaient place à la grande table de la salle à manger dont toutes les rallonges avaient été tirées pour la circonstance et couvertes de splendide linge blanc. Ces soirs-là, on faisait du feu de bois dans la cheminée et, en ce qui me concerne, le meilleur moment était la demi-heure où je pouvais rester seul devant les flammes avant l'arrivée des invités. Les sœurs étaient au lit, mes parents affairés aux préparatifs de dernière minute, et je jouissais du tête-à-tête avec cette beauté mystérieuse, vivante et dangereuse. La suite de la soirée devenait de plus en plus pénible pour moi à mesure qu'elle avançait. J'avais le droit de dîner à table avec les grandes personnes, mais mes jambes étaient encore trop courtes pour atteindre le plancher ; mes pieds se balançaient dans le vide, et plus le temps et les plats passaient, moins je me sentais bien. Je n'en ai jamais rien dit mais, depuis lors, me souvenant de ces soirées, j'ai toujours tenu à avoir des repose-pieds à la maison pour les enfants, les secrétaires ou quiconque pourrait s'en trouver mieux.

Lors d'une de ces fêtes, je fis une bêtise. Ce devait être sans doute durant notre première année à Steiner Street, car l'une des invitées était une infirmière de la maternité de la clinique Mont Sinaï où ma mère avait mis Yaltah au monde. Parmi les caractéristiques juives d'Imma, la plus incontestable était sans doute son besoin de voir les jeunes gens se marier; or, ayant apprécié cette infirmière, elle avait décidé de lui faire rencontrer notre pensionnaire d'alors. C'était un homme d'une trentaine d'années que je trouvais grave et digne. J'étais au courant des plans d'Imma le concernant et j'avais la désagréable impression qu'il était victime d'un stratagème en venant joyeusement dîner avec nous tandis qu'on ourdissait des complots contre son innocente personne. Il fallait prévenir ce pauvre garçon; la responsabilité m'en incombait assurément, et le courage requis pour ce faire n'en renforçait que mieux mon obligation morale. Pendant le potage, je faillis plusieurs fois lancer ma mise en garde, mais, tremblant, je la remis à plus tard; enfin je lâchai le morceau :

— Savez-vous pourquoi on vous a invité ce soir?

— C'est une bien charmante soirée! répondit-il poliment. Je suis ravi de la passer avec vos parents et leurs amis.

— On ne vous a invité que pour vous faire épouser cette dame.

On l'imaginera aisément, la soirée ne se remit jamais complètement de cette sortie, mais il faut porter au crédit de mes parents qu'ils ne me punirent ni ne me grondèrent pour mon honnêteté intempestive, et ce n'est que beaucoup plus tard qu'ils m'initièrent aux délicatesses du mensonge par omission. Yaltah ayant atteint l'âge de rester debout à l'heure des préparatifs de la fête, elle commit une fois quelque chose de presque aussi grave : elle versa un bol de sel dans un plat en train de cuire, et elle aussi s'en tira sans punition. Quand on y songe, en dépit de tout le respect et de l'obéissance qu'ils exigeaient de nous, mes parents étaient remarquablement indulgents pour nos bêtises, et par ailleurs exigeaient vraiment peu de chose de nous. Aba nous disait parfois : « Votre mère est très fatiguée, elle a eu tellement de travail aujourd'hui! », mais, à part ce genre de remarques, ils ne nous tourmentaient jamais avec leurs problèmes de santé, ne réclamaient jamais quelque répit ni que l'on fît quelque chose pour eux. C'était eux qui nous servaient, qui portaient les choses pour nous, qui travaillaient pour nous. Ce n'est que devenu père à mon tour que j'ai connu un autre mode d'organisation familiale selon lequel c'est un réflexe parfaitement normal des enfants de faire telle ou telle chose « pour papa ».

Pas plus que Sigmund Anker, Persinger ne me révéla les mystères du violon. Il montrait, j'imitais; je réussissais grâce à mon oreille, sans détour par la réflexion consciente. Ce qu'il m'a donné comme musicien, c'est la compréhension de la musique; comme professeur, une attention et un dévouement dont j'ai découvert — mais seulement plus tard — que tous les professeurs étaient loin d'être capables. Il se donnait un mal extraordinaire pour moi. Nous avions commencé par deux leçons par semaine, puis, petit à petit, il y en eut trois, bientôt quatre et puis cinq (par la suite, quand il m'accompagna en tournée, nous étudions ensemble trois heures chaque matin). Pour rendre les exercices plus supportables, il en improvisait pour moi; un jour, il me dessina des gammes en tierce ressemblant à un train miniature se promenant par monts et par vaux. Je ne serais pas étonné qu'il en ait trouvé l'inspiration dans un autographe de Bach, ce qui ne m'empêchait pas de penser avec morosité que de tels exercices étaient des jeux d'enfants, donc à l'opposé de ma quête de la réalité. J'avais trouvé en Persinger un professeur répugnant à se complaire aux méthodes autocratiques avec leurs gammes effroyables pendant des heures et les *études* * pour le plaisir des études. Le bon sens était sa grande qualité, chose du monde si inégalement partagée qu'il passait pour bizarre auprès de ceux qui sont dominés par les *idées fixes* *. Il estimait que le doigté devait être dicté par l'oreille, ou que la main devait s'habituer d'elle-même aux demi-positions, ce qui n'était pas évident il y a cinquante ans. Dieu seul sait combien j'aurais pu apprendre si j'avais été un élève plus lent! Ou combien d'exercices ingénieux il aurait pu concevoir s'il avait pris ombrage de ma capacité de reproduire d'emblée ce qu'il m'avait montré!

* En français dans le texte.

Cela ne l'empêchait certes pas — et il avait raison — de défendre l'utilité des gammes en tierce, mais, malgré tout, à cause de son côté pragmatique, il me laissait défaire à plate couture tous ses arguments. Trouvait-il que mon intransigeance faisait ma force ou bien craignait-il, en me faisant entrer des principes fondamentaux dans la tête, d'abîmer un don naturel pour le simple plaisir de me montrer qu'il avait raison ? J'aurais tort de regretter son indulgence autant que d'imaginer qu'on peut profiter d'une vertu sans graisser la patte au diable. Il faut toujours lui verser sa part, mais il arrive tout de même que le diable le rende ! Ne m'ayant jamais inculqué de méthode, Persinger me laissa la possibilité d'en élaborer une bien à moi lorsque le temps fut venu, de sorte que même les points faibles de mon éducation finirent par contribuer au dessin total de ma vie. Tandis que la majorité des maîtres auraient refusé de me laisser jouer les chefs-d'œuvre jusqu'à ce que j'eusse atteint une stature et un poids jugés compatibles avec leur profondeur, Persinger confia ces choix au jugement de son oreille.

Né dans le Colorado, fils d'un lampiste aux chemins de fer, Persinger avait étudié avec le grand violoniste belge Eugène Ysaye, et occupé pendant quelque temps le poste de premier violon solo de l'Orchestre philharmonique de Berlin sous la direction d'Arthur Nikisch. Son espoir de faire une carrière de concertiste aux États-Unis ne s'était jamais réalisé, faute d'argent pour financer ses débuts, semble-t-il, peut-être aussi parce que son ambition manquait d'agressivité. Son violon était un élégant Montagnana, doué de la sonorité chaude caractéristique de ces instruments ; Persinger en tirait un son mélodieux, mais sans mordant. Il s'inclinait devant la personnalité plus forte de sa femme, ne se mettait pratiquement jamais en colère ; c'était quelqu'un de gentil à tous égards. Un tempérament aussi débonnaire ne favorise pas nécessairement la carrière d'un soliste, mais elle faisait de Persinger un maître idéal, du moins pour quelqu'un qui n'aspirait qu'à s'instruire. Professeur inspiré, premier pupitre d'un orchestre, premier violon d'un excellent quatuor qui portait son nom, accompagnateur de grande classe, il était l'un des musiciens les plus complets que j'aie connu. Suis-je devenu le récipiendaire de ses rêves abandonnés ? C'est possible. Ce genre d'images et d'espérances ne meurent jamais. Elles transmigrent dans les idoles que nous nous créons, les partenaires que nous prenons, les enfants que nous engendrons, les élèves que nous formons, produisant cette énergie qu'on appelle attraction. Assurément, le monde n'est pas riche de reconnaissance mutuelle. Malgré les apparences, l'amour n'est peut-être qu'amour de soi; mais qu'est-ce qui prouve que les apparences n'ont pas une force qui leur est propre? L'amour consiste avant tout en actes d'amour. S'il y avait un élément de nostalgie, un écho de ce qui aurait pu être sa destinée dans le soin que Persinger prenait de moi, toujours est-il que je n'en avais alors nulle conscience. Il me paraissait que les maîtres étaient dévoués à leurs élèves comme les parents à leurs enfants, et si l'on voit là une hypothèse pleine de suffisance, on doit se rendre compte qu'elle impliquait en retour, de la part de l'élève, qu'il se consacre entièrement au but recherché.

Je savais fort bien quelle exacte contrepartie d'obligations comportent les privilèges. J'avais, pour un enfant, le sens de mes responsabilités, et je crois que j'ai travaillé dur, mais je n'ai pas de mal à imaginer que d'autres enfants placés dans une situation analogue ont pu travailler plus dur encore. Le fait que mes heures d'exercice participaient de l'emploi du temps familial me rendait les choses plus faciles. Il est vrai que cet emploi du temps devint de plus en plus complexe au fur et à mesure que nous grandîmes et qu'il fallut y insérer des activités plus nombreuses; justement, la nécessité d'étudier empêchait à la fois la négligence et le surmenage. Ce qui n'est pas à dire, bien sûr, qu'un emploi du temps, si rigoureusement qu'on l'observe, puisse garantir qu'on fasse le meilleur usage de son temps. Le violoniste, qu'il ait huit ans ou cinquante-huit, mène forcément une vie solitaire, méditative, introvertie, il est seul responsable de l'orientation prise par ses méditations. Il m'est arrivé à une certaine époque, quand nous habitions Steiner Street, de laisser errer ma pensée pendant que je travaillais, de m'inventer des aventures merveilleuses ou des conversations passionnantes tout en jouant plus ou moins automatiquement, dans une sorte de ravissement béat. Mes parents, naturellement, ne pouvaient savoir que mon expression pensive et mon regard voilé étaient des symptômes d'absence plutôt que de concentration au travail, mais, heureusement, je me rendis compte moi-même des mauvaises habitudes auxquelles je commençais à céder et elles me donnèrent assez de souci pour que je veuille me ressaisir et en sortir.

Le sens de la responsabilité, s'il est entretenu et aiguisé, peut parfois se transformer en anxiété, et peut-être est-ce cela et le besoin de me justifier qui me firent malmener le Concerto de Mendelssohn à l'âge de sept ans, dans un concours qui devait être le dernier auquel je participai. Ou bien voulais-je plus simplement me faire valoir ? Au milieu de l'andante, le président du jury, Alfred Hertz, chef de l'orchestre symphonique de San Francisco, Allemand barbu, grand amateur de cuivres, au tour de taille bismarckien, intervint pour contester le tempo rapide que j'avais moi-même imposé. J'expliquai que je voulais arriver au troisième mouvement, que j'aimais particulièrement, avant que mon temps ne fût expiré : comme si je craignais que seuls les feux d'artifice de l'allegro pussent me concilier mes juges, que le prix ne me fût pas décerné si je ne montrais pas de quoi j'étais capable et qu'il n'y eût donc pas un moment à perdre. Cette exécution, malgré ses défauts, me valut une bourse de vingt dollars par mois pendant dix mois. Elle aurait pu me rendre un plus grand service, celui de m'apprendre à respecter tous les genres de musique, mais, comme l'avenir n'allait pas tarder à le révéler, cette leçon-là ne m'était pas encore acquise.

Mortels qui ne pouvons accepter notre mortalité, nous aspirons toujours à un point limite, à une ultime épreuve, à un jugement qui mette fin à tous les autres. Pour moi, c'était le Concerto de Beethoven. Il était à l'ensemble du répertoire pour violon ce que l'étincelant troisième mouvement de Mendelssohn était à l'andante. Avant l'âge de huit ans, j'avais appris plusieurs concertos d'étude (de Bériot, Lipinsky, Spohr), la *Sonate en sol mineur* de Bach, qui avait terminé en beauté la première leçon de Persinger, le Concerto de Mendelssohn, la *Symphonie espagnole* de Lalo, le premier mouvement du *Concerto en ré majeur* de Paganini, et celui de Tchaïkovsky. J'avais englouti cet énorme corpus sans le mâcher, comme un glouton convaincu que ce qu'il mange n'est pas tout à fait « réel », ce qui ne fait qu'augmenter sa fringale. Cette liste qui s'allongeait servait moins à m'apprendre quelque chose qu'à me qualifier ; elle me conférait un passé instantané, une biographie identifiée à mon répertoire, qui me soulevait de terre sans me donner l'impression de grandir. Je me sentais comme un bébé juché sur des échasses.

C'est un mercredi après-midi que Persinger accepta de me

livrer le Beethoven en pâture, à condition de maîtriser d'abord le Mozart en *la majeur*. Je ne risque pas plus d'oublier ce jour-là qu'un primitif ne risque d'oublier sa première danse revêtu de la peau de bête ou du plumage totémique. Enfin j'allais avoir accès à l'authenticité! En jouant du Beethoven, j'allais remplir ma carcasse vide, il allait me pousser des jambes pour me porter à la hauteur que j'occupais. Beethoven allait me rendre grand, réel, solide. Mozart était la dernière épreuve à franchir avant l'initiation. En huit heures d'étude intense entre mes deux leçons hebdomadaires, j'appris donc par cœur le Mozart en *la majeur* et le jouai devant Persinger. Quelqu'un de plus méchant que lui m'aurait jeté la pièce, aurait félicité le petit singe que j'étais ou m'aurait suggéré des airs convenant mieux au crincrin à manivelle, mais il se contenta avec indulgence de se mettre en rage, pour une fois, au beau milieu de l'andante. « Rentre chez toi! me lança-t-il avec colère. Et sers-toi de ta bosse des maths pour tenter de comprendre les rythmes exacts. Je ne veux pas te revoir ici avant que tu aies réfléchi à chaque note de chaque mouvement! »

Sa réprimande, par surcroît, déchaîna sur moi le courroux d'Imma. L'échec était un péché relativement véniel. Mais un échec causé par le désir d'un succès trop rapide faisait de moi un vulgaire *arriviste* *. Éluder son devoir, espérer que le bâclage, le négligé suffiraient, c'était trahir l'endurance, l'autodiscipline, bref, l'essentiel des valeurs tcherkesses. Et je me condamnais doublement de l'avoir fait devant autrui. La sentence la plus dure qu'Imma pouvait prononcer était celle-là même qui, à Athènes, servait à mater les citoyens dont l'ambition risquait d'attenter à l'ordre de la République : l'ostracisme. On m'enferma dans ma chambre et on m'y apporta à manger, seul. Ayant mis mes sœurs au lit, Aba, sous le contrôle d'Imma, me fouetta de quelques coups de ceinture en faisant retentir l'air d'un sifflement sinistre et, impressionné par sa propre violence simulée, s'enfuit terrorisé. Curieuse justice, direz-vous; mais comme j'ai toujours été le même quel que fût mon âge, et trouvais donc naturel de bien jouer le concerto en *la majeur* de Mozart à huit ans, la punition me parut exemplaire. Qu'on s'essaie à attraper Beethoven ou un pot de

* En français dans le texte.

confitures, un vent de folie reste un vent de folie. Même si la culpabilité et le dégoût ne m'étaient point venus ensemble, j'aurais eu lieu de me sentir soulagé plutôt que rancunier; soulagé de ralentir un peu, de voir bridée la puissance du tyran qui tout à la fois me propulsait et me hélait de loin; soulagé enfin de jouer du Mozart en compagnie de qui, de façon rassurante, je pouvais me sentir de mon âge.

Soyez sûr que, le lendemain, je ne l'abordai pas sans défiance. L'adagio du premier mouvement n'offrait qu'un maigre terrain à l'amitié. Il lui fallait bien de l'insolence pour inviter à un large sourire! Le deuxième mouvement me rappelait Persinger en colère jetant sa partition sur la table. Quant au troisième... Bref, la conversation allait tourner court entre nous quand je me trouvai purement et simplement séduit par le passage en *la mineur* qui a valu à l'œuvre son appellation familière de *Concerto turc*. Comment avais-je pu manquer d'humour au point de passer à côté de ce charmant épisode déteint de *l'Enlèvement au sérail* qui altère le menuet classique avec la bouffonnerie d'une marche turque? Ou de la phrase montante sur laquelle se termine l'œuvre sans conclure, comme pour retirer brusquement sous d'augustes têtes somnolentes la formule bien rodée qui leur servait d'oreiller? Ou des éléments tsiganes qui me faisaient normalement dresser l'oreille? Quoi qu'il en soit, Mozart ayant gagné mon cœur par ses tours orientaux et son burlesque enchanteur, je tombai sous le charme du moindre de ses ornements. Ce fut comme un coup de foudre à retardement.

Une seule chose vint gâcher cet éveil. Après une leçon qui racheta sans peine la précédente, Imma prit Persinger à part. Je la connaissais bien, il faut croire, car mes pires craintes furent confirmées, quelques minutes plus tard, lorsque nous partîmes tous trois en tram pour une audition chez Ossip Gabrilowitch. J'avais mal joué, mon maître m'avait grondé; j'avais bien joué, il m'avait félicité. J'étais un petit garçon, c'était un homme. Quoi de plus simple, de plus régulier? Certains comportements entraînaient certaines réactions, mes erreurs ne me faisaient pas perdre les bonnes grâces du maître, les leçons se succédaient, je pouvais m'attendre à rester moi-même de semaine en semaine tant qu'il serait ce qu'il était, le dispensateur de ces soins assidus. Que n'aurais-je pas donné pour que le rideau retombe avant le dénouement du scénario d'Imma, pour ne pas entendre les excuses que Persinger m'avait faites à sa demande! Or il les avait faites malgré mes prières, transformant instantanément un mentor révéré en humiliateur humilié, et faisant de moi l'instrument de son humiliation. Dans sa fierté, Imma était convaincue que ses enfants ne devaient pas être punis par des tiers; il fallait effacer de mon casier, vierge jusque-là, la réprimande de Persinger.

Ces années d'apprentissage du violon furent naturellement ponctuées, comme les précédentes, par la fréquentation régulière des concerts pour entendre les grands musiciens du moment. Aucun virtuose en tournée, surtout si c'était un violoniste, ne pouvait passer par San Francisco sans être proposé à mon observation et à mon adoration; en outre, dans la mesure du possible, ce qu'on avait entendu au concert était rejoué à la maison sur le tourne-disque à manivelle pour prolonger les effets des modèles idéaux sur mes propres tentatives. A part le sombre Carichiarto, le premier soliste de passage à m'avoir impressionné, presque autant par sa manière de se balancer sur ses pieds que par sa sonorité extraordinairement voluptueuse, fut Mischa Elman. Élève de Leopold Auer à Moscou, Elman était le violoniste juif russe *par excellence**, sa musique lui venait du cœur, si viscérale qu'elle ne manquait aucune occasion de riche vibrato et de glissades et de *portamenti* émouvants, pas même celles que le « meilleur goût » pourrait dédaigner. Je l'admirai énormément. Jascha Heifetz et Fritz Kreisler ne tardèrent pas à rejoindre Elman dans mon panthéon héroïque et, jusqu'au *coup de foudre** suscité par Georges Enesco salle Curran, ce trio qui n'avait de commun, me semblait-il, que le violon, se partagea mon étonnement et l'hommage de mes efforts d'imitation.

Je devais avoir sept ou huit ans, et Elman passait à San Francisco pour la troisième ou la quatrième fois depuis que j'allais au concert, quand Persinger décida de me présenter à l'examen du grand homme. Rendez-vous fut pris à l'hôtel Saint-Francis et je me souviens que j'étais presque aussi désireux de satisfaire ma curiosité des hôtels que de jouer pour mon idole. Non que les hôtels fussent pour moi un territoire tout à fait inconnu. Peu avant la rencontre avec Elman, j'étais retourné au Fairmont jouer pour la Société musicale des dames du Pacifique, groupe

* En français dans le texte.

de bien aimables matrones qui jugeaient de leur devoir d'encourager les jeunes talents et, comme il y en avait beaucoup à San Francisco, les réunissaient tous en bon ordre une fois l'an. (En tant qu'objet de leur sollicitude, j'aurais dû me contenter d'en éprouver de la simple reconnaissance, mais ce qui m'en est resté, c'est le mauvais souvenir d'avoir été qualifié de « mignon ». Si les braves dames s'étaient écriées : « Ce qu'il est fort! », j'aurais bu du petit lait; si elles m'avaient trouvé trop grassouillet, je l'aurais accepté avec philosophie. Mais elles me déclarèrent « mignon », et cela me vexa profondément. Je pus cependant me venger cette fois-là ou la suivante; une dame impulsive m'ayant dit que j'étais « un vrai Paganini », l'exemple du talent d'Imma pour remettre les choses en place m'aida à lui répondre du tac au tac : « Avez-vous déjà entendu jouer Paganini? ») Les foires aux jeunes talents organisées par les dames du Pacifique avaient lieu dans un endroit ouvert au public, salle de danse ou salon à fauteuils et lustres dorés, avec une estrade dans un coin. Avant mon entrevue avec Elman, je n'avais donc jamais vu de chambre d'hôtel individuelle et, ayant une sorte de prémonition qu'elles pourraient jouer un rôle important dans ma vie, j'étais impatient d'en avoir un premier aperçu. Il fut décourageant : la chambre était sombre et sinistre, elle donnait sur une rue bruyante, on ne s'y sentait pas du tout chez soi. Aba et moi restâmes assis bien sagement jusqu'à ce qu'on nous convoquât; nous observâmes cette personnalité en tournée, dans un cadre si impersonnel, et laissâmes Persinger faire la conversation. Pour dire quelque chose et tenant Pablo Casals pour l'un des plus grands musiciens alors vivants, en quoi il n'avait certainement pas tort, Persinger demanda à Elman s'il l'avait entendu jouer récemment. Et Elman, avec un naturel et une spontanéité parfaits, repoussa cette suggestion : « Casals? Mais ce n'est qu'un violoncelliste! »

C'est Picasso, je crois, qui a dit que le grand art devrait guérir les rages de dents. Une telle propriété thérapeutique me fut révélée le jour où mon exécution de l'adagio du *Concerto en mi majeur* de Bach illumina ma mère d'un sourire. C'était mon heure d'étude de l'après-midi, Imma préparait le dîner, j'étais seul et jouais sans trêve sous un portrait encadré de ma grand-mère. De cette quotidienneté jaillit soudain la vérité. De quelque mystérieuse façon, je me rapprochai soudain de

Bach en cœur et en esprit et, au moins quatre fois d'affilée, l'adagio déploya son message sans bavure dans la pièce vide. Mon ivresse tira un clin d'œil approbateur du portrait accroché au mur et, alors, que ma mère avait coutume de froncer les sourcils en ouvrant la porte, elle était rayonnante ce jour-là et m'aurait peut-être pris dans ses bras si elle n'avait pu, au dernier moment, sauver la face en déléguant son étreinte. Aba, qui rentrait juste du travail, fut reçu par une de ces explosions de rire et d'affection qui lui donnaient du courage pour des mois. A la suite de cette scène, je m'imaginai une mission de sauveur beaucoup plus grandiose que celle indiquée par la réflexion de Picasso : j'allais faire la paix dans le monde, trancher tous les nœuds gordiens, arbitrer instantanément les querelles maladives que nous entretenons tous avec autrui, faire quitter aux gens leurs citadelles et organiser une embrassade universelle pour prix de mes peines. Sans doute tous les nœuds gordiens que rien n'a pu dénouer, les procès toujours pendants et les remparts toujours debout devraient-ils apprendre aux artistes à modérer la portée de leurs aspirations. Personnellement, je ne m'y suis jamais résigné.

En famille

Aba n'était jamais en peine d'employer son énergie et son caractère passionné. Outre la tâche à plein temps consistant à gagner de quoi suffire à notre entretien, il y avait toujours la cause de la justice et du progrès pour faire l'objet de sa sympathie et donner un sens à son existence. Pourtant, les objectifs de son engagement dans les affaires de ce monde ne s'étaient pas toujours aussi nettement dessinés. Mon père me disait que, petit garçon à Jérusalem, il s'étonnait souvent de l'élan vital qui gardait toutes créatures, humaines ou animales, si constamment affairées de la naissance à la mort, et il avait coutume de demander à son grand-père à quoi tout cela rimait. On peut ainsi se demander si les convictions les plus fanatiques ne servent pas parfois de simple lest au milieu du vide que, seul des êtres vivants, l'homme a créé en persistant à s'interroger sur l'idée de Dieu et le sens ultime des choses. Quoi qu'il en soit, je me hasarderai à avancer que de telles perplexités ne sont pas rares chez les enfants, car il m'est arrivé à maintes reprises d'éprouver personnellement quelque chose d'analogue. Un souvenir de ma dixième année suffira à en résumer bien d'autres. J'étais tout seul dans la voiture familiale, garée dans une rue entre Golden Gate Park et le temple Emmanuel, pendant la leçon de piano d'Hephzibah. Ce qui se passait autour de moi me parut soudain absurde : à voir les gens aller droit devant eux avec tant de détermination, leurs mobiles n'avaient pas plus de poids ni d'importance pour moi que les sentiments de fourmis s'agitant autour de leur fourmilière. Or ce n'était nullement un complexe de supériorité, car je trouvais ma propre vie tout aussi absurde que celle de tout un chacun, et c'était même ma propre absurdité qui était à la racine du problème.

Quoi de plus curieux que le fait d'exister en même temps qu'on se voit exister ? Il faut que certaines conditions soient remplies : je devais être seul, il fallait une interruption de mes habitudes, une immobilisation du temps. Tout se passait alors comme si l'on avait pressé sur un bouton, m'embrayant sur une vitesse différente du reste de l'humanité, me retirant de l'espèce humaine dont j'observais les gambades sans les comprendre. Une fois que le monde avait repris son rythme normal, j'étais incapable de trouver les mots pour définir correctement cette sensation extraordinaire, mais le détachement momentané dont j'avais fait l'expérience demeurait souterrainement dans mon esprit et me prenait de nouveau par surprise quand les conditions nécessaires étaient remplies.

Les visionnaires paraissent tous s'accorder sur le fait que nous sommes trompés par notre façon d'appréhender la réalité, et la science, en démontrant que les corps solides sont pleins de trous, qu'un mouvement incessant règne à l'intérieur de ce qui est inerte, semble étayer leurs affirmations. Peut-être la méditation n'est-elle rien d'autre que l'acte de cultiver une forme de conscience dépassant le domaine de l'observable, de faire retraite dans un état de généralité ou de métaphysique en deçà du particulier et du physique. S'il était possible d'élaborer des techniques nous permettant de soumettre le particulier au général, peut-être reviendrions-nous enrichis d'avoir traduit celui-là en celui-ci et jeté un pont sur un abîme de l'intelligence. Je crois les enfants plus proches que leurs aînés d'une telle prise de conscience. Encore assez près du point de départ, mais déjà assez éveillés pour se poser des questions, ils peuvent se retrancher des circonstances quotidiennes pour rejoindre la réalité d'avant la naissance, mémoire de l'espèce ou inconscient collectif, où réside le moi essentiel. Depuis ce point de vue terrestre analogue au belvédère de l'éternité, ils trouvent forcément le monde un peu flou.

Je me demande s'il n'y a pas dans la vie de l'enfant — soit avant, soit après la naissance — un terrible déplacement de l'objet au sujet, d'un état où l'on est poussé dans l'existence à un autre état où l'on devient soi-même moteur et où l'on survit par l'exercice de la volonté. Si un tel déplacement existe bien, il faut du temps pour s'y adapter. Si j'avais été affamé ou sans abri, j'imagine que j'aurais assimilé bien vite les ressorts fondamentaux de l'existence; étant un enfant dont tous les besoins étaient satisfaits, ces ressorts devaient forcément survivre en moi d'autre manière, sublimés dans l'interprétation de la musique de Bach ou la constitution d'un code moral. Ainsi suspendu entre la réalité et l'imaginaire, il n'était que trop facile de passer à côté de l'essentiel.

On pourrait penser que se consacrer précocement à la musique était un but suffisant pour une vie entière. Sans doute désirais-je de tout cœur jouer du violon et exprimer ainsi la joie et l'espérance; sans doute n'est-il pas moins vrai que j'étais capable de sentiments intenses, d'être profondément captivé, soucieux ou blessé selon les circonstances. Mais, par intervalles, il ne m'en venait pas moins à l'esprit que ma vie était à la fois égoïste et dénuée de sens. Comment serait-il possible d'assimiler aux fins dernières du divin ou à la destination peu à peu révélée de l'univers la résolution strictement personnelle de réussir? Enfin, qu'est-ce que cela pouvait faire que je joue bien ou mal, que je joue telle musique plutôt que telle autre, que je vive ou que je meure? Pendant bien des années, je me suis demandé si j'aurais été capable de déployer un enthousiasme quelconque pour la survie de l'humanité ou pour quelque grande activité destinée à remplir le temps ainsi épargné; aujourd'hui encore, alors que l'importance des détails ne m'échappe plus, que les fourmis affairées à leurs minimes occupations ont après tout leur part dans l'équilibre écologique général, il m'arrive de me surprendre occupé d'une question très particulière — comme la durée d'une note, l'enseignement des instruments à cordes ou les avantages de la voiture électrique — et, l'espace d'un instant, de ne plus savoir où j'en suis, d'être obligé de prendre du recul.

Aussi loin que je me souvienne, je n'ai jamais exprimé ces doutes nihilistes qui paraissaient contester tout notre mode de vie familial, en fait notre vie même. Cela peut paraître curieux, car mon besoin de rectitude morale reflétait les idéaux élevés de mes parents. Mais quel enfant peut avoir l'esprit assez net ou être assez inconsidéré pour mettre ainsi à nu les confuses et obscures profondeurs de son âme? Il ne doit guère s'en trouver, car la part de notre vie que nous mettons en paroles est la part respectable qui peut être ainsi exposée en public; nous préférons laisser enfouies ce genre d'idées vagues qui pourraient venir tout saboter, y compris notre propre sécurité. En outre, ayant plus confiance dans la musique que dans les mots, j'avais un moyen d'expression qui satisfaisait la plupart de mes besoins, et ma solitude quotidienne de violoniste renforçait mes raisons de m'en remettre à lui. Enfin, notre vie était si bien ordonnée qu'en elle-même elle tenait lieu d'argument de poids contre les faux-semblants de l'anarchie.

Élever un enfant doué ne doit pas être si différent, j'imagine, que d'élever un demeuré. Les exigences exorbitantes d'une telle tâche ne peuvent être ignorées ni réduites à des proportions normales, et l'attention particulière requise par l'enfant chamboule nécessairement l'ordre habituel des priorités. J'ai sans nul doute autant façonné la vie de mes parents qu'ils ont façonné la mienne; je leur ai fait parcourir l'itinéraire inverse de celui qu'ils avaient déjà couvert, je les ai associés à ma carrière et les ai ensuite laissés sans emploi quand j'ai fini par quitter la maison. Mais je suis convaincu que mes sœurs et moi n'aurions pas été l'objet de moins de soin et d'organisation si nous n'avions jamais joué une note de notre vie. Ce que j'apportai à mes parents, ce fut un cadre, peut-être même un prétexte pour leur permettre d'agir suivant leurs principes. Ils avaient tous deux des vues très arrêtées sur l'éducation des enfants et l'un pas plus que l'autre n'eût été tenté, en quelque circonstances que ce soit, de s'en remettre là-dessus à d'autres. Heureusement, dans les années vingt, les lois californiennes ne les obligeaient pas à le faire.

J'ai passé à l'école une seule journée en tout et pour tout. J'avais six ans, je savais lire couramment, je savais écrire et calculer un peu. Cette expérience avait été précédée de discussions fort animées, et son peu de durée suggère que mes parents avaient accueilli avec gratitude le premier signe de son malfondé pour en revenir à leurs convictions profondes. Pendant cette unique journée, je ne fus point malheureux mais seulement ahuri. Je restai assis bien tranquillement à ma place; le maître, à l'autre bout de la classe, proféra des choses incompréhensibles pendant un long laps de temps, et mon attention s'égara finalement du côté de la fenêtre par où je voyais un arbre. Cet arbre fut le seul détail dont j'eusse gardé assez clairement souvenir pour pouvoir parler de cet après-midi-là en rentrant à la maison. Et ce fut la fin de ma scolarité. Quelque temps après, Hephzibah fut placée à la même école; au bout de cinq jours, le directeur convoqua mes parents pour leur dire en privé que leur fille était arriérée. Là-dessus, Hephzibah fut enlevée aux griffes du corps enseignant et, un an plus tard, elle savait lire et écrire couramment. Après ces deux échecs, il ne fut pas envisagé de tenter une troisième expérience avec Yaltah.

Nous reçûmes donc notre éducation à la maison. Qu'y avons-nous perdu? Le plus évident est que nous n'avons pas connu d'autres enfants. A dix ans, j'avais l'habitude d'être pris au sérieux par les adultes, mais je ne savais trop comment m'y prendre pour parler avec des garçons et filles de mon âge. Concernant l'étendue de nos connaissances académiques, il est plus difficile d'évaluer les pertes et les profits. Si nos mathématiques n'ont pas dépassé les rudiments de l'algèbre et de la géométrie, si nous n'avons jamais étudié la physique et la chimie ni appris latin ou grec, je pense que nos connaissances dans les langues et les littératures que nous avons étudiées ont été poussées à un plus haut niveau que ce que dispensent la plupart des écoles. En vacances à Ospedaletti, alors que j'avais treize ans et mes sœurs respectivement neuf et sept, nous profitâmes de ce séjour pour lire quotidiennement *la Divine Comédie* dans le texte.

Des répétiteurs durent être engagés pour nous familiariser avec les finesses des langues étrangères, mais au tout début, à San Francisco, mes parents s'étaient eux-mêmes partagé la responsabilité de notre éducation : Aba nous apprenait le calcul, naturellement, et Imma se chargeait du reste, car elle n'avait pas la moindre disposition pour les chiffres. Par la suite, l'acquisition de notions de géographie, en trois dimensions plutôt que statistiques, devait être un dérivé de notre mode de vie itinérant, et ce qu'on pourrait appeler au sens très large les sciences sociales en était inséparable.

Aba avait une tournure d'esprit dans la meilleure tradition socialiste russe. Il se souciait davantage de ce qu'il fallait faire *pour les gens* en général que du sort de tel ou tel pris individuellement. Plutôt que d'entrer en confidences ou de passer du temps avec l'un ou l'autre, on le voyait constamment concerné par ce qui devait être entrepris pour améliorer le sort des masses. Toute injustice sociale le mettait hors de lui, mais son optimisme survivait aux déceptions successives. Entre le prodigieux avenir qu'il attendait et le prodigieux passé évoqué par Imma, on aurait pu tenir le présent pour un nabot ridicule venu ou trop tard ou trop tôt. Mais si Imma se moquait bien du cours qu'il pouvait prendre, Aba suivait l'actualité. Autant elle méprisait les journaux, autant il les dévorait : le *New York Times*, la *Jewish Newsletter* et surtout la *Nation*, périodique libéral dont le rédacteur en chef, Oswald Garrison Villard, était l'idole d'Aba. Il parlait de politique à table. Presque dès que je sus lire, il se mit à découper quotidiennement des articles à mon intention; je n'avais pas accès aux journaux eux-mêmes car, d'après lui, le vice et la violence ne devaient pas être donnés en pâture à l'imagination d'un enfant. Ces coupures portaient parfois sur les affaires politiques qui intéressaient Aba, mais il tenait également compte de mes goûts et choisissait des reportages dans la jungle, des tentatives de vol des hommes-oiseaux, et autres histoires de ce genre qui captivent l'attention des jeunes garçons. Comme la plupart des petits Américains de ma génération, j'étais fasciné par les gadgets et les machines, et je puis maintenant mesurer à quel point ma conversation devait être ennuyeuse. (Je reçois encore aujourd'hui des liasses de coupures de presse de mon père. Les sujets ont changé et ils ne m'arrivent par la poste qu'à assez longs intervalles, mais cette habitude, avec son aspect pratique de transmission d'une information et son aspect rituel d'expression d'une relation de père à fils, a su résister au temps.)

Si protégés que nous fussions, enfants, contre la contamination accidentelle d'autres modes de vie, nous n'ignorions pourtant pas l'existence de la dureté, de l'agitation et de l'injustice caractéristiques du monde extérieur mais elle nous parvenait édulcorée. Je dois en fait à mes parents, à cause des termes de référence si différents de leurs conceptions morales, la capacité bien embarrassante de considérer toutes les facettes d'une même question et une incapacité symétrique de m'identifier au groupe. Nous étions juifs sans nulle équivoque : la plupart de nos fréquentations, l'insolence de mon nom et la source de nos revenus le proclamaient; et pourtant nous n'observions pas les coutumes juives. Néanmoins, nous nous efforcions de ne pas les violer ostensiblement. Tant que mon père garda son emploi dans les écoles hébraïques de San Francisco, on ne nous vit jamais en voiture le samedi, et il fallut que je fisse preuve de la pire étourderie pour remarquer un jour devant le rabbin, qui était en principe le patron de mon père, que chez nous le *corned beef* était plus rose et avait de la graisse sur les bords. Notre judaïcité n'impliquait de préjugés contre personne. Pour Imma en particulier, la qualité d'un être résidait dans son authenticité et non dans son appartenance à une race, à une classe, ou dans le succès et l'approbation du public. Ainsi estimait-elle grandement Mrs Wessels, vieille dame catholique employée à nous surveiller les rares fois où mes parents sortaient sans nous; de même me fit-elle part plus tard de ses réserves concernant Toscanini. Professant une haute estime pour l'indépendance d'esprit et l'élégance morale, dédaignant les apparences pour aller à l'essentiel, elle désapprouvait certains comportements juifs qu'elle attribuait à la vie confinée des ghettos. Mais dans la meilleure tradition familiale, elle ne s'en battait pas moins pour les Juifs et le judaïsme dès qu'on les attaquait. Ma position personnelle est exactement la même aujourd'hui.

Les principaux avantages d'une éducation privée à la maison consistaient sans doute dans le degré d'attention accordé personnellement à l'élève par le maître, la rapidité des progrès qui s'ensuivaient et le temps relativement court qu'occupaient les leçons dans la journée. Nous nous levions à sept heures, ce qui n'était pas dur par les beaux matins vivifiants de San Francisco. Après le petit déjeuner et la toilette, je faisais du violon jusqu'à onze heures. Suivait une heure de plein air au moment le plus lumineux de la journée; puis le déjeuner, à la maison en général, mais parfois emporté en pique-nique sur la plage; ensuite, repos. L'après-midi commençait à trois heures par des leçons qui se terminaient assez tôt pour me permettre de jouer quelques minutes avant de terminer ma journée de travail par une heure d'exercices supplémentaire, de cinq heures et demie à six heures et demie. Dès sept heures j'étais au lit; l'heure du coucher passa ensuite à huit, puis à neuf heures, mais jamais plus tard, même beaucoup plus grand — sauf, bien sûr, les soirs de concert. L'emploi du temps devait ultérieurement s'allonger, se remplir et acquérir plus de variété dans le détail, mais il resta fondamentalement identique à lui-même et, par cette continuité dans le changement, il acquit une fermeté de dessin suffisante pour durer jusqu'à ce que nous fussions devenus adultes. Il en résultait une cohérence de la vie familiale qui autorisait de spéculer à tort et à travers sur la finalité de l'univers sans toutefois menacer le tissu même de l'existence.

J'ai toujours eu, pour ainsi dire dès la naissance, la notion que la journée comptait tant d'heures, chacune correspondant à une activité déterminée, mais sans être ennuyé pour autant que la vie fût ainsi réglée; au contraire, le temps était précieux mais il coulait doucement. Les veilles de départ en vacances, il allait même si doucement que je devais m'armer contre l'angoisse d'attendre qu'il passât. Je divisais en minutes les heures nous séparant du départ matinal, puis les minutes en secondes, et commençais alors le compte à rebours de ce total astronomique. Le procédé s'avéra utile, car je sombrais toujours dans le sommeil avant d'atteindre le premier mille. Les vacances, le loisir étaient quelque chose d'aussi vital que le travail, et censés contribuer également à notre développement physique, moral et spirituel. Aussi ne laissait-on jamais d'autres devoirs empiéter sur les heures de plein air. Hephzibah, Yaltah et moi, nous devions ainsi apprendre à connaître les parcs du monde entier; ainsi nous fîmes nos promenades rituelles à Central Park, au bois de Boulogne, aux Tuileries, au Tiergarten, à Hyde Park, au jardin botanique de Sydney, pour ne pas parler de leurs nombreux équivalents en d'autres pays. Mais aucun de ces lieux de récréation célèbres n'effacera de mon esprit le parc de Steiner Street qui, comme il en va toujours à San Francisco, se trouvait sur une colline. A deux cents mètres seulement de chez nous, il nous offrait quotidiennement des espaces où courir, de la végétation où se cacher, des perspectives à admirer, du bon air à respirer, de quoi imaginer bien des jeux, puis, quand nous eûmes l'âge, des courts de tennis. Plus petits, nous avions une version très personnelle du jeu de chat perché, dont j'avais inventé les règles moi-même : en transformant les simples commandements de s'enfuir, de se poursuivre et de s'attraper en une table logarithmique parfaite de points perdus et gagnés; ce fut l'occasion d'innombrables cris de joie et de beaucoup de dépense d'énergie.

Nous vivions le jour. C'est peut-être pourquoi je détestais travailler après le coucher du soleil. Dans les rares cas où quelque imprévu indépendant de notre volonté venait détraquer notre emploi du temps, la seule idée de sortir mon violon de sa boîte et de me mettre à jouer à la lueur d'une ampoule électrique me remplissait de désolation. Comme tant d'enfants, j'avais peur du noir. Parfois, je me levais au petit jour pour aller coller le nez à la fenêtre, épiant les réverbères à gaz de Steiner Street jusqu'à ce que le brave homme qui passait les éteindre m'avertît que l'aube était là; je retournais alors au lit sans plus d'inquiétude et me rendormais sur les deux oreilles. S'il m'arrivait de m'éveiller dans le silence de la maison assoupie, je guettais le moindre bruit m'indiquant que je n'étais pas tout seul, que tout le monde n'était pas mort durant la nuit — c'est pourquoi aussi j'aimais tant entendre les rire étouffés de mes parents à la lecture de Sholom Aleichem. Mais même le matin ne pouvait effacer totalement cette angoisse. N'ayant pas eu de grands-parents auprès de moi, j'imaginais qu'Aba et Imma atteignaient à un âge critique en approchant de la trentaine et ne réussis tout à fait à éliminer cette appréhension que lorsqu'ils s'y furent l'un après l'autre engagés sans accroc. Si Aba avait une demi-heure de retard en rentrant du travail le soir, j'étais tout de suite persuadé qu'il lui était arrivé quelque chose de terrible.

Dieu sait pourquoi j'étais obsédé par la crainte du désastre. Peut-être était-ce justement la tranquillité de notre vie pour laquelle on risquait de devoir payer un jour; ou l'unité de la famille qui faisait concevoir à mon imagination la redoutable possibilité d'une séparation. Je crois que j'étais tourmenté et compliqué de nature. Je voulais que tout fût étayé par la raison, et que toute raison fût claire et visible. Certaines questions me troublaient : pourquoi la couleur verte était-elle verte, par exemple, ou bien qu'est-ce qu'il advenait du poids de l'essence quand elle était brûlée, ou encore à quoi pouvait bien servir l'existence, et je retournais ce genre de problème pendant des heures et des heures. Je ne gardais pas tous ces tracas pour moi, mais, en ce qui concerne le mystère de la couleur verte, le monde adulte contribua si peu à me fournir une solution que j'en déduisis que mes aînés avaient pour politique de refuser aux enfants les explications les plus fondamentales. Il ne me vint pas à l'esprit qu'une question que d'innombrables générations s'étaient sans doute posée pouvait ne pas avoir de réponse; ni que mes parents, après tout, n'étaient peut-être pas omniscients.

Heureusement, il y avait mes sœurs. Elles étaient toujours prêtes, avec la confiance béate et respectueuse de deux disciples, à gober toutes les hypothèses que je voulais bien émettre, qu'il s'agit de mes idées musicales, des règles d'un jeu ou de la possibilité d'aller dans la lune à bord d'un vaisseau spatial en diamants, seul matériau qui, à mon avis, ne risquait pas de se détériorer pendant le voyage. J'occupais dans la famille une place fort enviable, non seulement parce que j'étais l'aîné et le seul garçon, mais encore parce que j'étais encadré de part et d'autre par deux êtres plus âgés, mes parents, et deux êtres plus jeunes, mes sœurs, affectueuse symétrie qui m'entourait d'une égale dévotion.

Le bon sens voudrait qu'il ait fallu attendre qu'Hephzibah eût deux ou trois ans, et moi six ou sept, pour qu'une communication approfondie ait trouvé à s'instaurer entre nous, mais dans mon souvenir il n'existe aucune coupure entre le plaisir et l'émerveillement que j'éprouvai à sa naissance et la joie de l'avoir constamment pour camarade, pour *alter ego*, si proche qu'à lui toucher la main je ne pouvais faire de différence entre sa peau et la mienne. Son nom signifie « désirée ». Elle a toujours eu l'intuition d'autrui. Ce qui, enfant, faisait d'elle une fille et une sœur précieuse, comprenant rapidement les allusions, suivant les pistes et devinant les intentions; adulte, cette qualité a trouvé à s'employer dans l'action sociale et, de façon moins définie, à s'exprimer dans la chaleur et la sérénité de sa présence qui met à l'aise tous ceux qui la rencontrent. Quant à Yaltah, fragile et capricieuse autant qu'Hephzibah était égale à elle-même et obéissante, elle était entrée dans la vie avec deux handicaps : d'une part, la déception de ma mère que ce ne fût pas un garçon, déception dont il resta une faible trace malgré l'impartialité scrupuleuse avec laquelle Imma traitait ses deux filles; et, d'autre part, son inévitable exclusion du couple déjà solide et autosuffisant que je formais avec Hephzibah. Je préférerais ne pas avoir à avouer qu'elle nous servait souvent de tête de Turc, mais c'était bien le cas. Nous l'aimions et nous étions cruels avec elle. Quand elle se sentait de trop, elle restait en compagnie du miroir devant lequel elle n'arrêtait pas de peigner ses longs cheveux blonds. Seule indisciplinée de nous trois et la plus spontanée, elle était constamment rappelée à une réalité qu'elle trouvait bien contraignante par rapport aux rêves dont elle vivait.

Je ne saurais prétendre que notre maisonnée fût tout à fait exempte de la prééminence orientale reconnue au mâle, mais, assez curieusement, cela n'entraînait aucune différence dans ce que l'on nous permettait ou attendait de nous. Sur ce point, les principes de ma mère semblaient plus en accord avec ceux du mouvement féministe qu'avec les traditions ancestrales. Mes sœurs n'apprirent aucun art ménager, qu'il s'agisse de cuisine ou de broderie, et elles étaient aussi incapables que moi d'aider à la maison — ce qui ne les a pas empêchées, finalement, de devenir épouses et mères ni de recevoir des invités. Elles suivaient les mêmes cours que moi, sauf qu'elles faisaient du piano au lieu du violon et qu'elles consacraient moins de temps aux exercices quotidiens. Nous sortions tous ensemble, soit aux concerts, soit au spectacle de variétés annuel des Pantages, soit de temps à autre pour voir quelque film muet dans un cinéma de Filmore Street, avec leurs sautes d'images et l'accompagnement du pianiste. Nous jouions, travaillions et étudiions aux mêmes heures; jusqu'à mes premières tournées, nous vécûmes toujours ensemble sous mon hégémonie incontestée.

Nous jouions sans doute les uns pour les autres le rôle des amis que nous nous serions faits si nous étions allés à l'école, mais, en dépit de cette interdépendance, notre vie n'était pas totalement privée de contacts avec d'autres enfants. Imma n'avait pas épuisé son intérêt pour la jeunesse en ayant des enfants à elle; les bénéficiaires en étaient seulement moins nombreux. Quand l'un de nous avait un nouveau professeur ou un nouveau bienfaiteur, nous faisions tous la connaissance de sa famille; c'est ainsi que nous allions par exemple chez Persinger le dimanche jouer avec ses enfants ou que nous partions pique-niquer avec eux. Il n'était pas permis à ces divertissements de perturber notre emploi du temps, il y avait des moments prévus à l'avance pour eux, mais aucun pour les rencontres de hasard. Cette discipline s'appliquait d'ailleurs aussi bien à nos parents. Il était extrêmement rare qu'Aba et Imma satisfassent le désir pourtant naturel de passer une soirée au-dehors avec d'autres adultes. Ils étaient toujours à la maison, à notre disposition. Notre vie n'en était que plus intime, tout unie, régulière et ordonnée, d'un seul tenant, pour ainsi dire, de sorte que la moindre irrégularité revêtait une extraordinaire puissance de séduction. Ma première rencontre avec le compositeur Ernest Bloch fut justement l'une de ces passionnantes perturbations.

Même dans une vie débordante d'événements, Bloch eût été un personnage mémorable. Par le tonnerre de sa voix et l'éclair de son regard, c'était le portrait du musicien en prophète-de-l'Ancien-Testament; sa présence était celle du feu divin dont l'observateur pouvait sortir un peu roussi. Je devais le revoir souvent par la suite, ce qui fait de mon image actuelle de lui un palimpseste où se sont surimposées de nombreuses rencontres, et je ne saurais retrouver là-dessous ma première impression innocente. Je me souviens qu'ayant alors une quarantaine d'années, il m'apparut comme l'archétype du patriarche. Cette rencontre eut lieu grâce à une invitation de Mr Lichtenstein, membre de l'orchestre de San Francisco qui était ami de Bloch. Plutôt que les paroles du compositeur ou ce que j'ai pu jouer devant lui (si tant est que j'aie joué), ce qui me revient le plus distinctement à l'esprit, c'est d'être sorti à l'heure où d'ordinaire je serais allé me coucher. Bloch nous rendit également visite une fois ou deux à Steiner Street. Avec sa générosité coutumière, il composa un court morceau pour violon avec accompagnement de piano, intitulé *Avodah* (ce qui signifie « travail » en hébreu, mais avec une nuance de consécration religieuse), et m'en fit cadeau. Je n'avais joué jusqu'alors que de la musique de compositeurs du passé, ou bien lointains et inconnus; on imaginera aisément la fierté et le plaisir que je pouvais ressentir à ce qu'un maître vivant eût écrit un morceau exprès pour moi, et je l'ai joué très souvent depuis, dans bien des pays différents.

La musique n'a jamais été pour moi quelque chose d'abstrait; à cette époque en particulier, elle exprimait pour moi des réalités dépassant l'horizon de mes jeunes années; elle suggérait l'expérience de la vie et des voyages par-delà les frontières de l'enfance et les limites de San Francisco. Il en allait ainsi de la musique de Bloch : quoique proche de moi par sa judéité, elle m'ouvrait d'autres vastes espaces, et je crois que ces deux impressions étaient également fondées. Il existe parfois une grande différence entre ce que l'on paraît et l'image qu'on a de soi. Les deux jugements peuvent être également éloignés de la réalité, et c'était peut-être le cas pour Bloch. Aux yeux du public, il était un grand compositeur juif, mais il souhaitait personnellement être reconnu comme l'un des compositeurs méritant le mieux le nom d'Américain. Sa qualité de grand compositeur juif était une donnée incontestable, car il avait écrit tout un service religieux, œuvre pleine de noblesse et émouvante, ainsi que maints autres morceaux sur des thèmes hébreux, et il avait jusqu'au physique du personnage. Mais ce n'était pas lui rendre justice que de l'étiqueter « Juif » une fois pour toutes et il ne méritait aucun qualificatif qui vînt réduire ses dimensions de grand compositeur; il fut un précurseur dans le domaine musical, préfigurant l'époque où la dodécaphonie serait remplacée par un retour au contrepoint et à la juxtaposition modale. Bloch avait passé un temps considérable avec les Indiens du Nouveau-Mexique et étudié à fond leur musique. Il pensait que ces connaissances et l'inspiration qu'il en avait tirée auraient dû le faire considérer comme plus authentiquement américain que beaucoup d'autres qui se désintéressaient de la musique populaire indigène et tablaient exclusivement sur les traditions musicales européennes. Au moment du choix d'un hymne national pour les États-Unis, alors qu'on hésitait encore entre *My Country, 'Tis of Thee* et *The Star-Spangled Banner*, Bloch avait espéré que l'on préférerait peut-être à ces deux morceaux l'hymne final de sa *Quatrième Symphonie*. Espoir déçu comme chacun sait : c'est *la Bannière étoilée* qui fut finalement retenue. Pendant la Seconde Guerre mondiale, je devais jouer celle-ci un nombre incalculable de fois, et j'ai pu apprécier ses vertus martiales, mais n'ai jamais pu m'empêcher de me sentir personnellement plus attiré par la noblesse sans agressivité du choral *My Country, 'Tis of Thee*, plus connu des Britanniques sous le titre *God Save the Queen*.

A part une sieste prolongée — et, quand Ezra Shapeero fut venu habiter chez nous, sa compagnie à table —, je menais, les jours de concert, une vie si possible encore plus habituelle que d'habitude. Comme toujours, mes exercices au violon et l'exercice en plein air occupaient la matinée, et le repos et les leçons l'après-midi. Je me changeais seulement à la toute dernière minute, mettant des culottes courtes en velours à la place de celles de coton et troquant mon tricot usé contre ma meilleure chemise. La présence d'Ezra dans un train-train par ailleurs inchangé était une heureuse inspiration, car elle remettait le concert à la place qui lui revenait : celle d'un événement parmi d'autres dans un monde où chacun vivait sa vie. On ne me montrait jamais non plus les articles dans la presse du lendemain; sitôt terminé, le concert était oublié; ce qui comptait, c'est ce qu'il y avait à faire le jour même.

Entre l'âge de sept ans où je fis mes débuts professionnels et l'âge de douze ans où je partis pour la première fois en tournée, Aba et Imma ne me permirent pas de donner plus d'un ou deux concerts par an. Comme leur rareté même risquait de les hausser au statut d'événements exceptionnels, il était d'autant plus nécessaire de faire comme s'il ne se passait rien que d'ordinaire, et tel était en effet mon sentiment. Il est vrai que le concert revêtait l'importance d'un événement clé, d'une épreuve, du gage et de la promesse d'une carrière, mais justement il ne s'agissait de rien d'autre et c'est ce qui en limitait la portée. Ce qui avait fouetté mon ambition dès l'âge de trois ans, ce n'était pas de jouer pour moi-même, mais de jouer ce que les autres avaient envie d'entendre et de tresser ainsi des liens entre les êtres. Le fait de donner un concert m'apparaissait la chose la plus naturelle du monde : je n'ai jamais eu à compter les secondes pour m'endormir la veille au soir.

Les différentes « premières » qui ont lancé ma carrière n'ont laissé que peu de traces dans ma mémoire. Mes débuts officiels à l'âge de sept ans, le 29 février 1924, consistèrent en l'exécution de la *Scène de ballet* de Bériot, accompagné par Louis Persinger au piano et faisant partie d'un programme donné à l'auditorium d'Oakland par l'orchestre symphonique de San Francisco; quelques jours plus tard, le même programme fut donné une seconde fois à San Francisco même, si je ne me trompe. De ces apparitions en public, je ne me rappelle que l'état d'excitation passionnée où elles me mettaient, mais j'ai gardé un souvenir beaucoup plus précis d'un prédébut non professionnel lors d'un concert d'enfants donné quelques semaines plus tôt à l'occasion de Noël. Tous les ans, on installait dans la salle municipale un immense arbre de Noël descendu de la Sierra et garni de boules et de paillettes. Ainsi harnachée, la grande salle en tenue de fête était livrée tout un après-midi à plusieurs milliers d'enfants de la ville qui la remplissaient de fond en comble tandis que quelques dizaines d'autres donnaient le spectacle. J'ai eu de la chance que ma première véritable apparition en public ait eu lieu devant un si vaste auditoire, même si ma contribution aux réjouissances ne dura que cinq minutes au plus. L'année suivante, je jouai pour la première fois avec orchestre la *Symphonie espagnole* de Lalo. A la fin, le chef d'orchestre Alfred Hertz me souleva de terre pour m'embrasser; sa barbe contre laquelle il avait pressé mon visage me fit l'effet d'un balai de bouleau humide. Enfin, le 25 mars 1925, un mois avant mon neuvième anniversaire, on loua le Scottish Rite Hall de San Francisco pour un premier récital complet.

Petit à petit, je devins donc connu dans ma ville, j'y trouvai mes premiers auditoires, reçus leurs applaudissements et intégrai cette expérience à une vie qui n'en était guère modifiée. Chacun considérant la question sous un angle différent, mes parents refusaient d'un commun accord que l'on exploitât leurs enfants. D'abord, la famille était sacrée. Ensuite, nous avions nos habitudes, différentes de celles des autres gens. Troisièmement, les enfants n'étaient pas des objets, des biens personnels, mais la chair de leur chair et leur propre sang, soudés à eux en un tout indissoluble, et toute exhibition d'une de ses parties, par la publicité créée, ne pouvait se faire qu'au détriment de l'ensemble. En outre, Aba était dégoûté à l'idée de mettre à profit les dons d'un enfant pour gagner de l'argent. Il fallait des concerts, d'abord pour éprouver la réussite personnelle, puis comme source de revenus pour vivre, mais à aucun moment de ma jeunesse il ne fut permis qu'ils risquent de compromettre le primat de la vie familiale et les devoirs essentiels de tout enfant, à savoir d'étudier et d'apprendre. Comme par le passé, le temps était jugé trop précieux pour être dilapidé en faisant droit à une vaine curiosité du monde extérieur. On n'accordait donc pas d'interviews aux journaux et toute requête de jouer à titre privé pour quelque festivité de telle ou telle association ou dans le salon de quelque dame fortunée était pareillement rejetée. Aussi avons-nous grandi le plus naturellement du monde, à l'abri de cet environnement inquisiteur qui nous aurait transformés, s'il avait pu, en monstres de suffisance. Je ne saurais trop remercier mes parents d'avoir eu le bon sens de nous considérer comme des enfants normaux, et la force de résister aux pressions contraires.

A l'automne 1925, la famille dut affronter la première séparation qu'elle eût jamais connue. Persinger ayant l'intention d'installer son quatuor à New York cet hiver-là, nous n'avions d'autre choix que le suivre ou se passer de son enseignement jusqu'à son retour en Californie. C'était une décision d'importance. Si l'on choisissait New York, il fallait se séparer, car naturellement Aba ne pouvait quitter son travail pendant une aussi longue période. Il se barda de courage pour faire le sacrifice dont il avait été incapable quand Imma avait souhaité revoir sa mère, et ce sacrifice, il le fit pour moi. C'était la première fois que nous devions le quitter, mais nous, nous étions jeunes, nous partions pour l'aventure mais sans perdre la protection d'Imma. Pour Aba, privé pour la première fois de la présence de sa femme, les choses étaient moins souriantes.

Il vint nous dire adieu quand nous montâmes dans l'Overland Limited à Oakland Pier. Une fois déjà, j'avais été chargé d'escorter ma mère dans quelque expédition à laquelle Aba n'avait pas pu prendre part; de même à présent, juste avant le départ du train, il me donna conscience de mon importance en tant que mâle du petit groupe. En secret mais solennellement, presque comme dans un rite d'initiation, il me confia une petite bouteille de sels que je devais garder prête pour le cas où Imma se sentirait mal. Je ne gardai pas très longtemps cette grave responsabilité, soit que ma sollicitude m'eût trahi, soit que j'eusse laissé découvrir la fiole en retournant mes poches un soir; toujours est-il que la précaution d'Aba fut prématurément éventée, au grand amusement d'Imma. Elle s'appropria la fiole en assurant qu'elle n'en aurait pas besoin. Il est certain en effet que si elle s'était vraiment sentie mal, elle ne l'eût jamais laissé paraître devant des enfants qui avaient besoin d'elle, mais, dans le climat dramatique de notre première séparation, cette idée ne m'était pas venue à l'esprit, non plus qu'à Aba, et je n'étais pas peu fier de la confiance qu'il m'avait ainsi témoignée.

L'Overland Limited allait d'Oakland à Chicago et mettait soixante heures pour couvrir ce trajet. De Chicago à New York, il fallait encore vingt heures à bord du Twentieth Century Limited, de sorte que c'était toute une histoire que de traverser le continent. Tout aussi long, ce voyage vers la côte Est fut cependant plus confortable que celui effectué en sens inverse par mes parents et moi sept ans auparavant. Nous avions un compartiment à nous, salon le jour et sleeping la nuit, avec cabinet de toilette particulier. Je devais prendre une grande habitude de ce genre de compartiments au cours de mes tournées, les partageant d'abord avec Aba et Persinger, puis avec différents accompagnateurs professionnels. Il y avait deux couchettes superposées ainsi qu'un étroit divan. La couchette supérieure était toujours ma place. J'appris à y grimper agilement, à y lire avec un contentement placide, bercé par le train dans sa traversée des États-Unis, mais, lors de ce premier voyage inédit pour moi, je restai assis à la fenêtre pour voir défiler le paysage et suivre notre parcours sur une carte judicieusement offerte par un ami de la famille, le Dr Samuel Langer. Je ne me doutais guère que je connaîtrais un jour à fond chacune des villes où nous nous arrêtions : Reno, Greenville, Omaha et toutes les autres.

Plusieurs jours après avoir agité nos mouchoirs à Oakland Pier, nous arrivâmes donc à New York, un peu ivres du mouvement continuel et de la distance parcourue. On se serait cru débarquer en prison ou en enfer.

La topographie de San Francisco était accidentée, les rues en pente offrant mille points de vue panoramiques sur le ressac du Pacifique ou les eaux calmes de la baie flanquées de promontoires. C'était une ville humaine où les gens habitaient des maisons aux proportions humaines et entretenaient des rapports humains avec leurs voisins. La beauté du pays et de l'océan, la paix et la propreté relatives, les relations détendues entre les gens, tout cela concourait à former quelque chose que j'identifiai au bonheur, sitôt comparé aux rues de New York, grises et terrifiantes et profondes comme des ravins sous un ciel sombre de novembre. New York : le bruit, la saleté et la puanteur du métro; les New-Yorkais affolés et tourmentés — du moins les voyais-je ainsi —, luttant pour survivre, luttant pour gagner plus, luttant contre l'hiver et luttant contre cette bousculade incessante ressemblant à un sauve-qui-peut général. Le jugement amer que je portai à neuf ans sur ma ville natale n'a fait que se confirmer au fil des années, quoique, y ayant fait depuis lors d'innombrables séjours, New York m'ait révélé bon gré mal gré quelques-uns de ses charmes. Si l'on s'extrait des événements de la rue et que, du sommet de l'un de ses gratte-ciel, on domine ainsi la métropole tentaculaire, on en éprouve une espèce de sentiment de supériorité animale très intense que ne procure peut-être aucune autre cité; mais c'est tout de même en bas qu'il faut bien vivre. Je n'ai jamais redressé mon préjugé initial contre New York et je suppose que je ne le ferai jamais, malgré les amis, les souvenirs et une claire conscience de tout ce que cette ville offre à l'esprit. Mes réserves tiennent peut-être à ma conviction que New York aurait dû devenir la première capitale du monde et au fait qu'elle paraît avoir manqué cette chance, ou l'avoir rejetée.

L'absence de mon père aggravait certainement ma nostalgie, mais, comme j'allais pouvoir bientôt m'en rendre compte, j'étais trop profondément attaché à San Francisco pour ne pas continuer de préférer cette ville même quand nous fûmes tous réunis à New York. Plus tard, quand j'effectuai des tournées aux États-Unis en compagnie de mon père, notre moral à tous deux remontait à mesure que nous nous rapprochions de l'Ouest. Or ces quatre mois d'hiver new-yorkais avant de pouvoir rentrer chez nous s'annonçaient déprimants; il allait falloir les endurer avec un stoïcisme tcherkesse, puis les oublier aussi vite que possible. (Dans les mois qui suivirent, je devais rayer le nom de New York chaque fois que je le voyais écrit.) En attendant, il y avait tout de même quelques compensations.

Pour commencer, Imma nous trouva un appartement en hauteur, du côté de la 115e Rue, dans le quartier de l'université de Columbia; nous avions vue sur une modeste portion de la surface de la terre. Par ailleurs, ce fut le premier hiver rigoureux que j'aie connu, avec un traîneau, des bonshommes de neige (que nous fabriquions sur le rebord de la fenêtre), et des vêtements chauds de chez Stern, le grand magasin de la 42e Rue. J'étais assez content de mon manteau neuf qui me donnait l'air d'un ours en peluche; qualifié de chinchilla, il n'était qu'en laine, mais à poil très long et presque frisé. A faible distance de notre appartement, nous avions le parc Morningside, pas aussi agréable que celui de Steiner Street mais qui pouvait en tenir lieu à la rigueur, et où l'on pouvait faire du traîneau. Il y avait surtout les fréquentes visites de Sammy Marantz qui venait du New Jersey nous tenir compagnie et qui réussit même un soir — la veille du Premier de l'An sans doute — à convaincre Imma d'accepter une invitation à l'extérieur, de sorte que nous fûmes confiés à sa garde durant trois ou quatre heures.

Une de mes expériences décisives fut mon premier contact réel avec la médecine, que j'avais seulement connue jusque-là du point de vue du patient soumis au stéthoscope. En s'en retournant à New York, ma mère retrouva quelques-uns des amis qu'elle s'était faits une dizaine d'années auparavant, parmi lesquels le Dr et Mme Garbat qui avaient déjà joué un certain rôle dans sa vie et dans celle d'Aba et qui devaient en jouer un plus généreux encore dans la mienne. Rachel Garbat était la fille unique d'un riche marchand de thé, Abraham Lubarsky, qui avait inclus dans ses libéralités pour la cause sioniste un repas de Sabbat, chaque vendredi soir, destiné aux boursiers de Palestine comme mon père. Rachel elle-même, aussi prodigue de son temps et de son énergie que son père, était une mécène et une amie des musiciens. Elle vivait avec son mari — excellent musicien tout en étant médecin de son état — au cœur de la vie musicale foisonnante de New York. Ils occupaient deux maisons mitoyennes de la 81e Rue Est, entre Park et Lexington Avenues, habitant l'une tandis que l'autre servait de cabinet médical au Dr Garbat. Si toute ma vie durant j'ai été intéressé par les questions de santé, de maladie et de thérapeutique, traditionnelle ou marginale, c'est grâce à la chance que j'eus alors de visiter sa salle de consultation, son cabinet d'examen, son laboratoire et sa bibliothèque, et d'avoir été impressionné par une telle quantité de livres, de dossiers, d'appareils, d'instruments chirurgicaux. Comme on le verra, ma dette envers eux est loin de s'arrêter là, mais, en cet hiver 1925-1926, leur importance tient à la fascination qu'exerçait sur moi la profession du docteur et à la compagnie occasionnelle de son fils Julian et de sa fille Fifi.

Je rencontrai également pour la première fois un autre ami de mes parents, le rabbin De Sola Pool, pour le compte duquel Imma avait travaillé comme professeur d'hébreu à son arrivée à New York. En Palestine, il avait assisté à l'afflux des immigrants juifs de Russie, et il y en avait pour ainsi dire un sur deux qui débarquait une boîte à violon à la main, me racontait-il, tant la musique était le symbole même de leur libération.

La musique nous avait conduits à New York; elle ne fut pas négligée une fois arrivés à destination. Outre les exercices et les leçons, on tâta d'un nouveau domaine. Six ou sept jeudis de suite, en compagnie d'Imma, je suivis les classes de déchiffrage à l'Institut d'art musical (plus tard rebaptisé Juilliard). L'un des membres du corps enseignant de cette institution, Dorothy Crowthers, crut pouvoir affirmer par la suite que j'étais très en avance sur mes camarades plus âgés, mais elle devait être d'indulgente mémoire car mon oreille, qui se distinguait sans doute en matière de solfège, s'avéra profondément rétive à la nomenclature de l'harmonie. Tout comme maintenant, je faisais confiance à la musique et regardais les mots de travers, et même à coups de marteau on ne m'aurait pas fait entrer toute cette terminologie dans le crâne. Je me sentais très mal à l'aise dans l'anonymat de la salle de classe; le contraste était sans doute trop grand avec la maison où notre identité était si nette qu'il n'y avait nul besoin d'y penser. Il y avait déjà eu une autre tentative de ce genre à San Francisco, qui avait duré encore moins longtemps; on avait essayé de me faire participer à quelque chose qui ressemblait à une classe, en l'espèce un orchestre d'enfants, plutôt pour l'expérience de la musique orchestrale que pour celle du contact avec d'autres enfants. Si l'une ou l'autre de ces participations à la vie de groupe s'était poursuivie, peut-être aurais-je eu plus d'aisance, en grandissant, dans mes rapports avec autrui. En revanche, peut-être parce qu'elles ne se sont pas prolongées, mon enfance a été remarquablement exempte des effets déformants de la concurrence. L'étalon auquel je mesurais mon succès était un absolu et ce que je tentais d'accomplir, je le faisais en me référant à cet imposant absolu, non avec le désir d'être reconnu supérieur.

A peu près à l'époque où l'on renonça à me faire suivre ces classes de déchiffrage, je reçus mon premier violon italien, un Grancino sept-huitièmes. Les bienfaiteurs qui fournirent conjointement les huit cents dollars nécessaires furent un couple de Chicago, les Rosenberg, et un monsieur célibataire, professeur d'hébreu dans l'une des écoles administrées par Aba, qui, par une curieuse coïncidence, s'appelait Mr Rosenthal. Cette « corbeille de roses » adoucit mon exil et me fit concevoir un rêve qui se répéta et rendit mes nuits new-yorkaises plus sympathiques que mes journées. Je me le rappelle ainsi : Fritz Kreisler s'avance sur la scène de Carnegie Hall; les applaudissements éclatent puis s'arrêtent brusquement au moment où le public dont je fais partie, assis au premier rang, remarque quelque chose de curieux : il porte deux violons identiques. Du bord de la scène, il m'en rend un en disant d'une voix solennelle qui porte jusqu'au fond de la salle, comme si c'était là tout son récital : « Prends-le, mon petit. Il est à toi désormais. »

Kreisler me séduisait follement. Alors que les musiciens sont souvent insignifiants hors de scène, quand ils ne se réduisent pas à un simple assemblage de déformations professionnelles qui font qu'on pense à l'instrument absent de la même manière qu'un cheval sellé évoque l'absence de son cavalier, Kreisler avait, tout comme Enesco, le maintien dégagé d'un aristocrate. Le nom de Kreisler représenta d'abord pour moi une certaine qualité de sonorité avant de s'incarner. Heifetz avait beau être éblouissant, il ne faisait guère de doute pour moi que mon *Perpetuum Mobile* et ma *Danse des Lutins* pouvaient à peu près soutenir la comparaison avec sa manière de les jouer. Mais Kreisler, lui, restait pour moi une énigme, ou plutôt il me dépassait. Le son de Heifetz restait en quelque sorte à la surface des disques de lui que je passais, uni aux sillons, à l'aiguille et au bras du gramophone, comme un beau ruban déroulé à soixante-dix-huit tours par minute; tandis que le son de Kreisler était tout en subtiles nuances, en suggestions, en allusions ébauchées que j'essayais de saisir de mon mieux par l'intermédiaire des enregistrements primitifs de l'époque. Oh, comme j'aspirais à jouer *Schön Rosmarin* ou *le Caprice viennois* de façon aussi altière! J'avais beau n'être qu'un enfant, je savais que ce qui manquait à mes imitations n'était rien d'autre que l'expérience de la vie. Il me faudrait beaucoup vivre pour m'élever à ce niveau où la tendresse s'unissait à la recherche la plus raffinée.

Le quatuor Persinger répétait dans un duplex de Lexington Avenue appartenant à Mrs Cecilia Casserly, distinguée mécène des musiciens et charmante « grande dame » qui, du jour où elle permit généreusement à Persinger de me donner mes leçons chez elle, devint et resta mon amie jusqu'à sa mort. Il y avait une bonne trotte, toujours à pied, de notre appartement situé sur la rive ouest de Manhattan au sien, du côté de la 70e Rue, mais cet effort valait la peine. Je n'avais jamais vu pareille splendeur, endroit aussi élégant. J'étais particulièrement fasciné par une galerie surélevée réservée aux musiciens; avait-on jamais bâti une maison en songeant autant à la musique! Malheureusement, ce cadre si agréable fut aussi celui d'une des rares rebuffades de mon existence.

On ne me transmettait pas l'éloge ou le blâme des critiques de la presse écrite, ni les commentaires flatteurs du public en général, mais il en filtrait assez à travers les barrières protectrices pour me permettre de voir comment les choses se présentaient : la critique émanait de l'intérieur de la famille, d'Imma en particulier; l'adulation restait à l'extérieur. Les éloges d'Imma, comme ils étaient rares, n'étaient pas seulement hautement appréciés, ils servaient aussi à dévaloriser les autres éloges, si excessifs fussent-ils. Or, tout comme ses encouragements avaient d'autant plus d'importance qu'ils étaient rares, la désapprobation de tiers prenait, pour la même raison, des proportions plutôt dramatiques. Parmi les bénéficiaires de l'intérêt musical de Mrs Casserly, Nikolaï Sokoloff était alors en train de se tailler une réputation de chef d'orchestre à Cleveland. Il m'entendit jouer lors d'un de ses séjours à New York et, bien qu'il fût fort aimable sur le moment, la rumeur me parvint je ne sais comment que, selon lui, n'importe lequel des premiers pupitres de son orchestre jouait aussi bien que moi. Ce n'était peut-être pas un verdict si terrible, vu que je n'avais que neuf ans, mais j'avais si peu l'habitude des jugements dépréciateurs que j'en fus profondément ulcéré. La blessure se cicatrisa, bien sûr. Sokoloff fut l'un des premiers chefs d'orchestre sous la baguette duquel j'aie joué hors de San Francisco; j'ai même souvent joué avec lui, pour notre satisfaction mutuelle. Mais je n'ai jamais pu découvrir s'il avait effectivement tenu ces propos peu encourageants.

Trois semaines avant la date prévue pour notre retour, Aba persuada la communauté juive de San Francisco de l'envoyer en tournée d'inspection dans les écoles hébraïques d'autres villes, dont New York. Avant son arrivée, il y eut un long échange de correspondance entre Imma et lui, par télégramme et par lettre, car le téléphone d'une côte à l'autre des États-Unis existait bien mais n'était pas encore un moyen de communication quotidien pour des gens comme nous. Il s'agissait de décider si je devais ou non donner un concert à New York. Après avoir consulté Persinger, qui devait m'accompagner, on finit par arrêter une décision favorable. On retint l'opéra de Manhattan et les détails furent confiés à un certain Loudon Charlton, mais sans doute Aba ne le trouva-t-il pas suffisamment actif, car à peine débarqué à New York, il se mit en devoir d'expédier des programmes, de distribuer des billets, de rassembler des amis, de contacter la presse et d'alerter des protecteurs de la musique. Nos trois dernières semaines dans cette ville furent aussi alertes et enthousiastes que les trois premiers mois avaient été mornes et confinés. Le 17 janvier 1926, je jouai avec Persinger la *Sonate en mi majeur* de Hændel, la *Symphonie espagnole* de Lalo et le premier mouvement du *Concerto en ré majeur* de Paganini, devant un auditoire parmi lequel ne figurait aucun musicien de marque hormis Walter Damrosch. Il y avait cependant trois messieurs âgés assis côte à côte au premier rang : Papa Heifetz, Papa Elman et Papa Max Rosen; le journaliste qui prétendit les avoir vus avait peut-être inventé leur présence pour suggérer que le récital n'était pas seulement un événement musical, mais également un rite d'entrée dans un club musical très sélect, une espèce de super-Bar Mitzvah par laquelle l'officiant eût accédé à la divinité et où son père eût figuré au premier rang des anges. Les efforts d'Aba pour convoquer les puissants de ce monde avaient abouti à réunir là un *minyan*, c'est-à-dire le quorum de Juifs mâles exigé pour la conduite d'un service religieux public.

Nous quittâmes New York. La mission de mon père nous conduisit vers le Sud, via La Nouvelle-Orléans, avant de nous ramener vers l'Ouest, via Los Angeles. Imma trouva bizarre, lors de la visite organisée que nous fîmes de cette ville, que le guide prît la peine d'attirer notre attention sur la maison de Douglas Fairbanks et de Mary Pickford. Qui diable étaient ces gens-là?

Pareils aux semences stockées dans les pyramides égyptiennes pendant des milliers d'années et auxquelles il suffit d'un peu d'eau et de lumière pour germer, il y a des impressions, des idées, des enthousiasmes qui peuvent sommeiller pendant de nombreuses années jusqu'à ce qu'une impulsion donnée par tel ou tel événement les fasse s'épanouir et fructifier. J'ai déjà parlé d'influences qui se sont exercées sur moi dès avant la vie consciente, dès avant même la vie indépendante, et aussi d'expériences formatrices, comme les sons de la nature, la beauté d'Anna Pavlova, la fascination exercée par la médecine, dont je peux identifier les circonstances et retrouver le point d'impact. Certaines de ces graines durent attendre ma propre maturité pour accéder à la leur, d'autres se mirent à pousser au fur et à mesure que je poussais, d'autres encore n'exigèrent qu'un peu de patience pour tenir leurs promesses. Dans cette dernière catégorie, la plus décisive fut l'idée que je travaillerais un jour avec Georges Enesco.

J'avais sept ou huit ans lorsqu'il vint à San Francisco diriger sa propre symphonie et jouer le Concerto de Brahms. Je fus captivé avant même d'entendre la première note : son allure, sa façon de se camper sur scène, son extraordinaire crinière de cheveux noirs, tout en lui proclamait un homme libre, un homme fort de la liberté, de la spontanéité, du génie créateur, du feu des tziganes. La musique qu'il se mit alors à jouer surpassait en incandescence tout ce que j'avais entendu jusque-là. Quelques années plus tard, admis dans son intimité, le rencontrant parfois presque quotidiennement, le voyant vieillir, je n'ai jamais eu la moindre retouche à apporter à ce jugement initial, si toutefois le mot jugement n'est pas trop froid pour désigner l'admiration que je lui vouai de tout cœur. A huit ans, cependant, je n'avais aucune raison de supposer que je le reverrais ou l'entendrais encore jouer, à moins qu'il ne fît une nouvelle tournée américaine et s'arrêtât de nouveau pour un soir à San Francisco. On pourrait donc imaginer que je me sentis frustré ou déçu par cette incertitude d'une nouvelle rencontre, mais il n'en fut rien : la graine de cet espoir fut à son tour laissée à son incubation tranquille, et quand nous partîmes pour l'Europe trois ans plus tard, je savais qui m'attendait au terme du voyage. Il était inéluctable et parfaitement logique que mon respect illimité pour lui me valût un jour ou l'autre son attention et sa protection.

Il allait pourtant falloir, pour nous conduire en Europe, une série d'événements d'une si miraculeuse improbabilité, du genre dont sont tissés les contes de fées, qu'un romancier rougirait, je crois bien, de les inventer.

De cette vérité qui dépasse la fiction, le premier acteur fut le Dr Samuel Langer qui m'avait fait don d'une carte des

États-Unis au moment de mon départ pour New York. Le Dr Langer dirigeait un orphelinat juif qui comprenait plusieurs maisons dont la sienne propre, chacune abritant une vingtaine d'enfants, le tout situé dans un agréable cadre de verdure. C'était un bon ami de la famille. Nous allions souvent le voir à l'orphelinat, ainsi que sa femme et sa fille Ruth ; on nous faisait visiter les bâtiments, on nous montrait les réalisations des orphelins, nous jouions avec eux, nous prenions part à des tombolas à leur profit, etc. Le Dr Langer, de son côté, me fit l'amitié de s'intéresser à moi. Peu après mes débuts, il porta mon nom à l'attention d'un des philanthropes juifs les plus connus de la ville, Mr Sidney Ehrman, avocat de très bonne famille, très fortuné, qui avait créé une fondation pour l'éducation des orphelins doués. Par l'intermédiaire du Dr Langer, Mr Ehrman offrit à mes parents une certaine somme d'argent, mais, comme dans les bons contes de fées, il fallait surmonter un ou deux obstacles avant de parvenir à l'heureux dénouement. Aba et Imma déclinèrent donc l'offre, considérant qu'ils n'avaient nul besoin de l'argent d'autrui pour élever leurs enfants. Langer ne se le tint pas pour dit, il persévéra et la question revint sur le tapis en mars 1925.

Ce mois-là, comme je l'ai déjà rapporté, je donnai un concert avec orchestre et mon premier récital au Scottish Rite Hall. Encore brûlant de la fièvre du récital, j'étais dans ma loge quand Aba fit entrer un grand monsieur de belle prestance, vêtu d'un smoking. Il était d'un maintien si distingué, le bref compliment qu'il m'adressa était si flatteur, mon père en était manifestement si fier que je n'arrivai pas à m'expliquer la réserve d'Imma — pas plus à ce moment-là que quelques instants plus tard, quand nous le revîmes avec les siens à la porte principale du théâtre. Une Rolls-Royce se présenta. Imma déclina l'offre de nous reconduire, elle prétendit que nous avions pris nos dispositions. Les dispositions en question nous valurent d'être trempés : il nous fallut quelques bonnes minutes pour trouver un taxi sous la pluie battante.

Mr Ehrman — car la silhouette distinguée qui était apparue dans ma loge n'était autre que la sienne — venait en effet d'essuyer un second refus de ma mère en proposant de financer mon éducation à l'étranger. Mais il n'était pas homme à laisser aisément avorter ses projets. Qu'il s'agît de faire de l'argent ou d'en donner, il se jouait de l'adversité et, quelques jours après le verdict d'Imma, il vint y faire appel en personne. Comme deux avocats se disputant la défense du même client, chacun déposa ses conclusions. Imma déclara qu'elle préférerait faire de son fils un savetier plutôt qu'un violoniste si la vie d'artiste devait le gâter. En outre, nul bien ne pouvait venir justifier la dissolution de sa famille. Mr Ehrman ne voyait pas que ses plans pussent me faire aucun tort inévitable, et il dissipa les craintes de séparation en annonçant qu'il se proposait de soutenir financièrement toute la famille. Si justes que fussent les arguments avancés — et il n'était pas avocat pour rien —, je doute qu'il aurait pu gagner à sa cause l'esprit rationnel d'Imma à tout autre moment, et je me demande si la raison déterminante ne fut pas qu'elle avait déjà décidé d'elle-même qu'il était temps pour nous de découvrir notre héritage européen (en fait, toute une année devait encore s'écouler avant notre départ pour l'étranger, et les premières prodigalités de Mr Ehrman contribuèrent à faciliter notre intermède new-yorkais). Quoi qu'il en soit, ayant accepté ses arguments, elle l'accepta lui-même, et ce fut le seul bienfaiteur au sujet duquel elle ne montra aucune espèce de réserve. Sa modestie et son ascendant, sa magnificence sans rien de tapageur, sa protection qui ne s'arrogeait aucun droit sur le protégé, étaient autant de traits qui composaient à ses yeux le portrait idéal d'un valeureux Tcherkesse. En vérité, ses qualités lui valaient le respect de tous ceux qui étaient amenés à le connaître.

Il nous adopta, pas seulement pour une année durant laquelle il nous subventionna, mais de cœur pour la vie entière, et les trois enfants que nous étions ne tardèrent pas à reconnaître ce lien de parenté en l'appelant oncle Sidney. A part mon père, nul homme n'a eu plus droit à mon affection filiale, pas même mes maîtres révérés, Enesco et Persinger. Du jour où il eut conquis Imma, la vie familiale prit une dimension et des proportions nouvelles. En même temps que la générosité qui nous permit de réaliser nos rêves, il introduisit parmi nous un nouveau sens des valeurs humaines, la sagesse et l'ampleur de vues d'une personnalité exceptionnelle qui tout à la fois nous réconfortait, nous affermissait et nous inspirait. Fort mais humble, avisé mais simple, sérieux sans manquer d'humour, débonnaire avec discernement, il alliait un charme authentique aux séductions de l'intelligence et de la culture, bref, c'était un brillant spécimen de ce que peut être un homme. Il le resta pour moi pendant un demi-siècle, c'est-à-dire jusqu'à sa mort en 1975 à l'âge de cent deux ans.

Comme tant d'autres gens qui ont traversé ma vie, oncle Sidney avait fait du violon dans sa jeunesse. Il paraît qu'à l'époque où il courtisait sa future épouse (tante Florence), les faiblesses de son accompagnement au piano l'énervaient au possible, mais il avait abandonné le violon pour des occupations qui lui convenaient mieux, et cette source de frictions entre elle et lui avait disparu. Il avait cependant gardé son violon, un Guadagnini, jusqu'au moment où il me l'offrit après l'avoir fait réparer et restaurer. Je l'ai toujours. Oncle Sidney et tante Florence appartenaient tous deux à de vieilles familles de San Francisco; « vieilles » ici voulant dire que leur fortune et leur influence remontaient pour le moins à deux ou trois générations, ou étaient en tout cas suffisamment anciennes pour que l'argent n'y fût plus prisé pour lui-même mais en raison de ce à quoi il pouvait servir. Cette famille était aussi unie et aimante qu'on l'était chez nous. Les Ehrman avaient deux enfants : Sidney junior, alors étudiant, et Esther dont je tombai amoureux.

Je l'ai dit, il me fallait habituellement être amoureux de quelqu'un. La première fois que je la vis, Esther Ehrman fit pâlir toutes les incarnations précédentes de la bien-aimée, et elle resta la Dulcinée du petit Don Quichotte que j'étais jusqu'à ce que celui-ci fût devenu grand. Le coup de foudre aurait d'ailleurs pu sans doute se produire sans qu'il me fût donné de la voir, car la fille des Ehrman devait être belle, enchanteresse, élégante et mystérieuse : rien que par ouï-dire, elle aurait déjà occupé un piédestal très élevé dans mon imagination d'enfant. L'ayant une première fois rencontrée, je n'avais nul besoin de la revoir souvent pour entretenir ma dévotion. Mais au fil des années, j'eus plusieurs fois cette chance, et à chaque fois ce fut un événement pour moi. Si chevalier médiéval a jamais été ému par le don d'un gant de sa dame au tournoi, ainsi l'ai-je été profondément un jour où je jouais le Concerto de Tchaïkovski au Civic Auditorium de San Francisco; à la fin du premier mouvement, je fouillai dans ma poche en quête d'un mouchoir : Esther, assise au premier rang à côté d'Imma, se leva pour me tendre le sien.

Esther avait presque dix ans de plus que moi, et son frère un an ou deux de plus qu'elle. Il était étudiant à Berkeley et m'invita un jour avec Imma à déjeuner; il nous fit visiter le campus avant de nous ramener chez lui écouter ses disques préférés : une mélodie chantée par Lotte Lehmann et *la Fille aux cheveux de lin* de Debussy, joué par Heifetz. Sidney junior adorait Debussy, enthousiasme bien rare à San Francisco en ce temps-là et qui montrait une fois de plus l'étendue de la culture de la famille Ehrman. Quand il partit pour Cambridge y poursuivre ses études au-delà de la licence, il me fit cadeau de la table sur laquelle il travaillait dans sa chambre de Berkeley. Je fus immensément fier de posséder quelque chose qui vînt de lui, car je lui vouais la même admiration qu'à ses parents et à sa sœur. Et il la méritait bien, ayant hérité les qualités humaines et la distinction d'esprit de son père. Mais les brillantes promesses de sa jeunesse furent tragiquement anéanties en 1929 par une chute à la chasse. Les mois qui suivirent furent terribles; les opérations se succédèrent pour tenter de réparer sa boîte crânienne, mais tout s'avéra inutile. Rien ne m'impressionna davantage chez oncle Sidney que son extraordinaire résignation pendant ces mois d'incertitude et après la mort de son fils unique. Nulle trace d'amertume dans son caractère, il resta aussi tendre et aussi prévenant vis-à-vis d'autrui, toujours prêt à partager les soucis de son prochain; tant de bonté, de douceur, de bonne humeur inchangées me laissèrent la haute image d'une valeur humaine très rarement égalée. Esther vécut, elle se maria et devint mère de famille : elle aussi mourut avant son père, mais en lui laissant ses enfants et les enfants de ses enfants pour embellir ses vieux jours.

En fait, oncle Sidney ouvrit sur ma jeunesse les fenêtres du monde extérieur. C'est lui qui me fit sortir pour la première fois et m'emmena voir mon premier opéra à New York; il me donna mon premier livre sur la mythologie grecque; il jouait aux échecs avec moi et, le soir où je gagnai une partie contre lui, il fêta ma victoire en m'offrant les œuvres de Fenimore Cooper. Il m'initia à des sports plus exigeants que chat perché, dispensant des leçons de natation, prêtant des chevaux pour apprendre à monter dans sa propriété du lac Tahoe, des canots à moteur pour des expéditions sur le lac lui-même, et m'offrant même une bicyclette. La bicyclette arriva à Steiner Street peu après l'entrevue décisive avec Imma, mais, par malchance, nous avions Alfred Hertz à déjeuner ce jour-là. Fermement persuadé que les musiciens devaient estimer leurs mains par-dessus tout et les tenir à l'abri des contusions et éraflures de la vie courante, il leva les bras au ciel et dissuada mes parents d'accepter l'infernale machine. Oncle Sidney ne le prit pas mal et remplaça la bicyclette par des jouets moins funestes, mais il m'avait introduit cette idée dans la tête et elle aussi devait germer en son temps. Je n'en voulus point à mes parents d'avoir fait disparaître la bicyclette, mais je n'en étais pas moins certain que j'en aurais une un jour. Il fallut attendre plusieurs années pour cela, et ce fut près de Paris, dans le doux paysage de Ville-d'Avray, cadre plus amène à mes premières chutes que les rues à pic de San Francisco. Si paradoxal que cela puisse paraître, l'interdit qui s'appliquait au vélo ne s'étendait pas aux automobiles. Dès que j'eux atteint l'âge légal du permis, douze ans, oncle Sidney me fit apprendre à conduire. J'eus pour moniteur son propre chauffeur, Barney, venu d'Angleterre pour s'occuper de la Rolls-Royce. Ce ne fut cependant pas sur ce noble véhicule que je m'entraînai à passer les vitesses, mais sur la seconde voiture des Ehrman, une Packard. Barney fut le premier Anglais dont je fis la connaissance; il était aussi sûr de lui, compétent et parfaitement britannique que la voiture dont il prenait soin, et c'était un excellent pédagogue. Le jour où je passai l'examen du permis et y fus admis, je savais conduire au moins aussi bien que jouer du violon.

Mais, avant la plupart de ces bienfaits et révélations, il y eut bien sûr, plus important que tout le reste, le voyage en Europe, et Enesco à la clé.

Dès qu'un séjour d'un an en Europe s'avéra du domaine du possible, Persinger conçut la chance de me faire bénéficier de ce qu'il considérait comme l'expérience la plus profitable de sa vie : l'exemple et les conseils du grand violoniste Eugène Ysaye. C'est au Gewandhaus de Leipzig que Persinger avait entendu pour la première fois Ysaye : il y avait de cela vingt-cinq ans, il était alors très jeune et avait été immédiatement envoûté par lui. On pouvait aisément en imaginer les raisons. C'était un véritable Jupiter, d'une stature telle que dans ses bras un alto n'eût pas paru plus gros qu'un violon et qu'on aurait dit que son Guarnerius n'était qu'un trois-quarts. Il avait un coup d'archet d'une ampleur merveilleuse, un vibrato incomparable, et il tirait les sons les plus chaleureux, les plus riches que cet instrument eût sans doute jamais produits.

Chausson lui avait dédié son *Poème* et César Franck sa *Sonate en la majeur*, tandis que Debussy lui avait confié la première de son Quatuor. Comme Sarah Bernhardt au théâtre, Ysaye était un représentant de la grande manière, peut-être, comme elle, le plus grand de son espèce, et certainement le dernier. Quatre ans plus tard, après une audition à Denver lors de la tournée américaine de son futur maître, Persinger avait commencé à prendre des leçons avec lui cet été-là, c'est-à-dire en 1905, dans la maison de campagne d'Ysaye sur la Meuse belge. Parmi bien des anecdotes charmantes, il racontait qu'Ysaye improvisait son accompagnement et jouait si magnifiquement que lui-même se sentait obligé de s'arrêter pour l'écouter. En vérité, la source des souvenirs de cette époque n'avait jamais tari pour Persinger. Je suis convaincu qu'en 1926, l'été 1905 était toujours aussi vert à ses yeux et m'attendait intact, pensait-il. Il écrivit à Bruxelles, Ysaye accepta de m'auditionner, à la suite de quoi tout le monde tint pour acquis que Bruxelles était notre destination. Tout le monde sauf moi, car une autre graine en attente allait germer. J'étais tout à fait sûr que nous allions trouver Enesco.

Qu'il s'agît de Bruxelles et d'Ysaye ou de Paris et d'Enesco, le français allait devenir notre nouvelle langue. Quelque temps avant que la générosité d'oncle Sidney en eût fait une affaire assez urgente, Imma m'avait initié à ses premiers rudiments. Étant elle-même polyglotte, avec une bonne connaissance des littératures des cinq ou six langues qu'elle parlait, elle entendait transmettre à ses enfants ce qu'elle était le plus capable de leur donner. Dès mes neuf ans, elle engagea par conséquent une répétitrice nommée Rebecca Godchaux, pourvue de trois sœurs et d'un frère, tous célibataires et formant un groupe remarquablement compact et uni que ne venait perturber aucun élément d'une génération différente. Bien qu'ils ne se ressemblassent pas physiquement ni de caractère, ils avaient des idées et une façon de parler si identiques qu'on eût dit la reproduction d'un seul et même être à plusieurs exemplaires. On pouvait entamer une conversation avec l'une des sœurs et la poursuivre avec une autre sans ressentir aucun changement et quand, pour une raison ou pour une autre, Mlle Rebecca n'était pas disponible, Mlle Joséphine prenait tout naturellement sa place auprès de moi.

J'aurais beaucoup de mal à oublier notre première leçon,

ou plutôt ses suites. Après m'avoir appris quelques expressions toutes faites, Mlle Godchaux me lut un court poème où il était question de fleurs et de couleurs, afin de familiariser mon oreille à l'euphonie du français. Imma n'arrêta pas de me taquiner tout au long du chemin du retour. Quand il apparut que je n'avais oublié aucun mot, elle me demanda avec une certaine solennité si je voulais bien apprendre le poème par cœur. Comment donc! On s'y mit, après avoir débarrassé la table du souper. C'était plutôt amusant au début, mais l'envie de dormir m'envahissant peu à peu, les syllabes qui jusque-là avaient glissé sans effort restaient agglutinées les unes aux autres comme de la mélasse durcie; chaque nouveau vers que j'arrivais à retenir en délogeait plusieurs autres de ma mémoire. L'heure du coucher était arrivée, était déjà passée. Imma ne voulait toujours pas me libérer, barrant toutes les issues en invoquant l'indomptable Tcherkesse qui « terminait toujours ce qu'il avait entrepris ». Je ne savais si je devais prendre pitié de ce malheureux Tcherkesse qui avait dû mourir bien précocement, ou souhaiter qu'on eût enterré jusqu'à sa mémoire. Quoi qu'il en soit, c'était une réédition de la scène du déjeuner dans la vallée de Yosemite; Imma attendait avec une implacable ténacité que les sons corrects sortissent de ma bouche, je m'assoupissais de plus en plus, et Aba essayait en vain d'intercéder. Quand je gagnai en titubant notre pavillon-dortoir — il devait bien être minuit —, rien n'avait plus de sens, mais le lendemain après-midi, je me surpris à réciter le poème entier sans une hésitation. Mlle Godchaux, ignorant le prix payé pour le moindre vers de son poème, devait ensuite vanter pendant des dizaines d'années mon remarquable don des langues.

Le jour de notre départ, le Dr Langer nous offrit chez lui un déjeuner d'adieux, à l'orphelinat. Esther Ehrman nous accompagna jusqu'à la gare, elle savait fort bien à quel point j'étais épris d'elle et elle me fit don d'un casse-tête chinois en forme d'anneau. Combien j'ai aimé cet objet! Ma boîte à violon lui servit de reliquaire, pas seulement pendant cette année passée loin d'Esther et de San Francisco, mais encore bien des années après. Nous partîmes sous une averse torrentielle. D'autres cadeaux nous attendaient au train à Oakland, dont une photographie de Persinger. Elle portait la dédicace suivante : « Pour mon cher Yehudi, avec l'espoir qu'il deviendra un jour un grand artiste, c'est-à-dire quelqu'un qui ne soit pas seulement un *maître*, mais le digne *serviteur* de la Beauté. Avec l'affection et l'admiration de son ami et maître, Louis Persinger. » J'ai toujours gardé sa photographie, et lui ma réponse :

> Maître bien-aimé,
> Maintenant que le train nous emporte vers l'Est, je sens un certain nombre de sentiments grandir en moi. Dès que je vous ai quitté hier soir, j'ai éprouvé une vive sensation de solitude, comme pour mon père il y a un an. A vrai dire, Mr Persinger, vous êtes mon père musical. Je ne vous ai jamais senti aussi proche de moi qu'en ce moment. Où que la vie me conduise, à l'Est, à l'Ouest, au Nord ou au Sud, j'entendrai toujours votre bonne voix. La voix qui a corrigé tant de mes erreurs, et si j'en étais privé, Dieu sait quelle vie j'en viendrais à mener.
>
> Votre élève affectionné,
> Yehudi Menuhin

L'attrait de l'aventure n'allait pas sans une certaine dose de tristesse. Au long d'une vie de séparations et d'adieux, j'ai dû apprendre qu'il en va toujours ainsi.

D'Ouest en Est, retour aux sources

Avec Imma, le train ou le bateau devenaient en général une sorte de maison mobile, de sorte que nos habitudes n'étaient jamais tout à fait rompues. Quand nous traversions les États-Unis, ce qui était l'affaire de plusieurs jours, on nous faisait courir dans le couloir pour assurer à nos articulations leur jeu normal, et je devais faire tant bien que mal mes exercices de violon, en dépit du cliquetis et du fracas des roues sur les rails. Depuis lors, j'ai travaillé un nombre incalculable d'heures en train et appris peu à peu à y trouver mon confort, assis en tailleur sur un tas d'oreillers de façon à profiter à la fois de la vue et d'un agréable sentiment d'extra-temporalité provoqué par le mouvement et l'isolement, favorable à l'expérimentation et au travail.

Notre première traversée de l'Atlantique, à la fin de 1926, fut cependant vécue comme de vraies vacances, et nous en tirâmes le meilleur parti. Le monde avait tant d'images, d'odeurs et de sons enchanteurs à offrir! Sans doute avais-je habité toute ma vie au bord de l'océan et souvent pris les ferries qui reliaient San Francisco aux villes voisines, mais je faisais maintenant connaissance avec mon premier vrai navire, et rien ne m'eût paru plus merveilleux que de me sentir pousser des nageoires et des ouïes pour fêter cette nouveauté! Nous fîmes le voyage à bord du paquebot français *De Grasse* et, après un moment de malaise initial, première et dernière expérience du mal de mer en ce qui me concerne, nous passâmes, mes sœurs et moi, le reste de la traversée de l'Atlantique dans une fièvre de découvertes.

Le bateau et la traversée nous avaient déjà offert assez de nouveautés pour des années, mais le débarquement au Havre nous indiqua sans équivoque que nous n'allions pas nous retrouver en terrain connu. Dans la confusion de mes premières impressions, les gens me parurent bouger et parler avec tant de vivacité que je crus avoir changé de planète plutôt que de continent. Le temps astronomique y était accéléré de moitié et la gravité si faible que ses habitants tenaient à peine au sol. Un minuscule porteur s'approcha. En le voyant devant nos treize valises, on s'attendait à un défi impossible ou à quelque dénouement comique, tant il était maigre et chétif; mais tout est dans la technique, et, à l'époque, on travaillait dur. Il passa une courroie de cuir dans les treize poignées, se pencha et, ho hisse, disparut instantanément sous la masse, se dirigeant vers le train assurant la correspondance, comme ces meules de foin qu'on voit en Suisse se promener dans les champs sur des jambes de petits bonshommes. Il trouvait encore le moyen de porter une ou deux valises de plus de sa main libre. Huit ans seulement après la Première Guerre mondiale, la carence de main-d'œuvre était encore partout évidente; beaucoup de femmes étaient employées à des tâches qui, aux États-Unis, auraient été réservées aux hommes. Nous montâmes dans le train à la suite de nos bagages, et je ne trouvais pas moins extraordinaire la dame revêche en robe noire qui perfora nos billets que le gracieux contraste des têtières en dentelle démodées, brochées aux initiales de la compagnie de chemin de fer. Nous arrivâmes à Paris tard dans la soirée; nous descendîmes à l'hôtel des Saints-Pères et l'on nous envoya au lit. Le boulevard était encore bruyant; les taxis avaient des klaxons actionnés par des poires en caoutchouc qui émettaient des sons presque animaux, emplissant la nuit de meuglements et de croassements de hauteur et de volume différents, comme si on avait lâché quelque zoo sympathique et bavard sous ma fenêtre. Il était encore permis de klaxonner, même la nuit; c'est seulement lorsque les meuglements furent remplacés par l'éclat agressif et insistant des klaxons électriques que les édiles parisiens se révoltèrent et mirent un terme à leur usage. Je restai éveillé dans mon lit à écouter ce joyeux vacarme, à me dire que cette nuit était bien différente de celles que j'avais connues et à me demander si je serais encore capable de jouer du violon après une quinzaine entière sans travail.

Les jours suivants, nous fûmes très occupés. On trouva un appartement, on déballa les treize valises; la famille s'installa, je me remis à jouer et l'on prit rendez-vous avec Eugène Ysaye pour l'audition prévue. Un après-midi, Imma et moi quittâmes Aba et mes sœurs et partîmes pour la Belgique. C'était la dernière étape, et le résultat de ce pèlerinage allait ou non justifier notre long voyage. C'était le matin que nous devions voir Ysaye, nous passâmes donc la nuit précédente à Bruxelles.

Bien que j'eusse reconnu en Enesco le maître suprême, je ne considérais pas cette visite à Bruxelles comme une simple formalité. On m'avait appris à considérer Ysaye comme un surhomme, comme un colosse enjambant le monde, et je croyais ce qu'on m'avait dit. Malheureusement, ni Persinger ni moi n'avions aucun de ses enregistrements (en fait, c'est seulement il y a une quinzaine d'années que j'ai eu l'occasion d'en entendre pour la première fois, et je les ai trouvés subjugants). Mais le respect pour sa grandeur, sa puissance, sa verve et son génie m'avait été suffisamment inculqué par ouï-dire. Il est vrai que cette grandeur rapportée m'attirait moins fortement que celle d'Enesco que j'avais vu et entendu moi-même, mais il n'en reste pas moins qu'en prenant un taxi avec Imma pour aller à notre rendez-vous, j'étais dans une expectative émue et révérencieuse. Hélas! Au lieu du géant de mon imagination enfantine, je ne devais trouver qu'un être trop humain dans un cadre trop humain.

La maison d'Ysaye se trouvait sur un boulevard des hauts quartiers bordé d'arbres. Nous sonnâmes; il s'écoula un certain temps; finalement, une jeune femme, la seconde femme d'Ysaye, vint nous ouvrir; elle était en robe de chambre. Bien que ce fût une tenue, après tout, parfaitement convenable à neuf ou dix heures du matin, je la trouvai grossièrement négligée, car je n'avais encore jamais posé les yeux sur une femme qui ne fût déjà habillée et au travail à pareille heure. Nous gravîmes deux étages à sa suite; dans une vaste pièce au mobilier trop capitonné et jonchée de partitions, Ysaye nous dit bonjour sans quitter son fauteuil; il était encore d'un gabarit imposant, mais déjà vieux, malade, déchu, cloué dans son fauteuil par un pied atteint de gangrène diabétique, comme je l'appris ultérieurement. Le Guarnerius était posé sur une table à côté de lui. Imma m'aida à ôter mon pardessus, et, à la demande du maître, je jouai le premier mouvement de la *Symphonie espagnole:* c'était le premier morceau que Persinger l'avait entendu jouer. Lui, pendant ce temps, faisait des accords en pizzicati avec une telle habileté qu'il créait l'illusion d'un accompagnement orchestral; il ne s'interrompit que pour observer mes mains plus attentivement. « Je suis très content de toi, mon petit, vraiment très content », dit-il. Si seulement il avait pu me laisser partir à ce moment-là! Cette exécution, pour moi, tenait moins d'une audition que d'un hommage à un roi vénérable, chargé d'ans et d'honneurs, lointain et d'une obésité terrifiante. J'avais exécuté un passage brillant et reçu sa bénédiction. J'avais donc rempli fidèlement mon engagement vis-à-vis de Persinger et je pouvais maintenant me retirer sans dommage. Imaginez donc ma surprise lorsque je l'entendis me demander de jouer un arpège en *la* majeur sur quatre octaves! Je parcourus toute la touche à l'aveuglette. « Yehudi, vous feriez bien de faire des gammes et des arpèges », me dit-il laconiquement.

Nous partîmes comme, six ans plus tôt, nous avions quitté le vieillard qui annonçait « Leçons de violon » sur un panneau devant sa porte : dévalant le sombre escalier, fuyant une impression de délabrement. Cette fois-ci, je fuyais aussi un conseil qui devait se révéler assez prophétique, mais il n'y avait pas moyen de faire autrement.

Si je me sentais incapable d'accepter le conseil d'Ysaye et son offre d'enseignement, la faute en incombait peut-être à mon étoile, ou du moins à mon tempérament naturel. Il aurait pu introduire de la méthode dans mon programme de travail, et certainement bien d'autres choses, raccourcissant d'autant la longue recherche qu'il m'allait falloir un jour entreprendre pour comprendre ce que je faisais, mais il n'était pas dans ma nature, semble-t-il, d'étudier selon une méthode imposée. J'étais et je suis demeuré très confiant dans mes relations avec autrui, mais lorsqu'il s'agit d'idées, d'opinions, de traditions ou de techniques, je n'ai jamais rien accepté de tout fait, toujours j'ai réservé mon jugement jusqu'à ce que j'aie fait personnellement l'expérience de la chose. La musique était pour moi quelque chose de très vivant, un moyen d'expression essentiel, et je suppose que mon interprétation aurait pu être émoussée plutôt que raffinée par d'innombrables heures de travail sur une matière aride. Au demeurant, je ne suis pas, je crois, le seul de mon espèce. Je me suis aperçu, depuis, qu'un apprentissage très rigide de la musique, comme celui que les Russes ont systématisé, peut écraser les capacités expressives de l'individu et les transformer en un brio anonyme; après être passés par là, seuls les plus indomptables gardent intactes leur personnalité et leur musicalité. Je ne veux nullement suggérer ici qu'Ysaye aurait fait table rase de mes sentiments les plus délicats, mais seulement que je n'étais pas prêt à recevoir ce qu'il aurait pu m'apporter. Pour n'être pas orthodoxe, mon apprentissage de violoniste n'en fut pas moins valable. Je suivais la route de l'inspiration sur laquelle me guidaient des maîtres inspirés; il ne s'agissait pas de posséder gammes et arpèges, mais de reconnaître la grandeur et d'être capable d'y répondre.

Nous rentrâmes à Paris. Peu après, Enesco devait y donner un concert auquel nous ne manquerions pas d'assister, naturellement, et qui représentait en outre la chance tant attendue de me faire connaître de lui. Cette fois, me dit Imma, mon propre avenir était entre mes mains. Sans l'appui de ses parents ni de ses sœurs, le petit Menuhin n'en menait pas large. Je me postai dans la loge de l'artiste après le concert et attendis que la foule compacte qui me dominait se réduisit à une demi-douzaine d'adultes. Pauvre Enesco! S'il s'imaginait en être quitte pour sept autographes de plus, il s'était bien trompé; six personnes seulement disparurent sur un coup de paraphe, la septième tint bon. Après tout, ce n'était pas un simple souvenir, mais son âme que j'étais venu lui demander. « Je veux étudier avec vous », lui dis-je sans ambages; après quoi la conversation se déroula à peu près comme suit :

— Il doit y avoir erreur. Je ne donne pas de leçons particulières.

— Mais il faut *absolument* que j'étudie avec vous. *Je vous en prie*, laissez-moi vous jouer quelque chose.

— Mais, mon petit ami, ce n'est pas possible. Je quitte Paris demain matin, expliqua-t-il en jetant un coup d'œil, comme pour s'assurer de son soutien, au violoncelliste Gerard Hekking qui maintenait à distance la meute des chasseurs d'autographes.

D'une phrase à l'autre, la question de principe s'était transformée en dérobade polie; or une telle esquive ne demande à son tour qu'à être esquivée. En lui proposant de jouer un morceau tandis qu'il ferait ses valises, je ne lui laissais d'autre alternative que d'en revenir au principe invoqué initialement ou d'y renoncer complètement. Il y eut sans doute quelque chose pour le désarmer, soit que je lui parusse sans défense, soit la passion de ma requête, soit encore qu'il fût pris au dépourvu et incapable de trouver meilleure excuse. Quoi qu'il en soit, cette première capitulation obtenue, je me sentis parfaitement assuré qu'il me prendrait désormais en charge. En arrivant à l'appartement d'Enesco, rue de Clichy, avec Aba, le lendemain à six heures du matin, j'avais quant à moi l'impression de venir prendre ma première leçon. Je ne me trompais pas.

Enesco n'était pas seulement un professeur, en fait lui-même n'a jamais revendiqué ce titre. Il fut pour moi le bras de la providence, l'inspiration qui me souleva de terre et qu'Ysaye, en dépit de sa carrure, n'aurait jamais pu me donner. Sans doute, je ne savais presque rien d'Enesco : de sa vie intérieure, seulement ce que le violon pouvait m'en révéler, et de sa figure, ce que j'en avais aperçu de loin, mais la consistance et la vitalité de sa sonorité, sa physionomie turque, sa couronne hirsute de cheveux noirs, son port aristocratique, la pénétration de ses yeux bleus, ses *Rhapsodies roumaines*, et peut-être même sa liaison avec la princesse Cantacuzène faisaient assez d'éléments à assembler pour me permettre de reconstituer une mosaïque byzantine du héros populaire cher à Imma. Et le fait que le temps consacré par lui à jouer du violon était « volé » à son œuvre véritable, la composition, achevait d'en faire à mes yeux un authentique et triomphal Tcherkesse.

Il n'était pas impossible qu'il eût un peu de sang tartare, turc, grec, magyar ou ukrainien dans les veines, car il venait de Moldavie, région si souvent envahie que les Valaques indigènes n'étaient pas toujours à même de distinguer leur souche latine de ses multiples greffons. Un de ses ancêtres de la branche paternelle, un maître de chapelle nommé Enea Galin, avait baptisé son fils Gheorge « Enesco », fils d'Énée, comme pour balayer une fois pour toutes les doutes généalogiques par un patronyme d'une pureté achevée. Des réminiscences classiques (telles les fêtes romaines comme les Rosalies ou les Calendes), le rite orthodoxe et des croyances païennes locales que ni la Rome impériale ni l'Église n'avaient tout à fait réussi à extirper, se mêlaient dans la vie quotidienne des villages des Carpathes comme celui où il était né; à ces nombreuses couches culturelles s'ajoutait encore la contribution des tsiganes dont l'existence nomade enrichissait alors ces régions. Les deux grands-pères d'Enesco étaient popes, et ses parents profondément croyants. Après avoir perdu sept enfants de suite, ils avaient fait des pèlerinages à divers monastères pour supplier Dieu de bien vouloir épargner le huitième, encore à naître.

> Notre maison était presque cachée dans un bosquet d'acacias et de noisetiers. Sans étage, elle avait un vieux toit de bardeaux et des murs chaulés. Il y avait une véranda peinte en bleu le long de la façade, où pendaient des chapelets d'oignons mis à sécher. Je suis un enfant du terroir, né dans un pays de légendes, et j'ai passé ma vie entière sous le regard des divinités de mon enfance.

Ces lignes sont d'Enesco. Les divinités de son enfance l'ont fait voyager loin de son terroir, mais il n'a jamais perdu contact avec lui. A cinq ans, son talent musical avait été remarqué par Caudella, élève de Vieuxtemps qui donnait des leçons à Jassy, capitale de la Moldavie. Selon Enesco : « Le Destin, en la personne de mon père, avait décidé que je serais violoniste. » Deux ans plus tard, on l'expédia à Vienne où Hellmesberger, au Conservatoire, lui enseigna en plus du violon l'orchestration et la musique de chambre. Ayant obtenu son premier prix à l'âge de douze ans, son éducation se poursuivit à partir de 1893 au conservatoire de Paris où Marsick pour la technique instrumentale, Gedalge pour la fugue et le contrepoint, et Massenet et Fauré pour la composition, développèrent ses dons plus avant.

Lorsqu'il obtint son premier prix de violon en 1899, il était déjà renommé comme compositeur des *Rhapsodies roumaines*. Au tournant du siècle, Enesco entama une carrière de virtuose qui, chaque année, le promena par monts et par vaux trois saisons sur quatre. Mais il passait invariablement tous les étés dans la campagne roumaine. Tout comme sa vie musicale était un organisme binaire, sa vie physique décrivait une orbite autour de deux foyers : son appartement du 36, rue de Clichy, et une maison de campagne appelée villa Luminisch — « Lumière » — à Sinaïa, en Roumanie. Ce serait un peu trop simplifier les choses que de dire que l'un abritait un homme suprêmement civilisé et l'autre un enfant de la nature, car si Enesco était Roumain à Paris, il était Moldave en Roumanie.

Loin d'échapper à ses conflits personnels, le violon se trouvait au contraire à leur point de convergence. L'oreille accoutumée à la polyphonie, se lamentait-il, ne peut plus se satisfaire de l'expression monodique. Il aimait les exercices de Bériot pour deux violons en doubles-cordes et qui étaient donc à quatre voix, mais il préférait jouer du piano, ce qu'il faisait d'ailleurs avec une grande maîtrise, ou, mieux encore, composer :

> Lorsque je me suis produit pour la première fois en soliste, j'ai eu la malchance d'avoir du succès. Sous les vagues d'applaudissements qui montaient vers moi avec le bruit des galets recouverts par la marée, j'entendis par trois fois ces paroles maudites : « Tu seras virtuose... virtuose... virtuose... » Chaudronnier, tailleur, soldat, pourquoi pas? Mais virtuose? Je ne voyais ni avantage ni plaisir à me déguiser en arlequin. Le soir même, je me traçai un plan impeccable : je jouerais du violon, j'en jouerais aussi souvent et aussi bien que je pourrais; je gagnerais de l'argent, peut-être pas une fortune, mais de quoi m'acheter une propriété en Roumanie, je m'y retirerais encore jeune et passerais le restant de mes jours à composer... J'étais fou de composition, je plaignais chaque minute que je devais consacrer au violon et, quoique sans illusions sur ce que j'écrivais, je préférais de beaucoup mes modestes tentatives personnelles à l'étude continuelle d'un instrument qui me donnait si peu de satisfactions en échange de tant d'efforts. En regardant mon violon dans sa boîte, j'ai souvent pensé à part moi : « Tu es bien trop petit, mon ami, tu es bien trop petit. »

Ce n'était pas *le* violon qu'il trouvait trop petit, c'était *son* violon (un Guarnerius) : « Je ne méprisais pas le violon, au contraire j'en adorais le son, mais quand quelqu'un d'autre en jouait! Quelle magie se tissait sous les doigts de Thibaud, par exemple! Mais mon violon, lui, malgré tout mon zèle, rendait toujours le même son de cloche : C'est pas encore ça... pas encore ça... pas encore ça... » L'autre phrase trois fois répétée — « tu seras virtuose » — semblait de commandement, et celle-ci le reproche de quelque sévère patriarche — le Destin, comme l'appelait Enesco. Compositeur, chef d'orchestre, pianiste et violoncelliste de grande qualité : surabondance de dons chez un homme qui se sentait toujours un peu bridé par le temps et l'espace limités impartis à nos vies.

Un grand homme nourrit toujours des doutes, et c'est toujours au bénéfice du doute que son disciple le juge. Enesco restera toujours pour moi l'Absolu, le parangon à l'étalon duquel je juge les autres et les trouve, et me trouve moi-même tout particulièrement en défaut. Outre ces qualités ineffables que nous parons du nom de « présence », et le voile de vénération mystique que je jetais sur lui, il faut bien convenir que ses prouesses musicales étaient tout simplement phénoménales. Il connaissait par cœur cinquante-huit volumes sur soixante de l'édition Urtext de Bach qui lui avaient été donnés par la reine Marie alors qu'il était au Conservatoire (l'un des deux volumes manquants n'était d'ailleurs que l'index). Je me souviens du jour où, installé à un vieux piano droit dont il martelait les touches en sifflant et fredonnant les différentes parties, il me joua un *Tristan et Iseult* de façon plus saisissante qu'une vraie troupe dans un vrai opéra; tout cela, bien sûr, sans l'aide d'une partition, car Wagner aussi avait été entièrement confié en dépôt à sa mémoire. Mais aucun exploit ne me fit une plus forte impression que celui qu'il accomplit un jour au cours d'une leçon. Maurice Ravel fit soudain irruption parmi nous, apportant une sonate pour piano et violon qu'il venait à peine de terminer. Durand, son éditeur, voulait, semble-t-il, l'entendre immédiatement. (Les éditeurs, en ce temps-là, n'acceptaient aucune œuvre, fût-elle de Ravel, sans l'avoir écoutée; je me demande ce qu'ils auraient fait avec des partitions dodécaphoniques...) Avec sa courtoisie habituelle, Enesco nous pria, Aba et moi, de l'excuser — comme si j'allais me dresser de toute la hauteur de mon mètre quarante et m'écrier : « C'est tout de même un peu fort! » — puis, avec Ravel au piano, se mit à déchiffrer cette œuvre difficile en s'arrêtant de temps à autre pour demander un éclaircissement. Ravel en serait resté là, mais Enesco proposa de rejouer l'ensemble, ce qu'il fit en refermant le manuscrit et en exécutant le tout de mémoire. Pareils *tours de force* * mnémoniques renforcèrent ma conviction que cet homme, tel le chêne qu'il était à mes yeux, puisait son intelligence musicale directement à la source.

Enesco me donnait des leçons chaque fois que son programme de concerts le lui permettait, parfois cinq en cinq jours, puis aucune pendant quinze jours, mais, comme pour en compenser l'irrégularité, chacune de ces leçons durait un après-midi entier. La leçon était un moment d'inspiration, non une nouvelle étape jalonnant la progressivité d'un enseignement. Il s'agissait de faire de la musique, comme si j'étais son orchestre jouant sous sa direction ou bien l'apprenti soliste, et il jouait alors le rôle du chef d'orchestre et de l'orchestre tout à la fois, car, en m'accompagnant au piano, il chantait aussi les différentes parties de la partition. Il n'y avait guère d'interruptions; il prenait seulement quelquefois son violon pour expliquer un point précis de vibrato ou de glissando, par exemple; ou bien — mais c'était très rare — il me parlait de théorie violonistique, car les données de nos deux vies ne se prêtaient guère aux maladresses du langage parlé. Ayant débuté à l'âge de cinq ans, Enesco avait acquis la maîtrise de son instrument en un rien de temps. Il avait dû posséder dès le début la qualité superbe de ses trilles, de son vibrato et de son jeu d'archet; il les avait découverts en lui-même sans plus avoir recours à la théorie que les tsiganes ou plutôt que la Roumanie elle-même n'en avait eu besoin pour être sans effort le pays le plus naturellement musicien d'Europe. Les rigoureuses écoles classiques de Vienne et de Paris avaient cultivé ses capacités innées sans édulcorer leur force ni les assujettir aux directives techniques de quiconque. Il était resté lui-même. En commençant à travailler sous sa direction, je jouai moi aussi plus ou moins comme l'oiseau chante, d'instinct, sans calcul, sans y penser, de sorte que ni l'un ni l'autre ne faisions grand cas de la théorie.

Ce qu'il m'apporta, par la conviction de l'exemple et non par des raisonnements, ce fut l'aptitude à transformer la note en un message de vie, de donner forme et sens à la phrase, de rendre vivante la structure de la musique. Cet apport, j'étais

* En français dans le texte.

prêt à le recevoir. La musique était pour moi la chose la moins morte du monde; c'était une passion sans frein, mais je ne lui avais encore jamais connu une forme aussi claire, une telle vitalité. Quand il se mettait à parler pour expliquer quelque chose, ce qui lui arrivait de temps à autre, ce n'était ni sous forme d'injonctions tranchantes ni en fournissant des solutions toutes faites, mais par suggestions et par images qui n'en appelaient pas qu'à la raison mais pénétraient l'imagination d'une compréhension plus complète. Il n'imposait pas ses conceptions. A la différence de la plupart des élèves qui font ce que le maître ou la partition leur dit, je faisais des expériences; à la recherche du « bon » doigté, j'en essayais plusieurs et jouais chaque fois tel ou tel même morceau avec un doigté différent. Enesco se bornait à me faire gentiment remarquer que j'aurais peut-être intérêt, quand je préparais une exécution publique, à m'en tenir à un doigté choisi d'avance. Son vibrato était le plus expressif et le plus varié et ses trilles les plus admirables de tous les violonistes que j'aie jamais connus. Selon la vitesse et la légèreté d'un trille, le doigt qui l'effectuait touchait la corde plus ou moins haut au-dessus de la note indiquée, ce qui permettait de continuer à jouer juste sans que le doigt rapide et léger n'enfonce entièrement la corde sur la touche. (Je possède encore un exemplaire du *Sixième Caprice*, le caprice en trilles, de Paganini, que j'ai enregistré vers 1935, avec l'accompagnement d'Enesco, pour compléter la dernière face des disques du Concerto de Dvorák. C'est un très bel accompagnement.) Ce fut bien entendu ce côté expressif du tempérament d'Enesco, au détriment de sa discipline, qui trouva le plus de résonance en moi, et il lui fallut parfois remettre en question mon jeu trop passionné. C'est peut-être à cause de ce défaut qu'il finit par me conseiller d'étudier avec un autre maître, Adolph Busch, le plus grand représentant de son temps de la pure tradition classique allemande. Nouvel exemple du désintéressement caractéristique de mes deux maîtres successifs : Persinger avait souhaité me confier à Ysaye, Enesco voulait me confier à Busch, avec la même excellente intention. Ni l'un ni l'autre n'eût été capable un seul instant de vouloir se réserver la formation d'un élève ou le crédit qu'il aurait pu en tirer.

Avant tout, Enesco m'entraînait dans le courant de sa propre conception de la musique. Par la suite, pendant bien des années, j'ai continué d'entendre sa voix, parfois en paroles mais surtout en musique, commenter mon jeu, et la validité de ses conseils dont je me souvenais ne fit que s'accroître au fur et à mesure que je gagnai en expérience. Rien de ce qu'il m'avait dit n'était faux ou équivoque. Même des indications apparemment insignifiantes prenaient un relief et une valeur accrus avec le temps, soulignant de jour en jour la profondeur, la sensibilité, la richesse de ses qualités de musicien, et me rappelant sans cesse combien j'avais eu raison de lui faire confiance et quelle chance j'avais eue d'être guidé par lui. Aujourd'hui, son influence directe sur moi s'est pour ainsi dire fondue dans la conception que je me fais des œuvres elles-mêmes, conception unifiée dont les éléments ne peuvent plus être attribués à des sources distinctes; il me faut faire effort pour me rappeler quoi que ce soit qu'il m'ait dit en particulier, mais je sais que tout ce que je fais porte encore son empreinte.

Paris était la troisième ville, et seulement la deuxième grande ville de ma vie. San Francisco ne manquait pas de grandeur, mais la devait à son cadre naturel avec lequel ses architectes, heureusement, n'avaient pas essayé de rivaliser. New York devait sa puissante personnalité à la quintessence de l'argent et du commerce qui réduisaient sa population à une foule et la ville à un corral où elle était parquée. Paris, par contraste, me fit l'effet d'une ville bâtie pour des individus, avec de l'espace pour des êtres humains, boulevards, rues et avenues parcourant cette communauté comme les veines et artères d'un organisme vivant; les pierres elles-mêmes semblaient animées. Je fus tout de suite frappé par le caractère spacieux de Paris, sans pouvoir expliquer mon admiration en termes d'harmonie et de proportions, ni comprendre l'habileté avec laquelle l'œil y était constamment guidé le long de perspectives bordées d'arbres vers quelque beau palais. Paris était la ville aux mille et une vues, un tableau en trois dimensions composé avec autant de soin et d'habileté qu'en peut exiger un tableau en deux dimensions pour donner l'illusion de la perspective. J'admire encore aujourd'hui l'échelle à laquelle le baron Haussmann a pu travailler il y a plus d'un siècle pour modeler une ville dont la population se comptait encore en centaines de milliers, et qui parvient aujourd'hui encore, avec plus ou moins de succès, à loger une population plusieurs fois supérieure en nombre.

J'étais fidèle à San Francisco et, tout au long de mon année en Europe, je ne laissai pas s'effacer le souvenir de ma ville, mais le mal du pays que je pouvais ressentir ne fut en rien comparable à ce que j'avais éprouvé à New York. Pour commencer, mon père était avec nous, la famille était donc au complet; et puis je me rendais compte que je faisais des progrès. Au début de 1927, j'eus la chance de donner deux concerts à Paris, qui furent bien accueillis. Ils eurent lieu grâce à l'intervention de Gerard Hekking qui tint à ce que Paul Paray, chef de l'orchestre Lamoureux, m'entendit jouer. Cette audition et les concerts eurent lieu entre le jour où j'étais allé m'imposer à Enesco dans sa loge et son retour à Paris, ce qui me plaça dans la curieuse situation d'avoir acquis un public avant même d'avoir pris ma première leçon. C'était déjà renverser l'ordre des choses, comme je devais continuer à le faire par la suite. Il est difficile d'imaginer aujourd'hui qu'un soliste inconnu, quel que soit son âge ou son talent, puisse, à peine arrivé dans une ville, obtenir une audition et être inclus dans un programme. De telles choses étaient pourtant possibles en 1927. Je jouai pour Paray et Hekking devant les sombres rangées de sièges vides d'une curieuse vieille petite salle et l'on m'invita aussitôt à exécuter la *Symphonie espagnole* de Lalo la semaine suivante, et le Concerto de Tchaïkovsky la semaine d'après. Perspective très enthousiasmante, car il s'agissait non seulement de mes premiers concerts en Europe, mais de mes premiers concerts avec orchestre si l'on excepte ceux que j'avais donnés à San Francisco.

Ces deux concerts furent à l'époque mes seules apparitions en public, mais leurs résultats encourageants comportaient des implications alarmantes pour notre vie familiale : il y en aurait d'autres à l'avenir, et pour donner des concerts, il faut voyager. San Francisco ne pourrait plus nous servir bien longtemps de point fixe. Mon père se trouvait confronté à un dilemme très pénible. Devait-il garder son emploi et vivre loin des siens de nombreux mois de l'année, ou bien y renoncer, ainsi qu'à son salaire, et faire confiance à son fils de onze ans et à sa capacité de gagner le pain de la famille? Certes, les concerts parisiens avaient eu du succès; certes, Enesco croyait en la poursuite de ma vocation; mais ces faits, tels qu'ils se présentaient, ne pouvaient guère aider Aba à prendre une décision qui relevait davantage du domaine de la foi. Imma, si longtemps et si sérieusement qu'ils en discutassent ensemble, pas plus que personne d'autre ne pouvait l'aider; la décision n'appartenait qu'à lui.

Aba avait obtenu de se faire mettre en congé sans solde par les écoles de San Francisco pendant notre année en Europe. Ses employeurs, qui l'estimaient hautement, étaient généreux avec lui; s'il était revenu, il aurait touché un salaire de quatre cents dollars par mois, ce qui était plutôt considérable pour l'époque, mais pas assez toutefois pour entretenir deux maisons, une en Europe et une aux États-Unis. Enfin, si crucial qu'il fût, l'aspect financier n'était pas seul en cause. C'était beaucoup demander à un homme que d'abandonner la place qu'il tenait fièrement dans la famille, de cesser d'en être le soutien et de se ménager un autre rôle fait de tâches secondaires. Il faut porter à son crédit qu'il résolut magnifiquement le problème, hormis en une ou deux occasions extrêmement éprouvantes. Il fut porté par son enthousiasme inné et entreprit sa nouvelle tâche le plus sérieusement du monde : il organisait les voyages, m'accompagnait aux leçons, prenait des notes que nous repassions en nous arrêtant dans un café avant de rentrer à la maison, et, d'une façon générale, il se consacrait corps et âme à tous ces petits problèmes d'intendance qui lui étaient dévolus. Heureusement, l'époque des tournées allait bientôt commencer, le chargeant de responsabilités qui permirent à ses dons d'administrateur de trouver à s'employer. La période la plus difficile fut sans aucun doute cette année 1927 à Paris, lorsqu'il plaça sa foi en moi et abandonna sa carrière pour la mienne.

Cette décision et mon âge même me firent dès lors passer de la section féminine dans la section masculine de la famille. Le violon avait été confié à la garde de ma mère jusqu'en 1927, mais, entre Ysaye et Enesco, il fut transféré à Aba. Non seulement Aba m'accompagnait aux leçons, mais il me tenait également compagnie en lisant les journaux pendant que je travaillais. Hephzibah et Yaltah restaient quant à elles sous la garde d'Imma et, quand il fut décidé que je poursuivrais mon éducation avec Enesco, c'est elle qui prit l'initiative de leur faire apprendre le piano. D'après tous les gens que nous avions rencontrés et qui connaissaient le monde musical parisien — sans même parler d'un concert qu'il avait donné avec Enesco et auquel nous avions nous-mêmes assisté —, il ne faisait aucun doute que Marcel Ciampi était entre tous l'homme qu'il nous fallait, si toutefois nous pouvions l'avoir. Il enseignait dans un studio de la salle Gaveau, laquelle hébergeait alors — avec la jolie salle du Conservatoire, qui ressemblait à un opéra miniature et qui n'est plus ouverte au public — la plupart des concerts donnés à Paris. Nous prîmes rendez-vous, nous y allâmes et j'attendis en bas avec mon père tandis que ma mère conduisait mes sœurs à leur audition chez Ciampi. Comme il devait le raconter plus tard, celui-ci ne se voyait pas sans réticence prendre ces deux gamines de cinq et sept ans, mais elles jouèrent sans se laisser impressionner par cette réserve et, non contentes de le faire capituler, furent l'occasion d'un *bon mot* * qui est passé dans la légende familiale : « *Mais le ventre de M*[me] *Menuhin est un véritable conservatoire**! » Imma ayant accompli sa tâche, elle nous présenta, Aba et moi, à Marcel Ciampi, et ce fut le début d'une collaboration que j'ai eu la bonne fortune de pouvoir poursuivre jusqu'à ce jour. Quand nous retournâmes en France en 1930, mes sœurs reprirent des leçons avec lui; il m'en donna même quelques-unes, mais, par manque de temps ou de talent, je ne persévérai pas. Ayant échoué à faire de moi un pianiste, il m'a rendu un plus grand service en acceptant d'enseigner à mon école.

Petit à petit, notre infinie désorientation du début céda la place à un nouveau train-train. L'organisation de notre journée fut recréée à notre appartement du 96, rue de Sèvres : musique et sortie le matin, repos, leçons et musique l'après-midi, et au lit de bonne heure; rythme interrompu seulement par d'occasionnelles excursions hors de Paris et par notre présence relativement plus fréquente à des concerts en soirée. Le français était naturellement de toute première importance dans notre travail d'écoliers l'après-midi; une personne fut engagée pour nous donner des leçons quotidiennes à la maison. Bien des années plus tard, j'ai reçu une lettre touchante d'une dame qui, alors toute jeune fille, avait posé sa candidature à ce travail. Arrivée rue de Sèvres, elle nous aperçut tous trois dévorant nos livres et, prise de panique, s'en alla.

* En français dans le texte.

Elle eut la bonne grâce de dire dans sa lettre que, depuis, elle avait toujours regretté d'être partie. Nos promenades quotidiennes nous menaient au moins jusqu'à l'hôtel Lutétia, ou bien, si nous en avions le temps, nous allions jusqu'au bois de Boulogne où, les premières semaines, nous remplissions nos poches de marrons vernis. Nous allions presque partout à pied, même chez Enesco, loin au nord de la Seine. Nous découvrîmes ainsi à nos dépens que les *trottoirs** de Paris étaient en pierres plus dures que celles des trottoirs des autres villes : le matériau en est si hostile à l'anatomie humaine qu'un contact prolongé avec lui produit une douleur remontant progressivement des pieds aux jambes et dans le dos. Et quand on ne marchait pas, on courait; mes sœurs et moi avions des cerceaux grâce auxquels Paris se transformait pour nous en un vaste terrain de jeux. Nous les lancions adroitement le long des trottoirs encombrés, évitant de justesse les ménagères qui faisaient leurs courses et les vieux messieurs qui prenaient l'air; nous étions certainement fort gênants pour le monde affairé et fonctionnel des adultes. Mais je me demande vraiment pourquoi on ne vend plus de cerceaux, car rien ne tient aussi agréablement compagnie en promenade. J'étais passionné et passai maître dans le maniement de ce jouet; je devins capable de le lancer loin devant moi, de le freiner du bout de la baguette, d'infléchir délicatement son cours sans en perdre le contrôle.

Sortir de Paris était un grand plaisir, toujours éprouvé avec une nouvelle fraîcheur. En touristes consciencieux, nous visitâmes Versailles, Rambouillet et Fontainebleau, et il y eut aussi une excursion à Barbizon où je vis un orage d'été comme on n'en connaît jamais en Californie : tandis que le ciel au-dessus de nous était bleu et serein, de vastes nappes de nuages arrivaient de l'horizon, noires, sillonnées d'éclairs et grondantes de tonnerre comme dans une mise en scène de théâtre. L'été, j'eus le grand bonheur d'aller régulièrement à la campagne pour prendre mes leçons avec Enesco dans sa petite maison de Bellevue, près de Meudon. Il fallait voyager à bord d'un de ces curieux trains de banlieue entièrement composés de compartiments sans couloir, qui faisaient la navette entre Paris et Versailles. Ils étaient très lents et très

* En français dans le texte.

bruyants, et l'on aurait dit qu'ils poursuivaient une conversation animée avec la Seine, les bois et toutes les haltes jalonnant la voie. Nous nous arrangions, Aba et moi, pour arriver en avance à la petite gare, ce qui nous laissait le temps de remonter l'avenue bordée d'arbres jusqu'à l'Observatoire. Bien qu'il y eût beaucoup d'arbres à Paris et que le bois de Boulogne fût une vague de nature sauvage léchant les pieds de la capitale, Meudon était très rafraîchissant pour l'esprit, avec son odeur de terre humide, sa végétation verdoyante d'Ile-de-France et ses chants d'oiseaux retentissant dans les bois. La Sonate de César Franck, étudiée là, s'est tellement imprégnée de ces lieux qu'il suffit que je la joue pour revoir la pièce du premier étage, Enesco au piano droit et, par la fenêtre ouverte, la riante campagne française.

Comme on s'en doute, les concerts parisiens développèrent ma connaissance de la musique à la fois en étendue et en profondeur. Nous allâmes plusieurs fois à l'Opéra-Comique, une fois ou deux à l'Opéra où nous prîmes des places de poulailler, et je trouvais tout cela extrêmement passionnant. Outre l'opéra, il y eut beaucoup de concerts, bien sûr, mais les programmes se sont complètement effacés de ma mémoire, oblitérés par l'impression magnifique que me fit la *Symphonie héroïque*, entendue pour la première fois à la salle Gaveau sous la baguette de Paul Paray. J'avais pourtant dû entendre plus d'une symphonie de Beethoven à San Francisco, mais je ne connaissais pas la *Symphonie héroïque*, et sa signification, sa force et sa puissance émotionnelle furent pour moi une révélation. Pas assez grand pour dominer la balustrade capitonnée de velours devant les sièges, je posai le menton dessus et, littéralement cloué sur place, ne bougeai pas d'un pouce du commencement à la fin. Ce fut l'un des moments clés de mon existence, auquel a répondu en écho, tout récemment, l'exaltation de diriger l'œuvre moi-même.

Nous allions au concert en famille, comme nous faisions tout le reste. Bien décidée à ne pas dépenser en superflu l'argent de l'oncle Sidney, Imma renonça à recevoir pendant notre entracte européen, renonciation d'autant plus facile que l'appartement était trop petit pour accueillir autant de gens qu'à San Francisco et que, de toute façon, nous ne connaissions pas grand monde. Les mois passés à Paris renforcèrent donc encore, si possible, cette unité familiale qui s'exprimait en un sigle composé des deux premières lettres de nos cinq prénoms : MoMaYeHeYa. Nous pouvions ainsi co-signer un télégramme pour le prix d'une seule signature. Une famille autocratique envoie ses télégrammes au nom du père, une famille anglaise traditionnelle aux noms des parents, mais dans notre famille démocratique où l'on partageait tout, personne n'était oublié. J'aime les symboles qui, comme celui-ci, traduisent de si près la réalité, et suis d'autant plus heureux que nous puissions, ma femme et moi, accoler maintenant nos prénoms de façon analogue : Yehudiana.

Les gens dont nous fîmes effectivement la connaissance avaient une grande importance pour nous, parce qu'ils étaient rares, bien sûr, mais surtout parce que chacun représentait un aspect neuf du monde. Il y avait par exemple Mme Simon, mécène mélomane et amie des Godchaux de San Francisco; son bel appartement de l'avenue du Bois (maintenant avenue Foch, puisqu'il faut honorer les militaires) était une fascinante leçon de choses sur le goût des vieilles dames françaises fortunées en matière d'ameublement : il était bourré de bibelots glanés pendant une vie entière et donnait une impression de riche et forte personnalité, très différente de tout ce que j'avais connu jusque-là. Puis il y eut Étienne Gaveau, propriétaire de la manufacture de pianos, qui donna en commun à Hephzibah et à Yaltah un bel exemplaire de ses produits. De M. Gaveau ou de son piano, je ne sais ce qui m'intrigua le plus. L'instrument était un demi-queue en bois blond dont l'ornementation et le fini me parurent une vraie merveille comparés à la menuiserie fonctionnelle américaine. Quant à l'homme lui-même, ce qui me frappa le plus en lui, ce fut sa barbe. Celles que j'avais connues jusque-là étaient des barbes de rabbin, longues, lâches, flottantes, constamment tourmentées par des doigts de rabbin et cachant peut-être, si on y regardait de près, une ou deux lentilles échappées du dernier repas du digne homme. Contrastant du tout au tout avec ce négligé, la barbe de M. Gaveau était courte, épaisse, blanche, taillée nettement en pointe. Tout chez lui était d'ailleurs de la meilleure coupe, et son appartement témoignait de la même élégance minutieuse que sa belle barbe et ses beaux pianos. Nos tout premiers nouveaux amis, et les plus chers, furent cependant les Jan Hambourg.

Jan était lui aussi un violoniste juif russe, mais élevé en Angleterre. Bien qu'il eût eu Ysaye pour maître et fût devenu un excellent exécutant, il ne jouait pas en public et n'enseignait pas non plus; il n'en avait nul besoin; sa femme Isabelle, américaine, fille du juge McClung de Pittsburgh, était non moins fortunée que belle et distinguée. Leur appartement, dans un luxueux immeuble moderne non loin de la rue de Sèvres, donnait sur une *cour** plantée d'arbres, leur vie était elle aussi tournée vers l'intérieur et isolée de la rumeur du monde. C'était nouveau pour moi : aux États-Unis, tout est tourné vers l'extérieur, la vie des gens aussi bien que les maisons, et la cour, originaire d'Orient et qui est parvenue en Occident jusqu'en Angleterre, ne s'y est jamais implantée. Les Hambourg aimaient leur mode de vie et trouvaient que Paris lui fournissait un cadre idéal. Avec de la bonne musique, de bons livres, de la bonne chère, leur contentement était parfait, ils ne voyaient rien à conquérir et n'en éprouvaient guère le besoin. Nous leur rendions souvent visite; j'eus donc plus d'une fois l'occasion d'assister au rituel immuable de l'oncle Jan : une fois par jour, en semaine, il revêtait une veste de velours bordeaux, choisissait son Amati ou son Peter Guarnerius, et jouait l'une des six œuvres de Bach pour violon seul, commençant le cycle le lundi et terminant le samedi. Comme Dieu le père, il se reposait le septième jour. Son édition des sonates a été publiée il y a quelques dizaines d'années. Il était grand connaisseur en matière de vin et de nourriture, et avait d'ailleurs été élu membre de la Société gastronomique. Souvent, Isabelle et lui nous emmenaient dans quelque restaurant de marque, ce qui faisait progresser à grands bonds notre connaissance de la cuisine française. Peut-être parce qu'ils étaient eux-mêmes sans enfants, Jan et Isabelle Hambourg montrèrent pour nous trois un intérêt plus chaleureux qu'on en attendrait normalement d'adultes aussi raffinés. Ce fut une fenêtre ouverte de notre vie sur la leur, si différente; des mondes nouveaux nous étaient révélés de la façon la plus naturelle, sans que personne dût prendre la peine de souligner cette nouveauté. Ma plus grande dette à leur égard est l'amitié de Willa Cather, qui avait habité avec les McClung à Pittsburgh vingt ans auparavant et qui n'avait jamais perdu contact avec Isabelle; mais cette rencontre appartient à un chapitre ultérieur de mon histoire.

* En français dans le texte.

Venue de San Francisco, une visiteuse jeta un pont charmant sur notre migration. Mrs Cora Koshland était l'archétype de la vieille dame élégante de San Francisco ; la ville en possédait un nombre appréciable, mais elle était leur reine ; elle habitait une réplique du Petit Trianon où elle avait fait construire un orgue, et, dédaignant complètement la côte Est des États-Unis, ses vacances annuelles la menaient obligatoirement en Europe. Ce rappel soudain de San Francisco en plein Paris fut une sensation extraordinaire. Mrs Koshland était une mécène. Elle avait même organisé chez elle à mon intention une matinée mondaine pour laquelle je devais recevoir cinq mille dollars en échange de quelques faveurs musicales ; mais la matinée en question n'eut jamais lieu, car mes parents s'y opposèrent. Sans se vexer de leur refus, Mrs Koshland demeura notre amie jusqu'à sa mort, et sa fille Margaret l'est encore. Nous nous liâmes également d'amitié avec deux jeunes artistes qu'elle avait trouvé le moyen d'aider, George Dennison et Frank Ingerson, qui devinrent plus tard nos voisins. Ils habitaient ensemble dans les montagnes de Los Gatos où ils se consacraient à toutes sortes d'arts appliqués médiévaux : céramique, marqueterie, tapisserie, orfèvrerie, etc. Durant notre séjour à Paris, ils se trouvaient à Londres où ils étudiaient aux frais de Mrs Koshland. Rendant visite à leur bienfaitrice à Paris, ils nous parlèrent d'une certaine famille Gould qu'ils avaient rencontrée à Londres, un garçon et deux filles tout comme chez nous, et dont la mère était une musicienne célèbre. Je fus donc au courant de l'existence de Diana dès l'âge de onze ans, mais il devait s'en écouler encore dix-sept avant que je ne la rencontre.

Bien que l'oncle Sidney n'eût pas fixé de limite au temps que nous pouvions passer en Europe à sa charge, nous avions nous-mêmes conçu ce séjour comme une aventure qui, au bout de douze mois exactement, nous ramènerait à notre point de départ, San Francisco. En fonction de ce plan, il fallait tirer la substantifique moelle de chaque minute, et nous n'eûmes pas la moindre hésitation à suivre Enesco en Roumanie quand il quitta Paris à la fin de l'été 1927. Ainsi commença mon voyage entre tous mémorable vers l'Est et notre passé — voyage qui devait s'avérer moins horizontal, dans l'espace, que vertical dans le temps.

Les premières étapes furent couvertes, comme il convenait, par le moyen romantique de l'Orient Express. A cette époque glorieuse du voyage en chemin de fer, ce train témoignait du charme particulier incombant à son rôle de trait d'union entre Paris et Istanbul, passant par des villes aux noms magiques : Munich, Salzbourg, Vienne, Budapest, et sa noblesse était rendue tangible par de superbes lambris polis et de jolies lampes à abat-jour rouges sur les tables. Le confort, en outre, était remarquable; nous occupions deux compartiments séparés par une salle d'eau privée. Je jouais du violon, lisais, dormais bavardais, écoutais Aba me faire un cours d'histoire, conjuguais mes verbes avec Imma, faisais la course avec mes sœurs sur le quai de gare quand l'arrêt était particulièrement long, mais, le reste du temps, je le passais à la fenêtre à contempler les paysages d'Europe centrale qui se déroulaient devant moi avec une déroutante impression de *déjà vu* *, on aurait dit que c'était un paysage intérieur, un rêve familier que je me remémorais. Le soleil, la végétation, la terre et le costume, les couleurs de toutes choses s'avivaient à mesure que nous progressions vers l'Est et que nous nous rapprochions des régions qui avaient façonné ma mère et Georges Enesco, à mesure que je pénétrais plus profondément en moi-même.

La double impression qu'il s'agissait en vérité d'un « pays de légende », comme l'appelait Enesco, d'un pays détaché de la vie ordinaire, et que pourtant je lui appartenais entièrement, m'accompagna pendant toute la durée de notre séjour en Roumanie. Imma cadrait si naturellement avec le décor oriental, avec ses Tsiganes et ses marchés! Et comme les corsages brodés roumains lui allaient bien! Aba lui en acheta plusieurs que nous adorions lui voir porter, si allègre et épanouie dans ce pays où elle était presque chez elle. Et puis cette impression venait aussi de l'insouciance de mon père : pour lui non moins que pour moi, la Roumanie fut un interlude où profiter de l'instant présent sans se préoccuper du passé ni de l'avenir, surtout à la campagne où nous nous sentions le mieux.

C'était la seconde fois que la nature s'imposait à moi, mais, à la différence du Yosemite de mes six ans, nature et civilisation faisaient ici un tout. Aux États-Unis, on quitte la ville pour trouver la campagne, qui, même superbe, n'engendre ni mode

* En français dans le texte.

de vie, ni musique, ni littérature, reste distincte de l'activité humaine qui ne peut d'ailleurs que l'abîmer. Ici, peuple et nature appartenaient l'un à l'autre. Le berger connaissait à fond son paysage, chaque son, chaque odeur, chaque image, et en faisait partie intégrante sans plus d'effort que ses moutons ou son chien, une montagne ou un arbre. Les Tsiganes étaient eux aussi des produits de ce terroir qu'ils possédaient par leur musique, et même ceux des classes supérieures qui faisaient le va-et-vient depuis Bucarest ou ailleurs avaient leur place dans une harmonie féodale dont la terre faisait partie. C'était une unité supérieure, d'une espèce inconnue de moi, qui me permettait d'y circuler librement et de ne faire qu'un avec elle, qui me séduisait pour des raisons que je n'étais pas encore capable de reconnaître ou de formuler. Imma décréta que nous ne mangerions que du poulet cet été-là, elle se méfiait trop de la viande; peut-être fut-ce là un premier pas vers une alimentation végétarienne, toujours est-il que je trouvai tout à fait déplacé ce genre de petites précautions. Quel mal aurait pu nous faire ce pays où l'on ne foulait que le sol ferme de la légende, où chaque visage avait sa raison d'être et nous attendait pour nous souhaiter la bienvenue, où chaque instant était parfaitement rempli? Je me sentais en état de grâce, mais qu'on imagine donc un être bidimensionnel soudain projeté dans un monde à trois dimensions où s'incarneraient enfin tous ses modèles! J'étais entré dans un univers imaginaire qui m'inventait moi-même, parmi des réalités dont j'étais devenu l'ombre. Le temps était une mer immense et fertile où rien ne mourait, où rien ne sombrait irrémédiablement par le fond; j'y nageais et me sentais merveilleusement réel. Un soir, nous entendîmes des Tsiganes distraire les dîneurs d'un restaurant en plein air et je fus ahuri qu'ils pussent tirer des sons aussi extraordinaires d'instruments aussi primitifs que les leurs, utilisant des archets qui n'étaient que des rameaux fraîchement coupés tendus d'un crin de cheval écru. A ma demande pressante, Aba obtint qu'ils nous rendissent visite à notre pension de famille. On joua « nature » à qui mieux mieux : eux interprétèrent un répertoire aussi spontané que des chants d'oiseaux, moi son équivalent civilisé, la *Sonate des trilles du Diable*, de Tartini. Leur chef me donna des paniers de fraises sauvages et je lui fis présent d'un de mes trois archets Sartory tout neufs, montés sur or.

Sinaïa, l'élégante petite bourgade que nous habitions, devait sa célébrité au palais d'été du souverain, situé à cinq kilomètres environ, qui attirait chaque année la troupe des courtisans. Mais cette prééminence sociale, qui conférait sa dignité à Sinaïa, ne retirait rien à sa simplicité. Elle possédait une gare de chemin de fer et, non loin de là, un hôtel massif et tout chamarré dans ce style Second Empire que l'on retrouve dans toute l'Europe; puis, dispersées sur les collines avoisinantes, les résidences d'été de la noblesse et de la riche bourgeoisie de Bucarest; mais, à une petite trotte de là, on pouvait entendre la mélopée des flûtes de bergers, et voir les paysans apporter au marché les produits de leurs fermes, des broderies, des outils grossiers, comme l'avaient fait leurs ancêtres au fil des siècles, et se réunir à leur bazar oriental tout comme la bonne société se réunissait à l'établissement thermal. Les moines barbus du monastère de Sinaïa, fondé par un ancêtre de la princesse d'Enesco, n'avaient pas l'air anachroniques.

Pendant les six à huit semaines que nous y passâmes, nous fûmes logés dans une annexe séparés mais qui appartenait à la pension de famille; nous y habitions, y travaillions, y jouions de la musique, y faisions notre cuisine et y mangions sans déranger personne ni être dérangés par personne. La maison d'Enesco, réalisation de son rêve et fruit de longues années de labeur, se trouvait à quelque distance de là. En général, il nous faisait quérir par un buggy dont le cocher était juché sur un siège très au-dessus de la tête d'Aba et de la mienne. S'il faisait beau, la voiture restait découverte, mais quand il pleuvait, on pouvait ramener de l'arrière une espèce de capote, comme si nous étions des bébés dans un landau. Tout amateur d'automobiles que j'étais, j'adorais le rythme des sabots sur les chemins non pavés et sur le pont franchissant la rapide rivière Prahova. Enesco avait sans aucun doute acheté cette propriété et bâti la maison, la villa Luminisch, pour la princesse Cantacuzène. On avait accès à la chambre personnelle d'Enesco par un escalier situé dans une tourelle latérale à la maison, de façon que ses visiteurs ne dérangent pas la princesse dans ses appartements du rez-de-chaussée. J'eus l'occasion de remarquer que ceux-ci étaient d'un luxe opulent à l'orientale, mais le studio d'Enesco, malgré son austérité, n'était pas moins impressionnant. De grandes baies donnaient sur une vallée fermée à l'horizon par une chaîne de montagnes s'élevant en falaise abrupte. C'était le début de l'automne à Sinaïa et les arbres flamboyaient, les montagnes étaient toutes dorées, un ou deux sapins isolés faisaient sombrement contraste avec les jaunes, les ocres, les cuivres et les rouges des forêts : poignante et admirable toile de fond pour mes leçons.

Sinaïa nous conviait à relâcher notre routine et nous acceptâmes volontiers cette invite. Nous visitâmes le palais Pelesh, qui tenait son nom de la colline où il était perché; je le trouvai fort à mon goût. C'était un château médiéval comme seuls peuvent encore l'être ceux du XIXe siècle, dont les innombrables pignons en bois se projetaient au-dessus de la forêt comme une idée platonicienne du style gothique. Dominant Sinaïa, il était bâti sur une immense aire découverte cernée de montagnes plus élevées. Un jour que nous nous promenions dans les jardins, un carrosse miniature tiré par deux poneys blancs nous dépassa. D'après les photographies et l'exquise délicatesse de l'équipage, nous reconnûmes le cocher qui n'était autre que l'héritier royal, le prince Michel, âgé de six ans. Envieux, je ramassai un caillou et le jetai dans sa direction sans l'atteindre : depuis, je n'ai jamais cessé d'avoir honte de cette impulsion puérile. Un autre jour, visitant le palais, je parvins à me glisser sous un cordon et à monter sur le trône, à la grande horreur de notre guide; comme on s'en doute, je trouvai le siège monarchique beaucoup trop vaste pour m'y sentir à l'aise.

Mon inconduite resta sans conséquence. C'est même nous qui usâmes de représailles. La reine Marie, petite-fille de la reine Victoria et grand-mère du prince Michel, m'invita à jouer à la cour, mais Imma refusa comme elle refusait toute exploitation de mon art par la bonne société. Pour nous réconcilier, Enesco proposa que la reine se tînt dans la chambre de la princesse Cantacuzène tandis que je prendrais ma leçon au premier étage, laissant entrouverte la porte du studio; cette proposition fut acceptée. A la fin de la leçon, Enesco nous conduisit au rez-de-chaussée pour nous présenter, Aba et moi, à Sa Majesté. Je me souviens de l'élégance de la pièce avec un grand lit, des draperies somptueuses, du mobilier sculpté, de l'or et du velours, et de la perspective fort gênante de devoir baiser la main de la reine. Je n'avais jamais baisé la main de personne et ne me sentais pas d'attaque à commencer. Aujourd'hui, j'en suis arrivé à faire le baise-main presque naturellement mais, ce jour-là, je tendis ma main à serrer à la reine. Au lieu de s'en offenser, elle eut la présence d'esprit de s'abaisser pour mieux conquérir. Nous eûmes donc une aimable conversation entre quatre yeux, et là-dessus elle me donna un exemplaire de son livre : *les Contes de fée de la reine Marie*, avec cette dédicace : « A Yehudi de la part de Marie. »

Autre grande dame à marquer nos vacances à Sinaïa, Cora Koshland interrompit son voyage à travers l'Europe pour venir nous voir et nous offrir trois journées fantastiques. Elle loua trois Chrysler décapotables à quatre portes, de solides véhicules à la hauteur des routes peu carrossables de la région, afin d'explorer avec nous les régions avoisinantes de la Roumanie. Mrs Koshland était, avant la lettre, la touriste américaine par excellence. Elle avait une caméra pour filmer nos excursions avec elle : quelques grottes spectaculaires et un château médiéval, un vrai, cette fois, qui avait été bâti comme place fortifiée contre des envahisseurs, mais, faute d'invasion récente, avait été transformé en demeure habitable et avait donc perdu son aspect sévère. Dernière image à me rester de Mrs Koshland à l'époque : à bord de l'Orient Espress qui va la ramener à Paris, elle nous filme sur le quai de la gare jusqu'à ce que son train ait disparu. Nous allions sous peu la revoir à San Francisco.

L'automne arrivait presque à son terme. Nous reçûmes un télégramme de New York demandant à mes parents si je pourrais jouer à Carnegie Hall avec l'orchestre symphonique de New York, sous la direction du grand chef d'orchestre allemand Fritz Busch; le *Concerto en la majeur* de Mozart serait au programme. Notre séjour d'un an en Europe n'aurait pu être plus splendidement couronné, et je n'aurais pu désirer meilleure justification à la générosité de l'oncle Sidney et à l'abnégation de mes parents! J'étais très reconnaissant, je me sentais très honoré, mais, en secret, ou du moins dans l'intimité de la famille, j'avais une réserve à faire : pourquoi Mozart, pourquoi pas Beethoven? Jouer à Carnegie Hall, c'était jouer du Beethoven; tant qu'à faire d'être « arrivé », il fallait arriver pour de bon! Je sentais au demeurant que je jouerais mieux Beethoven; mes parents le savaient eux aussi. Cependant, comme pour bien d'autres espoirs longtemps caressés — travailler avec Enesco ou posséder une bicyclette —, je gardai pour moi mes sentiments jusqu'à l'heure où ils pourraient être révélés avec profit. J'étais sûr qu'à un moment ou à un autre je proposerais le Beethoven, et l'affaire en resta là. On accepta l'offre de Carnegie Hall mais la question de ce que j'y jouerais fut laissée en suspens. J'avais alors onze ans.

L'heure de ma dernière leçon avec Enesco arriva, la dernière de ma vie, pour autant que je pouvais le prévoir alors. L'orage qui menaçait cet après-midi-là, quand je quittai la *pension* * à bord du buggy avec mon père, attendit assez longtemps pour nous permettre d'arriver sans problème à la villa Luminisch. Mais, une fois que nous y fûmes en sécurité et que j'eus commencé à jouer, les éclairs fendirent le ciel d'un bout à l'autre de la vallée, illuminant sauvagement les bois et les montagnes, le tonnerre se déchaîna et une pluie diluvienne se mit à tomber. Je jouai par trois fois la *Chaconne* et la *Partita en ré mineur* de Bach, accompagné par cette magnifique clameur de la nature.

Je suppose qu'Enesco voulait mettre mon endurance à l'épreuve, car si jouer en privé n'a rien de commun avec l'exécution en public, répéter avec ses collègues, plusieurs fois d'affilée parfois, en vue de quelque concert ou d'un enregistrement, est encore autre chose, et c'est ce qui réclame peut-être le plus d'énergie. Il faut pouvoir jouer pendant trois ou quatre heures d'affilée, sans relâche, sans déperdition d'attention ou de fraîcheur. Peut-être Enesco voulait-il me rendre ainsi un dernier service en m'astreignant à un maximum d'effort et de concentration. La puissante *Chaconne* de Bach dure quelque treize minutes sans interruption, ce qui suffirait déjà à éprouver lourdement les capacités d'un jeune garçon, surtout après les trois autres mouvements de la *Partita* — mais je ne les connaissais pas encore. Je la jouai donc trois fois et lui survécus triomphalement. Quand ce fut fini, Aba fit remarquer à Enesco que je n'étais pas précisément obnubilé par le travail; je faisais mes heures d'exercices honnêtement et régulièrement, mais n'exigeais jamais de les prolonger au-delà du temps prévu, comme le faisaient et le font encore pas mal de mes collègues (je crois que ma placidité, sur ce point, résultait d'une tension artérielle suffisamment basse que j'ai eu la chance de garder telle jusqu'à présent, ce qui m'a probablement épargné bon nombre de crises). Enesco ne s'en émut pas : « C'est un

* En français dans le texte.

don du bon Dieu, dit-il, il lui sera utile toute sa vie. » Mon père n'a jamais oublié ces paroles.

Quand nous débouchâmes du petit porche de la tourelle sur le gravier de la cour, le gros de l'orage était passé, mais la pluie ruisselait encore sur le cocher emmitouflé et sur son cheval impatient. J'avais le cœur serré. Je ne pouvais plus rien changer à ce que j'avais appris ou négligé d'apprendre avec Enesco. J'étais livré à moi-même et responsable du grand engagement qui m'attendait, à quelques semaines seulement mais à bien des kilomètres de là. Nous restâmes encore un jour ou deux à Paris, puis nous prîmes à Saint-Lazare le train qui allait nous mener au bateau.

Il y avait une différence appréciable entre le voyage aller et celui du retour : non que nous fussions devenus des voyageurs chevronnés et blasés, incapables de prendre plaisir à ce qui n'avait plus de nouveauté pour nous, mais nous revenions accompagnés d'une certaine fanfare. Alors que nous étions encore à Sinaïa, mon père avait pris ses dispositions pour promouvoir sérieusement mes affaires. Ayant quitté les États-Unis en petit garçon tout ce qu'il y a de plus ordinaire, j'y retournais pourvu d'un imprésario personnel et des services d'un homme de loi. On avait fait appel à l'oncle Sidney pour nous fournir le nom d'un juriste new-yorkais, et je me souviens que le télégraphe fonctionnait remarquablement à l'époque : trois échanges, soit six câbles en une seule journée, entre Sinaïa, San Francisco et New York, et l'affaire fut conclue. L'homme de loi recommandé était Edgar Leventritt, mélomane de tout premier ordre, en mémoire de qui fut d'ailleurs créée la Fondation Leventritt; pianiste amateur de talent, son plus grand plaisir était d'inviter des musiciens chez lui et de jouer de la musique de chambre avec eux. Mr Leventritt conseilla à mon père de confier mes affaires américaines à l'agence Laurence Evans et Jack Salter, et conclut un contrat avec eux; et, comme ce fut régulièrement le cas des gens que l'organisation pratique de la vie mettait en contact avec nous, Mr Leventritt, sa femme et ses enfants restèrent pour nous des amis très chers, tout comme Evans et Salter. Ces deux jeunes hommes d'Atlanta avaient entamé leur ascension vers la fortune et la renommée à l'époque où ils avaient été choisis comme agents par Galli-Curci. Puis ils n'avaient cessé de prendre de l'importance, comptant parmi leur clientèle Lawrence Tibbett, Elisabeth

Rethberg et une ou deux autres personnalités d'égal renom. Lorsque mon nom fut ajouté à cette liste en tête de laquelle figurait encore celui de Galli-Curci, j'étais vraiment en illustre compagnie.

Atteignant l'embouchure de l'Hudson, un remorqueur vint à la rencontre de notre navire pour le piloter; il avait à son bord trois ou quatre photographes de presse qui nous firent poser en groupe sur le pont du bateau, Hephzibah, Yaltah et moi muni d'un violon, pour un cliché bien peu naturel qui devait paraître dans la presse du lendemain matin. Au débarcadère, un peu plus tard, nous fîmes la connaissance des deux jeunes agents qui m'offrirent une épaisse écharpe de soie noire et blanche pour célébrer l'événement. N'ayant jamais rien possédé d'aussi magnifique, je fus terriblement flatté et impressionné; en vérité, cette écharpe est encore comme neuve au bout de cinquante ans, et je continue de la considérer comme la « meilleure » de ma collection.

Une fois dissipé l'émoi de l'arrivée, il fallait bien faire face au problème : Mozart ou Beethoven? Quelqu'un, Edgar Leventritt peut-être, lui ayant fait savoir que j'avais mis tout mon cœur dans le Concerto de Beethoven, Fritz Busch avait été catégorique : *Man lässt ja auch Jackie Coogan nicht den Hamlet spielen* » (« On n'engage pas Jackie Coogan pour jouer Hamlet », aurait-il dit.) C'était Walter Damrosch et non lui qui avait eu l'idée de m'inviter, on peut donc imaginer sa consternation en s'apercevant que, dans le monde philistin du spectacle new-yorkais, il ne pouvait se contenter d'être un chef d'orchestre exceptionnel mais devait aussi faire le Barnum. Il se dressa comme un mur protecteur entre le trésor musical allemand du XIXe siècle et moi, espérant que cet obstacle massif me ferait oublier mes visées sur Beethoven; mais quand on est soi-même un mur, on ne prête pas particulièrement attention aux autres murs, et il entrait autant de mortier dans mon bâti que dans celui de Busch. Il consentit finalement à me laisser auditionner pour lui dans son appartement de l'hôtel Gotham. Quelques jours plus tard, nous nous y retrouvâmes avec Aba et Persinger qui séjournait alors également à New York.

Tandis que j'ôtais mon manteau, Busch intercepta Persinger qui se dirigeait vers le piano. Il ne devait y avoir aucune collusion entre le maître et l'élève, ni de rémission pour moi grâce à un accompagnateur complaisant recréant une situation familière. Busch allait m'accompagner lui-même. Si je pouvais suivre *ses* tempi sans faire trébucher mon jeune orgueil, eh bien, on verrait, mais je le soupçonne de s'être dit que je serais bien incapable de me tirer des premières octaves brisées. Arrivé au second tutti, il se répandit en marques d'affection germaniques : « *Mein lieber Knabe*, s'écria-t-il, tu peux jouer n'importe quoi avec moi, n'importe où, quand tu voudras ! » Sautant sur l'occasion, je répliquai : « Donnons aussi le Brahms, alors. » Il y a, dans le Concerto de Brahms, un passage en dixièmes qui est pratiquement l'intervalle le plus large qu'un violoniste puisse avoir à jouer. Prestement, et plus ou moins juste, je jouai ces quelques mesures pour prouver à Busch que j'avais la main assez grande pour Brahms, mais il ne retint pas ma suggestion et je n'insistai pas. Busch m'avait donné carte blanche et il tint sa promesse : nous jouâmes le Brahms ensemble par la suite en Allemagne et en Angleterre.

Puis il y eut la répétition et les deux concerts, deux jours d'affilée. Ni l'un ni l'autre ne m'a laissé de souvenir précis, sauf que leur succès dépassa nos rêves les plus fous, justifiant on ne peut mieux les décisions et les efforts passés et promettant beaucoup pour l'avenir. Lors du premier concert, le 27 novembre 1927, je me sentis bien trop petit pour tout le bruit qui monta du public et j'essayai de détourner son attention sur Busch, sur l'orchestre, sur Persinger que j'entraînai sur scène en le désignant aux applaudissements, mais je dus réapparaître en manteau, casquette à la main, avant qu'on voulût bien me laisser partir. Pourtant, la véritable épreuve n'avait pas été de jouer en public : je l'avais en fait passée en deux fois, au Gotham et lors de la répétition, après quoi les concerts s'en étaient suivis automatiquement. Lors de mon entrée sur scène pour répéter, nombre de musiciens n'étaient pas encore convaincus par la conversion de Busch à ma cause ; le fait de demander au premier violon solo Mischakov d'accorder mon violon pour moi, parce que je n'avais pas la force de tourner les chevilles, ne les rassura guère. Ce n'est qu'à la fin du premier mouvement que je sus les avoir conquis. Ce fut pour moi une expérience exaltante, non pas tant pour avoir triomphé du scepticisme que par la conviction d'être accepté parmi des musiciens qui « connaissaient la musique »...

Commencer à bâtir par le toit

L'après-midi précédant le second concert new-yorkais, on nous envoya, Hephzibah, Yaltah et moi, faire notre sieste habituelle d'après-déjeuner dans la chambre que nous partagions au Colonial Hotel de la 81e Rue. D'ordinaire, nous respections fidèlement le silence requis, mais, ce jour-là, j'étais trop excité pour obéir, et mes sœurs trop entièrement solidaires pour être tentées de protester. Je ne me faisais pas de souci au sujet du concert : je savais que j'avais remporté un succès la veille au soir et que je jouerais probablement aussi bien la seconde fois; mais comme ces circonstances n'étaient pas propices au sommeil, je passai l'heure de repos à discourir sur un certain nombre de sujets devant mon auditoire réceptif. Mais voici que quelque chose me frappa soudain — et il est étrange que je puisse dater aussi exactement ce phénomène : je ne sentais plus le poids de mes membres. C'est peut-être ce que les gens appellent les douleurs de la croissance : le corps, qu'on a tenu jusque-là pour une donnée naturelle, semble échapper à notre contrôle, les muscles se raidissent d'eux-mêmes et perdent le don de la relaxation. J'étendis bras et jambes à plat sur le lit sans obtenir aucune sensation d'inertie, ce qui n'avait rien d'étonnant étant donné la technique employée. Il devait s'écouler plus de vingt ans avant que je ne commence à comprendre le fonctionnement des articulations et des muscles et leur importance dans l'art du violon; après quoi je fis des progrès réguliers jusqu'à pouvoir sentir aujourd'hui le poids d'un seul doigt et évaluer dans les muscles de l'épaule le moindre mouvement de mon bras; mais, pour résoudre l'énigme, il m'a fallu une vie entière à partir de cet après-midi de novembre où je me rendis compte qu'il y avait effectivement une énigme à résoudre.

Je savais de même, mais depuis beaucoup plus longtemps, que ma vie était en quelque sorte pleine de trous. Il est très fréquent qu'un violoniste accède à la renommée d'un seul coup. De son propre point de vue, naturellement, il n'y a rien de soudain dans une révélation qui vient couronner des années de travail, mais tandis que peintres et écrivains, architectes et compositeurs acquièrent leur notoriété progressivement, selon les lois qui mènent à la maturité, les personnalités du spectacle se trouvent brusquement offertes aux yeux du public, telle Aphrodite déposée par la vague sur le rivage de Chypre, admirablement achevée — et souvent plus jeunes qu'elle n'était. Mais cette plénitude réside dans le regard du spectateur.

La musique nous est donnée avec l'existence. Un petit bébé pleure, gazouille ou parle avec sa propre voix et n'a qu'un pas de plus à faire pour chanter. Plus que tous les autres arts, on peut posséder la musique sans recours à quelque savoir; étant dans une large mesure une expression du subconscient, elle a ses itinéraires directs à partir de ce qu'on a dans le ventre, dans la tête et dans le cœur, sans devoir effectuer de détours par l'école. Cet itinéraire direct, je le connaissais, grâce au ciel; j'avais appris à aimer la musique avant d'être à même de le dire; je savais à peine lire et écrire quand j'avais reçu l'instrument et les ingrédients de mon art; j'avais très tôt éprouvé l'émerveillement de s'emparer d'un violon pour le faire parler, pour communiquer avec autrui, pour exprimer les pensées et sentiments des grands compositeurs. J'avais sans aucun doute de grandes aptitudes qui me permettaient de dépasser mes maîtres dans l'exécution de certains morceaux, mais on tient généralement ce phénomène pour plus mystérieux qu'il n'est. Un violon entre ses mains, tel jeune être talentueux et profondément épris de musique, pourvu d'un maître inspirateur et de la capacité de jouer d'instinct et par imitation, peut franchir des obstacles apparemment insurmontables pour l'esprit adulte, alors que ceux-ci considèrent qu'il faut avoir surmonté tous les obstacles de la formation et acquis une réelle compétence avant d'avoir le droit de s'exprimer. Pour ma part, sans ces qualifications, sans passé ni expérience, sans la soif de savoir ni la passion et les déceptions de l'adolescence, je pouvais, à l'âge de sept ou huit ans, jouer la *Symphonie espagnole* à peu près aussi bien que quiconque et mieux que la plupart. Ma chance suprême fut d'avoir de grands musiciens pour m'inspirer. Trop de jeunes talents sont gâchés par un mauvais enseignement. Mon étoile devait m'épargner cela, comme d'ailleurs tout enseignement au sens traditionnel du mot. Si l'on m'avait fait étudier avec un « professeur » de première classe, un Carl

Flesch ou un Dounis, par exemple, l'expérience aurait fort bien pu se révéler mutuellement décourageante : pour lui, parce que je pouvais jouer convenablement sans ses leçons, pour moi dans la mesure où son système m'aurait frustré de la musique. Mes maîtres, en revanche, furent avant tout des violonistes accomplis, de sorte que je fus initié d'emblée à la sonorité et à la sensation d'une phrase ou d'une exécution, que j'absorbai leur exemple intuitivement, le reconnaissant sans me soucier d'en analyser le sens ni la mécanique. C'est à la pénétration d'Enesco que je dus l'effet de mon Beethoven sur New York.

Cependant, l'intuition d'Enesco était le fruit d'une longue pratique et c'était précisément ce que je pouvais le moins porter à mon crédit. Une chose est de jouer joliment son petit répertoire personnel, une autre d'avoir vécu assez longtemps pour comprendre Mozart ou jouer de bout en bout tous les quatuors de Beethoven, voire, plus simplement, de commencer à comprendre quelque chose au monde. Mes parents, dévoués et prudents, prirent la précaution de ne pas me laisser m'enfermer dans ce que je pouvais faire avec facilité; ils m'ont sauvé, que l'on me passe l'expression, de l'abrutissement musical, en me donnant des livres, l'accès aux langues vivantes, la campagne, la vie de famille et bien d'autres choses encore. Rien pourtant ne peut nous doter d'une biographie instantanée. La maturité, en musique comme dans la vie, ne s'acquiert qu'au fil des ans. Ayant débuté au sommet — tant bien que mal, et en un sens seulement —, je me devais d'édifier ma maturité sous un angle assez inhabituel.

C'était comme si j'avais été en ballon, flottant à la hauteur d'un cinquantième étage, sans qu'aucun échafaudage de patience se trouvât là pour me recueillir si le ballon venait à se dégonfler. Projeté à hauteur de Beethoven, je savais que j'avais en quelque sorte saisi, ou du moins entr'aperçu, une certaine vision, sans que les cases intermédiaires eussent été remplies; et ces cases, il fallait les remplir au contact de la vie, autant sinon plus qu'au contact de la musique. La difficulté consistait à laisser descendre des fils de mon ballon et à construire furtivement à partir de la base, sans toutefois y résider. Ma vie ultérieure devait me prodiguer des leçons que, dans des circonstances normales, les enfants apprennent à l'école, en jouant, dans la rue ou parmi les foules : entre autres, qu'il existe une concurrence pour le pouvoir, pour la première place, pour satisfaire sa cupidité, son désir d'un objet, d'un être, d'une femme. Ma jeunesse n'a pas connu de concurrence, ni conçu le moindre soupçon qu'on puisse volontairement faire du mal à autrui pour son avancement personnel. Ces réalités me furent d'abord épargnées du fait que j'excellais en quelque chose; je n'eus pas plus tôt commencé à jouer professionnellement que le soutien d'autrui, les engagements et les cachets m'échurent sans que j'eusse à lutter. D'autre part, les gens que je connaissais, par une chance extraordinaire, je crois, autant que grâce à la sélection scrupuleuse exercée par mes parents, étaient tous d'une remarquable bonté. Enfin, les principes familiaux avaient érigé autour de moi et de mes sœurs un univers idéal. Il est vrai qu'il allait s'avérer pénible et douloureux de concilier l'instabilité de la vie réelle avec cette intangible perfection des normes qui gouvernèrent mon enfance; il est également vrai que cette sécurité statique de mon éducation m'a probablement fait perdre une certaine dose de souplesse, de vivacité, de relief et de couleur. Très, très longtemps après, Sacha Schneider me raconta qu'au printemps 1929, alors que je faisais mes débuts à Berlin, lui, jeune violoniste de mon âge, devait jouer dans les bordels d'une petite ville de Pologne pour gagner sa vie. Il disait avoir été très jaloux de moi. Eh bien, si nous nous étions rencontrés à ce moment-là, je suis sûr qu'il se serait révélé une personnalité brillante, alors que je me serais montré bien peu causant. Mais je ne regrette pas d'être passé à côté des heurts et de la dureté d'une enfance sans protection. Même si je n'étais pas prêt à trouver la vie moins que parfaite, il était merveilleux d'avoir eu de si bonne heure un aperçu de l'idéal.

Après avoir monté mon mur au fil de nombreuses années pour rejoindre mon ballon captif, je crois qu'il ne subsiste plus guère de crevasses dangereuses dans l'édifice, mais il reste beaucoup d'expériences que je n'ai jamais vécues et, de ce fait, je suis peut-être mauvais juge de ma plénitude.

New York avait beau m'avoir reçu avec enthousiasme, j'étais impatient de rentrer chez moi. San Francisco restait le pôle magnétique de mes sentiments, et l'année que j'avais passée ailleurs me paraissait terriblement longue. J'aspirais aussi à revoir Esther, sans en dire mot à personne, cela va de soi. Il serait faux de prétendre que je ne trouvai rien de changé, car il y eut plusieurs changements évidents auxquels il fallut nous habituer. L'oncle Sidney nous avait fait présent d'une belle Buick toute neuve, garée devant notre porte à notre arrivée; on m'attribua la chambre qui donnait sur la rue, jadis louée aux dames russes et enjolivée d'une tourelle; quant à mon père, il rentrait à San Francisco les mains dans les poches, sans autres obligations que celles qu'il avait vis-à-vis de sa famille. Néanmoins, malgré tous les changements passés et encore à venir, la vie reprit pour quelque temps son allure familière. Hephzibah et Yaltah recommencèrent à travailler avec Lev Shorr, leur premier professeur de piano. (Ce brave homme, maître accompli, leur donna une base excellente et resta un ami de la famille; devenu aveugle, il continua d'aller au concert, accompagné par sa bonne épouse, jusqu'à sa mort en 1975.) Mais je partageais désormais avec mes sœurs les leçons de français de Mlle Godchaux. Et puis j'étudiais l'harmonie avec le violoniste John Paterson, de l'orchestre de San Francisco, et j'avais, bien sûr, retrouvé Persinger.

En 1928, Persinger passa la plus grande partie de l'année à enseigner à Santa Barbara, à six cents kilomètres au sud de San Francisco, là où s'était établi son quatuor. Une fois par semaine, il faisait le trajet de nuit en voiture, me donnait une leçon, passait une bonne partie de la journée à San Francisco puis s'en retournait à Santa Barbara. Ce fut une curieuse période de mon apprentissage musical. En un sens, j'avais été gâté par Enesco qui me laissait travailler indéfiniment une même œuvre, mais Persinger décida sagement qu'il était temps pour moi d'en connaître un grand nombre d'autres. Il m'apportait chaque semaine un exemplaire copieusement annoté d'un nouveau morceau que je devais préparer de mon mieux, mais, quel que fût le résultat, on n'y revenait pas. Ainsi mon répertoire s'élargit-il très rapidement. S'y ajoutèrent entre autres la *Sonate en ré mineur* de Brahms, la *Sonate à Kreutzer* de Beethoven, et de nombreux concertos de Vivaldi, Mozart, Vieuxtemps, Wieniawski, Bruch et Glazounov. Je n'arrêtais pas de citer Enesco avec une admiration non mitigée, ce qui était pour le moins mal apprécié. « Enesco, je ne veux plus en entendre parler! », finit un jour par me crier Persinger, mais son dévouement résista à mon manque de tact; c'est avec lui que je fis mes premiers disques au début de 1928 et que nous partîmes, mon père et moi, pour ma première tournée à l'automne.

L'enregistrement électrique n'était devenu pratique courante que depuis un an ou deux quand on m'engagea pour jouer l'*Allegro* de Fiocco et la *Capricciosa* de Franz Ries pour un vingt-cinq centimètres, ainsi que pour un trente centimètres contenant *la Sierra Morena* de Monasterio et un arrangement de *la Romanesca* de Joseph Alhron. Comme si ce n'était déjà pas assez de nouveautés, j'eus encore droit de voir en récompense le premier film parlant, *le Chanteur de jazz* d'Al Jolson, qui passait alors à San Francisco, et reçus un exemplaire de *Robinson Crusoé* (rebaptisé Robinson Caruso par la famille). Je n'ai cessé d'enregistrer avec plaisir depuis près de cinquante ans, mais nul événement ultérieur n'a effacé de ma mémoire l'intense excitation de ce premier enregistrement, qui fut un peu une aventure, et pas seulement pour moi. On loua une église à Oakland. Tandis que Persinger, Aba et moi arrivions de San Francisco, deux ingénieurs partis du siège de la RCA à Camden, dans le New Jersey, traversaient le continent en voiture; en passant par le Texas, ils reçurent une balle dans leur pare-brise, preuve de l'esprit pionnier de l'entreprise, qu'ils exhibèrent non sans fierté. Plus tard, la même année, nous passâmes en tournée par Camden et j'y fis d'autres disques. Là, je fus invité pour la première fois à un déjeuner de directeurs de sociétés, et l'on me servit mes premières huîtres, d'énormes spécimens de la baie de Chesapeake, trop grosses pour n'en faire qu'une bouchée mais impossibles à disséquer. Je me souviens que les disques enregistrés ce matin-là furent gravés et tirés dans la nuit, et l'on nous en remit des exemplaires le lendemain — la vie et jusqu'à la technologie étaient si simples en ces jours d'autrefois.

Ma première tournée revêtit un caractère expérimental. Il y eut d'anxieuses délibérations avant d'en accepter le plan et il fallut du temps à mes parents pour surmonter leur inquiétude et décider que voyager et jouer régulièrement étaient des aspects d'une carrière musicale auxquels il fallait après tout faire face. Désormais, la famille dépendait du produit des concerts, mais c'était leur moindre souci : dans les années vingt, il n'en fallait pas donner beaucoup pour vivre confortablement, et mes parents ne m'auraient jamais exploité. Il fut finalement décidé que, pour ma première tournée, qui allait durer quelque quinze semaines, je jouerais une fois par semaine, en commençant par San Francisco puis en me déplaçant vers l'Est pour terminer à New York. Bien que je sois souvent repassé depuis lors par les mêmes lieux, je me rappelle assez distinctement les villes où je séjournai cette fois-là : Los Angeles et l'immense Shriners' Auditorium; Chicago, dont la salle de concerts eut ensuite la mauvaise fortune d'être transformée en palais des sports, avant de servir de dépendance des Nations unies, puis d'être rendue à la musique il y a seulement quelques années; Pittsburgh, où je jouai pour la première fois le Concerto de Brahms; Minneapolis, où le chef d'orchestre Henri Verbrugghen m'invita chez lui après le concert pour jouer de la musique de chambre (heureusement, j'étais capable de déchiffrer sans problème et je ne fis honte à personne); Cleveland, avec pour chef d'orchestre Nikolaï Sokoloff que j'avais rencontré chez Mrs Casserly, et où je fis aussi la connaissance d'Alan Geismer, un garçon de mon âge qui avait un superbe train électrique dont le circuit couvrait tout le parquet du grenier de la maison. A Cleveland, il y avait une nouvelle gare en cours de construction, ce qui retardait et retarda longtemps les trains de passagers de plusieurs heures. En attendant de traverser la ville, Persinger et moi jouions aux échecs. Il fallait être un professeur peu ordinaire pour choisir ainsi de passer avec un élève trois ou quatre mois qu'on avait pu soustraire à ses autres engagements. Mais je crois que Persinger se plaisait en tournée. Lui, mon père et moi formions un joyeux trio. Il m'accompagnait dans mes récitals, assistait aux concerts avec orchestre, me faisait travailler tous les matins, et dans les intervalles jouait aux échecs et visitait les villes en notre compagnie. Dominant la réalité depuis mon ballon captif, je trouvais tout cela parfaitement naturel.

A New York, Aba et moi descendîmes chez le Dr Garbat et sa famille; nous ne déménageâmes au Colonial Hotel que lorsque ma mère et mes sœurs nous rejoignirent pour le Nouvel An, avant notre départ pour l'Europe. Ce changement était dû en partie à notre nombre, cinq personnes étant un peu trop envahissantes pour un foyer, mais en partie aussi au besoin de liberté d'Imma et à son amour de l'indépendance familiale. Ce fut cependant au cours de cette période de quelques semaines passée chez les Garbat avant nos retrouvailles que je reçus le présent le plus généreux de mon existence.

A cette époque, je possédais déjà deux excellents violons et avais l'usage d'un troisième, superbe. L'oncle Sidney m'avait non seulement offert son propre Guadagnini, mais avait permis à mes parents d'acheter à Paris un charmant Grancino que nous avions vu chez Tournier, le luthier de la rue de Rome. C'était en 1927, et j'avais fait mes débuts new-yorkais avec ce violon. En tournée, cependant, je n'utilisais aucun de ces deux violons, mais un Guarnerius prêté par Lyon & Healy, de Chicago, et maintenant que j'étais professionnellement lancé, tout le monde trouvait souhaitable que j'eusse un instrument de cette qualité bien à moi. Le Dr Garbat comptait parmi ses patients un homme très riche, grand mélomane, et connu pour sa générosité, Mr Henry Goldman. Il était venu a un concert au Carnegie Hall en janvier 1929, où j'avais joué le Concerto de Tchaïkovsky, mais il avait entendu parler de moi longtemps auparavant par le Dr Garbat, et je crois même qu'il avait déjà dû m'entendre jouer. Le Dr Garbat lui fit savoir que je jouais sur un violon d'emprunt ; peu après, il nous transmit une invitation de Mr Goldman et de sa femme Babette.

Les Goldman habitaient la Cinquième Avenue, un appartement donnant sur Central Park et le Metropolitan Museum dont le luxe dépassait de loin tout ce que j'avais connu jusque-là. Les murs étaient couverts de toiles de maîtres anciens. Quoique devenu aveugle, Mr Goldman vous faisait faire lui-même le tour de sa collection, indiquant les plus menus et les plus exquis détails de chaque tableau, car il les connaissait à merveille. Ce fut une expérience très instructive et d'une intensité inoubliable que de contempler de telles richesses montrées par un homme qui ne pouvait plus les voir que dans son souvenir. Il y avait trop de choses à retenir pour une seule visite, mais je me rappelle avoir été impressionné par un encrier en bronze de Cellini, par une toile de Van Dyck — le portrait d'un gentilhomme d'allure très hollandaise devant une cheminée — et par une série de miniatures de Holbein. Naturellement, ni Aba ni moi ne parlâmes violons, mais il était clair que nous étions là pour cela et, au bout d'une demi-heure environ, Mr Goldman — qui devint plus tard pour moi oncle Henry — déclara : « Eh bien, maintenant il nous faut choisir un violon, celui que vous voudrez; quel qu'en soit le prix, il est à vous. »

On s'en doute, Aba et moi ne nous tenions plus de joie en redescendant la Cinquième Avenue. Persinger, aussitôt mis dans la confidence, prit contact avec le marchand de violons Emil Herrman. Or il se trouvait que Herrman était passé à

San Francisco l'année précédente et nous avait montré, dans Steiner Street, une pleine malle de beaux violons, dont celui que je devais finalement choisir. Il m'avait aussitôt séduit, mais je m'étais employé à oublier cet instrument que nous n'avions aucune chance de pouvoir acquérir. Comme dans le cas d'Enesco, j'avais à nouveau identifié quelque chose qui m'était destiné et qui devait là encore m'échoir. A New York, après avoir sollicité l'avis de Persinger et d'Efrem Zimbalist, je refusai plusieurs violons magnifiques, dont le Stradivarius de Betts, alors évalué à cent dix mille dollars et qui se trouve aujourd'hui à la Bibliothèque du Congrès, pour en revenir à mes premières amours, le « Prince Khevenhüller ». Rond et de grande dimension, il était recouvert d'un vernis rouge foncé, profond et éclatant; à ses proportions imposantes correspondait un son à la fois puissant, tendre et doux. Il portait le nom de son premier propriétaire, noble austro-hongrois pour qui Stradivari l'avait fait en 1733, à l'âge de quatre-vingt-dix ans.

Une semaine environ après le krach de Wall Street, Henry Goldman signa un chèque de soixante mille dollars à l'ordre d'Emil Herrman qui, pour sa part, inclut sans supplément de prix l'archet Tourte dont je me sers encore et qui vaut maintenant à lui seul un bon tiers de ce que valait alors le « Prince Khevenhüller ».

Le conseil d'Enesco de travailler avec Adolf Busch, qu'il m'avait donné en 1927 au moment de partir de Sinaïa, n'était pas oublié, mais, pour diverses raisons, il fallut attendre près de deux ans avant de pouvoir le mettre en pratique. J'ai suggéré qu'Enesco devait supposer que son célèbre collègue allemand exercerait une influence correctrice sur moi; si telle était bien son idée, il n'ignorait pas que ce n'était là qu'un des apports possibles de Busch. Adolf, frère de Fritz Busch, était un homme et un musicien de très haute valeur; le respect qu'il nourrissait pour son patrimoine culturel ne faisait qu'un avec le contexte moral de toute son existence; son jeu était clair et net, même si la beauté de ce qu'il faisait n'avait pas ce je ne sais quoi de russe ou de tzigane; son quatuor à cordes comptait parmi les plus estimés de son temps, et il était compositeur comme Enesco. La sagesse de ce dernier lui avait fait penser que ma formation exigeait l'influence équilibrante de l'Allemagne : après tout, ce qu'un violoniste pouvait jouer de plus noble était allemand et il ne pouvait qu'être utile d'apprendre cette musique au cœur même de la tradition. Puisque Enesco avait eu Vienne, je devais avoir Busch.

En se retrouvant à New York au tout début de 1929 pour son second voyage en Europe, la famille avait donc pour destination le studio de Busch à Bâle. Mais avant d'atteindre la Suisse, il fallait régler un certain nombre de questions préliminaires, dont un concert à Berlin qui marqua, peut-on dire, le début de ma carrière adulte. Il eut lieu le 12 avril 1929, quelques jours avant mon treizième anniversaire, sous la baguette de Bruno Walter, et consista en trois concertos : Bach, Beethoven et Brahms.

Ce concert était crucial, car Berlin était alors la capitale musicale du monde dit civilisé; le prestige de la ville, qui reposait sur la musique du passé, était encore florissant grâce à ses grands orchestres et à ses grands chefs, sans parler du public, le plus connaisseur qui existât alors. Musicalement parlant, l'Allemagne était un empire où un soliste comme Adolf Busch pouvait gagner sa vie sans jamais aller à l'étranger, et Berlin en était le centre. Aucun autre pays d'Europe n'était musicalement aussi indépendant. Preuve de cette prééminence : pour progresser, toute carrière américaine devait porter l'estampille « made in Germany », et la critique des concerts de Berlin et Dresde constituait une chronique à part entière dans la presse américaine. Le monde musical américain, pour une large part, était lui-même encore allemand. Il y avait quelques percées françaises — le chef d'orchestre français Pierre Monteux, par exemple, avait introduit un certain goût pour la musique française (et russe) quand il avait remplacé Karl Muck à Boston. Après cinq saisons, c'est Serge Koussevitsky qui lui succéda, lui-même remplacé par un autre Français, Charles Munch; Toscanini avait lancé une mode italienne; mais la plupart des chefs d'orchestre des États-Unis tendaient à être allemands, et pas seulement dans le Middlewest. Le premier que j'ai entendu et sous la direction duquel j'ai joué à San Francisco fut Alfred Hertz. Le simple fait de jouer à Berlin, surtout avec Bruno Walter, un des plus grands chefs d'orchestre d'Allemagne et du monde, était donc une sorte d'apothéose à laquelle ma tournée américaine avait servi de prélude. Ce fut pour moi un événement capital.

C'était à l'origine Fritz Busch qui devait diriger mes débuts à Berlin, mais au dernier moment il dut se rendre à Dresde à cause de la mort de son père. Il me laissait entre de bonnes mains. Depuis la Guerre de 14 jusqu'au fléau hitlérien qui devait s'abattre sur cette ville, la vie musicale berlinoise était entre les mains de Louisa Wolff, codirectrice de la plus importante agence de concerts, Wolff & Sachs ; c'est elle qui demanda à Bruno Walter de remplacer Busch. S'il accepta, c'est peut-être qu'il ne sut comment refuser, car il n'était pas facile de dire non à la reine de la musique allemande. Quoi qu'il en soit, son accord inaugura entre nous un rapport fait de généreuse compréhension de sa part et de reconnaissante admiration de la mienne, qui dura jusqu'à sa mort. Je ne crois pas qu'aucun autre musicien de sa renommée eût à sa place annulé un engagement à l'Opéra pour diriger un violoneux itinérant de douze ans qu'il ne connaissait que par ouï-dire. Mais ce n'est pas seulement à cause de cette marque de bonté que, de tous les grands chefs d'orchestre rencontrés dans ma jeunesse, il est resté mon préféré : en répétant les trois concertos, je m'émerveillai de trouver un tel soutien, une telle faculté d'adaptation ; j'avais l'impression que, quoi que je fisse, il était toujours là, en accord parfait avec moi. C'était un accompagnateur comme je n'en avais jamais connu, qui ne me donnait nullement l'impression de me tirailler dans un sens ou dans l'autre (à cette époque, je n'avais pas encore joué en public avec Enesco, qui lui aussi était un musicien et un accompagnateur extraordinaire).

Bruno Walter prenait toujours la voix humaine pour référence. On conçoit trop souvent la musique aujourd'hui comme si elle sortait originellement du clavier — comme d'une machine à écrire : comme si l'intervalle de A à Z n'était pas plus difficile à couvrir que l'intervalle de A à B. Mais la voix, elle, n'est pas un clavier mécanique, et Walter, dont la remarquable compréhension humaine se traduisait toujours par de la sympathie au sens le plus profond du terme, savait à l'avance quel degré de souplesse du tempo était requis. Je me souviens d'une remarque qu'il me fit, plusieurs années après notre première rencontre, alors que nous avions très souvent joué ensemble entre-temps. C'était chez l'écrivain Emil Ludwig à Saint-

Moritz : « Si la ligne mélodique saute d'une octave ou plus, me dit-il, il faut du temps à un chanteur pour l'atteindre. » Cette remarque m'apparut non seulement musicalement vraie, mais résumer également sa personnalité. Il n'était pas homme à défendre brutalement son opinion, ni de tempérament autoritaire, mais il traitait les musiciens comme la musique — dont ils étaient, je pense, indissociables à ses yeux : il s'agissait d'êtres humains, vivants, sensibles et doués d'impulsions, auxquels on ne pouvait impunément imposer quelque carcan dogmatique. Sa faculté d'adaptation n'impliquait d'ailleurs aucune absence de principes. Je lui resterai à jamais reconnaissant d'avoir refusé de signer quoi que ce soit contre Furtwängler ou contre moi, bien qu'il fût juif lui-même et le plus grand rival de Furtwängler, quand je fus attaqué par de nombreux collègues, après la guerre, pour avoir défendu celui-ci contre les accusations de nazisme.

Mes débuts berlinois avec Walter reçurent dans la famille le surnom de « concert Mayflower », car depuis lors, le public qui y assista n'a cessé de se multiplier au fil des ans comme les descendants américains des premiers colons anglais du Massachusetts : il faut ou bien qu'il ait dépassé la capacité réelle de la salle de la Philarmonie, ou bien que j'aie rencontré depuis tous les spectateurs présents ce jour-là. La seconde interprétation, plus flatteuse pour ceux-ci, est d'ailleurs peut-être la bonne, car plus de la moitié du public était juive et fut dispersée par la suite aux quatre coins du monde. Il comprenait de plus beaucoup de musiciens, tels qu'Ossip Gabrilowitch, Fritz Kreisler, Bronislav Gimpel, Carl Flesch, Sam Franko, le grand critique Stuckenschmidt et bien d'autres. Il est agréable de se dire que mes auditeurs avaient des critères de jugement on ne peut plus précis, car leur réaction enthousiaste n'en prit que plus de valeur. La direction de la salle, craignant que l'enthousiasme ne devînt incontrôlable, alla jusqu'à appeler la police pour rétablir l'ordre; mais ce dont je me souviens le plus distinctement, une fois à l'abri dans ma loge à l'issue du concert, c'est d'Albert Einstein arrivant directement de la scène (il n'avait pas pris la peine de faire le tour) et me serrant dans ses bras en s'écriant, de façon astronomiquement disproportionnée : « Maintenant je sais qu'il y a un Dieu au ciel! »

Quoi qu'il en soit, le « concert Mayflower » ne fut que l'épisode central d'une série de découvertes passionnantes qui faisaient ressortir le caractère unique de Berlin. Le matin du concert, il y eut une *öffentliche Hauptprobe*, une répétition publique à laquelle assistèrent des étudiants, suivie d'un somptueux déjeuner allemand donné par Louisa Wolff; avant et après le déjeuner, qui dura trois heures, tout le monde se salua cérémonieusement par le mot *Mahlzeit!* Il y eut des rencontres avec Louisa Wolff en personne, et nous rendîmes visite à son partenaire Emil Sachs dont la demeure, en banlieue, avait les murs décorés de sabres, de lances et d'armures. M'ayant déjà tiré d'affaire une fois lorsque Fritz Busch avait eu un empêchement, Wolff et Sachs devinrent mes agents allemands et organisèrent les quatre tournées que je fis dans ce pays avant l'avènement d'Hitler. Outre mon concert et mon récital, il y en eut d'autres donnés par des noms illustres, ce qui conféra à ces quelques journées une extraordinaire richesse. J'entendis Mischa Elman jouer le Concerto de Mendelssohn, et j'aurais voulu pouvoir sauter sur scène et le jouer à sa place; non qu'il ne le jouât admirablement, mais dans mon enthousiasme — ou mon ignorance — juvénile, j'étais sûr de pouvoir le jouer mieux encore. Fritz Kreisler donna également un concert. Les bis succédaient aux bis, et entre chaque retour sur scène il discutait dans les coulisses avec sa femme Harriet pour décider du moment où il devrait mettre un point final à la soirée. C'est ce jour-là que je fis sa connaissance; nous devions devenir très proches par la suite. Enfin, je rencontrai aussi Adolf Busch.

J'assistai avec ma famille à un concert donné par le quatuor Busch à la Singakademie, salle correspondant à celle du conservatoire de Paris par sa capacité et sa fonction, mais rectangulaire. J'eus beau être impressionné par le travail impeccable du quatuor et l'intégrité de leur jeu, ce qui me frappa le plus, ce fut mon premier contact avec la musique de Max Reger, compositeur inexportable, comme chaque culture en produit, un de ceux qui concentrent à tel point dans leur musique l'esprit d'un pays qu'ils sont incompréhensibles partout ailleurs. Il est stimulant d'entrer en contact par la périphérie avec ce qui vous est étranger, car si l'on y est soudain plongé sans précautions, on peut être complètement désorienté. J'ai eu l'occasion de me familiariser avec l'œuvre de Reger, d'apprendre à apprécier son importance, sa densité, son immense puissance d'organisation, car, depuis Bach, Reger a été peut-être le musicien doué de la plus haute compétence musicale en matière de construction fuguée, mais il a fallu des années avant que je ne lui rende justice. Sa musique était plus facile à admirer qu'à aimer; c'était un peu comme d'être introduit dans une bibliothèque aux rayons chargés des œuvres de Kant et de Hegel, et de se rendre compte avec découragement qu'on ne serait pas considéré comme authentiquement civilisé avant d'avoir lu tous ces volumes et écrit une thèse. Ces compositeurs ne sont d'ailleurs pas les seuls à mal supporter le voyage, certains interprètes appartiennent parfois aussi à un coin bien précis du monde. Le violoniste Bronislav Hubermann, que je devais entendre peu après mes débuts berlinois, était de ceux-là. Enfant chéri des publics de Berlin, Vienne, Budapest et probablement de Prague, il ne fut jamais tout à fait aussi bien accueilli dans les autres capitales. Des artistes comme lui reflètent une certaine culture, un tempérament, un mélange de races déterminé et c'est sur leur propre sol qu'ils prospèrent le mieux.

Après le programme qui, en plus du *déroutant* * Reger, comprenait aussi du Beethoven, j'allai dans les coulisses faire la connaissance de mon nouveau maître, sans aucune de ces idées préconçues que j'avais formées avant ma première rencontre avec Enesco. Je trouvai un homme blond, éminemment sympathique, plein de jeunesse, d'allant et de générosité; un visage d'une bonté si évidente qu'il aurait désarmé tout préjugé, à supposer que j'en aie eu contre lui; et, comme le programme qu'il venait d'exécuter le prouvait amplement, c'était un musicien de haut rang, d'une honnêteté absolue et sans aucune virtuosité clinquante. L'instinct d'Enesco ne l'avait pas trop trompé. Sans Busch, je n'aurais pu pénétrer l'esprit qui me permit plus tard d'étudier en profondeur les grands compositeurs allemands. Il me fit don de la culture allemande; plus tard, le peuple et la littérature de ce pays devaient en améliorer ma connaissance; mais je lui dois d'y avoir accédé par la musique, une musique exprimée avec une sensibilité faite d'érudition et de passion combinées, dénuée de toute sécheresse.

Nous quittâmes Berlin et rejoignîmes Fritz Busch pour un concert à Dresde — ville qui était un véritable joyau et dont la destruction insensée, pendant la guerre, fut une tragédie et un crime; puis nous allâmes à Paris où je donnai de nouveau

* En français dans le texte.

les trois concertos à l'Opéra, cette fois sous la direction de Philippe Gaubert. L'oncle Sidney et sa famille étaient en Europe cette année-là. Nous les avions vus à Berlin, puis ils arrivèrent à Paris avant nous, et nous fêtâmes nos retrouvailles en dînant dans un restaurant russe. Après toutes ces émotions, nous partîmes passer deux semaines de vacances avec Mr et Mrs Henry Goldman à Baden-Baden.

Henry Goldman avait un certain nombre d'habitudes agréables, dont celle de faire servir de la Bénédictine après le dîner et celle de passer une partie de l'été à Baden-Baden. C'était la première petite ville allemande que je visitais et je fus vivement impressionné par son caractère excessivement cohérent : la vie ordonnée, la quantité de femmes de chambre gaies et efficaces, les édredons dans leurs enveloppes de toile immaculée sur les lits, la nourriture abondante, délicieuse, et qui faisait grossir, les promenades dans les bois dont chaque petite colline était couronnée d'un belvédère et d'un restaurant où l'on pouvait se recharger en mangeant de la pâtisserie et en buvant de la bière, l'orchestre qui jouait tous les jours sur la place, les concerts le soir au Kursaal, et Elena Gerhardt chantant des mélodies de Schubert... Je trouvais tout cela trop charmant pour être tout à fait vrai. Élevé dans la haute vision paternelle d'un monde en lutte, je considérais cette société qui tournait si résolument le dos au monde extérieur pour s'occuper d'elle-même comme une relique d'un autre âge, et trouvais un tant soit peu forcé le plaisir qu'elle prenait à ses verdoyantes forêts et à la bonne musique. Le fait que Baden-Baden fût un rendez-vous de retraités et de vieillards accentuait cette impression.

Cela ne m'empêchait pas de me divertir énormément. Les Goldman voulaient nous héberger à leur hôtel, mais mes parents estimèrent à juste titre cet entourage trop *mondain* * et louèrent des chambres dans une *pension* *. Nous profitâmes de tout ce que Baden-Baden avait à offrir : en ce qui me concerne, je fus particulièrement fasciné par les magasins d'optique et j'achetai une splendide paire de jumelles Zeiss, les plus longues que je pus trouver. Je ne quittais jamais notre pension sans les porter fièrement en bandoulière, et je devais avoir l'air parfaitement ridicule avec cet énorme instrument à peine

* En français dans le texte.

moins haut que moi, cherchant le moindre accident de terrain pour fouiller l'horizon et voir ce que j'y pourrais voir.

Enfin parvenus à Bâle, nous passâmes trois à quatre semaines à l'hôtel *Drei Könige*, sur le Rhin, cependant qu'Imma cherchait une maison puis la meublait. Le 12 de la Gartenstrasse, alors à la lisière de la ville, maintenant noyé dans les faubourgs, constituait la partie médiane d'un groupe de trois demeures placées sous le même grand toit qui descendait en pente abrupte de part et d'autre. Comme la plupart des maisons new-yorkaises tassées les unes contre les autres, elle avait la largeur d'une seule pièce et d'un escalier, mais, conçue pour cette disposition étroite, elle était toute en hauteur. La partie de l'architecture qui me plaisait le plus était un balcon où l'on servait le goûter, le mien consistant de préférence en un gâteau de riz. Chaque jeudi, à l'heure du goûter, on voyait arriver, aussi ponctuel que nous, le Zeppelin *Graf* en provenance de Buenos Aires et à destination de Friedrichshafen sur le Lac de Constance, énorme cigare argenté, presque silencieux, luisant dans le soleil.

Les mois passés à Bâle furent, je crois, une époque heureuse pour nous tous. Nous jouissions d'une certaine sécurité, ma carrière était bien partie, nous n'étions pas menacés de difficultés financières et la décision de mon père s'était avérée justifiée. En outre, après avoir habité des appartements et des hôtels, nous avions de nouveau une maison à nous, ce qui réveilla chez mes sœurs et moi une grande nostalgie de Steiner Street, nostalgie qui ne fut adoucie que lorsque Aba eut fait envoyer de San Francisco plusieurs meubles auxquels nous tenions, pour compléter les tapis d'Orient et autres jolies choses qu'Imma avait achetées chez un antiquaire de la ville. (Lors d'une visite à cette boutique, je fus vivement attiré par une statuette en bois de rose représentant une dame chinoise, et on me l'offrit : je me rends compte aujourd'hui que j'étais vraiment gâté et obtenais à peu près tout ce que je voulais.) Ayant maison et voiture — une Packard décapotable d'occasion avec laquelle nous fîmes toute la Suisse et l'Italie les années suivantes, calant parfois sur un passage à niveau mais jamais après qu'un train eut été annoncé —, nous jouissions à nouveau des délices de notre indépendance.

Comme toujours, où qu'elle fût, ma mère installa notre chez nous et régla notre train-train en un minimum de temps.

Notre programme de travail, de repos et de jeux ainsi défini s'accommoda aisément de son nouveau décor, quoique agrémenté maintenant de distractions anodines convenant à notre âge. Le samedi, nous nous installions à la terrasse du casino pour écouter l'orchestre et regarder les danseurs. Pour nos exercices journaliers, il y avait les jardins de Gartenstrasse où nous sautions à la corde, les champs à quelques centaines de mètres, et le zoo; nous allions aux concerts en soirée et nous apprîmes une nouvelle langue, l'allemand. Tandis que je lisais le théâtre de Schiller avec Herr Gehrig, homme âgé marié à une jeune femme et qui avait un très mignon petit garçon, mes sœurs devaient se montrer à la hauteur de la tâche plus ardue d'acquérir deux langues en même temps : elles avaient de surcroît une leçon quotidienne d'italien donnée par la signorina Anna, brave institutrice milanaise dotée d'un aussi grand cœur qu'elle avait un grand tour de taille.

Au fur et à mesure que ma mère nous pilotait de langue en langue, elle changeait de nom. Pendant les onze ou douze premières années de ma vie, je l'avais appelée « mère » en hébreu : « Imma ». Quand nous commençâmes le français, elle devint « petite mère », puis « Mütterchen » en allemand. Son ultime métamorphose devait être l'italien « Mammina »; je ne saurais dire pourquoi ce dernier nom lui resta par la suite, mais il est certain qu'elle se sentait très proche des peuples latins et adorait particulièrement l'Italie. Ma mère cherchait toujours à communiquer avec ses enfants de la meilleure façon possible — par l'enseignement. Ainsi parlions-nous à table la langue en cours d'étude, car Mammina avait suivi cette voie bien avant nous, dans sa propre jeunesse. Mais Aba resta Aba à travers toutes nos mutations linguistiques.

Ma mère avait une calligraphie gothique allemande d'une aisance et d'une élégance extrêmes. Traditionaliste pour ce qui était du moins des traditions qu'elle appréciait, elle tint à ce que nous apprenions l'écriture allemande à notre tour et, quand nous nous mîmes au russe deux ans plus tard, elle nous fit enseigner les terminaisons dures et molles qui ont été abandonnées dans l'orthographe russe moderne. En tout cela, comme en matière de connaissances grammaticales plus fondamentales — déclinaisons, verbes irréguliers, etc. —, on me permettait de fournir moins de travail que mes sœurs. Hephzibah était brillante. Elle apprenait ses leçons si parfaitement qu'elle savait toutes les règles et toutes leurs exceptions dans chacune des langues abordées. Comme elle était très blonde, et infaillible en grammaire, nous l'appelions « Madame Larousse-Lablonde », pour nous amuser.

Notre vie à Bâle n'était ni solitaire ni mondaine. Comme Adolf Busch avait des enfants, nous fréquentions davantage sa famille que nous n'avions eu de contact avec Enesco, qui était célibataire. Il y avait le va-et-vient des professeurs de langue, et, de temps à autre, des visiteurs venus de l'étranger. Le plus remarquable fut le jeune Sidney Ehrman, qui vint nous voir alors qu'il était en vacances entre deux années d'études à Cambridge. Il passa quelques jours à la maison avec son valet de chambre. Je fus terriblement impressionné par ce valet de chambre; il était d'une discrétion si parfaite que, même dans notre maisonnée si animée, il ne dérangeait jamais, et les chaussures qu'il cirait brillaient comme des miroirs. Sachant que Mammina aimait les symboles orientaux de force virile, Sidney junior lui avait apporté un poignard turc à lame damasquinée, dans une gaine incrustée de corail rouge, qu'il avait troué chez un antiquaire viennois. Il s'entendait à merveille avec Hephzibah. Nous fîmes des excursions avec lui sur le Rhin, en amont et en aval de Bâle. Un soir que nous étions rentrés tard, il prépara pour toute la famille un plat d'œufs brouillés, délicats et succulents; il était très fier de ses œufs brouillés. Hélas, son accident mortel eut lieu peu après cette visite; lors de mon premier séjour en Angleterre, en novembre 1929, il était entre la vie et la mort et mourut bientôt, alors que je me trouvais en tournée aux États-Unis avec mon père. Nous revîmes ses parents et Esther l'été suivant à Évian. Je fus alors vivement impressionné par la générosité de cœur de ces gens qui venaient de perdre leur seul fils. Je me souviens d'être venu un jour et d'avoir ennuyé tout le monde en rabâchant mon admiration pour une Mercedes de sport rouge que j'avais aperçue; mes parents me reprochèrent d'évoquer un sujet aussi futile en pareille circonstance, mais tante Florence prit ma défense : « Pourquoi empêcher Yehudi de rêver d'avoir une voiture de sport rouge? Il en aura une un jour. » Après la mort de Sidney junior, ses parents reconstituèrent son bureau de Cambridge dans leur maison de San Francisco; ils firent venir d'Angleterre les lambris, le mobilier, les tableaux et les livres et en firent leur salle de séjour au premier étage.

Adolf Busch avait une conception quasi religieuse de la relation entre maître et élève. Tel le disciple avec son gourou, ou l'apprenti médiéval avec son maître, un élève aurait dû habiter chez son professeur, faire avec lui de la musique matin et soir, partager sa vie et sa pensée, sa maison et ses repas. Quand nous débarquâmes à Bâle, Busch avait un pensionnaire qui répondait à cette description : Rudolf Serkin. Il étudiait le piano sous l'œil attentif et maternel de Mme Busch et donnait lui-même des leçons de piano à Hephzibah et Yaltah dans ce qu'il lui restait de temps libre. Busch regrettait que je ne pusse moi aussi m'intégrer à sa vie familiale. Je perdais certainement quelque chose en manquant ces soirées passées à faire de la musique de chambre et à chanter des chorals de Bach, mais j'avais mon propre foyer à quatre pas de là, et l'obligation annuelle de partir en tournée. Ce que je perdais d'un côté, je le regagnais de l'autre, par l'entourage épanoui de mon existence familiale, le répertoire étendu requis pour les tournées, et l'aventure que celles-ci constituaient par elles-mêmes.

L'étroite intimité de Busch et de Serkin devait se traduire très visiblement dans les faits : les Nazis ayant interdit à Busch en 1934 de donner des concerts avec Serkin, qui était juif, Busch jura de ne plus jamais mettre les pieds sur le territoire du IIIe Reich; Serkin pour sa part épousa Irène, la fille de son maître, et partit finalement avec elle aux États-Unis. Il a, depuis lors, contribué de façon inestimable à la vie musicale américaine. Il est non seulement devenu l'un des grands pianistes de notre temps, dont les superbes interprétations servent de modèle à la jeune génération, mais il est également à la tête du Curtis Institute de Philadelphie et l'organisateur du Festival de Marlborough qui réunit chaque année les meilleurs musiciens du pays; et c'est aussi grâce à lui que reste vivante et florissante la noble tradition de la musique allemande à laquelle, je l'ai dit, l'Amérique doit tant, d'autant plus précieuse aujourd'hui que la haute compétence des Américains menace de lui ravir la première place et de la submerger. Comme il convient à tout grand pédagogue, Rudi est un homme charmant et d'une extrême affabilité. Je continue de les voir, Irène et lui, dès que j'en ai l'occasion, et, chaque fois, je me remémore mon adolescence à Bâle.

La famille Busch habitait une maison ancienne, confortable,

avec de hauts plafonds et un grand jardin. Elle était placée sous la tutelle de Mme Busch, petite femme énergique, maigre et vigoureuse, fidèle à des principes sérieux et élevés. Non contente de tenir le foyer de son mari, elle assurait aussi son secrétariat, qui devait représenter un énorme travail. Elle faisait toute la correspondance afférente aux multiples engagements de son mari, surveillait les exercices de ses élèves, et il lui restait encore assez d'énergie pour s'occuper de moi s'il m'arrivait un ennui ou que je faisais une bêtise. Une fois, en vacances à Fionnay (centre de villégiature suisse pour les Suisses, c'est-à-dire un lieu de plaisance beaucoup plus sérieux que les villégiatures suisses pour étrangers), j'eus la mauvaise fortune de déchirer mon short : elle le raccommoda sur-le-champ. Une autre fois, elle me réprimanda très sévèrement parce que je m'amusais à rouler des morceaux de pain entre mes doigts : le pain était un aliment sérieux, on ne devait pas jouer avec, dans un monde où certains en manquaient. Elle avait parfaitement raison. Mais sa fille Irène, qui ne partageait pas la responsabilité de mon éducation, pouvait se permettre d'avoir des rapports plus détendus avec moi. Elle m'offrit un jour en cadeau d'adieu mon premier couteau suisse.

Je n'ai jamais vu quelqu'un donner autant de concerts qu'Adolf Busch. Il était incontestablement *le* grand violoniste allemand, et jouait en public, en soliste ou avec son quatuor, au moins deux cents fois par an, si ce n'est deux cent cinquante. Il gagnait assez pour vivre confortablement mais ne touchait pas de gros cachets, et c'était un trait tout à fait typique de sa bonté et de son authenticité que d'accepter sans arrière-pensée pour élève un jeune garçon qui touchait probablement cinq fois plus que lui par concert.

Une chose qui m'impressionnait fort, c'était qu'il fût compositeur. En venant prendre mes leçons, j'apercevais sur son bureau de grandes feuilles de papier à musique, à peu près de la taille d'une page de journal, qu'il avait fait faire spécialement pour l'œuvre qu'il était en train d'écrire. Tandis que, sur une partition orchestrale normale, il y a place pour une douzaine d'instruments environ, celle-ci était prévue au moins pour le double. Sans savoir au juste ce qu'était cette œuvre, l'activité de Busch m'indiquait que, non content d'être un grand interprète, il avait le désir et la capacité d'expérimenter et de créer. Son enseignement non plus ne se limitait pas étroitement au violon, mais touchait à la musique en général. Il n'avait peut-être pas la présence et la grâce d'un Enesco, mais c'était un musicien sérieux et profond qui retournait passionnément aux sources et vivait en symbiose avec Bach et Beethoven. Je crois que les musiciens, surtout ceux qui jouent de la musique de chambre, continuent de lui être redevables, consciemment ou non, d'avoir su allier tant de passion à tant de profondeur.

A cause de ses engagements personnels, il lui fallut me laisser préparer de mon mieux mon programme pour la saison d'hiver 1929-1930. Heureusement, il rentra à Bâle avant mon départ, à temps pour m'écouter jouer les différents morceaux et me donner son approbation, sans beaucoup de commentaires ni de corrections. L'élément le plus important de mon nouveau répertoire était la Sonate en *ut* majeur pour violon seul de Bach, que j'avais abordée pour la première fois à l'hôtel *Drei Könige* avant de commencer mes leçons avec Busch.

J'ai récemment enregistré pour la troisième fois cette œuvre, la plus grande de toutes les sonates et de toutes les fugues de Bach, et c'est seulement la première fois que j'en suis satisfait. A l'âge de treize ans, je n'était pas prêt à la dominer; je comprenais les problèmes techniques et je m'en tirais, mais sans vraiment les résoudre. Dans la fugue, Bach avait écrit le contre-sujet en blanches, mais tous les violonistes, y compris Busch, préféraient le jouer en croches; il en résultait que le changement d'harmonie sur chaque noire n'était tout simplement pas perceptible. Je commençai d'abord par jouer ce morceau comme tout le monde, mais dès le début j'étais dérangé par le fait de négliger l'harmonie; c'est pour cette raison que j'ai dû réviser par deux fois ma conception de cette sonate. Deux ans après Bâle, pour mon premier enregistrement de l'œuvre, je décidai de donner aux notes d'accompagnement la valeur d'une noire plus une double-croche, de façon à permettre au son de se superposer sur les deuxième et quatrième noires de chaque mesure. Cette solution exigeait des contorsions, et toute une manipulation compliquée de l'archet, mais elle sonnait bien, permettait de percevoir la résolution des dissonances, et je m'en contentai pendant de longues années jusqu'à ce que l'extrême élégance des propres intentions de Bach m'incitât à retravailler la question. Faute de pouvoir tenir tous les accords sur toute leur longueur, je résolus au moins de tenir la voix du contre-sujet, la ligne chromatique, pendant la durée complète d'une blanche. La fugue prit dès lors un son radicalement neuf, tellement plus satisfaisant que je me demande pourquoi je n'avais pas d'emblée fait confiance à Bach plutôt que de choisir la solution compliquée de jouer une noire plus une double-croche. Sans doute est-il écrit que la sagesse ne vient pas en un jour.

Après deux étés passés avec Adolf Busch, la trame de notre vie était désormais bien définie. Je commençais ma tournée par l'Europe en octobre, je partais pour les États-Unis vers le 1er janvier, puis la famille se retrouvait à la fin du printemps et l'été se passait à nouveau dans l'intimité et en leçons. Les vacances, on en prenait quand on le pouvait, généralement hors saison, sans jamais faire de plans à l'avance car Mammina était convaincue que les prévisions sont ennemies du plaisir. De fin 1930 à 1935, la base d'où nous rayonnions pour les tournées préméditées et les vacances sans préméditation fut Ville-d'Avray, entre Paris et Versailles.

Je serais incapable de reconstituer aujourd'hui le détail des raisons qui nous ramenèrent en France, mais le motif majeur m'en semble assez évident. J'avais beau être reconnaissant à Adolf Busch, j'avais beau l'admirer, l'aimer et savoir qu'il avait encore beaucoup à m'apprendre, je demeurais toujours, au plus profond de moi-même, attaché à Georges Enesco. De plus, la famille, dans l'ensemble, se débrouillait mieux en français qu'en allemand, et l'expérience parisienne, nous semblait-il à tous, avait été interrompue sans que nous en ayons épuisé toutes les richesses. Enfin, peut-être y avait-il là certaine inquiétude prémonitoire sur ce qui allait se passer en Allemagne. Aba avait insisté pour qu'*Avodah* de Bloch figurât au programme du récital d'ouverture de ma première tournée allemande, on n'aurait rien pu choisir de plus traditionnellement juif, et il semble, à la lumière des événements qui ont suivi, que ç'ait été là une inspiration justifiée, d'autant que le récital avait lieu à Munich, ville déjà connue pour son antisémitisme. Personnellement, je n'avais été en butte à aucune hostilité : tous mes concerts, y compris le premier, furent d'énormes succès, et l'Allemagne était à mes yeux un pays de mélomanes, dont la moindre petite ville possédait son orchestre. Habitant Ville-d'Avray, je n'en continuai donc pas moins à faire des tournées en Allemagne jusqu'à la prise du pouvoir par Hitler.

Notre maison de Ville-d'Avray était une vraie demeure, spacieuse et élégante à sa façon, un petit Trianon de banlieue, légèrement endommagé par la nombreuse progéniture qui y avait habité. En rentrant en France, nous avions pris contact avec Jan et Isabelle Hambourg; c'est escortés par eux que nous avions trouvé et loué le 32, rue Pradier. Mammina nous laissa dans le taxi, entra chez l'agent immobilier et arrêta son choix avec sa rapidité coutumière; elle n'hésitait jamais quand il s'agissait d'une décision importante, elle savait ce qu'elle voulait et, quand elle le trouvait, c'était sans risque d'erreur. Nous n'étions séparés du parc de Saint-Cloud, à l'arrière, que par une simple allée. Par-devant, la maison, située dans le fond ou le haut du terrain, avait un jardin en pente donnant sur le garage et sur la grille d'entrée, protégée par des plaques de métal pour empêcher les passants de regarder à l'intérieur — les Français tiennent beaucoup à leur vie privée. Des marches en pierre menaient à la porte qui était celle d'un salon. La salle à manger était à droite, la salle de musique à gauche, avec un piano. Pour ma part, je préférais travailler dans ma chambre au premier étage, d'où la vue sur les pelouses et les arbres, et le balcon couvert de glycine m'inspiraient davantage. Il y avait aussi un second étage où ma mère avait un boudoir et où habitaient Bigina et Ferruccio, la cuisinière et l'homme à tout faire; nous aurions pu croire qu'ils sortaient tout droit d'une opérette italienne s'ils ne nous avaient été en fait recommandés par les Hambourg. Ferruccio était doux et petit, Bigina énorme; il avait été coureur à pied et était resté très agile et preste; elle, c'était la vraie cuisinière, massive, enjouée et solidement rivée à ses fourneaux. Quand ils faisaient un sorbet, ce qui prenait beaucoup de temps avec une baratte, c'était Ferruccio qui tournait la manivelle en chantant sans arrêt; à cette époque, nous appelions la glace « tralala ». Bigina et Ferruccio restèrent à notre service jusqu'à ce que nous ayons quitté la France et nous accompagnèrent même une fois à New York en tournée, puis ils prirent un restaurant à cinq cents mètres de chez nous, rue Gambetta. J'allai les voir le premier soir où je revins à Paris, juste après la Libération, et je fus très content mais pas excessivement surpris de les retrouver sains et saufs, aussi adorables que dix ans auparavant.

Ayant maintenant de vieux amis à inviter et la place de les accueillir, Mammina recommença à recevoir. Nous achetâmes une Delage, belle et spacieuse voiture à quatre portes qui avait, assez bizarrement, la conduite à droite. Chaque jeudi, aux premiers rayons de l'aube, Aba et Ferruccio fonçaient en voiture jusqu'aux Halles et en revenaient peu après le petit déjeuner; la voiture, au retour, avait l'air d'une corne d'abondance juchée sur roues, remplie à déborder de fruits, de légumes, de fromages, de crustacés, de poisson, de viande et de volaille. Pour nous aider à manger ces victuailles, nous avions un réseau de relations beaucoup plus étendu que lors de notre premier séjour en France quatre ans plus tôt, quoique personne parmi elles n'eût pu passer précisément pour un vieil ami de mes parents. Aba et Mammina étaient tellement dévoués à leurs enfants qu'ils se faisaient des amis par et pour nous, et n'en cherchaient point d'autres.

Par ordre de proximité géographique, les premiers étaient la famille Vian, nos propriétaires et voisins : le père, la mère, une fille et quatre garçons, dont Boris, le futur écrivain, et Alain, le benjamin, à qui sa passion pour les tenues de cow-boy avait valu le surnom de « *Bandit du Texas* * ». Dès que je vis les jeunes Vian, je sus que je tenais enfin l'occasion de satisfaire mon envie longtemps réprimée d'une bicyclette, car ils en avaient tous une et ils les mirent naturellement à notre disposition. Il fallut faire notre apprentissage en secret, bien sûr, car il n'eût pas été très diplomatique d'annoncer qu'on était tombé trois fois et qu'on s'était écorché le genou; mais, une fois maître de mon équilibre, je sortis triomphalement de derrière les buisssons pour faire une démonstration, et l'on nous accorda aussitôt à tous trois de superbes machines, pourvues de pneus ballons, d'un dérailleur, d'un éclairage et de freins à l'avant et à l'arrière, qui nous enchantèrent ensuite pendant des années. Nous nous taillâmes un empire cycliste dans les bois des environs; montés sur nos coursiers mécaniques, nous gravissions les buttes et sautions les fossés, apprenant par cœur les sentiers les plus étroits et les plus sinueux et dévalant en roue libre les pistes plus larges sous des fron-

* En français dans le texte.

daisons semblables à des voûtes de cathédrales. Les enfants français étant en congé le jeudi, c'était le jour où les deux familles sortaient ensemble en voiture. A Rambouillet, un jour, le sort voulut que nous trouvâmes un arbre déraciné, et comme c'était en France et que la construction de barricades y est une coutume nationale nous nous employâmes tous les huit, tirant, poussant, suant et soufflant, à le placer en travers de l'avenue forestière, puis nous consolidâmes l'obstacle avec de la terre et des pierres. Les autorités recherchèrent en vain les responsables de ce méfait; je suis heureux de pouvoir enfin leur dévoiler la clé de l'énigme.

C'était naturellement par la musique que nous avions rencontré la plupart de nos amis. Des visiteurs de marque séjournèrent à Ville-d'Avray; parmi eux, Ernest Bloch, Sir Edward Elgar, et Alexander Fried, le critique musical de San Francisco, l'un des deux seuls professionnels, avec Olin Downes de New York, à avoir franchi la barrière entre le monde journalistique et notre famille. (Al Fried, qui écrivait déjà à mes débuts, travaille encore aujourd'hui; sa longue carrière au service de la musique a été récemment couronnée par un prix prestigieux décerné par l'Opera Association de San Francisco. Notre amitié a survécu fidèlement et sans rien perdre de sa chaleur à toutes ces années.) Nous rendaient également visite de vieux Parisiens tels que Marcel et Mme Ciampi, Jacques Thibaud, Alfred Cortot, Nadia Boulanger, Noël Gallon, professeur d'harmonie et de contrepoint, et Émile Français, le grand luthier de Paris. Facteur de violons riche d'une longue tradition, il avait aussi une splendide collection d'instruments. Quand une petite réparation dut être effectuée sur mon « Prince Khevenhüller », il me prêta le Guarnerius d'Ysaye que j'utilisai dans quelques mouvements des sonates de Bach pour violon seul que j'enregistrai à Paris en 1932; ce violon appartient maintenant à Isaac Stern. Il me prêta aussi le plus beau Bergonzi que j'aie jamais vu.

Bloch ou Enesco, je ne me souviens plus lequel des deux, nous présenta à l'écrivain et poète Edmond Fleg et à sa famille; c'étaient là des représentants de la culture juive française aux principes élevés et des plus raffinés. Edmond Fleg avait écrit le livret d'opéra du *Macbeth* de Bloch et devait collaborer au chef-d'œuvre d'Enesco, son *Œdipe*. C'était un des êtres les plus admirables que j'aie connus, affable, idéaliste, toujours prêt à rendre service, et le sourire aux lèvres — sourire qui devint seulement plus philosophe et plus doux quand sa femme et lui eurent perdu leurs deux fils. Au début des années trente, la double tragédie n'était pas prévisible et Maurice et Daniel étaient des garçons brillants et pleins d'avenir. Les Fleg avaient un joli appartement au 1, quai aux Fleurs, dans l'île de la Cité. Nous allions souvent les voir. C'était toujours une grande joie et nous fêtions parfois ces visites en buvant un de ces merveilleux champagnes bruts qu'il faut consommer jeunes et qui ne donnent pas de lourdeurs de tête. Autre famille dont nous fîmes la connaissance et que nous n'avons jamais perdue de vue : celle de Jacqueline Salomons, jeune violoniste de talent qui avait réussi comme moi à vaincre la répugnance d'Enesco à enseigner, et étudiait alors avec lui. Les Salomons habitaient un des *quartiers* * les plus animés de Paris mais, grâce à l'architecture de la ville, leur appartement sur cour était aussi calme que s'il s'était situé au fin fond de la campagne. Jacqueline venait chaque semaine à Ville-d'Avray pour les séances de musique de chambre que nous faisions avec Enesco et quelques autres. Elle était douce et adorable, et je nourrissais en silence de tendres sentiments à son égard.

Et puis, naturellement, nous avions de nouveaux maîtres. Avec son extraordinaire intuition, Mammina nous trouva les meilleurs que l'on pût et pourrait encore souhaiter avoir en France : Félix Bertaux et son fils Pierre. Ils habitaient à Sèvres, juste de l'autre côté de la voie du chemin de fer, et venaient nous donner des leçons de langue et de littérature françaises. Félix Bertaux était le plus éminent germaniste français et travaillait alors à un dictionnaire allemand-français qui fut achevé par son fils. Or, malgré son statut de grand universitaire, il avait l'air d'un nomade exotique ou d'un brigand espagnol, et une personnalité non moins pittoresque et inoubliable que son aspect extérieur; l'apparence, le caractère et l'érudition de Pierre étaient tout aussi frappants. Il était passé par une *grande école* * sans le moindre effort apparent et avait obtenu les plus brillants résultats tout en devenant un très bon alpiniste pendant ses loisirs, et il était à l'époque le plus jeune professeur d'université de France. Hephzibah, à onze ans, tomba amoureuse de ce jeune homme passionnant, cultivé,

* En français dans le texte.

romantique, spirituel et plein de feu. Quelques années plus tard, quand Pierre annonça son intention d'épouser Denise Supervielle, la jolie fille du grand poète, je l'entraînai dans une longue promenade pour essayer de le dissuader de ce projet et d'attendre ma sœur [1] ! Pierre nous faisait cours quand son père avait trop de travail, et nous le trouvions, bien sûr, plus amusant. Son idée de l'éducation était à l'opposé d'un enseignement étroitement académique. S'intéressant lui-même à une foule de matières — autant à la politique qu'aux problèmes sociaux et au sport qu'à la culture et à l'érudition —, il était partisan de tirer des leçons de toutes choses : des livres et de l'enseignement magistral, certes, mais aussi des journaux, du contact direct avec la réalité et de la vie en général. Il avait tout ce qu'il fallait pour jouer un rôle courageux et efficace dans la Résistance et devenir ensuite préfet de Lyon, puis chef de la Sûreté. A Ville-d'Avray, il nous fit travailler en élargissant sans cesse son propos, passant du français à la philosophie ou à la littérature allemande, entre autres branches du savoir. Un jour, il demanda à Hephzibah de lui traduire d'allemand en français certains poèmes de Hölderlin, et encore aujourd'hui il tient pour des plus exquise la traduction qu'elle lui en fit. Je fus également séduit par Hölderlin grâce à lui. Je me souviens d'une traversée épouvantable de Bergen à Newcastle : un volume de Hölderlin suffit à me faire oublier le mauvais temps, la cabine exiguë, et à me transporter à mille lieues de là.

Pour améliorer notre italien, Giuliana del Pelopardi, charmante jeune fille d'une bonne famille romaine, se joignit à notre groupe de Ville-d'Avray (son père devait par la suite nourrir mon intérêt pour l'agriculture organique et me laisser une impression peut-être plus durable que les explications grammaticales de Giuliana). Et pour nous initier au russe, on engagea le brave M. Lozinsky, qui avait émigré après la Révolution et dont les capacités linguistiques étaient si phénoménales qu'il apprenait régulièrement une nouvelle langue chaque été pour se distraire, pendant les vacances, combinant à l'occasion cette activité, avec une expédition familiale dans les Alpes. C'est en de semblables circonstances que je fis en 1935 la connaissance de deux de ses compatriotes, Vladimir Horowitz et Gregor Piatigorsky.

1. Inutile de préciser qu'il épousa la jolie Denise.

Volodia Horowitz, qui avait quitté la Russie depuis peu, commençait déjà à marquer de sa présence la scène de la musique occidentale, mais il se complaisait encore dans son émancipation toute récente. C'était l'époque où il était ébloui par Wanda Toscanini qu'il courtisait alors; par la Rolls-Royce à deux portes qu'il venait d'acheter; par la liberté qu'il venait de découvrir; par le début d'une grande carrière. Volodia et Gricha se joignaient parfois à nous pour pique-niquer sur le Fechstal; tandis que le premier s'impatientait, voulant retourner à son piano qu'il travaillait inlassablement, le second amusait la compagnie avec d'interminables histoires. Je n'ai jamais connu de conteur qui sache aussi bien entretenir le suspense, art qu'il ne fit que perfectionner au fil des ans. L'histoire elle-même disparaissait derrière la manière de la raconter, mais celle-ci était si habilement tournée qu'on pardonnait et passait volontiers sur les enjolivements. Le soir, nous descendions chez Horowitz à Sils-Maria, pour l'écouter jouer et exécuter ensemble des trios.

De retour à Ville-d'Avray, c'était toujours un plaisir de faire des randonnées dans la Delage. Mon père, puis moi-même lorsque j'en eus l'âge, aimions beaucoup conduire dans le Paris d'avant-guerre. C'était un jeu des plus divertissants, particulièrement aux grands ronds-points tels que celui de l'Étoile où des rues de toutes tailles et de toutes les directions possibles déversaient à l'envi de nouveaux joueurs dans la mêlée générale, lesquels, étant français et adroits au volant, risquaient le tout pour le tout pour sortir les premiers de l'enchevêtrement. Le fait de conduire n'était qu'un signe parmi d'autres que je grandissais; il y eut mon premier rasoir, le petit déjeuner au lit, le portefeuille à soi, la possibilité d'inviter la famille à manger des glaces au Café de la Paix; mais je n'étais pas pressé d'assumer l'entière responsabilité de ma personne. Cette redoutable perspective était liée dans mon esprit à celle plus agréable de me marier — pierre angulaire de la condition adulte à mes yeux —, et je les reléguais toutes deux dans un avenir inoffensif. Mes mois d'hiver cumulant plus d'aventures que n'en connaissent dans toute l'année la plupart des adolescents, les étés à Ville-d'Avray me permettaient à la fois de reprendre haleine et de travailler. Les moments clés de ma semaine de travail étaient naturellement mes visites à Enesco.

Ce second contact avec lui — parce qu'il dura plus longtemps et qu'adolescent, maintenant, j'étais un violoniste plus expérimenté, doté de termes de comparaison — me permit d'apprécier plus justement la profondeur et la diversité de son génie. Je le vis tenir de nouveaux rôles, animant nos séances de musique de chambre à la maison, dirigeant des concertos pour moi, sur scène ou au studio d'enregistrement. Je l'ai dit, il ne parlait guère quand il faisait de la musique, trouvant que les mots détournaient du chemin direct menant à la compréhension musicale. Par ailleurs, il maniait impeccablement plusieurs langues, avec un sens merveilleux du mot juste et un flot inépuisable de plaisanteries, de calembours et de traits d'esprit pour égayer la conversation. Son intelligence, son inaltérable courtoisie et son talent à faire tenir la vérité dans une image étaient, avec sa profonde connaissance de la partition et sa conviction musicale, des éléments certains de son succès en tant que chef d'orchestre. Mais même en présence d'un orchestre, il parlait peu, chantait plutôt qu'il ne bavardait, et ne développait jamais de théories comme le faisait par exemple Willem Mengelberg à Amsterdam. Mengelberg commençait chaque répétition par un cours sur le compositeur dont on allait jouer la musique. Ses explications pouvaient durer une heure ou plus, pendant laquelle les musiciens s'ennuyaient ferme, et il ne gardait que le temps de parcourir l'œuvre à la sauvette d'une façon qui ne bénéficiait nullement de l'avalanche verbale préliminaire. Un musicien de l'orchestre finissait par m'avancer un siège pour que je pusse au moins écouter confortablement sa conférence, mais par déférence pour Mengelberg, et soucieux de ne point l'encourager dans sa manie, je préférais rester debout. Enesco ne mettait jamais soliste ni orchestre à pareille épreuve; en fait, son respect d'autrui était l'une de ses plus hautes qualités, ce qui ne l'empêchait pas d'avoir sa façon à lui de vous faire entrer en communion avec le style et la sensibilité d'un compositeur.

Ce fut dans ce but, je pense, qu'il m'envoya en 1932 au Festival de Salzbourg. Selon lui, Mozart était essentiellement un musicien de la syllabe et du geste; après avoir vu ses opéras sur scène et visualisé la situation sous-tendant chaque phrase, disait-il, je comprendrais que même ses œuvres orchestrales et de musique de chambre avaient pour trame un drame humain, et je les jouerais — ou les mimerais — alors beaucoup mieux. La parole d'Enesco ayant force de loi à la maison, je me mis en route pour Salzbourg avec mon père ; nous voyageâmes en voiture, ce qui donna à notre mission les joyeuses couleurs d'une escapade. Une fois à Salzbourg, nous nous y plûmes énormément ; nous allions à des messes chantées le matin, à l'Opéra le soir, et pique-niquions dans l'intervalle en montagne. Comme Enesco l'avait prévu, ce Festival s'avéra fort utile. Je n'avais jamais été hermétique à la musique de Mozart, mais c'est à Salzbourg, sur scène, qu'elle devint pour moi vraiment vivante, et si je puis dire aujourd'hui que je la comprends à peu près, c'est à Enesco et à mon père que je le dois.

C'est aussi Enesco qui tint à faire jouer Hephzibah sur scène avec moi. Nos soirées de musique de chambre, l'été à Ville-d'Avray, ont contribué à graver ces années dans ma mémoire et à les classer parmi les plus heureuses de ma vie. Ayant appris à cette époque à faire de la musique avec d'autres, dans un esprit communautaire, je n'en ai jamais été rassasié depuis lors et je me plais à m'imaginer une retraite idéale comme membre d'un quatuor à cordes dans lequel chacun jouerait constamment avec les autres, pour son plaisir et le leur. Mais je n'en étais alors qu'à mes tout débuts d'apprentissage de ce passe-temps suprêmement raffiné, et j'étudiais soigneusement chaque semaine la partie que me confiait Enesco. Quand nous nous réunissions, Hephzibah se mettait au piano, Jacques Thibaud, Jacqueline Salomons et moi-même nous relayions comme premiers violons ; Enesco, devant une telle pléthore de violonistes, choisissait l'alto, à moins que Pierre Monteux ne se trouvât là par hasard ; Maurice Eisenberg était notre violoncelliste. Monteux fut peiné de remarquer que toutes ces permutations n'avaient guère ménagé de place pour Yaltah ; il insista quelquefois pour qu'elle jouât la partie de piano ; quand cela arrivait, elle était à la hauteur des circonstances et jouait fort bien. Un soir, Hephzibah et moi interprétâmes ensemble une sonate de Beethoven pour l'amicale compagnie. A la surprise générale, Enesco décréta immédiatement que nous devions jouer ensemble en public.

Son enthousiasme nous prit au dépourvu, projetant sur une scène réelle, face à un public réel, une activité privée dont le charme principal était précisément de n'être qu'un simple divertissement. Pourtant, nous avions tort d'être surpris, car la compréhension mutuelle, l'intimité, la confiance et l'aisance qui avaient toujours régné entre Hephzibah et moi avaient mûri à

Ville-d'Avray grâce à la musique et révélé que nous avions des âmes siamoises. Le duo semblait quelque chose d'instinctif chez nous; même en nous tournant le dos, nous pouvions curieusement deviner les sentiments et intentions exacts l'un de l'autre. « Yehudi avait l'habitude de repasser les partitions avec moi — écrivit Hephzibah voici quelques années —, en m'expliquant les associations musicales, en redonnant vie aux phrases, en remplissant de détails pertinents un contour général, de sorte que je me sentais intellectuellement en sécurité, protégée par des arguments bien fondés. » En fait, nous n'étions jamais aussi étroitement unis par nos arguments bien fondés que par nos défaillances, car celles-ci couronnaient ceux-là. S'il nous arrivait d'être infidèles au texte, pour couvrir adroitement les fautes de l'autre, nous nous sentions comme des trapézistes qui se sauvent mutuellement la vie quand l'un d'eux risque de faire une chute, et s'étreignent au bord du vide, exultant après coup dans la sécurité retrouvée. Ou bien c'était le simple plaisir d'une blague qui n'avait de sens que pour nous. « Je me souviens d'une sonate de Mozart au Metropolitan Opera de New York en 1938, écrivit Hephzibah; tout allait si bien qu'elle nous entraînait en quelque sorte sans effort dans son sillage, et nous nous sentions tous deux très exaltés. Or, à la coda, j'étais tellement fascinée par ce que j'écoutais que j'en oubliai de jouer et ne réussis à reprendre, une fraction de seconde en retard, que par un fantastique effort de volonté. Nous en rîmes l'un et l'autre et appréciâmes énormément, après le concert, la bousculade de nos admirateurs, car nous avions l'impression d'avoir pour une fois mérité leurs éloges. »

Mais avant d'en arriver là, il fallait d'abord que mes parents surmontent leur réticence initiale. Ils hésitaient à envoyer un second enfant dans l'arène des concerts; ils trouvaient que ce n'était pas la place d'une vertueuse demoiselle, fût-elle musicienne accomplie (Hephzibah avait tout juste treize ans à l'époque). Doutes et manque d'empressement s'évanouirent cependant devant la force de l'opinion d'Enesco, et aussi parce qu'il était rassurant qu'Hephzibah n'allât pas quérir seule, mais en ma compagnie, les suffrages du public. Nos débuts eurent lieu dans ce relais avec la scène que constitue un studio d'enregistrement : nous jouâmes la *Sonate en la* (K 526) de Mozart et reçûmes de notre invisible auditoire des applaudissements silencieux intitulés prix Candide, pour le meilleur disque de l'année. Dix mois plus tard, le 13 octobre 1934, nous donnâmes notre premier concert en public à Pleyel, avec la même *Sonate en la*, la *Sonate en ré mineur* de Schumann et la *Sonate à Kreutzer* de Beethoven.

Quand je joue aujourd'hui avec Hephzibah, c'est presque comme si rien n'avait changé. Malgré sa vie de femme, son expérience, son travail auprès des plus déshérités de ce monde, elle entre toujours en scène avec la même expression simple, chaleureuse, confiante, qu'elle avait ce jour-là à Pleyel. Je crois que sa musique a gagné en profondeur et en intensité, mais elle continue toujours à incarner, à exprimer une sorte de rapport qui existait déjà avant que nous eussions jamais joué ensemble. Sa confiance en elle-même, en la musique et en moi, était si naturelle qu'elle survécut à la confrontation avec un auditoire et ne fit que l'embrasser à son tour. Elle était le contraire de l'arrogance ; tout en étant sûre d'elle-même et de son exécution, elle tirait son assurance de son dévouement à la musique, de sorte qu'elle jouait avec simplicité et humilité, presque naïvement, et certainement sans aucune espèce de complaisance ou d'exhibitionnisme. Ces qualités l'ont fait particulièrement aimer des Anglais et des Français, deux nations qui, malgré tout ce qui les sépare, ont en commun de refuser l'émotion gratuite et d'apprécier les gens qui savent maîtriser leurs sentiments.

Pour Hephzibah, la musique était un moyen d'expression naturel, un lien de plus entre nous, un devoir agréable à remplir. Elle ne m'accompagna jamais dans de petits morceaux de bravoure destinés à faire valoir la virtuosité du violoniste. Ensemble, nous jouions des sonates, dialoguions à voix égales et nous sentions si proches l'un de l'autre que nous n'avions guère besoin de faire effort pour adapter ou adopter nos personnalités respectives, mais jouions avec une unité toute naturelle de conception et d'approche. Certes, je l'invitais de temps à autre à tirer meilleur parti de tel ou tel aspect de la musique, à attaquer plus énergiquement tel endroit, à modeler son phrasé plus fermement ici ou là, et elle acceptait mes suggestions en sœur obéissante qu'elle était. Mais cet acquiescement ne faisait violence ni à sa nature ni à sa conscience. Elle ne déformait jamais une phrase arbitrairement en pensant qu'il fallait la rendre plus « intéressante ». Il était impossible à un auditoire de la faire dévier du droit chemin. Pourtant, ce sont des choses qui arrivent : il suffit d'être trop exalté, trop nerveux, ou de se laisser atteindre par des circonstances particulières pour qu'une exécution s'en ressente, en bien ou en mal; mais je n'ai jamais entendu Hephzibah se laisser influencer par quoi que ce soit d'autre que la musique elle-même.

A la fin de notre premier récital, elle s'inclina en me tenant la main, à demi tournée vers le public, à demi vers moi. Je me sentis extraordinairement protecteur, tout à fait le grand frère chargé de la présenter sur des scènes dont j'étais déjà un vieux routier.

Voyages d'hiver

En un demi-siècle, j'ai dû sans doute vivre plus d'adieux déchirants que personne. Je crois que l'on ne comprend pas suffisamment bien cet aspect de la vie de tournées. Je le sais d'expérience, il existe des artistes itinérants qui acceptent les adieux d'un cœur léger et s'énervent quand ils ne bougent pas; pour ma part, je tiens beaucoup à ma vie familiale d'adulte, comme je tenais à ma famille étant enfant, et j'adore me trouver à la maison. Je ne veux nullement suggérer que les déplacements constants qui caractérisent ma vie n'ont été qu'un fardeau que j'ai dû porter avec courage, en souffrant intérieurement sans en rien montrer; j'ai pris très tôt l'habitude des tournées, et elles offrent de grands avantages, mais j'ai toujours dû les payer de l'intense souffrance des séparations. Les premières années, Aba et moi quittions ma mère, mes sœurs et l'Europe pour les trois mois que nous passions aux États-Unis. Une scène d'adieux de cette période fut particulièrement douloureuse : c'était à Naples, un 7 janvier, jour de l'anniversaire de Mammina, mais dans la trépidation du départ, la valeur symbolique de ce jour avait été complètement oubliée. Ma mère était trop fière pour le rappeler à Aba mais trop humaine pour n'attribuer aucune importance à sa négligence. Mon pauvre père, qui n'était pas du tout au fait, imputa l'humeur de ma mère au chagrin du départ, jusqu'au moment où, peut-être une heure avant que le bateau ne lève l'ancre, la lumière se fit soudain affreusement dans son esprit. Même sans catastrophe de ce genre pour assombrir encore l'événement, la séparation annuelle de la famille était toujours poignante, et la nostalgie des retrouvailles toujours sous-jacente aux plaisirs de l'aventure.

Pourtant, c'est avec impatience que j'attendais chaque fois de prendre la route. L'odeur de l'automne se mêlant à celle des locomotives constituait pour moi les effluves de cette vie nomade qui s'ouvrait en octobre pour durer six mois de l'année. Je flairais cette odeur comme un poulain les verts pâturages. Au bout de tant d'années, les tournées sont devenues pour moi une habitude presque analogue à celle d'aller tous les jours au bureau pour tant d'autres gens ; les nouvelles gares, les salles de concert ou les hôtels inconnus se ressemblent singulièrement ; mais c'est peut-être aussi que ma curiosité s'est émoussée à force d'être satisfaite. Dans ma jeunesse, chaque voyage était un voyage de découverte, même si je l'avais déjà fait.

Voyager de l'intérieur des terres vers un port de mer me causait toujours une émotion particulière. Le train-paquebot lui-même semblait différent des autres trains qui peinaient à tourner en rond sur leurs pauvres petits circuits intérieurs, tandis que le « ferry » reflétait déjà l'enchantement de la mer. Il y avait des ports comme Le Havre où la jonction train-bateau était facile, à pied par une jetée couverte, mais nous fîmes plus d'une fois la traversée pour les États-Unis à bord d'un paquebot britannique que nous prenions à son escale à Cherbourg. Dans ce cas, c'était un canot qui faisait la liaison entre le littoral et le navire, généralement de nuit. Le vent soufflait en tempête, la petite embarcation chargée de passagers et de bagages, prise en travers par le vent, rebondissait sur les vagues, ballottée par la houle et aspergée d'écume et de pluie ; mais quel plaisir grisant, au terme de ces tribulations glaciales, quand vous approchiez du grand palace flottant tout illuminé, voyiez les marins prêts à jeter la passerelle et montiez à bord, merveilleusement soulagé, dans la chaleur et la lumière. Combien le monde a perdu en y renonçant !

Outre-Atlantique, les États-Unis ne demandaient qu'à être explorés, mais c'était une entreprise si vaste qu'il fallut plusieurs années pour la mener approximativement à bien. Quand nous traversions en train les prairies ou le Grand Lac Salé, Aba et moi prenions place dans la voiture panoramique découverte, dans l'odeur de ferraille des boggies sur les rails, les oreilles pleines de leur cliquetis, et c'est couverts de poussière et de suie que nous rentrions à l'intérieur. Nous vîmes ainsi le Texas pour la première fois, les États du Sud dans la profusion printanière des cornouillers et des azalées, et les Everglades en Floride. Nous nous rendîmes à La Nouvelle-Orléans par le Crescent Limited, train si luxueux qu'il n'était formé que de compartiments privés et que tout le service y était fait par des Blancs (on a peine à croire qu'un pareil snobisme ait pu être tenu pour normal il y a relativement si peu de temps); à l'arrivée nous mangeâmes des crabes à carapace molle; les balcons en fer forgé des vieilles demeures étaient un sujet d'émerveillement. Les tournées ménageaient pas mal de loisirs et nous restions quelques jours à chacune de nos escales, ce qui nous laissait le temps de visiter, de voir le paysage, en somme, d'apprécier la remarquable diversité de mon pays natal. La première fois que je vis Palm Beach, ce fut avec toute la famille, quoique mes parents eussent été difficiles à convaincre. Jack Salter, mon agent, avait transmis une offre de cinq mille dollars pour un concert au club des Everglades, centre élégant d'une ville élégante, ce qui n'était nullement de nature à susciter l'enthousiasme de mon père et de ma mère. Ils émirent l'idée que ce devait probablement être un club excluant les Juifs de leurs membres. Mais non, leur assura Mr Salter, le projet de contrat avait été rédigé par un certain Mr Seligman. Rassurés, mes parents firent leur première concession à la haute société, et nous nous rendîmes tous en Floride. Il se trouva en fait que Mr Seligman était pratiquement le seul Juif de l'établissement. Mais il n'était pas inintéressant de se faire une idée du mode de vie de cette aristocratie de l'argent, de les voir jouer au polo que je trouve le sport le plus distrayant à regarder, de se baigner sur ces plages magnifiques et de s'émerveiller de la curieuse végétation des Everglades. En outre, c'est là que, pour la première fois de ma vie, j'entendis du jazz « sauvage ». De l'autre côté des barrières, un groupe de jeunes garçons noirs, munis de planches à laver et autres instruments improvisés, jouaient de la musique pour leur plaisir personnel. J'en fus profondément impressionné.

Après avoir accepté pendant un an ou deux que la famille se trouvât séparée pour les trois mois de ma tournée américaine, mes parents décidèrent qu'il serait plus satisfaisant pour nous tous que Mammina et mes sœurs pussent disposer d'un pied à terre à New York qui permettrait à la famille de se retrouver entre les concerts que je donnais à Boston, à La Nouvelle-Orléans ou ailleurs. Voyager restait mon affaire et celle de mon père. Un flot constant de lettres, de télégrammes et, quand cela devint possible, de coups de téléphone, faisait la soudure entre nous, assurant comme autant d'artères la circulation ininterrompue du sang familial.

Pendant nos voyages, mon père et moi étions à peu près comme deux camarades. Je ne sentais jamais en lui un mentor ni un maître d'école, encore moins un policier, quoiqu'il fût naturellement inquiet de mon bien. Il était inquiet de nature. Si Mammina se moquait un peu de lui et de sa manie des plans, il n'hésitait jamais à rétorquer par la formule : « Deux précautions valent mieux qu'une. » Une des choses qui faisaient particulièrement l'objet de ses doubles précautions, c'étaient les changements soudains de température; en prévision de ce péril, il obligeait toute la famille à dormir en gardant chaussettes et pantoufles à portée de la main afin de se prémunir, au moment de poser pied à terre, contre la froide traîtrise des petits matins. Il avait souvent l'occasion de gronder ma mère car elle se souciait de cette sorte de dangers comme de sa première chemise, mais moi, cela ne m'ennuyait guère de faire comme on me disait. A propos de chemise, assez curieusement, on ne m'avait pas donné l'habitude d'en changer après avoir joué en public, jusqu'au jour où Bruno Walter me donna ce conseil à l'issue d'un concert à Leipzig. Il m'offrit également un flacon de son propre baume à l'essence de pin en me recommandant de me frictionner chaque fois avant de me changer. Quand mon père faisait sien un précepte, il lui restait rigoureusement fidèle : aussi ne négligea-t-il jamais ce traitement tant qu'il eut à s'occuper de moi.

Il avait beau me couver, il ne pouvait pourtant m'épargner totalement la fatigue des tournées. Un jour, à Boston, arriva ce qui devait arriver tôt ou tard; si cela ne s'était pas produit ce jour-là, ç'aurait été un autre jour et mieux valait au fond en être prévenu : je m'endormis au beau milieu d'un concert. Pendant le second tutti du Concerto de Beethoven, je perdis tout simplement le fil de ce qui se passait autour de moi et me laissai aller à une agréable relaxation, tout à fait inconscient de mon environnement comme un cheval qui s'endort debout dans un pré. Peut-être deux mesures avant de devoir reprendre, je me rendis brusquement compte que j'étais sur une scène, que j'avais un orchestre derrière moi et un public en face, que Serguei Koussevitsky essayait d'attirer mon attention et qu'on attendait quelque chose de moi dans les cinq secondes qui allaient suivre. Bel exemple de réflexe conditionné : sur le moment, je fus plutôt heureux de m'être tiré d'affaire, mais il m'est arrivé par la suite de regretter de n'avoir pas dormi assez profondément pour manquer ma reprise, car alors personne n'aurait pu mettre en doute la véracité de cette histoire!

Entre autres responsabilités, mon père avait celle de me protéger des journalistes, tâche qu'il assumait avec une grande efficacité. Au fil des ans, il lui arriva d'accorder quelques interviews, ma mère n'en donna qu'une seule, et moi aucune jusqu'à ce que je fusse devenu adulte. De temps à autre, on pouvait me photographier : quelques photographes de presse se rassemblaient, armés des lourds appareils de l'époque, ils remplissaient de poudre leurs petits plateaux, brûlaient le magnésium et asphyxiaient tout le monde avec leur fumée malodorante. C'était là tout mon aperçu du monde de la presse.

A coup sûr, Aba prenait plus grand soin de moi que de lui-même. Au cours des premières années de tournées, il eut par intermittence des crises extrêmement douloureuses dues à des calculs biliaires, devint maigre comme un échalas et fut finalement opéré à New York. L'opération coïncidant avec mes engagement américains, Mammina le remplaça en tournée. Je découvris soudain que je n'étais plus un enfant; très habilement, très gentiment, elle me donna l'impression, comme elle l'avait déjà fait jadis, que c'était *elle* qui m'était confiée et, sans me douter de rien, je lui faisais visiter ce qu'il y avait à voir, donnais des conseils pour le menu du petit déjeuner, la renseignais sur ce qu'il y avait d'intéressant et me comportais en somme en voyageur expérimenté chaperonnant une novice.

Que je fusse avec mon père ou avec ma mère, il y avait toujours une tierce personne avec nous : mon accompagnateur. A la différence des pianistes, un violoniste ne se présente jamais sans acolyte, car il n'existe qu'un nombre restreint d'œuvres pour violon seul. Louis Persinger m'avait accompagné lors de ma toute première tournée en 1928, mais, en Europe, il avait fallu engager un professionnel. Ce n'était pas un emploi qui convenait au premier venu, car il fallait non seulement être bon pianiste, mais aussi s'adapter à notre cercle familial. Le jeune Louis Kentner fut un moment envisagé pour tenir ce rôle délicat, mais sa personnalité et l'ampleur de son talent étaient trop fortes et n'auraient pas manqué de faire craquer notre petit univers familial aux entournures. C'est par un aimable caprice du sort que la vie devait faire de nous des partenaires égaux sur scène et des beaux-frères dans le privé. Les accompagnateurs changèrent donc au fil des années, mais certains restèrent nos amis à jamais. Le premier à se présenter, sur la recommandation d'Adolf Busch, à temps pour la saison 1929-1930, fut Hubert Giesen. C'était un bon musicien, tout à fait digne de confiance et fermement ancré dans la tradition allemande, manquant seulement d'un peu de souplesse. Il respectait ma mère et son autorité; moi, j'avais confiance en lui comme pianiste et, dans l'ensemble, je me plaisais bien en sa compagnie. Nous travaillâmes pendant deux saisons avec Hoopsie, comme nous l'avions surnommé; puis Sam Franco, violoniste, professeur et compositeur américain qui avait pris sa retraite à Berlin, nous proposa Arthur Balsam.

Arthur Balsam était et demeure l'un des meilleurs musiciens que j'aie connus. Juif d'origine polonaise, il avait besoin de musique comme on a besoin d'air pour respirer. C'est pour cela qu'il était venu à Berlin : pour étudier à la Hochschule, pour ne pas manquer un concert, un récital ni une répétition publique. C'était tout le portrait du jeune érudit aimable, doux et sensible; comme d'autres vivent jour et nuit en compagnie du Talmud, lui passait son temps à jouer et à écouter, et plongeait le nez dans une partition de poche chaque fois qu'il avait une minute libre. A l'instar de certaines femmes qui tricotent pour calmer leurs nerfs et pouvoir penser à loisir, il copiait de la musique en dessinant chaque note avec amour. C'était vraiment quelqu'un d'adorable, timide quand il n'était pas au piano, mais plein de vitalité et d'autorité quand il s'y trouvait. A l'époque où il vint avec nous, Willa Cather m'offrit un jour les poésies de Heine et le *Faust* de Gœthe; Balsam, qui parlait bien l'allemand, lut ces vers avec moi. Il fut ensuite, pendant des années, le pianiste du Philharmonic de New York avant de devenir le soliste et le professeur réputé qu'il est aujourd'hui. Quand Balsam nous quitta pour poursuivre sa carrière, nous fîmes entrer dans la famille un excellent pianiste belge, Marcel Gazelle.

Comme mes sœurs, Marcel avait étudié le piano avec Ciampi et c'est sur la recommandation de celui-ci qu'il se joignit à nous en 1933 ; il vécut avec nous jusqu'à notre départ d'Europe ; il m'accompagnait en tournée l'hiver, fit le tour du monde avec nous en 1935, et, par la suite, ne nous perdit jamais vraiment de vue. J'espère pouvoir clairement montrer dans les chapitres suivants combien peu d'hommes ont joué un aussi grand rôle que Marcel dans mon histoire. C'est avec lui que j'ai redécouvert l'Europe à la fin de la Seconde Guerre mondiale ; c'est avec lui que j'ai ouvert mon école, dont il fut le directeur musical durant les dernières années de sa vie. De tous mes amis et collègues, il fut l'un des plus chers et des plus précieux ; d'emblée, il s'était si facilement adapté à ma famille que ce fut soudain comme si j'avais eu un frère aîné.

Petit, léger, agile de corps et d'esprit, il faisait le plus délicieux et le meilleur camarade que l'on pût souhaiter, d'autant qu'on n'hésitait pas à le taquiner ; sa bonne humeur à toute épreuve ne se démentit même pas le jour où, par gros temps en mer de Tasmanie, cloué sur sa couchette par les nausées, il reçut une collation de harengs et de gâteau au chocolat qu'Hephzibah, Yaltah et moi lui avions malicieusement fait porter. Nous l'adorions tous. Notre unanimité le concernant, dénuée de la moindre réserve, ne faisait pas que prouver à quel point nous l'acceptions, mais combien lui-même était devenu un lien supplémentaire entre nous. De son côté, Marcel nous comprenait aussi bien que nous nous comprenions nous-mêmes. Il avait été élevé en Belgique dans une région horticole qui lui avait laissé un penchant inaltérable pour la vie en plein air, et peut-être aussi une patience de jardinier avec les enfants qui doivent, comme les plantes, se développer à leur rythme naturel. Ayant vécu indépendant de bonne heure, il avait l'esprit pratique, vertu franco-belge par excellence, et résolvait les difficultés comme par enchantement, réglant sans effort nos problèmes de voyages, de bagages, d'emploi du temps et de rendez-vous. Plus tard, il organisa et anima la section de piano du conservatoire de Gand, puis mon école de Stoke d'Abernon. Il était vraiment exceptionnel par cette combinaison de ses capacités d'organisateur et d'un grand esprit de sacrifice, d'une serviabilité constante. Avant 1940, il épousa et emmena à Gand mon amie d'enfance, la violoniste Jacqueline Salomons. Plus tard, quand je l'eus persuadé de venir travailler en Angleterre, elle l'accompagna naturellement et contribua à la formation des jeunes violonistes de Stoke d'Abernon. J'aime voir ainsi conservés certains liens avec le passé et suis heureux de savoir qu'il survit quelque chose d'Enesco dans le Surrey, non seulement en ma personne mais aussi en celle de Jacqueline.

Si une vie entière de voyages m'a appris quelque chose, c'est que la musique reflète la société, le paysage et jusqu'au climat et la géologie du pays où elle voit le jour. Prenez Brahms, par exemple : produit des paysages brumeux de l'Allemagne du Nord, ses œuvres sont pleines de mystères, de rêverie, d'introspection. La brume donne une impression d'infini, car elle peut aussi bien couvrir la terre entière que se dissiper à un mètre de là, pas moyen de le vérifier; et dans cet infini de brume insondable et incertain, on rentre en soi-même en quête de son âme. Ce n'est pas un hasard si les gens de Hambourg et de Brême comprennent Brahms comme nul autre public, ni si Toscanini, formé à la dure et pure lumière d'Italie, ne sut pas occuper les espaces paisibles de cette musique. Il est encore trop tôt pour dire si la musique moderne, profondément déracinée et livrée à la merci de tous les vents culturels, exprimera notre société globale de façon aussi satisfaisante que celle du passé exprimait des sociétés plus stables; je me demande si un compositeur peut survivre sans terroir. Mais, pour l'interprète qui essaie de rendre justice à de nombreux compositeurs, il est plutôt avantageux de pouvoir se réclamer d'une pluralité de traditions. Je n'ai pas conscience des différentes influences qui se sont exercées sur mon exécution en tant qu'entités séparées, il y a longtemps qu'elles se sont fondues en un tout, mais je puis me représenter une superposition d'éléments français, allemands, italiens et anglais sur mes fondations russo-judéo-américaines, l'ensemble constituant une rose des vents assortie d'une demi-douzaine de pôles magnétiques, chacun rectifiant l'orientation de l'autre et valant à mon exécution d'être assez classique pour les Allemands, assez expressive pour les Russes, assez brillante pour les Américains, assez élégante pour les Français, assez vraie pour les Anglais...

Évidemment, je n'utilise pas consciemment cette boussole : ces qualités nationales n'ont d'importance que dans la mesure où elles me sont inhérentes, faisant de moi — à tout le moins musicalement — un citoyen du monde. Les fondements de ce droit de cité remontent à mes voyages d'adolescent aux quatre coins des États-Unis et de l'Europe occidentale et centrale, parcourus en tous sens, ainsi que, par-delà la Manche, aux Iles britanniques.

Lors de notre premier débarquement en Grande-Bretagne en novembre 1929, même le quai du port me parut exhaler une atmosphère différente de celle des ports américains et français que je connaissais; c'était une atmosphère de calme et de maturité qui me dit que j'avais affaire à un peuple auquel les siècles avaient appris une sage modération. Deux images du Londres d'il y a quarante ans et plus me sont restées gravées dans la mémoire. D'abord, celle d'un monsieur qui, à Rotten Row, descendit de son cheval pour se présenter, le lendemain de mon récital; il nous montra quelques monuments londoniens, puis nous invita à voir chez lui sa collection de bois de toutes les parties du monde. Mr Alexander L. Howard, marchand de bois, avait une connaissance de sa spécialité qui dépassait de loin les besoins du commerce et s'était transformée en amour désintéressé de la chose même. Je rencontrais là pour la première fois cet amateurisme élevé, cette noblesse de l'intérêt et ce plaisir de vivre que je compte parmi les plus belles vertus du peuple britannique.

La seconde image est celle du tablier empesé, d'une blancheur immaculée, de la femme de chambre qui venait avec un seau en cuivre allumer ou alimenter le feu dans notre chambre d'hôtel. Le traditionnel feu de charbon anglais dans la cheminée me rappelait Charles Dickens, et je lui trouvais un charme merveilleux et suranné. Le tableau qu'il composait avec la femme de chambre aimable et tranquille qui s'en occupait représentait pour moi un symbole de l'Angleterre, dont le calme confort excluait toutes sombres perspectives.

Pendant ce premier séjour en Angleterre et ceux qui suivirent, ce que je remarquai avant toute autre chose, c'est que mon père s'y décontractait. Aba était généralement heureux en tournée; le fait de concilier liberté et devoir à remplir lui plaisait autant qu'à moi; mais en Angleterre, il respirait, il était calme, il avait confiance en tout un chacun, il ne prenait pas la peine de vérifier les recettes des concerts, par exemple, comme il lui arrivait de le faire ailleurs. Même quand nous y venions en famille, nous vivions selon un rythme différent, comme soutenus par une société qui partageait nos vues sur la valeur du travail, de la patience et de la discipline, ne nous classait pas à part pour cela ni ne trouvait poli de nous acclamer de façon extravagante.

Ce pays de la bienséance était aussi, j'en fus surpris, celui des premiers parents que je me découvris (il devait y en avoir d'autres par la suite, en Russie et en Israël). Même si j'avais eu des cousins et des oncles à revendre, j'aurais apprécié la famille Miller ; ce fut vraiment une révélation pour moi. Oncle Jack et tante Edie Miller étaient des parents éloignés de ma mère qui habitaient avec leur fils et leur fille, Jon et Sonia, une belle vieille demeure près de Richmond Park. L'oncle Jack, propriétaire d'une chaîne de bureaux de tabac, appartenait au type de ceux dont la générosité vous confond ; on ne pouvait lui faire compliment sur sa montre sans risquer qu'il vous en fît cadeau sur-le-champ ; j'appris donc à garder pour moi ce genre d'éloge, ce qui ne m'empêcha pas au fil des ans de recevoir en cadeaux d'innombrables objets de valeur, simplement parce qu'ils se trouvaient là et qu'oncle Jack pensait qu'ils me feraient plaisir.

J'eus le coup de foudre pour tante Edie. C'était une personne fine, sensible, distinguée ; elle était très bonne pianiste amateur, connue des musiciens anglais. Sa générosité, qui n'était pas moindre que celle de son mari, s'exprimait dans la chaleur de son accueil. Nous ne manquions jamais d'aller les voir à Richmond Park chaque fois que nous étions en Angleterre ; en échange, tante Edie venait à mes concerts et nous invitait en ville. Elle s'occupa de moi quand je tombai malade lors de ma deuxième tournée en Angleterre ; il s'agissait d'une crise d'appendicite (je fus finalement opéré à Bâle en 1930). Tante Edie me faisait toujours le cadeau original d'une corbeille de fruits tropicaux : corossols, kakis, lychees, fruits de la passion ; de toutes les capitales du monde civilisé, Londres était alors la seule où l'on pouvait acheter ces fruits qu'on ne trouvait pas même à Paris ni à New York.

Je n'en sus rien à l'époque, mais la fréquentation de la famille Miller fut une seconde occasion manquée de rencontrer Diana : la mère de Diana et tante Edie fréquentaient le même milieu musical et se connaissaient bien ; au moment de mon mariage avec Diana, tante Edie se trouvait être la personne la plus proche que nous ayons en commun. Elle n'est plus, aujourd'hui, et je la regretterai toujours, car je l'aimais beaucoup, mais ses enfants Sonia et Jon sont là, lien vivant avec ce lointain bonheur passé.

Si Londres était riche en fruits exotiques, on y traitait certains fruits que je connaissais mieux d'une façon qui aurait paru fort excentrique à n'importe quel Californien. Lors de mon premier séjour, je rencontrai Mr Tattersall, de la dynastie d'éleveurs et de propriétaires de chevaux de course déjà fameuse au temps du régent. Ce devait être le prélude d'une autre amitié durable. Mr Tattersall me fit d'abord visiter la tour de Londres, mais je ne fus guère plus intrigué par ces pierres historiques que par la découverte de cette autre nouveauté : les ciseaux à raisin. Alors que dans mon pays on mangeait du raisin par poignées, en Angleterre, loin de tout vignoble, on se servait d'un curieux petit instrument pour couper — ou plutôt pour arracher, car il fonctionnait fort mal — une modeste ration individuelle à la grappe familiale.

En prévision de mon premier séjour à Londres, on m'avait donné un imprésario anglais, Lionel Powell, dont les bureaux figuraient une sorte de microcosme, chaque continent ayant droit à une pièce différente, et c'est à l'occasion de ce séjour que se nouèrent avec une maison d'enregistrement des rapports qui durent encore aujourd'hui. S'ils ont été aussi durables et agréables, c'est en grande partie grâce à David Bicknell qui représentait HMV (« La voix de son maître », devenue ensuite EMI) à la signature de mon premier contrat en 1929, et qui devait continuer de représenter cette firme pendant de longues années. Sa rubiconde figure d'Anglais, joviale, toujours souriante, donnait un ton d'amitié à toutes les discussions. J'ai joué et enregistré avec sa femme, la fougueuse, chaleureuse et adorable violoniste italienne Giaconda da Vita. Tous deux ont maintenant pris leur retraite et cultivent en paix leur jardin près de Londres. Je ne les vois que trop rarement.

De tous mes séjours en Angleterre, il en est un, en 1932, qui luit dans ma mémoire avec une intensité particulière.

Un vendredi d'été, donc en dehors du programme normal de tournées, M. Vian, mon père et moi-même quittâmes Ville-d'Avray en voiture pour nous rendre à Calais, et de là à Londres. Nous avions la ferme intention de passer un bon moment; M. Vian n'était jamais allé en Angleterre, et sa bonne humeur raviva celle des voyageurs chevronnés que nous étions. Quant à moi, un grand et intimidant privilège m'attendait : j'allais enregistrer une œuvre contemporaine sous la direction du compositeur lui-même, lequel n'était autre que Sir Edward Elgar. J'avais travaillé seul son concerto pour violon mais l'avais cependant joué à Enesco avant de partir pour Londres. Enesco m'avait fait remarquer le caractère on ne peut plus anglais du second thème du soliste; malgré tous mes voyages, je n'avais pas complètement compris cette façon de voir, mais sa justesse m'est apparue avec le temps; le fait d'être « anglais », dans ce contexte, signifie pour moi une sorte d'innocence passionnée, très différente des passions volcaniques, agressives ou compliquées d'autres pays. Si le climat modèle la musique, celle d'Elgar, anglaise au point d'être presque inexportable, exprime cette flexibilité mesurée d'un temps qui ne connaît d'autre excès que celui d'être extrêmement changeant, et l'adaptation d'un peuple capable de distinguer d'infinies nuances de ciel gris et de paysage vert, sans jamais atteindre d'extrêmes malséants dans l'une ou l'autre de ces couleurs. En Angleterre, comme je devais l'apprendre plus tard, il est recommandé de flotter entre deux eaux; s'en tenir à une position bien arrêtée, si bonne que soit la cause que l'on sert, c'est être un fanatique dont tout le monde se méfie.

Débarquant en Angleterre, nous étions attendus par une belle Rolls-Royce appartenant à Harold Holt, mon agent anglais (successeur de Lionel Powell), dans laquelle on nous conduisit à Grosvenor House. Là, on m'interdit l'accès de la salle à manger en culotte courte et manches de chemise; je ne fis pas d'histoires, car l'étiquette me plairait plutôt. Le lendemain matin, Ivor Newton vint répéter le concerto avec moi; Elgar devait l'auditionner l'après-midi, en vue de l'enregistrement. C'était ma première rencontre avec Ivor, qui fut le premier pianiste anglais de ma connaissance; je ne devais le revoir qu'assez longtemps après, mais nous avons par la suite donné des concerts ensemble et nous sommes souvent fréquentés en dehors du travail; j'ai appris à l'apprécier hautement. Son charme, sa courtoisie, sa déférence, son esprit faisaient de lui un délicieux compagnon de voyage et lui étaient fort utiles pour accompagner les cantatrices — c'est qu'il faut être aux petits soins avec elles, tenir compte de leurs tempos parfois fantaisistes, et souvent transposer l'accompagnement lorsqu'elles ne se sentent pas à l'aise dans telle ou telle tonalité. A deux heures de l'après-midi, nous étions prêts à l'action quand Sir Edward arriva; c'était un genre de compositeur auquel je ne m'attendais pas; ceux que j'avais connus jusqu'alors étaient des prophètes bibliques comme Bloch, ou des héros de romans de chevalerie comme Enesco, pas des hobereaux campagnards versés dans l'art d'être grand-père — on pouvait imaginer Elgar avec des chiens gambadant à ses côtés —, et son attitude dans le travail paraissait pour le moins détendue. Ivor et moi commençâmes le concerto à partir de l'entrée du violon solo, et Elgar nous arrêta avant même que nous eussions atteint le deuxième thème, dit « anglais » : il était sûr que l'enregistrement serait parfait; alors, si nous voulions bien l'excuser, il avait l'intention d'aller aux courses! J'étais bien content de savoir qu'il me trouvait à la hauteur de la tâche, mais ne pouvais toutefois chasser entièrement le soupçon que l'attrait des courses reléguait au second plan toute considération de mes mérites ou de mes défauts. Quoi qu'il en soit, suivant l'exemple de Sir Edward, nous décidâmes de faire bon usage de ce beau samedi après-midi. Aba et moi prîmes congé d'Ivor et allâmes nous promener.

Nous avions eu raison de nous en remettre au jugement d'Elgar. Au studio d'enregistrement, il se montra très digne mais nullement imbu de sa personne. Je n'avais jamais vu quelqu'un si peu directif, aussi peu enclin à s'imposer. Tout se passa tranquillement et dans la plus grande égalité d'humeur comme si sa présence et ses gestes étaient presque superflus — ce qui n'était guère le cas, bien sûr. Ce fut un nouvel enseignement sur l'Angleterre : l'autorité doit s'y manifester avec discrétion, presque humblement; la fermeté n'est pas portée en cocarde et ne s'exhibe pas avec vulgarité mais se découvre dans le comportement du chef à l'action; plus il a de sang-froid, moins il s'impose et plus grande est son autorité. Cette façon de l'exercer s'acquiert au fil des siècles en dressant chiens, chevaux et régiments, en gouvernant un empire avec une poignée de fonctionnaires, en faisant sa place à l'opposition au sein du système. Non qu'Elgar fût en butte à la moindre opposition, d'ailleurs : l'orchestre se soumettait avec joie, confiance et dévouement à son invisible autorité. L'enregistrement ne fut pas seulement un succès, il fut bon. Quelques mois plus tard, nous jouâmes de nouveau le concerto ensemble, au Royal Albert Hall cette fois. Il y avait là de quoi rendre fier et humble en même temps un jeune garçon de seize ans. En première partie, je jouai des concertos de Bach et de Mozart sous la baguette de Sir Thomas Beecham ; après l'entracte, Elgar, juché sur un tabouret de velours rouge, dirigea son propre concerto. Jouer en Angleterre avec le compositeur préféré des Anglais qui était aussi leur plus éminent chef d'orchestre, c'était un peu comme recevoir le droit de cité ou être accueilli au sein de la famille. Ces métaphores ont cessé d'être exagérées pour exprimer l'amitié avec laquelle je suis maintenant reçu partout en Angleterre.

J'avais grande envie de présenter en France le concerto que je venais de découvrir. N'est-ce pas la fonction du musicien cosmopolite de transporter le pollen de fleur en fleur, de féconder en disséminant, de tisser un réseau, de lancer de fragiles passerelles ? J'ai continué de le tenir pour ma mission. L'orchestre fut admirablement préparé par Enesco ; il avait si bien compris l'œuvre qu'Elgar, venu à Paris pour la circonstance, ne nous interrompit pas une seule fois au cours de la répétition. Le public français écouta le concerto poliment, mais il n'a jamais été rejoué à Paris depuis. A part l'Angleterre et ses anciennes possessions, seuls les États-Unis ont fait bon accueil à la musique d'Elgar : ce pays est si divers, a l'esprit si ouvert à l'ancien comme au nouveau, à l'exotique comme au plus familier, que toute musique y trouve un public. L'Amérique a cette grande qualité d'accepter l'inconnu et de donner sa chance à l'innovation. J'y ai souvent joué le Concerto d'Elgar, la première fois sous la direction de Sir Malcolm Sargent à New York, et j'ai vu grandir sa popularité. J'observe en général une coupure dans le dernier mouvement, avant la cadence magique, car la récapitulation traîne un peu et l'attention du public se dissipe. J'ai essayé une fois cette version légèrement abrégée en Angleterre. Ce fut aussitôt les hauts cris, à juste titre d'ailleurs : on ne doit pas traiter à la légère le patrimoine national d'un pays, même avec les plus pures intentions du monde.

De tous nos déplacements, ceux qui contribuèrent le plus à mon éducation musicale furent mes passages réguliers à New York chaque hiver, et le principal responsable en fut Toscanini. Seuls ceux qui n'ont jamais connu le Maestro auront du mal à imaginer qu'il dominait la vie musicale new-yorkaise comme aucun chef d'orchestre ne domina celle d'une autre ville. La prééminence de Berlin ne faisait pas de doute, mais une demi-douzaine de grands chefs d'orchestre y rivalisaient : Walter, Kleiber, Muck, Busch, Furtwängler; tandis qu'à New York, Toscanini occupait seul le devant de la scène. Son impact sur moi eut cette singulière puissance de l'impression immédiate. Si je jouais avec un Bruno Walter, par exemple, je n'avais pas pour autant vécu dans une atmosphère musicale créée par lui. Rentrer à New York dans les années trente, c'était se replonger dans un climat de perfection sécrété par un chef d'orchestre qui était la perfection même. Même loin de New York, Toscanini était une force rayonnante, car il dirigeait le Philharmonique tous les dimanches matin pour la radio. Je me souviens qu'un jour, dans les montagnes près de Denver, mon père, pour écouter un de ces concerts dominicaux, arrêta la voiture que nous avions louée ou empruntée. Même altéré par une radio de bord, le style incisif et fulgurant de Toscanini était immédiatement reconnaissable.

Quand j'écoute à présent ses disques, je ne suis pas toujours en accord avec ses interprétations. Je considère que, bien malgré lui, sa présence à New York n'a pas eu que des conséquences positives, car elle a engendré une génération de chefs d'orchestre, qui ont reproduit servilement ses caractéristiques extérieures, sa vitesse, ses tempos inflexibles, sa rigueur, mais non par l'élan rythmique, la souplesse, cette légère irrégularité qui venait de sa profonde compréhension de la musique. Tandis qu'il avait introduit aux États-Unis, par ses concerts et sur les ondes, de nouveaux critères de qualité, ses imitateurs ont multiplié les interprétations sèches, rapides, plates et vides, et perdu Beethoven auprès du public américain. Ces récriminations faites, je n'ignore pas l'étendue de ma dette à son égard. Malgré les innombrables versions entendues depuis, j'ai toujours présentes à l'oreille ses symphonies de Beethoven, et j'en perçois encore l'écho lorsqu'il m'arrive d'en diriger une moi-même.

Toscanini n'était pas le parfait accompagnateur à la manière de Bruno Walter. Il eût été difficile en vérité de trouver chefs d'orchestre plus opposés; Walter était le flâneur qui admire chaque fleur en bordure du chemin, Toscanini le voyageur, avisé qui garde les yeux fixés sur son but. Il était, j'en suis sûr de ceux qui distinguent musique et musicien, subordonnant le second à l'importance exclusive de la première, avec une totale absence de compromis qui pouvait paraître forcenée. Dans son intransigeance, il ne tolérait pas la moindre complaisance ornementale ni la moindre exagération. Il fut cependant on ne peut plus paternel à mon égard et je n'aurais pu lui témoigner un respect plus filial. Un hiver, nous donnâmes ensemble le Concerto de Beethoven, en le révisant préalablement et méticuleusement au piano, et notre accord fut entier. Je doute qu'il ait fait la moindre concession à mon opinion par rapport à son idéal d'interprétation, mais je ne me souviens pas non plus que mes conceptions aient été froissées ou supplantées par les siennes

Pendant la préparation de ce concert, Toscanini me révéla ce que c'est que d'être sûr de soi. Nous nous trouvions dans son appartement de l'hôtel Astor, sur Times Square, qui appartenait à un Italien, et où l'on servait sans doute des pâtes de première qualité. Nous étions parvenus au milieu du mouvement lent, là où le son marqué *perdendosi*, après le second tutti, devient infime, quand le téléphone sonna. Naturellement, je continuai comme si de rien n'était; mon père, discret dans son coin, fit de même, ainsi que Toscanini qui continua de pianoter — le piano n'était pas son fort. Deuxième appel : nous poursuivîmes. Pour ma part, j'étais tendu, j'avais conscience que la tension montait également dans la pièce et qu'il allait se passer quelque chose. Au troisième appel, Toscanini s'arrêta, se leva du tabouret et, en quelques pas légers et décidés, alla non pas au téléphone mais à la boîte murale et arracha le tout d'un seul coup, bois, plâtre et fils rompus et pendants; puis, toujours sans un mot, il se remit au piano, reprit là où il s'était arrêté, parfaitement calme. Le troisième mouvement fini, nous entendîmes frapper timidement à la porte. Nullement embarrassé, aimable et détendu, Toscanini répondit avec bienveillance : *Avanti!*, son premier mot depuis l'incident, et la porte s'ouvrit sur sa femme, le propriétaire de l'hôtel et un électricien, pitoyable trio qui se confondit en excuses.

Le mouvement d'humeur de Toscanini, et surtout la pleine satisfaction qu'il en avait tirée sans que son pouls s'accélérât d'un battement, m'avaient frappé d'un mélange de consternation et d'envie, mais dans tous nos rapports je n'ai jamais reçu de lui que cette bienveillante protection que seul est capable de dispenser un homme aussi bien dans sa peau. Une fois, nous fîmes la traversée de l'Atlantique ensemble, de Gênes à New York; je pris froid et il passa plusieurs heures par jour dans la cabine où j'étais confiné, à m'écouter jouer, à me donner des conseils, à discuter d'interprétation. Il me fit partager ce précepte de sagesse à utiliser hors de scène : chaque fois qu'il se sentait déprimé, me dit-il, il pensait aux millions de gens qui étaient plus malheureux que lui, et cela lui remontait immédiatement le moral. Je ne compris que plus tard que cette position éthique n'était pas inattaquable, mais il était impossible de taxer de suffisance un être qui s'analysait si peu. Je devais faire ma première émission radiophonique à l'arrivée, il s'agissait de la *Symphonie espagnole*, avec Walter Damrosch, et cette satanée bronchite pouvait m'empêcher de tenir mon engagement. Mammina refusa d'abord que je risque ma santé en me rendant au studio, puis, se laissant fléchir par mes instantes prières et celles d'Aba, elle accepta un compromis : je pourrais jouer à condition de porter un cataplasme à la farine de moutarde. Mon père trouva cette perspective guère moins horrifiante que celle d'annuler mon émission, mais, stoïque, comme le jeune Tell, je promis de me soumettre à ces conditions peu ordinaires. En fait, la promesse s'avéra suffisante : j'avais passé l'épreuve. Ma mère, qui faisait toujours des remèdes de cheval, me prépara un cataplasme si anodin que je le sentis à peine.

Mammina n'était pas tout à fait sans réserve à l'égard de Toscanini. C'était en partie ma faute, car elle me trouvait exagérément modeste en sa présence. Quand nous jouâmes le Beethoven ensemble, un jour ou deux après la destruction du téléphone, elle me gronda un peu, trouvant ma soumission exagérée; elle craignait peut-être de me voir perdre le sentiment de ma propre identité sous l'effet puissant de son magnétisme. Mais c'était aussi qu'elle le jugeait selon ses critères de la grandeur humaine et, vu le niveau des critères en question, il était assurément déficient. Sa difficulté à rester maître de ses humeurs était de nature à lui valoir le mépris plutôt que les félicitations de ma mère, qui n'attribuait pas cela à ses origines méditerranéennes mais à son extraction paysanne. Qui plus est, Toscanini était en effet capable de mesquinerie. J'en eus un bon exemple quelques années plus tard, en juin 1946, lorsque plusieurs artistes dont j'étais, qui avaient donné des concerts à Milan pour subventionner les réparations de la Scala, furent invités à souper par la comtesse de Castelbarco, fille de Toscanini. A la table où j'avais pris place avec lui et quelques autres, la conversation roula inévitablement sur les chefs d'orchestre. Toscanini réduisit en miettes successivement tous ses collègues, et la tablée se délectait de sa médisance. Au quinzième exécuté sans messe, je n'y tins plus : « Maestro, dis-je, vous ne refuserez certainement pas quelque qualité à Bruno Walter ? » « Bruno Walter ? répliqua Toscanini, ce n'est qu'un imbécile sentimental ! » C'est ainsi que le seizième mordit à son tour la poussière.

Nous avions pour pied-à-terre new-yorkais un appartement à l'hôtel Ansonia, dans le haut de Broadway; c'était un hôtel fréquenté par les musiciens. On pouvait donc y travailler sans déranger. Nous avions là des chambres, une cuisine et une salle de séjour privées qui nous coûtaient beaucoup moins cher et correspondaient beaucoup mieux à notre style de vie que n'eût fait un logement analogue sur la Cinquième Avenue ou Park Avenue. Nous étions libres d'aller et venir, nous engageâmes une cuisinière noire, plantureuse et sympathique, et invitions à dîner nos amis et connaissances comme le chanteur noir Roland Hayes, et Olin Downes, critique musical du *New York Times.* Les Ehrman étaient des nôtres chaque fois qu'un de leurs séjours new-yorkais coïncidait avec le nôtre, et le cercle de nos relations locales ne fit que s'étendre et s'approfondir. Mais, jusqu'à ce que nous nous déplacions en famille aux États-Unis, Aba et moi descendions chez le Dr et Mrs Garbat. Rachel Garbat était très maternelle; je me souviens en particulier d'un jour de 1931 où une indisposition menaça de me faire manquer un récital au cours duquel je devais jouer la Sonate de Franck — et auquel devait assister Toscanini. Mrs Garbat et mon père, aux petits soins pour moi, conjuguèrent leurs efforts et me déposèrent à la salle de concerts à l'heure dite dans un état passable.

Notre amitié avec les Leventritt prit de plus en plus d'importance dans ma vie, principalement grâce à leur fille Rosalie que j'aimais et que j'aime encore beaucoup. Par l'intermédiaire des Leventritt, nous rencontrâmes Lionello Perera, un banquier italien doté de trois filles charmantes, ma préférée étant Lydia. Rosalie et Lydia étaient mes bonnes amies new-yorkaises, mais nos rencontres avaient lieu en général dans un cadre familial, chez l'une ou chez l'autre, où tous les jeunes jouaient ensemble à des jeux de société. Victor, le frère de Rosalie, était alors étudiant à Harvard. Il était remarquablement fort aux échecs et m'a toujours battu, sauf une fois, après un concert donné en matinée à Boston avec Koussevitsky. Nous rentrâmes ensemble à l'hôtel pour faire une partie et j'enregistrai ma première et unique victoire. Il mourut jeune, comme trop de jeunes gens brillants que j'ai connus.

Nous avions quelquefois le grand plaisir de recevoir Enesco à New York. Je me rappelle tout particulièrement une de ses visites. Mes parents nous avaient souvent emmenés au Théâtre Yiddish qui n'était pas seulement un théâtre d'excellente qualité et très vivant, mais un haut lieu de la culture populaire yiddish, une des attractions uniques de New York. Nous avions décidé qu'Enesco ne pouvait manquer cela; nous fîmes donc une exception tout à fait inhabituelle à notre vie par ailleurs si bien réglée. Nous allâmes au théâtre après avoir dîné au restaurant et, après le théâtre, nous soupâmes et fîmes la fête dans un autre restaurant jusqu'à quatre heures du matin, comme des noceurs accomplis. C'était la première fois de ma vie que je passais une nuit blanche. A New York, Enesco assista à une répétition du Concerto de Brahms; je jouai si mal qu'il me fit répéter le dernier mouvement après le départ de l'orchestre et de son chef. Je devais en effet déjeuner avec Esther, déjà mariée au jeune et fougueux Claude Lazard et attendant leur premier enfant, mais toujours ma Dulcinée; distrait par ce rendez-vous, craignant d'être en retard, j'avais pris le dernier mouvement beaucoup trop rapidement, lui faisant perdre toute sa vigueur et sa tension. Enesco m'admonesta : il n'était pas question de laisser les choses ainsi, il fallait que le mouvement soit au point pour le soir même. Il le fut. Je me souviens d'avoir dit à Enesco que la dame avec qui je devais déjeuner était enceinte; en galant homme, il comprit parfaitement mon souci : « Ah! C'est un état de la femme pour lequel nous devons avoir le plus grand respect. » Mais mes devoirs vis-à-vis de Brahms passaient tout de même avant. A dix ou onze ans, Enesco, alors benjamin de l'orchestre du conservatoire de Vienne, avait joué parmi les autres violonistes la *Première Symphonie* de Brahms sous la directionde ce dernier qui était resté depuis lors l'un de ses compositeurs préférés. Je sais que la façon dont Enesco rendait la musique de Brahms a marqué de manière indélébile ma propre interprétation.

L'appartement de l'hôtel Ansonia étant trop exigu pour y donner des réceptions importantes, ma mère devait choisir ses invités plutôt que les multiplier, mais il y avait quelques amis qui venaient souvent. La plus aimée de tous était Willa Cather, à qui Jan et Isabelle Hambourg nous avaient présentés en 1930. Il s'instaura d'emblée une intimité familiale entre elle et nous; les enfants lui conférèrent le titre de « tante », et Mammina, avec sa tendance habituelle à aller jusqu'au bout de ses sentiments, l'accueillit comme une sœur. Je ne sais si elles ont jamais su qu'elles avaient l'une et l'autre fait scandale, chacune à un bout du monde, en portant adolescentes les cheveux courts, mais sans doute cela les avait-il prédestinées à bien s'entendre. Leurs confidences devaient être passionnantes; malheureusement, je n'en ai jamais rien surpris. Comme pour sceller leur amitié, la rendre immortelle et parfaite et se l'approprier de façon inaliénable, Mammina brûla les lettres de tante Willa à la mort de celle-ci.

Willa Cather était l'Amérique incarnée, mais une Amérique depuis longtemps disparue. Ses livres décrivent un pays encore essentiellement naturel, un mode de vie encore rural, des colons récemment arrivés d'Europe qui chérissaient d'autant plus leurs traditions qu'ils les avaient transplantées sur un continent étranger. Les États-Unis ne sont devenus une société abstraite que depuis peu; sans doute l'abstraction de la poursuite du bonheur existait-elle déjà, mais le bonheur lui-même n'était pas devenu une abstraction, il était encore enraciné dans le terroir, comme tante Willa elle-même. Elle avait l'oreille et l'œil attentifs aux merveilles de la nature, à la lumière baignant un paysage, au frémissement d'un arbre, et une compréhension réaliste, pénétrante et compatissante de l'animal humain dans son milieu. Les gens sur lesquels elle écrivait étaient des produits de leur environnement et faisaient corps avec lui, qu'il s'agît du Middle West, du Nouveau-Mexique ou du Québec; c'est ce qui rend son œuvre si américaine et si caractéristique de son temps, et il n'est pas exagéré de dire qu'elle a révélé un visage de l'Amérique aux jeunes de ma génération, élevés par des parents souvent nés à l'étranger. Son allure masculine, sa bonhomie campagnarde, ses manières franches comme du bon pain, ses yeux bleus au regard direct, sa peau rose et son allure énergique étaient les signes d'un phénomène aussi rassurant pour nous qu'il nous était étranger, quelque chose dans le goût de la Ligue de tempérance chrétienne ou du Mouvement scout féminin. Par ses réminiscences remontant à un quart de siècle, elle fournissait une base historique à ma nostalgie d'un New York disparu; elle faisait revivre un Manhattan où l'on voyait encore des maisons occupées par une seule famille, dont le chef se rendait quotidiennement à pied ou en voiture à cheval à Wall Street en donnant un coup de chapeau à ses connaissances rencontrées en chemin. Déjà dans les années trente, il était inconcevable d'imaginer qu'on pût connaître ses voisins sur la Cinquième Avenue.

Sa force et sa douceur étaient également inébranlables. Depuis qu'elle vivait dans l'Est, elle avait toujours gardé un moment de la semaine pour se promener dans Central Park, qui était à son Nebraska natal ce qu'un bouquet de fleurs champêtres peut être à une prairie sans fin. Son tour préféré était celui du bassin du parc, là où le contact avec la terre lui rappelait le sentiment d'y appartenir, dans cette métropole où tant de choses conspiraient à vous aliéner. En vieux amis du parc, mes sœurs et moi nous joignions souvent à elle, partageant à tour de rôle l'honneur de marcher à son côté. Quand j'en avais la possibilité, je la voyais très souvent, pas seulement à New York mais aussi à Los Angeles où elle avait de la famille, si je m'y trouvais en tournée en même temps qu'elle. Il y eut une période où j'eus particulièrement lieu d'avoir recours à elle; malheureux dans mon premier mariage, je pus totalement m'en remettre à tante Willa. On pouvait lui dire tout ce qu'on avait sur le cœur, elle n'en aurait jamais fait mauvais usage, ne l'aurait jamais retourné contre vous, et jamais cela ne vous aurait fait baisser dans son estime. A cette époque, nous fîmes bien souvent le tour du bassin de Central Park. Sa force, sa patience et son égalité d'humeur n'allaient pas toutefois sans une certaine sévérité. Il y avait des abus, des vulgarités qu'elle ne tolérait pas, ainsi les révélations faites sur les gens dans la presse ou à la télévision. Elle avait certain mépris pour tout ce qui appartenait ou relevait par trop de la foule, réservant son admiration aux grands efforts individuels, et se retirant de plus en plus de la société au fur et à mesure qu'elle se rapprochait de nous. Pour elle, le monde extérieur se troublait progressivement, comme la brumeuse île de Grand-Manan, dans la baie de Fundy, où elle s'était fait bâtir une maison d'été. Mais sa vie intérieure gardait des couleurs gaies, avec des fêtes, des banquets d'anniversaires, des sorties au Metropolitan Opera, des corbeilles de fleurs et des orangers arrivant en pleine tempête de neige, et toujours des livres et des promenades dans Central Park.

Elle adorait tout ce qu'elle avait l'impression de ne pas devoir à son patrimoine : tout ce qui était ancien, européen, complexe, et surtout la musique. Mais son respect de ces choses ne la conduisait pas à douter d'elle-même, comme certains Américains face à l'Europe. Sur le point de retourner en Californie au début de 1936, j'avais dû exprimer quelques incertitudes quant à l'avenir, car je reçus en réponse les lignes suivantes (qui ont été, il faut l'avouer, bien dépassées par les événements) :

> Oui, mon cher enfant, te voici devant un problème. Mais c'est le problème que se posent tous les artistes américains. Si nous restons toujours dans notre propre pays, il nous manque la compagnie d'esprits mûrs et disciplinés. Ici, il n'y a pas de critères du goût, et l'appréciation de l'art est *purement émotionnelle*. En revanche, si nous adoptons l'Europe en son entier, nous perdons le sentiment d'*appartenance* qui est si important, et, avec lui, une partie de notre réalité. Je connais quelques jeunes écrivains de grand talent qui ont décidé, à vingt et un ou vingt-deux ans, de devenir français. Ils sont partis habiter à l'étranger et ils n'ont rien fait de sérieux depuis. Ils ne peuvent être *réellement* français, tu comprends, de sorte qu'ils ne sont que d'inconscients imposteurs. Les choses que son propre pays lui donne à éprouver, telles que la terre, le ciel, l'argot de la rue, sont pratiquement le meilleur capital qu'un écrivain puisse faire fructifier. Le musicien est beaucoup moins limité. La nature même de votre travail implique le vagabondage. Toi, Yehudi, tu devras simplement faire les deux et mener deux vies. Mais je crois que, chaque fois que tu le pourras, tu devrais passer les vacances dans ton pays.

Son amie et biographe Elizabeth Shepley Sergeant écrivit que Willa « avait composé un récit [sur nous, les Menuhin] comme si elle avait enfin trouvé, par procuration, une famille exactement à son goût. Pas du tout comme la famille de son père bien-aimé, avec ses traditions de pionniers; dans ce milieu juif brillant, l'érudition et l'art étaient essentiels, tout le reste passait après ». Si l'on considère ce passage à la lumière d'une remarque émise par Harsányi dans *le Chant de l'alouette*, à savoir que « chaque artiste naît par soi-même », il devient évident que la vocation de romancière de Willa et son union avec nous résultaient d'un même élan; en trouvant notre auteur américain, nous l'avions dotée de son roman européen.

Si c'était le cas, elle nous rendit notre cadeau en nature et au centuple partageant avec nous son appréciation de la littérature européenne, nous offrant des volumes de poésies allemandes et nous guidant pas à pas à travers les pièces de Shakespeare. Il y avait dans notre appartement une petite pièce qui n'appartenait à personne en particulier, de dimensions intimes et meublée d'une table autour de laquelle tante Willa, Hephzibah, Yaltah, moi-même et souvent Edith Lewis, la compagne de tante Willa, nous réunissions pour des lectures de Shakespeare à plusieurs voix, chacun prenant plusieurs rôles, et tante Willa commentant la langue et les situations dramatiques de façon à nous communiquer son plaisir et sa passion. Elle fouinait elle-même chez les bouquinistes pour nous procurer des exemplaires de ces pièces. Je ne faisais pas partie du cercle de lecture tel qu'il avait été primitivement constitué, car j'étais souvent en tournée; mais, une fois de retour, j'avais tenu à y être admis et l'avais obtenu. Flaubert était son auteur préféré et son style à elle en avait l'économie et l'élégance : elle polissait sa prose jusqu'à la faire briller comme une pierre précieuse.

Représentant l'Amérique et nous initiant aux valeurs européennes, tante Willa illustrait bien cette unité dans la diversité qui a sous-tendu toute ma vie. J'avais déjà eu la révélation d'Amériques fort différentes de la mienne, mais de loin; les vraies découvertes restaient encore à faire et furent ainsi effectuées à partir d'une base aussi bien européenne qu'américaine. Longtemps avant d'avoir vu l'Europe, nous avions conscience de son existence : elle avait formé nos parents, produit les livres que nous lisions, elle était source de toute musique. Les langues apprises, les voyages confirmèrent cette tendance, sans jamais exclure les États-Unis mais en les complétant par un large cercle de liens nouveaux. Les traversées de l'Atlantique qui jalonnèrent deux fois l'an mon adolescence ne coupaient pas ma vie en deux; elles réunissaient au contraire mon double patrimoine en un tout sans faille.

Intermèdes au paradis

Chaque fois que notre tournée nous ramenait, mon père et moi, là où commence l'Ouest américain, disons à Kansas City, je commençais à m'emballer, et plus on avançait à travers la Prairie vers la côte et San Francisco, plus mon excitation grandissait. Bien que nos visites répétées eussent commencé à conférer à d'autres villes le charme de la familiarité et à nous tisser un réseau d'amitiés dans tous les États-Unis, San Francisco ne perdit jamais la première place dans mon cœur, et nul autre paysage ne m'émeuvait davantage que celui de cette région.

Tous les sentiments que j'éprouve pour mon pays natal sont dérivés de mon amour pour la Californie. Je suis tenté de plaindre des gens que le destin a condamnés à grandir ailleurs et à une autre époque; comment sauraient-ils, ces millions d'infortunés, ce qu'est la beauté? Il me semble que le langage est trop pauvre pour recréer ce qu'ils ont manqué, et j'en suis réduit à les prier de croire que la Californie de cette fin de siècle n'est plus que la triste ruine démantelée de mon paradis d'enfance. A cette époque, déjà, le processus destructeur avait commencé, et j'ai quelques raisons de m'en souvenir. J'ai déjà raconté que, lors de notre première excursion familiale au Yosemite, la voiture avait dû gravir une piste de terre à voie unique, et qu'on avait dû s'arrêter au sommet du col pour la faire boire comme une bête de somme. Je n'oublierai jamais l'extraordinaire sensation qu'en ces lieux, parmi ces vastes étendues d'arbres immenses, au milieu des sons et des odeurs discrètes de vies différentes, l'homme rencontrait quelque chose d'infiniment plus fort et plus ancien que lui. Deux ou trois ans plus tard, la nature battait déjà en retraite. Les Ehrman nous avaient invités dans leur maison de campagne sur le lac Tahoe; c'était une belle et vaste demeure en bois, dans le style de celles qu'on voit en Europe centrale, avec quantité de pignons; c'était une résidence familiale dont ils avaient hérité, bâtie sur un vaste terrain de quatre ou cinq kilomètres de large en bordure du lac et s'enfonçant d'une douzaine de kilomètres dans la forêt et les montagnes (dans cette région, le terrain avait si peu de valeur en soi au XIXe siècle qu'on pouvait recevoir par don gracieux du gouvernement fédéral des provinces entières, appartenant naturellement aux Indiens). Pour atteindre ce bel endroit, on n'avait plus à maltraiter la suspension de sa voiture sur une piste primitive, on s'élevait en pente douce, à cent à l'heure, sur une route excellente. Le soir de notre arrivée, on me permit de dîner avec les grandes personnes et j'exprimai le regret que le voyage n'eût pas été plus rude : « C'est dommage qu'on ait fait cette route neuve. » Je fus sidéré par le silence glacial qui se fit à table. Au vrai, je méritais d'être fusillé, car je n'aurais rien pu dire de plus anti-américain ni trahir plus insolemment la cause sacrée. Mon manque d'enthousiasme pour cette nouvelle route était un défi aux convictions qui fondaient notre mode de vie, à savoir que deux voies valent mieux qu'une, trois mieux que deux, et qu'une route empierrée doit acheminer plus sûrement au bonheur.

Je devais avoir huit ou neuf ans quand je laissai échapper cette consternante remarque. A cet âge, j'ignorais tout de l'écologie, de la pollution, des luttes pour la préservation des ressources naturelles; mais il y a continuité entre ce regret que j'éprouvais alors et les causes que je puis embrasser aujourd'hui. Comme je l'ai déjà indiqué, toutes les grandes orientations de ma vie en matière de croyances, d'émotions ou d'actions sont des plus simples; elles sont apparues dès mon enfance et se sont développées depuis sans interruptions ni écarts notables. Parmi les mystérieux points d'interrogation qui m'ont préoccupé dans mes jeunes années, il y avait celui de la moisson : comment pouvait-on tant prendre à la terre sans rien lui rendre, autant que je sache? cette opération inquiétante allait sûrement sombrer un jour ou l'autre dans la banqueroute;

et à peine moins étonnant était le fait que personne, pas même mes parents, ne semblait partager mon souci. Il n'est plus à démontrer qu'il y avait là autre chose que la simple ignorance d'un enfant de la ville en matière d'agriculture. Ni les États-Unis ni aucun autre pays ne restitue à la terre l'équivalent de ce qu'il lui prend, et cette perte nette a fait sentir ses effets depuis quelques dizaines d'années. Les Américains commencent à se rendre compte avec quel discernement les Indiens avaient su préserver leur patrimoine avant qu'il ne fût livré à notre rapacité.

Je n'étais pas seul à nourrir de tendres sentiments pour la Californie. Aux yeux de toute ma famille, l'emplacement exact de l'Eden se situait dans les montagnes de Santa Cruz, et s'il se trouvait quelqu'un pour aimer cet endroit avec plus d'enthousiasme encore que moi, c'était mon père. Comme tous les Juifs, il aspirait à rétablir le contact avec la terre, à planter un arbre et à le voir fleurir et porter des fruits. C'était un désir biblique, devenu sioniste en Palestine mais qui, pour Aba, prit racine en Californie un jour de 1934.

Notre tournée, cette année-là — ce n'était d'ailleurs pas la première fois —, nous permit de passer un jour ou deux, après un concert à San Francisco, à Cathedral Oaks, dans la propriété de nos amis artistes George Dennison et Frank Ingerson. « Les garçons », comme nous les appelions, avaient été parmi les tout premiers nouveaux colons des montagnes, où ils avaient remplacé des fermiers qui avaient abandonné leurs vergers pour les lumières de la ville; mais ces mouvements de population étaient si récents que les arbres non entretenus produisaient encore des cerises et des abricots délicieux, alors que les fermes se vidaient les unes après les autres et que les collines redevenaient désertes. Cette fois-là, les garçons nous dirent que la propriété voisine de la leur était à vendre.

A cette nouvelle, Aba vit sur le point de se réaliser l'espoir qu'il avait caressé en secret : d'avoir un endroit bien à lui sur cette terre des hommes; de cultiver son jardin à la sueur de son front, à l'abri de toute ingérence extérieure; de posséder un bout de terrain précisément ici, en ce refuge familial, en ce lieu de nos vacances en famille; de devenir le voisin immédiat d'amis estimés, artistes de surcroît, et qui pouvaient nous conseiller pour construire une maison; de construire une maison, enfin, selon les plans de ma mère, dont elle serait châtelaine, et de l'appeler « Villa Tcherkesse » en son honneur! C'était un projet merveilleux, romantique et joyeux, sûrement le plus enivrant de la vie d'Aba : un saint tabernacle dépositaire de tous ses rêves. Il acheta la propriété, d'une quarantaine d'hectares. Entre la fin de la tournée américaine de 1935 et le commencement de la tournée mondiale qui nous conduisit à Honolulu, en Nouvelle-Zélande, en Australie et en Afrique du Sud, nous passâmes trois semaines ensemble avec les garçons, à parler, à réfléchir, à rêver, à nous griser et à nous gaver jour et nuit des plans de la maison, puis à engager un architecte et à lui donner nos instructions. En revenant de l'autre bout du monde, nous prendrions possession de notre nouvelle demeure, la première à nous appartenir depuis Steiner Street.

Hélas, la vision de la villa Tcherkesse nous accompagna et nous fortifia tout au long de notre tour du monde, mais nous n'y habitâmes jamais.

Ce tour du monde fut plein de merveilles, mais ce qui occupe encore la place la plus nette dans ma mémoire n'est pas tant le défilé de pays, de villes, de salles et de publics, pas tant la découverte de continents nouveaux et différents sous des cieux neufs, que le fait qu'au milieu de nos pérégrinations il m'arriva pour la première fois d'analyser un morceau de musique d'une façon satisfaisante pour moi.

Je n'ai pratiquement jamais accepté sans vérification l'opinion d'autrui. Je ne saurais affirmer en toute sûreté pourquoi la conviction peu confortable qu'on ne doit croire qu'à ce que l'on voit a pris à tel point possession de moi, mais j'ai idée que c'est peut-être une conséquence de mon éducation dans un climat où régnaient des absolus, où les vagues préférences et les préjugés n'étaient pas tolérés, où toute opinion devait être fondée sur une certitude indiscutable. J'ai réagi diversement contre ce dogmatisme, je considère maintenant la synthèse comme le moment le plus satisfaisant de la dialectique, tout en admirant la spontanéité par extravagance; mais mon besoin de mettre l'instinct — le mien ou celui d'autrui — à l'épreuve de quelque critère plus sûr, persiste encore sans restriction.

Dès avant ma tournée mondiale de 1935, j'étais déjà agacé par l'idée d'être aussi peu capable d'expliquer *pourquoi* je jouais tel ou tel passage que *comment* je les jouais. Mes maîtres m'avaient fourni des explications sur ce que je jouais, mais leurs commentaires n'étaient que des fenêtres en trompe l'œil sur un mur aveugle. Certes, au moment de jouer tel ou tel concerto, telle ou telle sonate, j'avais immédiatement accès à son esprit et arrivais à entraîner mon auditoire par ma simple ardeur; mais la raison en restait obscure et j'étais conduit à penser que les explications d'autrui ne pouvaient être que des hypothèses de travail, acceptables seulement à titre provisoire, jusqu'à ce que je fusse moi-même capable de les justifier par mon propre entendement. Les deux semaines que dura la traversée de l'océan Indien d'Australie en Afrique du Sud, interrompant ma tournée, furent propices à une telle tentative.

Nous fîmes le voyage à bord du *Nestor*, petit navire démodé mais confortable de la ligne Blue Funnel, sans doute l'un des derniers steamers à charbon encore en circulation. Nos cabines donnaient sur le pont-promenade, de sorte que les hublots ouvraient non sur le mouvement incessant des vagues mais sur le défilé mondain des autres passagers. Quand je n'étais pas occupé à regarder cet intéressant spectacle ou à jouer, je m'installais devant une partition, bien décidé à la comprendre et, si possible, à justifier mon interprétation. Fait significatif, il s'agissait d'une sonate pour violon et piano, donc d'une œuvre que je partageais avec Hephzibah. C'était le grand pianiste français Alfred Cortot qui me l'avait fait connaître; j'étais allé le voir un jour, alors que nous habitions Ville-d'Avray dans son appartement de l'avenue de Villiers où il avait réuni une bibliothèque musicale impressionnante; il fallait gravir un étroit escalier en fer, évocateur des plaisirs intérieurs et solitaires de l'érudition, pour accéder à ces richesses rangées sur les étagères. Parmi celles-ci figurait la sonate en question, celle de Guillaume Lekeu; ce compositeur belge était un de ces personnages tragiques qui semblent être des produits spécifiques de la civilisation francophone, pleins d'avenir et morts dans la fleur de l'âge, leurs dons ne les protégeant pas de la fatalité de la maladie ou des accidents. Romantique, sa sonate avait été l'une des œuvres favorites d'Eugène Ysaye et figurait à son répertoire; je l'avais ajoutée au mien sur la recommandation de Cortot. Hephzibah et moi en fîmes un enregistrement.

Nous la jouions certainement d'instinct. Je me rappelle un moment de cette même tournée où nous eûmes l'occasion de nous féliciter mutuellement : c'était à Wellington, en Nouvelle-Zélande, nous répétions non pas la sonate de Lekeu mais une autre, et notre jeu était d'une qualité que je qualifierais personnellement d' « américaine »; il faisait montre d'une confiance, d'un brio, d'un fini auxquels je savais le public américain particulièrement sensible. Mais donner un tel fini à une exécution publique, par des procédés que je ne comprenais pas et pour des raisons que je ne pouvais définir, ne me suffisait plus. Je ne pouvais davantage me contenter de conclusions tirées de l'analyse musicale élémentaire, qui ne va pas plus loin que la décomposition en exposition, développement, récapitulation et coda, avec indication d'une série de modulations en telle ou telle tonalité majeure ou mineure. Ce genre de renseignements était en fin de compte aussi peu éclairant qu'une fiche anthropométrique précisant que tel individu a quatre membres, des traits réguliers, pèse tant, a les cheveux noirs et les yeux marron; l'homme réel échappe à ces catégories. Comme le biochimiste découvre que chaque cellule humaine porte la marque du corps auquel elle appartient, il me fallait mettre en évidence pourquoi ces notes et nulles autres appartenaient à la sonate; et il était important que je le fasse moi-même, que je n'accepte pas plus les explications toutes faites que je ne prétendrais connaître quelqu'un par personne interposée. Je devais traquer l'inspiration de Lekeu, le suivre de la première note de sa sonate à la seconde, de celle-ci à la troisième, et ainsi de suite jusqu'à la fin, expliquant chacune en fonction de ce qui la précédait; et j'espérais ainsi fonder en toute certitude la forme que je donnerais à ses phrases, leur cadence, leur volume et le rapport entre ces divers facteurs.

Les résultats de ces efforts furent assez encourageants pour me donner envie de les poursuivre sur d'autres morceaux de mon répertoire. D'autres œuvres que je jouais souvent succédèrent à la Sonate de Lekeu pour être soumises à mon système d'analyse et dévoiler à mon entendement le caractère unique des notes choisies, seules capables de conférer son élan à cette musique du début à la fin. L'analyse devint pour moi une habitude nécessaire à laquelle je n'ai jamais renoncé depuis; toute œuvre nouvelle doit en passer par là; ainsi me donné-je à moi-même des arguments pour suivre mon instinct. Ce qui ne change d'ailleurs rien au fait que mon plus grand bonheur est de trouver spontanément, sans aucun raisonnement, les subtilités que j'ai passé des heures à chercher.

Pour donner une idée plus précise de ma méthode d'analyse musicale, on me permettra de prendre les mesures d'entrée du premier solo du Concerto de Beethoven, la première œuvre à laquelle je m'essayai après la Sonate de Lekeu. C'était une heureuse idée, car non seulement Beethoven avait été dans mon enfance le symbole même du sérieux musical, mais il ne devait jamais y avoir de concerto que j'aie joué — et peut-être même que personne d'autre ait joué — en tant d'endroits divers et avec autant d'orchestres différents. Je ne pense pas détenir d'autres records du monde, mais je serais prêt à parier que j'ai au moins remporté celui-ci en jouant le Concerto de Beethoven depuis cinquante ans; ce n'est d'ailleurs pas nécessairement une situation enviable, car elle expose le recordman au danger de la répétition mécanique. Mais je crois que les efforts que j'ai déployés pour comprendre organiquement cette œuvre m'ont aidé à déjouer le péril.

La partie de soliste commence ainsi :

En réfléchissant sur ces notes, je me rendis compte pour la première fois que, prises en groupe, elles étaient l'inversion des deux mesures précédentes, lesquelles étaient elles-mêmes précédées par des unités d'une et de deux mesures :

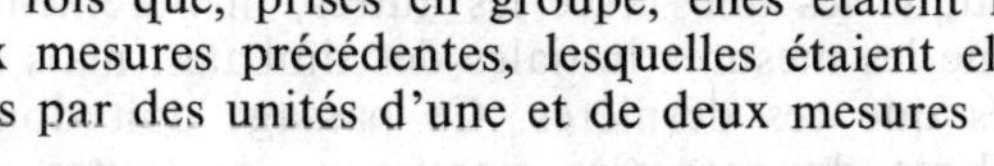

Il devenait évident que le violon répondait à deux groupes de quatre notes descendantes par deux groupes de quatre notes ascendantes. On rencontre ici le premier accord ascendant qui couvre ces deux octaves : il est précédé d'un accord brisé descendant, au tout début, avant le premier *fortissimo* du tutti d'ouverture :

— de nouveau en groupes de deux mesures, quatre notes plus quatre.

Le double *forte* suivant couvre une octave, mais ne dure qu'une mesure :

L'entrée du solo est le premier exemple de cette forme ascendante sur deux mesures.

Je comprenais déjà qu'il s'agissait moins d'un arpège que d'une partie intégrante du tout. L'élément rythmique est également important. A la différence des quatre notes d'ouverture imparties à la timbale, et qui établissent une pulsion rythmique fondamentale, les premières mesures du solo constituent presque une figure mélodique — pas tout à fait cependant, car les notes ne sont pas dans un rapport unique, indépendant et idiosyncratique les unes avec les autres, ni purement rythmiques comme les mesures initiales des timbales, mais sont plus mélodiques que ces dernières. Ce passage doit donc garder quelque chose du caractère rigoureux des toutes premières mesures, et en même temps s'envoler comme quelque chose d'aérien.

Je me rendis compte en outre que l'étendue (du *la* au *sol*) de l'entrée du violon est significative, car elle correspond à la structure de la phrase qui ouvre le concerto :

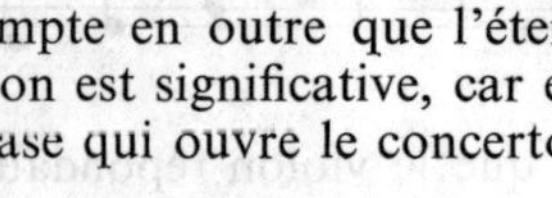

Celle-ci représente un glissement mélodique continu plutôt

que le mouvement discontinu de l'accord brisé; comme pour souligner cette origine, le violon poursuit ainsi :

ce qui nous donne, faisant suite aux quatre premières notes ci-dessus, la mélodie du début,

Ces huit notes prenaient donc de plus en plus de sens au fur et à mesure que je les considérais dans leur contexte. Plus je m'enfonçais dans ma recherche et plus il devenait clair qu'elles n'auraient pu d'aucune manière être remplacées par d'autres. Il y a par exemple un rapport très étroit, dans la musique de Beethoven, entre les gammes et les accords brisés. Dans le mouvement lent de ce concerto, il extrapole les notes intermédiaires pour aboutir à un accord brisé pur et simple :

qui figurait ainsi dans le premier mouvement :

C'est la même figure, mais tressée en quelque sorte en arpège.

C'était une chose de percevoir un tel rapport, mais c'en était une autre de savoir s'en servir. J'avais déjà découvert que l'écart du *la* au *sol* montait nécessairement d'autant d'octaves qu'il en avait descendu auparavant. Sous la forme d'une note d'agrément, Beethoven ajoute encore une troisième octave :

La note d'agrément fournit l'impulsion, une sorte de tremplin imprévu, ou l'esquisse anticipée d'un bond qui reste à faire. L'octave aussi appartient organiquement au morceau, car elle apparaît d'abord ainsi :

puis on a :

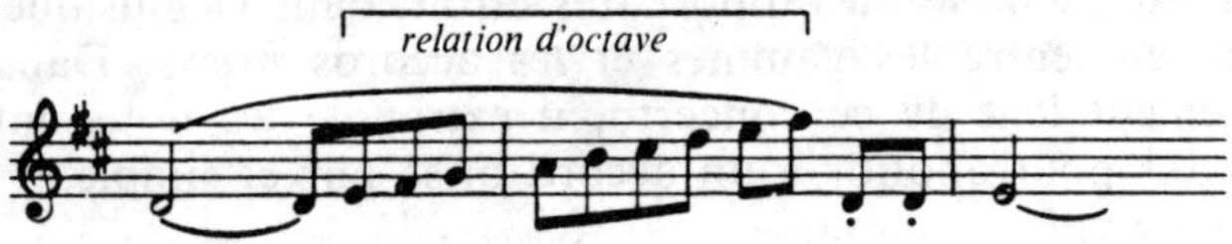

puis, comme je l'avais déjà remarqué :

Le violon commence donc en parcourant une octave; lorsqu'il arrive finalement à la mélodie en solo, celle-ci devient :

et institue une liaison avec la gamme de l'octave précédente sur la dominante.

J'en conclus qu'une interprétation doit comprendre trois étapes : l'exagération, l'atténuation et l'assimilation de toutes les déviations justifiables à partir d'une norme structurelle. L'idéal serait de jouer un passage de telle façon qu'il rende un son égal, tout en conservant une part suffisante de la déformation première pour qu'on en perçoive la vitalité; il s'agit de faire place à ce qu'on pourrait appeler *la part de Dieu* * : la nuance ou le tour que dicte inconsciemment chaque exécution. Reste valable toute variation dans l'interprétation qui ne porte pas atteinte à la forme intrinsèque, qui ne se justifie que par le rapport des notes entre elles.

Sachant ainsi que le *do* dièse et le *mi* de cette première mesure du solo ne ressortent pas autant que le *la* et le *sol*, j'essayais d'atténuer les deux notes intermédiaires, pour prendre appui sur les deux notes extrêmes. En retenant le *la*, puis en poussant légèrement le *do* dièse et le *mi* et en accentuant le *sol* (en d'autres termes, en jouant moins fort les deux notes du milieu tout en effectuant un crescendo du *la* au *sol*) et en contrôlant constamment ces distorsions par référence à la pulsation élémentaire essentielle, j'étais en mesure de produire une figure dynamique, représentant une montée qui n'était pas solennelle au point de perdre le sentiment d'une expectative, ni précipitée au point de perdre la dignité que lui confère la première mesure des timbales, mais dont la régularité restât vivante dans la mesure même où elle découlait de la résolution de forces de sens contraire.

L'évidence même? Disons que la confirmation d'une telle évidence me rendait moins dépendant du hasard. En discernant une forme enchâssée dans la moindre de ses parties constitutives, je me voyais en son miroir et faisais donc un premier pas conscient vers l'âge adulte, l'analyse et la synthèse, la conscience et la clarté. Autrefois, nombre de photographes du Lower East Side new-yorkais, qui avaient les immigrants juifs pour clientèle, gardaient parmi leurs accessoires une paire de lunettes à verres non correcteurs; celles-ci servaient aux portraits de « confirmation » des garçons qui n'étaient pas myopes. Tandis que, pour les Gentils, la force physique, le

* En français dans le texte.

caractère athlétique, l'habileté au combat définissaient la virilité, et que les intellectuels étaient plutôt considérés comme efféminés, pour les Juifs, c'étaient la réflexion et l'intelligence qui faisaient l'homme. Il convenait donc au jeune initié de porter son intellect sur sa figure. Mes *tours de force** instinctifs, la reconnaissance précoce de mon talent, les spéculations sur quelque martial ancêtre du côté de ma mère, tout cela était loin de me confirmer aussi fermement que ne l'eût fait un seul petit triomphe de la raison, la moindre perception, sans l'aide de personne, de la forme signifiante. Il me restait encore à découvrir son coefficient humain, la tournure de ma propre histoire, le sens caché des événements, les raisons du cœur qui rendaient mes rapports avec certaines personnes aussi inéluctables, aussi nécessaires que les rapports des notes entre elles. Mais je me trouvais moi-même rempli de sens du fait que j'avais trouvé une signification intrinsèque à la musique; ayant pénétré en connaissance de cause dans ce qui m'avait paru jusque-là opaque et comme donné une fois pour toutes, je cessais de me considérer comme un jouet de la nature. Dans les années difficiles qui allaient suivre, où la vie perdit de sa miraculeuse cohérence, où mon violon lui-même devint énigmatique, le fait d'avoir ainsi appréhendé quelque chose allait me permettre de conserver l'assurance que j'étais pour le moins capable de résoudre certains problèmes.

Avant de nous retirer dans notre repaire de la côte Pacifique, nous fîmes encore un bref séjour à Paris au printemps 1936 pour dire au revoir à l'Europe et à Enesco (dont on répétait alors l'opéra *Œdipe* pour sa première parisienne) et honorer un ou deux ultimes engagements. J'enregistrai le Trio de Tchaïkovsky avec Hephzibah et Eisenberg, et surtout j'acceptai enfin d'enregistrer quelques morceaux de Kreisler. Romantique comme je l'étais, j'aspirais depuis longtemps à révéler aux dames les sentiments les plus raffinés et les plus chevaleresques, en particulier à jouer *Schön Rosmarin* avec une effusion irrésistible, mais je n'avais pas encore osé essayer, car je savais très difficile à capter ce haut degré de mondanité, d'aisance

* En français dans le texte.

en bonne compagnie, qui avait fait Vienne et Kreisler. Mes quinze années d'efforts pour assimiler ses nuances allaient enfin être récompensées. Pour me préparer, j'achetai un enregistrement de *Schön Rosmarin* joué par Kreisler lui-même, m'enfermai dans ma chambre de l'hôtel Majestic, écoutai le disque, jouai le morceau, écoutai de nouveau le disque, puis jouai en même temps, et ainsi de suite. Au bout d'une bonne semaine de travail, je sus que je le tenais enfin. De fait, réentendant l'autre jour mon enregistrement de 1936, je me suis aperçu que ma confiance n'était pas déplacée : c'était bien du Kreisler.

Une fois cette ambition enfin réalisée, ce séjour à Paris passa assez vite, mais il y avait l'appel de la Californie, surtout pour mon père. Depuis 1927, l'Europe était toujours restée pour lui du provisoire. Sans doute avait-il abandonné, dans mon intérêt, son métier et la maison de Steiner Street, mais le terrain qu'il venait d'acheter l'assurait que ce sacrifice n'avait été que temporaire, et centuplait son impatience de partir. Il se soulageait de temps à autre en lançant une sourde imprécation contre l'arc de Triomphe qu'il appelait : « Ce tombeau! », mais ce n'était pas suffisant. Il aspirait de tout son cœur à s'en retourner en Californie, pressentant d'ailleurs la catastrophe européenne imminente et voulant nous en mettre à l'abri, mais il y avait aussi le fait qu'en 1936 allait commencer pour nous une année sans voyages, sans hôtels ni concerts, ni disques ni engagements d'aucune sorte, une année d'oisiveté, de calme, de tranquillité et de plaisirs familiaux. Nous ne le savions pas encore, mais cette coupure dans nos habitudes devait clore un chapitre de notre histoire. J'aurais vingt et un ans lorsque je reparaîtrais en public à la fin de 1937; encore un an et nous allions être tous trois mariés, Hephzibah, Yaltah et moi-même, presque simultanément, et mes parents allaient se trouver privés du but qui avait donné un sens à la moitié de leur existence. Cette « année sabbatique » passée dans le lieu préféré de la famille devait apparaître ensuite comme le dernier hommage que nous lui eussions rendu. Aba baptisa cette année-là *Mother's Year*, « l'année de maman ».

Elle commença par un désastre. Quelques mois plus tôt, en tournée, nous avions reçu les plans d'architecte de la villa Tcherkesse, avec un devis final de soixante mille dollars. A la perspective, devenue soudain réelle, de dépenser une partie aussi substantielle de notre bien commun pour une chose à quoi il tenait tant personnellement, Aba perdit courage; le peu de complaisance qu'il s'était permis vis-à-vis de lui-même lui fit défaut devant l'énormité de sa vision prête à prendre corps; il fit arrêter les travaux avant le commencement du gros œuvre. Il avait ainsi renoncé à la maison, mais pas au rêve lui-même; il suffit à un rêve d'être rêvé pour survivre. Ce fut donc le cœur battant qu'Aba nous conduisit chez nous, mais pour découvrir une petite bicoque branlante, chaude et poussiéreuse, bâtie suivant le plan d'une annexe pour invités, sans charme, même pas assez grande pour nous, dressée en bordure de route sur un morceau de terrain dégagé au bulldozer, sans jardin, sans arbres ni fleurs pour en adoucir la stricte nudité, et à des kilomètres du premier magasin. Naturellement, ce spectacle lui fendit le cœur; il y allait tous les jours et en pleurait de vraies larmes.

Mammina sauva la situation. Elle ne gaspilla pas son temps ni ses émotions, nous installa d'autorité dans un hôtel de Los Gatos et battit la campagne en quête de propriétés à vendre. Il lui fallut trois ou quatre jours tout au plus pour en trouver une à son goût, sur une colline dominant la ville; c'était une belle demeure familiale aux nombreuses pièces, avec des massifs de fleurs, une pelouse entourant un chêne vénérable et un pavillon pour invités dans la pièce principale duquel nous pouvions faire du théâtre entre nous, car le précédent propriétaire y avait installé une scène. Notre terrasse donnait sur la vallée de Santa Clara et, dans le lointain, sur la baie de San Francisco. Derrière nous et jusqu'au sommet de la colline s'étendaient des vergers cultivés par les religieux du Noviciat du Sacré-Cœur. Nous n'étions pas plus tôt devenus voisins que le Père Dunn se présenta, nous invitant à nous promener sur les terres du Noviciat ou à profiter de ses courts de tennis chaque fois que nous en aurions envie. C'était un hasard presque inouï que notre achat nous eût conduits à la porte du paradis, car le rêve tcherkesse de Mammina avait déjà fait de nous tous des novices à vie.

Après ses débuts de mauvais augure, l'« année sabbatique » rétablit son cours, aussi heureuse et insouciante que nous l'avions souhaitée. J'eus alors ma première voiture pour m'aider à en tirer le meilleur parti, et je doute que la possession d'une voiture ait jamais procuré autant de plaisir à personne. Je l'avais achetée en passant par New York et l'avais fait expédier à Oakland Pier. C'était une Cadillac d'occasion, une V 12 décapotable. Quand j'allai la chercher à la gare, trois des quatre pneus ne tardèrent pas à éclater, car elle était restée entreposée trop longtemps, mais ce petit contretemps me permit de la faire équiper de quatre pneus splendides à flancs blancs — en matière de voitures, j'aspirais au grand style —, et j'arrivai triomphalement à Los Gatos dans ce brillant équipage. Ma voiture élargit sensiblement mon horizon. C'était une époque où le plaisir de conduire était réel, car les routes n'étaient guère encombrées et l'on pouvait errer pendant des heures dans la campagne sans rencontrer âme qui vive. Mes expéditions me conduisirent au bord de la mer à Monterey, à l'observatoire de Mount Hamilton de l'autre côté de la vallée, ou bien simplement dans les collines. Je choisissais toujours les routes les moins fréquentées et les plus romantiques. Peu d'automobilistes ont dû emprunter plus de chemins à voie unique ou se frayer un passage sur plus de pistes à peine carrossables que je ne l'ai fait avec ma Cadillac. Un jour, j'invitai ma mère à l'opéra à San Francisco ; ce fut une escapade mémorable ; nous fîmes bien les choses : meilleures places, tenue de soirée, chambres d'hôtel pour la nuit, mais le trajet du retour fut une véritable équipée, il y avait un brouillard à couper au couteau et l'on voyait à peine le bord de la route.

Aba avait bien qualifié notre année de vacances d'« année de maman », mais en réalité ce fut l'année de mes sœurs, et plus encore la mienne, comme tous les projets de mes parents, toujours formés à notre intention. Elle fut la glorification de notre jeunesse, notre temps de liberté, d'insouciance, l'époque où l'on pouvait remettre le devoir à demain et faire des excursions avec de jeunes amis invités à la maison. Daniel Fleg fut l'un d'eux. C'était ma mère qui l'avait invité, mais pour répondre à notre souhait à tous. Nous ne voulions jamais renoncer à rien et, si nous étions en Californie, il nous fallait un peu de la France que nous avions aimée. Daniel était un garçon intelligent et mélancolique, avec un visage d'érudit, d'idéaliste, de rêveur dont les ambitions dépassent les capacités physiques. Il vint pour se faire dorloter et reprendre du poids et, grâce aux bons soins de Mammina, rentra effectivement en France avec plusieurs kilos de plus qu'à l'arrivée. Mais il gardait la nostalgie du Vieux Monde; la Guerre civile espagnole éclata pendant son séjour chez nous et il fallut user de toute notre persuasion pour l'empêcher de s'engager dans les Brigades internationales. Mais quand son propre pays entra en guerre en 1939, rien au monde n'aurait pu le retenir; il fut refusé comme pilote pour raisons de santé et, désespéré de son apparente inutilité, il se suicida. Son frère Maurice tomba au front dès les premiers jours de la guerre.

Les travaux de force faisaient partie de la cure de Daniel à Los Gatos. Il aida à construire notre piscine en charroyant des brouettes de ciment pour les ouvriers, devenus eux-mêmes complices de nos efforts en vue de raffermir sa santé. Nous nous joignions souvent à lui, mes sœurs et moi, quand il était au travail. Il faisait un bon camarade à l'esprit rapide, parlait un excellent anglais et il acquiesçait avec enthousiasme à toutes les suggestions que l'on pouvait faire en matière de sorties et de passe-temps. Il y eut, pour le quinzième anniversaire de Yaltah, un bal masqué : Aba se déguisa en coolie, le pianiste Beveridge Webster, grand ami d'Hephzibah, en Peau-Rouge, moi-même en Bédouin et Daniel en Tsigane roumain. Pour l'anniversaire de mariage de mes parents, nous interprétâmes le troisième acte de *Cyrano de Bergerac;* je jouai Cyrano, Hephzibah Roxane et Yaltah de Guiche, puis le Moine. Un élégant de San Francisco, Mr Keath, nous apprit à danser le tango sur l'air de la *Cumparsita.*

Mais la visite que j'avais personnellement le plus attendue fut celle de Rosalie Leventritt, de New York; c'était une jolie jeune fille intéressante et très vivante, au visage juif remarquablement archaïque : des traits fins et mobiles, des yeux profonds et vifs, le nez prononcé de son père et une chevelure noire. Rosalie avait pourtant une faiblesse : une horreur insurmontable des chats; c'était un peu embarrassant, car nous n'avions pu rester en quelque endroit pendant de nombreux mois sans faire l'acquisition d'une ménagerie complète, dont deux chats abandonnés, Gemila et Pascha, un berger allemand, Alupka, et une chèvre, Feodosya; il y eut même un canard sauvage qui avait pris notre piscine pour un étang, mais il s'aperçut de son erreur et s'envola avant de recevoir un de ces noms qui faisaient des animaux Menuhin, à l'instar des enfants Menuhin, autant de figures héraldiques (Alupka et Feodosya sont des villes de Crimée, et la seconde est un centre de culture caraïtique). Adulte, Rosalie a accompli aux États-Unis un travail de grande valeur en faveur de la musique; elle a aidé à organiser des dizaines de milliers de concerts de jeunes musiciens dans les écoles, concerts agrémentés d'explications concernant les morceaux joués et les instruments. A Los Gatos, je n'avais bien sûr pas la moindre idée qu'elle gagnerait ainsi ses galons musicaux, mais je n'avais besoin d'aucune preuve de son zèle en ce domaine, pas plus qu'en aucun autre au demeurant, pour nourrir l'affection que je lui portais.

Lorsque Rosalie s'en fut, j'écrivis à tante Willa, ma confidente préférée, pour lui dire ma tristesse. Avec ce mélange de sympathie, d'encouragement et d'humour qui correspondait tout à fait à son rôle, elle me répondit qu' « un petit chagrin d'amour est un excellent compagnon pour un jeune homme en vacances », puis elle profita de l'occasion pour me donner quelques conseils sérieux quant au choix d'une épouse, conseils que, rétrospectivement, l'on pourrait trouver prophétiques :

> A mon avis, ce dont tu auras le plus besoin chez une femme, c'est d'une honnêteté fondamentale. J'entends par là le fait de savoir que deux et deux font quatre et qu'on a beau rêver ou soupirer, ils ne feront jamais cinq. Et aussi de savoir que le véritable amour ne consiste pas tant en admiration qu'en une aptitude à aider et à faciliter la vie de l'autre. Si l'homme a une carrière devant lui, la femme doit faire montre d'autant de bon sens et d'énergie que de charme... Mais, de toute façon, je doute que tu épouses jamais une Américaine. Je crois plutôt que tu aurais besoin d'une femme d'une nature plus disciplinée que nos jeunes filles n'ont de chances de l'être (...).
> La Fortune t'a toujours souri, mon garçon, et voici comment j'imagine la suprême faveur qu'elle te réservera : une fille mince, héroïque, délicate, invincible (on dirait tout le portrait de Marutha, pas vrai?). Eh bien, sans doute épouseras-tu quelqu'un qui ressemble par beaucoup à ta mère.

Nous profitâmes de l'invitation permanente du Noviciat pour explorer les moindres recoins de la colline : de jour, quand il faisait trop chaud, on y jouissait d'une vue magnifique, et le soir la végétation embaumait l'air frais. Ces promenades nocturnes étaient les plus délicieuses de toutes :

parfois au clair de lune ou sous la vive clarté des étoiles telle qu'on ne la voit qu'à la campagne, parfois même sans aucune lumière, et je retrouvais alors mon chemin sans hésiter car j'avais fini par connaître à fond les différentes senteurs de chaque sentier, de chaque taillis. On traversait des bosquets de lauriers et d'azeroliers, le terrain y était un peu lourd à cause de quelque source cachée près de laquelle avait été édifiée une petite chapelle dédiée à la Vierge Marie; puis on débouchait dans l'air sec du vignoble où l'on cueillait les raisins laissés par les vendangeurs, un peu fripés et desséchés, mais plus sucrés que les autres, et encore juteux si l'on savait choisir; puis on grimpait jusqu'au sommet du mont que couronnaient quatre ou cinq immenses encalyptus frémissants, et l'on sentait vaguement dans la faible lueur de la nuit la présence du paysage étendu à nos pieds; nous rentrions tout exaltés à la maison, nous faire des omelettes à des heures indues... Je ne touchai pas au violon de trois mois, puis je m'y remis avec une passion revigorée et me joignis à des amis comme Nathan Firestone et John Paterson pour des séances de musique de chambre.

Ce fut l'âge d'or d'une jeunesse folâtre et joyeuse, vécu dans l'insouciance du lendemain. Un récital donné à San Francisco en octobre 1937 en marqua le terme.

Guerre et paix

Nola et Lindsay Nicholas avaient plus qu'un petit air californien : seul un pays neuf et jeune, un pays de soleil avait pu donner au frère et à la sœur, aussi beaux l'un que l'autre, l'exubérance désinvolte et la vigueur physique de gens passant le plus clair de leur vie au grand air. En fait, ils étaient Australiens et, par là même, avaient une attitude en soi fort peu californienne : par leur culture, ils se rattachaient aux traditions de la vieille Angleterre. C'est Sir Bernard Heinze, chef de l'orchestre symphonique de Melbourne, qui nous présenta à Londres dans les coulisses du Royal Albert Hall, à la fin d'un récital, un après-midi de mars 1938. Eux étaient en train d'accomplir une variante australienne du « grand tour » d'Europe, moi de nouveau attelé au travail après notre année sabbatique.

A première vue, on aurait pu dire que ma vie n'avait guère changé, sauf que mon domicile fixe, dans la mesure où j'en avais un, était à présent Los Gatos. Le programme annuel de tournée d'hiver et de détente l'été avait déjà repris, et ce séjour en Europe, au cours duquel j'allais fêter mon vingt-deuxième anniversaire, était plus que jamais une expédition familiale, ma mère et mes sœurs y participant cette fois aussi bien que mon père. Mais, en dépit des premières apparences, il m'arrivait de penser que j'avais franchi l'invisible frontière qui sépare les hommes de l'adolescence : je n'avais plus de professeur avec qui passer chaque été, je n'avais plus besoin d'une tutelle régulière, et j'étais prêt à tomber amoureux. Ce que je fis.

Nous aurions pu rencontrer Nola et Lindsay trois ans plus tôt à Melbourne, car ils avaient assisté aux concerts que j'avais donnés dans cette ville; Lindsay était d'ailleurs un mélomane averti qui lisait des partitions pour son plaisir et avait réuni une appréciable collection de disques; mais le sort voulut que notre rencontre fût retardée jusqu'à ce beau printemps londonien où j'étais d'âge à l'interpréter comme une offre de la destinée m'invitant à me lancer dans une vie indépendante, et dans un tel état d'esprit que je n'eus ni la capacité ni l'envie d'y résister. Nola, alors âgée de dix-neuf ans, était une séduisante jeune fille aux cheveux châtain clair, pleine d'énergie, nageant, jouant au tennis et conduisant sa Jaguar blanche avec beaucoup d'assurance et d'allure. Lindsay, aussi sportif que sa sœur, était grand, beau garçon, ouvert et de commerce agréable. Leur affection fraternelle ne faisait que renforcer encore leur séduction personnelle. Dès qu'Hephzibah et moi les vîmes, ce fut de l'admiration : les jeux étaient faits. Nous sortîmes très souvent à quatre, jusqu'au moment où mes engagements me contraignirent à partir pour la Hollande.

Le soir de mon arrivée, je m'enfermai dans ma chambre pour téléphoner à Londres, étouffant ma voix de mon mieux sous les oreillers, et n'attendis que d'entendre celle de Nola à l'autre bout du fil pour lui proposer de l'épouser. Interrompue au beau milieu d'un souper tardif avec son frère, elle fut sidérée, on s'en doute, et protesta que nous nous connaissions à peine. Soit, mais avais-je « connu » Persinger et Enesco avant de les choisir ? Ou appris le violon avant d'en jouer ? Sa prudente hésitation était tout à fait déplacée. Ma proposition était parfaitement sérieuse, je la désirais avec toute l'ardeur de la jeunesse et j'étais incapable d'envisager pour ce désir autre solution que les vœux éternels. Elle fut convaincue par la force de ma conviction. Quand je m'en revins à Londres, j'avais pratiquement gagné la partie, ayant obtenu l'accord de Nola et le soutien de mes parents ; il ne restait plus qu'à attendre l'arrivée de George Nicholas, le père de Nola et de Lindsay ; la subite tournure des événements l'avait pris au dépourvu, mais il ne fallut pas longtemps pour le persuader de contribuer par son approbation à l'harmonie générale. Là-dessus, Hephzibah annonça ses fiançailles avec Lindsay et Yaltah avec William Stix, jeune homme de Saint-Louis que nous avions rencontré en tournée plusieurs années auparavant. Nos parents nous gratifièrent d'une bénédiction collective.

Je ne m'étais pas attendu à autre chose. Ma mère, qui était une marieuse-née, ne pouvait manquer de sympathiser avec une entreprise dans laquelle elle voyait, comme moi, le but normal de tout développement individuel, le *happy end* de toute histoire. L'idée qu'Hephzibah allait partir pour le fin fond de l'Australie et Yaltah pour Saint-Louis ne devait pas être sans la chagriner, mais, fidèle à elle-même, elle ne montra aucune émotion ni ne laissa penser qu'elle pouvait avoir le moindre droit sur nos vies. Elle accueillit au contraire Nola comme une nouvelle fille. Jeune, jolie, pleine de bonne volonté et du désir de plaire, Nola avait beaucoup à son crédit, entre autres le fait tragique d'avoir perdu sa mère quand elle était petite. J'imagine que, pour sa part, elle trouva une chaleur inhabituelle dans notre cercle familial si uni. Quand j'eus fini de remplir mes contrats, au début de mai, nous passâmes tous — Nola et Lindsay avec nous — deux semaines à Sorrente avec les Hambourg, puis nous prîmes le chemin du retour à Londres et celui du mariage. Notre première rencontre datait d'à peine deux mois.

C'est dans la matinée du 26 mai 1938, à Caxton Hall, en présence de nos plus proches parents, que Nola et moi fûmes mariés par un fonctionnaire de l'état civil britannique. Celui-ci continua imperturbablement sa lecture de l'acte tandis que des charpentiers qui construisaient un abri antiaérien au sous-sol martelaient un *obligato*. A l'origine, la cérémonie ne devait avoir lieu que le lendemain, mais je l'avais fait avancer de vingt-quatre heures afin de ne pas manquer une exécution du *Requiem* de Verdi dirigée par Toscanini. Entraînée vers l'Ouest par une sorte d'itinéraire nuptial — le mariage de Yaltah devait avoir lieu en juin à New York et celui de Hephzibah à Los Gatos en juillet —, notre famille passa en haute mer sa dernière semaine au grand complet. Le départ de mes sœurs ne m'incita pas à brusquer le mien.

Je suis le seul coupable de n'avoir su prendre mon indépendance plus à cœur; on aurait dit que je n'avais pas tout à fait achevé ma métamorphose et, dans cet état intermédiaire, je savais que je ne rendais pas Nola heureuse. Son père ne l'ignorait pas non plus. George Nicholas était un homme remarquable, très ferme sur ses principes protestants, habile et heureux en affaires, fort de la force du self-made man dans une société ouverte. Il vint en Californie pour le mariage d'Hephzibah et Lindsay, qui fut célébré sous le chêne du jardin, et, avant de rentrer avec eux en Australie, il me prit à part pour me faire reproche de l'insatisfaction de Nola. Si c'était à recommencer, il y a bien des aspects de ma vie personnelle de cette période que j'aborderais différemment aujourd'hui; du moins est-ce ce que je crois, mais peut-on jamais être sûr de ne pas retomber exactement dans les mêmes ornières? Évidemment, mes parents n'allaient pas me chasser de la maison, mais ils s'arrangèrent pour provoquer mon départ. Un mois ou deux après que Mr Nicholas m'eut sermonné, Aba nous donna la villa construite en 1935, qui n'avait jamais été habitée. Elle était assez grande pour deux, et je la fis agrandir à la naissance de nos enfants — ce qui revint d'ailleurs plus cher que n'eût jamais coûté la villa Tcherkesse si on l'avait construite. Nous l'appelâmes Alma, du nom de la gare de chemin de fer en bas de notre domaine. Nous emménageâmes après un tardif voyage de noces au Yosemite; j'écrivis à mes parents que je ne rentrais pas chez eux et attendis leur réaction avec quelque appréhension. Comme je les connaissais peu, en définitive! Ils acceptèrent ma décision avec sérénité, trouvant parfaitement normal, pour un fils marié, de quitter ses parents.

C'est à partir de ce moment-là que mon indépendance commença à s'affirmer.

La naissance de nos enfants y contribua sans doute dans une large mesure. C'est une aventure extraordinaire que de s'engager dans la voie de la paternité, et pas moins miraculeuse du fait qu'elle a eu lieu Dieu sait combien de milliards de fois depuis que l'homme existe. Chaque jeune père et chaque jeune mère partagent certainement ce sentiment d'un profond mystère, et à juste titre, car la répétition n'ôte guère leur attrait aux merveilles naturelles, et chaque vie est unique. Je suivis la grossesse de Nola avec une attention tout à la fois méditative et médicale, me renseignant auprès du gynécologue, mais tout ce qu'il put me dire ne pouvait me préparer à entendre le son d'une voix qui ne s'était encore jamais fait entendre, ni à revenir de San Francisco avec une personne de plus.

Zamira, ma seule fille, est née en 1939. Je commandai en Angleterre, à temps pour sa venue au monde, un élégant landau comme il en pullulait jadis dans Kensington Gardens, à une époque où l'on avait davantage de goût. Je continue de penser que ces majestueux landaus étaient une excellente chose, beaucoup plus saine que ces poussettes surbaissées de maintenant qui exposent les bébés à toutes les émanations des pots d'échappement. Mais, en un sens, la voiture d'enfant de Zamira, de fabrication anglaise, représentait la sublimation d'un désir personnel : me doutant que je ne posséderais jamais une Rolls-Royce, je voulais du moins avoir son équivalent en matière de landau. Entre autres avantages, il eut celui d'être assez spacieux pour que Krov, quand il fut né, pût y tenir avec Zamira. Si j'avais tout prévu pour les promenades de celle-ci, je lui fis en revanche grand tort en laissant sa nurse — une énorme femme — la nourrir au sirop Karo (tout le monde est enclin à reproduire sa propre image); l'enfant fut ainsi affligée d'un problème de poids dont elle ne parvint à venir à bout qu'avec la détermination de l'adolescence, renforcée par les conseils de Diana. A cette époque, j'ignorais tout en matière de nutrition, mais je sus rapidement à quoi m'en tenir et aucun des frères de Zamira n'eut à connaître pareille infortune au début de sa vie.

En 1940, le rythme de notre vie fut modifié par un voyage de six mois que nous fîmes en Australie, du printemps à l'automne, à une allure aussi posée que les traversées aller et retour (comment pourrait-on encore concevoir, aujourd'hui, de pouvoir disposer de la moitié d'une année à soi!). Cela ressemblait d'ailleurs plutôt à la migration d'une tribu qu'à de simples vacances : nous allions voir Hephzibah et Lindsay sur leur ferme où ils élevaient des moutons; Yaltah se joignit à Nola, à Zamira, à la nourrice de celle-ci, à mon accompagnateur et à moi-même pour le voyage, et au retour, Krov, né en août, s'ajouta au nombre. Ce fut mon second séjour en Australie, mais la première fois que le pays m'entra dans la peau, si je puis dire. Je n'ai jamais passé autant de temps dans l'intimité des quadrupèdes que cette année-là, sur la propriété de 8 500 hectares de mon beau-frère, et à l'écurie de courses de son père. C'était une vie de plein air avec le soleil, la mer et le souffle pénétrant, revigorant, au parfum d'eucalyptus, de la campagne australienne. Hephzibah et moi célébrâmes nos retrouvailles musicales à l'occasion de concerts donnés à Sydney et Melbourne. Il y eut beaucoup de concerts : nos journées actives et ensoleillées servaient de lointaine toile de fond aux événements d'Europe où la Luftwaffe était alors en train de perdre la bataille d'Angleterre, et je jouai au profit de toutes les causes qui se présentèrent, qu'il s'agisse des Britanniques, des Juifs ou de la France Libre... Ce fut une parenthèse dans ma vie où il m'apparaît rétrospectivement que j'attendais l'inévitable tourmente.

Krov naquit à Melbourne, dans un hôpital des sœurs de la Charité qui mirent une chambre à ma disposition pour la durée de l'hospitalisation de Nola, m'apportant tous les matins le petit déjeuner au lit, me laissant jouer du violon et me traitant avec les plus grands égards. Je revois avec une singulière précision les heures qui précédèrent la naissance de Krov. Un riche négociant de Melbourne m'avait prêté sa collection de violons; je les essayai à l'hôpital, puis je me rendis à l'hôtel de ville pour une répétition du Concerto de Brahms en me demandant qui allait battre l'autre de vitesse, de Brahms ou du bébé. Nous appelâmes notre fils Krov Nicholas — Nicholas à cause du nom de famille de Nola, naturellement, et Krov pour obéir à mon choix personnel. J'évitai comme ma mère les Pierre et Paul transmis de génération en génération et préférai quelque chose de plus exotique, de plus original; ayant choisi le nom de Zamira pour ma fille, je ne découvris que plus tard — c'est mon père qui me l'apprit — que cela signifiait « oiseau chanteur » en hébreu. *Za mir* voulant dire « pour la paix » en russe, ce nom était doublement satisfaisant. Celui de notre fils n'exigea pas moins d'ingéniosité. Je voulais un prénom court et contenant un « r ». Je respectais la lettre ou plutôt le son « r », suggérant à mon avis la bravoure, le courage, la force, l'énergie (mots qui, soit dit en passant, en contiennent tous au moins un) et trouvais nos prénoms un peu mous sans cette lettre; ma mère, qui s'appelait Marutha, était la seule des Menuhin à porter un nom contenant cet « r » béni, et la famille de Nola en était totalement dépourvue. Ma lutte de jeunesse pour maîtriser le « r » anglais, renouvelée quelques années plus tard pour le « r » français et le « r » allemand, avait sans aucun doute contribué à en rehausser le prestige à mon oreille. En fin de compte, mes deux exigences furent réunies dans le prénom inventé de Krov, lequel avait un troisième attrait si l'on considérait son origine russe : avec une terminaison douce (approximativement « krovié ») il signifie « sang », et avec une teminaison dure, il veut dire « toit » ou « abri ». Équipé de ce produit de mon imagination, le pauvre petit a souvent dû souhaiter d'avoir moins de richesses phonétiques et sémantiques à expliquer à ses camarades, mais avec cette extraordinaire propension qu'ont les gens de coïncider avec leur nom, celui de Krov, en dépit de toute la préméditation qu'il avait requis, a fini par l'exprimer exactement.

C'était un enfant délicat mais qui devint actif et solide en grandissant et, à l'âge d'homme, un splendide exemple de robustesse et de courage physique. Petit garçon, il était toujours extrêmement charmant, d'un caractère plus direct et moins complexe que sa sœur. S'il commettait une bêtise ou simplement une étourderie, il était toujours prêt à admettre ses erreurs et à les réparer, sans en garder rancune aux autres ou à lui-même : le mauvais moment était aussitôt oublié, on tournait la page avec joie. Pendant les premières années de Krov et de Zamira, de trop fréquentes tournées m'empêchaient de les voir beaucoup, sauf en été, et mes interventions dans leur éducation ont pu paraître bien sporadiques et théoriques. Je leur faisais manger de la cervelle crue et boire du lait d'une vache du voisinage, ou encore je les emmenais à califourchon sur mes épaules dans de longues promenades à travers les collines escarpées.

Il y avait beaucoup de moments heureux, pleins de chaleur, mais ils ne pouvaient diminuer ni dissimuler les tensions grandissantes de notre foyer. J'aurais voulu inculquer à Nola une innocence paradisiaque, elle aurait voulu patronner mon assimilation au monde réel. M'accompagnant parfois en tournée, elle s'installait tout en haut parmi les détenteurs de billets à deux dollars, espérant par ce biais me faire jouer pour le poulailler, ou bien elle nous réservait une table dans un club pour noctambules (j'avais eu beau pas mal voyager, le restaurant me restait une institution quelque peu étrangère) dont la musique douce et les alcools raides engendraient une sorte de Léthé « goyishe » qui me remplissait d'angoisse existentielle. La guerre, durant laquelle j'allais parcourir tout le monde libre, nous sépara bientôt de plus en plus, et Nola se retrouva de plus en plus seule avec les enfants; comme elle était très jeune, spontanée et peu soumise, elle devait se lasser de ce rôle de Pénélope et chercher ailleurs où donner libre cours à ses affections.

Les deux premières années des hostilités, avant l'entrée en guerre des États-Unis, je passai cependant l'été à la maison. Ces années revêtirent pour moi une apparence de loisir mêlé à l'impatience que nous fissions face nous aussi à Hitler; mais, jusqu'à ce que cela se produisît, et malgré des tournées supplémentaires en Amérique du Sud, on aurait dit que les étés étaient plus longs, que j'avais plus de temps libre que je ne devais jamais en disposer par la suite. Un de mes profonds soucis était d'avoir momentanément perdu de vue Marcel Gazelle : surpris en Belgique par l'invasion de mai 40, il réussit à se faufiler dans l'évacuation de Dunkerque et reparut à Londres où il s'engagea dans les Forces belges libres. De toute façon, même sans la guerre, il n'aurait pu pour autant continuer à travailler avec moi, car il était déjà au conservatoire de Gand et marié avec Jacqueline. Après l'année de vacances passée à Los Gatos, j'avais travaillé pendant deux saisons avec un pianiste hollandais, Hendrick Endt, dont les qualités personnelles compensaient une certaine faiblesse technique. Jeune homme aux pensées élevées, disciple de Rudolf Steiner, il me fit don d'un recueil de maximes de Lao Tseu qui est resté à ce jour mon livre de chevet. Quelle que fût mon amitié pour lui, ce fut malgré tout un soulagement de pouvoir compter sur Adolph Baller, musicien complet, affectueusement surnommé par nous Usiu, que je rencontrai à New York en 1939.

Juif d'origine polonaise, comme avant lui Balsam, Baller était parmi les meilleurs musiciens que j'aie connus, un authentique produit de la culture musicale viennoise. Il étudiait le piano à Vienne avec un élève de Leschetitzky lorsque les Nazis l'arrêtèrent après l'Anschluss. Dès qu'ils surent qu'il était pianiste, ils lui brisèrent toutes les phalanges, puis l'abandonnèrent à un avenir vide. Grâce à un bon médecin, il avait réussi à remettre ses mains en état, puis s'était enfui avec sa femme Edith aux États-Unis. Mari et femme étaient d'une égale douceur de caractère. Les horreurs qu'ils avaient vues et subies ne les portaient pas à la vengeance mais les incitaient à se raccrocher l'un à l'autre, à mutuellement se protéger et à préserver leur petite fille des pièges que la vie pourrait encore leur tendre. Lorsqu'il redevint possible de se rendre en Europe, je priai maintes fois Usiu de m'y accompagner, mais il trouvait toujours une excuse. Pendant la guerre, il m'emboîta le pas dans toutes mes tournées en Amérique du Sud, dans les îles du Pacifique, aux Aléoutiennes, et se rendit plus tard en Australie avec son trio (le trio Alma, du nom de ma maison où il s'était formé), dont les deux autres membres étaient Gabor Rejto, violoncelle, et Roman Totenberg, violon. Seul l'Ancien Monde avait perdu tout attrait pour lui.

Usiu et Edith s'étaient installés dans une des maisons de notre propriété et y passèrent plusieurs années. Il me réconfortèrent en des moments difficiles; Usiu participait aux promenades avec les enfants dans la montagne et, de retour à la maison, nous jouions ensemble quantité de nouvelles compositions.

Ces étés tranquilles furent marqués par une expérience trop rare dans ma vie, celle de faire du quatuor. Le dicton veut qu'à deux l'on soit heureux, qu'à trois l'on soit de trop, et il est bien des situations ou la règle se vérifie; mais pour les solistes à cordes, quatre semble bien être le nombre idéal offrant le maximum de combinaisons, de possibilités de contraste et d'autonomie à l'intérieur d'un groupe uni. Aucune voix ne domine, toutes sont également importantes, se passant le thème à tour de rôle ou se fondant ensemble dans la réserve de l'intimité, loin de l'éclat de l'opéra ou de l'ampleur de la symphonie. Nulle parade, rien de trop public ou de voyant dans cette musique qui affine et distille l'émotion jusqu'à son extrême pureté. Il faut y prêter une oreille attentive, elle demande à être découverte plutôt qu'exécutée en public. C'est par excellence la musique des musiciens. Un quatuor sans religion du quatuor n'existe pas. D'un point de vue simplement technique, le fait de jouer en quatuor fournit d'ailleurs la discipline indispensable. Quand le violoniste joue avec un pianiste, il lui faut constamment adapter son intonation au compromis des intervalles tempérés du piano, tandis que jouant avec d'autres instruments à cordes et confronté à certains passages de modulation harmonique très difficiles à jouer juste ensemble, le quatuor à cordes développera chez lui des qualités d'intonation et d'ouïe incomparablement plus exactes. Les infinies possibilités conférées par les inflexions délicates et le phrasé, l'équilibre et la réciprocité, ou par l'échange constant du premier rôle, confèrent à la sonorité d'ensemble et au rôle de chacun une sensibilité que la musique occidentale n'a guère cultivée par ailleurs. Tout instrumentiste à cordes devrait avoir l'occasion de s'entraîner à cette très exigeante école. Personnellement, je n'en ai eu le plaisir et l'avantage qu'à des moments soustraits à mes obligations. Connaissant l'équilibre et la parfaite entente des quatuors bien rodés, j'hésiterais à y tenter ma chance sans un rigoureux apprentissage préalable.

Nos séances de quatuor amenaient une fois par semaine à Alma, pour vingt-quatre heures ou plus, mon vieil ami Nathan Firestone ainsi que le violoniste Henry Temianka et le violoncelliste Willy Van der Burg. Je connaissais Nathan depuis presque aussi longtemps que Persinger. Il était membre du quatuor de ce dernier et resta pendant bien des années le seul altiste que je connaisse. Comme il était notre doyen et celui d'entre nous qui avait le plus d'expérience, c'était lui qui organisait nos séances à Alma. C'était un homme très bon, qui avait beaucoup de cœur. A sa mort en 1944, sa veuve m'apporta son alto, un Testori qu'il m'avait légué. J'en jouai à son enterrement et l'ai aujourd'hui prêté à un jeune altiste de mon école. Quant à la présence de Temianka, elle ajoutait à toute réunion le double apport de sa finesse de musicien — côté travail — et de ses inépuisables histoires et mots d'esprit qui nous déridaient quand nous ne jouions pas. Depuis trente ans et plus, il a fait la preuve qu'il était un de ces musiciens complets, doués de talent dans les domaines les plus variés : il enseigne, dirige un orchestre de chambre, a fondé un quatuor de grande qualité et, à ses heures perdues, consigne par écrit d'agréable façon des histoires de catastrophes arrivées aux violonistes.

Le 7 décembre 1941, c'est à El Paso que l'onde de choc de Pearl Harbor nous atteignit, Adolf Baller et moi-même, alors que nous nous rendions à Mexico pour y remplir nos engagements; nos passeports furent annulés du jour au lendemain, jusqu'au moment où leur validité leur fut rendue grâce à une intervention à Washington. Immensément soulagé de nous savoir enfin engagés du bon côté, je ne pouvais pourtant, dans l'immédiat, offrir de contribution plus utile que de quitter ainsi le pays. Tandis que l'Amérique s'apprêtait à la guerre, je roulai donc vers le Sud avec Baller, profitant de ce voyage, qui dura deux jours et deux nuits, pour m'improviser une cure. Je ne mangeai rien que quelques oranges et quelques noisettes, travaillai, me reposai, appris à me masser moi-même; les résultats furent excellents : j'arrivai à Mexico en me sentant absolument libre, léger, dégagé. Nous passâmes une dizaine de jours au Mexique. Je téléphonai quotidiennement en Californie pour essayer de connaître, entre autres choses, ma situation militaire dans la mobilisation en cours. Je fus d'abord exempté en tant que père de deux enfants, puis finalement appelé durant la dernière semaine des hostilités en 1945; à ce moment-là, le bureau de recrutement local me dit d'attendre encore une semaine pour répondre à l'appel : une fois incorporé, il leur faudrait ensuite un an pour me démobiliser. Une autre semaine s'écoula, mettant fin à la guerre et aux incertitudes sur mon statut civil.

Entre 1942 et 1945, je fis ce que je savais le mieux faire, donnant des centaines de récitals pour les troupes alliées et les organisations de secours, d'abord dans les deux Amériques, puis sur le théâtre des opérations du Pacifique, enfin en Europe. Ce faisant, je sortis du cocon dans lequel j'avais jusque-là vécu. Avant de jouer ainsi pour les soldats, la musique, dont le but est pourtant de communiquer, avait tissé autour de moi cette sorte de cocon que j'apportais sur scène avec moi et remportais intact, avec la complicité d'auditoires qui comprenaient leur rôle et le mien dans l'opération. Je n'avais jamais joué dans des cafés, dans des cabarets ni, comme le cher Sacha

Schneider en Pologne, dans des bordels, et jamais je n'avais été obligé de séduire mes auditeurs pour me faire écouter. Or je devais maintenant complaire à des hommes qui n'avaient jamais assisté à un concert, qui en ignoraient les conventions; on ne pouvait compter ni sur leur patience ni *a fortiori* sur leur jugement éclairé. Ce fut une expérience utile, porteuse d'humilité et finalement de joie. L'artiste est normalement quelqu'un d'impersonnel dans la mesure où on ne lui demande d'intéresser son auditoire par nul autre moyen que la musique, mais dans les casernements et les hôpitaux du temps de guerre, il n'était pas question d'échapper aux relations personnelles avec le groupe, non plus qu'avec les individus qui le composaient. Il fallait introduire les morceaux par quelques réflexions, faire un bout de conversation avec les blessés dans les salles. Ainsi ma guerre fit éclater la gangue de beaucoup d'inhibitions et m'aida à communiquer avec autrui; mon microcosme clos (musique-violon-concerts) eut alors la révélation de sa dimension sociale.

Je rencontrai pour la première fois les GI's en un lieu qui pouvait passer pour l'extrême bord ou le fin fond du monde, dans les sinistres postes avancés des îles Aléoutiennes, rochers nus émergeant du Pacifique Nord comme des pierres de gué entre la Russie et l'Amérique, entre les moitiés Est et Ouest du monde, mais de nulle part en elles-mêmes. C'était une sensation extraordinaire que d'habiter une terre sans passé auquel associer la vie humaine, sans cadre où inscrire sa propre expérience, dénuée de toute forme de culture, sans contour reconnaissable, sans rien; des îles totalement vierges, originelles, où les hommes, privés de leurs divertissements habituels, n'avaient d'autres ressources que de se replier comme jamais sur eux-mêmes.

Pour les hommes qui s'y trouvaient stationnés, la vie n'était pas tragique ni même dangereuse, en dehors des risques naturels, les Japonais ayant été chassés depuis quelques mois des îles les plus occidentales; mais ils n'en étaient pas moins malheureux. Échoués sur ces rochers déserts, ils découvraient dans l'éloignement, le climat humide et l'ennui, de nouvelles zones et variantes de sentiment, et la musique avait une place à occuper dans leur esprit, notamment quand ils étaient à l'hôpital. L'homme hospitalisé, s'il a encore la force de penser et de sentir, sent des émotions inhabituelles s'éveiller dans son cœur.

Dans cet état de faiblesse, d'amollissement, de passivité, les gens les plus indifférents deviennent réceptifs à la musique la moins capable de les toucher ordinairement. Dans un hôpital des Aléoutiennes où la moitié des touches du piano ne fonctionnaient plus, les jeunes conscrits accueillirent avec enthousiasme tout un programme de Bach sans accompagnement : le prélude et la gavotte de la *Partita Solo en mi majeur*, la *Sonate en sol mineur* en entier et, pour finir, la chaconne. La plupart d'entre eux n'avaient probablement jamais entendu parler de Bach.

A l'autre extrême, c'est également pendant la guerre que je dus jouer devant le public le plus déprimant qu'il me fût donné de connaître. C'était à Honolulu. Mon auditoire était composé de plusieurs milliers de Marines sur le point d'être envoyés au front par avion dès le lendemain. En esprit, et presque physiquement, tous ces jeunes hommes n'étaient pour ainsi dire déjà plus de ce monde. Ils avaient été isolés depuis trois jours pour qu'aucun excès d'alcool ou de nourriture ni aucune attache sentimentale ne vinssent compromettre la parfaite condition physique à laquelle on les avait amenés; ils étaient remontés pour l'action et réagissaient comme des fantômes sous le faix du malheur et de la peur. Au cours de leur entraînement, on avait oublié de les préparer spirituellement et psychologiquement aux dernières heures d'attente; le lendemain, ils se comporteraient en héros, mais ce jour-là ils n'en avaient vraiment pas l'air.

J'ai peut-être revu certains d'entre eux avant de quitter le Pacifique, car il y avait à Honolulu un hôpital militaire où l'on ramenait les blessés quelques heures à peine après le combat. Partant des quais et de l'aéroport, d'interminables files d'ambulances, pare-chocs contre pare-chocs, transportaient les blessés presque directement du champ de bataille à la table d'opération. Je jouai aussi pour ceux-là qui étaient revenus; bien qu'ils fussent meurtris, sanglants et couverts de pansements, leur gaieté et leur moral contrastaient de manière frappante avec la tension et l'air sinistre des Marines prêts à partir.

Honolulu étant une de ces îles tropicales dont on rêve au gré des affiches d'agences de voyage, mais encore dans un état d'innocence prétouristique, elle offrait aux sens toutes les caresses que leur refusaient les désolées Aléoutiennes. Je voyageais d'île en île et donnais parfois trois « spectacles » par jour, mais les journées avaient beau être laborieuses, les nuits me remettaient d'aplomb. J'étais cantonné dans un bungalow donnant sur la plage, j'y jouissais à la fois du confort américain et du bruit de l'océan qui battait sous ma fenêtre. Si tôt que commençât ma journée, j'allais d'abord nager; si tard que fût le retour, je nageais encore avant de me coucher. Un matin de bonne heure, je vis des Japonaises faire la récolte des algues. On avait interdit la pêche à leurs maris, ce qui portait atteinte à l'essentiel de leur régime alimentaire; les algues devenaient pour eux une ressource de temps de guerre. Curieux de voir quelles variétés elles choisissaient, je pataugeai avec les femmes qui me donnèrent quelques bouteilles remplies d'algues à emporter chez moi en souvenir. Cette petite aventure, à sa manière, donna aussi le ton à cet intermède dans le Pacifique.

Baller m'accompagna partout; toujours parfaitement déplacé, aux Aléoutiennes comme dans le Pacifique Sud, on aurait eu toutes les peines du monde à l'imaginer participant à quelque aventure militaire. Il avait beau faire, il n'arrivait pas à se sentir à l'aise dans les vêtements fournis par l'armée, et à Seattle où nous prîmes l'avion la première fois pour Anchorage, il faillit tout abandonner plutôt que de subir les innombrables vaccinations prélables. Naturellement, personne n'aimait ça, mais ce pauvre Usiu en avait positivement horreur. A Adak, qu'on était alors en train de transformer fébrilement en base aérienne, seuls le commandant et l'aumônier avaient la jouissance de toilettes privées. J'eus la chance d'être logé chez le commandant, qui avait ses toilettes à l'intérieur; mais Baller, cantonné chez l'aumônier, n'avait qu'un édicule extérieur qui fut soufflé par une bourrasque arctique alors qu'il s'y trouvait, comme dans un film de Charlot. Une autre fois, à Phœnix, en Arizona, je proposai de louer des chevaux, parce que je suis partisan de toujours s'adapter aux coutumes du pays. On aurait eu du mal à trouver deux cow-boys moins convaincants que nous, mais on eut la sagesse de nous confier aux deux poneys les plus tranquilles et les plus apprivoisés de l'écurie. On nous remit aussi des jambières de cuir. « Mais, fit Usiu, est-ce que ça se met par-dessus le pantalon ou par-dessous? » C'était désarmant : « Allons, lui dis-je, ça se met sans pantalon du tout! »

Des petits incidents de ce genre, comme les rigueurs du voyage, ou encore cette sorte de désinvolture masculine illustrent aussi bien mon soulagement d'être enfin en guerre et d'y jouer un rôle, si marginal fût-il. Si mes journées étaient plutôt trop remplies pour leur trouver de l'agrément, c'était entièrement ma faute : partout où j'allais pour remplir un engagement civil, j'offrais de surcroît un concert au camp militaire le plus proche ou au profit d'une quelconque bonne cause; à raison d'une seule nuit à chaque étape, cet emploi du temps me permettait au plus de voyager, de déballer mon violon et de jouer; il n'était plus question d'un travail régulier de l'instrument. D'un seul coup, eût-on dit, l'avion était devenu le moyen le plus banal de se déplacer d'un point à un autre, malgré l'inconfort relatif des appareils de l'armée aux sièges métalliques. Comme il fallait s'y attendre, ces premières équipées aériennes étaient parfois aventureuses. Une fois, le pilote maintint l'avion presque au ras de la mer, juste au-dessous de la nappe de brume entre deux des îles Aléoutiennes, puis, apercevant notre destination soudain à proximité, redressa l'appareil avec une brutalité à vous tourner l'estomac. Une autre fois, sur le point de dépasser une piste tout entourée de mer, l'avion stoppa si sec qu'il bascula le nez en avant. Une autre fois encore, le pilote vola en territoire ennemi au lieu de gagner l'île où nous nous rendions... Celle-ci s'appelait Shemya; ce n'était qu'un banc de sable avec deux ou trois cahutes et une piste destinée aux avions de combat du front, signalée par d'extravagants feux de pétrole qui y brûlaient de jour comme de nuit. En revenant à toute allure de la zone japonaise de l'océan, nous fûmes rassurés de les apercevoir à travers le brouillard, mais je ne fus pas moins soulagé de quitter ce poste si isolé, à l'atmosphère si inquiétante. Le seul accident à m'être arrivé fut une petite anicroche *de rien du tout* *, à Porto Rico, où une tentative de décollage se solda par un atterrissage en plein champ de canne à sucre; heureusement, l'avion ne prit pas feu. A cette époque, antérieure à la diffusion du pilotage automatique, on se dirigeait au jugé, en actionnant le manche à balai. Le jour où l'on me permit de prendre les commandes d'un bombardier quadrimoteur, mon jugement ayant un certain faible pour la prudence, je pointai résolument l'appareil vers le ciel pour franchir une montagne plus basse de quelques bonnes centaines de mètres.

* En français dans le texte.

Si de telles choses pouvaient advenir en temps de guerre, c'est qu'il y avait tant d'imprévus, que les pouvoirs de décision étaient répartis entre tant de monde qu'il n'était plus possible de rien régler par les voies normales. Par la suite, je devais souvent demander quelques services à l'armée américaine; autant que je me souvienne, ils ne me furent jamais refusés.

La guerre me coupa de mon passé plus efficacement que le mariage et me mit dans des situations que la divination la plus débridée n'aurait osé prédire. C'est ainsi qu'il m'arriva même de faire le coup de feu. Après un déjeuner chez des particuliers à Long Island, un jour de fin d'été, les convives descendirent à la plage pour tirer à la cible; je les suivis en me disant qu'après tout, j'ignorais si je ne serais pas appelé au service armé. N'ayant jamais tenu de fusil jusque-là, ni d'ailleurs aucune autre arme, je le portai à mon épaule gauche, comme un violon; on me reprit, et je tirai mes premiers coups de feu — qui sont, à l'heure qu'il est, restés les derniers —, et mis par deux fois dans le mille. Peut-être ma vocation de violoniste a-t-elle fait perdre au monde un tireur d'élite, ou peut-être fut-ce là un coup de veine que j'ai eu la sagesse de ne pas chercher à rééditer; toujours est-il qu'à mon propre étonnement, et sans doute à celui de tous ceux qui étaient présents, j'avais montré que le Tcherkesse en moi n'était pas mort; je possède encore un trophée qui commémore cet événement.

Autre affaire de portée beaucoup plus considérable, menée elle aussi pendant la guerre : la longue bataille, que je finis par perdre, contre les syndicats américains de musiciens. Je suis tout prêt à reconnaître que les syndicats sont indispensables et qu'en leur absence, ceux qui sont privés de pouvoir sont sans défense contre l'exploitation. Mais l'homme a tendance à vouloir redresser les situations outre mesure et à passer d'un extrême à l'autre, les organismes de défense devenant à leur tour oppressifs.

En tant que soliste, j'appartenais à une catégorie qui était censée être capable de défendre ses propres intérêts et, même si j'avais voulu en faire partie, je n'aurais pu adhérer à la Fédération américaine des musiciens qui avait pour mission de protéger les travailleurs salariés. Comme c'était le seul syndicat de musiciens du pays, je pus rester assez indifférent à la chose jusqu'au jour où Sacha Heifetz fonda la Guilde américaine des artistes musicaux (l'AGMA) et essaya de me recruter. Pour une raison ou pour une autre, probablement par omission, la Fédération excluait les danseurs et danseuses de ballets et les choristes (si c'était bien un oubli, il était freudien, et surtout américain, typique d'un mode de vie dans lequel chaque activité humaine requiert un instrument; de même qu'on ne creuse pas avec ses ongles ni ne voyage à pied, les artistes aussi sont tenus d'en passer par autre chose que leurs membres ou leurs cordes vocales); l'AGMA espérait donc attirer les catégories négligées ainsi que les accompagnateurs et les solistes, surtout les jeunes qui pouvaient avoir besoin de défenseurs contre leurs propres imprésarios, mais on voulait aussi des noms connus pour asseoir la nouvelle organisation.

A cette époque, j'avais déjà maintes fois rencontré Heifetz, mais nos rapports étaient restés curieusement vagues : étant plus jeune, je l'avais admiré intensément sans parvenir pendant des années à le rencontrer, et maintenant il n'y avait plus de place entre nous pour de l'intimité. Saisissant la plupart des choses — et surtout la musique — de façon instinctive, animiste, j'avais l'habitude de me sentir à l'aise avec mes collègues, sans peiner longtemps à faire connaissance. Heifetz était un personnage distant — à la fois par son air impassible et distingué, par l'incroyable perfection de son jeu, par son caractère en général peu communicatif. Certains détracteurs, qui ne se contentaient pas de cette perfection technique, en déduisaient qu'il était froid. Je pense qu'ils prenaient à tort pour de la froideur un degré de discipline et de méthode que ne possédait alors aucun autre violoniste. Quand Heifetz jouait en public, on pouvait être sûr que tout, jusqu'à la moindre inflexion, était calculé, maîtrisé, voulu. Le Concerto de Walton, dédié à Heifetz, et édité par lui, porte témoignage de la minutie de sa préparation par des indications de jeu d'une précision inhabituelle, des crescendi et des diminuendi minuscules portant sur des notes isolées. Il aspirait à une maîtrise et à un contrôle tels que d'une fois à la suivante chaque exécution fût rigoureusement identique — conception certes valable et digne d'admiration, mais différente de la mienne. Je ne trouvais pas non plus l'homme facile d'accès derrière le mur de correction et de pondération qui l'engonçait. Pourtant, cette fois-ci, ce ne fut point à sa conception musicale mais à sa tactique que je m'opposai. Comme raison supplémentaire d'adhérer à l'AGMA, Heifetz soulignait que la guerre ne durerait pas toujours; quand elle serait finie, les artistes européens allaient envahir ce pays de cocagne; nous devions serrer les coudes pour notre légitime défense. Je refusai de m'inscrire.

L'AGMA, que mon refus n'avait apparemment pas gênée, prospéra jusqu'au jour où elle commença à accepter dans ses rangs des musiciens appartenant à des orchestres, s'attirant ainsi les foudres de la Fédération, immensément plus puissante. L'AFM avait alors à sa tête un trompettiste nommé Petrillo avec qui je fus longtemps en correspondance sans jamais le rencontrer; je n'ai aucune raison de ne pas le considérer comme quelqu'un de fort aimable, et certainement comme un excellent trompettiste; la seule chose que je trouvais un peu bizarre, c'était sa prédilection pour les voitures blindées. Petrillo approuvait *a priori* ma résistance aux cajoleries de l'AGMA; j'avais en outre à ses yeux cette importance fortuite de me retrouver l'un des derniers, sinon le dernier musicien à n'être entré dans le giron d'aucun syndicat. Il résolut de me recruter, d'abord pour porter un mauvais coup à l'AGMA, ensuite pour mieux étayer sa stratégie contre les maisons de disques américaines : il projetait de lancer une grève qui eût été compromise par l'existence même d'un seul violoniste disponible. Comparés à ceux de Petrillo, mes atouts étaient faibles. Je savais que si l'AFM me boycottait en m'empêchant de jouer avec les orchestres placés sous sa coupe — c'est-à-dire tous les principaux orchestres —, je n'aurais plus qu'à m'incliner; mais je décidai de retarder ma soumission le plus longtemps possible et parvins à faire durer notre passe d'armes deux bonnes années encore.

C'est fort amicalement qu'on ouvrit le feu : je serais le bienvenu au syndicat, pourrais-je envisager de m'y inscrire? Dans ma réponse, je me dis touché par cette aimable invitation, tout en la déclinant car, ajoutai-je, l'AFM ne me semblait pas tout à fait correspondre à mes besoins. Tous les étés, Petrillo organisait des concerts en plein air sur un stade de Chicago. Sa correspondance suivante fut pour m'offrir, moyennant un cachet très élevé, de participer à l'un de ces concerts; j'aurais en outre l'avantage d'être présenté « aux gens les plus influents » de Chicago; la Fédération était apparemment au mieux avec ces personnages douteux. Il me demandait seulement en échange — on pouvait s'en douter — de m'inscrire au préalable au syndicat. Je répondis par télégramme que j'étais très flatté de cette proposition, mais que si je m'inscrivais alors qu'on me témoignait tant de faveur, on pourrait croire mon adhésion forcée ou stimulée par quelque avantage matériel; si je devais adhérer, je préférais le faire de bon gré et sans pression. Ainsi gagnai-je encore quelques mois.

Puis il y eut une lettre plus péremptoire : on regrettait de me faire savoir que l'adhésion était obligatoire; ci-joint votre carte. Au-dessus de l'emplacement réservé à la signature figurait l'engagement d'observer tous les statuts, règlements et décisions de la Fédération; mettant cette faille à profit, je répondis en demandant à voir les statuts avant de m'engager à y obéir, ce qui prolongea ma liberté d'environ un an encore. Le petit livre rouge que l'on m'adressa — ainsi se présentait-il, moins célèbre assurément que son homologue qui a marqué si profondément notre époque, mais d'une interprétation à peine moins sujette à controverse — fit l'objet de nombreux et harassants échanges épistolaires avec les bureaucrates de l'AFM, d'abord parce qu'il ne contenait rien qui concernât ma situation personnelle, puis au sujet de tous les privilèges dont étaient gratifiés les responsables de ce syndicat. J'avais gardé le premier aliéa pour la dernière manche. On y lisait : « Le Président a le droit et le devoir... 1) de veiller à l'application de tous statuts et règlements de la Fédération américaine des musiciens; 2) d'annuler tous statuts et règlements de la Fédération américaine des musiciens... » Une fois cette absurdité courtelinesque dûment étalée au grand jour, j'avais épuisé les ressources de ma tactique dilatoire (finalement, il ne fut jamais répondu à ma demande de clarification de cette clause). Quand on me menaça d'empêcher l'orchestre de Philadelphie de jouer avec moi, j'abandonnai la partie. Mon dernier acte d'indépendance fut de choisir le lieu de mon inscription : ce fut San Francisco. Quelques jours plus tard, Petrillo lança son ordre de grève pour tel jour à minuit. A quelques minutes de l'heure fatidique, Baller et moi étions en train d'enregistrer dans une vieille salle de New York : j'évitai de justesse de commencer en « jaune » ma carrière de syndicaliste.

J'aurais peut-être dû me battre plus longtemps avec Petrillo, ou porter l'affaire à la connaissance du public. Les aspects les plus regrettables de l'AFM (les automobiles blindées, les gros bras de Chicago, les pouvoirs totalitaires du président) méritaient plus de publicité que je ne leur en fis. Il est vrai que ces scandales ont été dissipés avec le temps, mais jusque dans ses activités les plus honnêtes et officielles, l'influence du syndicat ne me paraît pas toujours des plus heureuses. Tout comme existe une tendance — et pas seulement dans les syndicats — à traiter les personnes comme des numéros interchangeables, les organisations hypercentralisées sont enclines à niveler toutes différences entre groupes. Il est ridicule d'exiger les mêmes droits et d'imposer les mêmes restrictions, sur toute l'étendue d'un pays de la taille des États-Unis, à une masse d'adhérents aussi hétérogène que ceux de l'AFM, allant des amuseurs de cabarets aux musiciens d'orchestre de tous calibres. Mais le plus ridicule devait encore arriver; je crois que ce fut là un facteur du déclin de l'American Symphony Orchestra. Le noyau en était constitué par l'orchestre réuni à l'intention de Toscanini par la NBC, dispersé quand on eut estimé que son prestige ne valait plus la dépense, et qu'il fut congédié (ingratitude outrageante vis-à-vis d'un homme dont les services inappréciables méritaient, au simple nom de la justice, qu'on lui laissât terminer sa carrière en paix; la télévision ayant volé le public de la radio, on condamna Toscanini au premier prétexte qui se présenta). Leopold Stokowski garda quelques-uns des musiciens de la NBC auxquels il en ajouta d'autres, frais émoulus de chez Juilliard et d'autres écoles, pour former un nouvel orchestre, l'American Symphony. Les vétérans apportaient leur expérience et leur autorité, les jeunes leur enthousiasme, leur ferveur et leur énergie au travail. Mais du bon travail, c'était justement ce qu'interdisaient les règles syndicales. Les répétitions ne pouvaient durer plus de deux heures et demie par jour, ce qui est raisonnable pour des orchestres bien rodés et de grande virtuosité, surtout pour préparer des œuvres déjà inscrites au répertoire, mais qui constitue un handicap fatal pour une nouvelle entreprise. On pourrait penser que ces règles étaient assez souples pour prévoir le cas d'un orchestre en pleine période d'entraînement, mais non; ce prétendu égalitarisme est aveugle aux besoins comme aux droits de l'individu.

Quelques années plus tard, n'ayant plus de raison de refuser ma solidarité à mes collègues solistes, je m'inscrivis également à l'AGMA.

A partir de 1944, il était devenu clair que, pour Nola et moi, il n'y avait plus d'espoir de nous entendre. Si souvent séparés physiquement, nous n'avions fait que nous séparer davantage sur le plan affectif, mais même dans des circonstances différentes, l'issue aurait été la même. Nola fut seulement prête avant moi à reconnaître cette vérité; déjà, lors de vacances prises avant mes activités du temps de guerre, elle avait suggéré que nous n'avions pas assez en commun pour bâtir un mariage. En ce qui me concernait, je ne pouvais imaginer qu'une femme fît moins partie de toute une vie qu'un membre de la famille, mère ou sœur, ni fût moins idéale. Nous avions l'un et l'autre épousé une illusion, elle aussi bien que moi, car ce n'est qu'aux yeux du profane que la vie d'un virtuose peut paraître un enchantement de tous les instants. Le temps défit notre rapport; si nous nous étions rencontrés plus jeunes ou plus mûrs, il y aurait eu moins de dégâts, moins d'angoisse. Mais tout fut moitié rêve moitié tristesse. Comme mon père rêvant de la villa Tcherkesse, j'avais bâti un caprice de l'imagination sur des fondations peu sûres, et donné à ce qui aurait pu être une liaison parfaitement acceptable un caractère de permanence qu'elle ne pouvait revêtir. Rétrospectivement, mon premier mariage semble avoir été comme la première pierre d'un gué, même si j'étais alors bien loin de l'imaginer ainsi. Il arrive qu'on reçoive une leçon d'humilité en découvrant à quel point on peut se tromper sur soi-même; mais cette erreur peut aussi vous apprendre qu'il convient de garder ses illusions. Peut-être ne devrait-on pas passer sa vie à douter de la validité de ses élans, mais seulement vivre intensément et avec conviction, à quelque prix que ce soit. Ce genre de consolation après coup ne pouvait m'aider en rien au moment où mon mariage se disloquait. Nola finit par admettre qu'elle en aimait un autre; cela me fit un choc auquel j'aurais pourtant dû m'attendre; je savais que tout était fini, mais je manquais par trop de maturité pour voir les choses en face, j'étais trop traditionnel pour ne pas être effrayé par la rupture, trop égaré pour savoir quoi faire. Il n'y avait rien dans mon passé qui pût m'apprendre à me montrer à la hauteur de l'échec. Entre mon indécision et son refus persistant de divorcer, ce furent là trois années douloureuses, les plus perturbées, les plus mal employées de ma vie.

Longtemps après son propre divorce, Hephzibah écrivit une lettre où elle exprime fort bien notre sentiment commun :

> Le pire était peut-être le manque de contact avec la vie telle que la vivent en général ceux qui, à notre différence, ne sont pas absolument protégés des soucis quotidiens. Cela nous a rendus tout à fait idiots la première fois que nous nous sommes trouvés confrontés au genre d'épreuves que la vie vous réserve : nous avons été incapables de fonctionner comme des créatures douées de libre arbitre. Nous réalisions mentalement comment se posaient tous les problèmes, mais seulement à titre d'hypothèses théoriques. Nous nous étions déjà maintes fois *ressaisis* et *repris* à l'occasion de problèmes antérieurs, mais jamais nous n'avions *résolu* de vrai problème. Jusque-là, les autres n'avaient jamais pénétré dans notre vie de sorte qu'il nous fallût en tenir compte. C'est avec une certaine fluidité que s'étaient écoulées nos vies, des vies axées sur l'acquisition d'une maîtrise dans un domaine bien défini. Il y avait eu le travail, le travail sacré, absolu, accompli dans un esprit de profonde abnégation — et le reste était sans importance. Dès que notre petite cellule se trouva envahie par les valeurs d'autrui, radicalement différentes des nôtres, nous fûmes désarmés devant le conflit entre ce qu'on nous avait appris et ce qu'il nous fallait désormais apprendre... Au bout de tout ce temps, je crois que le meilleur de notre vie est encore à venir. Nous avons tant de malheur à faire oublier : car tout en nous berçant des intentions les plus pures, nous avons fait plus de mal aux gens que nous aimions que nous n'avons jamais pensé en faire à ceux que nous n'aimions pas.

Tout comme je m'étais marié sans être prêt pour le mariage, je jouais du violon sans être prêt à en jouer. La tension créée par la dislocation de ma vie personnelle coïncidant avec le rythme forcené et sans précédent de mes tournées du temps de guerre, il était inévitable que mon impréparation commençât à se révéler. Si l'on considère que je jouais sans réfléchir, sans analyser, sans démonter la machine pour la réviser, si j'ose dire, en continuant seulement de la faire tourner à tout prix, la qualité de mon jeu se maintint remarquablement bien ; mais il m'arrivait parfois de réaliser que je ne pourrais continuer ainsi sans comprendre la technique ni retrouver l'aisance que j'avais jadis possédée instinctivement et qui maintenant m'abandonnait. Je savais aussi que j'avais pris de mauvaises habitudes. Cette double inquiétude m'entraîna dans une recherche des principes premiers qui devait durer des années. J'en remets l'exposé détaillé à un prochain chapitre, car il suffit de dire pour le moment que je fus conscient dès le début que c'était le mouvement qui était au cœur du problème; prêt à tout envisager, ne me limitant pas aux sources concernant directement le violon, j'ai également puisé à toutes celles qui pouvaient m'être utiles, qu'elles relèvent de la médecine, de l'athlétisme ou de la gymnastique. Je lus les classiques comme la *Technique du violon* et *l'Indépendance des doigts* de Dounis, ou *l'Art de jouer du violon* de Carl Flesch; j'en discutai avec des collègues et amis comme Joseph Szigeti; à New York, je fis la connaissance de deux professeurs de violon, Theodore et Alice Pashkus qui — outre qu'ils faisaient penser aux intrigants italiens du *Chevalier à la Rose* — avaient quelques idées profitables et d'autres qui ne l'étaient pas du tout. Ainsi donc, en glanant de droite et de gauche et en méditant, j'approchai pas à pas de la clarté. Toute rencontre pouvait compter. Parmi mes amis de New York figurait le danseur de claquettes Paul Draper, qui invitait chez lui l'assortiment de gens le plus invraisemblable et le plus stimulant. Y rencontrant un soir le coureur américain Borrican, je l'interrogeai sur ses méthodes d'entraînement et il m'invita à y participer dès le lendemain au Yankee Stadium. Je pris un taxi pour traverser Manhattan. Quand je lui donnai l'adresse, le chauffeur se retourna pour me dire, voulant m'éviter une course inutile : « Mais il n'y a rien au stade aujourd'hui. — Mais si, il y a quelque chose, lui dis-je. Borrican court, et qui plus est, je vais courir avec lui! » J'ai rarement vu une expression d'incrédulité aussi caractérisée que celle qui se peignit sur la figure de ce chauffeur de taxi.

Durant cette période d'anxiété professionnelle, de trouble sentimental et de surmenage, la vie m'offrit tout de même une rencontre musicale d'une importance profonde et durable : celle de Béla Bartók, d'abord par sa musique, puis en personne.

C'est Antal Dorati qui joua le rôle de la providence. A cette époque, Bartók n'était qu'un réfugié parmi d'autres que la grande marée de la guerre avait fait échouer sur le littoral américain; il habitait à New York un appartement loué; malade, pauvre, hors de Hongrie il n'était connu que d'une petite élite. Dorati, naturellement, en faisait partie. Lui aussi se trouvait à New York en 1942 avant d'être nommé à Dallas; nous devînmes très amis. Dorati n'avait pas seulement des dons immenses, mais l'incomparable avantage d'avoir étudié à Budapest où Bartók, Kodály, Leo Weiner, entre autres, avaient élevé le niveau musical à un point peut-être unique au monde. Comme il fallait s'y attendre, les professionnels y prospéraient grâce au soutien d'un vaste public, qui avait aussi fait germer littéralement des centaines et des centaines de quatuors à cordes amateurs. Pour n'en donner qu'un exemple, la mère de Dorati pouvait chanter de mémoire toutes les parties de tous les quatuors de Beethoven; quand elle fut prise avec d'autres Juifs dans une rafle nazie, elle parvint à garder sa raison en repassant obstinément dans sa tête tout ce répertoire. Dorati est le digne fils de sa mère et de sa ville, musicien trop complet pour que lui convienne la seule étiquette de chef d'orchestre, de compositeur ou de pianiste, et trop complet aussi comme individu pour que lui convienne la seule étiquette de musicien, car c'est aussi un excellent peintre. Comme nombre de grands chefs d'orchestre — tels que Monteux et Ansermet, par exemple —, il avait, dans sa jeunesse, dirigé beaucoup de ballets et acquis une redoutable réputation parmi les danseurs pour son tempérament explosif. Heureusement, je ne l'ai jamais vu vraiment sortir de ses gonds et lui ai plutôt trouvé une fraîcheur de sensibilité enfantine : espiègle comme un gamin quand tout allait bien, il boudait comme un gamin quand tout allait mal.

Un jour, il m'invita chez lui avec d'autres amis pour une soirée de musique de chambre qui dura assez longtemps pour attirer les récriminations de voisins irascibles. Avant cette interruption, il parla de Bartók, me recommanda vivement de découvrir sa musique et joua au piano des extraits de plusieurs œuvres. Comme toutes les révélations importantes, celle-ci parut on ne peut plus claire, évidente et même familière une fois advenue. D'origine orientale, la musique de Bartók ne pouvait manquer de me séduire, mais cet héritage local avait été intégré à sa propre grandeur, interprété et refondu en un message universel qui s'adressait à toute notre époque, à notre culture comme à toutes les autres. Conférant à la musique populaire une validité universelle, il savait aussi bien parer les émotions humaines de noblesse. Riche de la force terrienne et primitive de ses origines, sa musique avait aussi cette force cultivée qui résulte d'une discipline d'acier se refusant à toute facilité. Voilà un musicien du XXe siècle qui souffrait la comparaison avec les géants du passé.

Poussé par Dorati, j'en vins à préférer à toutes autres œuvres contemporaines celles de Bartók, tout particulièrement le *Second Concerto pour violon* et la *Première Sonate pour piano et violon* (l'instrument préféré de Bartók était le piano, mais, comme tous les Hongrois, il comprenait le violon à merveille). Je décidai de faire figurer ces deux œuvres dans mon répertoire pour la saison 1943. Je jouai le concerto à Minneapolis avec Mitropoulos — il dirigeait non seulement le concert public mais les répétitions de mémoire, renouvelant cet exploit incroyable chaque semaine avec un nouveau programme — et la sonate, avec Baller, à Carnegie Hall quelques jours plus tard. Entre ces deux concerts, en novembre 1943, je rencontrai Bartók. Je voulais son avis sur ma manière de m'y prendre avec sa sonate avant de la jouer en public et lui avais écrit pour lui demander s'il voudrait bien m'entendre. Ma vieille amie « tante Kitty » Perera — violoniste elle-même, amie de Toscanini, femme charmante, chaleureuse, serviable et pleine d'entrain — ne se fit pas prier pour offrir l'hospitalité de son appartement de Park Avenue à la rencontre entre Bartók, Baller et moi. Quand nous arrivâmes en fin de cet après-midi glacial, Bartók était déjà là, assis dans un fauteuil inexorablement placé tout contre le piano, la partition ouverte devant lui et le crayon à la main, dans une attitude à la fois glaçante et, d'après ma propre expérience, assez typiquement hongroise; Bartók, comme Kodály, était d'une impitoyable sévérité avec ses élèves. Il n'y eut pas d'échange de politesses. Baller se mit au piano, je trouvai une table basse, y posai ma boîte à violon, sortis mon instrument, l'accordai. Nous nous mîmes à jouer. A la fin du premier mouvement, Bartók se leva — premier relâchement de son attention rigide depuis le début — et déclara : « Je ne pensais pas qu'on pouvait jouer un morceau de musique comme cela avant que le compositeur, soit mort depuis longtemps. » Si j'étais vraiment modeste, je ne rapporterais pas ce compliment. Je le fais parce que ce fut un bonheur inoubliable de savoir que j'avais pénétré par sa musique jusqu'au fond de l'âme d'un compositeur et que celui-ci, vivant, qui s'y était mis tout entier, se savait compris. A partir de là, naturellement, la glace fut complètement rompue. Nous avions fait connaissance sans paroles superflues. Baller et moi jouâmes les autres mouvements.

Sachant que je venais de jouer son grand concerto, Bartók voulut se rendre compte si je l'avais bien saisi et me demanda notamment mon avis sur certain passage du premier mouvement. « C'est plutôt chromatique », risquai-je. « Oui, c'est chromatique », dit-il, mais, me donnant un coup de coude, il ajouta : « Vous avez vu combien souvent cela revient? » — en effet, trente-deux fois, et jamais exactement pareil — « Eh bien, je voulais montrer à Schönberg qu'on peut utiliser les douze tons sans pour autant abandonner la composition tonale. » C'était là une des lignes d'attaque de Bartók : n'importe laquelle de ces séquences répétées aurait fourni à un dodécaphoniste le matériau d'un opéra entier, mais il les répand à profusion avec une imagination que le dodécaphoniste, travaillant mécaniquement avec sa règle à calcul, ne connaîtra jamais. Il avait cette sorte d'exubérance et de prodigalité qui consiste à donner en semant aux quatre vents pour ne pas avoir à réutiliser.

A part la précision extraordinaire de sa conversation et de ses gestes, qui concentrait les éléments significatifs et rejetait le superflu avec la brillante acuité du diamant, l'attitude de Bartók durant les deux dernières années de sa vie, à l'époque où je l'ai connu, ne trahissait rien de son caractère ardent. Cette apparence mesurée ne donnait aucune indication de la grandeur barbare et du mysticisme visionnaire de son être intime. Si je l'avais connu dans sa jeunesse, au temps où il escaladait la vie avec exubérance, j'aurais peut-être été moins subjugué, et il se fût peut-être montré moins impatient de devoir échanger des propos — quoique je doute fort qu'il ait jamais été loquace en société. La vie d'un créateur étant en un sens secondaire par rapport à sa création, le génie de Bartók avait reçu la permission de le dévorer, de le laisser à nu. Les mots n'étaient plus nécessaires; la vie même ne l'était plus guère à côté de l'expression que sa musique conférait à la vie, à sa propre vie comme à ses convictions. L'exil avait donc fait de lui un homme difficile, solitaire, intense, qui n'avait plus besoin matériellement que d'un lit, d'une table et — peut-être son seul luxe — d'un calme absolu où sa concentration intérieure pût fructifier. Ces besoins satisfaits, il répandait les richesses de son esprit sans attendre apparemment ni l'approbation de la critique ni l'affection du public.

Mais une chose dont il avait besoin et qui lui manquait dans les rues de New York, c'était le contact avec la nature. Un jour, parmi les vapeurs d'essence, il tomba en arrêt, renifla l'air et s'exclama : « Ça sent le cheval! » Il avait des sens d'une extraordinaire acuité. S'en remettant à son odorat, il ne manqua pas d'arriver jusqu'à une petite écurie qui louait des chevaux pour se promener dans Central Park, et se remplit les poumons de ce fumet nostalgique. Les animaux venaient à lui avec une stupéfiante confiance en sa sympathie, la même en tout point qu'il éprouvait pour les êtres humains enracinés dans leur terroir. Je crois que la simplicité plus grande de ses dernières œuvres, écrites durant sa course de vitesse avec la mort et dans l'hostilité de l'environnement urbain de New York, prouve à quel point lui manquait cette compagnie naturelle. Mais si l'inhumanité de la rue devait le frapper, Bartók, qui fermait l'oreille au grondement de la circulation, l'ouvrait par contre avec intérêt aux rythmes et aux airs de cette synthèse d'Amérique, d'Afrique et d'Europe qu'est le jazz; il en incorpora même certains éléments à son *Concerto pour orchestre.*

Je savais qu'il était dans une passe financière difficile, qu'il était trop fier pour accepter des dons et qu'il était le plus grand compositeur vivant. Ne voulant pas perdre un instant, je lui demandai le jour même de notre première rencontre s'il accepterait que je lui commande une œuvre. Je le priai de ne rien faire de grande envergure; je ne comptais pas sur un troisième concerto, je voulais juste une œuvre pour violon seul. Je ne prévoyais nullement qu'il allait m'écrire un des chefs-d'œuvre de tous les temps. Mais je dois dire que je fus secoué à la lecture de la partition, en mars 1944. L'œuvre me parut presque injouable.

C'était une première impression, rapide et erronée; la *Sonate pour violon solo* est éminemment jouable, admirablement composée pour le violon; c'est une des œuvres les plus prenantes et gratifiantes que je connaisse, la plus importante pour violon seul depuis Bach. Elle est violemment contrastée. Le premier mouvement, le *tempo di ciaccona,* est une sorte de traduction, en un idiome musical hongrois, libre mais discipliné, de la plus grande des œuvres de Bach pour violon seul, le dernier mouvement de la *Partita en ré mineur.* C'est un mouvement grandiose, d'une ampleur d'expression sidérante. Puis vient la violence de la fugue, la musique la plus agressive et peut-être même la plus brutale que j'aie jamais jouée, suivie par la sérénité complète de la *melodia* et les rythmes rapides, fugitifs, dansants, du *presto*. Je suis infiniment satisfait d'avoir pu contribuer à l'existence de cette magnifique musique; cela reste un des grands moments de ma vie que d'avoir pu la jouer à Bartók avant sa mort.

Dans sa conception première, le passage en doubles croches, qui revient à plusieurs reprises dans le dernier mouvement, devait être joué en quarts de tons — les notes situées entre les demi-tons de la gamme chromatique tempérée qui, depuis Bach, ont été pratiquement bannies de la musique occidentale, mais qui sont encore utilisées dans la musique orientale et tzigane, ainsi que dans des compositions subjectives et improvisées subissant l'influence orientale ou tzigane, celles d'Enesco par exemple. Cependant, Bartók m'avait accordé la possibilité de jouer ces passages en demi-tons, et comme je n'avais que quelques semaines pour préparer la sonate, j'optai pour cette solution, trouvant intimidant d'avoir à jouer juste ces quarts de tons dans un tempo très rapide. Je persiste à douter que les quarts de tons donnent à cette musique une clarté suffisante, mais je regrette de ne pas avoir inclus la version en quarts de tons dans l'édition publiée, car les autres violonistes devraient partager mon privilège de pouvoir choisir entre les deux versions; j'ai bien l'intention de faire figurer l'une et l'autre dans toute nouvelle édition.

Bartók m'avait envoyé la partition d'Asheville, en Caroline du Nord, où ses médecins l'avaient envoyé, le sachant condamné par la leucémie. Il avait accepté de venir passer l'été 1944 chez moi et s'intéressait aussi à une offre de l'université du Washington, à Seattle, de poursuivre ses recherches sur la musique populaire avec les Indiens du Nord-Ouest. Hélas, la musicologie comme moi-même fûmes privés de lui par les ravages de la maladie. Il ne pouvait plus faire de si longs voyages. Mais il m'écrivit :

> Je me fais pas mal de souci au sujet de la « jouabilité » de certaines des doubles cordes, etc. Je vous indique quelques solutions de rechange en dernière page. En tout cas, j'aimerais avoir votre avis. Je vous envoie deux exemplaires. Pourriez-vous avoir la gentillesse d'indiquer sur l'un des deux les changements nécessaires en matière de coups d'archet et peut-être les doigtés absolument nécessaires, entre autres suggestions, puis de me

le renvoyer? Pourriez-vous aussi indiquer les difficultés insolubles? J'essaierais de les changer.

Je fis fort peu de suggestions, trouvant possible, quoique difficile, ce qu'il avait écrit; mais au sujet de ce que j'avais suggéré sur le plan technique, il y eut encore un échange de lettres et de remerciements. Nous nous revîmes en novembre 1944, juste avant la première de la sonate, pour résoudre quelques petits problèmes. Il commenta brièvement mes propositions avec une douceur que ne démentait jamais sa décision bien arrêtée. Quand je lui demandai s'il pouvait modifier certain accord, il me fixa pendant quelques instants de son regard fascinant et me dit : « Non. » De nouveau les applaudissements du public appelèrent le compositeur sur la scène de Carnegie Hall. De nouveau les critiques refusèrent de consacrer son génie. De nouveau il fut satisfait de s'être entendu survivre d'outre-tombe. Il écrivit à son amie Wilhelmine Creel : « Ce fut un merveilleux récital. La sonate, qui a quatre mouvements, dure environ vingt minutes. J'avais peur qu'elle ne fût trop longue; vous vous rendez compte : écouter un violon seul pendant vingt minutes... Mais c'était très bien, du moins à mon avis. » Il était plus satisfait que moi; peut-être avait-il discerné mes bonnes intentions et compris que, dans vingt ans de là, je pourrais rendre justice à sa sonate.

Bartók mourut le 26 septembre 1945.

Libération

Je cherchai un moyen de me rendre en Grande-Bretagne dès le moment où ce pays se trouva menacé par l'occupation allemande de l'Europe continentale. Je faillis y parvenir durant l'été 1942; à la suite de pourparlers entre alliés, il avait été convenu qu'on pourrait offrir un passage aérien à un concertiste dès qu'il se présenterait une occasion favorable; ce ne serait jamais qu'une truffe dans la prochaine cargaison de

« singe »... A New York, cependant, un « chargement urgent de marchandises couvertes par le secret militaire » (j'appris finalement qu'il s'agissait de moteurs d'avions) eut priorité sur moi au dernier moment; je n'avais plus qu'à rentrer chez moi avec mon modèle de campagne du « Prince Khevenhüller ». Je revins plusieurs fois à la charge, sans me décourager et, à force, obtins de traverser l'Atlantique, au printemps 1943, à bord d'un bombardier de la RAF; j'étais doublement enchanté de tomber du ciel dans une forteresse assiégée et de repartir en tournée avec Marcel Gazelle. Nous jouâmes aux quatre coins des Iles britanniques, dans des usines, des installations militaires, des salles de concert pour des œuvres de guerre. Londres avait toute la mystérieuse beauté d'une apocalypse; j'étais heureux de trouver mon chemin à tâtons au long des rues plongées dans le noir et de me mêler aux foules qui allaient s'abriter la nuit dans les sous-sols.

Londres et New York, deux bastions reliés seulement par le ciel de part et d'autre de l'Atlantique, étaient les co-capitales de la guerre; à New York étaient le refuge, la toute-puissante maison mère, et aussi le nerf de la guerre; à Londres, le quartier général du front, soumis à de constantes attaques, où les stratèges responsables de la situation présente de l'Europe soutenaient les gouvernements en exil qui avaient eu le temps de fuir les côtes du continent pour rêver son avenir. Au tout premier rang de ceux-ci se trouvaient les Français libres sous l'autorité du général de Gaulle. Marcel et moi donnâmes un concert pour eux aussi, au Royal Albert Hall, où de Gaulle me décora de la croix de Lorraine. Mais, outre de telles cérémonies publiques, nous déjeunâmes plusieurs fois avec lui et son Cabinet à l'hôtel Savoy, ce qui était beaucoup plus intéressant. Étant donné ma relative jeunesse et mon inexpérience des hommes d'État, je n'étais pas en position de l'inciter ou de l'inviter aux confidences, et je ne saurais non plus prétendre l'avoir bien connu malgré plusieurs rencontres ultérieures. Mais l'étranger qui n'est pas en mesure d'apprécier toutes les subtilités du jeu peut du moins en entrevoir certains aspects cachés à ceux mêmes qui s'y trouvent engagés. Ne jouant aucun rôle dans les conflits, rivalités et susceptibilités qui pimentaient les rapports de De Gaulle avec le reste du camp allié, ne représentant aucune menace pour l'intégrité de la France, je fus à même de connaître une facette de sa nature qu'il ne montrait pas en compagnie plus officielle ou qui y passait inaperçue : un côté aimable et émouvant qui dépassait les exigences du moment pour revêtir la qualité d'un échange vraiment humain. Lorsque je le rencontrai de nouveau, juste après la guerre, et aussi après son retour au pouvoir en 1958, il m'accueillit toujours avec une affabilité plus que diplomatique; on aurait dit que mon souvenir occupait encore un heureux petit recoin de sa mémoire du fait que nous nous étions connus hors du cadre de la guerre et de la politique.

Quand je revins à Londres la fois suivante, plus d'un an s'était écoulé; de Gaulle était entré dans Paris qui venait d'être libéré, non plus en solitaire porte-drapeau de la liberté mais en leader reconnu de son pays. Il me fallut quatre semaines pour rallier Paris à mon tour. Entre-temps, c'est tout le cours de ma vie qui avait changé : j'avais rencontré Diana Gould.

Rétrospectivement, on dirait que j'avais soudain décidé de ne plus faire obstacle à la destinée. Je connaissais l'existence de Diana depuis 1927, j'aurais pu la rencontrer lors de n'importe lequel de mes passages à Londres avant la guerre, je n'avais pas utilisé la recommandation de Dennison et d'Ingerson à mon arrivée en 1943. En téléphonant à sa mère en septembre 1944, au numéro donné par « les garçons », je dus avoir la prémonition que ce n'était pas là une prise de contact ordinaire. En tout cas, je perdis tout mon savoir-faire. « Allô, Yehudi Menuhin à l'appareil », annonçai-je sans détour. « Ah oui? répondit une voix anglaise haut perchée. Qu'est-ce que vous voulez? » Ce que je voulais? Moi? J'aurais bien aimé qu'elle me le dise, mais comme il n'y avait guère de chances apparemment qu'elle le fît, je m'invitai tout bonnement à déjeuner le lendemain sans même expliquer comment j'avais obtenu son nom et son adresse.

La rencontre ne devait pas avoir lieu à Mulberry House, la demeure de Chelsea où « les garçons » avaient connu la famille; une bombe, en 1941, avait causé la fermeture de Mulberry House jusqu'à nouvel ordre et dispersé ses habitants; Lady Harcourt était partie pour Bath, et ses filles Diana et Griselda partageaient un appartement dans le quartier de Belgravia. Mais Lady Harcourt, décidant que Londres valait bien quelques risques de temps de guerre, y rentra occuper un plus grand appartement dans le même immeuble que ses filles. C'est là que les invités se retrouvèrent : l'acteur Michael Redgrave, le metteur en scène de cinéma Anthony Asquith et moi-même. Diana et Griselda assistaient notre hôtesse. Les présentations furent faites.

La plus belle femme que j'eusse jamais de mes yeux vue se leva du pouf où elle était assise pour nous dire bonjour; c'était une jeune fille brune, grande et mince dont la grâce, l'intelligence, l'ardeur, la vitalité, la profondeur de sentiments se complétaient parfaitement au point d'être chez elle indissociables. Il y a des gens à qui l'on peut attribuer telle ou telle de ces caractéristiques de façon à leur élaborer patiemment un portrait composite; mais, avec Diana, il était impossible d'analyser, d'énumérer; tout en elle était parfaitement accompli : chaque parole, chaque expression, chaque geste était entièrement elle-même. La connaître ne consistait pas à rectifier ses premières impressions, mais seulement à les approfondir. Perdu dans ma contemplation, je ne devais probablement pas être très brillant ce jour-là en société, mais les déficiences de ma conversation durent passer inaperçues sous le feu croisé de reparties entre cette jeune femme adorable et son adorable sœur. Comme deux longues lames élancées, l'une sombre et l'autre claire, elles taillaient dans le langage avec une incroyable rapidité, comme des confetti à la volée nous jetant à la tête une multitude de profils en épigrammes et de réflexions pleines de verve. Je regardais, j'écoutais, médusé et ravi. Le déjeuner terminé, j'essayai d'entraîner Diana avec moi, mais ne rencontrai qu'un succès partiel. Elle accepta seulement que je l'accompagne jusque chez le dentiste. Mais je savais déjà que c'était elle qu'il me fallait, qu'elle était faite pour moi — sans d'ailleurs me demander un instant si j'étais fait pour elle.

Nous avions donc lié brièvement connaissance et nous nous en tînmes là. Je devais partir immédiatement pour le continent, désormais en partie libéré, et il me fallut attendre le printemps 1945 pour trouver le moyen de retourner à Londres et d'y passer un petit moment. Mais étant donné la puissance et la certitude de ma première impression, il est légitime d'anticiper ici sur les découvertes ultérieures qui la confirmèrent et l'expliquèrent.

La beauté de Diana, intellectuelle et spirituelle aussi bien que physique, n'était pas seulement faite de dons, mais de dons hautement cultivés, d'un capital humain travaillé et discipliné selon une tradition capable de lui donner son expression la plus raffinée et la plus durable. Anna Pavlova en scène en avait depuis longtemps forgé le modèle dans mon esprit, mais j'avais à présent trouvé la femme authentiquement vivante qui non seulement était à la hauteur du modèle, mais dont l'humanité complète et variée reléguait celui-ci dans l'oubli. Dire que Diana avait été formée selon une discipline est au-dessous de la vérité; son déducation était l'harmonieuse synthèse de toutes les disciplines, et son bien le plus inestimable était une force de personnalité qui avait survécu à toutes et profité de toutes. Elle avait eu la discipline d'un foyer anglais dont le décorum ne pouvait jamais être relâché, malgré toutes les bombes qui pouvaient tomber du ciel ou tous les bouleversements domestiques qui pouvaient s'y produire. Elle avait eu la discipline du ballet à une époque où celle-ci était vraiment féroce. Elle avait eu en outre la discipline de la « Science chrétienne » qui négligeait la douleur personnelle, refusait la facilité, n'écoutait pas les exigences de l'ego, trouvait toujours un devoir à accomplir, et l'accomplissait sans tenir compte de ce qu'il pouvait en coûter. En voyant le produit fini, j'avais su qu'il avait été façonné au feu, mais c'est progressivement, au fil de nombreuses rencontres, que je devais apprendre le détail de ce façonnement.

Les Gould étaient à l'origine des hobereaux irlandais. Ruinés par les « Lois pénales » qui avaient forcé les propriétaires terriens catholiques à morceler leur patrimoine entre leurs enfants, ils s'étaient expatriés en France dans les années 1830 et avaient gardé par la suite une teinture française aussi prononcée que l'irlandaise ou la britannique. Le père de Diana, Gerard Gould, parlait français plus couramment qu'anglais, bien qu'il eût fait ses études dans un collège britannique et passé le concours du Foreign Office; Diana elle-même a toujours été également maîtresse des deux langues, de quelque côté de la Manche qu'elle se trouve. Gerard Gould mourut à l'âge de trente ans, au début de sa carrière dans le corps diplomatique, laissant à sa femme trois enfants en bas âge, huit domestiques, une belle maison et une confortable fortune sur laquelle le gouvernement préleva des droits de succession écrasants. Il aurait pourtant fallu un œil scrutateur pour déceler un quelconque changement dans le train de vie de la famille, car Evelyn Gould était disposée à tous les sacrifices plutôt qu'à sacrifier son patrimoine, qu'elle réduisit à l'essentiel pour préserver précisément ce qui en faisait l'essentiel. Les enfants empruntaient donc les transports en commun, portaient des cols retournés, ne recevaient pas d'argent de poche et apprirent à reconnaître des soldes intéressants quand il y en avait; et c'est dans un décor splendide mais glacial qu'ils passaient les hivers (pas trop bien, cependant : Griselda, adulte, contracta la tuberculose). Mais on ne se contenta pas de leur apprendre les airs et manières de la bonne société; ils eurent l'âme nourrie de musique, de théâtre, de peinture, de littérature française et anglaise, l'esprit stimulé par l'élite intellectuelle qui gravitait autour de Mulberry House; leur personnalité fut formée par un croisement extraordinairement réussi de la culture européenne la plus élevée et de la meilleure tradition britannique. Mrs Gould avait épousé en secondes noces Cecil Harcourt, officier de marine hors pair à qui ses services valurent d'être successivement promu amiral, puis lord de l'Amirauté en second et enfin commandant en chef de la Flotte. Anobli, Sir Cecil fut le premier capitaine du cuirassé le *Duke of York*, à bord duquel il transporta Winston Churchill à sa rencontre historique avec le président Roosevelt dans la baie de Chesapeake.

Diana avait vécu dans l'intimité de la musique depuis sa naissance. Sa mère, sous le nom d'Evelyn Suart, avait été l'une des plus brillantes pianistes d'Angleterre, de la même génération que Myra Hess. Elle avait eu Leschetitzky pour professeur et avait fait ses débuts avec les grands chefs d'orchestre de l'époque, Hans Richter et Nikisch; elle avait été amie d'Ysaye et avait fait connaître en Grande-Bretagne la musique de Debussy. Elle avait mis fin à sa carrière professionnelle après son mariage mais continuait de donner chaque dimanche après-midi d'élégantes réceptions qui attiraient en pèlerinage des musiciens locaux ou de passage, comme moi-même et Louis Kentner, qui devait épouser Griselda. Quant à Diane, son premier amour avait été la danse. Elle avait reçu ses premiers chaussons à l'âge de huit ans, après en avoir rêvé pendant des années. En fait, le ballet de Diaghilev avait été pour elle ce que le Pantages Vaudeville avait été pour moi; son souvenir d'enfance le plus décisif met en scène sa mère, faisant soudain irruption un soir dans sa chambre d'enfant, l'arrachant du lit, à la grande fureur de la nurse, et l'enlevant pour l'emmener au Coliseum comme si ç'avait été un autre monde, un monde dont la beauté éthérée devait l'aider à endurer le régime de pénitence qu'elle eut à subir pendant des années. J'avais eu les oreilles qui tintaient en quittant le Curran Theatre; Diana avait eu le nez plein de picotements à sa sortie du Coliseum. « Le ballet a une odeur tout à fait particulière, raconte-t-elle, une odeur de tarlatane et de sueur, de colophane et de benzine, d'apprêt, de sécotine et de poussière; de couches successives de poussière, remuée et soulevée par les jambes d'innombrables danseurs, soufflée par les courants d'air de dizaines de cintres, imprimée et repassée dans les tissus et la toile, recouverte de peinture ou de colle, à jamais emprisonnée dans les costumes et les décors. Autrefois, j'aurais pu reconnaître les yeux fermés la toile de fond du *Carnaval* de celle de *Schéhérazade*... »

En tant que musicien, jamais je n'aurais pu imaginer qu'un autre art fût capable d'intensifier et de révéler avec autant de profondeur et de netteté le message et la vérité intime d'une partition musicale. Je dois pourtant reconnaître qu'ayant vu la chorégraphie réalisée par Balanchine sur le *Capriccio* pour piano et orchestre de Stravinsky, je pus constater qu'il n'était pas une croche, pas une syncope, pas une intention d'ordre émotionnel, intellectuel ou humoristique qui ne sortît clarifiée par la danse. Le rythme et l'intensité de morceaux même très lents étaient rendus avec un sens étonnant de la densité, de la gravité, de la continuité, de l'étirement et de la précision de la ligne temporelle. De mes yeux je *voyais* une interprétation musicale, et je dus admettre avec un enthousiasme ému que Balanchine est l'un des plus grands interprètes musicaux de notre époque, et le plus inventif des chorégraphes. C'est une révélation accablante que de prendre conscience avec autant d'évidence des capacités d'expression et de transfiguration du corps humain dans son intégralité. Ce ballet avait une signification particulièrement émouvante pour Diana et Balanchine qui, tout en s'enlaçant, pouvaient se rappeler leurs exploits communs sur cette même scène du théâtre des Champs-Élysées, lorsqu'ils y avaient dansé — il y a de cela maintenant quarante-trois ans — dans les *Songes* de Milhaud, sur une chorégraphie de Balanchine et dans des décors de Derain. Aujourd'hui encore, Diana garde dans notre chambre à coucher un beau portrait d'elle à la plume, empreint d'une certaine tristesse, esquissé sur place par Derain.

Le ballet exigea de sa part un don total, une véritable oblature. La concurrence était vive, les occasions d'engagements limitées, et il n'y avait aucun syndicat pour protéger les danseurs des exigences des autocrates qui les dirigeaient. Mais Diana avait commencé son entraînement dans des conditions assez pacifiques en s'inscrivant avec ses petites compagnes à la classe de danse du jeudi après-midi de l'école de garçons de Mr Gibbs à Sloane Street, que fréquentait son frère Gerard. Son maître l'ayant trouvée douée et souhaitant qu'elle fût placée dans une véritable école de ballet, Lady Harcourt se renseigna. Il y avait certes plus d'un maître ou d'une maîtresse de ballet à Londres, les anciens danseurs de Diaghilev montrant une préférence marquée pour cette ville dont la balletomanie avait permis aux Ballets russes de survivre au fil des années, mais il n'y avait qu'un Enrico Cechetti, ce même Cechetti de qui Karsavina, sa plus grande élève, écrivit qu'il « était le seul vrai maître de danse académique de notre époque ».

L'âge avait à peine adouci le tempérament irascible qui l'avait rendu fameux à Saint-Pétersbourg. Attendant d'être auditionnée en frissonnant près de sa mère, Diana entendit derrière la porte de la salle des imprécations russo-italiennes — rugies, soit dit entre parenthèses, à l'adresse de Pavlova ! — qui lui firent imaginer un ogre; mais ce fut un aimable vieillard aux cheveux poivre et sel qui apparut et se mit à lui tâter les os dès qu'il se fut présenté. « Je la prends », dit Cechetti après une audition éclair. « Elle viendra tous les matins de dix heures à une heure. » Ce qui n'eut pas lieu, car Lady Harcourt déclara qu'elle ne pouvait laisser Diana abandonner l'école et la laisser sacrifier l'esprit à ses orteils. Cechetti recommanda donc son ancienne assistante de la troupe de Diaghilev, Marie Rambert, qui accepterait peut-être une élève à temps partiel, car sa clientèle n'était encore point trop nombreuse. Diana mena désormais une double vie : première de sa classe à l'école, elle devait faire tenir son entraînement chorégraphique dans les heures qui lui restaient.

Mme Rambert était tout l'opposé d'un professeur gentil; dynamique selon la tradition russe et celle de la danse, mais impitoyable par ailleurs, elle employait l'insulte et le sarcasme comme méthode d'enseignement. Pendant les dix longues années où Diana travailla avec elle, elle ne se souvient pas d'avoir entendu un seul mot d'éloge ou de réconfort, et Mme Rambert ne prenait pas plus soin du bien-être physique des enfants qui, en hiver, effectuaient leurs pliés dans des studios glacés; tout était commandé par un implacable perfectionnisme; on aurait dit un Monsieur Loyal revêche entraînant ses poneys sur une piste de cirque. En dépit, ou peut-être à cause, de ce traitement impitoyable, l'école Rambert finit par être reconnue comme la meilleure de Londres — du moins avant que celle de Sadlers Wells n'ouvrît —, et la contribution de Marie Rambert à l'art de la danse est aujourd'hui considérée comme inappréciable.

Au printemps 1929, Rambert téléphona un lundi matin à la mère de Diana pour lui recommander de ne pas laisser partir sa fille à l'école et de l'envoyer à la salle de danse « avec une tunique propre », puis elle raccrocha sans donner d'explication. En arrivant, Diana trouva les autres danseuses déjà tout en émoi à la nouvelle que Diaghilev allait assister à leur cours; en plein exercice, elles virent en effet entrer un homme d'assez petite taille, dont le visage paraissait d'autant plus pâle qu'il portait une moustache dessinée à l'encre de Chine. Le cours terminé, Diana fut priée de rester et de danser un extrait de la *Belle au bois dormant* de Tchaïkovsky, les « Variations de la fée Œillet », et, en compagnie de Frederick Ashton, l'adagio de *Léda et le Cygne* que celui-ci avait créé à son intention. Encore médusée d'avoir vu son dieu, Diana avait regagné le vestiaire, un pied déjà déchaussé, l'autre pas encore, quand Dieu frappa à la porte : « Mademoiselle Diana, annonça-t-il, *vous allez venir dans mon ballet* *. » Puis, s'adressant à Rambert qui se tenait derrière lui, il lui recommanda de ne pas faire travailler Diana trop dur dans les mois à venir : « *Je ne veux pas de muscles chez les femmes* *. » Il préférait plutôt la beauté *art nouveau* *. Le côté « vrille de vigne » de Diana lui fit déclarer galamment : « *C'est la seule jeune fille que je voudrais épouser* *. » Les quinze jours suivants, il la fit assister à tous les ballets de Covent Garden, l'emmena dans les coulisses, la présenta à sa compagnie et surtout à Tchernicheva qui devait la chaperonner en septembre à Monte-Carlo.

Mais le prince qui devait la tirer de l'obscurité mourut cet été-là. Deux ans plus tard, la même chose se répéta. Pavlova

* En français dans le texte.

vint à son tour au cours de Rambert, à son tour elle choisit Diana parmi tous les autres danseurs — cette fois comme étoile — et elle mourut à son tour avant que son invitation ait eu la moindre suite. Diana se mit désormais à croire que les appels du destin seraient toujours pour elle des erreurs de numéro. Les dieux semblaient avoir introduit cette singularité jusque dans son physique, car l'adolescente se mit à grandir par à-coups et chaque pouce qu'elle gagnait la disqualifiait pour jouer les rôles classiques qu'elle aurait pu convoiter. Bien qu'Arnold Haskell, vétéran des critiques de ballet anglais, eût dit d'elle qu'elle était « la plus remarquable jeune artiste qu'ait produite la danse anglaise », sa carrière continua d'être semée d'embûches. Mais elle n'en était pas moins obstinée à les vaincre. Après avoir quitté la tutelle de Rambert, elle entra dans la troupe de Balanchine, dansa dans *l'Après-Midi d'un faune* avec Serge Lifar et dans d'autres rôles, tout en continuant de suivre des cours chez Matilde Khessinskaïa, à Paris. Puis elle dansa avec le ballet de Basil, avec Nijinska, avec Massine, avec la troupe Markova-Doline, toujours comme danseuse étoile, et dans des rôles très variés. Quand elle ne trouvait pas d'engagement pour la danse, elle jouait dans de simples pièces de théâtre, sans transition et sans problème, car l'interprétation dramatique avait toujours été son fort. En fait, quand je la rencontrai pour la première fois, elle venait tout juste de jouer et de danser le rôle de Frou-Frou de *la Veuve joyeuse*, dans une mise en scène de Cyril et Madge Ritchard; cet engagement l'avait déjà conduite en Égypte et en Italie pour jouer devant les troupes, et devait la mener ensuite en France, en Belgique et en Hollande, peu de temps après que j'y fus moi-même passé.

En 1943, j'avais trouvé Marcel Gazelle astreint au célibat « militaire », séparé de Jacqueline qui était néanmoins parvenue à fuir la zone occupée et à gagner Lisbonne, sur le chemin détourné de leurs retrouvailles. En 1944, elle était arrivée elle aussi à Londres, mais pour y être à nouveau abandonnée quand Marcel m'accompagna pour une incursion sur le continent dans la foulée du débarquement allié.

Quand nous atterrîmes à Bruxelles en septembre 1944, la bataille d'Arnhem se disputait encore, Anvers était bombardé chaque nuit et le sort de la Belgique semblait encore suspendu à un fil. Matériellement et psychologiquement, le pays n'appartenait pour le moment à personne en particulier; l'envahisseur était parti mais la présence des libérateurs était encore sporadique et incertaine. Avec la multitude de zones de danger, de routes minées et de ponts sautés, le voyage dans ce paysage ravagé consistait en une ingénieuse combinaison de solutions de fortune à bord de voitures et de camions d'emprunt passant sur les ponts flottants de l'armée ou transbordés par des bacs privés. Sans cesse arrêté par telle ou telle autorité sans caractère légal, on ne savait jamais à qui on allait avoir affaire : aux Américains, aux Canadiens, aux Belges libres ou au maquis local, et le problème le plus ardu auquel nous devions faire face était sans doute celui d'avoir un laissez-passer accepté par tous. La libération était encore trop récente et précaire pour que règne l'euphorie, mais d'heure en heure les rayons de l'espoir gagnaient en intensité. Comme on s'en doute, cette brève incursion dans son pays natal était encore plus émouvante pour Marcel que pour moi.

Après notre premier concert à Anvers, nous fûmes invités à un dîner offert par la municipalité dans un immeuble adjacent à celui que venait d'évacuer le quartier général de la Gestapo. Ce fut un événement inoubliable, je n'ai jamais assisté à une scène de réjouissance plus étrange. La table était couverte d'argenterie fine et de cristaux et les meilleurs vins y étaient servis, le tout précipitamment sorti des cachettes pour le premier dîner officiel de la liberté, mais on ne parlait pas, on chuchotait. J'avais l'impression que l'habitude de se taire, observée depuis au moins quatre ans, avait été plus vite à prendre qu'à perdre. Mes voisins de droite et de gauche chuchotaient les horreurs et les privations dont ils avaient souffert, et je m'aperçus qu'à mon tour je m'étais mis à leur chuchoter ma sympathie, ma commisération. Apportant de nouveaux verres pour un vin différent, le serveur annonça le cru en chuchotant, et l'on porta des toasts chuchotés, comme des serments échangés par une société secrète réduite au désespoir. C'était vraiment un curieux spectacle qu'un apparat aussi furtif. Anvers restant une ville vulnérable, on ne nous permit pas d'y demeurer après le coucher du soleil et l'on nous renvoya à Bruxelles où devait avoir lieu un autre concert, suivant un trajet plein de détours et d'interruptions. De là, nous aurions dû retourner en Angleterre, mais j'étais décidé à ne pas retraverser la Manche sans avoir revu Paris. Aussi Parisien que moi, Marcel montrait une égale résolution à m'y suivre.

Les transports terrestres — quand ils existaient — étant lents et peu assurés — nous nous fîmes embarquer pour Le Bourget à bord d'un avion américain et nous arrivâmes à Paris en jeep, sans être annoncés et sans arrangements préalables. Le fait d'être arrivés jusque-là constituait une excuse amplement suffisante pour réaliser un vieux caprice : nous descendîmes au Ritz. J'arrivai à me procurer un des rares taxis que je gardai pour presque toute la nuit, et je dus faire l'effet d'un revenant d'un autre âge en débarquant successivement chez chacun de mes amis dans une explosion en chaîne de bouchons de champagne : Jacques Thibaud, Marcel Ciampi, Pierre Bertaux, Bigina et Ferruccio à leur restaurant de Ville-d'Avray, sans oublier mon agent Maurice Dandelot.

Je passai ainsi une nuit extraordinaire. C'était un mercredi, et le samedi soir je devais être à Londres, prêt à me rendre le lendemain matin aux studios de guerre de la BBC à Bedford pour diffuser la première exécution en Angleterre du Concerto de Bartók, sous la baguette de Sir Adrian Boult. Il me restait moins de trois jours à Paris, laps de temps plutôt réduit pour organiser un concert, en faire la publicité et y attirer du public; mais je ne pouvais admettre l'idée de partir sans avoir fêté la liberté retrouvée de la France. Je fis appel à mes anges gardiens habituels, l'aviation américaine : voulaient-ils que je donne un concert à Paris? Certainement. Une condition de mon côté : qu'ils m'assurent qu'un avion pourrait m'emmener à Londres le samedi en fin d'après-midi. D'accord. Je n'avais plus qu'à demander au dévoué Maurice Dandelot de mettre le concert sur pied. Il y arriva par un miracle d'organisation, faisant fi du manque de temps et des complications administratives et autres, comme si ces obstacles n'avaient simplement pas existé. On rouvrit l'Opéra, fermé depuis des mois, et lui donna un coup de balai rapide; les tickets furent imprimés à temps pour être mis en vente le matin même du concert; l'orchestre et son chef, Charles Munch, furent engagés. On répéta le samedi matin; il y eut un déjeuner d'honneur offert par la ville de Paris, et à trois heures de l'après-midi le concert commença.

Trois heures plus tard, il n'avait toujours pas l'air de vouloir finir. La réouverture de l'Opéra, la première occasion d'y jouer la Marseillaise depuis le milieu de l'année 1940, conféraient à l'événement une portée nationale et une signification quasi mystique. Je ne sais qui le ressentit le plus intensément, du public ou de moi-même et des autres musiciens sur scène : on aurait dit que nos cœurs allaient tous ensemble éclater de joie. Dans les coulisses, deux Américains attendaient avec nervosité de nous conduire, Marcel et moi, à la base aérienne de Villacoublay pour nous voir nous envoler avant la tombée de la nuit. Les applaudissements à n'en plus finir étaient suivis de bis et de nouveaux applaudissements; les Américains me prirent mon violon des mains; j'empoignai celui du premier pupitre pour un dernier bis, dis au revoir, et une demi-heure après, après avoir foncé à une vitesse inquiétante à travers les rues désertes de la capitale, je grimpai, encore en tenue de concert, à bord de notre petit bimoteur. Le circuit électrique de l'avion tomba en panne au-dessus de la Manche. Le pilote parvint à gagner la côte anglaise et, dans la nuit tombante, atterrit par mesure de prudence dans un champ labouré.Nous le laissâmes avec son engin et marchâmes jusqu'à la route la plus proche où un bus ne tarda guère à passer, ses phares bleus exigés par le couvre-feu à peine visibles dans l'obscurité. Il nous déposa à une gare de chemin de fer où nous prîmes un train d'intérêt local, et nous finîmes par arriver à Londres au milieu de la nuit. Je restai éveillé à écrire des lettres, donnai mon concert radiophonique comme prévu et repartis le lendemain pour les États-Unis.

De retour en Californie, je reçus un télégramme de Harold Holt, mon agent anglais, m'offrant un cachet rondelet pour participer à un aspect de l'industrie du spectacle auquel je n'étais pas encore initié : on me demandait de fournir la musique d'un film appelé *l'Archet magique*, censé être une vie de Paganini, dont la Rank devait commencer le tournage à l'été 1945. Harold Holt, successeur de Lionel Powell qui s'était occupé de mes débuts à Londres, était un des plus grands imprésarios; chaleureux, franc et bon vivant, il était plein d'anecdotes sur les virtuoses excentriques d'antan, et tout le monde l'aimait. C'est quelqu'un que je suis content d'avoir connu. Il se maria fort tard, sa mère l'ayant asservi, lui et ses sœurs, bien au-delà de l'âge normal. Je rencontrai Mrs Holt mère à son appartement du Claridge pendant la guerre; ses filles étaient aux petits soins pour elle et gardaient une corbeille de fruits constamment garnie d'oranges à proximité de son divan — alors qu'il était pratiquement impossible de s'en procurer à l'époque.

Je sautai sur l'offre de Rank qui me donnait l'occasion inespérée de retourner à Londres et de revoir Diana; j'aurais été heureux d'accepter ce travail même s'il avait été encore deux fois plus douteux. Prévoyant tout de même que l'idée de Paganini que se faisait l'industrie du cinéma risquait de ne pas coïncider avec la mienne, je posai pour condition d'enregistrer la musique d'abord : je n'avais pas l'intention d'avoir à ajuster mon interprétation sur les rythmes d'un autre. Je formulai en outre le vœu pieux que le scénario serait fidèle à la lettre et à l'esprit de la vie du Maestro, tout aussi pittoresque en elle-même que n'importe quelle élucubration hollywoodienne, et j'annonçai que j'apportais avec moi des sources authentiques, dont les lettres de Paganini, publiées par la ville de Gênes. Pour ce que mes documents ont servi, j'aurais aussi bien fait de laisser ce supplément de bagage en Californie. La Rank avait acquis les droits d'une « version » romancée du sujet et n'avait pas la moindre intention de s'en laisser distraire par la vérité historique. On m'envoya le scénario dès mon arrivée à Londres : je n'ai jamais rien lu de plus idiot ni de plus vulgaire. C'était à pleurer ou bien à rire, et comme Diana était là pour en goûter avec moi les absurdités, j'en ris. Je me lavai les mains du film et me bornai à faire mon travail : celui-ci ne pouvait que me plaire puisqu'il s'agissait d'enregistrer la musique de mon choix de la façon que j'avais choisie.

Mais, pince-sans-rire, je suggérai que, jouant à la place de Paganini, je pourrais aussi bien tenir son rôle. En fait, mon emploi du temps m'en aurait bien empêché, même si j'avais possédé les qualités d'acteur requises, mais on prit ma suggestion suffisamment au sérieux pour me faire faire un bout d'essai, et Stewart Granger, déjà engagé pour le rôle, ne savait plus exactement à quoi s'en tenir. Il était fier de son physique, en quoi il n'avait pas tort, et me demanda, non sans quelque nuance de dédain peut-être, où j'allais pouvoir trouver un costume pour mon bout d'essai. Je le consolai en lui disant : « Ne vous tracassez donc pas, Stewart, je suis sûr qu'on peut allonger le vôtre. » Le jour J arriva. Diana avait fait de son mieux pour essayer de me donner quelques conseils, mais je m'étais avéré incapable de rien apprendre. Parfaitement comique en haut-de-chausses et en perruque, je ressemblais aussi peu que possible à cet être de vif-argent qu'était Paganini. Je me retrouvai partageant un balcon padouan avec Phyllis Calvert, en pleine scène d'amour. Le texte avait de quoi faire rougir n'importe qui, non de passion amoureuse mais tout simplement de honte, et ma récitation peu convaincante mit un point final bien mérité à ma carrière d'acteur. Cet épisode eut tout de même une compensation : il en est resté des photos de plateau qui font toujours la joie de nos enfants.

Juillet 1945. La guerre en Europe était terminée depuis quelques semaines, la guerre contre le Japon allait encore en durer quelques-unes. Je retournai en Allemagne pour la première fois depuis la chute de la République de Weimar. Cette fois, je n'allais pas suivre l'itinéraire orchestral de ma jeunesse, mais jouer pour les personnes déplacées et les survivants des camps de la mort qui, n'ayant nulle part où aller, continuaient d'y résider. Comme beaucoup de gens à cette époque, Juifs ou non Juifs, je dus laisser s'imprimer dans mon esprit les images d'une réalité qui dépassait l'imagination et offrir aux victimes encore vivantes la compassion, le repentir et la solidarité de ceux qui n'avaient pas souffert. Je demandai aux autorités britanniques la permission de visiter les camps dans leur secteur; elles me l'accordèrent, et Gerald Moore accepta de m'y accompagner. C'est également à cette époque que je rencontrai Benjamin Britten, une semaine environ avant notre départ, à une réception londonienne donnée par les éditeurs musicaux Boosey & Hawkes. De retour en Angleterre après avoir passé la plus grande partie de la guerre aux États-Unis, lui aussi était en quête de quelque engagement au moment où d'effrayants abîmes de la condition humaine venaient d'être si cruellement révélés. Il se rallia aussitôt à mon initiative et me pria instamment de l'emmener. Gerald Moore lui céda aimablement sa place.

Tous les compositeurs ne font pas de bons accompagnateurs, mais j'ai eu la chance d'en connaître qui, tels Britten et Enesco, savaient se mettre au service d'une musique pour laquelle ils n'éprouvaient guère de sympathie, comme c'était le cas de Britten à l'égard de Beethoven. Ils en saisissaient l'intention trop rapidement, trop globalement pour que ce fût le résultat d'un effort, d'une façon qui évoquait plutôt l'appartenance à une secrète franc-maçonnerie de compositeurs, hors du temps et leur conférant une compréhension instantanée. Comme les admirateurs des récitals de Ben avec Peter Pears le savent, c'était un pianiste exceptionnel, dont l'accompagnement inspiré faisait preuve d'une sensibilité, d'une imagination et d'une force de soutien remarquables. J'ai toujours considéré comme un privilège et une joie de jouer avec lui.

Nous voulions répéter quelques programmes avant de quitter Londres, mais nous y renonçâmes au bout de cinq minutes : nous possédions plus de morceaux que nous ne pourrions jamais en donner. Notre compréhension mutuelle semblait si intuitivement sûre que nous nous en remîmes à la chance et à notre entente musicale, et partîmes ainsi pour l'Allemagne. Nous emportions à peu près tous les classiques du violon — concertos, sonates, petits morceaux — que nous interprétâmes, sans les avoir répétés, deux ou trois fois par jour pendant dix jours, sur les plus sinistres décombres du IIIe Reich. A Belsen, nous jouâmes deux fois en un seul après-midi. De ma vie, je n'oublierai ce spectacle. Les prisonniers du camp avaient été libérés quelques semaines plus tôt, les baraques des prisonniers avaient été brûlées, et ceux-ci avaient été transférés dans les casernes attenantes des SS, qui disposaient entre autres commodités d'une salle de spectacles. Tout notre auditoire, hommes et femmes, était habillé de couvertures de l'armée dans lesquelles d'adroits tailleurs recrutés parmi eux avaient coupé jupes et complets. Les quelques semaines qui s'étaient écoulées depuis leur libération leur avaient certainement remis un peu de chair sur les os, mais, pour nous qui n'avions encore rien vu, leur maigreur restait épouvantable; beaucoup d'entre eux étaient d'ailleurs encore à l'hôpital. Parmi les hospitalisés, il y avait un jeune garçon tzigane qui me frappa tant par son air de dramatique douceur que je l'eusse adopté sur-le-champ si ma vie familiale n'avait été un tel chaos. Trente ans se sont écoulés depuis et un certain nombre de gens qui avaient composé ce public de Belsen sont venus se présenter à moi dans les coulisses, rendus au monde des vivants en Israël, en Australie ou ailleurs; mais jamais je n'ai revu ce jeune tzigane.

Londres était mon port d'attache, Diana l'étoile qui m'y ramenait; ma tristesse s'envolait dès que j'étais avec elle. Tant que nous étions ensemble, je chassais de mon esprit les absences inévitables, le problème que je n'avais pas résolu, espérant à part moi trouver moyen de mettre un terme à mon ancienne vie et de lui en offrir une nouvelle qui ne fût semée que d'un minimum d'embûches.

Je n'ai jamais vu danser Diana (sauf à l'écran, car je possède une bobine de film de 16 mm fort heureusement conservée), mais je la vis jouer cet été-là dans *Jacobowsky et le Colonel*, de Franz Werfel, et lui trouvai sur scène une présence extraordinairement vibrante et communicative. Elle vint pour sa part à mes concerts et nous assistâmes ensemble à ceux d'autres musiciens, notamment un récital donné par Pablo Casals. D'une façon ou d'une autre, je réquisitionnais tout son temps libre et, en d'innombrables heures de *tête-à-tête* *, pus faire la découverte fascinante de l'univers entier que nous partagions. Bien que notre histoire et ses circonstances différassent par tous leurs aspects conjoncturels, nous nous rejoignions sur tout l'essentiel; nous n'abordions guère de sujets sur lesquels nous ne constations notre communauté de vues. Je trouvai Diana comme en pleine possession de domaines dont j'avais les clés mais où je n'avais jamais sérieusement pénétré — poésie, littérature, parole. C'est elle qui m'a inculqué un langage dans lequel m'exprimer clairement, car, tandis que je n'avais rencontré d'obstacles qu'assez récemment, ceux auxquels elle s'était heurtée de bonne heure lui avaient fait retourner son regard sur elle-même, où elle pouvait percer mes propres ténèbres mieux que je ne l'aurais fait. En sens inverse, je pouvais voir en elle le double de ma propre expérience, cette vie intérieure que nous avions eue l'un et l'autre au cours de notre enfance : la même aspiration à atteindre l'expression la plus élevée dans l'ordre de la beauté et de l'art, la tristesse à laquelle l'artiste ne saurait échapper dans la mesure où il ne peut exprimer que ce qu'il porte en lui, où il doit chercher, être déçu, chercher encore. J'aimais sa profonde humanité, sa compréhension de la douleur, mais tout autant son esprit, le courage et la vitalité qui la maintenaient à flot au-dessus des pires tempêtes de l'existence.

Toutes les occasions de nous rapprocher étaient précieuses, qu'il s'agît d'un dîner en tête-à-tête, des imbécillités de *l'Archet magique*, d'une promenade dans Londres épuisée par la guerre, ou d'une rencontre en territoire à nous deux étranger. Jacob

* En français dans le texte.

Epstein me demanda de poser pour lui. Après une ou deux séances, j'invitai Diana à animer les suivantes. Sa conversation suffisait à mettre la lumière de l'intelligence sur mon visage et le sculpteur avançait très vite, mais je dus partir pour l'Europe de l'Est. Il ne restait plus qu'une ou deux séances de pose pour terminer, mais on me dit à mon retour que le chat avait pénétré la nuit dans l'atelier d'Epstein et fait tomber à terre mon effigie réduite en misérables miettes... On me modela rapidement une nouvelle tête qui fut coulée en bronze et se trouve aujourd'hui dans ma maison de Londres. J'ai connu pas mal d'artistes (et, parmi eux, au moins un sculpteur, le regretté Sir Charles Wheeler), dont l'atelier était toujours impeccable, qu'on ne surprenait jamais en pantoufles ou dépenaillés, comme si chaque jour était pour eux dimanche. Epstein ne faisait pas partie de cette catégorie; chez lui, on voyait partout des statues finies en train de sécher et d'autres à moitié achevées, enveloppées de linges humides, tandis que le sol était parsemé de mottes et de boules de glaise. Il était lui-même comme ses sculptures : on aurait dit que le bon Dieu l'avait façonné à grands traits, sans guère prêter attention au détail. Tout en lui avait de l'ampleur : sa présence, sa vision, ses émotions, pour ne point parler de ses talents de conversation : un flot de paroles se déversait irrésistiblement sur son modèle, le réduisant à la passive immobilité du roc.

Ces moments chéris passés avec Diana devaient prendre place parmi les trop brèves journées qui me restaient entre mes va-et-vient incessants, lesquels ne firent que s'allonger et se multiplier au fur et à mesure que l'Europe se libérait. Ayant posé à l'ambassade soviétique à Londres la question de la possibilité d'un voyage à Moscou, et encore incertain du résultat de cette démarche, je repartis à nouveau en octobre 1945, cette fois pour Prague, apporter ma contribution aux réjouissances de la Tchécoslovaquie en y jouant le Concerto de Dvorák.

Je fis ce voyage en curieuse compagnie, passager supplémentaire à bord d'un appareil occupé par le gouvernement Beneš, tout en émoi d'en avoir fini avec les années d'exil. Le hasard voulut que Prague fût dans le brouillard et qu'au lieu d'y atterrir, on nous déviât sur Carlsbad, alors aux mains de l'armée russe. Nous n'avions pas plus tôt débarqué qu'une altercation éclata entre les contrôleurs soviétiques et notre équipage anglais. Étant apparemment le seul passager à savoir écorcher quelques mots de russe, on eut recours à moi comme truchement et médiateur pour faire baisser le ton de part et d'autre. Les Russes s'étaient obligeamment offerts à garder l'avion tandis que nous dînerions et passerions la nuit, mais le pilote avait des ordres, et sans aucun doute des valises diplomatiques justifiant ces ordres. Même les questions acides des Russes, du genre : « Vous n'avez donc pas confiance en nous? Ne sommes-nous pas vos alliés? », ne purent le fléchir ni l'éloigner de son poste. Les passagers, en revanche, acceptèrent l'invitation de partager le repas des troupes au mess. La nourriture était simple, un seul plat de viande et de légumes mélangés et servis dans un bol, mais le déploiement de verres devant chaque convive me donna l'impression que toutes les boissons de la terre avaient été prévues, et indiquait à l'évidence que cette petite fête n'avait pas pour but de simplement nous rassasier. Nous passâmes environ deux heures à table où l'on nous servit force rasades de bière, de vins, de schnaps et de vodka, de tout sauf de champagne, jusqu'au moment où quelqu'un annonça qu'on avait trouvé des voitures pour nous conduire, les Tchèques et moi, jusqu'à Prague. Nous y arrivâmes au petit matin en plein brouillard. Le concert inspira tout l'enthousiasme national qui convenait en la circonstance : c'était le premier événement musical depuis la libération, on jouait la musique du héros du pays, etc. — mais je dois avouer que ma contribution se ressentit un tantinet de mon escale alcoolisée à Carlsbad.

Le lendemain, alors que j'étais sur le point de repartir pour Londres, la proposition que j'avais faite aux Russes aboutit avec une soudaineté déconcertante. Je reçus un message comme quoi je serais assurément le bienvenu à Moscou : pouvais-je me rendre immédiatement à l'aéroport de Prague où un avion m'attendait pour me conduire en Union soviétique? Cette fois, ce fut mon tour de caler. Je n'étais pas prêt à causer de la déception à Diana, sans parler de la mienne, en ne rentrant pas comme promis. Tout en me déclarant enchanté et reconnaissant, je demandai donc aux Russes de transférer leurs divers arrangements à Londres et de retarder mon départ de deux ou trois jours. Ils furent vexés de voir échouer leurs plans et se firent prier, mais finalement s'exécutèrent. Quelques années plus tard, il se produisit un incident qui fut peut-être comme l'ironique contrepartie de celui-ci ou peut-être ma punition pour mauvaise volonté. C'était en juillet 1948. J'étais de nouveau à Prague, où je venais d'arriver de Budapest avec Marcel Gazelle, en transit pour Londres et le festival d'Edimbourg. Cette fois, au lieu d'affréter un avion et de mobiliser son équipage exprès pour moi, quelques policiers militaires russes et tchèques vinrent à bord de celui où j'étais déjà confortablement installé pour m'en faire descendre. L'incident n'eut pas plus d'explications que de conséquences dramatiques. On me consigna dans un hôtel assez longtemps pour me permettre d'assister à un défilé démocratique et populaire agrémenté de portraits géants de Staline et d'autres héros, et on me relâcha le lendemain, encore à me demander ce que tout cela voulait dire, pour me permettre de poursuivre mon voyage interrompu. Marcel n'avait pas été arrêté : en débarquant, il avait téléphoné à Diana, à présent ma femme, qui passa vingt-quatre heures cauchemardesques; elle m'imaginait déjà en Sibérie; c'était juste quelques jours avant la naissance de Gerard, notre fils aîné.

Pour se rendre à Moscou, en novembre 1945, on changeait d'avion, d'aéroport et de société à Berlin, où Tempelhof se trouvait dans le secteur américain et desservait l'Ouest tandis qu'Adlershof, dans le secteur russe, desservait l'Est; pratique qui s'est simplement pétrifiée en politique depuis une trentaine d'années, sauf que les vols aboutissent désormais directement à Vnoukovo et que l'Aeroflot a des bureaux un peu partout dans le monde. Je me trouvai de nouveau bloqué à l'atterrissage, car le brouillard qui avait recouvert Prague quelques jours auparavant descendait à présent sur Berlin, interrompant les liaisons aériennes. Les autorités américaines me procurèrent un gîte et je passai deux jours à ne rien faire qu'errer parmi les ruines de la grande ville que je n'avais pas revue depuis près de quinze ans. Je devais rester en contact avec les Russes pour savoir quand j'aurais finalement ma correspondance. Je commençai par utiliser la voie hiérarchique normale pour communiquer; ma requête faisait l'ascension des divers échelons américains, était transmise aux Russes, redescendait chez eux jusqu'à l'échelon où l'on s'occupait de moi, et la réponse refaisait le même trajet en sens inverse. Il fallait une journée entière pour simplement entrer en contact par ce biais; exaspéré, j'empruntai une voiture de l'armée américaine pour me rendre à Adlershof, donnai mon numéro de téléphone aux autorités de l'aéroport et relevai le leur. Au matin du troisième jour, on m'avisa de me présenter, prêt à embarquer.

Il était encore si tôt que les troupes soviétiques étaient à peine réveillées et l'on voyait partout des soldats avec leur petit plat à barbe en fer-blanc à la main, vêtus d'un costume indéfinissable qui tenait à la fois de l'uniforme et de la fantaisie personnelle. On me fit passer dans le bureau du commandant, une femme terrifiante comme seule la Russie en produit. Elle arborait tous les signes de la virilité, moustache comprise, et visiblement régnait sans mal sur l'aéroport d'Adlershof. Installée derrière son bureau de fortune, elle me toisa froidement et me demanda si j'avais entendu parler de David Oistrakh. Bien sûr, je n'avais pas seulement entendu parler de lui, mais j'espérais bien faire sa connaissance ce jour même. Est-ce que je savais quel grand musicien il était? Mais oui, assurément, et je dis que j'avais énormément d'admiration pour lui. Mais ce n'était pas assez pour adoucir cette femme que de connaître, d'admirer et de vouloir ardemment rencontrer Oistrakh. Sa question suivante me remit à ma place : avais-je gagné des médailles? A ma grande honte, je dus admettre qu'à vrai dire je n'avais encore rien gagné de semblable. Eh bien, Oistrakh, lui, avait reçu des dizaines de décorations : il était Héros de l'Union soviétique, l'idole du Peuple, titulaire de ceci, récipiendaire de cela; elle savait par cœur toutes ses distinctions et récompenses. Je dis qu'il les méritait bien et elle me laissa aller.

Dans la mesure où je pus m'en rendre compte, tout l'équipement de l'aéroport paraissait américain, y compris l'avion à bord duquel je montai; c'était un DC 3, mais un DC 3 décoré selon les rêves d'une Schéhérazade victorienne, avec des canapés de velours et de jolis petits pompons aux stores des hublots. Il avait certainement été aménagé pour des passagers de marque, mais, bien que nous ne fussions que six ou sept, nul d'entre nous n'eut droit au divan. Nous prîmes donc place sur nos sièges, puis, sans aucune des vérifications habituelles, douanes, essais de moteurs, etc., l'appareil se dirigea vers la piste et décolla. Quelques heures plus tard, nous atterrissions à l'aéroport de Moscou; c'est là que je vis pour la première fois, au pied de la passerelle, sur l'aire de stationnement, dans le vent et l'humidité d'un après-midi de novembre, David

Oistrakh, qui pendant près de trente ans devait rester pour moi un ami inestimable, jusqu'à sa mort prématurée en 1974 à Amsterdam.

Ma mère avait beau dépenser des trésors d'énergie à surveiller l'entourage de ses enfants avec la plus grande rigueur, poussée dans ses retranchements, elle reconnaissait que l'hérédité comptait bien davantage. Je lui fais au moins un bout de chemin dans la voie de ce culte : les liens entre présent et passé (et aussi avenir) ont pour moi une importance considérable. Ils font un tout de l'aventure humaine, lui donnent sens, et nous ne pouvons les trancher qu'à nos risques et périls. Ma visite en Russie avait donc une signification sans commune mesure avec sa brièveté et le fait qu'elle se limitait à Moscou. Plus profondément encore que la Roumanie elle m'a ramené à mon passé, à la langue, aux rythmes et aux paysages de mes ancêtres, au monde réel et au monde rêvé de ma mère. Avec l'Inde, quelques années plus tard, je devais découvrir dans cette patrie à la fois étrange et familière qu'on appelle l'Orient des résonances encore plus profondes; mais en 1945, sept ans avant l'Inde, la Russie fut pour moi le comble de la légende incarnée, légende immensément séduisante et qui mettait toute mon existence en perspective. Comme je devais une bonne part de mon tempérament à la Russie, j'avais — j'ai toujours — le sentiment d'avoir des droits sur elle. J'avais grande envie de visiter la Crimée, la Géorgie, les régions infiniment romantiques du Sud qui avaient formé ma mère. Le temps me privait de ces espoirs, mais, bien que Moscou fût nordique, j'y trouvai des répliques de l'idéalisme intrépide de ma mère, de cette volonté de modeler la vie selon des critères de devoir et perfection, plutôt que de se laisser passivement façonner par ses aléas.

Mais il y avait une autre sorte de rigueur qui pesait sur la capitale de Staline, la rigueur impitoyable, brutale et monstrueuse d'un régime qui foulait aux pieds idéaux et individus pour les faire ramper devant le tyran. Heureusement, les pires aspects m'en furent épargnés. Tout d'abord, je rencontrai fort peu de personnalités officielles, la charge d'organiser mon séjour étant entièrement confiée à des musiciens; d'autre part, n'étant pas moi-même un officiel, mais un civil sans la moindre importance militaire, politique ou diplomatique, on m'accueillit comme si j'étais le vivant symbole de l'alliance entre l'Est et l'Ouest. Enfin, et cet élément fut le plus décisif, mon arrivée eut lieu dans l'interlude euphorique entre la guerre et la guerre froide, à un moment où l'allégresse de la victoire et les espoirs de la paix retrouvée paraissaient, aux simples citoyens que je rencontrai comme à moi-même, des attitudes parfaitement raisonnables. Il en résulta des démonstrations d'affection plus chaleureuses encore que je n'avais osé l'espérer. Comme pour justifier mon sentiment d'explorer ma propre histoire, je rencontrai en effet quelques parents éloignés. A l'aéroport m'attendait, avec Oistrakh et quelques autres, un gros homme sympathique et jovial, fonctionnaire du Gosconzert, l'agence d'État responsable des musiciens et des événements musicaux. Il se présenta : « M. Schneerson. — Ah mais, fis-je, c'est un nom qu'on trouve du côté de mon père! Nous devons être parents! » Il acquiesça assez placidement à cette suggestion, sans insister. Par la suite, deux dames d'un certain âge, tantes ou cousines de ma mère, se firent connaître; je fus tout de suite charmé par ces personnes discrètes et fort convenables que j'ai revues à chacun de mes passages successifs à Moscou. Elles me résumèrent leur façon de vivre, modeste matériellement — elles vivaient d'une pension du gouvernement — mais riche artistiquement, car leurs ressources leur permettaient tout de même de se rendre aux soirées de concert, à l'Opéra et au ballet.

Compte tenu du temps qui s'était écoulé depuis ma première démarche pour me rendre en Russie, ma visite ne dura que cinq ou six jours, au lieu de deux semaines ou plus, car j'avais des engagements ailleurs. Je dus, dans ce bref laps de temps, donner trois concerts, assister à deux banquets de gala, à plusieurs productions à grand spectacle, rencontrer autant de musiciens soviétiques qu'on put en mobiliser, et recueillir suffisamment de premières impressions pour remplir l'année entière que j'aurais pu avec profit passer dans le pays. De l'aéroport, on me conduisit à l'hôtel Métropole, relique de l'époque tsariste dont les lustres, le mobilier et les tapis gardaient encore, quoique un peu fanés, le souvenir de son grandiose passé. On me donna un appartement dominant la place Rouge et le Kremlin et je n'étais pas plus tôt installé que je fus envahi par une joyeuse horde de jeunes musiciens apportant une quantité extravagante de ce merveilleux caviar non salé qui semble avoir aujourd'hui disparu.

Hormis le caviar, Moscou ne semblait guère avoir à offrir, en fait de nourriture, que du pain noir et du caillé. Mes hôtes s'excusèrent de ce menu, mais personnellement il était tout à fait à mon goût, outre qu'il eût certainement paru digne de Lucullus à maints habitants de la ville. Moscou avait un air d'épuisement; la guerre n'y avait pas laissé de plaies aussi dramatiques que les rues bombardées de Londres ou les hectares de cratères et de décombres de Berlin, mais on avait une impression d'entassement, d'aménagements de fortune, de délabrement, de lutte réduite à la simple survie. Partout des citoyens faisaient patiemment la queue. Un jour, je faussai compagnie au guide que l'on m'avait assigné; je voulais me promener seul dans les rues pour avoir un sentiment un peu plus juste des difficultés de la population, et je me mêlai à une foule qui faisait la queue pour quelque dérisoire récompense comme un sachet de flocons d'avoine, peut-être, ou deux pommes toutes ridées. Entre les files d'attente devant les magasins d'alimentation et les banquets officiels, il y avait un abîme apparemment aussi atterrant que dans la France d'avant 1789. Au cours de la même escapade, en quête d'un souvenir pour Diana, j'entrai dans une librairie dont le fonds semblait à première vue exclusivement composé de plans quinquennaux certes intéressants en soi, mais aussi peu indiqués pour Diana que pour moi. Caché dans ses profondeurs obscures, j'y trouvai néanmoins un trésor : une histoire illustrée de la danse russe intitulée *Nash Ballet* (Notre Ballet). A défaut de roubles, j'offris des dollars. Pris de panique, le gérant me chassa littéralement de sa boutique. Je dus rentrer à l'hôtel, retrouver mon guide — maintenant aussi inquiet que le libraire — et m'en remettre à lui pour mon achat. Le livre fut ajouté aux nombreux cadeaux que j'emportai.

Toute la force et la sévérité de Moscou tenaient dans la vue que j'avais de ma chambre d'hôtel : cette grande place froide et sans élégance, nue, impressionnante, menaçante, sous les murs de la forteresse du Kremlin. Un matin que je contemplais ce sombre panorama avec mes collègues russes, l'un d'eux déclara : « Ça, c'est Moscou d'aujourd'hui, mais attendez un peu; dans quelques années, nous aurons des gratte-ciel et du pain blanc et nous pourrons vous recevoir comme vous le méritez! » J'essayai de leur expliquer que j'aurais autant aimé qu'il n'y eût jamais ni gratte-ciel ni pain blanc, mais ce fut peine perdue : tels étaient les symboles du progrès et il était absurde de vouloir les mettre en question.

Je félicitai mes amis des succès remportés par leur pays depuis la Révolution et de ses promesses d'avenir, mais je leur dis qu'il y avait tout de même une chose que je serais très heureux et rassuré de voir, si elle existait : quelqu'un qui eût fait le même travail depuis cinquante ans. Ils n'eurent pas besoin de sortir de l'hôtel pour me trouver un tel phénomène, c'était le garçon d'ascenseur. A travers deux guerres mondiales, une guerre civile, deux révolutions, la collectivisation des campagnes, des pogroms et des purges sans nombre et un ou deux plans quinquennaux, il avait vaqué à ses petites affaires et fait fonctionner son ascenseur. J'aurais pourtant dû savoir où trouver trace de cette stabilité, car j'avais retrouvé les mêmes figures dans tous les vieux hôtels à mon retour en Europe, après la guerre. D'autres gens avaient traversé les océans, s'étaient engagés dans l'armée régulière, dans les maquis, travaillaient dans les usines, les ministères ou les organismes de secours, mais le maître d'hôtel et le portier restaient à leur poste habituel, les épaules légèrement voûtées par la prévenance, avec la même expression de déférence et d'intérêt. Les rabbins acquièrent un ton de voix rabbinique, comme si la divine sérénité avait quelque chose à voir avec l'onctuosité du pétrole lampant; de même le portier d'hôtel prend un genre soumis qui lui permet de traverser sain et sauf toutes les conquêtes et libérations, indifférent à l'avènement comme à la chute des régimes.

Il y eut un incident moins sympathique, seul aperçu qu'il me fut donné de voir des sables mouvants où mes nouveaux amis devaient constamment veiller de ne point se laisser prendre. Avant de partir pour la Russie, et sachant qu'il n'y était jamais retourné depuis son émigration, j'avais demandé au grand violoncelliste Gricha Piatigorsky si je pouvais voir quelqu'un ou faire quelque chose pour lui à Moscou. Il m'avait dit alors qu'il se faisait du souci pour son père; tous les paquets, les envois d'argent et les lettres qu'il avait adressés à son père depuis tant d'années étaient restés sans réponse. Pouvais-je tenter de trouver sa trace? Je promis de faire de mon mieux et, dès mon arrivée à Moscou, priai mes collègues russes de m'y aider. En sortant de répétition, un matin, je vis dans l'entrée de l'immeuble un homme assez âgé que l'on me dit être le père de Piatigorsky. Le vieillard me laissa à peine le temps d'ébaucher un bonjour et se lança dans une violente sortie :

— Ah, vous m'apportez un message de mon fils ? s'écria-t-il. Si on peut appeler ça un fils ! Un fils qui oublie son père !

— Mais il ne vous a pas oublié ; au contraire, il se fait du souci pour vous ; c'est pourquoi j'ai voulu vous voir.

— Pourquoi n'écrit-il jamais ? Pourquoi ne m'envoie-t-il jamais rien ? Même pas un mot !

— Mais il ne fait que ça. Il envoie des lettres, de l'argent, des colis. Ils ont dû être égarés.

Loin de calmer sa colère et sa détresse, l'explication que j'offrais ne servit qu'à les détourner sur un nouvel objectif.

— Ce fichu régime de salauds ! Ils se moquent pas mal des vieillards. Ils les laissent crever. Ce sont des sans-cœur, des sans-pitié !

Il ne faisait pas le moindre effort pour mettre une sourdine à sa fureur mais au contraire la clamait à qui voulait l'entendre. Les musiciens qui nous entouraient étaient terrifiés. Ils le supplièrent de s'arrêter en l'appelant par son prénom et par son patronyme : « Calmez-vous ! De grâce, calmez-vous ! », mais rien n'y fit et ils durent l'entraîner, toujours vociférant. Je ne l'ai pas revu. Ce fut le seul fendillement significatif dans le vernis de bonheur de mon passage à Moscou.

La tranquillité ne fut pourtant pas le trait dominant de ce séjour, rempli à craquer de rencontres, de réceptions, de conversations et de visites en différents endroits, sans parler du spectacle d'une superproduction de *Cendrillon* dans le style de la Metro Goldwyn Mayer (l'héroïne faisait un tour du monde complet pour danser toutes les danses possibles et imaginables dans autant de décors différents) ; après cela, on me présenta à Oulanova ; j'assistai aussi à un opéra tzigane et à d'autres concerts donnés, comme les miens, devant un public passionné — et derrière tout cela j'éprouvais la sensation de pénétrer dans un monde musical et une façon de vivre qui auraient été les miens sans les vicissitudes de l'histoire. Mon plus grand plaisir fut naturellement d'entrer en contact avec des musiciens soviétiques, qui n'en étaient pas moins mes collègues, même si je faisais bien tard leur connaissance ;

j'eus l'occasion d'en revoir plusieurs, tant à Moscou qu'en Occident. Je dus corriger certaines conceptions erronées et tenir pour acquis des faits que j'ignorais : le classicisme de l'interprétation russe de Tchaïkovsky fut pour moi une heureuse surprise, après certaines interprétations débridées entendues ailleurs; et je fus fortement impressionné par l'excellence de l'apprentissage musical dispensé en Russie.

Ni à ce moment-là, ni plus tard, je ne pus néanmoins être tout à fait gagné à la tendance générale de la musique soviétique officiellement reconnue; elle m'intriguait plutôt, et ce fut encore le cas voici quelques années lors d'un hommage musical à Lénine. Le seul terme capable de le définir aurait pu être celui d'oratorio; d'une part, c'était une liturgie : Lénine dans le rôle de Jésus (ou plutôt Jésus incarné en Lénine) passait par toutes les souffrances avant de connaître l'apothéose; mais surtout cette composition était techniquement redevable aux Passions de Bach : un évangéliste-narrateur, des récitatifs et des arias en solo, et des hymnes pour l'ensemble choral. On y voit une jeune ouvrière s'évanouir quand Lénine visite une usine et, au sortir de cette expérience mystique, elle lui tend une rose. C'est un extraordinaire exemple de religion socialiste, que j'aimerais beaucoup pouvoir présenter un jour au public occidental... Hormis quelques bizarreries de ce genre, la musique soviétique est d'un niveau très élevé, mais sa soumission au goût des masses, ou à celui du Kremlin, son recours à une gamme limitée d'émotions simples, produisent une impression de banalité et d'ennui pour les oreilles étrangères. Les directives supérieures en sont largement responsables; je doute pourtant que, placés dans les mêmes conditions d'émancipation et de raffinement qu'un Stravinsky, des compositeurs tels que Kabalevsky ou Katchatourian, quoique très habiles à produire des effets, auraient pu égaler son originalité et sa puissance. Quoi qu'il en soit, les directives et interdictions régissant la composition musicale soviétique ont été la cause d'au moins une tragédie.

Cela faisait un choc de rencontrer Dimitri Chostakovitch quand on l'avait d'abord connu par ses œuvres; contrastant avec la force sauvage, l'ampleur rhétorique et le caractère grandiose de celles-ci, c'était un homme *chétif**, timide et

* En français dans le texte.

mal assuré ; il avait l'air d'un perpétuel étudiant et à le voir, on aurait juré que s'il pouvait produire une ou deux chansonnettes, c'était bien le bout du monde. Il était resté longtemps ignoré, puis il accepta de se mettre sous le joug, écrivit pour émouvoir les foules et fut comblé d'honneurs. Il a donné au monde des œuvres merveilleuses, mais j'ai l'impression que bien d'autres chefs-d'œuvre sont restés enfouis en ses tréfonds et sont à jamais perdus, puisqu'il est mort en août 1975 sans les avoir écrits. J'imagine que, s'il avait été libre de s'épanouir à son gré, sa musique aurait été plus subtile, plus expérimentale du point de vue harmonique, et qu'il aurait refusé ces effets criards qui parfois déparent ses meilleures pages. Je le regrette d'autant plus que je lui dois personnellement beaucoup ; son brillant *Concerto pour violon* offre à l'interprète les meilleures chances de déchaîner des tonnerres d'applaudissements.

En fait, c'est bien sûr à David Oistrakh que je dois le plus à cet égard, car le concerto avait été écrit pour lui et c'est lui qui, en 1955, m'en donna une reprographie, pour le jouer dans le monde entier en même temps que lui — bel exemple de désintéressement caractéristique de sa générosité en tant qu'ami et collègue. Je ne l'entendis pas jouer lors de mon premier séjour à Moscou (assez curieusement, nous n'y avons d'ailleurs jamais joué ensemble, bien que nous l'ayons fait dans la moitié des capitales musicales du reste du monde) ; mais, en dépit de cette lacune appréciable dans mes retrouvailles russes de 1945, il incarna d'emblée pour moi mon propre héritage juif-russe. Si je me sentais si proche de lui, c'est que nous n'avions pas seulement en commun cette origine et le même instrument, mais aussi les mêmes goûts en matière d'exécution. A cette époque, grâce à Enesco et à Busch, je jouais peut-être de façon un tout petit peu plus classique, et lui de façon un tout petit peu plus académico-romantique, mais la différence était à peine perceptible et elle eut tôt fait de s'effacer après la guerre quand nos styles se rapprochèrent de plus en plus. Oistrakh ne dirigeait pas encore d'orchestre, mais il avait déjà l'étoffe d'un musicien à qui toutes les voies sont ouvertes ; sa culture ne manquait ni d'étendue ni de profondeur, ses interprétations étaient aussi pénétrantes que souples et stimulantes. Il venait naturellement d'Odessa, fils d'un pauvre employé aux écritures qui jouait du violon pour son plaisir et y avait initié David de bonne heure. Après avoir terminé ses études au conservatoire d'Odessa en 1926, il n'avait pas tardé à devenir célèbre et adulé. En 1945, il était professeur au conservatoire de Moscou, idole de la Russie, ce qui lui valait le privilège, exceptionnel dans ce pays à bout de forces, d'occuper un appartement personnel avec sa femme Tamara et leur fils Igor : deux ou trois pièces seulement, agréablement encombrées d'instruments de musique, de partitions, de livres et de souvenirs. L'homme me plut immédiatement. Outre sa nature chaleureuse, son dévouement indéfectible et son bon cœur, il était simple et candide, ne cherchait jamais à se faire passer pour ce qu'il n'était pas ni à expliquer ce qui pouvait être difficile à comprendre chez lui; il se présentait tel quel, sans arrière-pensées, sans embarras, sans se poser de questions sur l'accueil qui lui était réservé; c'était un être complet, entier.

J'eus très vite l'impression de le connaître, mais comme il fut appelé hors de Moscou deux ou trois jours après mon arrivée, notre amitié n'eut vraiment la possibilité de s'épanouir qu'en mai 1947, à Prague où nous nous retrouvâmes pour y jouer ensemble. C'était à l'occasion d'une de ces cérémonies officielles que je déteste, avec des diplomates en rangs d'oignons sur des chaises dorées, venus applaudir des talents confirmés. Oistrakh, comme tous les artistes soviétiques — sans doute comme tout artiste sous un régime autoritaire —, avait l'habitude de jouer sur ordre. Des gens comme lui ne devaient pas particulièrement apprécier d'être convoqués au Kremlin pour faire impression sur les visiteurs, mais un Mozart, un Haydn avaient accepté pareil modus vivendi, pour ne pas parler d'Enesco au service de la cour de Roumanie. Élevé à l'américaine, exempt de telles obligations, j'étais toujours un peu gêné par la désinvolture avec laquelle le pouvoir tenait les artistes à sa disposition, mais ayant été invité à Prague par Oistrakh, j'attendais beaucoup de mon séjour et n'en avais nulle amertume. Nous devions jouer ensemble un nombre incalculable de fois, mais cette première fois, je m'en souviens, ce fut avec un simple accompagnement au piano. Si quelqu'un s'était attendu à quelque combat de gladiateurs dont l'un sortirait vainqueur et l'autre vaincu, il dut être déçu : comme toujours par la suite, il eût été impossible à deux artistes de jouer avec plus de respect et de compréhension mutuels, de travailler plus harmonieusement ensemble.

Je crois que c'est à cette occasion que David me fit présent de la *Sonate pour violon* de Prokofiev. Il me rendait ma politesse : en 1945, j'avais apporté avec moi en Russie les partitions d'orchestre et les parties de solistes de deux concertos, celui d'Elgar et celui de Bartók — j'avais d'ailleurs découvert qu'ils étaient tous deux connus des musiciens russes, par la BBC, bien que les partitions leur fussent introuvables. Mon cadeau n'avait pas été apprécié par tout le monde. Novello, en particulier, l'éditeur anglais d'Elgar, avait été furieux à l'idée que les harmonies d'Elgar pussent résonner d'un bout à l'autre de l'Union soviétique sans qu'il en tirât un sou, car à cette époque les communistes ne partageaient pas les scrupules capitalistes et bourgeois en matière de droits d'exécution. Novello avait bien tort de se faire du souci : le concerto d'Elgar n'a jamais été joué en Russie, que je sache, et trente ans plus tard, sa partition doit encore paisiblement dormir sous la poussière de la bibliothèque du conservatoire. Bartók n'eut pas beaucoup plus de succès. Son concerto serait resté ignoré en Russie si je ne l'avais joué moi-même à Leningrad en 1962, où il passa relativement bien la rampe malgré l'impréparation de l'auditoire. Quand Oistrakh me confia le Concerto de Chostakovitch, nous le lançâmes simultanément (je le donnai pour la première fois à Johannesburg en 1956); mais pour la Sonate de Prokofiev, encore cantonnée à l'époque au bloc soviétique, j'eus le privilège exclusif de la faire connaître au reste du monde et je choisis New York pour sa première.

Je dus donc dire au revoir à Moscou et reprendre l'avion pour Berlin, trop vite à mon goût, mais le vol du retour fut fort différent de la luxueuse solitude de l'aller. L'avion était rempli de Russes qui allaient rejoindre leurs conjoints servant en Allemagne et avaient décidé de fêter ces retrouvailles. On savait que j'étais violoniste, je dus donc jouer, en échange de friandises puisées dans des sacs de papier graisseux (imprévoyant, j'avais omis d'emporter de quoi m'alimenter). Ils chantèrent, en solo et en chœur, accompagnés par moi, et récitèrent Pouchkine, Lermontov et autres poètes pour leur plaisir mutuel, savourant ensemble les beautés classiques de leur littérature. Il était extraordinairement réconfortant de voir quelle force conservait encore chez ces gens la culture traditionnelle. Au terminus de ce joyeux voyage, tous mes compagnons débarquèrent à Adlershof, mais le pilote tint absolument à ce que je reste à bord pour un coûteux saut de puce au-dessus de Berlin jusqu'à l'aéroport américain. Je compris fort bien que je servais de prétexte, car les pilotes russes ne rataient jamais une occasion de faire le plein et d'obtenir un entretien gratuit de leur appareil aux dépens de leurs riches alliés, et pour leur compte ils appréciaient fort de pouvoir passer quelques heures à Tempelhof. Je n'étais pas plus tôt arrivé à Berlin que tous les vols furent une fois de plus annulés à cause du brouillard, mais par bonheur il y avait là des personnages plus importants que moi, une délégation soviétique dont faisait partie Gromyko, que des affaires urgentes appelaient à Londres, et l'on me permit de voyager avec leur suite. Un convoi d'une douzaine de véhicules se mit en branle pour Bad Oeynhausen, terminus de chemin de fer dans le secteur anglais d'où partait chaque soir un train pour Calais : onze limousines officielles soviétiques transportant la délégation et une voiture grise de l'armée américaine à bord de laquelle j'avais pris place. Le convoi était encadré par des véhicules de reconnaissance et suivi par un camion de réparations. Il fallut presque une journée entière à cette lourde procession pour effectuer le trajet; cette fois, pas question de jouer pour recevoir à manger; nous nous arrêtâmes à plusieurs reprises, mais je ne jugeai pas décent d'aller en tête du convoi demander à Gromyko et à ses compagnons une part de leurs provisions de bouche; je me résignai donc placidement à vivre sur les généreuses réserves de mon organisme.

A Calais, le lendemain matin, on ne nous attendait pas et nous dûmes patienter tandis qu'un transport de troupes embarquait des soldats britanniques qui rentraient chez eux. Le bateau avait l'air d'être rempli jusqu'au plat-bord; pendant cette opération qui dura un bon bout de temps, les hauts fonctionnaires soviétiques ne m'adressèrent pas un mot, et c'est à peine s'ils se parlaient entre eux; ils se contentèrent de rester là, immobiles, froids et taciturnes, l'air soupçonneux et désagréable, révélant un visage de l'URSS qui m'était resté dissimulé tout le temps que j'avais séjourné à Moscou. On nous permit finalement de monter à bord où l'on nous attribua un espace privilégié de quelques mètres carrés. Je restai sur le pont, à l'abri d'une barrière de violons et de butin : le livre pour Diana, une caisse de vin de Crimée pour ma mère, et trois grosses boîtes de caviar offertes par Oistrakh et mes autres collègues. Londres, en ce temps-là, était à peine moins austère que Moscou; le caviar y avait une aura de luxe révolu, s'il n'apparaissait pas comme le pur mirage d'une imagination affamée. Diana le répartit à l'intention de ses amis dans des pots à confiture d'une demi-livre, tout en en gardant pour notre usage une quantité respectable.

Je rentrai alors aux États-Unis pour ma tournée d'hiver, le cœur en détresse mais sans voir clairement comment démêler les nœuds dans lesquels ma vie était prise. Les deux années qui suivirent cet automne 1945 ont fait tache dans mon histoire. On commet parfois des erreurs qui sont profitables, dont on tire une force et une sagesse accrues, mais je regrette profondément celle-ci qui n'a rien rapporté à personne; Diana, qui ne demandait rien, dut subir des mois d'angoissante incertitude; engagée avec moi, elle ne savait jamais quand je reparaîtrais ni pour combien de temps. Quelle chute par rapport à mon rêve enfantin de paix et d'harmonie universelle! Et la musique pouvait si peu pour moi dans cette défaite personnelle! Je m'étais séparé de mes parents, de ma femme et même de mes enfants. Tant d'erreurs — que je serais tenté aujourd'hui de qualifier de criminelles — me pesaient lourdement, mais j'étais impuissant à rien y changer. Je ne me rendais pas compte à ce moment-là que ce qui aurait dû être ne serait jamais, et par suite je fus cause d'interminables souffrances en retardant sans cesse les décisions qui s'imposaient. Ce fut indubitablement la pire période de ma vie; dans le vague et la désorientation, je laissai tout aller à la dérive et frôlai moi-même la catastrophe de plus près qu'à aucun autre moment.

Pendant l'été 1946, je rencontrai à Rome un jeune officier britannique travaillant alors auprès des réfugiés; Richard Hauser, aujourd'hui le mari d'Hephzibah, devait me devenir très proche et très cher. Comme il avait entre autres des talents de graphologue, je mis sa science à l'épreuve en lui soumettant des exemples de l'écriture de mon père, de ma mère et de Diana, et je fus très impressionné de voir que ses conclusions rejoignaient ce que, les connaissant, je pensais d'eux. A propos d'une page écrite de la main de Diana, il déclara : « C'est une personnalité exceptionnelle, très probablement une artiste.

Elle pourrait être à la tête d'une affaire, d'une institution ou d'un pays... Elle serait capable d'assumer n'importe quelle responsabilité. » Il me demanda d'écrire quelque chose, et, après avoir étudié quelques instants mon texte, affirma sans ménagement : « Bon, si tu ne t'en sors pas dans les quelques mois qui viennent, tu es fichu. » Le choix n'était pas réjouissant.

L'hiver précédant cette saisissante rencontre, Diana avait accompagné sa sœur Griselda, gravement atteinte de tuberculose, dans un sanatorium en Suisse; tourmentée pour Griselda, seule à Davos dans les Alpes et ne voulant pas travailler jusqu'à ce que sa sœur fût guérie, Diana avait vraiment besoin de toutes les ressources de sa personnalité pour survivre. Plus qu'à n'importe quelle autre période de ma vie, je bénis l'invention du téléphone. Où que je me trouvasse aux États-Unis, je lui téléphonai chaque soir après le concert et nous parlions pendant une bonne heure. Vers la fin d'une de ces conversations (c'était à Seattle, je me rappelle), l'opératrice me mit en rage en nous coupant en plein dialogue, par impatience ou distraction, je ne sais. Je déteste que les choses n'aboutissent pas. J'insistai pour que la communication fût rétablie et que nous pussions nous dire au revoir. Au printemps suivant, je menais encore deux vies, ni l'une ni l'autre comme il aurait fallu; en louant une villa près de Montreux pour Nola et les enfants, je restai pendant des mois aussi coupé de Diana et aussi dépendant du téléphone que si j'étais demeuré aux États-Unis.

J'avais été invité avec Antal Dorati à donner quelques concerts à Vienne et à Budapest durant l'été 1946; selon l'habitude prise pendant la guerre, je négociai mon transport avec les forces américaines, en échange d'un récital pour les troupes. On nous envoya deux petits avions ouverts à deux places, une pour le pilote et une pour un passager — il y en avait même une troisième pour nos bagages, mais nous n'en emmenions presque pas. Comme les avions militaires américains ne pouvaient utiliser les installations suisses à cause de la neutralité de ce pays, Dorati et moi embarquâmes à Friedrichshafen, traversâmes les Alpes dans le soleil et atterrîmes à Vienne dans une rue du centre dégagée à cet effet. Vienne était alors sous contrôle quadripartite et chacune des puissances alliées avait son quartier général dans un hôtel différent. Les Américains se trouvant au Bristol, c'est là que j'allai pour téléphoner à

Diana : si peu de temps après la guerre, il n'était pas facile d'obtenir des communications internationales à travers l'Europe. Il y avait trois tarifs : au prix ordinaire, on devait attendre pendant des semaines; en payant plus cher, il fallait encore quelques jours de patience; et au tarif « éclair », carrément dix fois plus cher, on vous mettait à peu près immédiatement en ligne. Je demandais toujours à téléphoner « en éclair », mais, même ainsi, téléphoner n'était pas chose commode. Toutefois, difficultés et délais d'attente disparaissaient comme par enchantement quand on utilisait le « numéro magique » de l'armée américaine. L'ayant retenu, je l'utilisai chaque jour à Vienne pour parler avec Diana. A Budapest, les empêchements redevinrent normaux, si j'ose dire, mais je me rattrapai en passant à nouveau deux ou trois jours à Vienne, après quoi il me fallut regagner Friedrichshafen et Montreux.

Nous décollâmes de Vienne en fin d'après-midi. Craignant que la nuit ne tombe avant le lac de Constance, mon pilote suggéra de passer la nuit à Salzbourg; cela m'arrangeait, me donnant une occasion de plus de composer le numéro prioritaire de l'armée pour parler avec Diana. Tout alla pour le mieux pendant une quarantaine de minutes, quand une voix anglaise fort distinguée nous interrompit : comme il ne s'agissait pas d'une conversation d'ordre militaire, ce monsieur se voyait dans la regrettable obligation de nous couper; il eut cependant la courtoisie de nous laisser conclure et nous dire au revoir. De très bonne heure le lendemain, juste avant l'aube, nouveau décollage; nous étions parfaitement confiants, les conditions de vol étaient idéales et il est peu de choses plus exaltantes que de décoller au point du jour d'un minuscule aérodrome à bord d'un minuscule avion, plaisir qu'il m'a souvent été donné de connaître aux quatre coins du monde. Mais le lac de Constance disparut dans le brouillard quand nous y arrivâmes. Je proposai d'atterrir à Zurich, ce qui m'arrangeait plutôt, alors que l'aviateur américain risquait quant à lui d'être arrêté et emprisonné. « Est-ce que vous savez parler suisse? » me cria-t-il en se retournant. Je n'avais pas assez de coffre pour couvrir le bruit du moteur et du vent, ni le temps de lui faire un cours sur les quatre langues parlées en Suisse, mais j'assurai mon interlocuteur que j'étais en mesure de m'expliquer avec les autorités du pays pour le tirer d'affaire. Cependant, Zurich étant tout aussi invisible sous une nappe de brouillard, il dirigea son engin vers un petit coin de la rive suisse du lac de Constance qu'il savait être toujours dégagé, même par temps brumeux. C'était en effet le cas ce jour-là; l'endroit, qui n'était guère plus grand qu'un carré de légumes, suffit à l'atterrissage de notre petit appareil. J'en descendis; avant que j'aie eu le temps de le remercier ou de lui dire au revoir, le pilote était reparti, sa mission clandestine accomplie.

Il devait être à peu près six heures et demie du matin. J'allai frapper à la porte de la ferme la plus proche. Le paysan finit par descendre, encore en pyjama, me fit entrer et me laissa me servir de son téléphone pour appeler un taxi sans me poser de questions embarrassantes. J'attendis le taxi dehors. A cet endroit du lac, une digue a été élevée pour empêcher les champs voisins d'être inondés. En roulant sur cette digue, nous fûmes arrêtés par un garde frontalier à bicyclette qui nous demanda si nous avions entendu un avion. Regrettant de ne pouvoir l'aider, je répondis comme le chauffeur par la négative et l'on nous fit signe de continuer. C'est la seule fois où je suis entré illégalement dans un pays.

Je retournai aux États-Unis à l'automne pour ma tournée habituelle. Diana — dont la sœur bien-aimée allait mieux et avait épousé Louis Kentner — eut le courage de venir seule à New York pour tenter de recommencer sa carrière. Ce fut une suite de déceptions; à la fin de l'hiver, elle fut invitée par les amis communs de notre enfance, les « garçons », à Cathedral Oaks. Hephzibah, qui était restée en Australie pendant toute la guerre, arriva à Los Gatos avec Lindsay et leurs deux petits garçons, Kronrod et Marston. Hephzibah et moi n'avions pas joué ensemble depuis 1940. Nous devions faire notre rentrée sur scène en 1947, au Metropolitan Opera de New York, et en attendant je réunis tout le clan, y compris Yaltah et son fils Lionel, huit personnes au total, à Saint Petersburg en Floride. Je louai une maison pour un mois et, sans me rendre compte combien c'était l'exploiter, persuadai Diana de se joindre à nous et de s'en occuper. Je venais de lire l'ouvrage précurseur de Walter B. Price sur *la Nutrition et la Dégénérescence physique* et avais choisi Saint Petersburg pour notre séjour parce qu'il y avait là un autre pionnier de la diététique, le Dr Page, dentiste de son état, qui prêchait la nocivité du sucre et de la farine blanche. Il nous mit à un régime qui excluait ces ingrédients sans être autrement contraignant, et Diana cuisina des repas fantastiques pour toute la maisonnée sans se laisser arrêter par ces limitations. Persuadée par son frère, Nola avait accepté la séparation ; elle voulut bien nous confier, à Diana et à moi-même, les enfants, Zamira et Krov, pour l'été 1947, et finalement Lindsay réussit à la convaincre de faire la démarche que je ne pouvais me résoudre à engager contre elle, c'est-à-dire de demander le divorce.

Diana et moi voulions nous marier discrètement à Copenhague, mais le diplomate de l'ambassade britannique dans cette ville était pointilleux et ne vit aucune raison de nous dispenser de la publication des bans ni de nous accorder un quelconque traitement de faveur. Il fallut donc se rabattre sur Londres. Heureusement, Mr Marsh et Mr Stream — ainsi s'appelaient les officiers d'état civil de Chelsea — se montrèrent plus coulants que l'ambassade de Copenhague et trouvèrent un subterfuge pour déjouer la presse le jour de notre mariage, le dimanche 19 octobre 1947. Aussitôt après le petit déjeuner servi par Louis et Griselda, qui nous tint lieu de repas de noces, nous nous rendîmes au Royal Albert Hall où je répétais le *Concerto n*^o^ *1 en ré majeur* de Paganini.

Diana

Près de trente ans après, Diana me reproche encore, de façon mi-sérieuse mi-plaisante, d'avoir eu l'air déprimé le jour de notre mariage. Je ne doutais pas d'elle le moins du monde, vous pouvez m'en croire, mais j'avais de multiples doutes sur ma propre maturité. J'avais fait précédemment un mari assez faiblard, guère possessif, pas autoritaire et probablement peu protecteur. Selon mon code de moralité, on n'acquérait pas de droits en les défendant contre autrui, on les méritait, de sorte qu'il était difficile de se sentir un instinct de propriété vis-à-vis de quoi que ce soit, et impossible de l'éprouver vis-à-vis d'un être humain. Mon incertitude de mériter Diana était une raison suffisante pour faire longue figure ; cela me paraissait comme un défi au destin de fêter une victoire qui n'était pas encore remportée.

Mais j'ai reçu depuis lors quelques utiles leçons. J'ai moins tendance à réprimer mes réactions naturelles, je me défie des principes inviolables et j'ai découvert en moi un sentiment possessif à l'égard de ma femme.

« Elle pourrait assumer n'importe quelle responsabilité », avait prédit Richard Hauser : quoique je n'eusse pas besoin de la graphologie pour me confirmer dans mon admiration de ses capacités, aujourd'hui elle serait encore infiniment plus superflue! A aucun moment ma femme n'a manqué d'être à la hauteur des événements, si étonnants, si douloureux qu'ils aient pu être et quelque tribut qu'ils aient exigé de son imagination et de son endurance. La maîtrise de soi acquise grâce aux disciplines complémentaires de son enfance est devenue une seconde nature qu'elle a dans le sang et qui porte tout ce qu'elle fait au degré de perfection d'une exécution musicale en public; en ce qui la concerne, on ne saurait séparer ce qui est de ce qui doit ou devrait être. Dans mon existence comme dans celle de nos enfants, elle a été constamment l'inspiratrice, la stimulatrice, l'expression de la beauté vivante; et elle l'a été dès les premiers temps.

La semaine qui suivit notre mariage fut, à vrai dire, le prototype de toutes celles qui lui succédèrent : concert après le déjeuner; après le concert, une lune de miel d'une seule nuit dans une maison de campagne prêtée par des amis de Diana, Madge et Cyril Ritchard; puis plusieurs concerts en province, après quoi nous traversâmes l'Atlantique pour ma tournée d'hiver. Il fallut attendre la fin de celle-ci, au printemps 1948, pour aller nous reposer à Alma qui devait être notre demeure, ou plutôt notre base pendant huit ans, car les joies d'un foyer fixe sont toujours sacrifiées à une carrière comme la mienne. Nous passions les étés en Californie, le printemps et l'automne en Europe, l'hiver aux Amériques. Diana donna naissance à nos deux enfants là où nous entraînaient nos migrations saisonnières : Gerard en 1948 au festival d'Edimbourg, et Jeremy à San Francisco en 1951 ; il fallait accoucher en découchant, comme elle dit, et le neuvième mois arrivait là où nous avait entraînés le violon. Un troisième enfant naquit en 1955 mais mourut à la naissance; c'est la chose la plus triste que nous ayons eue à partager.

Même avant que Gerard et Jeremy fussent là, Diana avait pris à cœur son rôle de mère de famille qu'elle interprétait généreusement et accomplissait avec une affection sans défaillance. Elle n'avait pas hésité à s'occuper de Zamira et de Krov avant notre mariage, et bientôt ils firent de nouveau partie de nos étés californiens. Diana n'est pas seulement à la hauteur de n'importe quelle responsabilité, elle est incapable de ne pas répondre à l'attente de quelqu'un. Elle conquit rapidement l'affection et le respect de mes parents. Pendant et juste après ma rupture avec Nola, je ne me sentais pas plus à l'aise avec mon père et ma mère qu'avec moi-même, mais Diana rendit leur naturel à nos rapports et me confirma par là, d'une certaine manière, dans ma condition d'adulte : celle-ci n'est véritablement consacrée que lorsqu'il y a amour et respect mutuels entre parents et enfant, et il faut parfois la présence d'une personne étrangère pour déclencher cette adaptation. Percevant la présence, la qualité humaine de Diana, mes parents ne manquèrent pas de se placer sur son terrain et de se réjouir de mon bonheur. La réciproque qu'ils suscitèrent en elle venait aussi du fond du cœur.

Arrivant en Californie après la tension et les privations de Londres pendant la guerre, Diana trouva dans la beauté et l'abondance qui y régnaient un cadre parfait pour se détendre affectivement et intellectuellement; mais, même si notre programme l'y avait encouragée, une telle béatitude n'aurait pu être qu'un intermède provisoire pour une nature comme la sienne. Dès que la formation de nos enfants fut devenue l'un de nos buts, nous décidâmes de leur procurer les avantages dont nous avions nous-mêmes bénéficié. San Francisco n'était pas à même de les prodiguer; New York certainement, mais la ville était toujours écartée de la liste des possibilités : je ne pouvais toujours pas me faire à l'idée d'y vivre. Quant à Los Angeles, elle offrait, comme maintenant, à peu près tout ce qu'un être humain peut désirer, et beaucoup de choses qu'il n'aurait jamais imaginées souhaitables, le tout importé, empaqueté et proposé sous la forme d'un gigantesque bric-à-brac, une sorte de marché aux puces surréaliste plutôt qu'une façon de vivre : on peut y trouver côte à côte des cours de chinois et des tripots ouverts toute la nuit, un salon de beauté canin, une salle de méditation bouddhiste zen, un marchand de bicyclettes, une boutique de vins et liqueurs, une diseuse de bonne aventure, un salon de massage nocturne et un stand de tir, tout cela mêlé en une juxtaposition bouffonne de mysticisme et de matérialisme défiant raison et cohérence, et certainement les limites de ma tolérance. Il nous fallait donc l'Europe.

Diana était trop discrète pour proposer de s'installer tout de suite à Londres, sa ville préférée; nous choisîmes donc la Suisse dont l'équilibre, les écoles, le climat sain et la situation centrale constituaient autant de bonnes raisons. La décision était aussi financièrement avisée car, à l'époque, les résidents américains à l'étranger ne payaient pas d'impôts sur leurs revenus acquis hors des États-Unis. Or il se trouvait que mes contrats d'enregistrement étaient signés à Londres; cela ne s'était pas fait à mon initiative, c'était simplement que, pendant la crise économique de 1929, la maison de disques américaine Victor s'était déchargée de moi, entre autres artistes qui la gênaient financièrement, sur la société sœur anglaise plus solide HMV (« La Voix de son maître »), ancêtre de EMI. D'autres Américains retransférèrent leurs accords après la crise, tandis que je gardai les miens en l'état, et je profitais désormais de l'exemption fiscale. Cette bonne fortune nous permit d'acheter une maison à Londres et de construire notre chalet de Gstaad, ce que nous n'aurions pu faire ni avant ni après ce moment de libéralité étatique. A Gstaad, nous habitâmes d'abord en location puis, en 1958, Bernard Berenson nous persuada de venir à Florence. Cet intermède italien fut l'un des plus délicieux de notre vie. Comme la plupart des bonnes choses, il n'avait été en rien prémédité.

Nous avions longtemps souhaité rencontrer le plus illustre Florentin d'adoption; sitôt fait, une chaleureuse amitié s'ensuivit, surtout entre Diana et Berenson, qui se traduisit par une correspondance régulière, presque bi-hebdomadaire. Il paraît que la vanité et les airs de supériorité de Berenson énervaient beaucoup de gens, et j'en connais quelques-uns qui entretenaient des sentiments pour le moins inamicaux à son égard. Pour ma part, étant musicien, je ne chassais pas sur ses terres, et en tant que Juif, j'avais un respect naturel pour son âge et son expérience. S'il avait été plus jeune, je crois bien que nos relations auraient été tout à fait différentes et je ne pense pas que je serais resté longtemps sous son toit, si j'avais jamais accepté son hospitalité. Mais, les choses étant ce qu'elles étaient, je ne trouvai chez lui que de la générosité et une certaine sagesse pratique assez stimulante.

Nous allions lui rendre visite de Suisse une ou deux fois par an; nous prenions un train de nuit et restions chez lui quarante-huit heures. Lors d'une de ces visites, il nous offrit de mettre à notre disposition le Villino, une ferme charmante en face de son I Tatti. Je savais que nous finirions par rentrer en Suisse et que nous nous installerions probablement un jour ou l'autre à Londres, mais chaque décision doit être prise en son temps, n'était pas arrivé pour celle-ci. Nous acceptâmes donc.

Comme ma mère, j'adore l'Italie et l'humanité simple, directe et sans complications des Italiens me plaît. Cela me rappelle une anecdote de notre premier voyage en famille en Italie. Ma mère avait acheté à l'éventaire d'un marché quelques kakis, un de mes fruits préférés; quand le marchand les glissa dans un sac, ma mère eut l'impression qu'il n'y avait pas tout à fait la douzaine qu'elle avait demandée et dont elle allait payer le prix; elle demanda donc à recompter; et, en effet, il n'y avait que onze kakis. « Pourquoi avez-vous essayé de me rouler? » demanda ma mère. « *Ma, signora, era tanto facile* », expliqua le marchand avec une franchise désarmante. Une grande qualité des Italiens est de peu faire dans la théorie. Après la guerre, des hommes de bonne volonté se sont penchés sur le problème de la rééducation des Allemands, car ce que les Allemands avaient fait, il était clair qu'ils l'avaient fait délibérément, que c'était le résultat d'une théorie, d'un système, d'un entraînement et d'un endoctrinement. Mais personne ne parla de rééduquer les Italiens, et ils ont en fait beaucoup à nous apprendre à tous : à prendre les événements avec un grain d'humour, à considérer la comédie humaine d'un œil habitué au théâtre, avec la conscience que la ligne de démarcation entre le théâtral et la vie, quoique réelle, n'est pas toujours très facile à tracer.

Berenson était un marcheur infatigable : nous faisions avec lui de grandes randonnées dans les collines. Il n'est point de paysage plus séduisant pour le promeneur que les sentiers qui mènent aux régions étonnamment sauvages dominant Florence et, en vérité, que toute cette épine dorsale de l'Italie. Malgré une population importante, les Italiens ont réussi à préserver cette bande sauvage de montagnes et de forêts sur toute la longueur du pays; elle sert de contrepoids, donnant santé, force, virilité et spontanéité à la société italienne par ailleurs presque trop civilisée. Elle fournit aussi de bonnes choses à manger, comme en témoignaient les marchés de Florence où primeurs, fruits et légumes, gibier et agneau tendre s'entassaient sur les étalages. Plus on va vers l'Est, plus on consomme les animaux jeunes : au Moyen-Orient, même l'agneau encore dans le ventre de sa mère est dépecé. Sans aller jusque-là, l'Italie offre des nourritures de prime jeunesse : de l'agneau de lait, des petits pois nouveaux, des pousses toutes fraîches d'asperges sauvages.

Le moment vint de quitter l'Italie. Au début de 1959, nous nous installâmes à Highgate; ce village londonien d'autrefois aux vertes frondaisons est maintenant encerclé par la métropole tentaculaire et coupé de routes nationales, mais sur son perchoir d'où il domine la masse compacte de la ville, il garde encore quelques traces de son ancien cachet.

Tout se conjuguait pour nous attirer à Londres. L'Angleterre était la patrie de Diana, un endroit où nos fils pourraient faire de bonnes études, et pour moi, depuis la première fois que je l'avais embrassée du regard trente ans auparavant, elle était restée le pays le plus habitable du monde. De tous les pays, l'Angleterre était celui qui offrait les meilleures chances d'approfondir et de satisfaire des intérêts non musicaux. Tandis que la société américaine ou surtout la société russe ont une structure verticale, l'Angleterre est organisée horizontalement; à quelque niveau qu'on se trouve, tout ce qui existe à ce niveau vous est ouvert. Supposons que vous soyez violoniste et que vous ayez gagné un certain renom, cela vous permet de lier connaissance avec des savants, des sociologues, des peintres, des capitaines d'industrie, des personnalités politiques. Tandis qu'aux États-Unis, vous vous contentez de grimper au sommet de la colonne qui vous est réservée; on y est par exemple le physicien ou, peu importe, l'historien ou le violoniste le mieux payé du monde, on s'accroche à cette position que l'on ne voudrait pas perdre pour un empire, et de là on essaie vainement de se faire entendre et d'obtenir une réponse du collègue de la colonne à côté. En Russie, bien sûr, une fois aiguillé, on reste indéfiniment sur la même voie, on habite le même immeuble que ses confrères, on ne fréquente qu'eux, on va en vacances sur la même plage et l'on est à l'abri de toute collision accidentelle avec les experts d'un domaine différent. On dirait qu'en URSS, seuls les dissidents ont des activités interdisciplinaires.

Diana a l'œil de l'artiste. Il n'est pas un problème de proportion, de couleur, d'effet visuel auquel elle ne trouve immédiatement une solution. Elle dessine, elle connaît et aime la peinture et tous les arts graphiques, plusieurs de ses amis sont artistes. Je ne connais personne qui s'habille plus élégamment qu'elle, ni avec plus d'astuce. On dirait qu'elle vient de dépenser une fortune dans une maison de haute couture parisienne alors que vraisemblablement elle a composé l'ensemble qu'elle porte à partir d'une *trouvaille* * faitc à New York et du vêtement parfaitement assorti découvert en solde à Melbourne, car elle fait de nécessité vertu et achète en voyage. Menant une vie de nomade, elle a pris note de ce qu'il fallait porter à chaque saison sous tous les climats; je suis sûr que si au cours d'une tournée quelque accident de trajet nous faisait débarquer à l'improviste à Angkor Vat ou sur le Popocatepetl, Diana sortirait de sa tente vêtue de la tenue appropriée.

L'exercice de ses talents a été trop longtemps limité à la maison, mais elle les a employés à transformer notre environnement. Idéalement, il faut patience et longueur de temps pour créer un beau foyer, mais le temps étant un luxe, Diana a dû apprendre à s'en passer et à meubler une maison à distance, sur plans, à des moments volés. Alma n'offrait guère de prise à son imagination, car la maison était déjà meublée, elle réussit pourtant à lui donner une élégance supérieure. Mais ses grandes réussites ont été la maison de Highgate et le chalet que nous avons fait construire à Gstaad en 1960; pour chacune de ces deux demeures, nous avons disposé de deux périodes de dix jours entre des tournées, qui durent suffire à les équiper jusqu'à la moindre serviette. Une bonne partie du mobilier de notre résidence londonienne fut héritée de Mulberry House ou rapportée d'Alma, mais à Gstaad nous sommes partis de rien et Diana a tout fait de main de maître. Elle se rendait sur place pour surveiller les travaux, se levait tous les jours avant l'aube pour prendre le premier train de

* En français dans le texte.

Zurich ou de Berne en marchant jusqu'à la gare sur le verglas de janvier, arrivait en ville à l'heure du déjeuner quand les magasins fermaient, inspectait les vitrines, calculait, choisissait, rejetait, décidait, puis faisait ses emplettes et rentrait le soir en reportant ses croquis de décoratrice sur un cahier d'écolier. Le jour où j'amenai Gerard et Jeremy visiter notre nouvelle maison, Diana vint à notre rencontre à Spiez, l'embranchement ferroviaire à partir duquel commence la haute montagne; elle voulait nous faire les honneurs de sa création. Nous qui n'avions encore vu que le terrain, nous trouvâmes une maison pleine de charme où aucun détail n'avait été négligé, meublée en rustique suisse et autrichien, avec des pétrins en guise de tables et des escabeaux à trois pieds pour sièges. Un de mes achats personnels y a trouvé une place de choix; il s'agit d'une tapisserie de Lurçat représentant les oiseaux, bêtes et insectes des champs. Exécutée pendant la guerre, elle contient un message de résistance patriotique : les yeux du hibou sont des cocardes tricolores.

Deux ans plus tard, par l'intermédiaire de mon amie compositeur Peggy Glanville-Hicks, nous achetâmes une petite maison paysanne abandonnée à Mykonos, aussi près de l'Asie qu'il est possible de l'être sans quitter l'Europe pour de bon. Un jeune Américain fort doué, Jim Price, était sur place pour surveiller les réparations, et Diana rendit les lieux habitables par correspondance.

L'architecture de Mykonos ressemble à de la glace à la vanille fondue; on passe chaque année une nouvelle couche de plâtre et de peinture, de sorte que les arêtes et les angles droits ne tardent pas à disparaître et à se transformer en galbes et en courbes. Nous avons respecté la simplicité de l'habitat paysan : en pierre, avec un toit dont les matériaux isolants sont la paille et les algues séchées disposées entre des poutres minces, car le bois est rare dans l'île. Une petite cheminée originale, la fraîcheur, le blanc, la propreté en font quelque chose d'une extrême pureté. Pendant quelques années, ce fut une retraite parfaite pour les vacances d'été. On y portait ses plus vieux habits, on nageait dans la mer sans personne à l'horizon, on allait chercher le pain noir tout chaud chez le boulanger qui chauffait encore son four au feu de branchages, et le soir on allait se promener dans ce que Diana appelait notre supermarché, c'est-à-dire nos trois bouts de verger en terrasses et la vigne adjacente où nous récoltions du raisin, des figues, des grenades, des poires acides, des tomates et des coings — ces derniers en général remplis de vers. Puis il y eut le coup d'État des colonels en 1967 et c'en fut fini de cette idylle pendant sept ans. A l'heure où j'écris, bien que les colonels aient été chassés et que la Grèce ait recouvré un gouvernement démocratique, nous ne sommes pas encore retournés à notre petite maison de Mykonos, mais nous ne manquerons pas de le faire bientôt.

Une chose dont Diana est tout à fait incapable, c'est de se ménager. Tandis que je suis perfectionniste en musique et que j'ai renoncé à la perfection en tout autre domaine, elle est perfectionniste *tout court* *. Il en résulte que les moindres détails qui clochent — et il est toujours possible d'en trouver — revêtent pour elle une importance vitale. Ses critères sont tels que chaque bouton doit être à sa place, que toute la maisonnée doit être heureuse, que la moindre infraction de ma part à cet ordre impeccable doit être corrigée; pourtant, elle montre une indulgence de philosophe même quand son mari fait échec à tous ses efforts; et comme tout est toujours à ranger partout où je passe, on peut dire que je ne lui mâche pas la besogne. Elle a des qualités en commun avec ma mère — l'exigence, la discipline personnelle, la sensibilité au langage avant tout. Mais nos enfants ont été élevés d'une façon très différente de celle que j'ai connue. Mes parents ne furent presque jamais séparés de leurs enfants, tandis que nous dûmes constamment laisser les nôtres entre les mains des gouvernantes, puis en internat. Diana partagea son temps de son mieux entre ses différents devoirs, passant tour à tour un mois en tournée avec moi et un mois à la maison avec les garçons, sans jamais cesser de penser à celui ou à ceux des membres de la famille qu'elle était obligée d'abandonner à leur sort. Exigeante pour elle-même, elle fait des concessions pour les autres et n'est pas du tout possessive vis-à-vis de ses enfants. Pas plus que moi, elle ne les a jamais considérés comme sa propriété privée ni ne s'est évertuée à reproduire l'intense intimité des familles juives traditionnelles; dès le départ, elle a traité ses enfants

* En français dans le texte.

en individus autonomes, leur parlant avant même qu'ils ne pussent en faire autant, car elle a confiance en l'efficacité de la communication verbale et si quelqu'un pouvait réformer le monde par des paroles, ou d'ailleurs par l'exemple, ce serait bien elle. Elle a dû être quelque peu déçue, dans sa vie, de découvrir que les mots n'ont pas d'effet sur tout le monde. Qu'il y a des sourds.

Heureusement, ce n'était pas le cas de nos enfants dont la rapide conquête du langage vint couronner la méthode employée par Diana. D'autre part, elle a tiré le meilleur parti de mes absences successives, car je n'étais pas à même de trahir les qualités prométhéennes, herculéennes et autrement divines qui m'étaient attribuées. J'ai dû passer moins de temps avec mes enfants que tout autre père non condamné à la réclusion criminelle à perpétuité. Les étés d'avant-guerre où j'étais libre, j'ai vu davantage Zamira et Krov que plus tard Gerard et Jeremy au même âge; or ma fille et mon fils aîné n'ont gardé de moi que le souvenir d'un visiteur occasionnel durant leurs jeunes années. Je ne sais si mes enfants y ont perdu quelque chose, mais moi certainement, et c'était inévitable. Diana a dû trop souvent jouer le rôle des deux parents. Elle y a admirablement réussi, faisant en sorte que je sois toujours présent en pensée, à quelque distance que je me trouve, et donnant à mon image une stature et une autorité que j'aurais très probablement été incapable de préserver si j'avais été présent en chair et en os. Présent ou non, j'ai tout de même trouvé moyen d'exprimer mes préoccupations parentales. Regrettant les conséquences néfastes du régime de Zamira au sirop Karo, je me suis intéressé à l'alimentation des autres; quand j'étais à la maison, je leur faisais cuire des réserves de biscuits à la farine complète, très durs et durables; ils remplaçaient les sucettes, auxquelles je m'opposais, et laissaient de grandes traînées marron sur leurs bavoirs.

Passant tant de temps loin d'eux, je restai assez curieusement détaché de mes enfants quand ils étaient petits, et ne suis devenu intime avec eux que lorsqu'ils ont grandi. Ni Zamira ni Krov, ni Gerard ni Jeremy n'ont eu de voie toute tracée à suivre, aucun assurément n'a été poussé à faire de la musique. En fait, je l'ai probablement connue plus tôt par les chants hassidiques de mon père que mes enfants par mon violon, et aucun d'entre eux n'a assisté en bas âge à des concerts. J'ai essayé de dissuader

Jeremy, lorsqu'il voulut cesser d'aller à l'école pour se consacrer à plein temps au piano. Cela n'a fait que lancer un défi à son ambition; plus résolu que jamais, son talent lui a permis de réussir. N'ayant pas fait grand-chose pour l'inciter à entrer dans cette carrière, je n'en ai que plus de plaisir, aujourd'hui, à faire de la musique avec lui. C'est le seul musicien professionnel des quatre, mais tous sont mélomanes, surtout Zamira.

Au début, Zamira et Krov restèrent avec leur mère, sauf aux grandes vacances, puis, à l'âge de douze ans, Zamira demanda à venir avec nous. C'était une petite fille courageuse et responsable, qui s'était pratiquement débrouillée toute seule à New York où elle allait à l'école et en revenait sans être accompagnée, entre bien d'autres choses. Elle savait que Diana et moi ne pouvions lui fournir un foyer permanent puisque nous étions constamment en voyage, aussi accepta-t-elle d'aller comme pensionnaire dans une école suisse en haute montagne; le pays était sain et l'école bonne, quoique un peu démodée, et j'espère que le tout a été pour son bien. Je me souviens du courage qu'elle a montré quand nous l'avons accompagnée pour la première fois à la gare de Zurich. Elle passait toutes les vacances avec nous et parfois nous suivait aussi en voyage quand ses congés coïncidaient avec une tournée. Après sa scolarité en Suisse allemande, elle a successivement habité Paris, Florence et enfin Londres, de sorte qu'elle parle couramment quatre langues. Ayant un penchant pour les choses artistiques, elle a toujours admiré Diana et a fait siennes ses exigences esthétiques, en matière de peinture et de musique aussi bien que d'habillement et de présentation personnelle, bien qu'elle n'ait pas pratiqué les arts du spectacle.

Elle fut mariée quelque temps au pianiste Fou T'Song qui lui donna Lin Siao, mon premier petit-fils. Elle retira aussi de cette union une connaissance approfondie du style et de la littérature pianistiques, ainsi qu'un esprit critique très éveillé. Fou T'Song m'a fait faire la connaissance d'un peuple, d'une mentalité et d'un mode de vie qui constituent l'un des piliers de l'histoire de l'humanité. Son père, éminent savant de culture française, nous envoya de Chine des lettres que je garderai toujours précieusement : écrivant — ou plutôt dessinant — au pinceau, il exprimait dans le français le plus raffiné sa joie de voir ainsi unies la race chinoise et la race juive, deux des plus anciennes races du monde.

Mais ce mariage ne tint pas. Zamira est maintenant l'heureuse épouse de Jonathan Benthall, issu d'une famille anglaise qui habite encore le manoir élisabéthain où résidèrent ses ancêtres depuis le seizième siècle, mais devenu la propriété du National Trust [1]. Outre ses talents divers d'écrivain, d'anthropologue et d'informaticien, Jonathan est capable de toute la tendresse et de l'affection que j'ai pu souhaiter voir prodiguer à Zamira. C'est une grande joie de contempler un couple aussi uni. Il leur est né le 8 décembre 1976 un fils prénommé Dominic-Gabriel, mon second petit-fils.

Tandis que les arts ont séduit et formé Zamira, Krov a plutôt été, dans l'ensemble, attiré par les activités de plein air. Quand sa mère s'est installée aux Bahamas, il s'est mis à beaucoup nager, à conduire des voitures de course; après diverses écoles et des études à l'université de Louisiane, il s'est donc tout naturellement engagé dans les Forces spéciales de l'armée américaine. Il s'y est distingué par une collection d'exploits tous plus effarants les uns que les autres, comme de sauter en parachute de douze mille mètres d'altitude, de plonger autour de sous-marins, d'explorer les fonds océaniques, de récupérer une épave d'avion dans le lac Michigan et de faire sauter des ponts, ainsi que de missions secrètes dont il n'a jamais révélé le détail. J'ai trouvé ahurissant qu'un de mes enfants puisse devenir un pareil athlète et aussi aventureux, mais, à la réflexion, il n'est pas moins étonnant que les enfants de Juifs qui avaient passé leur vie enfermés dans des écoles ou des bureaux aient pu donner les soldats israéliens d'aujourd'hui. Krov devait en outre ressentir l'appel de son sang australien. J'ai pu craindre un moment qu'on ne l'envoie au Vietnam mais, heureusement, il était si apprécié qu'on l'a gardé aux États-Unis pour entraîner les autres, et il a finalement été démobilisé après que l'État américain eut dépensé des milliers de dollars à assurer sa formation. Cet argent, je peux toutefois certifier qu'il n'a pas égé gaspillé : Krov fait honneur à son pays et à ses parents.

Les dons de Krov lui ont servi dans la très remarquable évolution qu'il a accomplie. Son intrépidité physique s'accompagne d'un sentiment d'obligation morale vis-à-vis du monde de la nature. Voici quelques années, il a vendu tout ce qu'il avait

1. Équivalent en Grande-Bretagne de la Direction des monuments historiques (NdT).

pour partir en Patagonie avec sa jolie jeune femme Ann et une certaine quantité de matériel cinématographique d'occasion ; ils ont passé plusieurs mois dans cette contrée inhospitalière à filmer des baleines, des pingouins, des cormorans, entre autres espèces animales. Leur film sur la baleine blanche, dont j'ai commandé la musique à Edwin Roxburgh, a eu beaucoup de succès à la télévision anglaise. En 1975, la BBC les a lancés dans une seconde aventure en Amérique centrale. Des quelques mois qu'ils ont passés dans une jungle infestée de tiques, ils ont tiré un autre film magnifique sur la flore, la faune de cette région du monde et la civilisation maya. Pour l'heure, Krov et Ann sont au Queensland où ils doivent passer six mois à filmer, pour le compte de la radio-télévision nationale australienne, la vie encore inconnue des animaux de la Barrière de Corail et de l'intérieur.

Dans la famille, Gerard a pour surnom Mita. Il me faut raconter pourquoi. Comme Diana était décidée avant sa naissance à préserver l'enfant, quel que soit son sexe, de toute fantaisie un peu folle dans le choix d'un nom, nous l'appelions « Smith ». Il fut finalement baptisé d'un nom respectable. Gerard-Anthony, en hommage à son grand-père et à son parrain, Anthony Asquith, mais il resta officieusement pour nous Smith ou Smithy, ce qui donna Mita quand il s'essaya à le prononcer. Si je le compare avec son frère Jeremy, je retrouve un peu le même contraste qu'entre ma mère et mon père : Gerard a un sens très accusé du style, il est complexe, intransigeant, conservateur, il a un tempérament passionné ; tandis que Jeremy est souple, curieux, introspectif, avec un tempérament de vif-argent.

Gerard a la sensibilité littéraire et théâtrale de Diana, que son habitude de lui parler tout petit a grandement contribué à développer. A trois ans, il avait toujours un livre en poche. A douze ans, bien qu'il n'aime pas trop qu'on le lui rappelle, il a remporté un succès monstre au Mermaid Theatre de Londres dans *Émile et les Détectives*, monté par Bernard Miles. Tout en travaillant depuis lors dans des domaines proches, il n'a pas choisi de devenir acteur. Jeremy et lui sont des individus qui vivent leur vie, et ce qu'ils choisissent de ne pas nous dire, nous ne cherchons pas à le savoir en les espionnant. Gerard, en quittant Eton, a refusé d'aller à l'Université ; il préférait « la vraie vie » ; un an s'écoula avant que nous apprenions qu'il travaillait au service de montage d'une société de production cinématographique. En 1971, au moment où cette société s'apprêtait à tourner en Italie un film sur la vie de Trotsky, nous reçûmes un télégramme de New York : « Suis ici, pas en Italie. » Nous ne lui posâmes aucune question, mais nous sûmes par la suite ce qui s'était passé : d'abord, il avait gardé de bons souvenirs de Californie, où il avait passé ses premières années, puis il voulait sans doute mettre quelques milliers de kilomètres entre lui et ses parents; mais la raison principale était que, né à l'étranger d'un seul parent américain, il devait obligatoirement passer aux États-Unis quatre années consécutives entre l'âge de douze ans et l'âge de vingt-huit ans pour confirmer sa nationalité américaine (né des mêmes parents, mais à San Francisco, Jeremy restera américain même s'il ne met jamais les pieds dans ce pays).

Devenu aussi indéfectiblement américain qu'on peut l'être, Gerard a passé à l'université Stanford ses années de résidence obligatoire; il rend régulièrement visite à mes parents à Los Gatos, tout proche, il les promène en voiture, s'occupe d'eux et est devenu le petit-fils préféré de ma mère. Se ressemblant à bien des égards, ils s'estiment mutuellement, connaissent leurs défauts respectifs et sont on ne peut plus dévoués l'un à l'autre. Les années passées loin de chez nous ont apporté à Gerard une bonne dose de philosophie. Il sait ce qu'il veut, il s'est façonné un mode de vie qui correspond à ses besoins personnels. Il est peut-être un peu trop exigeant vis-à-vis des autres, ce qui fait qu'il ne réunit pas facilement un cercle d'amis très large. D'esprit caustique comme Diana, il ne tolère pas la fausseté, l'affectation, la stupidité; comme elle encore, il fournit un contrepoids utile à ma propre nature, en un sens trop égoïste pour m'inciter à m'occuper de tirer des autres le meilleur d'eux-mêmes. L'honnêteté est sa première qualité, et si son esprit critique n'épargne personne, il ne se met pas lui-même à l'abri. Le jour où il parviendra à concilier sa complexité avec son unité foncière, il aura fait la synthèse de son caractère. Nous sommes maintenant plus proches l'un de l'autre que nous ne l'avons jamais été.

Après la naissance de Gerard et avant celle de Jeremy, nous avions engagé une excellente gouvernante suisse, Marie Schwester. Elle fut totalement dévouée au nouveau bébé qu'elle traita comme si c'était le sien, mais lorsqu'elle nous quitta au bout d'un certain temps, ce ne fut pas Jeremy mais Gerard qui pleura. Gerard s'attache comme sa mère de façon exclusive et absolue; Jeremy, au contraire, est très sociable, tout le monde l'aime et il trouve quelque chose d'intéressant à tout un chacun.

Ses dons musicaux se sont révélés très tôt. Il sut écrire la musique avant d'écrire des mots et décorait les croches et les demi-croches de petites branches qui les faisaient ressembler à des arbres de Noël. Il commença à étudier le piano à Florence à l'âge de cinq ans avec Mme Nardi; ce professeur de grande valeur lui donna de bonnes bases. Très peu de temps après, Jeremy et moi jouions déjà notre premier morceau ensemble. A Londres, on l'envoya dans une école pilote où les enfants s'amusaient follement à bouleverser l'emploi du temps, à changer les pupitres de place et à lancer des encriers sur les enseignants; puis, passant, pourrait-on dire, d'un extrême à l'autre, ce fut Westminster Under School; à la fin de la première journée, il nous raconta : « C'est une école pour de vrai, on n'a pas le droit de jeter les choses et on doit appeler les professeurs *Monsieur* » (or l'un d'eux était une femme!). Finalement, je décidai de l'inscrire à Eton où Gerard se trouvait déjà : il menait une vie casanière et protégée et devenait par trop sensible. Il y eut quelque résistance à surmonter de la part de Diana et surtout de Jeremy lui-même, mais la validité de mon choix fut vérifiée par son succès. Jeremy devint sain et robuste et, ce qui était encore plus important, se rapprocha de son frère.

A cette époque, j'avais déjà lancé ma propre école, et Jeremy avait certainement les qualifications musicales requises pour y entrer, mais, comme je le disais tout à l'heure, je voulais le dissuader de prendre un tel risque à cet âge. Au bout d'un an et demi à Eton, il écrivit pour demander la permission de se rendre à Paris, étudier la musique avec Nadia Boulanger; l'école lui accorda un congé de trois mois et je le laissai faire à sa guise.

La réputation de Nadia Boulanger n'a en rien besoin de mes éloges. Son école d'été de Fontainebleau a fait connaître son nom partout où on écoute de la musique. Elle a eu une place dans mon cœur du jour où je lui fis une confidence à Paris, lors d'un banquet, quand j'avais quinze ans, place affermie quand je la rencontrai aux États-Unis pendant la guerre, et confirmée lorsqu'elle me confia provisoirement un petit nombre de ses apprentis violonistes à Fontainebleau en 1954. Je ne sais plus en quel honneur était donné ce dîner parisien où je fis sa connaissance, mais ce dont je me souviens, c'est du plaisir que j'eus à m'asseoir auprès de cette autorité si admirée; je lui chantonnai le thème d'une fugue de Bach pour défendre l'interprétation que j'en donnais. C'est quelqu'un d'extraordinaire, qui réunit les qualités françaises et russes de ses ascendants; du côté de sa mère, une nature slave chaleureuse, spontanée, généreuse et hospitalière; du côté de son père, la clarté d'esprit française. Elle a consacré toute sa vie à la mémoire de sa sœur Lili, compositeur de talent morte trop jeune, dont j'ai enregistré quelques œuvres. Signe de son succès : le carrefour au coin de chez elle, rue Ballu à Paris, s'appelle maintenant place Lili Boulanger. Nadia est catholique pratiquante et conservatrice, elle apprécie l'ordre sous toutes ses formes et rend à César ce qui est à César non moins qu'à Dieu ce qui est à Dieu, elle respecte papes, rois et présidents en vertu de leurs fonctions; mais, dans les faits, rien ne la retient de dispenser son attention et son amour. Il faut la voir avec les jeunes; ils tremblent devant elle et l'adorent; elle exige et obtient le meilleur d'eux-mêmes. A bien des égards, elle me fait penser à ma mère.

Si Jeremy avait bien la vocation de la musique, il ne pouvait être confié à meilleur professeur. Ses trois mois de congé d'Eton furent renouvelés une première, puis une seconde fois; il accomplit de tels progrès qu'il ne pouvait plus être question de faire de lui autre chose qu'un musicien. Bien sûr, il était très privilégié : Nadia lui donnait des leçons tous les jours, il était logé dans une chambre adjacente à son appartement et il bénéficiait en outre de l'enseignement de Marcel Ciampi plusieurs fois par semaine, mais il profita pleinement de sa chance en s'immergeant corps et âme dans son travail. Il s'était lui-même fixé un emploi du temps qui comprenait quarante heures de piano par semaine, en plus de ses autres études musicales, et il trouvait encore le temps de lire les journaux, d'aller au théâtre et au concert, de se faire des amis, de mener en somme la vie la plus intéressante qui soit.

Au bout de dix-huit mois, je l'envoyai à Vienne suivre les cours de direction d'orchestre de Hans Swarowsky. Il est en effet certain que les pianistes, même les meilleurs, sont trop nombreux; ils se multiplient comme les lapins, car tous ceux qui ne peuvent faire une carrière de soliste se vengent en produisant d'innombrables autres pianistes qui a leur tour ne peuvent faire carrière et deviennent à leur tour de maussades professeurs... Je savais en outre que Jeremy avait des dons de chef d'orchestre, pas seulement sur le plan musical, mais sur le plan humain : une aisance dans ses mouvements et leur coordination, du tact, du charme, de la facilité à s'entendre avec les gens et à leur faire donner le meilleur d'eux-mêmes. Troisième raison : la tendance actuelle veut que les chefs d'orchestre soient également pianistes ou compositeurs, ce qui est le cas de Boulez, de Barenboïm, de Previn, entre bien d'autres.

Le passage de Jeremy à Vienne n'a pourtant pas affaibli sa résolution d'être pianiste; il en est d'ailleurs déjà un très bon. Nous avons donné ensemble beaucoup de concerts, notamment lors de plusieurs tournées en Allemagne ainsi qu'en Israël. En Hollande, il s'est acquis une réputation qui ne me doit rien. C'est une grande satisfaction que de pouvoir parler musique avec lui et d'en faire. Bien que j'aie consacré fort peu d'un temps précieux à sa formation musicale, sauf en ce qui concerne les œuvres que nous jouons ensemble, nous avons, je crois, la même façon de sentir la musique. Il confirme dans une certaine mesure ce que je sens ou pense déjà, ce qui ne l'empêche pas d'avoir une intuition personnelle, de la sensibilité et de la fermeté. Après avoir fait ses débuts et accepté de nombreux engagements, il a soudain décidé en 1974 de tout annuler et de renoncer pour un certain temps aux apparitions en public, de façon à pouvoir travailler tranquillement tout seul, améliorer sa technique et étendre son répertoire. Je crois qu'il a eu raison, car c'est quelque chose que l'on n'a plus l'occasion de faire une fois qu'on est vraiment lancé. Je puis assurer qu'il a utilisé son temps à merveille, et le voici qui va désormais remplir une nouvelle série de contrats.

Sans égales sont l'inspiration, la joie, l'impression de réconfort que procure le fait de connaître la beauté sous tant de formes différentes : le son du violon, les objets qui nous entourent, et, par-dessus tout, la beauté de sa propre femme.

Un nouveau portrait de Diana a été peint en 1975, un de plus à ajouter à ma collection; je l'ai vu se révéler sur la toile.

Nous étions chez le peintre Niko Ghika et sa femme Barbara, dans un beau coin isolé de Corfou, sans personne d'autre à voir, sans rien à faire que d'être ensemble et de vivre à notre guise. Ce fut une des expériences les plus passionnantes et les plus ravissantes de ma vie que de voir les traits de ma femme, son caractère et son histoire se dégager de traînées et de taches de couleur (presque comme si tout était là sauf le modèle), d'être initié à ce mystère, d'écouter les explications de l'artiste et de lui communiquer mes réactions. Dans les circonstances ordinaires, on ne peut pas parler du fond du cœur de sa propre femme; si l'on a affaire à une interlocutrice, elle nous soupçonne de comparer, et si l'on s'adresse à un homme, il peut nous taxer de vantardise, de sorte que la timidité et les usages nous font garder le silence sur notre sentiment le plus cher. Or soudain, dans la création de ce tableau, voici que ce même sentiment devenait légitime, pouvait intervenir.

C'était bien qu'une peinture donnât ainsi libre cours à l'expression de mon affection pour elle, car Diana elle-même est à tous égards une réussite esthétique. Il était on ne peut plus prévisible qu'elle devînt danseuse, car le ballet doit pouvoir se définir avant tout comme la soumission du corps humain à une discipline essentielle, comme la soumission des nerfs, des muscles et des ligaments au principe esthétique. Toute l'attitude de Diana dans la vie porte témoignage de cette priorité. Elle prétend personnellement qu'elle ne respecte guère de préceptes moraux, mais, dans les faits, le nombre d'or dont elle se réclame fonctionne tout aussi bien que les Dix Commandements pour éviter la mauvaise conduite et encourager la vertu. La brutalité, l'impatience, l'envie, la cupidité, la méfiance sont aussi certainement laids que sont beaux l'amour et la générosité. Les lois de la beauté sont mieux définissables, plus exigeantes et à coup sûr plus gratifiantes que les lois morales. La beauté enivre et calme à la fois; elle enivre parce qu'elle procure l'inspiration et invite à l'abandon; elle rassérène parce qu'elle requiert un degré de discipline exceptionnel. La morale, au contraire, est trop souvent associée à l'hypocrisie, au refoulement, au préjugé, à l'orgueil de faire partie du royaume des justes invoqué par les intégristes qui brandissent fanatiquement leurs sanctions sans s'occuper de savoir s'ils sèment le fiel ou le baume, le bien ou le mal. La morale de Diana ne saurait jamais faire de mal; néanmoins, au nom de la beauté, elle serait capable de recourir à des mesures draconiennes. Traduisant tout en termes de sens esthétique, Diana m'a ouvert une multitude de nouvelles directions. L'une de celles-ci, et qui n'a cessé de faire mes délices, ce sont précisément les arts plastiques.

J'aime voir autour de moi cette sublimation des rêves, des préoccupations et des caprices de l'humanité; petit à petit, j'ai acheté bon nombre de tableaux et autres objets d'art. Mais mon intérêt s'est développé bien tard. Mes parents ne manifestaient ni curiosité ni dons dans ce domaine; jusqu'à dix-sept ans, je me suis extasié sur des objets manufacturés tels que les voitures ou les appareils photo. Diana a contribué plus que personne à m'apprendre à apprécier la peinture et la sculpture, et c'est elle qui m'a poussé à en acquérir. Une des premières toiles achetées ensemble était de Marie Laurencin, à l'occasion d'une visite à son atelier à Paris, peu après la guerre. La première fois que nous sommes allés en Israël, Diana a repéré l'un des peintres les plus talentueux du pays, Moshe Castel, maintenant fort connu; nous avons acheté plusieurs de ses œuvres. Un jour, seul à Berlin et sans y être directement incité par Diana, je tombai amoureux du travail du peintre allemand Jaenisch et lui achetai trois toiles. Jaenisch avait passé quelques années en Afrique du Nord, ses œuvres sont inondées de lumière.

La main du dessinateur trace en travers du papier une ligne à la fois précise et libre. Cette alliance de la discipline et de l'abandon, paradoxe essentiel de la beauté, est à mes yeux la plus haute réussite humaine. Tout art doit l'illustrer, celui d'un grand musicien ou d'un grand peintre non moins que celui d'un Edmond Rostand improvisant en alexandrins. En fait, cela ne s'arrête pas aux seules activités humaines : les mouettes qui extraient des palourdes des plages sableuses et les laissent choir avec une précision infaillible sur les rochers, ou le chat qui bondit et retombe sur ses pattes avec la même précision manifestent un semblable équilibre entre spontanéité et discipline, qui est à mon sens l'expression la plus élevée de la vie. C'est pourquoi le peintre dans son atelier exerce sur moi une fascination toute particulière. J'ai le privilège d'en compter quelques-uns parmi mes amis. Pour le grand artiste et humaniste Oskar Kokochka, j'ai un respect singulier : nous avons le bonheur de l'avoir pour voisin en Suisse et j'admire toutes ses toiles qu'elles représentent Londres ou des montagnes. J'ai remarqué avec curiosité que, de corpulence massive, il montre dans son œuvre un intérêt de plus en plus grand pour les grandes masses, qu'il s'agisse de couleur, de poids ou de forme, tout en négligeant le détail. Je compte chaque année sur lui à mon festival de Gstaad, à moins bien sûr qu'il ne passe l'été à son académie de Salzbourg.

Bien que le monde de Diana ait été peuplé de musique dès son plus jeune âge, la musique n'est qu'une des muses parmi la demi-douzaine auxquelles elle rend un culte. Elle a hérité la poésie de l'Irlande, l'esprit de la France, de ces deux pays sa passion du langage. Des générations de croyants lui ont légué une attitude religieuse, une métaphysique; quand elle s'est soustraite à la tutelle familiale et a renoncé aux formes instituées de la foi, il lui en est resté un sens de l'infini qui la suit comme son ombre. Pas plus que mes parents ou que moi-même, elle ne saurait agir sans l'approbation de cette présence invisible, de l'œil éternel qui est en nous ou hors de nous, probablement dehors et dedans tout à la fois.

A présent que nos enfants sont grands et nous ont quittés, je vis entouré de femmes qui me donnent toute raison de rendre justice à la force du « sexe faible ». Outre notre gouvernante, Millie Lowe, de qui dépend notre vie quotidienne à tous, sur qui l'on peut toujours compter, aussi intelligente que dévouée, nous bénéficions de l'aide de Kathleen Smith qui assume depuis vingt ans une grande partie du secrétariat, aussi aimable que parfaitement digne de confiance, depuis le premier passage du facteur le matin jusqu'au dernier coup de téléphone tard dans la soirée; Eleanor Hope, qui s'est jointe à nous récemment, humanise l'image de la parfaite secrétaire en assaisonnant d'humour et d'imagination l'exécution des tâches que je lui confie, quelque difficiles ou ennuyeuses qu'elles soient.

J'ai longtemps regretté que mes activités n'offrent aux talents de Diana que des perspectives aussi limitées et pleines d'abnégation; que de tels talents n'eussent pas toutes facilités de s'épanouir, je savais en vérité que c'était immoral. Ces dernières années, avec moins de responsabilités familiales et une diversification de mon travail dans des domaines tels que la direction d'orchestres et l'organisation de festivals, il a été possible de trouver de temps à autre des débouchés à ses capacités, ce qui m'a donné de grandes satisfactions et m'a soulagé, je dois l'admettre, d'un certain sentiment de culpabilité. En 1969, elle a eu sa première chance depuis notre mariage. Au festival de Bath, cette année-là, on devait donner l'*Impresario* de Mozart, dans une production de Wendy Toye, mais comme le livret original est plutôt plat, l'acteur Robert Morley avait été chargé de le récrire. Non content d'accomplir cette tâche avec succès en faisant du texte un support approprié pour la musique de Mozart, il introduisit un rôle sur mesure pour le grand talent de comédienne de Diana, qui devait jouer une « dame pipi » acariâtre, et il trouva même quelque chose à me faire faire sur scène avant de descendre dans la fossc d'orchestre pour diriger. Je fus ravi de voir Diana, de retour sur scène, travailler de nouveau avec d'autres acteurs et s'y plaire, et briller enfin de ses propres feux après être restée tant d'années dans mon ombre. Mais ce n'était qu'une petite mise en train pour ce qui allait suivre.

L'année suivante, d'abord à Bath puis à la télévision pour la BBC, on demanda à Diana de réciter des poèmes d'Ogden Nash pour une mise en scène du *Carnaval des animaux* de Saint-Saëns; au premier coup d'œil, elle décida d'écrire son propre texte à la place. Je compris très bien sa réaction : tout comme Diana ne pouvait se forcer à dire ces vers, je me suis parfois trouvé incapable de jouer certaines cadences; il y a des choses auxquelles nous ne pouvons nous identifier. Elle se donna deux ou trois jours pour produire le texte — nous étions à Gstaad à ce moment-là, et relativement détendus — et elle écrivit dans ce court laps de temps les quinze poèmes exigés. Ce spectacle remporta un grand succès. Deux ans plus tard, Humphrey Burton lui demanda de participer à sa série *Aquarius*, pour la London Weekend Television, et elle récita plusieurs poèmes d'Edward Lear, spécialement mis en musique par Edwin Roxburgh. Pour Noël 1973, elle fit une émission sur l'œuvre poétique de E.E. Cummings. Je m'étais imaginé que je connaissais Diana à fond, mais elle a encore réussi à m'étonner. Ce fut une révélation de la voir complètement émancipée, se donner tout entière à la communication poétique, faire passer la poésie en modelant les vers et en couvrant une gamme d'effets et d'émotions dramatiques allant de la satire à la comédie et de la grivoiserie au tragique. Ces émissions furent par la suite diffusées au Canada mais pas aux États-Unis, à mon grand regret. Il est impossible de trouver une chaîne de télévision américaine qui se risquerait à présenter une émission sur un poète américain.

Je suis sûr que Diana me réserve de nouvelles révélations; avec plus de loisir, dans les années qui viennent, elle aura la possibilité de se recréer à neuf, par la poésie, la peinture, le théâtre; pour sa satisfaction personnelle et la mienne.

Neutralité passionnée

La Hongrie et la Roumanie sont les seuls pays au monde dont la musique symbolise l'existence nationale. Les autres petits pays qui ont acquis récemment une forte notion de leur différence s'identifient avec exaltation à l'image de tel ou tel despote ou révolutionnaire qui a mis le feu à une citadelle ou juré vengeance sur un peuple voisin; Hongrois et Roumains, eux, choisissent les musiciens comme héros nationaux. En Hongrie, Zoltán Kodály partage cet honneur avec Bartók, mais en Roumanie c'est Georges Enesco qui demeure de façon incontestée le premier dans le cœur de ses compatriotes. Les traditions musicales roumaines, même dans la civilisation internationale actuelle, urbaine, programmée et enrégimentée, revêtent une telle force qu'on doit s'en émerveiller et lui rendre grâce. Le moindre recoin entretient son style propre et le connaisseur qui examine de quelle manière un villageois joue de la flûte ou un tzigane du cymbalum, est capable, comme un chevalier du taste-vin identifiant un cru, de les situer sur le versant nord de telle vallée ou sur la rive occidentale de telle rivière. Dans un pays où la musique est si profondément enracinée dans la vie, on ne doit pas s'étonner qu'on reconnaisse aux musiciens quelque importance ni que la nation s'enorgueillisse d'avoir produit le plus grand des musiciens complets de notre siècle. N'empêche qu'à première vue, il peut paraître à la fois charmant et un peu saugrenu que le dévoué sujet d'une cour et d'un État féodal depuis longtemps disparu se soit transformé en figure de proue de l'actuelle République populaire.

Sans doute peut-on vénérer les morts en toute tranquillité; on peut échafauder sur leurs faits et gestes sans craindre leurs protestations. Mais je crois que, dans le cas d'Enesco, les socialistes lui ont simplement rendu justice en le canonisant à leur façon; bien qu'il ait servi la cour et ait quitté pour toujours la Roumanie avec sa princesse quand les communistes sont venus au pouvoir, ses qualités de musicien étaient bien originaires de ce pays : ce qui s'y était greffé de Paris ou de Vienne et y avait prospéré se nourrissait d'une sève authentiquement moldave. Il marque justement la transition entre la monarchie et la démocratie populaire dans la mesure où son apport a compté pour les deux. S'il était resté pour assister au remplacement de l'ancien ordre par le nouveau, il aurait difficilement pu être heureux, mais je ne crois pas non plus qu'il ait été heureux en exil. Évidemment, il n'avait pas le choix : la princesse Cantacuzène ne pouvant adopter les façons ni partager l'enthousiasme des camarades, il fallut la conduire à l'étranger avec un entourage réduit. Je crois que, sans elle, Enesco serait peut-être retourné à Bucarest recevoir l'hommage qui lui était dû et y répondre en jouant de la musique, en l'enseignant, en dirigeant des opéras et des orchestres, en servant son peuple pour leur mutuelle satisfaction.

Quand je retournai pour la première fois en Roumanie après la guerre, en mai 1946, la monarchie était encore debout (sous le roi Michel, celui qui jadis conduisait des poneys blancs et que j'avais pris pour cible), et Enesco ne s'était pas encore exilé. Le pays était occupé par les Alliés, on voyait partout des troupes russes et américaines, mais ces interférences étrangères n'avaient pas mis de frein à une grande floraison d'activités pacifiques. Bucarest était affairée, la nourriture y était bonne et abondante, la circulation dans les rues relativement dense, il y régnait une atmosphère animée et bouillonnante d'activités. Les Américains, toujours obligeants, me prêtèrent une voiture de l'armée pour revoir Sinaïa; j'y retrouvai la magie fixée dans ma mémoire, aussi puissante que jamais; la forêt, la montagne, les plantes, les animaux et toute la gamme des manifestations humaines y maintenaient l'harmonie d'un âge d'or (depuis 1946, Sinaïa a été abîmé par le tourisme, comme tant d'autres lieux; des immeubles neufs en béton ont eu raison de sa sauvagerie originelle et les foules actuelles ont rompu une cohérence plusieurs fois centenaire). Le roi Michel m'invita à déjeuner puis, à mon départ, envoya à l'aéroport une garde d'honneur qui dut rester en faction pendant deux bonnes heures, attendant que les autorités des divers pays que je devais traverser pour revenir en Suisse eussent donné les visas nécessaires. J'ai dû être l'un des derniers étrangers à recevoir ces marques d'attention royales, car les jours du règne de Michel étaient comptés : les communistes qui allaient le détrôner mobilisaient déjà leurs forces. Aucun événement, pas même ma visite, n'était indifférent à la poursuite de leur grand projet; ayant accepté de jouer pour les travailleurs, je m'aperçus que la musique était surtout un prétexte : une photographie de moi, dans une attitude apparemment cordiale avec les dignitaires du Parti, bénéficia d'une place de choix dans la presse du lendemain.

Cette actualité et ces conflits étaient assez visibles, mais ils comptaient naturellement moins pour moi que mes retrouvailles avec Enesco que je n'avais pas revu depuis le printemps 1939 à Paris. Il m'attendait à l'aéroport, et c'est ensemble que nous entrâmes en voiture dans Bucarest. Il se trouve que je n'avais jamais visité la ville, Sinaïa n'étant pas tout près. Construite comme Paris, avec d'élégants immeubles en pierre de taille le long de boulevards et d'avenues rayonnant de carrefours en *étoiles* *, elle ne manque ni de beauté ni de majesté. Je le dis à Enesco. « Chut! » murmura-t-il en mettant sa main devant sa bouche comme pour une confidence à la dérobée, « *c'est la boue qui reste* *! » Ce cher Enesco! Bien que son dos se fût voûté en l'espace de sept ans, son humour était toujours aussi prompt. En fait, j'avais beau l'idolâtrer, jamais il ne me déçut, ni sur le plan humain ni sur le plan musical. Il me conduisit à l'hôtel particulier de la princesse Cantacuzène, un petit palais où ses appartements à elles étaient richement ornés et capitonnés, pleins de divans et de coussins, tandis qu'il y occupait une cellule monastique aux murs chaulés sans la moindre gravure, pourvue d'un lit métallique étroit et d'une unique fenêtre. A l'époque où il était tombé amoureux de la

* En français dans le texte.

princesse, celle-ci était mariée à l'un des membres les plus en vue de l'aristocratie, tandis qu'il n'était encore qu'un tout jeune homme; à la mort du mari, vers 1935, il rendit hommage à la longue fidélité de la princesse en l'épousant, alors même qu'elle était malheureuse et malade, dans un état qui exigeait des soins constants. A Bucarest, il descendait de sa petite chambre dans les appartements princiers, en ménestrel venant combler les appétits de musique de sa dame et du cercle cultivé qui l'entourait. Ce spectacle privé était d'autant plus touchant qu'en public c'était lui le grand seigneur, l'idole et l'idéal de son pays.

Aucun séjour, là ou ailleurs, n'a égalé par la continuité de l'enchantement celui-ci en Roumanie. Ce fut un festival Enesco, une orgie d'Enesco, un délire Enesco, suscités par ma venue. Tous les jours nous donnâmes ensemble des concerts pendant près de deux semaines, sans compter les répétitions publiques le matin; le programme était différent chaque jour et nous passâmes en revue une bonne partie de la littérature pour violon, Enesco tantôt au piano, tantôt dirigeant l'orchestre. A chaque concert, à chaque répétition, il nous fallait l'aide de la police pour nous frayer un chemin de la voiture au trottoir, jusqu'à l'entrée des artistes. Assiégé deux soirs de suite par des admirateurs, je fus obligé de fuir l'hôtel et de me réfugier dans un repaire privé (un couple très aimable accepta d'échanger son appartement personnel contre le mien à l'hôtel, avec les risques que cela comportait). J'étais venu entouré d'une triple aura symbolique. En tant que disciple d'Enesco, j'appartenais à une catégorie à part pour les Roumains, et bénéficiais de tous les préjugés favorables. En tant qu'Américain, je personnifiais la générosité d'un peuple qui avait versé son sang pour la cause de l'Europe et laissait présager espoir et liberté pour l'avenir. Enfin, j'étais juif. Or Bucarest était alors la capitale de l'Europe juive : des milliers de ceux qui avaient réussi à échapper à l'arrestation, non seulement en Roumanie mais dans les pays alentour, y avaient trouvé refuge. Ils étaient deux cent mille dans cette seule ville à cette époque. Beaucoup devaient bientôt en partir pour Israël ou ailleurs, mais en attendant, ils se bousculaient pour me faire un accueil presque messianique. Un service religieux fut célébré en mon honneur; toutes les rues à plusieurs centaines de mètres de la synagogue étaient remplies de Juifs portés au comble de l'émotion par cette manifestation de leur existence, eux qui avaient échappé si récemment à l'antichambre de la vallée des ombres. La Roumanie devait leur conserver son amitié : seule de tous les pays socialistes, elle est restée jusqu'à aujourd'hui en bons termes avec Israël.

Ainsi admirablement appréciés, Enesco et moi réussîmes à amasser de respectables recettes qui furent réparties également entre la Croix-Rouge, les sociétés de secours juifs et les jeunes musiciens roumains. Je fus un peu choqué de découvrir que le coût de l'avion privé qui m'avait conduit en Roumanie et m'en ramena avait été préalablement déduit du total...

Enesco avait encore neuf ans à vivre; neuf tristes années d'exil, de difficultés matérielles et d'un affaiblissement progressif de la colonne vertébrale qui voûta définitivement son dos. Reprenant le 36 rue de Clichy comme domicile fixe, il fit des tournées pour gagner de quoi faire vivre la princesse et lui-même, mais sa fortune et ses biens étant aux mains des communistes, il ne gagnait pas assez pour garder le bel appartement du premier où il me donnait mes leçons vingt ans auparavant. Petit à petit, il dut vendre son mobilier, remplacer son piano à queue par un piano droit et déménager au rez-de-chaussée dans un logement étroit et sombre. La princesse y conservait sa cour, clairsemée comme le reste, avec moins d'assurance, dans une atmosphère d'exil et de désillusion, mais en continuant d'observer le même rituel. Je me souviens d'un jour à New York où la princesse reçut justement un tel cercle, diminué et appauvri, et où Enesco joua pour la compagnie. Il était alors très voûté, mais son exécution du *Geistertrio* n'en avait pas moins une carrure et une vitalité dignes de Beethoven. C'était la marque d'un très important mystère, à savoir que chez les violonistes l'ampleur de la conception peut surmonter le handicap technique. Les violonistes qui jouent remarquablement bien en dépit d'une déficience de la main gauche sont légion; ayant un message à faire passer, ils parviennent à le transmettre. Le cas d'Enesco était certes différent; il offrait l'exemple d'une vérité en rapport avec celle-là, à savoir que celui qui a possédé la conviction et l'inspiration les garde à jamais. Infirme et l'ouïe légèrement affectée, Enesco était encore capable de jouer d'une façon presque inégalable, tout comme un vieillard à qui l'amour physique n'est plus possible comprend parfois mieux l'amour et en fait mieux comprendre le message qu'un jeune homme concupiscent et ignorant.

A Paris, la reine Elisabeth de Belgique qui, par admiration pour lui, aurait aimé procurer confort et réconfort au grand musicien tragiquement frappé, mit sur pied avec moi et quelques autres une conspiration visant à l'aider, tout en craignant qu'il refusât d'accepter un sou par simple fierté. Hélas, cette entreprise ne tarda pas à tomber à l'eau, sabotée en partie par la princesse, en partie par l'action de certains membres de l'entourage d'Enesco qui n'étaient pas dignes de confiance. Chaque fois que je me trouvais à Paris avec Diana, nous allions le voir quotidiennement, avec le regret cuisant de pouvoir faire si peu pour lui, et rendus à l'humilité par la dignité et l'humour avec lesquels il avait choisi de fermer les yeux sur l'amoindrissement de sa condition. A tort ou à raison, il craignait que son Guarnerius, dont la maison royale et les Roumains lui avaient fait présent bien longtemps auparavant, pût être confisqué à la princesse et rendu à l'État, aussi me convoqua-t-il un jour dans la petite pièce qui lui servait à la fois de chambre et de salle de musique pour me le confier. « Je ne jouerai plus jamais, me dit-il, ce violon sera plus en sécurité en Amérique qu'ici. » (Il a finalement été rendu, et avec raison, à la Roumanie.) Il me fit cadeau de son premier bon violon, un Santo Serafino, qu'il avait acheté avec ses économies alors qu'il était encore étudiant à Vienne; je le garde toujours avec ferveur. C'est ainsi qu'il dit adieu sans cérémonie, sans paroles oiseuses, aux compagnons de sa vie, et se dépouilla de sa dernière splendeur, de ses derniers objets familiers, de tout ce à quoi il tenait encore, tout en s'apprêtant à mourir. Il disparut à Paris le 4 mai 1955.

Je suis retourné plusieurs fois en Roumanie, toujours reçu en enfant prodigue grâce au souvenir d'Enesco. On imagine sans peine combien, pour ma part, je suis enchanté de voir mon admiration partagée par une nation entière. Enesco, que l'on oublie progressivement ailleurs et dont on joue ridiculement peu les œuvres, conserve ici du moins la place prééminente qu'il mérite. (Je suis néanmoins heureux de pouvoir ajouter que sa seconde patrie ne l'a pas tout à fait oublié; il est question, à l'heure où j'écris, de fonder à Paris un conservatoire portant son nom.) L'hommage de la Roumanie a pris la forme d'un musée Enesco qui a réuni des manuscrits de partitions, des lettres, des portraits, des instruments et toute sorte de souvenirs; mais dans ce pays, il est le génie du lieu, on le retrouve partout. Le conservatoire s'appelle conservatoire Enesco, le concours de violon concours Enesco, et *Œdipe*, son œuvre la plus importante, est au répertoire de l'Opéra national. Peut-être sera-t-il un jour produit par d'autres compagnies; il le mérite assurément, car c'est le chef-d'œuvre d'un maître qui a consacré des dizaines d'années à lui donner forme; il emportait la partition partout, d'année en année elle s'enrichissait de nouvelles pages écrites pendant les vacances, le samedi et le dimanche, ou tard dans la nuit, à l'hôtel après le concert.

Si Enesco m'avait patronné en Roumanie, Bartók joua pour moi le même rôle à titre posthume en Hongrie, quand je retournai à Budapest après la guerre. En 1946, en effet, le héros national était déjà mort depuis quelques mois, mais je l'avais connu personnellement, je jouais ses œuvres, il avait écrit la sonate pour moi, et ces témoignages d'amitié suffisaient amplement à me gagner le cœur des Hongrois. Parfois, la salle de concert affichant complet, il arrivait même qu'on installât des haut-parleurs à l'extérieur pour ceux qui n'avaient pu entrer.

J'ai toujours pensé que les plus riches cultures sont celles qui ont été fécondées à la fois par l'Orient et l'Occident. La Hongrie, à l'instar de l'ensemble de l'Empire austro-hongrois, a été en même temps la cause et l'effet d'un tel bouillon de culture artistique : elle a puisé dans le folklore originellement asiatique du pays lui-même; chez les Turcs, qui arrivèrent aux portes de Vienne et laissèrent beaucoup de choses en se retirant; dans les traditions balkanique, allemande, française et italienne; et, comme les Juifs, chez les Khazars. Vienne en particulier a été le produit d'un croisement du Nord et du Sud, de l'Est et de l'Ouest; c'était une ville où l'on trouvait peu de gens qui ne fissent de la musique sous une forme ou sous une autre, et personne qui n'y connût au moins quelque chose. Aujourd'hui encore, la musique est le cœur de la vie viennoise, ce que prouve peut-être *a contrario* l'envers de cette médaille : le foyer des intrigues y est l'opéra plutôt que la politique, la diplomatie ou le commerce. De même que Vienne, durant son long apogée, attira Mozart, Beethoven et Brahms, puis s'enrichit de leurs apports, Budapest est devenue pour notre siècle la ville des pèlerinages musicaux, mais en plus gai, plus fou, plus stimulant que le mot pèlerinage ne le suggère, par une enivrante combinaison du raffinement musical le plus exquis et d'un certain laisser-aller dans les mœurs. Je regrette de ne pas avoir très bien connu Budapest dans son *épanouissement* * de l'entre-deux-guerres, quand la grandeur de Bartók donnait son substrat musical à l'indépendance nationale. Lors de mon premier séjour en 1930, j'étais trop jeune, je n'y étais pas resté assez longtemps et je n'étais pas assez mûr pour en explorer tous les secrets; par la suite, les fluctuations de l'histoire ont plutôt diminué son charme, mais sans l'étouffer complètement.

Le souvenir le plus précis que j'ai gardé de mon voyage de 1946 est, à ma honte, d'ordre culinaire. Il s'agissait d'un déjeuner offert en mon honneur par les édiles, dans le parc, et préparé par le grand traiteur Gerbaud. Budapest était encore marquée par la guerre, il n'était pas commode de se procurer des denrées, mais les Hongrois ne se laissaient pas abattre, ils prirent le taureau par les cornes et organisèrent un festin que je devais me remémorer, bien des années après, avec une gourmande nostalgie. Sur les ponts flottants du Danube, on voyait défiler la population miséreuse de Budapest; la démarche de ces gens était d'une fierté telle qu'elle n'avait rien à envier à celle d'un peuple vainqueur, ni *a fortiori* d'aucun peuple vaincu, comme si la vie dure et l'avenir bouché avaient fait de tous les habitants des rois de ce monde. Ce peut être un grand avantage que de ne rien vouloir savoir d'une défaite, cela peut permettre que des phénix renaissent des cendres de rêves consumés, mais, à défaut d'autres qualités telles que la modération ou, mieux encore, l'astuce, le phénix est rapidement condamné à connaître son dernier moment de gloire dans un nouveau brasier. A la différence des Polonais à qui des siècles de domination étrangère ont appris tous les trucs utiles pour survivre, à la différence des Roumains si malins qu'ils parviennent même à faire tourner leurs mésaventures à leur avantage, les Hongrois vont toujours trop loin. Me trouvant de nouveau à Budapest quelques mois avant l'insurrection de 1956, je tins une conférence de presse et répondis à des questions d'une audace, d'une impudence même qui montrait

* En français dans le texte.

un refus sans équivoque de reconnaître l'humble place de la Hongrie dans l'équilibre des forces. Une fois que les Russes y eurent installé un régime docile, j'hésitai à y retourner : d'un côté, je voulais exprimer ma solidarité avec les vaincus, de l'autre, je me disais que si j'allais jouer en Hongrie, je n'aurais aucun moyen de me démarquer des nouveaux dirigeants en place. J'optai d'abord pour la seconde position et m'abstins pendant quelques années, mais je finis par renoncer à une protestation qui avait perdu son sens au fil des années (quand je revins finalement à Budapest, on me proposa une décoration officielle que je déclinai diplomatiquement). Le régime de Kadar était certainement le seul possible étant donné les circonstances; tout bien considéré, il a évolué dans un sens plus humain; et si la Roumanie en tant que nation s'est rendue plus indépendante de la tutelle soviétique, les Hongrois, qui ne se laissent jamais embrigader, jouissent d'une liberté individuelle que ne connaissent pas les Roumains.

La musique de Zoltán Kodály a contribué à déclencher la révolution de 1956, mais, protégé par le respect populaire, il est resté intouchable lors du règlement de comptes qui suivit la répression. C'était un homme redoutable, à la parole mesurée mais à l'esprit acéré, toujours souriant mais brandissant un poignard derrière la remarque la plus bénigne, affable, élégant, presque aussi idéalement chevaleresque qu'Enesco. Son extraordinaire épouse, Emma, était encore vivante en 1946 : centenaire ou presque et se prétendant, je crois, âgée de quatre-vingt-douze ans. Elle était aimable, au sens le plus littéral du terme — la moitié des musiciens d'Europe avaient été ses amants et un cercle d'adorateurs la réconfortaient dans son grand âge. Elle parlait des beaux jours de son passé et montrait des albums de photos prises en été dans les montagnes où on la voyait avec Bartók et Kodály faire de l'alpinisme en naturistes. Quand je déjeunais chez eux, Emma occupait le haut bout de la table, Zoltán la servait et s'occupait d'elle de la façon la plus touchante. Une fois qu'elle dut être hospitalisée, il alla lui aussi à l'hôpital pour rester auprès d'elle. Il acheta une voiture américaine, ce qui n'était pas bon marché en Hongrie à cette époque, pour la distraire durant sa convalescence en la promenant à la campagne. Emma, reconnaissante de ses tendres attentions, désigna celle qui devait lui succéder : elle choisit à Zoltán une nouvelle femme d'autant de dizaines d'années sa cadette qu'elle en avait de plus que lui. Mais c'est lui qui lui fit cette proposition du style le plus hongrois : « Si tu préfères, je te laisserai veuve. » Après la mort d'Emma, sa place à table resta toujours vide, nulle jeune usurpatrice ne devait l'occuper.

En rencontrant Kodály à l'aéroport en 1946, je lui demandai aussitôt de composer quelque chose pour moi. Il accepta ma commande et ajouta que, songeant à partir en croisière, il aurait ainsi le temps de l'exécuter. Je savais qu'il composait lentement, aussi ne fus-je pas trop déçu de voir les années s'écouler sans m'apporter de nouvelles du manuscrit, mais je lui rafraîchissais la mémoire de temps à autre. Une fois, il m'écrivit pour me dire qu'il avait fait les deux premières pages. Jouant à l'assureur sur la vie, je lui envoyai mes calculs : il lui avait fallu tant d'années pour écrire deux pages; il pouvait encore espérer vivre tant d'années (il gardait toujours une forme physique parfaite et nageait tous les matins); je croyais (écrivais-je) avoir toute raison d'être optimiste et le priais de bien vouloir accepter le chèque ci-inclus pour le travail déjà accompli. Le chèque me fut néanmoins retourné avec un mot disant qu'il y avait assez de gens qui jouaient sa « mauvaise musique » pour l'empêcher de se trouver en difficultés financières, mais qu'il essaierait de finir ce qu'il avait commencé. Malheureusement, je n'ai pas eu l'occasion de lui envoyer un autre chèque, cette composition ne fut jamais achevée et même les deux premières pages ne sont pas restées en ma possession.

Est-il possible qu'on demande trop à la musique? Enfant, je voyais en elle une irrésistible force du bien, réunissant le genre humain, par-delà toutes divisions superficielles, à la profondeur de l'universalité, mettant en œuvre cette magie qui, selon Schiller dans son *Ode à la joie*, « lie ensemble ce que désunit la Routine ». Pour quiconque est né et a vécu au XXe siècle, rien ne saurait éviter que de telles espérances soient malmenées par la désillusion. Les barrières de la routine restent en place et la musique elle-même ne les a que trop souvent célébrées. Si des échecs successifs ont entamé mon ambition personnelle de provoquer de temps à autre une réconciliation pour le compte de l'humanité, je n'y ai pourtant pas renoncé. Je me suis cogné à quelques murs, à des sentiments que je ne pouvais partager, mais je n'en suis pas mort et l'expérience ne m'a pas conduit à la conclusion que la musique devait nécessairement rester faible devant l'implacabilité humaine, ou que le musicien sage est celui qui continue bêtement à racler du violon pendant que le monde brûle. En vérité, je considère ces positions comme des hérésies : la musique a été mon *laissez-passer* * en terre étrangère, je me sens partout à mon aise en voyage, j'estime le peuple et les valeurs des pays autres que le mien. C'est sans doute une chance pour moi, je voudrais simplement que davantage de gens la partagent, même si, comme je suis bien placé pour le savoir, une bonne disposition générale semble parfois aller à l'encontre des fidélités particulières et offense ainsi beaucoup de monde, m'impliquant dans des controverses brûlantes et attisant ainsi ces mêmes passions que j'aurais voulu précisément apaiser.

Je n'ai cependant jamais regretté de me fourrer dans des guêpiers. Je me demande bien comment l'on peut me juger pour cela. Suis-je un imbécile heureux qui met les pieds dans le plat, dans des situations que les anges de la prudence contemplent en retenant leur souffle? Suis-je un poseur et un faiseur qui croit être le seul à avoir raison et que tout le monde dévie du droit chemin? Ou bien encore un individu qui sait bien qu'il n'a pas le monopole de la rectitude mais qui tient à opposer malgré tout sa conviction aux idées reçues? Naturellement, j'espère que l'on trouvera des arguments pour soutenir cette dernière interprétation. Dans la première polémique que j'aie provoquée, je crois que le verdict a déjà été prononcé en ma faveur (à moins que la triste vérité ne soit que le temps vient à bout des querelles les plus envenimées). Je veux parler de mon action pour la défense de Furtwängler après la Seconde Guerre mondiale.

A l'époque, Furtwängler était pour moi un chef d'orchestre que je respectais de loin. Je n'ai joué avec lui qu'à partir de 1947, mais j'en savais assez sur lui par ses enregistrements et par ouï-dire pour deviner ce que devait avoir d'exceptionnel le fait de jouer sous sa direction. Je l'ai d'ailleurs vérifié par la suite. Bien que différent de Bruno Walter, je le place dans mon panthéon personnel sur le même plan que lui comme représentant de la tradition allemande au niveau le plus élevé.

* En français dans le texte.

Sans l'avoir encore rencontré, je rentrai à New York d'un de mes premiers voyages en Europe libérée; témoin revenant des lieux de la victoire, je fus accueilli par une meute de journalistes qui voulurent absolument savoir s'il fallait rejeter la culture allemande en bloc avec l'hitlérisme. Ne voyant pas l'avantage de retourner le fer dans les plaies de la guerre et croyant de mon devoir de rapporter les bonnes nouvelles du moment qu'elles étaient vraies, je transmis le jugement de Paris : les musiciens français m'ont dit, rapportai-je, que de tous leurs collègues qui étaient restés en Allemagne, Wilhelm Furtwängler était celui qui serait accepté le plus chaleureusement; pas seulement ou pas essentiellement pour ses dons inégalés, mais parce qu'il avait refusé d'accompagner le Philharmonique de Berlin dans ses tournées de propagande en France occupée. C'était on ne peut plus simple; mais je ne prévoyais guère que cette information parfaitement claire et purement factuelle allait se transformer en l'instrument d'une guerre que j'ignorais être en train de livrer. Le lendemain, les gros titres des journaux annoncèrent que je souhaitais que l'on invite Furtwängler en Amérique, et aussitôt les Juifs américains de s'indigner...

Le défaut de Furtwängler, comme le mien peut-être, était de surestimer les pouvoirs de la musique. S'il ne comptait pas sur elle pour l'absoudre du péché originel, il la croyait du moins à l'abri de la contamination. Peu après l'incendie du Reichstag, il avait invité Schnabel, Huberman et moi-même à nous produire comme solistes avec le Philharmonique de Berlin. Nous avions tous trois refusé. Directeur de l'opéra d'État de Berlin, il décida encore en 1934 de monter *Mathis der Maler*, sachant pourtant très bien que le compositeur « décadent » Hindemith, officiellement, n'existait pas; Göring interdit la représentation, Furtwängler démissionna. On aurait pu penser que deux échecs successifs suffiraient à le convaincre que cette sorte de voie moyenne était un *no man's land*, une position glorieuse à tenir si l'on obéissait à certains critères périmés du XIXe siècle, mais qui n'était plus tenable à présent. Peut-être en fut-il convaincu, mais il ne cessa de choisir une attitude suicidaire. Son prestige lui permit seulement de continuer de se comporter en aristocrate au milieu de cette jungle, de se permettre les vaines protestations, les défis et les écarts de conduite par rapport à la norme que lui dictait sa profonde humanité :

il ne put ni se liquider lui-même ni se faire déporter. En 1936, la petite-fille de Wagner, Friedelind, qui devait fuir l'Allemagne nazie trois ans plus tard, fut témoin d'une rencontre entre Hitler et Furtwängler chez sa mère, à Bayreuth :

> Je me souviens d'Hitler s'adressant à Furtwängler pour lui dire qu'il devrait bien accepter de servir la propagande du parti. Il refusa. Hitler se mit en colère et dit à Furtwängler que, dans ce cas, on lui trouverait un bon camp de concentration. Furtwängler attendit un instant pour répliquer : « Dans ce cas, monsieur le Chancelier, j'y serai en excellente compagnie. » Hitler fut sans doute pris au dépourvu par le défi du chef d'orchestre; au lieu de se lancer dans ses vociférations habituelles, il se contenta de tourner les talons.

La même année, pourtant, Furtwängler refusa une offre de succéder à Toscanini comme chef en titre du Philharmonique de New York, les Juifs ayant déclaré avec indignation qu'on ne saurait le laisser travailler à New York « à moins que le public n'admette que politique et musique n'ont rien à voir ». Ni Hitler ni les Juifs ne pouvaient lui faire entendre un message auquel il ne voulait pas croire; en conséquence, il se retrouva nulle part, étranger aux yeux de l'Allemagne nazie et nazi aux yeux de l'étranger.

Je regrette de ne pas avoir eu l'inspiration (à moins que ce ne soit le courage qui m'ait manqué) de demander à Toscanini ce qu'il pensait de Furtwängler, à ce souper de Milan, en 1946, où il rangea, les uns après les autres, tous ses collègues parmi les déchets de l'histoire culturelle. Si Furtwängler ne m'était pas inconnu à ce moment-là, je n'étais pas non plus en mesure de le juger, mais j'en savais assez pour ne pas ignorer qu'une telle question fût allée droit au but. Toscanini et Furtwängler étaient les deux grands rivaux; dans un climat de fièvre partisane, ils représentaient des valeurs humaines et musicales incompatibles, et se comportaient comme des gladiateurs évitant toute confrontation dans la même arène pour pouvoir également asseoir leur réputation sur le soutien de leurs admirateurs. Ils avaient tous deux travaillé à Vienne et dirigé des œuvres de Wagner à Bayreuth. Chaque fois que l'un avait remplacé l'autre quelque part, des factions se créaient immédiatement. Je crois Toscanini en partie responsable de la résistance de New York à Furtwängler. Le fossé qui les séparait n'était pas dû seulement à la nationalité et au tempérament, mais à l'origine sociale et à l'éducation. Toscanini sortait d'une famille de paysans pauvres; ses dons musicaux l'avaient fait descendre très jeune dans la fosse d'orchestre, c'est là qu'il avait tout appris. Furtwängler, fils d'un archéologue, avait passé son enfance à faire des fouilles classiques et des études classiques. La musique n'était pour lui ni la seule ni l'ultime activité possible, mais le couronnement de sa vie. Si Furtwängler faisait preuve de volonté personnelle, c'était à la fois un don naturel et un héritage de classe, il était donc peut-être d'une carapace moins solide que Toscanini qui avait lui-même forgé sa volonté. Il bronchait à la moindre critique, soit par arrogance, par conviction qu'il était au-dessus de toute critique, soit par un sentiment d'insécurité qui avait besoin d'admiration pour se rassurer, je ne sais. Toscanini, au contraire, que sa prééminence à New York mettait pourtant en général hors d'atteinte des commentaires défavorables, était trop conscient de son rôle de serviteur de la musique pour en vouloir à tel ou tel aventureux assez peu éclairé pour se trouver en désaccord avec lui.

Leur musique traduisait et renforçait tout à la fois les différences de caractère, de formation et de sensibilité, qui existaient entre eux deux. Un jour, à Lucerne, Furtwängler compara la musique au courant d'un fleuve, que doit suivre le chef d'orchestre en tenant compte de la topographie, selon que le flot se presse dans des gorges étroites ou s'apaise parmi des prairies tranquilles. Il refusait la méthode, la rigueur du métronome, l'arsenal de poids et mesures du petit commerce musical, il s'en remettait à l'intuition et à la rêverie pour le guider dans les partitions. Heureusement, son intuition ne l'égarait pas, car elle était déterminée par la musique à laquelle elle donnait forme. Après tout, Furtwängler était assez âgé pour avoir connu Brahms. Les enregistrements le montrent : avec lui, deux exécutions n'étaient jamais semblables; chaque fois il s'abandonnait au fleuve, et peut-être celui-ci avait-il déjà changé depuis sa dernière visite; une crue de printemps l'avait gonflé de neige fondue, maintenant c'était la belle saison et l'étiage, ou bien un soudain orage lui faisait emporter tout sur son passage. Cette recherche a été bien exprimée par Carl Flesch :

> Il n'est pas de moments creux dans son exécution : tout y vit, y aime, y souffre ou se réjouit... Furtwängler exige une satisfaction acoustique immédiate; émotionnellement, c'est un Don Juan de la musique, il est en quête d'un renouvellement continuel du sentiment, d'où le fait que l'auditeur est plus curieux qu'ému par sa façon de diriger... Il atteindra probablement l'apogée de ses capacités dans un certain apaisement érotique, en trouvant la sérénité par la transmutation de l'amour terrestre en amour céleste. Furtwängler — ajoutait Flesch — est de tous les chefs d'orchestre le plus cher à mon cœur. Il est complètement exempt de mégalomanie et de fanfaronnade, traits distinctifs de sa caste; son authentique modestie se manifeste même parfois sous la forme d'une incertitude intérieure. Ce qui le distingue par-dessus tout, c'est la naïveté enfantine, caractéristique du véritable artiste.

Son sens de l'abstraction le menait à l'extase. C'est une faculté propre à la culture germanique; déformée et dégradée, elle engendra les mythes grotesques du national-socialisme, mais dans la mesure où elle a pu se donner libre cours dans la quête désintéressée de la vérité, elle a produit la philosophie, une musique aussi universelle que celle d'un Beethoven, et un art de l'interprétation correspondant. Wilhelm Kempff est aujourd'hui l'héritier de cette tradition. La grandeur de Toscanini était d'une autre nature. Pour les Allemands, une chose pouvait être un symbole à la mesure de l'univers; pour lui, chaque chose était une chose, une composition n'était pas une rivière sinueuse mais une route romaine, non pas une force mystique ou naturelle imprévisible à laquelle il lui aurait fallu s'abandonner, mais une expression de l'esprit humain qui pouvait se laisser pénétrer et illuminer par la clarté latine.

Alors que, de nos jours, Wilhelm Kempff peut obéir à la tradition allemande en tous lieux, Furtwängler, lui, était si profondément enraciné dans son passé qu'il croyait peut-être que l'expatriation aurait mis en danger son identité, qu'il existait une âme ethnique ou nationale appartenant au pays au même titre que les collines ou les plaines, et que l'existence de sa conception musicale était la mieux assurée en Allemagne, mise en œuvre par un orchestre allemand pour un public allemand. Tandis que la fougue de Toscanini était par essence transportable et transmissible, la minutie de Furtwängler en la matière, sa façon incomparable d'arrondir les angles, sa quête d'un « flot continu », exigeaient en fait une intimité presque télépathique avec l'orchestre. A propos de son « secret », il écrivit un jour qu'il résidait dans « la préparation de la battue, non dans la battue elle-même, dans le rapide et souvent minuscule mouvement descendant qui précède le moment où le son de l'orchestre se trouve unifié. L'inflexion donnée à ce premier temps, à ces préparatifs, détermine la qualité du son avec la précision la plus absolue. Même le chef d'orchestre le plus chevronné est toujours stupéfait de l'incroyable exactitude avec laquelle un orchestre bien coordonné reflète ses gestes les plus délicats ».

Ses « gestes les plus délicats » l'étaient à peine davantage que les plus amples. Furtwängler abhorrait tant les points de jonction, les ponctuations, les articulations, les commencements et les fins, qu'il était angoissé de simplement devoir abaisser sa baguette; d'après un musicien qui avait joué sous sa direction, il ne le faisait qu'après « une douzaine de mouvements oscillatoires préliminaires ». De tels scrupules peuvent rendre de grands services à la musique, mais ils laissent sans défense face aux dilemmes moraux imposés par la tyrannie.

Ce fut sa grandeur qui suscita la haine. Il y a sans doute une certaine justice là-dedans — plus on est grand, plus on est responsable —, mais c'est très injustement que Furtwängler a été victime de l'indignation du monde. Il fut en fait la victime des temps. Des musiciens plus compromis que lui, dont la carrière avait profité de leur appartenance au parti et les faveurs qu'ils avaient consenties aux Nazis, ont été depuis lors acceptés et acclamés, sans qu'un mauvais souvenir vienne entacher leur nom, tandis que Furtwängler, sans être en rien coupable comme eux, était une cible toute désignée en raison de sa célébrité. Finalement, il fut aisément lavé du soupçon; sans lui, Carl Flesh n'aurait pu passer de la Hollande occupée en Suisse; plusieurs musiciens juifs émigrés aux États-Unis ont porté témoignage de ses efforts pour leur épargner la déportation. Mais il était en place sous le régime nazi, il ne pouvait donc plus travailler avant d'avoir été acquitté de crimes éventuellement plus graves. Invité par les autorités militaires américaines, je jouai à Berlin en 1946 et 1947. J'avais eu très envie d'y aller, en tant que Juif, pour entretenir la culpabilité et le repentir allemands, en tant que musicien pour dispenser une raison de vivre. La première fois, Furtwängler était encore suspendu, et l'orchestre dirigé par Sergiu Celibidache; mais en 1947, il était de retour à la place d'honneur. On connaissait, comme je l'avais imaginé, un sentiment d'une intensité presque religieuse à jouer la plus grande musique allemande sous la baguette du plus grand chef d'orchestre allemand. Brutalement, je me retrouvai dans la peau d'un traître.

Il y avait encore en 1947, à Berlin comme dans beaucoup d'autres villes européennes, des camps de personnes déplacées, Juifs pour la plupart. Je voulais jouer aussi pour eux. Les autorités américaines organisèrent obligeamment un récital — pas au camp lui-même, le centre Deuppel, mais au Tivoli, un cinéma de banlieue encore debout, et elles avaient affrété des autobus pour y amener les auditeurs. Moins de cinquante personnes déplacées choisirent de se rendre à ce cinéma de plus de mille places. Un porte-parole du camp, qui signait « Jonas de Lemberg », fournit l'explication :

> En lisant dans le journal le récit de vos « actes humanitaires » au bénéfice de « la malheureuse jeunesse allemande », et des applaudissements que cela vous a valu de la part de vos nouveaux supporters, j'étais sûr que devaient figurer parmi vos auditeurs deux amateurs passionnés de musique, Eppel et Kempke — deux SS du camp de Iourewitz, près de Lemberg, qui aimaient bien nous entendre chanter pendant qu'ils fusillaient nos frères... Où que vous alliez, notre journal vous suivra comme une malédiction jusqu'à ce que votre conscience se réveille.

Diana et moi décidâmes de nous rendre au camp lui-même. En arrivant aux clôtures de barbelés et aux portes gardées du centre Deuppel, nous pûmes nous rendre compte *de visu* de la lenteur avec laquelle les internés remontaient de leur tombeau. A l'entrée, la voiture s'arrêta devant un long baraquement de faible hauteur et fut aussitôt entourée d'une foule on ne peut moins souriante. Diana sortit la première. Elle tendit la main au premier homme : « *Guten Morgen.* » Il la regarda fixement, hésitant, mais elle garda la main tendue assez longtemps pour qu'il se sentît forcé de la prendre. Je lui serrai la main à mon tour. Deux hommes de la police militaire nous escortèrent jusqu'au baraquement et, non sans mal, nous poussèrent jusqu'à l'estrade à travers la foule compacte qui le remplissait. Huées, sifflements et imprécations nous accompagnèrent. Le bruit ne semblant pas près de se calmer, j'avançai pour faire face à mes juges. Serrés au coude à coude, accroupis sur les châlits et les appuis des fenêtres, accrochés aux piliers, ils attendaient ma défense, tous ces hommes et ces femmes au visage hâve, vêtus de hardes élimées et de châles, hors-la-loi parmi les hors-la-loi, perdus parmi les interstices entre les vraies nations, condamnés qui n'avaient pas réussi à mourir tout à fait.

« Je ne peux pas vous reprocher votre rancœur, dis-je, vous avez trop souffert pour ça. Et pourtant, j'affirme que vous ne pouvez pas rebâtir votre vie rien que sur la souffrance. Qu'il ne soit pas dit que nos ennemis ne nous ont appris que le pire d'eux-mêmes! Nous autres Juifs, nous ne demandons pas l'aumône; nous travaillons! Nous sommes les meilleurs cordonniers, les meilleurs tailleurs, les meilleurs docteurs, les meilleurs musiciens. C'est ça, être Juif! Je suis venu en Allemagne pour restaurer notre véritable image, pour montrer combien fausse était la caricature qu'Hitler a faite de nous. C'est pour cela que je suis ici... » Les vivats commencèrent et on entendit des gens crier : « Notre Yehudi! Notre Yehudi! », telles des ombres qui, parce que l'enfer est l'enfer, n'auraient pas tout de suite reconnu Orphée en Orphée.

Jonas, qui se tenait aussi sur scène, se leva pour parler contre moi, mais ne put obtenir le silence. La confrontation, commencée sous des auspices aussi alarmants, se termina dans l'amitié et le pardon, et l'on me réclama un second concert. Malheureusement, c'était impossible, je n'avais pas une heure de libre avant de quitter Berlin le lendemain. Mais il y eut un moment encore plus émouvant : Jonas de Lemberg vint me voir le soir pour s'excuser de ses allégations. Il devait déclarer ensuite aux journalistes américains que, si j'avais donné un autre concert, tout le monde y serait allé. Il ajouta : « Peut-être est-ce trop demander à ceux qui n'ont pas connu la persécution et les camps, que de comprendre ce que nous éprouvons. »

A la vérité, il était aussi facile de comprendre sa haine vis-à-vis de ses oppresseurs que la leur à l'égard des Juifs était incompréhensible : qu'y a-t-il de plus normal que le désir d'un juste retour des choses? Jonas avait en tout cas raison : nous sommes ce que notre histoire fait de nous. Moi, je n'avais perdu personne en Allemagne. Si j'avais porté le deuil de ma femme, d'un enfant ou d'un de mes proches, aurais-je eu l'audace de prononcer des paroles aussi conciliantes ? Non, sans doute. Mais je croyais et je persiste à croire que la soif de vengeance, quand elle exclut toute autre réaction, est une faiblesse, si compréhensible soit-elle. Le patriotisme n'est rien s'il conduit à négliger la plupart de l'espèce humaine. Moi aussi, j'étais fils de mon histoire et celle-ci m'avait appris que l'homme est mon prochain dans le monde entier, fût-ce en Allemagne. Il y avait aussi, comme je l'avais déclaré au centre Deuppel, un certain bonheur à représenter mon peuple là précisément où il avait été le plus bafoué et le plus nié. Cet épisode comportait cependant une triste leçon : Furtwängler s'en était aperçu avant moi, la musique ne garantit pas toujours une bonne communication, il est des circonstances où il faut recourir à d'autres moyens.

Au cours de ce séjour à Berlin, je fus grandement frappé de l'attitude humaine des Américains. On pourra dire que mes compatriotes n'avaient pas plus que moi souffert de l'occupation, des bombardements ou des représailles allemandes, et qu'ils n'avaient donc pas lieu de se montrer rancuniers et de mettre à profit leur présence pour punir et tirer vengeance, mais la vérité était plus profonde que ces considérations négatives. Malgré certaines interventions qui ont mal tourné, malgré une diplomatie formée à l'école du commerce — fondée sur ce que l'on peut voir, prévoir, escompter — plutôt que sur la navigation dans des eaux toujours incertaines, les États-Unis représentaient et continuent à représenter beaucoup sur le plan de la liberté et de la générosité. Je persiste à croire qu'en cela réside encore l'espoir du monde.

Il s'avéra à la fois moins pénible et plus compliqué de désarmer les protestations des Juifs d'Amérique que de gagner la compréhension des victimes du centre Deuppel. Accepté par ceux qui avaient le plus souffert, il ne me déplaisait pas outre mesure de déplaire aux autres sur quelque question de principe. On voulut boycotter une tournée que j'allais faire en Amérique centrale et en Amérique du Sud, mais sans que j'eusse rien fait de particulier pour la prévenir, cette manœuvre échoua, au point de provoquer des contre-manifestations. A Buenos Aires, la communauté juive organisa exprès un service religieux et m'y invita pour m'assurer de son soutien. Mais la véritable épreuve n'était ni l'Europe ni l'Amérique du Nord ou du Sud; c'était Israël.

Ce pays allait avoir deux ans quand j'y arrivai en 1950. Des foules de nouveaux immigrants qui venaient d'y débarquer avaient apporté des lieux de leurs épreuves — Allemagne, Russie ou Pologne — les passions les plus déchaînées, les plus exclusives. Mon ami et imprésario Baruch Gillon, Russe lui-même, m'avait invité, puis il m'écrivit que je ferais bien de réfléchir, car la nouvelle de mon arrivée avait incité un groupe terroriste à proférer des menaces d'assassinat. Je lui câblai que je venais de toute façon : « Je veux jouer en Israël justement parce que j'ai joué à Berlin. » Il n'y avait aucun courage particulier dans cette réaction, seulement peut-être un peu d'obstination, car je savais que je pouvais faire confiance aux Juifs : ils ont du tempérament, mais aussi un sens très aigu de la justice. La meute de journalistes qui m'attendaient à l'aéroport de Tel-Aviv fut le seul indice fâcheux à mon arrivée. Je leur promis une conférence de presse pour le lendemain. Le lendemain arriva. C'était exactement comme au centre Deuppel, avec Diana auprès de moi, mais cette fois-ci, Hephzibah aussi m'accompagnait. En fait, ma première déclaration à la presse israélienne fit consciemment écho à celle de Jonas de Lemberg aux Américains : « Je comprends très bien que c'est peut-être trop demander à ceux qui ont souffert par-delà les limites des capacités de résistance humaine que de partager mes convictions, maintenant ou jamais. Je me rends compte aussi que j'ai peut-être involontairement rouvert de vieilles blessures et causé de la souffrance. Je le regrette profondément, et je prie tous ceux que j'ai pu blesser de bien vouloir accepter mes excuses. Mais je ne puis renoncer aux principes qui guident ma vie. » Quelqu'un m'invita à déclarer que je ne retournerais jamais plus en Allemagne; je lui répondis que j'y retournerais probablement.

Ayant ainsi jeté le défi de l'apaisement, j'entrepris de donner vingt-quatre récitals en douze jours, dans les villes, les kibboutzim et les hôpitaux militaires, toujours précédé par Diana et Hephzibah. Hephzibah qui venait seulement de rentrer d'Australie et qui n'avait pas été atteinte par la controverse, contribua sans doute à aplanir ce rapide séjour — quoique, finalement, il n'y eût guère besoin de rien aplanir. Lors du premier concert, le public avait été fouillé, aucune voiture ne put se garer à moins de cent mètres de la salle, et nous jouâmes protégés par un service d'ordre en armes. Au bout de deux ou trois jours, aucune précaution n'était plus prise, l'atmosphère était marquée des meilleures intentions; le long cours de mes relations — pas toujours inconditionnelles, mais toujours sympathiques — avec le peuple de l'État d'Israël venait ainsi de commencer.

Avant qu'Israël ne fût Israël, la Terre promise faisait partie des contrées de mon imagination, figurant, quoiqu'un peu vaguement bien sûr, dans la préhistoire familiale comme le siège d'un épisode de la vie de mes père et mère; la puissance de l'image n'était pas amoindrie par le fait qu'ils l'avaient eux-mêmes écartée. On croit qu'on peut renoncer à son passé, mais on se retrouve d'autant plus lié à lui par l'acte même de renonciation. A Jérusalem, je visitai les bâtiments, restaurés et impeccables, d'un collège comme celui où avait été mon père, peut-être le même d'ailleurs, où les jeunes garçons avaient récité des prières en se balançant sur place toute la journée pour accéder à une pieuse extase. Je me l'imaginais, avec ses cheveux en papillotes sur les oreilles, parcourant les rues étroites côte à côte avec ses amis arabes, unis dans leur commune désapprobation du dominateur turc. Incapable de mettre de l'eau dans le vin de son idéalisme, mon père n'abandonna pas le sionisme à moitié une fois qu'il eut commencé de le faire; il continua néanmoins à toujours épouser la cause du plus faible; si les Juifs étaient aujourd'hui les opprimés et les Arabes les maîtres d'Israël, sans aucun doute serait-il violemment pro-israélien. Mon père est très juif. Il comprenait parfaitement les aspirations, les rêves qui précédèrent la fondation d'Israël, mais il recula en voyant quelles machinations étaient employées pour instaurer cet État. Il ne peut se réconcilier avec la panoplie de l'État-Nation — l'armée, le militarisme, la parade patriotique — ni avec l'idée du rétrécissement à un seul pays de perspectives qui avaient jadis embrassé toute l'humanité.

Quant à moi, les exclusives ne me satisfont ni dans un sens ni dans l'autre. Lors de ma première visite, non plus qu'à aucun des nombreux séjours qui suivirent, je n'ai certes pas été plus insensible que d'autres voyageurs à l'extraordinaire dynamisme d'Israël. Une tolérance qui acceptait les gens dépareillés, qui avait même compris mon père et m'avait accepté en me pardonnant ma prise de position obstinée en faveur de Furtwängler, tout cela était très réconfortant. Il fut aussi agréable de rencontrer des oncles et des cousins. Quoique géographiquement coupé de mon passé, j'avais un sentiment prononcé d'appartenance à une lignée — d'autant plus fort peut-être qu'il s'appuyait sur des ancêtres quasi mythiques plutôt que sur la présence envahissante d'une parentèle en chair et en os. Israël ne me procura pas d'ancêtres, en fait, mais des collatéraux, des cousins de ma génération ou plus jeunes, qui travaillaient dans des kibboutz, dans un atelier d'instruments de musique, dans l'industrie du tourisme, représentant toute cette gamme de manifestations de l'énergie juive suscitée par la création d'Israël. Un souvenir mémorable de ces deux semaines, où se bousculèrent impressions de mon passé et de l'avenir du pays nouveau-né, fut une invitation au palais présidentiel israélien de Rehovoth, près de Tel-Aviv; j'y rencontrai le président Chaim Weizmann et sa femme. Lui-même était issu du judaïsme anglais — les Juifs anglais étant les moins persécutés et peut-être les moins passionnés du monde —; elle était russe, mais d'un milieu riche et affranchi qui n'avait pas connu les privations et la souffrance; ils n'avaient donc aucun effort d'imagination à faire pour comprendre ma préférence pour un juste milieu, à la fois sympathisant et critique.

Vera Weizmann avait conservé les façons autocratiques acquises à la faveur de la position de sa famille dans la vieille Russie. Elle nous fit visiter le jardin, suivie d'un aide de camp, et interrompit la conversation pour s'exclamer, sans même se retourner : « Capitaine Bergman (si tel était bien le nom), mon jardin n'est pas un cendrier! Ramassez ce mégot et mettez-le dans votre poche! » Plus tard, quand nous habitâmes Gstaad, elle vint plusieurs fois nous voir; elle invitait toujours Jeremy et Gerard à déjeuner au Palace Hotel; Jeremy l'adorait. En 1950, le président était déjà âgé et malade. Ayant vu couronnée de succès l'œuvre de sa vie, on aurait pu lui pardonner de se reposer sur les lauriers de ses premières victoires et premières réalisations. Mais il plaçait des espoirs — et certains doutes — dans les années à venir. Il nous confia sa crainte qu'en encourageant certains à être soldats, agriculteurs, constructeurs, etc., l'état d'Israël ne sape ce qui avait fait la force des Juifs : la supériorité dans les domaines de l'érudition, de la philosophie, de la musique, toutes les réussites de la Diaspora dans les disciplines abstraites. Je crois qu'il avait tort, ou du moins qu'il n'est pas encore prouvé qu'il avait raison ; la fondation de l'État n'a pas seulement ouvert de nouvelles voies, mais a alimenté un prodigieux jaillissement d'activité artistique en même temps qu'un épanouissement d'autres modes d'expression juifs traditionnels. Depuis un quart de siècle, une bonne partie des espérances de Weizmann a été grignotée, mais non pas hélas à cause de quelque concurrence entre des volontés de paix.

A l'été 1947, portant encore la récente malédiction d'avoir joué avec Furtwängler, je me rendis en voiture à Prades, près de Perpignan, pour voir Pablo Casals. Bien que ce ne fût pas l'objet de ma visite, je voulais aussi lui demander son aide et son soutien en faveur de Furtwängler.

Nous devions passer cet été en Provence où l'on nous avait prêté une ferme, et Diana avait spontanément offert de partager nos vacances *à deux* *, avec Zamira et Krov, alors âgés respectivement de sept et cinq ans. La ferme se trouvait entre Gassin et Ramatuelle, non loin du littoral varois ; nous campions, sans eau chaude et sans touristes pour gâcher cette atmosphère idyllique. Peu après la guerre, l'exploitation commerciale et la pollution qui l'accompagne n'avaient pas encore eu le temps de souiller la Côte d'Azur, dont les plages, certaines encore minées, demeuraient sereinement désertes de part et d'autre de notre site. Au bout de quelque temps, Pierre Bertaux (qui était devenu préfet de Lyon), sa femme Denise et ses trois petits garçons vinrent nous rejoindre. L'aîné de ses enfants avait six ans, je fus abasourdi et humilié par sa maîtrise du langage et des idées ; comme tous les Bertaux, c'était un *académicien-né* *, il possédait l'élégance de la phrase avant même d'aller à l'école.

Pierre et moi laissâmes les enfants à la garde de Denise et de Diana, et nous partîmes pour Prades. En route, il fit un pari : « Je sais ce que c'est que le nationalisme catalan, dit-il. Je suis sûr qu'avant de quitter Casals, tu auras appris que les Catalans ont eu le premier parlement d'Europe, le premier alpiniste

* En français dans le texte.

du monde, et que le drapeau catalan a jadis flotté sur toutes les citadelles de la Méditerranée. »

Casals, qui était alors dans sa soixante et onzième année, était vénéré pour son refus de capituler devant Franco non seulement par ses compatriotes catalans mais par les exilés et patriotes de toutes les régions d'Espagne, dont un incessant défilé empruntait le chemin de Prades. Je l'avais entendu jouer pour la première fois à San Francisco, bien des années auparavant, et l'avais rencontré avant la guerre dans les coulisses après un concert que j'avais donné à Paris; je me souviens d'avoir été légèrement gêné en le surprenant en train de discuter à voix basse de mon avenir avec Enesco, hochant tous deux leur vénérable tête. Nous nous étions encore revus à Londres en 1944, chez la cantatrice Elena Gerhardt, pour une soirée de trios avec Gerald Moore. Mais c'est seulement en 1947 que je commençai à faire vraiment sa connaissance.

Il avait passé les années de guerre dans une modeste maisonnette avec une petite cour où s'assemblaient exilés et patriotes. Un escalier extérieur menait à l'appartement du premier étage, qu'il louait; son voisin du rez-de-chaussée était un poète catalan avec qui il collaborait alors à une messe catalane. Il avait traversé des moments sinon tout à fait désespérés, du moins angoissants et difficiles pour trouver à manger et de quoi se chauffer; il avait dû ramasser du petit bois et des matérianx de démolition pour nourrir son feu. Une fois, il avait été arrêté par les SS, interrogé et finalement relâché. Il évoqua cette période pénible et ses aventures, prit place au piano et, les larmes aux yeux, nous joua des extraits de sa messe. Le moment de se quitter arriva; Pierre et moi étions en train de remettre nos manteaux; Casals déclara alors sur un ton solennel : « Vous savez, il fut un temps où la Catalogne était maîtresse des mers, le pavillon catalan battait sur tous les navires; c'est elle qui a fondé le premier parlement d'Europe... » J'eus le plus grand mal à ne pas éclater de rire et j'évitai soigneusement le regard complice de Pierre.

Casals était un homme qui pouvait se dévouer corps et âme à une cause, comme l'a montré sa résolution de ne jamais remettre les pieds dans son pays natal tant que la dictature de Franco resterait en place, résolution qui ne fléchit jamais, le condamnant à mourir à Porto Rico en 1973, toujours exilé. Il montra la même obstination implacable dans sa violente haine pour Cortot, qui avait accepté un poste de musicien officiel sous l'occupation allemande, ce qui lui permit de vivre luxueusement et de circuler en voiture tandis que d'autres musiciens de son niveau ramassaient du bois mort et se fatiguaient à prendre le métro pour aller à leurs concerts. A la Libération, on interdit à Cortot de jouer en France pendant un certain temps, mais il poursuivit sa carrière en Allemagne. Comme Pétain, il avait fait son choix, convaincu que c'était le bon, et il vécut assez longtemps pour que la suite des événements lui démontre le contraire. C'était encore un vieillard distingué et un grand musicien, mais sans rien d'un héros. Je demandai à Casals ce qu'il pensait de Furtwängler; il me dit qu'il ne jouerait plus jamais avec Cortot, mais qu'il admirait Furtwängler non seulement comme chef d'orchestre, mais comme citoyen allemand, qu'il avait eu raison de rester en Allemagne et de faire ce qu'il pouvait pour la musique et les musiciens. Rassuré, je suggérai que nous pourrions peut-être, Casals, Furtwängler et moi-même, faire un enregistrement du *Concerto double* de Brahms. Il en accepta le principe.

Je fis plusieurs tentatives pour que ce projet aboutisse. La société EMI, qui traitait généreusement Casals, lui avançant de l'argent sur ses recettes à venir quand il en avait besoin, montra de l'intérêt. Pour Furtwängler, c'eût été un très précieux soutien moral que de figurer au côté du musicien antifasciste le plus éminent; mais toutes les démarches tombèrent à l'eau à cause de Casals : oui, il adorerait faire ce disque, mais c'était impossible pour l'instant. Finalement, environ deux ans plus tard, après que je l'eus sondé peut-être à trois reprises, il m'écrivit une lettre qui trahissait avec une franchise désarmante les limites de son indépendance d'esprit, m'assurant qu'il n'avait rien personnellement contre Furtwängler et serait absolument ravi de jouer avec lui, si ce n'était qu'il pourrait ainsi compromettre sa position antifasciste et inquiéter ses fidèles. En d'autres termes, il était prêt à m'avouer qu'il n'avait pas le courage de ses convictions; tant que ces convictions étaient approuvées par ses admirateurs, elles étaient inébranlables, mais, dans le cas contraire, elles n'étaient pas assez solides pour qu'il assumât le risque d'être associé à un homme accusé à tort. C'était une lettre honnête mais décevante. Casals me déçut encore en soutenant le boycottage à New York de son élève préféré, de son « dauphin », comme il l'avait lui-même désigné : Gaspar Cassado. Cassado avait commis le péché de rester en Italie pendant la guerre et de jouer une fois, à la prière de sa maîtresse, pour Mussolini, faits dont tout démontrait le caractère dérisoire mais qu'il était difficile de trouver criminels. A cette époque de répulsion pour la barbarie antisémite, les Juifs étaient plus encouragés qu'ils ne l'ont jamais été avant ou après à présumer que l'humanité entière se dresserait pour protester contre les souffrances qu'on leur avait fait subir, mais, même à ce moment-là, c'était en l'occurrence une attitude déraisonnable. Cassado était politiquement innocent, c'était un homme simple et adorable, qui jouait magnifiquement du violoncelle, un vrai être humain, et ce n'est pas rien. Ce boycottage, agrémenté de menaces de violences physiques, l'empêcha de jouer à New York et le chassa d'Ellis Island. Cassado eut naturellement le cœur brisé de savoir que Casals avait approuvé de telles représailles.

Pourtant, son cœur à lui n'y était pas; en un sens, Casals était devenu le prisonnier d'une coterie de mes collègues de New York qui avaient plus ou moins mis le grappin sur les premiers festivals de Prades; ils faisaient d'excellente musique avec Casals mais utilisaient aussi son prestige à des fins personnelles, y compris des campagnes punitives à l'encontre de musiciens suspects; ces campagnes visèrent particulièrement Furtwängler et moi-même dans la mesure où je l'avais défendu. Ces gens, qui n'étaient pas des héros, exigeaient de l'héroïsme de la part de quelqu'un comme Cassado; eux qui avaient été à l'abri des dilemmes qui s'étaient présentés à lui, jouissaient d'une prospérité facile et appelaient à la vengeance contre la brebis égarée. Le grand Bruno Walter, je l'ai dit, refusa de se joindre à la meute; il avait beau être juif et réfugié de l'Allemagne nazie, il ne prêta jamais son nom aux calomnies infligées à son rival Furtwängler. Quand je revis Walter au IIe festival d'Edimbourg en 1948, je lui dis toute ma reconnaissance.

Après 1947, je passai quelques années sans aller à Prades, mais j'y retournai souvent par la suite; je crois que j'y étais le bienvenu pour l'air frais que j'apportais dans une atmosphère devenue un peu confinée par un mélange de flatterie et d'exploitation. Pour ma part, je ne connaissais pas de plus grand plaisir que celui de jouer avec Casals; nos rapports étaient amicaux et désintéressés. Une fois, avant de le quitter, je demandai à lui parler en tête à tête; je lui dis combien Cassado était malheureux, que c'était à mon avis une injustice, et je le priai de lui offrir la réconciliation. Il le fit immédiatement, Cassado arriva à Prades dans les plus brefs délais se jeter dans les bras du maître, et cette histoire-là du moins se termina bien. Gaspar Cassado est mort à Barcelone en 1966.

Une fois apaisés les accès de fièvre de l'immédiat après-guerre, le festival de Prades devint, sur le plan humain aussi bien que sur le plan musical, une cure de santé pour les esprits las. J'aime beaucoup ce coin de France où les montagnes dominent une campagne riche, plantureuse, prodigue des fruits de la terre dont l'excès d'irrigation et d'engrais chimiques n'avait pas encore affadi le goût. Par une tiède matinée, je fis une marche de plusieurs kilomètres parmi les abricotiers qui couvrent les pentes des Pyrénées derrière Prades et le long de la ligne de démarcation entre les vergers et la lande inculte. Cette ligne est tracée par un canal, d'un mètre de large environ, qui épouse le contour de la montagne, avec une vanne de loin en loin pour permettre aux agriculteurs de prélever sur son débit. J'ôtai mes vêtements et fis la planche sur l'eau, me laissant entraîner passivement, à petite vitesse, le long des sinuosités du terrain ; des branches passaient parfois au-dessus de ma tête, seuls les chants d'oiseaux troublaient le lumineux silence. C'était une sensation de pure et bienheureuse complétude, physique et spirituelle, telle qu'il est rarement donné d'en éprouver. Presque chaque fois que j'allais à Prades, je me réservais une journée pour faire l'ascension du Canigou, le pic qui domine la région et qui a dû jadis être sa montagne sacrée (c'est sur le Canigou, d'après Casals, qu'un Catalan avait inventé l'alpinisme). J'ai toujours eu envie de faire des ascensions, mais je ne me suis jamais assez adonné à ce sport. Je connais d'autres musiciens qui ont été des alpinistes émérites, comme Dimitri Mitropoulos qui allait tous les étés dans les Rocheuses ; aujourd'hui, son successeur à Minneapolis, Stanislas Skrowaczewski, suit ses traces et affronte des faces vertigineuses avec corde et pitons. L'ascension du Canigou, en revanche, n'est guère qu'une marche extrêmement fatigante ; au sommet, on est récompensé par un panorama magnifique de montagnes, de contreforts, de plaines, avec la côte et la mer qui luit à l'horizon. Chaque fois, j'ai fait cette ascension avec le Dr Puig, ami et médecin de Casals.

J'ai connu à plusieurs reprises dans ma vie des « sommets »

de réussite humaine surpassant le niveau d'accomplissement ordinaire tout comme le Canigou domine les Pyrénées orientales, et servant de critère pour tout événement à venir du même ordre. Tel fut le cas de la *Quatrième Symphonie* de Brahms sous la baguette de Furtwängler, insurpassable. D'autres sommets, moins nobles, relevaient de la gastronomie : par exemple, les meilleurs épinards en branche au George V à Paris, juste après la guerre; le meilleur canard à Denver, abattu en traversant une région céréalière particulièrement riche; les meilleures meringues à Tel-Aviv, faites par la gouvernante de l'orchestre philharmonique d'Israël, Mme Chaoul; le meilleur café à La Havane où, pour une fois, le goût se révéla à la hauteur de l'arôme — depuis, je n'ai plus jamais eu envie de prendre un café s'il n'était pas de cette qualité. La dernière fois que j'ai escaladé le Canigou, j'y ai eu un plaisir unique et incomparable à boire du champagne.

Alberto Lysy, jeune Argentin à qui je donnais des leçons quand je pouvais et où je pouvais, s'était joint à Puig et à moi; il se sentit mal et prit du retard; Puig marchait devant; moi, je courais de l'un à l'autre, couvrant ainsi trois fois la distance. Le résultat fut qu'après la descente, je me trouvai extrêmement déshydraté en arrivant au relais où nous devions déjeuner. Au lieu d'étancher prudemment ma soif et de recharger mes batteries avec de l'eau, je le fis au champagne; j'en bus presque deux bouteilles, il était glacé, délicieux, et je ne puis trouver les mots pour dire ô combien. Je réussis à redescendre à Prades et à jouer de la musique de chambre avec Casals le soir même, mais ça n'était que remettre le châtiment à plus tard : j'avais attrapé un mauvais rhume et finis par devoir me faire opérer des amygdales. Depuis lors, je n'ai plus jamais vraiment apprécié le champagne.

Casals se lassa peu à peu de Prades. La ville était fière de lui, mais de façon plus possessive que reconnaissante. Une inévitable myopie provinciale s'évertuait à rendre tous ses projets terre à terre; je me suis moi-même heurté à de tels obstacles en organisant des festivals. Puis, en 1956, la belle et intelligente Martita fit son apparition, ils tombèrent amoureux, et elle le ramena chez elle à Porto Rico où le gouvernement le traita avec une déférence que la France ne montre, semble-t-il, jamais pour ses musiciens. A Porto Rico, le festival prospéra de plus belle, et c'est là que je finis par rencontrer quelques éléments du clan new-yorkais et par me lier d'amitié avec eux.

Sacha Schneider, violoniste, chef d'orchestre et russe jusqu'au bout des ongles (bien qu'il fût en fait né en Pologne), était la force motrice de ces festivals; il avait été à Prades avant moi. Doué d'une prodigieuse vitalité, d'un enthousiasme irrésistible, il tire de la vie toute la profondeur, l'étendue et la qualité des sensations qu'elle peut offrir. C'est une chose extraordinaire que de le voir galvaniser un orchestre pour lui faire produire toute la conviction, toute l'expression dont il est capable. Il réunissait les meilleurs musiciens des États-Unis, organisait avec eux un pèlerinage à San Juan où ils jouaient tous avec vénération pour Casals, avec Casals, ou dirigés par Casals. Je finis par beaucoup aimer Sacha Schneider. Il était d'ailleurs particulièrement plaisant de faire la connaissance d'individus sans avoir à les accepter en tant que représentants d'un groupe, d'apprécier tel ou tel sans être obligé de lui coller une étiquette.

Le suprême plaisir, à Porto Rico, était naturellement de faire de la musique avec Casals. A part Enesco, je n'ai jamais connu quelqu'un qui soit une telle source d'inspiration pour faire de la musique de chambre. Tel que je le revois dans mon souvenir, il répète, chantonnant comme un bourdon, ses lunettes en or sur le bout de son petit nez, l'archet levé prêt à attaquer la corde, à nous montrer une inflexion pour telle ou telle phrase ou à chasser une mouche selon les besoins du moment, présidant à la réunion de ses disciples comme un père supérieur plein de verve et d'entrain. Travaillant avec la précision minutieuse d'un horloger et la vaste expérience de toute une vie consacrée à la musique, il apportait quelque chose de très spécial : son extrême sensibilité à l'accent et au temps, sa compréhension intime de ce qu'est l'impulsion musicale, son sens d'un rythme dynamique étaient autant de révélations. Je me souviens du conseil qu'il me donna d'accentuer la levée dans la gigue à six-huit temps de la *Partita en mi majeur* de Bach, afin de mieux faire sentir le phrasé. Comme Nadia Boulanger, Casals attribuait plus d'importance à la levée qu'au premier temps, considérant que celui-ci est lui-même sur le temps et qu'il n'y a qu'à le laisser là où il est naturellement. Par contre, la levée marque la volonté, la décision, comme dans la musique hongroise où c'est le contretemps qui donne tout son nerf au rythme. Dans les ensembles hongrois, le second violon n'a souvent rien d'autre à faire que de marquer le m*pa*, m*pa*, m*pa*, du contretemps, sorte de défi par résistance au temps principal, élément essentiel de vitalité; et il le fait à une vitesse et avec une précision incroyables, dont je serais bien incapable. Faute de preuves tangibles que Bach avait du sang hongrois, Casals, qui en était convaincu, jouait les préludes à caractère improvisatoire de Bach de façon à vous persuader que c'est bien à un accompagnement de cymbalum, soulignant les modulations, que le compositeur avait pensé en écrivant sa musique. Casals ne jouait pas bien du piano, mais suffisamment cependant pour ce qu'il voulait en faire : rendre hommage au compositeur davantage que se mettre soi-même en valeur. Tous les matins au piano, il reprenait contact avec Bach; c'est ainsi qu'il relançait quotidiennement à plein rendement une existence où l'oisiveté n'avait aucune part.

Dans ma jeunesse, on avait l'illusion aux États-Unis que la musique européenne n'était autre qu'un produit indigène. On s'aperçoit aujourd'hui qu'elle n'est qu'une partie de ce qui existe et se fait, et encore se doute-t-on qu'elle est greffée. La grande production américaine, c'est la comédie musicale qui, sans être l'opéra ni le vaudeville, emprunte à ces deux genres à la fois et surtout, c'est ce qui compte, s'inspire de la vie américaine. C'est la moindre des choses qu'un pays indépendant depuis deux siècles s'écarte des usages du vieux continent et définisse ce qui lui est propre. Mais qu'il est triste que mes compatriotes aient méprisé la culture des tout premiers Américains quand ils n'étaient, eux, encore que des colons et non des enfants du pays! Si les immigrants avaient été disposés à se marier avec les Indiens, à apprendre d'eux, les États-Unis seraient aujourd'hui un pays plus équilibré, la population vivrait en meilleure harmonie avec son sol et son climat, et la musique américaine n'aurait pas mis si longtemps à produire quelque chose d'original.

Cette occasion a été tragiquement perdue et beaucoup de pays d'Amérique du Sud sont maintenant en train, je le crains, de reproduire la même tragique erreur; ils détruisent le seul élément qui pourrait leur donner la sécurité, l'équilibre mental, une capacité de survie, un contact avec leur terre. Cela m'attriste profondément, car j'aime beaucoup l'Amérique du Sud. J'y suis allé pour la première fois dès 1938, avec Nola et mon père, en prenant un paquebot qui faisait la liaison entre New York et Rio de Janeiro. Vus du pont, tous les docks se ressemblent : c'est un mélange de caisses, de ballots, un entassement de camions, de grues et d'hommes courant en tous sens comme des fourmis affolées. Rio ajoutait ce jour-là au tableau une chaleur étouffante, des poitrines nues et velues, quantité de sueur et d'odeurs. En débarquant au beau milieu de cette scène pittoresque, le docker peut-être le plus basané, le plus velu et le plus en nage de tout le quai s'approcha de moi, me saisit par le bras, me prit à part et me souffla confidentiellement à l'oreille : « *Moi aussi, je suis coupé* * ! » Il voulait dire qu'il était circoncis.

Pendant la guerre, je me suis rendu plusieurs fois en Amérique centrale et du Sud, notamment au Brésil d'où j'ai rapporté un jour un souvenir auquel je tiens beaucoup. Impressionné par les œuvres du grand peintre Portinari, je voulus en acquérir une et allai un soir chez lui faire peindre mon portrait. Comme mon avion partait à cinq heures du matin, Portinari dut travailler sans relâche toute la nuit, sans toutefois parvenir à terminer tout à fait sa tâche : l'oreille est toujours restée à l'état d'ébauche, mais je veux espérer que ce n'est pas là un symbole.

Bien qu'en Amérique du Sud la musique appartienne aux « Européens », c'est-à-dire à la couche sociale qui a le moins de racines dans le pays, le mélange des traditions culturelles est tel que j'y trouve un public pratiquement partout. Des nombreuses tournées que j'ai faites sur ce continent, l'une des plus mémorables fut celle de 1949.

Nous étions au Pérou, pays fascinant entre tous, et Diana se rebella soudain contre la tyrannie de notre emploi du temps. « Écoute dit-elle, de tous les beaux endroits où nous passons, qu'est-ce qu'on voit finalement ? L'aéroport, la salle de concert, l'hôtel et le portier qui tend la main pour recevoir un pourboire. Nous ne quitterons pas le Pérou sans avoir visité Cuzco. » Un ultimatum est un ultimatum. Nous nous accordâmes trois jours de vacances et prîmes un petit avion pour monter dans

* En français dans le texte.

les Andes. Je ne connais guère de choses plus belles que la surface de la terre contemplée de trois mille mètres d'altitude, surtout comme ici, quand la plaine fait place à des collines qui se succèdent puis à d'impressionnantes montagnes. Plaines et collines formaient un kaléidoscope incroyablement bigarré de champs jaunes, orange, rouges, lilas, violets et noirs juxtaposés. Nous ne sûmes qu'à l'atterrissage de quoi il s'agissait : c'était du maïs séchant au soleil, mais il y en avait d'une bonne dizaine de variétés dans cette agriculture primitive qui n'avait jamais essayé de standardiser la nature.

Une telle beauté aurait suffi à elle seule à justifier notre escapade, mais Cuzco aussi valait le détour, comme disent les guides. Nous atteignîmes cette gracieuse petite ville espagnole à temps pour assister à une procession du Corpus Christi. La plupart des fidèles étaient des Indiens dont les traits déliés, aquilins, et les yeux bridés indiquaient l'origine inca. Ayant réussi à m'entraîner aussi loin de mon circuit de concerts, Diana me soumit à une tentation supplémentaire : aller à Machu Pichu dont les ruines envahies par la jungle ont été découvertes au début du siècle. Peut-être y a-t-il maintenant à Machu Pichu un stand de cartes postales, un Hilton et des girls, je n'y suis pas retourné; mais en 1949, il fallait être un touriste à toute épreuve pour y aller. De Cuzco, le chemin descendait en pente raide sur environ cent cinquante kilomètres, traversait une vallée, puis remontait à pic pendant deux ou trois kilomètres. La descente s'accomplissait à bord d'un véhicule dont on avait ôté les pneus pour faire rouler les jantes sur des rails; avec un pareil moyen de transport, on risquait de se rompre les os, et il n'était pas question de parler si on ne voulait pas avoir la langue coupée en deux. Heureusement, pour nous empêcher d'être éjectés de notre invraisemblable carrosse, il y avait six passagers (en plus de nous, un groupe de jeunes Chiliens qu'égayait chaque nouvelle mésaventure), sans compter le conducteur; nous étions donc parfaitement coincés. Au bout de quatre heures dans ces conditions, nous débouchâmes dans la vallée sur un village primitif composé d'une quinzaine de huttes de boue séchée. De l'autre côté du village commençait une jungle où poussaient à profusion les orchidées, les bégonias et une foule d'autres plantes que je ne connaissais pas.

D'après le programme, une colonne de mules aurait dû nous

attendre pour nous conduire à Machu Pichu; mais on avait dû nous oublier et il ne nous restait plus qu'à nous débrouiller. Nous nous dîmes que le torrent devait descendre du haut de la montagne et nous décidâmes de grimper en suivant son cours, à la nuit tombante. Au début, nous bavardions et chantions, puis, essoufflés et épuisés, nous nous tûmes; c'est sans doute la plus rude épreuve physique à laquelle j'aie jamais été soumis. La seule concession matérielle offerte par Machu Pichu à ses visiteurs était une auberge d'un confort spartiate, avec des lits en planches, des matelas en sacs de sable et une grossière couverture par personne. Après un pareil effort, cela satisfaisait à toutes nos exigences. Le lendemain au lever du soleil, nous sortîmes sur la montagne, entourés des ruines de Machu Pichu dont l'énigmatique beauté porte seule témoignage d'une civilisation disparue.

Pour obtenir cette récompense, il avait fallu faire un voyage pénible, fournir l'effort de ses jambes et de ses poumons. Il est facile de mésestimer la beauté qui demande pour tout exploit de descendre de voiture ou de tourner le bouton de la télévision. L'humanité — et pas seulement l'Occident industrialisé — a perdu la capacité de s'adapter à la nature. La merveilleuse faculté d'adaptation humaine, qui permettait d'élever des familles, de créer une culture dans l'Arctique, en plein désert, dans la jungle amazonienne ou au sommet des Andes, est en voie de disparition, remplacée par la vie en boîtes, dans des boîtes climatisées à la température voulue, approvisionnées de nourriture en boîtes, de nouvelles en boîtes et même de religion en conserve dans les églises, les sermons, les catéchismes, qu'ils soient chrétiens, communistes ou autres. Presque plus rien ne nous arrive de source; normalisés, rendus anonymes, notre condition humaine s'est appauvrie.

Le Pérou de 1949 était encore loin de cette stérile monotonie. De retour à Cuzco, nous eûmes la surprise — pas entièrement agréable — d'être reconnus par un monsieur qui ne voulut pas tenir compte du fait que nous nous trouvions en vacances et nous assura que la ville et ses citoyens seraient gravement offensés si nous ne donnions pas un concert. Un récital fut donc prévu pour le soir même. Une fois sur les lieux, je fus un peu alarmé à la vue du piano, un piano droit de bazar, éventré, le mécanisme intérieur traînant par terre, avec quelqu'un qui était en train de s'affairer dans la carcasse. L'expression de mon visage dut trahir ma pensée, car on voulut me rassurer : « Il est en train de l'accorder. Ce piano n'a pas servi depuis cinq ans. » Il vaut mieux faire silence sur ce récital accompagné par un piano à moitié désaccordé (en dépit d'un ultime vérification faite en présence des spectateurs), mais je dois un respect ému au public pour sa patience et sa considération, tout le temps que dura le réaccordement de dernière minute et après. Il fallait évidemment accepter de tels contretemps avec le sourire.

Du Pérou, nous nous rendîmes en Équateur où je devais jouer à Guyaquil. Un autre ennui s'interposa entre le public et moi : les organisateurs du concert, un couple charmant, vinrent nous chercher à l'hôtel pour nous conduire à la salle. Une fois dehors, nous fûmes aussitôt assaillis de toutes parts par des agresseurs volants. Nous battîmes en retraite, et la dame nous expliqua avec toutes ses excuses que c'était la saison des sauterelles et qu'il fallait courir jusqu'à la voiture. Nous fonçâmes donc tête baissée à travers ce barrage aérien. En fait, ce n'étaient pas des sauterelles, mais de gros criquets parfaitement inoffensifs qui avaient pour seul inconvénient d'être en nombre énorme et de se jeter à grande vitesse sur tous les obstacles sans regarder où ils allaient. En voiture, toutes fenêtres fermées, nous arrivâmes sans problème à la salle de concert et nous fonçâmes de nouveau jusqu'à ma loge. Une demi-douzaine de criquets réussirent à y entrer avec nous. Chaque auditeur avait dû aussi en inviter un certain nombre, car tout le récital en fut égayé; ils n'arrêtaient pas de sauter d'un point à l'autre, de foncer droit sur les hommes et les choses, mais j'étais devenu d'une grande indifférence, car au moment où je portai le violon à mon épaule et levai mon archet en concentrant toute mon attention sur la musique, j'aperçus un criquet qui me regardait avec gentillesse, perché sur les cordes.

L'engagement suivant était à Maracaïbo, au Venezuela, avant Caracas et le retour aux États-Unis. Une seconde fois, comme à Cuzco, on me persuada de donner un concert hors programme, à Baranquilla en Colombie. Je télégraphiai à mon agent, Quesada, que j'arriverais à Caracas le dimanche à midi au lieu du samedi soir, comme prévu. A Baranquilla, le concert se passa très bien, nous restâmes pour la nuit et prîmes donc l'avion le dimanche matin. Quesada nous attendait à l'aéroport.

Diana lui demanda poliment si notre changement de programme ne l'avait pas trop dérangé. « Oh non, pas du tout, répondit Quesada. Seulement, le concert aurait dû avoir lieu maintenant. » Atterrés, horrifiés par notre forfait, nous lui fîmes toutes nos excuses, mais la tranquillité de Quesada nous montra que de telles émotions étaient tout à fait déplacées. « Je l'ai dit à tout le monde. Ils viendront ce soir », promit-il sans se départir de sa bonne humeur. C'est en effet ce qui se passa. Le *mañana* espagnol, l'idée que « demain est un autre jour », a parfois bien des avantages.

Du bon usage du temps

Pour un musicien itinérant, c'est une bénédiction d'avoir un bon agent, on a vite fait de s'en rendre compte. J'ai eu tant de chance avec les miens — un par pays, par continent ou par aire d'influence culturelle — que mes liens avec eux ont duré toute ma carrière d'interprète. Aux États-Unis, Laurence Evans et Jack Salter, qui m'avaient pris parmi leur clientèle quand j'étais jeune garçon, sont restés indépendants jusqu'en 1938, puis ils ont constitué avec d'autres une société coopérative appelée Columbia Concerts; elle s'occupe encore de moi. Evans et Salter sont morts; Kurt Weinhold, à qui ils avaient légué mes affaires, a pratiquement pris sa retraite (sans interrompre notre amitié de toute une vie) et m'a confié aux bons offices de Tommy Thompson. En Grande-Bretagne, Harold Holt, qui me tenait de son prédécesseur Lionel Powell, m'a transmis à son successeur Ian Hunter. De sorte que s'il y a changement, ce n'est pas de mon fait; je n'aurais au demeurant aucune raison de chercher ailleurs, ces dévoués agents ne m'ayant jamais fait défaut.

Il y a eu, bien sûr, un lien qui a été rompu par des circonstances horribles, l'agence berlinoise de Louisa Wolff et Emil Sachs ayant été emportée dans la tourmente de la persécution des Juifs par Hitler. Louisa Wolff échappa au pire en mourant en 1935, trois mois après son quatre-vingtième anniversaire, mais personne ne survécut aux camps de la mort pour continuer l'agence. Lors de mes premiers retours en Allemagne, je fis d'abord organiser les concerts de France, mais j'eus ensuite l'occasion de connaître et d'apprécier Hans Admer, de Berlin, et il eût été déraisonnable de ne pas lui confier directement mes affaires pour ce qui concernait l'Allemagne. Cela fait maintenant plus de vingt et un ans qu'il s'en occupe. En Hollande, l'agence de concerts Koos prit soin de moi dès 1929; son fondateur est mort mais elle porte toujours son nom; Sylvio Samama, qui la dirige à présent, est une personnalité peu commune : disposant d'une certaine fortune personnelle, il en profite pour lancer de jeunes artistes; je lui en ai recommandé plusieurs qui ont tous réussi. Quant à mes liens avec Ernesto de Quesada et ses fils, ils remontent à mon premier voyage en Espagne en 1932; j'ai fait le tour de l'Amérique latine sous leur égide, de la frontière mexicaine à l'Argentine. Ernesto, strictement végétarien depuis sa jeunesse, est mort récemment à l'âge de quatre-vingt-quinze ans. Je suis toujours fidèle à ses fils, dispersés un peu partout.

En France, mes intérêts se sont transmis de père en fils au sein de la famille Dandelot; aujourd'hui, à la troisième génération, c'est Yves qui les représente à Paris. Son père Maurice a quelquefois voyagé avec Diana et moi, et nous avons eu une ou deux aventures amusantes ensemble. Ainsi, la première fois que je suis allé en Afrique du Nord en 1951. J'avais donné un concert en matinée à Tanger et nous roulions tranquillement en direction de Casablanca où un autre était prévu le même soir; soudain, à la sortie d'un village, juste après un tournant, la voiture plongea dans un véritable lac couvrant toute la largeur de la route : le moteur fut noyé. Nous n'étions pas les seuls à avoir été pris à ce piège — résultat, comme nous l'apprîmes par la suite, d'un brusque orage d'une rare violence. La route et les terres avoisinantes étaient cachées à perte de vue sous une couche d'eau où une douzaine de véhicules à demi submergés révélaient les tristes limites de la conquête de la nature par l'homme. Une foule animée de paysans, les pieds dans l'eau ou au sec, examinaient les voitures bloquées tout en assurant aux conducteurs qu'il n'y avait aucun espoir de sauvetage.

Diana nous suggéra d'y aller voir; Maurice et moi fîmes

un peu d'escalade le long du marchepied de la voiture, puis nous pataugeâmes dans l'eau et gagnâmes le remblai pour demander du secours. Les paysans arguèrent très rationnellement qu'ils ne pouvaient rien faire de plus pour nous que pour les autres naufragés automobiles. Y avait-il une voie de chemin de fer? Oui, mais elle était aussi coupée par l'inondation. Était-il au moins possible d'appeler Casablanca par téléphone pour prévenir de nos malheurs? Avant que ce dernier espoir ne fût anéanti, notre salut se présenta sous la forme inattendue d'un gamin, au premier rang de la foule, qui s'exclama en un français guttural : « Eh! Dites donc, mais c'est Yehudi Menuhin! » Être reconnu par un petit paysan arabe était déjà assez étonnant, mais les effets de cette identification le furent plus encore. Tout le monde convint qu'il fallait faire quelque chose; sans plus de vain bavardage, la moitié des villageois entrèrent dans l'eau, en nombre tel qu'ils parvinrent à pousser notre voiture sur la pente d'une voie latérale pour faire sécher le moteur. Un camion arriva de je ne sais où; la porte arrière fut abaissée, on installa deux planches en guise de rampe et une seconde grande poussée collective hissa la voiture à l'arrière du camion. Diana, Maurice et moi montâmes dans la cabine haute et brinquebalante d'où nous fîmes aux villageois des signes d'adieu et de remerciement. Le camion se fraya un sillage dans l'inondation sur un kilomètre environ et nous déposa de l'autre côté sur la route sèche : nous arrivâmes à Casablanca une demi-heure à peine avant le début du concert. Cette histoire prouve qu'il y a parfois avantage à être une personnalité connue, quoique l'anonymat ne manque pas non plus d'agrément... Un jour, à New York, il s'en est fallu d'un cheveu que je ne perde mon incognito. Une série de calamités ayant laissé Diana sans une seule paire de bas non « filés », nous entrâmes dans une petite boutique de Madison Avenue pour en acheter. Un couple âgé se tenait derrière le comptoir; l'homme passa à m'observer sous toutes les coutures tout le temps employé par Diana à faire son choix et à payer, puis, ceci réglé, m'interrogea : « Vous a-t-on jamais dit que vous ressemblez à s'y méprendre à Yehudi Menuhin? » Quand on me tend une planche de salut, je m'en saisis : « Pas possible! » répondis-je en faisant de mon mieux pour me montrer flatté. « Quelle heureuse coïncidence! C'est quelqu'un que j'ai toujours admiré. » Là-dessus, nous nous hâtâmes de quitter la boutique avant que les choses ne se gâtent en prolongeant la conversation.

Maurice Dandelot nous accompagnait aussi cette autre fois en Suisse où l'avantage d'avoir une identité connue se trouva de nouveau avéré; mais, comme on va le voir, à demi seulement, la Suisse étant un pays démocratique. Tout voyageur ayant jamais eu à changer de train en Suisse à un nœud ferroviaire d'importance secondaire conviendra avec moi que les horaires y ont été réglés par un horloger, il comprendra qu'un concertiste transportant son matériel d'un point du pays à un autre risque de s'y sentir comme un chamelier saharien essayant de faire traverser la Neva à ses bêtes au moment de la débâcle printanière. Ce jour-là, le train de La Chaux-de-Fonds nous déposa d'un côté de la gare de Neuchâtel, et celui qui devait nous conduire à Genève pour un concert partait de l'autre côté cinq minutes plus tard. Un vieux porteur, accompagné de Maurice qui trimbalait les violons, entreprit péniblement de faire le tour de la gare avec notre chariot de bagages tandis que Diana et moi traversions les voies en catimini; nous trouvâmes le chef de gare et obtînmes — ou crûmes obtenir — qu'il nous accordât un délai de quelques minutes supplémentaires. Le pauvre fonctionnaire! Devait-il me trahir ou trahir son pays? Au dernier moment, le respect de la ponctualité triompha, le train se mit en marche, nous séparant de Maurice, des violons et des bagages. Sans la moindre hésitation, je tirai la sonnette d'alarme, stoppant net le convoi, ses passagers et la catastrophe dans un crissement de freins. Nous étions encore le long du quai.

Ce fut assez pour déclencher un esclandre. On se serait cru en Sicile plutôt qu'en Suisse. Parmi les cris et les protestations des passagers outragés que dominait l'assourdissante sirène d'alarme, le chef de gare scandalisé accourut à notre voiture et nous en fit sortir de force. Nous fûmes immédiatement entourés d'une foule qui se bousculait, se disputait et proposait de m'envoyer en prison sans autre forme de procès. Maurice apparut au beau milieu de ce tohu-bohu; en voyant le train s'ébranler, il avait abandonné porteur et valises et sauté à bord du wagon de queue; si seulement je l'avais vu, j'aurais pu respecter mon engagement à Genève sans autre souci que de ne pas disposer de costume de concert. Enfin la sirène se tut, Diana eut la bonne idée de rappeler que, tout compte fait, l'horaire était sacré, et on nous laissa remonter à bord du train où notre sort se trouva remis entre les mains du contrôleur. Je payai l'amende réglementaire. Cet incident qui, dans les annales de la Suisse, avait pris quelque chose comme les proportions d'une révolution, fut clos aimablement à Lausanne, l'arrêt suivant, où un autre chef de gare à galons dorés vint me rembourser *la moitié* de l'amende.

En fait, même sans ristourne, ce n'aurait pas été trop cher payer. Trop bien élevé depuis ma tendre enfance, du moins en public, il y avait deux envies auxquelles je résistais depuis belle lurette. L'une consistait précisément à vouloir tirer la sonnette d'alarme d'un train — et l'autre à m'abandonner sans retenue à la colère, comme Toscanini quand il avait arraché l'installation téléphonique de sa chambre, mais de préférence avec une raison plus valable. J'en eus l'occasion en Afrique du Sud en 1950, quand j'entrai en conflit avec l'apartheid pour la première fois et la dernière de ma vie, conflit dont je sortis d'ailleurs vainqueur, à ma vive satisfaction.

En arrivant à Johannesburg au début de l'année avec Diana et Marcel Gazelle, je venais de lire *Pleure, ô pays bien-aimé* d'Alan Paton, et j'avais envie de lui dire combien son livre m'avait ému. Je lui téléphonai à son école de Diepkloof, lui demandai si je pouvais lui être utile, et il m'invita à jouer pour ses élèves. Sur le *stoep*, c'est-à-dire la véranda, il y avait un vieux piano déglingué dont Marcel essaya de tirer le meilleur parti, et les garçons se tenaient accroupis sur leurs talons, en rangs au soleil. Je jouai quelques morceaux faciles qui parurent leur plaire, puis nous inversâmes les rôles et ils chantèrent de façon très vivante divers cantiques chrétiens. Pour conclure cette petite excursion amicale, mon agence sud-africaine me téléphona pour se plaindre, alléguant que mon contrat ne me permettait pas de jouer dans ces conditions. Je l'ai dit, mes rapports avec mes différents agents ont toujours été et continuent d'être excellents, mais l'exception confirme la règle : cette agence sud-africaine différait des autres en ce que c'était un grand trust qui avait la haute main sur les cinémas et théâtres aussi bien que sur les concerts et les artistes en tournée. L'individu chargé de mes affaires s'appelait Dick Harmel.

Accusé d'enfreindre mon contrat, je répondis à Mr Harmel que cela n'avait aucun sens : les Noirs, en effet, et *a fortiori* les jeunes pensionnaires noirs d'une maison de correction, ne pouvaient en aucun cas assister à mes concerts. « A moins que je ne me trompe? » ajoutai-je d'un ton innocent. « Bien sûr que non! » répliqua-t-il avec indignation, tombant la tête la première dans le panneau. « Eh bien, dis-je, puisque c'est comme ça, je vais jouer pour les Africains le matin, et je donnerai mes concerts officiels le soir. » Avant que l'apartheid ne fût strictement en vigueur à tous points de vue, Blancs et Noirs pouvaient encore utiliser les mêmes locaux, non pas simultanément mais successivement, du moins à Johannesburg où la salle municipale louée pour moi était ouverte à tous. Telle fut donc la solution adoptée (mais pas par mon imprésario, qui désapprouvait), et mon public noir du matin venait en autobus avec enfants et bébés. Johannesburg avait à l'époque un maire juif bien intentionné qui alla jusqu'à me prêter les services de l'orchestre municipal, avec lequel j'allai à Sophiatown, vaste bidonville abritant la main-d'œuvre noire. Au milieu d'hectares de baraques se dressait un unique bâtiment en dur, fait de briques, plus pratique que plaisant, don des Écossais d'Afrique du Sud. Il servait de centre social et d'abri contre la pluie, on y dispensait de la lecture et des jeux et il recelait une petite salle de spectacle. Le concert que j'y donnai est un de ceux qui m'ont le plus ému. Deux porte-parole de Sophiatown, parlant un anglais digne d'Oxford ou de Cambridge, prononcèrent des allocutions de bienvenue : c'était là un grand moment, dirent-ils; s'ils avaient été les maîtres de leur pays, ils l'auraient célébré en nous faisant des présents en or et en diamants, mais leurs droits leur étant déniés, ils espéraient que nous voudrions bien accepter l'accueil traditionnel; là-dessus, ils me passèrent au cou un collier à gros grains et en firent autant au chef d'orchestre et à Diana qui se tenait dans la salle. Puis tout le monde se leva pour chanter ce qui, en d'autres circonstances, eût été leur hymne national (et qui peut encore le devenir, quoiqu'on frémisse à l'idée de l'effusion de sang qui précéderait pareille victoire). Entendre ces Africains chanter leur hymne en 1950 avec un mélange d'exaltation et de solennité produisait un effet saisissant, un peu sans doute comme des Français chantant *la Marseillaise* sous l'occupation. Je jouai un Concerto de Bach et celui de Mendelssohn. Chaque fois qu'un passage plaisait particulièrement à l'auditoire, on voyait la réaction se propager sur cette mer de visages noirs où ceux de Diana et d'un ou deux Blancs venus avec nous faisaient seuls contraste. Quand nous eûmes fini de jouer, je suggérai que des musiciens de l'orchestre vinssent régulièrement à Sophiatown pour y donner des leçons, et je crois qu'il en alla ainsi pendant quelque temps.

Entre Johannesburg et la suite de la tournée, Diana, Marcel et moi fîmes à trois une brève excursion à Lourenço Marques. Au retour, sur le point de prendre l'avion pour Le Cap, je fus convoqué par Mr Schlesinger, directeur général du trust qui, au niveau le plus bas de ses complexes activités, gérait aussi mes apparitions en public. Je ne me doutais pas que cette convocation allait me procurer un des grands moments de ma vie. A une distance de la porte qui symbolisait toute son importance impériale, Mr Schlesinger était installé à un bureau dont la masse luisante était conçue pour apaiser les clients courtisés ou pour intimider les importuns, selon les besoins; et voici ce qu'il me dit : « Je regrette d'avoir à vous annoncer que nous allons être obligés de vous assigner en justice. Vous avez donné tous ces concerts sans solliciter la moindre autorisation de notre part. C'est une rupture de contrat caractérisée. Nous trouvons cette situation parfaitement inacceptable et nous nous voyons dans l'obligation de vous demander de renoncer à vos cachets. »

C'était exactement ce que j'attendais. Des dizaines d'années de colère accumulée mijotant derrière une façade bienséante trouvèrent enfin un déversoir approprié. Le moment étant trop intense pour adopter une attitude plus soumise, je restai debout pour me libérer de tout ce que je ressentais : les gens pour qui j'avais joué hors les stipulations de mon contrat, dis-je, n'auraient pas assisté aux concerts officiels, ils n'en auraient pas eu le droit; ils n'avaient en aucune façon réduit le public payant, et ils n'auraient pu s'y ajouter. Il n'y avait aucune justification morale à son assignation et je ne manquerais pas de raconter toute l'histoire à la presse mondiale. Je sortis à grands pas et claquai la porte avec le soulagement de m'être abandonné à mon instinct. Le plus extraordinaire — et je crois que je n'ai pas assez continué sur cette lancée —, c'est que cette stratégie s'avéra payante sans être du tout une stratégie, puisque je m'étais contenté de réagir impulsivement et sans arrière-pensée à une provocation. Cela aurait dû me servir de leçon pour l'avenir sur le bon usage de l'immodération. Quand l'avion atterrit au Cap plus tard dans la journée, nous y trouvâmes une abjecte délégation de représentants locaux de Schlesinger qui se tordaient les mains de remords et promettaient de se soumettre à l'avenir à tout écart fantasque auquel mon caractère pourrait me conduire. Malheureusement, ma brève et retentissante victoire n'a pas laissé de marque durable sur l'histoire sud-africaine.

Nous devions retourner encore une fois en Afrique du Sud en 1956. Par la suite, je décidai qu'en conscience je ne pouvais pas jouer dans un pays où une minorité dominante traitait si injustement une majorité impuissante (ce qui n'est d'ailleurs ni plus ni moins répréhensible que l'injustice d'une majorité dominante à l'égard d'une minorité impuissante). Beaucoup d'autres artistes, aussi bien que des sportifs, des ecclésiastiques et quelques hommes d'État, ont pris une décision identique. Le régime sud-africain est toujours en place et n'a pas varié d'un iota; mais pour combien de temps encore? N'y a-t-il pas dans l'air quelques signes indiquant que les pressions exercées pourraient encore aboutir à une authentique égalité?

Toujours en 1951, je me retrouvai dans un autre poste avancé du Commonwealth, fort différent d'ailleurs, où deux événements se produisirent qui allaient respectivement changer quelque chose à la vie d'Hephzibah et à la mienne.

Un matin que Diana, Hephzibah et moi-même nous trouvions ensemble à l'hôtel à Sydney, le téléphone sonna : « Richard Hauser à l'appareil. Nous nous sommes rencontrés à Rome. » Je dois avouer que ma mémoire des rencontres de hasard est loin d'être spectaculaire, mais il se trouva que son souvenir me revint sans effort, quoique sans sympathie particulière non plus. Hauser demanda s'il pouvait venir nous voir. Navré, j'étais très occupé. Étais-je libre à déjeuner? Non, j'avais un rendez-vous. A quelle heure? A une heure moins cinq. Très bien, il serait à l'hôtel à une heure moins le quart. Il raccrocha. A une heure moins le quart exactement, il était là; plein d'entrain, dans une mise plutôt négligée, il expliqua qu'il était venu en Australie à la demande des autorités de Sydney pour enquêter sur les conditions de vie des employés des transports publics. Les dix minutes qu'il nous avait arrachées ne tardèrent pas à s'écouler; Diana et moi partîmes à notre rendez-vous, mais Hephzibah prétexta une migraine et resta avec Richard.

Vingt-cinq ans après, elle est encore avec lui. Elle lui a donné une fille, Clara, en 1955, mais elle a aussi investi toutes les ressources de son cœur et de son énergie dans l'œuvre sociale de son mari, tant sur le terrain que dans les livres qu'ils ont écrits ensemble sur leurs expériences. Son engagement au service des plus infortunés est si exclusif que je me demande bien quand nous nous verrions s'il n'y avait les concerts pour nous réunir. L'idée de Richard consiste à faire guider l'aveugle par le paralytique : dans l'enfant abandonné, la femme battue, le délinquant, le détenu, le drogué, le vieillard sans secours, et tous les autres êtres humains dépossédés, il voit un réseau de besoins complémentaires tels qu'une victime peut en aider une autre, tout comme un problème en entraîne un autre. J'admire grandement sa vie et celle d'Hephzibah : non seulement ils sont dévoués à leur prochain, mais ils savent exprimer ce dévouement de la façon la plus pratique, la plus réelle, la plus humaine aussi.

Quant à moi, c'est à Auckland que j'ai fait une découverte importante au cours de ce voyage de 1951. J'étais allé en Nouvelle-Zélande avec Hephzibah pour quelques concerts; nous avions laissé Diana, qui attendait Jeremy, se reposer au calme de la ferme de Lindsay. Un jour de juillet, pendant qu'Hephzibah se faisait soigner par un chiropracteur, je feuilletai la littérature de la salle d'attente et tombai sur une mince brochure consacrée au yoga. C'est à peine si j'en avais entendu parler jusqu'alors, que ce soit sur le plan des exercices physiques ou du système philosophique, mais cette petite introduction au Hatha Yoga, c'est-à-dire aux postures corporelles ou *asanas*, me frappa comme une révélation. Sans même savoir ce que je cherchais, j'étais tombé sur la clé de certaines énigmes persistantes, sur quelque chose qui pouvait me faire prendre conscience de mes capacités, développer l'aisance physique que mon éducation ne m'avait pas donnée, m'indiquer une voie pour mieux comprendre la technique du violon, et peut-être, si je persévérais, me permettre de marcher la tête en bas et de satisfaire ainsi à retardement une de mes ambitions d'enfant, quand j'enviais si fort les gamins qui savaient ainsi se tenir sur les mains. Intrigué par tant de promesses, je demandai au chiropracteur la permission d'emporter la brochure en tournée et de la lui rendre en fin de semaine. Quand je n'étais pas sur les routes, en train de répéter ou de jouer en public, je passai donc tout mon temps, cette semaine-là, enfermé dans ma chambre d'hôtel à essayer les *asanas*, et je trouvai le plus grand plaisir à ces exercices qui exigeaient non pas de la tension mais du calme intérieur, qui n'étaient ni agressifs ni compétitifs et devaient être faits dans la solitude, n'exigeant d'autre matériel que quelques mètres carrés de sol. En rendant le livre à son propriétaire en fin de tournée, j'en avais suffisamment appris pour continuer à pratiquer, bien que de façon très approximative.

En arrivant en Inde sept mois plus tard, je pouvais donc me prévaloir de quelque chose d'indien. J'ai toujours été excité à l'idée de découvrir une nouvelle culture, même quand ce que j'en attends est on ne peut plus ordinaire, comme ce fut le cas lors de mon premier voyage dans un pays asiatique, le Japon, avec Adoph Baller, entre la Nouvelle-Zélande et l'Inde. En 1951, il y avait deux jours de vol de San Francisco à Tokyo : je passai une bonne partie du temps à m'exercer à manger avec des baguettes, y parvins assez correctement et réussis de la sorte à bien amuser mes hôtes japonais. Je m'étais de même préparé pour l'Inde en faisant du yoga et l'on savait, avant mon arrivée, que je m'y intéressais. Pour notre première soirée à Delhi, le Pandit Nehru me mit au défi de montrer ce que je savais faire et je me mis debout sur la tête, un peu gauche et branlant, sous le regard critique de sa fille Indira, de sa sœur « Nan » Pandit et de quelques membres du gouvernement. « Ah mais, ce n'est pas ça du tout, fit Nehru sans ménagement, je vais vous montrer. » Il ôta sa petite calotte à la Gandhi et se mit très élégamment — mais pas plus élégamment que moi aujourd'hui — la tête en bas et les pieds en l'air sur le tapis du salon. Comme il convenait en pareille circonstance, je fis de mon mieux pour imiter mon premier gourou, et nous étions tous deux sur la tête quand le splendide maître d'hôtel à turban et à large ceinture ouvrit toute grande la porte pour annoncer que le dîner était servi.

La nouvelle de cet événement n'eut pas plus tôt filtré jusqu'à la presse que les gourous, tous recommandés par quelque disciple de haut rang, se mirent à faire la queue à ma porte partout où j'allais. Le jour où je devais quitter Delhi pour Agra avec

Diana, on me conduisit à quatre heures du matin dans une clairière où le plus vénérable d'entre eux, un sage barbu âgé de quelque quatre-vingts ans, faisait ses exercices sur une peau de léopard, entouré de ses disciples et vêtu d'un bout de tissu entortillé autour des reins. Comme tant d'autres choses en Inde, la vénération qui inspirait cette petite cérémonie incitait à y reconnaître une acceptation de la vie sous toutes ses formes que nous avons perdue en Occident, si nous l'avons jamais possédée. Nous méprisons le corps, nous en avons honte et nous couvrons cette honte, tandis que la sagesse indienne, tant dans la sculpture érotique des temples que dans le yoga, rend au corps un hommage reconnaissant et sait en jouir. C'est le christianisme — mais non point Jésus-Christ — qui est en partie responsable de notre regrettable attitude; il suffit de lire l'édition nestorienne de l'Évangile selon saint Jean pour s'apercevoir que Jésus, comme les Hindous, enseigne de prendre soin du corps, souligne qu'il a besoin de grand air, du soleil et de l'eau; parmi ses épigones, ce sont des puritains fanatiques qui ont ressenti le besoin d'opérer un clivage complet entre l'esprit et le corps et de dresser entre eux les barrières du paradis et de l'enfer. Dans la fraîcheur de cette forêt à l'aube, j'ôtai mes vêtements pour apprendre du vieux saint indien le respect du corps.

Il y eut d'autres gourous et d'autres leçons, mais je n'en ai pas pris régulièrement avant de connaître Iyengar, qui n'était pas un ascète barbu mais un homme jeune et vigoureux, avec femme et enfants. C'est à Bombay que nous avons fait connaissance. A la requête d'un ami commun, il était venu me voir de Poona; en pénétrant un matin dans mon appartement, il précisa aussitôt, avec une sorte d'autorité rustique, que c'était moi aussi bien que lui qui allais « passer une audition ». Il ne doutait pas que j'étais quelqu'un de très éminent, quoique en fait il n'eût jamais entendu parler de moi; et si j'étais un nom avec lequel il fallait compter, si le privilège de ce nom pouvait rejaillir sur lui, je n'en étais pas moins, en dépit de ma célébrité, un corps occidental de plus, aussi noué que les autres. Je le prévins que j'étais très pris et ne pouvais lui accorder que cinq minutes. Il me pria de m'étendre sans bouger et me toucha en différents points. Je me réveillai une heure plus tard, détendu comme je ne l'avais pas été depuis des années. Cette « reconnaissance » pédagogique avait commencé comme toutes les autres par une sorte d'enchantement. Iyengar est maintenant connu hors des frontières de l'Inde, il a rédigé un traité exhaustif sur le yoga, et les universités étrangères l'apprécient comme conférencier. Ses activités comme les miennes s'étant multipliées, nous nous sommes vus plus rarement, mais il fit pour moi le voyage d'Europe tous les étés pendant près de quinze ans, et chaque fois que je me rendis en Inde, il m'accompagna pendant tout mon séjour pour ma mise en train quotidienne.

« Yoga » veut dire « union ». Le but du yoga est l'union avec l'infini, qui peut être atteinte par toutes sortes de voies; mais si la fin est unique, le point de départ l'est aussi : les *asanas* du Hatha Yoga sont la première condition de tout progrès. On pourrait se consacrer exclusivement au yoga en employant de plus en plus de son temps à le raffiner, mais je n'en ai jamais eu l'intention. Pour moi, le yoga est essentiellement une mesure de la paix intérieure : si l'on souffre d'abattement, d'envie, d'indigestion ou de n'importe laquelle des nombreuses tentations et petites misères dont l'humanité se trouve affligée, si l'on se remplit les poumons de nicotine et l'estomac d'alcool, on est dans l'impossibilité de respirer profondément, avec calme et régularité, comme le yoga nous l'enseigne. Cela commence par une paisible concentration; quand la respiration est devenue tranquille et le corps docile, c'est le moment de commencer les *asanas*, de jouir de son équilibre, de sa souplesse, de la conscience de soi, des potentialités que ces exercices nous révèlent. Le yoga est pour moi une contribution au mieux-être, il me permet de faire davantage de choses et de les faire mieux.

Tout d'abord, et c'est bien sûr le plus important, le yoga m'a aidé à voir plus clair dans la mécanique humaine du violon. En 1951, il y avait longtemps que cette recherche faisait partie des thèmes majeurs de ma vie. Quand, enfant, j'étais parfois capable de surpasser mes maîtres dans l'exécution d'un morceau donné, je savais que j'ignorais comment, n'étant pas un imposteur de nature, j'étais quelque peu gêné, par la suite, d'écrire le mot « violoniste » sur les formulaires où l'on me demandait ma profession. C'était un fait que je jouais du violon, chaque jour passé le confirmait et donnait à ce fait les teintes rassurantes du passé, mais la prétention à être capable d'en jouer le lendemain ne manquait pas d'impudence et reposait sur ma triste ignorance de ce que « jouer du violon » veut dire. Longtemps avant de me lancer dans cette quête systématique de la lumière, j'avais tâtonné dans l'espoir d'une compréhension fragmentaire qui m'était en général refusée, comme l'illustrera une anecdote de mes neuf ou dix ans. Il y avait, à l'orchestre symphonique de San Francisco, un brillant violoniste du nom de Piastro qui devait finalement succéder à Persinger comme premier pupitre, puis devenir celui de l'orchestre philharmonique de New York sous la direction de Toscanini. Je connaissais bien Piastro et, entre autres talents, admirais fort son staccato. Un jour, je lui demandai comment il s'y prenait. Il s'empara de son violon et en tira quelques mesures incisives et pleines de nerf. « Je fais ça, dit-il, et puis ça. » Comme démonstration, c'était impeccable, il pouvait reproduire exactement le staccato qui m'avait tant plu, mais en fait d'explication, je restais sur ma faim; et s'il ne me donnait pas d'explication, c'était pour la simple raison qu'il ne le pouvait pas. Il ne savait analyser les mécanismes musculaires et dynamiques qui produisaient son staccato — tout comme le mien, d'ailleurs; et c'était cela que j'avais besoin de percer à jour. Au cours des dix-huit mois d'oisiveté que je passai en Californie après mes dix premières années de tournées, mon interrogation se fit plus cuisante : ayant laissé mes violons dans leur boîte pendant quelques semaines, je m'aperçus en les reprenant en main que je ne pouvais être sûr de retouver rapidement ma familiarité avec eux. Un jour, mes doigts avaient leur assurance habituelle, le lendemain ils erraient. Heureusement, tout se termina bien; critiques et public déclarèrent que je jouais aussi bien qu'avant, sinon mieux, et j'étais d'accord là-dessus avec eux. Mais sous un vernis de maîtrise, il y avait les sables mouvants du doute. Inévitablement, je m'y enliserais au moindre écart; inévitablement, je devais commettre de tels faux pas quand je fus accablé pendant la guerre par les difficultés de mon ménage et un emploi du temps épuisant qui, en conjuguant leurs effets, me privèrent de tout loisir de me régénérer, physiquement ou psychologiquement.

Un autre artiste, confiant dans son don musical et laissant de côté ce qu'il ne comprenait pas, aurait pu s'extraire sans trop de peine de ces fondrières, mais j'avais la chance ou la malchance d'avoir hérité des tendances talmudiques et j'avais besoin de comprendre la nature profonde de mes défaillances pour reprendre confiance. Ce qui s'était passé, c'était une solution de continuité : entre la conception de la musique et sa communication, passage jusque-là opéré intuitivement, il se produisait une rupture — pas toujours, bien sûr, ni de façon prévisible, mais pour le moins latente, à l'état de menace —, rupture qui réduisait tout à néant. Impossible de compter plus longtemps sur l'intuition; il fallait que l'intellect prenne le relais.

Cette pénible situation m'était-elle particulière, était-elle due à un esprit trop enclin à se poser des questions? Je sais d'expérience que beaucoup de gens doivent boucler cette même boucle, de l'intuition à l'analyse intellectuelle puis à une spontanéité retrouvée; en fait, elle existe implicitement dans le cycle de tout apprentissage, et son accomplissement est la grâce salvatrice de la vraie civilisation. Il y a des individus et des sociétés qui ne sont pas moins heureux parce qu'ils en restent à l'une des premières étapes du voyage — c'est l'intuition des primitifs qui leur permet de s'harmoniser avec leur environnement sans effort intellectuel; c'est le stade d'abstraction intellectuelle de l'idéologue, où les théories ne dépendent pas de l'intuition et n'ont jamais besoin d'être vérifiées; mais la plupart d'entre nous ne nous trouvons ni à un pôle ni à l'autre, mais à distance des deux, dans une espèce de purgatoire assez frustrant. Jouer du violon devrait être — et peut devenir — une activité « naturelle », mais ce n'est pas dire grand-chose, car combien y a-t-il d'activités « naturelles » ou même automatiques qui sont menées avec succès à notre époque si peu naturelle? Combien de gens marchent mal, respirent mal, mâchent mal, digèrent mal! Tel est le prix de la civilisation qui a tourné le dos à l'intuition et n'a pas encore découvert le biais pour y revenir. C'est une grave perte pour tout le monde, en particulier pour les artistes dont la sagesse doit être comme un arbre aux racines déployées dans les ténèbres et aux branches caressées par la lumière de la conscience.

Les capacités intuitives dont je faisais preuve étant enfant étaient en quelque sorte ma force et ma faiblesse. Mais il y a au moins un avantage à bâtir son édifice personnel en commençant par le toit : sachant ce qui se trouve en haut, on sait ce qu'on est en train de construire et ce qu'il va falloir soutenir. Si l'on peut maintenir assez longtemps l'équilibre de cette architecture suspendue, cette solution s'avère en fin de compte plus efficace. J'ai eu pour ambition de pouvoir entrer en scène avec autant de plaisir et aussi peu de gêne qu'on peut en avoir à marcher dans la rue. Y étant souvent parvenu, ayant joué avec exaltation, avec élan, je savais à quoi je visais, et la bataille était déjà à moitié gagnée. La ferme conviction que le mouvement était la clé du problème devait également contribuer à la victoire finale. J'ai toujours été fasciné par le mouvement, qu'il s'agisse du vol des oiseaux, des acrobaties d'enfants sur leurs traîneaux dans un jardin public, ou de la main d'un peintre travaillant la toile. Adolescent, j'eus l'idée d'un véhicule aérien consistant en une aile divisée en plusieurs segments, chacun propulsé par son propre moteur, de sorte qu'en cas de besoin il puisse se détacher des autres et voler indépendamment. Mon idée n'avait peut-être pas grande valeur pour l'aéronautique, mais elle avait à coup sûr un rapport étroit avec ma préoccupation majeure — si la main est une aile, chaque tendon doit être un moteur et chaque doigt un segment capable de voler de façon autonome dans n'importe quelle direction. C'est ainsi que je tâtonnai en quête de la clarté bien longtemps avant de m'embarquer dans une recherche consciente des principes de base. Une fois découverts, ces principes paraissent parfaitement évidents, qu'il s'agisse d'aérodynamique ou de la technique du violon ; mais il a fallu des siècles à l'homme pour apprendre à voler.

J'avais sans doute perdu du temps à me rebeller contre les gammes, les arpèges et les *études* dans ma jeunesse, mais, confronté au problème à l'âge adulte, les gammes ne pouvaient être qu'un remède hasardeux qui aurait traité les symptômes sans toucher aux causes, inculquant des réactions mécaniques sans rien expliquer du mystère. La vie adulte m'a dépouillé d'une partie de mon intuition mais elle a plus que compensé ce vol en me faisant don de la pénétration. De même que la conception d'ensemble de la musique avait requis depuis longtemps sa justification par une analyse consciente de chaque œuvre, de même était-il maintenant essentiel de repérer à fond le processus par lequel pensée et sentiment se traduisaient en acte, et cette conception d'ensemble en innombrables réactions musculaires. Une fois déterminée la direction dans laquelle devait s'engager la recherche, chaque expérience pouvait être mise à contribution : travailler le violon, avoir des contacts avec d'autres violonistes, étudier les lois de la physique, voyager en Inde, et, bien sûr, pratiquer plus précisément le yoga, qui m'a appris des choses dont la découverte par mes propres moyens m'aurait demandé des années. L'ensemble de ces influences convergeaient vers une diminution de la tension, une utilisation plus efficace de l'énergie, l'élimination de la résistance à chaque jointure, la coordination de tous les mouvements en un mouvement unique; elles étaient autant d'exemples de cette vérité profonde que la force véritable ne provient pas de la force même, mais d'une compréhension subtile des moyens, des proportions, de l'équilibre.

Par la suite, doté d'une boussole pour maintenir ma route et refusant tous conseils qui ne m'auraient conduit qu'à des culs-de-sac ou imposé d'inutiles détours, j'accomplis des progrès réguliers. Mais j'avais dû préalablement découvrir que l'acquisition d'une compétence consiste autant à désapprendre qu'à apprendre. Ceux d'entre nous qui ont pris de mauvaises habitudes en jouant du violon doivent, s'ils veulent les surmonter, passer par un degré zéro de tension correspondant peut-être à cet entre-deux du purgatoire où les pécheurs étaient censés se dépouiller du « vieil homme ». Il faut laisser s'épuiser la force inadéquate et supporter ainsi une période de « force zéro ». La mienne commença, pourrait-on dire, avec le sommeil provoqué par Iyengar.

Un quart de siècle s'est écoulé depuis lors, assez longtemps pour que ses leçons et les leçons tirées de ses leçons se soient transformées en une rubrique quotidienne de mon agenda, aussi routinière que le fait de prendre un bain. Ce fut un long labeur accompli à mi-carrière, un succès dont je suis aujourd'hui relativement fier. Il y a des gens qui préféreraient réapprendre leur métier en privé, mais la solitude désertique des recherches en laboratoire n'est pas mon élément naturel. Aux moments cruciaux, j'avais besoin de jouer en public pour ressentir ses exigences ou son approbation. Désormais, je ne crains plus l'oisiveté; contrairement à ce qui se passait en 1936, j'ai la conviction que le don musical n'est pas un feu follet qui peut disparaître d'un instant à l'autre, quelque chose d'incompréhensible sur quoi l'on n'aurait pas la moindre prise. Ce qui s'était annoncé sous les couleurs d'un redoutable défi a maintenant trouvé sa place bénéfique et rapporté un inestimable profit, non seulement du point de vue de la maîtrise technique au service de la musique et de l'enseignement, mais en ce qui concerne l'expérience humaine en général. Cette quête a été une des lignes de force de ma vie, à la fois élément stabilisateur, effort continu et satisfaction durable. J'ai retrouvé l'assurance de mon enfance, avec la rigueur intellectuelle en plus. Je sais que je puis jouer si l'on me donne une demi-heure pour me mettre en train; si je ne dispose que de quelques jours pour venir à bout d'une partition nouvelle, je peux compter y arriver. J'ai appris que les coups de fouet de l'énergie du désespoir ne peuvent vous conduire aux sommets de l'interprétation; on n'y est conduit que par l'application tranquille de principes captés par l'esprit et absorbés par le corps pendant des années et des années de foi obstinée. J'ai compris qu'il y a parallélisme entre la pratique du violon et toutes les autres expériences humaines, entre la souplesse avec laquelle on tient le violon et l'archet, par une maîtrise ni possessive ni vindicative, et la qualité correspondante dans les relations humaines. Je suis heureux d'avoir été obligé de découvrir et d'assimiler tout cela, qui m'a donné quelque chose de valeur à transmettre à autrui.

Rien que de bien normal, semblait-il, à ce que l'Inde m'offrît à la fois une patrie et un terrain de découverte capable de m'étonner durablement, car c'est précisément la conciliation des contradictions au sein d'une unité totalement ouverte qui constitue le génie de ce pays et son attrait permanent pour moi. Il existe bien sûr un rapport direct entre ce qu'on attend d'une expérience nouvelle et l'épanouissement qu'elle vous procure; en outre, le lecteur doit être à présent habitué à l'idée que ce fut une constante de ma vie que de trouver les réponses d'abord, et les preuves ensuite — et pas seulement dans le domaine du violon dont je jouais avant de réaliser ce que j'étais en train de faire. Ainsi, par exemple, m'amusais-je, adolescent, à retenir mon souffle; je commençai à Bâle à treize ans, pour atteindre un record personnel de quatre minutes : n'était-ce pas un signe avant-coureur de ma confiance dans le yoga? De même, quand je partis pour l'Inde avec Diana en 1952, j'avais beau être parfaitement ignorant de ce pays, j'étais sûr qu'il éveillerait en moi des échos très profonds.

Bien qu'on ne sache pas à combien de générations survit l'atavisme unissant les descendants à leurs lointains ancêtres, ma conviction que plus j'allais vers l'Orient, plus je me rapprochais de mes origines, garantissait que je trouverais en Inde l'océan originel dont les eaux, descendant vers l'Ouest au fil des siècles, avaient fertilisé le cours familier de mes idées, de mes comportements, de ma musique. Or, c'est bien ce qui s'est passé. De façon plus délibérée, c'est la philosophie de Constantin Brunner qui m'avait préparé à cette rencontre. J'avais découvert Brunner, juif allemand mort en Hollande en 1937, en recevant ses œuvres en 1938 sous la forme d'un don anonyme — ce n'était ni la première ni la dernière fois que mon cap s'infléchissait en se soumettant à l'initiative d'autrui. Mon allemand étant plus pratique que raffiné, la première centaine de pages de cette pensée complexe m'avait coûté un sérieux effort, mais je fus ensuite de plus en plus séduit par la beauté de cette prose et par une *Weltanschauung* de l'inclusion. J'appris plus tard que Brunner avait étudié l'hindouisme; peut-être cela avait-il contribué à sa croyance en une force unique réassociant toute la création, animée et inanimée. En tout cas, ce fut sûrement le généreux abandon des Hindous à la vie sous toutes ses formes, abandon délicieusement neuf pour moi, quoiqu'il correspondît chez moi à un sentiment profond, qui me saisit avec force dès les premières minutes de mon séjour en terre indienne.

Nous avions pris un vol de nuit pour Delhi, de sorte qu'on nous conduisit par une aube étincelante de l'aéroport au pavillon vice-royal de Lutyens, ancien quartier général du *raj* britannique, où nous devions loger. Je n'oublierai jamais ce trajet dans un paysage exubérant, avec ses foules humaines, les hommes en dhoti blanc, les femmes à la démarche souple en saris de couleurs vives, rouges, jaunes et verts; avec ses oiseaux de tout plumage emplissant les arbres d'une cacophonie ininterrompue, ses singes bavards par dizaines sautant de branche en branche par-dessus la circulation, et des vaches partout, doux animaux blancs aux longues cornes élégamment recourbées, trottant sur la route, se promenant sur les trottoirs ou dans les champs avoisinants. Dans cette vie d'une richesse débordante, aucune espèce ne semblait dominer les autres.

Je me suis dit qu'il y avait deux conceptions de la création : l'une, compétitive, affirmant que chaque chose existe aux dépens de quelque chose d'autre; et l'autre, coopérative, selon laquelle plus s'élargit le cercle de la vie, plus il en peut tenir. Il m'apparut que ces deux conceptions étaient toutes deux valables, qu'il ne fallait adhérer ni à l'une ni à l'autre avec une rigueur puritaine, que c'était une question d'importance relative. Ayant été élevé en Amérique, monde concurrentiel où la survie était assurée par le pouvoir de la volonté et l'usage des insecticides, je ne pouvais m'empêcher de trouver merveilleux un monde qui tirait sa force d'encourager tant de vie et d'en détruire si peu. Le bétail sur les trottoirs, autour duquel le flot humain formait de petits remous, n'était pas seulement toléré mais vénéré, et non pas uniquement comme forme de vie aux droits inaliénables, mais comme élément participant au cycle naturel : source principale de protéines, producteur de lait et de fromage, et aussi d'excréments (certainement le premier remboursement de l'homme aussi bien que des bêtes à la terre nourricière), substance précieuse qui sert d'engrais, de liant pour le mortier, ainsi que de combustible. En galettes bien nettes, la bouse était empilée sur des plateaux ronds que les dames portaient fièrement sur la tête. Assurément, rien de semblable aux États-Unis ! Je regrette toujours que, parmi mes diverses patries, ces deux-là ne se comprennent pas mutuellement, que la mentalité musulmane, dynamique mais parfois agressive, s'avère tellement plus compréhensible à l'Américain que la douceur de l'Hindou dont la résignation est fruit de son aspiration à embrasser les paradoxes de l'existence — la matière et l'énergie, la vie et la mort, le plaisir et la douleur, l'ensemble de la création et lui-même — en un grand tout harmonieux.

En un peu plus de vingt ans, Diana et moi sommes allés en Inde une bonne demi-douzaine de fois ; nous avons parcouru le pays en tous sens, nous y avons rencontré la folie et la corruption aussi bien que la sagesse, nous nous sommes aperçus que l'action du temps est irréversible là aussi, et pas toujours bénéfique ; mais chaque fois nous avons été ravis à nouveau par une culture si dense, si variée, si riche qu'elle parvient, en étayant ses couches et ses contradictions multiples sur des valeurs millénaires, à coordonner des éléments auxquels nous avons renoncé. Je trouve que l'Inde a arrondi les angles de mon manichéisme talmudique, a su plaider en moi pour une acceptation innocente des bonnes choses de la vie, qu'elle m'a donné beaucoup, à la fois des choses neuves, agréables, accessibles qui ne demandaient qu'à être vécues. La première invitation m'avait été adressée sur proposition de Lady Nye, épouse du premier haut commissaire britannique en Inde indépendante. Bien que son opposition au *raj* l'eût conduit en prison, Nehru aimait entretenir des relations culturelles amicales avec l'ancien colonisateur et avait choisi de m'inviter, non pas encore en tant qu'Anglais honoraire, ce que je semble être devenu par la suite, mais déjà parce que j'avais, comme lui-même à sa manière, certains liens privilégiés avec la Grande-Bretagne. Je donnai donc une série de concerts pour le Fonds de lutte contre la faim.

Je ne fus nullement surpris qu'une vive amitié se développât d'emblée entre Diana et le Pandit Nehru. Non qu'elle le flattât, bien au contraire. Chez Nehru, à Delhi, le premier soir, nous aperçûmes un buste de lui mis en valeur par un éclairage théâtral et dévotement orné de fleurs coupées. « Serait-ce par hasard un mémorial? » fit Diana; le lendemain matin, le buste avait disparu. Au dîner, menant la conversation, Nehru fit rétrospectivement le procès des fautes du *raj*, comme s'il voulait nous pousser à en prendre la défense ou bien à acquiescer au blâme. « Moi qui croyais que j'allais rencontrer un grand Brahmane indien! dit Diana d'un ton chagrin. Et sur qui je tombe? Sur un irascible avocat anglais? » Nehru se leva d'un bond pour répondre à cette attaque irrévérencieuse.

D'une distinction d'esprit et d'une noblesse de caractère remarquables, Nehru fut aussi l'un des rares hommes d'État honnêtes de notre temps. La vérité avait beau être blessante, fût-ce pour lui-même, il n'hésitait pas à la dire. Conscient d'être l'héritier de Gandhi, il n'était pas exempt d'une certaine dose de vanité : on le voyait à la rose rouge qu'il portait toujours; mais il n'était pas hypocrite, il ne masquait pas sous une fausse assurance les difficultés qu'il rencontrait. Après ce premier dîner — un menu anglais, ce qui me déçut légèrement —, il nous conduisit sur le balcon, par une nuit indienne un peu étouffante, violemment parfumée, illuminée de plus d'étoiles qu'on ne jurerait qu'il en existe, au silence seulement troublé de temps à autre par les aboiements d'un chien sauvage. Nous respirions l'air fragrant. Il eut un petit soupir de désenchantement résigné et dit que c'était une tâche impossible de gouverner l'Inde; personne ne pouvait prétendre être à la hauteur, mais il n'était pas possible non plus de jeter le manche après la cognée : « La seule chose que je puisse faire, c'est d'espérer, de travailler et de prier. » Je crois que, lorsque le fardeau et les honneurs du gouvernement revinrent à sa fille, le même fatalisme lui échut en partage. Indira Gandhi était aussi au fait qu'on peut l'être de l'évolution de l'Inde et des affaires d'État; pourtant, elle a écarté pendant des années l'ambition d'être Premier ministre. Mais il faut compter avec l'insistance du destin, et il n'est pas facile de voir un pays se désintégrer quand on est la personne toute désignée pour l'en empêcher. En 1952, c'était une jeune femme charmante, disciple de son père, formée par lui, et qui lui rendait bien son dévouement. Je ne devinai pas sa force, mais je l'aurais pu, car même à ce moment-là il était clair qu'elle ne révélait que les pensées et sentiments qu'elle jugeait opportun de montrer.

Lors de ce premier séjour, nous restâmes plusieurs semaines en Inde; je donnai des concerts à Delhi, Bombay, Calcutta, Madras et Bangalore. Nehru, qui craignait que nous ne fussions exploités par des organisations charitables et qui souhaitait nous faire voir le plus possible de pays, nous suggéra de visiter diverses provinces, et en particulier le Cachemire, ce Cachemire natal qu'il aimait tant et dont il ne pouvait simplement supporter qu'il fût séparé de l'Inde. Sans nourrir les mêmes raisons personnelles, je trouvai moi aussi que le Cachemire faisait partie de l'Inde; c'était le toit du sous-continent, contrebalançant sa chaleur, un pays de retraite et de monastères où l'homme cherche une ultime union avec l'infini. Ainsi la géographie et la société se reflétaient-elles mutuellement pour atteindre aux mêmes sommets.

Guidés par Nehru et par d'autres, nous vîmes davantage de choses que je ne saurais en décrire sans avoir recours à la litanie de superlatifs des conférences de voyage ou aux pieux instantanés de l'album familial, voués à ne rien dire et à ne rien montrer aux étrangers; nous connûmes l'Hindou languide, le Bengale, véritable volcan humain, et aussi les régions du Sud, les plus archaïques, les moins envahies. Nous connûmes les Parsis, que j'appelle les Juifs de l'Inde (mais ce sont en fait des Zoroastriens qui se sont exilés de Perse); leur monothéisme en a fait un peuple judicieux et pragmatique, pilier de la finance, de l'industrie et du commerce indiens. Les vrais Juifs, eux, se trouvent à Cochin, et c'est peut-être au monde la plus ancienne communauté de la Diaspora; certains avaient émigré en Israël et en étaient revenus. Et il y avait le travail des mains de tous ces peuples, un art — qu'il s'agisse de musique, de danse, de peinture, de sculpture ou d'architecture — qui canalisait des émotions débordantes en formes subtiles et disciplinées. Mon impression d'ensemble est celle d'immenses contrastes coexistant sans tension : le renoncement à la Gandhi voisinant avec la volupté du massage le plus habile que l'on m'ait jamais fait, ou avec celle du plus vieux des palais de Jaïpur où des canaux d'eau fraîche semés de pétales de roses traversaient autrefois les pièces, combinant climatisation et parfum ; une gamme de cultures humaines s'étendant de semi-Pygmées et autres peuples primitifs qui se livrent encore aux sacrifices animaux dans les forêts, jusqu'à un savant atomiste tel que feu Homi Bhabba, en passant par la pureté d'une vie rurale immuable. Bhabba est l'un des rares êtres humains vraiment complets que j'aie connus, un Léonard de Vinci de notre temps ; sa connaissance des cultures — la nôtre aussi bien que la sienne — et son talent de peintre complétaient naturellement son génie de physicien, et il était pourtant profondément indien jusque dans ses qualités de grand homme de science, la physique nucléaire étant une discipline naturelle chez un peuple qui n'a jamais établi de ligne de démarcation entre le corps et l'esprit, la matière et l'énergie.

J'ai eu la chance qu'au lieu de l'Inde qui vend avec mauvaise conscience son exotisme aux visiteurs, on m'ait montré ce qu'elle a de plus authentique et de plus cultivé. A tous les échelons on y retrouve la religion, liant le passé lointain à l'avenir qui ne fait que poindre, liant aussi les réactions immédiates de l'homme intuitif à l'idée la plus abstraite que puisse se faire l'homme cultivé d'une puissance désincarnée, innommable, unifiant toute la création. Le meilleur de cette découverte, c'était de constater qu'au cours de son ascension à travers les âges, l'Inde n'avait pas tiré l'échelle, mais seulement ajouté de nouveaux échelons. Rien n'avait été anéanti, il n'était passé aucun bulldozer pour faire table rase du passé.

Toute ma vie j'ai aspiré à sentir sous mes pieds le plancher solide du passé, et parmi tout ce dont je suis redevable à l'Inde, c'est le don que je reçois d'elle avec le plus de reconnaissance. Tout comme les différentes formes de vie y coexistent dans l'espace, les rythmes de l'univers n'y sont pas strictement marqués, le temps y est élastique, le matin fusionne avec l'après-midi, le passé ne s'y distingue pas du présent. Deux anecdotes parmi cent autres incarnent pour moi ce sens indien du temps.

La première vient de Calcutta. Nehru lui-même nous y emmena, car il devait assister à une réunion de gouverneurs d'États; s'accordant une heure de loisir, il nous conduisit dans un parc comme je n'en avais jamais vu. Ombre et soleil, allées et clairières couvraient des hectares, et toute cette vaste surface n'était en fait occupée que par un seul banian! On avait bien affaire à une de ces œuvres que seul le temps peut accomplir; à la confirmation de ma croyance que la patience est tout; qu'en matière de banian, de mariage ou de culture, il convient toujours d'attendre que la récolte soit mûre. Une autre fois, on nous emmena voir une statue de Jaïn Bouddha à Bangalore, au sommet d'un énorme rocher dominant la plaine. Le pèlerin devait gravir d'innombrables marches pour atteindre le sommet où le Bouddha assis, peut-être cinquante fois plus grand que nature, contemple sereinement le paysage. Il était oint de lait et de miel une fois par an, me dit-on. Je n'ai pas assisté à cette cérémonie, mais une autre, moins importante, eut lieu tandis que je me trouvais là. Juste avant midi, nous nous approchâmes jusqu'au bord du rocher qui, à cet endroit, surplombait la plaine de plusieurs centaines de mètres; fixant l'horizon, nous discernâmes un point qui se mit à grossir peu à peu jusqu'à se matérialiser près de nous, quelques minutes plus tard, sous la forme d'un aigle venu là se faire nourrir. C'eût déjà été en soi une aventure suffisante pour une belle matinée ensoleillée, mais, fait remarquable, cet aigle n'était que le dernier d'une longue lignée qui étaient venus de toute éternité, chaque jour à midi, chercher leur pitance auprès de la statue du Bouddha. Telle est la notion indienne du temps qui sous-tend la doctrine de la réincarnation, la croyance en une filiation si régulière que ce qui est présent appartient tout à la fois au passé et à l'avenir, à la terre comme au ciel; et c'est ce sentiment qui, jusqu'à présent, a valu à l'Inde sa stabilité. Ces aigles « héréditaires » que j'avais vus ne faisaient qu'illustrer ce que Nehru lui-même m'avait appris : le principe d'hérédité avait été si fort dans le passé qu'il y avait eu jusqu'à des récureurs d'oreilles héréditaires, dont la succession ininterrompue de père en fils avait porté l'art de soulager une démangeaison auriculaire à un niveau de satisfaction extatique. Pour cela, bien sûr, une telle société doit payer le prix d'une stabilité qui entrave tout changement, quel qu'il soit. Depuis que je connais l'Inde, il y a eu au demeurant du changement : une urbanisation de plus en plus monstrueuse, une industrialisation croissante, le chemin peu convaincant du « progrès »; je ne crois pas que ce soit là un changement en mieux.

Les Parsis, je l'ai dit, ont beaucoup de traits communs avec les Juifs (j'ai assisté à un mariage et à une cérémonie d'initiation qui ont encore renforcé cette analogie à mes yeux), mais ils ont la coutume très différente d'exposer aux vautours, dans la Tour du Silence, la dépouille de leurs morts. Ainsi ne se réserve-t-on rien contre la nature : de si peu de valeur que soit un cadavre, on le rend à la terre pour entretenir le cycle de la vie, la continuité. L'appartenance à une telle continuité doit, je pense, soulager l'individu d'une bonne partie du fardeau de son unicité. La vie et la mort ne sont pas tout ou rien, mais les étapes d'un processus, des phénomènes jalonnant un cours infini auquel on s'en remet pour soi-même comme pour tous les autres phénomènes. C'est pourquoi la musique indienne reflète cette conception indienne de la vie : sans commencement ni fin déterminés à l'avance, elle s'écoule sans interruption entre les doigts du compositeur-interprète; l'accord de l'instrument se fond imperceptiblement dans l'élaboration de la mélodie qui peut s'écouler sur au moins deux ou trois heures d'affilée (ou qui s'adapte, de nos jours, à trente minutes de temps d'antenne).

Malgré toutes mes prédispositions favorables à l'Inde, je dois avouer que la musique indienne me conquit par surprise. Je n'en connaissais ni la nature ni la richesse, mais si j'ai jamais trouvé de quoi justifier ma conviction que l'Inde est la source originelle de toutes choses, c'est bien là. Les deux gammes occidentales, majeure et mineure, avec la variante harmonique pour cette dernière, la demi-douzaine de modes de la Grèce antique, se perdent ici dans une variété de gammes et de modes qui paraît inépuisable. Même les arcanes de la composition dodécaphonique ont été devancés et surpassés, car, tandis que le système dodécaphonique exige — un peu arbitrairement, à mon avis — que toutes les douze notes soient produites dans une séquence déterminée et interdit la répétition à l'intérieur de cette séquence, n'importe quel *raga* indien choisit cinq ou six notes, jamais plus de sept ou huit, mais les centaines de *ragas* existants permettent l'exploitation de la totalité des notes possibles en des permutations d'une subtilité et d'une souplesse qu'on a peine à concevoir. Mélodiquement et rythmiquement, la musique indienne est arrivée depuis bien longtemps à un degré de raffinement et de complexité que l'Occident n'a commencé à pressentir qu'au XXe siècle avec l'œuvre de Bartók et celle de Stravinsky.

Ce qui fait naturellement défaut à la musique indienne et que possède en abondance la musique occidentale, c'est l'harmonie. Ce n'est pas fortuit. L'Indien s'unit avec l'infini plutôt qu'avec son prochain, et sa musique participe de la même tendance. Elle a pour but de purifier l'âme et de discipliner le corps, de rendre sensible à l'infini qu'on porte en soi, d'unir son souffle à celui de l'espace, ses vibrations à celles du cosmos. En dehors de sa famille, la conscience de l'Indien ne l'attache guère au groupe. Le génie de l'Europe, au contraire, a été d'associer les individus en communautés où chacun accepte une certaine perte de liberté dans l'intérêt de tous. D'où la pratique collective des cultes, d'où les armées, les industries, la démocratie parlementaire et les chœurs dans lesquels chaque voix jouit d'une certaine indépendance, laquelle est cependant rigoureusement restreinte par d'autres voix.

Invité à collaborer durant l'automne 1965 au Festival des arts du Commonwealth qui se tint dans plusieurs villes de Grande-Bretagne, j'eus un premier aperçu de la musique d'une culture encore différente, ouvrant de nouvelles perspectives sur les liens entre organisation sociale et organisation musicale. La mélodie indienne et l'harmonie occidentale semblaient fournir matière à comparaison, mais l'individualisme indien et le collectivisme africain ouvrent davantage encore l'éventail du problème. La musique africaine est tribale, elle est celle d'une société qui travaille, rend le culte, célèbre ses joies, prend le deuil de ses peines et élève ses enfants avec ensemble, sans rien du compromis européen entre l'un et le tout, et sans aucun besoin d'une structure harmonique. La complexité du rythme, qui marque également la musique indienne et la musique africaine, résulte en Afrique d'une division du travail, différents joueurs poursuivant leur mesure les uns contre les autres et se débrouillant pour accomplir ce difficile exploit en jouant dans une sorte de transe hypnotique. L'addition de ces tâches parcellaires donne une subtilité de rythme que même le jazz n'est pas encore parvenu à reproduire.

Par contraste, la complexité rythmique indienne est essentiellement le fait d'un homme. Avant de se mettre à jouer, le groupe indien — consistant en une combinaison de trois solistes dont le premier contribue, dans l'ordre d'émission du son, à l'environnement sonore, le second à la mélodie et le troisième au rythme — choisit un *raga* et un *tala*, la chaîne et la trame du tissu qui va se créer. Un *raga* est à la fois une gamme et une mélodie, une séquence donnée de notes dont les relations mutuelles sont prédéterminées, de sorte que l'on ne peut aborder chaque note que de certaines façons et selon certaines directions particulières. Le *tala* est le rythme. Il en existe des dizaines. La mesure indienne connaît nos temps fondamentaux à 3/4 et 4/4, mais, par-delà, elle utilise aussi tous les nombres impairs et premiers possibles et imaginables (Bartók en avait aussi découvert quelques variantes dans la musique folklorique, notamment hongroise, et les avait transmises au reste du monde). Pour corser encore l'affaire, l'Indien qui a choisi un *tala* à onze temps, par exemple, va ensuite improviser en groupes de dix, laissant à l'auditoire la responsabilité de battre la mesure de base; et l'auditoire le fait sans se laisser troubler, avec une infaillible précision. Cela devient un jeu dans lequel chaque partenaire essaie de démonter l'autre, une sorte de rallye de l'intellect au cours duquel une intense précision sépare deux rythmes qui partent ensemble, divergent, puis convergent à nouveau. La fièvre monte jusqu'au moment où, au cent dixième temps, lorsque enfin les deux rythmes se rencontrent, l'auditoire pousse une puissante exclamation de jubilation. Mais, comme si la tâche du joueur qui donne le rythme n'était pas encore assez compliquée, il contribue aussi à la mélodie. Le *tabla*, le tambour indien, est un instrument presque mélodique; la pression de la main du joueur modifie la tension de la peau, donc le diapason; le joueur peut ainsi glisser entre les notes avec l'exactitude d'un instrument de précision, en faisant valoir le rythme par des inflexions de hauteur, d'attaque et de volume, qui varient de la plus grande délicatesse à la plus grande puissance.

La musique indienne fait donc place au groupe, mais, à l'intérieur de celui-ci, les individus restent autant de solistes qui ne fusionnent jamais pour quelque affirmation harmonique. Il serait contre nature d'essayer de former des orchestres de musiciens indiens. Cette déviation m'a été épargnée, mais j'ai subi l'insoutenable expérience d'entendre un sitar, un vina ou un violon indien accompagnés par un harmonium, survivance de l'incompréhension des missionnaires chrétiens pour une culture qu'ils essayaient d'altérer.

L'Occident a dû inventer la gamme tempérée, dont chaque note est ajustée vers le haut ou vers le bas par rapport à son centre véritable, pour rendre conciliables les différentes tonalités et possibles les modulations, ce qui ouvre la voie au développement de l'harmonie. Je ne peux prétendre regretter ce cours des choses qui a nourri toute ma vie musicale, mais je ne puis davantage nier que la gamme tempérée corrompt les oreilles occidentales. La quinte parfaite, donnée dans la musique indienne par le continuo en début de morceau, sert de référence à tous les autres intervalles; sa présence continue empêche de déraper par inadvertance de la tonalité convenue. Par suite d'une préparation aussi méticuleuse, les musiciens indiens sont sensibles aux moindres déviations microtonales, à des subdivisions de tons que le violon peut trouver mais qui ne sont pas à la portée des simplifications grossières du piano (ou de l'harmonium). J'ai assisté un jour à une saisissante leçon de choses sur les priorités musicales indiennes. C'était à Delhi, à un congrès réunissant des musiciens des quatre coins du pays. Les participants les plus vénérés de tous étaient des chanteurs de quatre-vingts ans et plus qui avaient perdu la voix au sens où nous l'entendons, mais dont la parfaite intonation aurait fait pâlir d'envie maintes célèbres coloraturs, et qui faisaient preuve d'un génie de l'improvisation qui n'est pas, bien sûr, ce qu'on demande en général aux chanteurs occidentaux. J'associai mentalement ces vénérables chanteurs aux vénérables gourous, comme symboles conjoints d'un système de valeurs qui met le temps au service de l'accomplissement.

Si la musique n'est pas nécessairement un métier hérité comme le récurage des oreilles, c'est quelque chose que l'on doit commencer de bonne heure, mettons à l'âge de trois ans, avec la perspective d'y exceller plus ou moins avant la trentaine. Comme pour toute improvisation musicale, il convient de maîtriser une structure rigoureuse si l'on veut que la créativité s'épanouisse au moment de l'exécution; autrement, improviser ne serait qu'inventer un langage selon l'inspiration du moment. Il faut connaître la grammaire, la syntaxe et le vocabulaire si l'on veut que le miracle quotidien de la parole se produise; il en va de même de la musique improvisée. Elle suppose, entre la dictée de l'esprit et l'obéissance des doigts, un tel raccourci qu'on ne puisse le mesurer, mais son tracé est l'œuvre d'une technique et d'une discipline acquises au fil d'années d'entraînement. J'ai entendu de la musique indienne jouée par des gens sans talent ou insuffisamment formés : rien n'est plus fastidieux que de se sentir enfermé dans la camisole de force des lois et observances du *raga*, que d'entendre quelqu'un d'incapable de s'aventurer hors de la banalité éculée du cliché. J'ai aussi entendu les maîtres, que j'ai d'ailleurs aidés à faire connaître en Occident : Ravi Shankar, virtuose du sitar, Ali Akbar Khan, qui joue du vina, instrument plus ancien et peut-être moins brillant, Chatur Lal, le joueur de tabla qui a fait des ravages aux États-Unis avant d'être tragiquement emporté, tout jeune encore, par le cancer. Aucun des instruments de la panoplie classique indienne, conçus pour jouer au temple à la plus grande gloire de Dieu, ne porte loin, faiblesse dont a raison aujourd'hui l'amplification électrique qui permet de jouer dans des stades contenant plusieurs milliers d'auditeurs. Mais assister, comme j'ai eu le bonheur de le faire, à un récital de « musique de chambre » par Ravi Shankar et Ali Akbar Khan, chacun excitant l'autre à se surpasser en invention, est un des moments les plus magiques qu'on puisse imaginer. On est en présence de la création.

Le musicien indien, avec un mètre et une forme imposés avant de commencer, comme un poète chargé d'écrire un sonnet ou une ballade, ressemble davantage à un troubadour médiéval qu'à un compositeur assis à sa table de travail devant du papier réglé. Il n'interprète pas; il *est*. C'est quelque chose de merveilleux qu'une tradition orale qui garde en vie et sait rendre accessibles le sens et l'intention. Dès qu'une idée est emprisonnée dans une page imprimée, il faut un interprète pour l'en délivrer. Le musicien indien n'a nul besoin d'intermédiaire; il crée en public et ne garde pas trace de sa création. Évidemment, je suis novice en la matière, ayant négligé de commencer dès l'âge de trois ans l'apprentissage nécessaire et de m'enraciner dans la tradition; quand je joue avec Ravi Shankar, je dois apprendre mon rôle à l'avance. Mais même à cette distance respectueuse de l'improvisation authentique, ma participation à la musique indienne est pleine de sens pour moi, car elle appelle la saveur de chaque note au fil de séquences qui ne seront jamais répétées, elle rehausse la perception auditive des notes, des rythmes et de leurs souples tensions, elle accroît, comme certaines drogues paraît-il, la conscience des phénomènes, elle protège contre l'insipidité de la répétition. Les grands artistes, les Rubinstein, les Rostropovitch, ne se répètent pas, ils revivent leur répertoire avec l'aide de l'orchestre, de l'auditoire, et grâce à leur besoin de vivre pleinement leur vie avec les moyens dont ils disposent. Mais la répétition demeure un danger qui nous guette tous, au bureau, à l'usine, jusque dans la salle de concert, et peut-être devient-il plus sérieux à un âge où l'on s'engage dans moins d'aventures, où l'on se fait de moins en moins bien à la nouvelle musique.

J'ai dit que la musique indienne m'a conquis par surprise : c'est certainement vrai dans l'ensemble, encore faut-il nuancer. J'avais reçu un long apprentissage par ma prédilection pour la musique tzigane, l'un des débouchés européens du courant indien. L'un des premiers morceaux à m'émouvoir avait été les *Airs bohémiens* de Sarasate, enthousiasme prévisible pour un violoniste juif d'origine russe, mais augurant aussi de mes passions ultérieures. L'expression : « C'est mon côté tzigane », qu'on emploie généralement en anglais pour s'excuser d'une conduite désordonnée, témoigne néanmoins que je ne suis pas le seul à ressentir le besoin de vivre le moment présent comme si l'on n'avait jamais rien connu de semblable. Peut-être dans la mesure même où, par tempérament ou par formation, j'étais enclin à calculer, fût-ce à la crête de la vague, son amplitude et sa puissance, j'avais toujours éprouvé une forte envie de me laisser porter par elle. Tout comme le yoga promettait de me libérer des handicaps physiques, l'improvisation promettait un abandon à l'impulsion musicale. C'est pourquoi successivement les tziganes, Ravi Shankar, puis Stéphane Grappelli, le grand violoniste de jazz, ont été les mentors de mon itinéraire vers la spontanéité. Mais le désir d'emprunter ce chemin avait toujours été chez moi à l'état latent, comme probablement chez d'autres violonistes.

J'ai d'abord connu Grappelli par ses enregistrements; ils m'ont fait une telle impression que je lui ai demandé et l'ai convaincu, il y a quelques années, de jouer avec moi. Là encore, ma partie avait été préparée à l'avance (par l'excellent musicien qu'est Max Harris), mais, aux séances d'enregistrement, Grappelli, lui, ne refaisait jamais la même chose; il jouait différemment à chaque prise, comme le lui suggérait l'inspiration du moment. Je l'envie presque autant que je l'aime, car il peut utiliser impromptu n'importe quel thème pour exprimer n'importe quelle nuance — mélancolie, brio, agressivité ou dédain — à une vitesse et avec une précision qui passent l'entendement. Si nous pouvions poursuivre assez longtemps ensemble ce genre de séances, peut-être serais-je capable, même à mon âge avancé, de prendre le coup de l'improvisation. Mais c'est un processus impossible à précipiter, et auquel je ne puis consacrer le temps nécessaire; je me contente donc pour l'instant du rôle de novice, bien content d'assimiler ce que le jazz a à m'enseigner. Pour atteindre au meilleur de soi-même, il faut subjuguer sa propre nature, puis la libérer. Dans cette entreprise, les deux traditions — celle de l'improvisation et celle de l'interprétation — peuvent s'aider mutuellement, et les musiciens qui font la synthèse des deux sont les plus complets, les plus dignes de notre admiration. Peut-être est-ce la raison pour laquelle j'ai toujours adoré Enesco. Comme je l'ai déjà laissé entendre, les lignes directrices de ma vie sont fort simples en vérité : quand elles ne sont pas droites, c'est qu'elles font un cercle.

C'est peu après notre voyage en Inde que Diana et moi renonçâmes à prendre l'avion pendant pratiquement neuf ans. Depuis la naissance de nos fils, Diana n'avait pris l'avion que les dents serrées; elle ne se plaignait jamais, mais je réussis à lui en arracher l'aveu. Nous avions connu beaucoup de vols difficiles, inconfortables, voire même dangereux durant cette période. Ainsi, à Lisbonne, en 1951, notre petit appareil, essayant d'atterrir par une bourrasque atlantique, avait plongé à plusieurs reprises vers la piste, pour se relever aussitôt en secouant ses passagers comme un sac de noix; il ne fut finalement cloué au sol que lorsque des hommes eurent agrippé ses ailes avec de longues tiges armées de crochets. Il y a vingt-cinq ans, l'avion était un moyen de transport beaucoup plus hasardeux qu'aujourd'hui. Je me souviens en particulier d'une traversée de l'Atlantique que Diana appelle encore notre « petit incident technique ».

On m'attendait à l'Albert Hall de Londres le 27 janvier 1950; Sir Adrian Boult devait diriger un programme comprenant les *Concertos pour violon* d'Elgar et de Mendelssohn. Nous partîmes de New York le 25 au soir, avec une marge largement suffisante, croyions-nous, pour arriver en temps voulu. Quand nous eûmes tous attaché notre ceinture de sécurité, l'avion fonça sur la piste, puis s'arrêta dans un terrible crissement de freins juste au moment où il aurait dû décoller. Cette opération recommença par deux fois, puis on dit aux passagers, pas mal secoués, de descendre et de revenir à l'aéroport le lendemain matin. Cette soirée imprévue à New York eut une compensation : elle nous valut d'assister à un brillant concert de Heifetz à Carnegie Hall. Le lendemain, nous voici de nouveau en route pour Londres. Pour commencer, la circulation était si dense dans New York que nous faillîmes rater l'avion, ce qui aurait sans doute épargné bien des ennuis à tout le monde. Ayant évité ce désastre, nous décollâmes sur le coup de onze heures et demie. Peu après, le pilote vint faire sa ronde; dans l'intention de rassurer Diana, je lui adressai la parole pour lui faire confirmer que les fâcheux incidents de la veille n'avaient pas été trop graves. Il répondit avec ce flegme merveilleux et un peu bourru du parfait Anglais : « Vous savez, un moteur d'avion se compose de milliers de pièces différentes, et il est absolument impossible de prévoir quand l'une d'elles va cesser de fonctionner »; et, sur ces paroles de réconfort, il passa son chemin. Quelques minutes plus tard, une des nombreuses pièces en question cessa en effet de fonctionner : l'huile se mit à jaillir par-dessus l'aile, et nous retournâmes à Idlewild — tel était le nom de l'aéroport à l'époque. A la troisième tentative donc, l'après-midi, nous réussîmes à traverser l'Atlantique en faisant escale pour nous ravitailler en carburant à Terre-Neuve, puis à Shannon en République d'Irlande : à cette époque, en effet, on faisait encore des sauts d'une terre à l'autre.

Une fois là, le mauvais temps britannique bloqua toute progression : l'aéroport de Londres était fermé pour cause de brouillard. Mais nous étions arrivés à Shannon vers les six heures et demie du matin, heure locale, trop tôt pour désespérer d'atteindre notre destination. Nous téléphonâmes à mon agent, Harold Holt, et j'empruntai un bureau de l'aéroport pour travailler. Des heures passèrent, le brouillard londonien ne voulait pas se dissiper; je devins vraiment soucieux et tentai d'affréter chez Aer Lingus un avion assez petit pour pouvoir atterrir dans des conditions atmosphériques qui ne permettaient pas à notre gros Stratocruiser de le faire. Pour une raison ou une autre, Aer Lingus n'eut pas la permission de nous tirer d'affaire; au bout de plusieurs heures encore, qui nous parurent une éternité, nous repartîmes à bord de l'avion transatlantique; on décolla une première fois à quatre heures moins le quart, mais la radio ne marchait pas, il fallut revenir et redécoller à quatre heures et quart. Il y avait longtemps que j'avais abandonné tout espoir de participer à la répétition, mais le concert lui-même semblait encore assuré. C'était sans compter que le brouillard avait plus d'un tour dans sa manche. Après avoir décrit plusieurs cercles au-dessus de Heathrow dans le vain espoir qu'il se produirait une déchirure dans la nappe de brouillard, le pilote décida d'atterrir à Manston, sur la côte est. On nous fit descendre à terre, Diana et moi, par la soute à bagages, on nous fit traverser la douane au trot et on nous enfourna dans une voiture qui nous attendait et qui démarra en trombe dans le grand style des films d'action. Deux kilomètres plus loin, l'aimable brouillard de la campagne s'avança à notre rencontre en nuées épaisses, cotonneuses et parfaitement opaques; nous fîmes pratiquement au pas le reste du trajet. Diana frissonnait dans la voiture sans chauffage, ayant sacrifié son manteau de fourrure au confort de mes violons.

Évidemment, nous fûmes en retard. Adrian Boult n'avait pu reculer le début du concert, notamment parce qu'il devait être diffusé en direct à la radio. Il avait, paraît-il, annoncé à son auditoire visible et invisible : « Notre Hamlet n'est pas là; nous allons commencer par la symphonie. » Quand notre voiture s'arrêta devant l'entrée des artistes, la symphonie était encore en cours, mais presque terminée; à peine étions-nous arrivés au foyer des artistes qu'Adrian me convoqua sur scène. Je n'avais pas le temps de réchauffer mon violon ni de me changer. J'entrai donc en scène comme j'étais, c'est-à-dire en costume de tweed, et sans l'intervention de dernière minute de Diana, j'aurais joué le Concerto d'Elgar avec une carte d'embarquement accrochée au revers de ma veste. Après avoir évité de justesse tant de catastrophes, ce fut un bon concert. Plus tard, au Claridge, le portier nous gronda de la peur que nous lui avions faite; les éditions successives des journaux du soir avaient rapporté heure par heure les progrès mouvementés de cette invraisemblable traversée.

De telles épreuves, même si elles se terminaient bien, n'étaient pas de nature à calmer les nerfs de Diana. De surcroît, il se trouvait justement que des catastrophes aériennes, à la fin des années quarante et au début des années cinquante, avaient décimé les rangs des musiciens de talent, et des violonistes en particulier : ç'avait d'abord été Ginette Neveu, puis un ami cher, Jacques Thibaud, et, peu de temps après, le pianiste américain William Kapell dont l'avion s'était écrasé non loin de chez nous à Los Gatos. A la mort de Kapell, je décidai qu'il fallait faire quelque chose. Jouant à Indianapolis ce jour-là, je demandai au public d'observer une minute de silence à sa mémoire, puis, le concert terminé, je téléphonai à Diana en Californie pour lui dire que nous ne prendrions plus d'avions, du moins tant qu'ils s'avéreraient incapables d'éviter de percuter les montagnes. (Ces accidents récents étaient dus, semble-t-il, à une mauvaise connaissance de la configuration du terrain, ou plus précisément à l'absence d'équipement radar à bord des avions civils.) Un chroniqueur de journal ayant trouvé que j'étais une poule mouillée, il provoqua de nombreuses lettres de lecteurs indignés qui prirent ma défense; j'ai gardé, entre autres, un souvenir sympathique de celle d'un colonel du Wiltshire qui m'exhortait en ces termes : « Bon Dieu, Menuhin, voyagez à dos de chameau si ça vous chante! »

D'avoir renoncé à l'avion, notre rythme de vie se ralentit pendant un certain temps. Nous en profitâmes aussi longtemps qu'il nous fut possible de le faire durer. Au reste, quand bien même nous voudrions renouveler ce geste aujourd'hui, ce serait assez difficile : les glorieux trains qui traversaient l'Amérique et les paquebots transatlantiques ont disparu.

En mon nom et en celui de quelques autres

J'avais déjà rencontré David Oistrakh à plusieurs reprises dans différentes villes européennes; au début de l'été 1955, nous l'invitâmes à dîner au Claridge de Londres avec le compositeur soviétique Aram Katchatourian. Oistrakh me dit que je devrais retourner à Moscou; rien ne me ferait davantage plaisir, répondis-je, mais ce n'était pas un de ces voyages qu'on entreprend sans faire ni une ni deux (en fait, il n'a fallu ni une ni deux, mais sept années pour qu'il ait lieu), et en attendant, n'était-il pas temps pour lui de faire sa première excursion dans mon pays d'origine? « En Amérique! » s'exclama-t-il; non, c'était absolument exclu, jamais on ne le laisserait entrer. Staline était mort, l'hystérie maccarthyste était en reflux, mais Khrouchtchev n'avait pas encore lu son rapport devant le XXe Congrès du PCUS et la guerre froide mettait du temps à se dégeler. Je croyais cependant percevoir assez de craquelures dans la glace pour justifier un coup d'audace. Je proposai à David un pari d'une livre ou deux — qu'il accepta — que les États-Unis l'inviteraient à jouer là-bas.

Ce que je fis alors n'était peut-être pas du meilleur esprit sportif, mais des considérations plus importantes que mon honneur de parieur étaient en jeu. J'envoyai le soir même deux télégrammes visant tous deux à faire inviter Oistrakh. L'un était adressé au département d'État et priait les autorités d'épargner à David la formalité de la prise d'empreintes digitales (j'avais en effet découvert que les Russes prenaient fort mal la chose, l'associant sans doute à la poursuite des criminels; il n'y avait aucune raison *a priori* d'exclure les violonistes de la catégorie des criminels potentiels, mais quant à Oistrakh, je pouvais garantir sa respectabilité). Le second télégramme fut envoyé à Kurt Weinhold, de Columbia Concerts. Je lui demandai s'il pourrait organiser une tournée à l'automne, pour des cachets égaux à ceux que je touchais moi-même.

Cette dernière stipulation m'avait posé un délicat problème : bien sûr, il était exclu que David gagnât moins que moi, mais devait-il percevoir davantage? Je reçus sous vingt-quatre heures une réponse affirmative à mes deux requêtes et me présentai triomphalement à l'hôtel de David pour lui réclamer le montant du pari.

Par coïncidence, je me trouvais aux États-Unis au moment de son arrivée. Il y avait dix ans, à un ou deux jours près, que lui-même m'avait accueilli sur la piste de l'aéroport de Moscou. Je ne pouvais faire moins que de téléphoner à Washington pour obtenir une autorisation spéciale; je l'obtins et, passant devant les diplomates russes qui attendaient à Idlewild, franchissant la douane et les services d'immigration, je me présentai seul au pied de la passerelle pour accueillir David en Amérique. En pénétrant dans le bâtiment de l'aéroport, il me dit, légèrement embarrassé : « Écoutez, excusez-moi, mais je crois que je dois accepter d'être conduit en ville par mes compatriotes. Après avoir dû attendre à l'intérieur, ils ne prendraient pas très bien le fait de rentrer chez eux bredouilles. » Nous bavardâmes donc jusqu'à la livraison de ses bagages, puis je l'abandonnai à son escorte. Pendant sa tournée américaine — qui fut triomphale, comme on pouvait s'y attendre —, nous nous vîmes souvent, naturellement, et c'est à cette occasion qu'il me fit cadeau du Concerto de Chostakovitch.

Ma tentative de faire toucher à David des cachets égaux aux miens fut déjouée par les règlements soviétiques : les revenus perçus à l'étranger aboutissaient dans la poche de l'État qui payait les artistes en roubles, à leur retour, au tarif soviétique officiel. En Union soviétique, néanmoins, les grands musiciens sont doublement favorisés. En échange d'une certaine soumission, le régime les traite avec libéralité; il leur dispense une excellente éducation dans leur jeunesse, puis des salaires intéressants, un logement ainsi que d'autres privilèges matériels pour les récompenser de leur succès. En outre, ils sont aimés par le peuple dont la dévotion unit à la reconnaissance du plaisir reçu le respect pour le divin — lequel reste inaccessible, mais, placé chez un musicien, suggère qu'on peut tout de même y atteindre. J'ai l'impression que si la musique exerce une emprise particulière sur le cœur des Soviétiques, c'est peut-être en partie parce qu'elle réveille des échos d'un passé russe depuis longtemps enterré, parce qu'elle soulage des dures réalités de la condition ouvrière, qu'elle procure une évasion à l'esprit humain trop à l'étroit.

Mstislav Rostropovitch — Slava pour les intimes — est un de mes Russes préférés, comme il l'est d'ailleurs de tout le monde, et rien ne serait plus faux que de parler à son propos d'étroitesse d'esprit. Quelques années après qu'Oistrakh eut accompli cette tournée américaine en précurseur, les musiciens russes voyageant en Occident n'étaient plus l'exception. Nous nous retrouvâmes donc, Slava et moi, sur la même scène new-yorkaise, lors d'un concert de charité dont Eleanor Roosevelt était l'invitée d'honneur. Sur la même scène, oui, mais sans jouer ensemble. Les artistes soviétiques étaient sans doute tenus en laisse d'un peu moins près, mais ils l'étaient encore fermement, et Hurok — l'imprésario qui avait réussi à faire venir Slava aux États-Unis — prenait très au sérieux les instructions de Moscou. J'avais grande envie, à ce gala, de jouer un trio avec Leonard Bernstein et Rostropovitch, mais Hurok ne voulait pas risquer de violer la lettre de ses accords avec le Gosconzert. Une raison personnelle renforçait son intransigeance : il avait maintes fois essayé de nous convaincre, Bernstein et moi-même, de quitter nos agents respectifs pour nous placer sous sa protection, et avait chaque fois essuyé un refus. « Pas question que je laisse Rostropovitch jouer avec ces bons à rien », ronchonna-t-il, et il planqua Slava dans quelque repaire secret jusqu'au moment de le faire paraître en public. Quand il fit pour de bon son apparition, lors de la répétition générale devant la presse, il déclara qu'il regrettait beaucoup d'avoir manqué cette occassion de jouer un trio, mais nous n'avions pas imaginé une seule seconde que c'était sa faute. Je finis du reste par bien aimer Hurok. C'était un de ces derniers grands requins du métier qui n'avaient certainement pas que des défauts. Ils prenaient des risques, ils lançaient des artistes, ils témoignaient d'un admirable esprit d'entreprise. La dernière fois que je l'ai vu, c'était à Moscou où il se trouvait, vêtu d'un gros manteau de fourrure, pour poursuivre quelque interminable négociation avec le Gosconzert. J'espère pour lui qu'il l'a menée avec succès.

Mon impression des différents pays d'Europe de l'Est est plus liée au caractère particulier de chacune de ces nations qu'au régime qu'elles ont en commun. Ainsi suis-je souvent allé en Roumanie et en Hongrie, tandis qu'une seule fois m'a suffi pour l'Allemagne de l'Est : je m'y suis senti trop oppressé pour avoir envie d'y retourner.

Quand je m'en revins à Dresde et à Leipzig sous l'égide de mon nouvel agent allemand Hans Adler, il y avait plus de vingt ans que mes concerts avec Fritz Busch et Bruno Walter m'y avaient conduit pour la première fois, et je fus profondément ému que le public eût gardé souvenir de moi. A Leipzig, on nous logea dans un grand hôtel destiné aux étrangers se rendant à la foire commerciale; ce bâtiment prétentieux était abondamment pourvu de ces gigantesques colonnes carrées chères à l'architecture fasciste et qui offraient à présent un abri, ou du moins des postes de guet, aux mouchards de la police secrète. On ne faisait guère d'effort, apparemment, pour rendre la surveillance policière plus discrète : l'étranger avait conscience d'être tenu à l'œil et était ainsi à tout moment sur les nerfs. En un sens, le concert compensa ces préliminaires glaciaux; en un autre sens, il ne fit que souligner leur aspect sinistre. Deux ou trois membres de l'orchestre se souvenaient d'avoir joué avec moi en 1931. Bien que la salle assez laide qui remplaçait le Gewandhaus détruit fût comble, une foule de jeunes réclamaient encore au-dehors, à grands cris, la permission d'y entrer. De la scène, on entendait nettement leurs clameurs. Adler, qui avait pris place parmi le public, rencontra mon regard et me fit un signe interrogatif. J'acquiesçai; on rouvrit les portes et les jeunes gens vinrent en masse remplir les allées et se presser debout dans le fond. Quand le programme prévu eut pris fin au milieu d'ovations impétueuses, je jouai un bis ou deux en solo, puis fis remarquer au chef que l'orchestre aurait pu m'accompagner dans les Romances de Beethoven si seulement on avait eu les partitions sur place. « On peut envoyer quelqu'un les chercher à bicyclette », répondit-il aussitôt. Tout le temps qu'il fallut au messager pour faire l'aller et retour en pédalant furieusement, j'imagine, l'auditoire continua d'applaudir sans faiblir. On installa la musique sur les pupitres, nous jouâmes les deux romances sans répétition aucune, et finalement je pus me dégager juste à temps pour attraper le train à destination de Munich, où Diana m'attendait.

La RDA a très vraisemblablement changé depuis; les comportements plus détendus d'aujourd'hui ont pu diminuer quelque peu la nostalgie du passé que montrait ce public de Leipzig; mais le peu que je connais de ce pays appartient à ces années déprimantes dont la sombre réalité subsiste dans mon esprit. Un an ou deux après ce concert, traversant la RDA pour me rendre de Berlin Ouest en Allemagne de l'Ouest, j'eus à subir un incident particulièrement pénible. Pourvu d'un billet aller et retour au départ de Francfort et d'un visa de transit en même temps, j'avais supposé à tort que le visa, comme le billet, était valable dans les deux sens. Au retour donc, à la frontière de la RDA, soit à moins d'une demi-heure de Berlin, on me prit à tenter de traverser illégalement le pays. A ce moment, j'avais déjà eu le temps de me déshabiller, de m'installer sur ma couchette et de me mettre à lire en me promettant de passer une nuit tranquille avant d'arriver à Francfort le lendemain matin. La police frontalière frappa, entra, découvrit que je n'avais pas de visa et m'ordonna de descendre du train. Ne comprenant pas encore ce qui n'allait pas, je pris cela pour une mauvaise plaisanterie, refermai la porte et me replongeai dans ma lecture. Le train resta à l'arrêt. Les minutes passèrent. Les policiers revinrent, d'autant plus péremptoires que je n'avais tenu aucun compte de leurs instructions. Évidemment, il fallait obéir, mais avec l'éternelle mauvaise grâce des gens sans défense, je pris tout mon temps pour m'habiller et refaire mes valises. On m'accompagna au bureau du chef de police de la gare. On avait aussi fait débarquer deux autres passagers.

Nous attendîmes là assis plusieurs heures. Le policier en chef examina à nouveau nos papiers; si mon nom lui était connu, il n'en laissa rien paraître. Rien de nouveau ne se passait. Je me consolai en me disant qu'il restait encore la moitié de la nuit avant que Diana n'eût à s'inquiéter de ne pas me voir arriver à Francfort. Puis, sans nous faire la grâce d'une explication, on nous fit monter, un autre passager et moi, à bord d'un véhicule comme je n'en ai jamais vu avant ni après, et probablement conçu pour le transport des suspects : c'était une berline avec une large banquette à l'arrière, mais pas de portes arrière, de façon à dissuader les passagers de s'évader en sautant en marche. Une tentative aussi désespérée eût été de toute façon déplacée : on nous conduisit à une gare périphérique du réseau suburbain de Berlin Ouest où l'on nous laissa avec nos bagages. Heureusement, il y arriva un des derniers trains, rentrant vide en ville. Sans billet, ni personne pour se soucier de savoir si j'en possédais un, je parvins ainsi jusqu'au Kurfürstendamm dont les lumières, après le noir sinistre de la RDA, me parurent la chose la plus riante du monde. Je pris un avion le matin même, seule exception à la règle pendant mes neuf années de répit aérien.

Bien que je n'aie joué également qu'une seule fois en Pologne, la force de caractère des Polonais m'impressionne toujours. Capables de cruauté et d'antisémitisme, ils n'en forment pas moins un grand peuple, doué, courageux, qui a survécu à des occupations interminables parce que ses valeurs ne sont pas liées comme les nôtres à la satisfaction matérielle et immédiate, mais aux besoins de l'esprit, à son sens des origines. Après la guerre, on a reconstruit la vieille ville de Varsovie dans le moindre détail avant même de s'occuper des problèmes de transports publics et d'habitat populaire. Les Polonais avaient besoin de se sentir chez eux.

Le seul voyage que j'aie fait à Varsovie, avec Diana en 1956, fut mémorable et riche d'événements comme un voyage pouvait l'être encore en ce temps-là (renoncer à l'avion n'était pas renoncer pour autant à l'aventure). Nous avions pris à Vienne un confortable vieux train autrichien qui fut stoppé en Tchécoslovaquie, tous les passagers étant transférés à bord d'un train tchèque aux sièges si étroits et si glissants qu'on se retrouvait facilement à terre au moindre mouvement désordonné du convoi. Nous y passâmes seize heures. Ce changement de train, sous prétexte de quelque défaillance technique du matériel roulant autrichien, se produisait assez souvent, nous donna-t-on à entendre; c'était en fait un petit geste d'hostilité dissimulée qui faisait partie de la guerre froide. Harassés, sales, les vêtements tout froissés, nous arrivâmes enfin à Varsovie où la moitié du monde musical de la ville nous attendait.

J'avais longtemps hésité, je l'ai dit, à retourner en Hongrie après 1956, et j'eus le même problème de conscience, douze ans plus tard, à propos de la Tchécoslovaquie. Avant que l'invasion russe n'eût changé en hiver le « printemps de Prague » et imposé comme seul ordre celui que connaissent les Soviétiques, l'ordre de la force brutale, un concert de charité avait été organisé. Devais-je honorer mon engagement? Certains Tchèques, de l'intérieur et à l'étranger, me le déconseillèrent très résolument; d'autres étaient tout aussi convaincus que je devais m'y rendre. C'est ce que je fis, et ce fut une des expériences les plus émouvantes que j'aie connues. Ce qui parlait au peuple dépassait ici de beaucoup la musique : c'était, comme en 1945, le fait que j'étais américain et représentais la liberté, l'espoir, le salut (un salut que nous n'avons d'ailleurs pas apporté). C'était une manifestation de défi, de courage, de solidarité avec les valeurs suprêmes de la vie. Si l'on avait laissé la Tchécoslovaquie poursuivre son expérience, le monde aurait pu voir une civilisation d'une espèce nouvelle, conciliant ce qu'il y a de mieux dans le communisme avec ce qu'il y a de mieux en Occident, une civilisation qui aurait pu montrer la voie au reste de l'humanité.

Quand on passe une vie entière face au public, il vous vient des antennes pour jauger ses réactions. Comme un chien qui sait quand il suscite la sympathie, la peur ou l'impatience, on enregistre des ondes de bonnes ou de mauvaises dispositions, aussi discernables qu'intangibles. Pour ce qui me concerne, ces ondes annonciatrices se sont pratiquement toujours avérées positives; ce bon accueil, habitude consolidée par les années, je l'attends avec impatience, je compte dessus. Mais il est arrivé que cette chaleur ait fait défaut, qu'un récital ait échoué. Tel fut une fois le cas dans l'île aléoutienne d'Adak pendant la guerre. Baller et moi, faisant route vers l'Ouest, y avions fait escale vers midi et, comme il y avait un trou dans notre emploi du temps, l'officier commandant la place suggéra de le combler en donnant un concert impromptu au cinéma du camp. On retarderait le film annoncé pour nous permettre d'utiliser la salle. Ce fut un désastre. La moitié de l'auditoire était simplement restée à sa place après avoir assisté à la projection précédente, avec une vague curiosité d'écouter ce violoniste qu'on leur jetait en pâture; l'autre moitié regrettait de devoir attendre l'apparition de leur star préférée. Au bout de deux ou trois morceaux, il apparut à l'évidence qu'il n'y avait pas moyen de communiquer avec ce public-là. Je démissionnai en jouant l'*Ave Maria* et m'en allai. Un échec analogue se produisit à Porto Rico. Les organisateurs, qui avaient le goût du spectacle, m'avaient fait jouer en plein air et avaient réuni un auditoire de taille respectable en charroyant de pleins camions de conscrits d'un camp voisin. Ces jeunes soldats ne me connaissaient pas, n'avaient jamais entendu cette sorte de musique et ne pouvaient pas l'entendre non plus à présent, l'amplification étant si mauvaise que le son portait tout juste jusqu'au troisième rang. Le public retenu captif bavardait, s'impatientait, se demandait ce qu'il fichait là. J'évitai donc une seconde fois de jouer les prolongations.

Mais, normalement, on échappe aux débâcles de ce genre. Le fait que les concerts soient annoncés et les billets vendus à l'avance permet de sélectionner l'auditoire et le prédispose en notre faveur : procédé de filtrage plus utile que les idéalistes ne sont sans doute disposés à l'admettre. Un concert gratuit attire presque toujours un auditoire sans intérêt particulier pour ce qui va se passer, comme autant d'irascibles sultans prêts à décapiter Schéhérazade, à moins que son charme n'opère pour les faire écouter. Le public des concerts d'été de Central Park, à New York, est une heureuse exception. En sens inverse, le public des concerts de charité, qui paie un prix artificiellement élevé, m'a souvent donné l'impression que c'était cher payer pour de la musique et qu'on pouvait difficilement demander à qui avait déjà accompli son devoir de faire preuve de surcroît d'enthousiasme. Il y a bien des publics possibles dans une seule et même ville, et ces différences se retrouvent dans le monde entier, mais il est néanmoins permis de parler de publics nationaux, non seulement en ce qu'ils apprécient la musique de compositeurs de chez eux — comme Elgar en Angleterre, Fauré en France, ou Reger en Allemagne —, mais à cause de la différence de leurs réactions en général.

Allemands et Japonais sont les plus disciplinés, les plus polis de tous les publics. Les Japonais, surtout, sont si respectueusement silencieux qu'on ne s'aperçoit littéralement pas de leur présence. Deux Américains occupent plus d'espace sonore et vous distraient davantage que mille Japonais dont l'attention, le recueillement et la quasi-invisibilité risqueraient presque de démonter l'artiste qui n'y est pas habitué. Naguère, applaudir n'était pas dans les usages du pays, mais comme d'autres habitudes occidentales, bonnes ou mauvaises, celle-ci a été contractée par le Japon depuis la guerre, et les ovations y atteignent maintenant un respectable enthousiaste. Chez les Allemands, l'amour de la musique engendre une réaction que je n'ai rencontrée nulle part ailleurs : les applaudissements ne jaillissent jamais sitôt la fin d'un morceau, mais après un bref instant de silence qui reproduit la pause d'avant le début, encadrant en quelque sorte la musique de silence; puis la salle applaudit comme un seul homme : dans un public allemand, il n'y a pas de dissidents. En Israël, au contraire, il n'y a que des dissidents. En scrutant le premier rang du public à l'Auditorium Frederick Mann de Tel-Aviv, on discerne autant d'expressions différentes que d'individus. L'un applaudit follement; l'autre, les bras croisés, n'est visiblement pas convaincu. Un récital complet arrive en général à forger l'unité de ces individualistes impénitents, mais on a l'impression qu'il faut obtenir de chacun sa reddition personnelle.

Le public anglais a la réputation, assez injuste à mon avis, d'attendre les mouvements lents pour se mettre à toussoter et éternuer. Je n'ai pas connu cela. Même dans les plus petites localités, j'ai rencontré des réactions d'une authenticité on ne peut plus touchante, une veine de sincérité qui ne saurait être feinte. Il se peut que j'aie un préjugé favorable à l'égard du public anglais, dont j'ai reçu tant de témoignages, dans les coulisses ou par lettres, et que je joue pour lui en étant persuadé d'avance que nous sommes amis. Mais j'ai aussi une tendresse particulière pour le public de Moscou, associé dans mon souvenir à ces étudiants qui semblent connaître par cœur les moindres recoins et interstices de la salle, ignorés du reste du public; on voit des têtes d'étudiants sortir des endroits les plus inattendus, comme les enfants illégitimes du Baron au dernier acte du *Rosenkavalier*. Le public russe peut également vous réserver des surprises : une fois, à Odessa, dans une salle composée d'autant de Juifs que de Russes, tous connaisseurs en la matière, les mélomanes réunis au foyer des artistes après le récital m'adressèrent fort peu de compliments sur mon jeu, commentèrent à peine mon interprétation, mais tous sans exception me demandèrent des renseignements techniques sur le doigté que j'utilisais pour tel ou tel passage.

Les Français sont, à mon avis, les plus grands individualistes après les Israéliens. Peu de temps après la guerre, je donnai un récital à Pleyel avec Louis Kentner. La salle était comble; même les strapontins étaient occupés; et nous nous étions proposés d'offrir du Bartók, alors à peine connu en France, à cet auditoire de masse. La *Sonate n° 1* fut écoutée dans un silence poli, ou peut-être simplement perplexe, et, à la fin, il y eut un volume d'applaudissements décent; mais des cris de « Ridicule! » et « Absurde! » partirent de la galerie, seule réaction spontanément négative que j'aie jamais rencontrée, je crois. Personne ne jeta de tomates; en fait, les imprécations de la galerie incitèrent seulement le reste de la salle à redoubler d'applaudissements; ceux-ci se prolongèrent même si longtemps que nous décidâmes de rejouer le dernier mouvement — qui est relativement long; la perspective de le subir une seconde fois était plus qu'un individu dans la salle n'en put supporter sans protester. Il occupait un strapontin dans l'allée centrale, c'est-à-dire en plein devant la scène. Il sortit un journal de sa poche (les Français ont l'art de plier en huit ou en seize leur journal), le déplia patiemment, le déploya dans toute sa surface et le lut avec une attention sans faille jusqu'à ce que Kentner et moi en eussions fini avec Bartók. Je m'étais demandé s'il n'allait pas quitter la salle, mais non : les Français veulent en avoir pour leur argent. Ayant payé son billet, il avait fait son geste symbolique, mais avec la ferme intention d'entendre le reste du programme.

Le public américain a pour grande qualité, je l'ai indiqué, sa largeur d'esprit. Ce n'est pas un hasard si les premiers musiciens indiens que je me suis arrangé pour faire venir aux États-Unis — Ali Akbar Khan et Chatur Lal, invités en 1955 par le Musée d'art moderne — ont été immédiatement appréciés : les Américains ne sont guère arrêtés par les préjugés, ils seraient plutôt favorablement prédisposés à tout ce qui est nouveau. Une telle tournure d'esprit reflète sans doute leur histoire nationale. C'est ce que prouvèrent encore leurs réactions à une controverse que je provoquai en décembre 1957, réactions qui témoignèrent de la préférence marquée de mes compatriotes pour l'exercice de l'initiative spontanée, et de leurs réticences vis-à-vis de tout enrégimentement par l'autorité et la tradition.

Décor de l'action : l'orchestre philharmonique de New York, avec lequel je devais donner quatre concerts quatre jours de suite. Lors du premier concert, le jeudi 12 décembre, je donnai le Concerto de Bloch, œuvre rarement jouée et injustement négligée; j'avais insisté pour le faire figurer au programme, en hommage au grand compositeur malheureux et ignoré qui, déjà malade alors, devait mourir en 1959. L'ovation fut si chaleureuse et soutenue que je demandai au chef d'orchestre, Previtali, si je pouvais donner un bis; avec sa permission, je jouai un court morceau de Bach sans accompagnement, qui fut bien accueilli. Qu'y avait-il d'extraordinaire là-dedans? vous demanderez-vous. Or, on ne tarda pas à me faire savoir, dans les coulisses, que mon bis, loin d'être conforme à l'habitude, avait violé et même profané les traditions de l'orchestre philharmonique de New York. La haute idée qu'on se fait à New York des valeurs musicales continue à ce jour d'exclure les bis, considérés comme une pure satisfaction égotiste de la part des solistes; cette conception supérieure est renforcée par le souci des chefs d'orchestre de ne pas dépasser l'horaire du programme, et par celui du conseil d'administration qui n'a pas envie de payer les musiciens à ne rien faire tandis qu'un soliste, selon lui, joue pour la galerie. Previtali, chef d'orchestre invité, pouvait être excusé de n'avoir pas saisi cette particularité new-yorkaise et d'avoir *consenti* à mon bis (car je demande toujours la permission au chef d'orchestre), mais moi, vieux briscard des tournées, j'aurais dû être au courant — du moins est-ce ce qu'on se disait. Alors qu'entraîné par l'accueil chaleureux du public, j'avais simplement répondu à son émotion comme je l'aurais fait à Paris, à Rome, à Vienne, à Berlin ou à Londres.

Les articles du lendemain ne laissèrent aucun doute sur l'énormité du délit, mais tandis que certains critiques déploraient carrément mon inconduite, d'autres la prenaient avec humour et s'amusaient de l'incident. Parmi ces derniers, le critique du *Herald Tribune* avait inventé ce titre : « Un nouveau Néron : Menuhin joue du violon pendant que l'administration de l'orchestre prend feu. » Cette publicité eut pour résultat d'électriser l'atmosphère du second concert, le vendredi après-midi, événement qui, sinon, serait passé inaperçu des populations. Le vendredi après-midi est le jour des abonnés; ce type de public assiste au concert avec à peu près la même régularité et le même sens du devoir qu'il va chez le coiffeur, chez le dentiste ou au club; il ne se permet jamais de dépasser dans ses applaudissements les limites de la bienséance. Ce vendredi-là, ce fut différent. La salle était archicomble et tout le monde semblait bien décidé à me bisser. La question n'était pas de leur plaire ou de les émouvoir : si j'avais fait le poirier fourchu ou sifflé entre mes dents, ces gens n'auraient pas agi différemment; ils applaudirent à tout rompre, scandèrent mon nom, tapèrent des pieds et crièrent de façon à me rappeler trois, quatre, cinq fois. L'excitation étant communicative, cédant aux encouragements de l'orchestre, je jouai à nouveau un bis.

Dès lors, la question se transforma de simple dispute musicale en affaire morale; elle suscita même des éditoriaux. A mon grand plaisir, l'immense majorité des gens, quatre-vingt-dix pour cent peut-être, se rangèrent dans le parti de la défense de l'individu contre les règles imposées d'en haut, revendiquant la soumission aux désirs du public contre les règlements édictés par les gros bonnets. Avec l'appui de troupes si nombreuses, j'osai lancer un défi encore plus retentissant le samedi soir. Une fois de plus, la salle était bondée; une fois de plus, à la fin du Concerto, l'auditoire se manifesta par un extraordinaire volume sonore; mais, cette fois, je ne confiai pas à mon violon le soin de parler en mon nom, ou au sien. Je prononçai une allocution (tentation à laquelle je ne succomberais probablement plus aujourd'hui) : « Ici l'on ne me permet pas de bis, dis-je. Bientôt l'on vous refusera la permission d'applaudir. Je suis sûr que Bach aurait été profondément navré s'il avait su l'irréparable dommage que deux minutes de sa musique pouvaient causer au budget et aux traditions de l'orchestre philharmonique de New York. Bien que ces concerts, à la différence de ceux d'autres grands orchestres, semblent régis par des puissances extra-musicales, je tiens à vous assurer, en mon nom personnel et au nom de mes collègues aujourd'hui présents sur cette scène, combien nous sommes ravis et reconnaissants de votre enthousiasme et de votre soutien. Vous pouvez applaudir aussi longtemps que vous voulez et quand vous voulez. » Diana trouva mon discours déplacé et me gronda; Kurt Weinhold, mon agent, en fit autant; et je fus suffisamment assagi par leur désarroi et leur mécontentement pour ne rien tenter d'autre lors du quatrième et dernier concert, le dimanche soir. Mais l'ovation finale se poursuivit interminablement. Elle dura au moins aussi longtemps que n'importe quel bis que j'aurais pu donner, et telle était bien certainement l'intention du public.

En tant que musicien, conscient que l'art doit avoir des racines locales s'il veut être porteur d'un sens universel, je ne trouve pas seulement intéressantes ces marques de différences nationales, même celles peut-être insignifiantes que je viens de citer; je les approuve. Ma sympathie est acquise d'emblée à l'aspiration à conserver une culture différente qui oppose, quoique à des degrés très divers, les Basques au gouvernement de Madrid, les Écossais à celui de Westminster ou les Indiens d'Amérique à celui de Washington. Oui, cette aspiration est incontestablement légitime et respectable; mais, la nature humaine étant ce qu'elle est, est-il possible de séparer le bien du mal, le désir d'autonomie culturelle de l'envie d'imposer son mode de vie à ses voisins? Produit d'une éducation ni exclusivement juive ni exclusivement américaine, ni exclusivement quoi que ce soit d'autre; ayant habité en des endroits de la planète bien différents et noué des liens avec des Asiatiques, des Africains et des Européens aussi bien qu'avec mes chers compatriotes américains; ayant passé toute ma vie à jeter des ponts par-dessus des fossés, je ne puis me satisfaire de l'exclusivité exprimée par le nationalisme. Je la trouve desséchante. Je trouve aussi le nationalisme dangereux, car il porte en germe sa propre destruction. La première condition de l'existence est l'interdépendance; pas seulement au niveau de l'organisation humaine, mais à travers tout le cycle d'activités qui va de l'homme au microbe, du ver à l'hirondelle, elle constitue un seul et unique réseau complexe de fonctions imbriquées œuvrant ensemble aux rythmes complémentaires de la vie et de la mort. Mon monde idéal exprimerait cette interdépendance par un fervent désir de compréhension, une vraie sympathie et une propension à pardonner qui, sans faire abandon d'aucune force, sans se ménager ni ménager ses ennemis, conquerrait une confiance universelle par son honnêteté et sa justice — tel un bon médecin, rigoureux avec ses patients mais qui les guérit tous, saints ou pécheurs, ennemis ou amis.

Je comprends l'attrait de ce qui est exclusif, ses vertus, voire même sa nécessité. Mais je ne suis pas ainsi fait.

Il existe, en musique, une tentation de considérer la technique et l'interprétation comme des choses distinctes, ou du moins, si l'on rejette une antithèse aussi naïve, de considérer que l'interprétation est préexistante, qu'elle n'a besoin au fond que d'être véhiculée, et qu'elle est contrainte ou au contraire épanouie par la plus ou moins grande perfection de la technique. Devant affronter, voici quelques années, le problème de diriger la *Symphonie héroïque*, je démontrai de façon assez singulière le caractère erroné de cette conception. Un demi-siècle de *Symphonie héroïque* par maints interprètes différents avait naturellement forgé chez moi une certaine idée de cette musique, mais, au moment de la préparer pour mon propre compte et en jouant la partie du premier violon, je m'aperçus que mes doigts suggéraient des trouvailles que ni l'écoute ni l'étude n'avaient révélées. Une telle interaction des moyens et des fins paraît pour le moins aussi vraie de l'effort humain en général que de celui de l'artiste. Ainsi, les principes de justice et d'égalité de la Constitution américaine, qui n'ont pas empêché le massacre des Indiens et l'esclavage des Noirs, s'appliquent-ils désormais à ces minorités qui en étaient exclues, et l'on peut espérer qu'ils vaudront un jour non plus seulement pour les bipèdes de toutes origines, mais pour les quadrupèdes et tous les êtres vivants, ne fût-ce que pour protéger l'espèce humaine. De même les idéaux chrétiens ont-ils survécu pour condamner rétrospectivement l'Inquisition, et le communisme se sent-il obligé de justifier l'oppression par des idéaux élevés. La vision de l'avenir tend à élever la pratique et celle-ci, en améliorant sa qualité, repousse plus loin les frontières de l'idéal.

Certains idéaux, cependant, sont plus fragiles que d'autres : si la Constitution (ou bien le christianisme, ou encore le communisme) a gardé son pouvoir d'inspiration, c'est un fait qu'on a perdu confiance dans le rêve américain. En l'espace d'une vie, j'ai vu mon pays s'éveiller à la conscience de sa force et de sa mission, puis battre en retraite sous l'effet conjugué de ses échecs répétés et des insultes du reste du monde, et retomber dans l'incertitude. Il y a quelque chose de pathétique et de sympathique à la fois chez l'Américain d'aujourd'hui, quelque chose de touchant qui faisait défaut à ses ancêtres. On voudrait lui conseiller d'être moins porté à la culpabilité, lui rappeler que d'autres rêves — le rêve français et le rêve russe, entre autres — ne se sont pas non plus réalisés, et que n'être pas meilleur qu'autrui n'exclut pas qu'on soit au moins encore son égal.

La Grande-Bretagne — de tous les pays du monde celui qui a évolué en faisant le moins usage de la révolution et de la guillotine — a la chance suprême de reconnaître en permanence des valeurs supérieures à la notion de pouvoir. De même que, dans les récifs de corail, les restes des générations antérieures assurent la protection physique de l'espèce, de même, en Grande-Bretagne, l'héritage fossilisé du passé sert à la fois de frein et de source de liberté à la société; la présence résiduelle et symbolique de la monarchie, objet d'une loyauté qui ne doit rien au pouvoir, en est l'exemple le plus frappant. Le pouvoir relève toujours d'un parti : il appartient à l'argent ou aux militaires, aux républicains ou aux démocrates, à la droite ou à la gauche, au capital, aux travailleurs ou aux bureaucrates. Placer un non-pouvoir au-dessus du pouvoir me semble la meilleure garantie qui puisse exister.

Moi qui rechignais jadis à baiser la main d'une reine, je suis devenu un admirateur de la monarchie constitutionnelle, sans toutefois être jamais tenté de rejeter mon héritage américain. J'ai un côté passif : il suffit qu'on me plante quelque part pour que je prenne racines; aucun voyage ne saurait les arracher. J'ai gardé les mêmes agents tout au long de ma vie professionnelle; la société de disques avec laquelle j'ai passé contrat enfant est celle pour laquelle j'enregistre encore aujourd'hui. A un niveau d'engagement plus positif, l'acceptation passive du *statu quo* peut devenir fidélité consciente. Je ne vois pas l'intérêt qu'il y aurait à prétendre que je suis autrement fait : je n'ai nulle envie de changer de nom, ni d'être baptisé; de même, je reste américain.

Mon identité américaine, puisque j'en parle, s'est trouvée un moment menacée. Ayant demandé le renouvellement de mon passeport à l'ambassade américaine à Berne vers la mi-novembre 1970, on me dit qu'en vertu d'une décision dite « préjudicielle », je devais perdre ma nationalité américaine, ayant accepté quelques mois plus tôt la nationalité suisse à titre honoraire. Deux cantons suisses m'avaient proposé cet honneur : celui de Berne, où j'organisais depuis longtemps le festival de Gstaad, et celui de Soleure, pour me remercier d'avoir créé une fondation destinée à venir en aide aux jeunes musiciens du cru. N'ayant, pas plus que les États-Unis, de distinctions à conférer aux civils, les Suisses offrent parfois la plus haute marque d'estime dont ils disposent, et qui a d'ailleurs une importance considérable : elle n'est pas accordée à la seule famille existante de la personne honorée, mais à tous ses descendants; une fois qu'on est Suisse, tous ses descendants le restent à jamais — ce qui sauva beaucoup de Juifs d'Europe centrale qui se savaient un ancêtre suisse.

D'autres pays, apparemment, ne regrettent pas de voir un de leurs ressortissants honoré de la sorte, mais aux États-Unis, semblait-il, une seconde allégeance annulait la première. Quoi qu'il en soit, on consentit à suspendre l'entrée en vigueur de la « décision préjudicielle » et l'on prorogea mon passeport pour me permettre d'honorer des engagements à Londres et à New York. Entre-temps, j'adressai une protestation au secrétaire d'État William P. Rogers, en lui rappelant que Winston Churchill avait été fait citoyen honoraire des États-Unis sans que personne à Londres n'émît le moindre doute sur sa loyauté; je proclamai en termes très énergiques que si l'on m'enlevait la nationalité américaine, ce serait le fait de l'administration, et qu'il ne fallait pas compter sur ma coopération. La presse s'empara bientôt de l'affaire et la publicité qui en résulta permit de la régler en quarante-huit heures; les journaux me tinrent heure par heure au courant des événements. Il se trouvait que Mr Rogers était à Bruxelles à ce moment-là, mais, sitôt débarqué de l'avion du retour, il signa une lettre à mon intention, s'excusant du malentendu, souhaitant que je reste toujours américain et me félicitant de la distinction que m'avait décernée la Suisse. Un reporter du *New York Times* me révéla le soir même le contenu de cette lettre qui ne manqua pas de me parvenir quelques jours plus tard.

En appendice à cette histoire, je devrais peut-être raconter une anecdote des plus humiliantes pour moi. J'avais obtenu mon permis de conduire aux États-Unis dès l'âge de douze ans, puis, ayant passé un examen à Edimbourg, j'avais acquis un permis de conduire britannique et le permis international qui m'autorisait à tenir le volant n'importe où dans le monde; mais je me dis que ce serait montrer en quelle estime je tenais l'honneur qui venait de m'être fait que de conduire en Suisse avec un permis suisse. Je pris donc rendez-vous pour l'examen, qui eut lieu à Thoune, centre administratif le plus proche de Gstaad.

L'examinateur me soumit aux épreuves pratiques les plus difficiles que pouvaient présenter la ville de Thoune et les montagnes environnantes; je dus faire des marches arrière et me garer à contre-pente, occuper des créneaux on ne peut plus étroits, bref, montrer les capacités essentielles requises du conducteur suisse. Tout se passa à merveille. Puis vint l'oral, le code de la route. Or les Suisses ont d'innombrables panneaux de signalisation tous plus cabalistiques les uns que les autres; certains doivent provenir de l'antiquité druidique ou runique, d'autres sont inspirés des hiéroglyphes égyptiens; il y en a de toutes les couleurs, et chaque nuance est riche d'un sens différent. J'avais, bien sûr, négligé d'en maîtriser toutes les complexités, en conséquence de quoi je fus recalé. Gerard, qui m'accompagnait, ne put trouver de mots assez forts pour exprimer son opinion sur l'injustice qui m'était faite. Il n'y avait pourtant nulle injustice : étant donné le nombre des accidents, les examinateurs ne sauraient se montrer trop sévères. N'empêche que ces réflexions ne me consolaient guère de cette terrible disgrâce. Je n'en continue pas moins de conduire en Suisse; en fait, ce jour-là, je quittai en voiture les lieux de la débâcle, et ce en toute légalité; mais je n'ai pas encore eu le courage de me représenter à l'examen. L'honneur exigerait que j'essaie encore une fois avant d'être devenu sénile.

Choisir, c'est aussi exclure — à grand regret quand on est avide d'expériences. Toute ma vie, il y a eu des choses auxquelles j'ai dû renoncer faute de temps, de jeunes bourgeons que j'ai dû arracher avant floraison pour permettre à quelque chose d'autre de pousser à leur place. Faisant une tournée en URSS en compagnie de Diana et Hephzibah à la fin de 1962, je descendis enfin jusqu'à Odessa, ville d'origine des violonistes russes et donc ma ville ancestrale en quelque sorte, mais nous ne pûmes trouver une semaine de liberté pour visiter la Crimée. Je ne connais toujours pas cette contrée merveilleuse des contes de ma mère. Ce voyage, le plus long que j'aie fait dans le pays, eut lieu au meilleur moment du libéralisme khrouchtchévien, l'année où fut publiée *Une journée d'Ivan Denissovitch* d'Alexandre Soljénitsyne; en plus de Moscou, de Leningrad et d'Odessa, nous couvrîmes maintes autres villes : Kiev, Minsk, Lvov et Kichinev. Depuis lors, je n'ai fait que baisser dans l'estime des Soviétiques. J'ai eu le tort de regretter ouvertement le tour d'écrou donné à la censure, l'invasion de la Tchécoslovaquie, le licenciement des Juifs qui avaient demandé à émigrer en Israël; tout cela m'a valu les foudres des autorités, en particulier de feue Mme Foursteva, ministre de la Culture. Le congrès biennal du Conseil international de la musique, réuni en octobre 1971 à Moscou, porta les choses à leur point de tension maximal.

A New York, deux ans plus tôt, j'avais été élu à l'unanimité président du CIM, branche autonome de l'UNESCO, et je devais assister à la session de Moscou pour présider à ses délibérations et me présenter à la réélection. L'antagonisme de Foursteva faillit compromettre ce beau programme. Nous n'avions jamais eu le plaisir, si j'ose dire, de faire connaissance, mais elle paraissait tout à fait disposée à m'exécrer à distance. Depuis 1969, j'avais essayé de faire venir David Oistrakh au festival de Gstaad en utilisant les bons offices de l'ambassade de Suisse à Moscou pour plaider ma cause. Après des échecs successifs, l'ambassadeur avait demandé rendez-vous à Foursteva en personne, qui lui répondit qu'elle n'autoriserait plus jamais aucun artiste russe à jouer avec moi. Il me paraissait difficile, dans ces conditions, d'assister au congrès de Moscou, à moins de faire semblant de croire, par un distinguo hypocrite, que le président du CIM, *persona grata*, et le violoniste Menuhin, *persona non grata*, fussent deux personnes différentes. Je m'ouvris de ces réflexions au secrétariat du CIM, et Foursteva fit suffisamment marche arrière pour envoyer sinon David, du moins Igor Oistrakh à Gstaad, en août 1971 — compromis que je fus heureux d'accepter.

La présidence du CIM avait encore ajouté de nouveaux amis à la longue liste de musiciens de tous pays rencontrés au cours de mes voyages. Moscou m'offrait donc, entre autres plaisirs, celui de retrouvailles. Chostakovitch, Katchatourian et Dimitri Kabalevsky s'y trouvaient. Mais il y avait aussi deux absents : David Oistrakh, alors à Stockholm, et Mstislav Rostropovitch, qui séjournait à Vienne avec la redoutable Foursteva elle-même (je ne suis pas en mesure de prouver qu'elle avait organisé cette excursion pour éviter d'avoir à serrer la main du président du CIM). Les premiers jours furent consacrés aux rapports des différentes délégations nationales, après quoi eut lieu l'élection des membres du bureau, la présidence étant pourvue la dernière. Je quittai la salle pendant le vote, puis on me rappela pour me dire que j'avais été réélu à l'unanimité : les Russes m'avaient proposé et les Américains avaient soutenu ma candidature...

Que demander de plus ? Il me semblait pourtant que je ne

pouvais me reposer sur cette bonne volonté générale et qu'une élection à l'unanimité comportait au contraire l'obligation de dire ce que d'autres, placés dans une position moins confortable, ne pouvaient exprimer. Je ne puis prétendre que j'aie été courageux, risquant tout au plus d'être expulsé d'URSS : j'ai simplement fait ce que je croyais être mon devoir. Je pouvais parler en Russie en homme libre et, étant la seule personne dans mon cas en situation de le faire, je le devais, comme si le monde était normal, exempt de barrières et de préjugés; non pas pour condamner l'Union soviétique, non pas pour me poser en représentant du paradis capitaliste et reprocher aux Russes de n'être pas démocrates, mais pour parler franchement et humainement, en déplorant nos fautes à tous, en me félicitant de ce qui pouvait être porté au crédit de chacun, en exprimant mon espoir d'un avenir meilleur. La parole m'étant donnée, personne ne m'interromprait.

L'élection du bureau eut lieu un matin; l'ouverture publique du congrès était prévue pour trois heures de l'après-midi. Entre-temps, je passai à l'hôtel chercher le texte de mon discours, que j'avais appris en russe de façon à me passer d'interprète, et que j'avais également fait traduire en plusieurs langues pour le distribuer à la presse. Puis je pris place sur l'estrade et commençai mon allocution. Je parlai de mon affection pour la Russie, pays de mes ancêtres, de l'apport de la musique au genre humain, de l'apport de la Russie à la musique, de l'interdépendance de toutes les nations dans le monde de plus en plus étroit d'aujourd'hui; j'esquissai un parallèle entre la répression politique de l'art et son exploitation commerciale, suggérant que de tels abus portaient tort à leurs auteurs aussi bien qu'à leurs victimes. J'avais beaucoup de choses du même ordre à ajouter — sur le besoin qu'a l'homme d'être soi-même, de pouvoir habiter là où son cœur l'appelle, sur la réussite des Russes en matière d'éducation musicale, etc. —, mais tout ce que je pus dire dans la seconde partie de mon discours, qu'il s'agisse de reproches à mots couverts ou d'enthousiasme déclaré, déferla inutilement sur le visage de marbre des auditeurs russes comme des vagues se brisant sur un récif de granit. Mon crime était d'avoir nommé Soljénitsyne en même temps que Chostakovitch et Ievtouchenko comme exemples actuels de la grandeur et de la profondeur de l'art russe. Ce nom banni fit descendre une chape de glace sur la salle et rien de ce que je pus proférer par la suite ne réussit à la faire fondre.

J'imagine que, normalement, le discours officiel d'un dignitaire étranger, invité de l'Union soviétique, aurait dû être mentionné dans la presse; or, ni la *Pravda* ni les *Izvestia*, ni aucun autre journal, ni la télévision ni la radio n'en dirent un seul mot. Par contre, les chemins de contrebande de l'information devaient être en bon état, car le soir même et tous les jours suivants, j'eus droit à des rencontres éclair avec des Moscovites anonymes qui étaient parfaitement au courant. Dans la rue, au vestiaire après le concert, je sentais une main me toucher, ou un souvenir glissé dans ma poche, et l'on me murmurait des félicitations à l'oreille. Ievtouchenko, bon poète et personnalité fort sympathique, dont j'avais si dangereusement associé le nom à celui de Soljénitsyne, ne chercha pas à se dissimuler. Il vint me voir avec son maître de poésie, un vieillard charmant, et me félicita ouvertement, sans craindre que l'on eût caché des micros dans la pièce. Je ne sus comment interpréter ce geste. Était-ce une initiative personnelle? ou bien n'était-il qu'un bouffon du Kremlin, un non-conformiste autorisé ne servant qu'à prouver la tolérance soviétique? Était-ce, transmise par une voie étrangement tortueuse, l'assurance officielle que tout était pardonné?

Avant que je n'aie eu le temps de parvenir à une conclusion, Jack Bornoff, l'inestimable Secrétaire général du CIM, me rapporta que les officiels soviétiques étaient profondément irrités contre moi. Mais, pour le moment, ils dissimulèrent leur mécontentement et le congrès continua comme prévu sans autre incident.

En venant à Moscou, j'avais nourri l'espoir d'intervenir en faveur de deux citoyens soviétiques dont les doléances m'avaient été communiquées à Londres : l'un avait été emprisonné pour des raisons politiques; l'autre était passé en Occident et voulait que sa famille le rejoigne en Europe. Il arrive souvent que de tels appels à l'aide me soient transmis et, en temps ordinaire, j'écris une lettre ou signe une protestation. Cette fois, me rendant à Moscou, j'avais décidé de présenter ma pétition en personne; je demandai donc à parler à un membre du gouvernement. Je ne sais si ma démarche sortait de l'ordinaire, toujours est-il que les autorités soviétiques attendirent le tout dernier moment pour m'accorder audience. Le matin du dernier jour, quelques heures avant le départ de notre avion, on me convoqua aux bureaux du Gosconzert pour rencontrer non pas Foursteva, qui était encore à Vienne, ni son second, Koukharsky, également absent de Moscou, mais le numéro trois du ministère, Soupagine. Ce fut un peu comme une entrevue avec un patron quand on vient demander de l'embauche. Du côté officiel d'un bureau assez long pour accueillir une réunion de conseil d'administration, Soupagine avait pris place, flanqué à droite d'un fonctionnaire qui émettait une remarque de temps à autre, à gauche d'un autre qui ne disait rien et se contentait de prendre des notes. Quant à moi, j'étais renforcé de la guide-interprète qu'on nous avait attribuée, à Diana et moi, une splendide blonde wagnérienne que nous surnommions Brünnhilde, qui parlait anglais aussi bien que moi et connaissait plutôt mieux les auteurs majeurs et mineurs de toute la littérature anglaise.

La conversation commença sur un ton relativement aimable. Après un échange de politesses, je dis que j'avais une question à laquelle un citoyen russe ordinaire n'était pas à même de répondre : j'avais été très impressionné par la qualité de l'éducation soviétique; on pouvait prévoir que, dans dix ou quinze ans, la Russie allait avoir la population peut-être la plus cultivée du monde; le gouvernement jugeait-il possible, dans ces conditions, de continuer à régir le pays de la même façon qu'actuellement? La réponse de Soupagine fut très certainement sincère. Il reconnut que l'Occident attribuait plus d'importance que l'URSS à l'individu et à sa liberté, mais qu'il subissait les conséquences de ce choix, la violence et la drogue. « Nous ne pouvons nous permettre de laisser les gens faire ce qu'ils veulent, parce que nous avons de grands projets », me dit-il.

Bon, très bien, j'avais reçu une réponse, si c'en était une, et j'étais prêt à passer au vrai motif de ma visite, mais il déclara soudain : « Vous trouvez, n'est-ce pas, que nous avons une conversation très agréable? Mais je suis de formation allemande » — j'en déduisis qu'il préférait aller au fond des choses plutôt que de bavarder aimablement — « et j'ai moi aussi une question à vous poser : Pourquoi avez-vous parlé de Soljénitsyne? »

Déconcerté par le tour que prenait notre entretien, j'eus tout de même assez de présence d'esprit pour dire que j'avais voulu rendre hommage aux Russes les plus éminents.

« Soljénitsyne, rétorqua-t-il, n'est ni un Russe émigré ni un grand écrivain. Il ne mérite pas d'être en liberté. Si les lois de notre pays étaient appliquées dans toute leur rigueur, il serait en prison. » (Comme tout le monde sait, le système pénal soviétique n'est pas à l'abri des campagnes internationales, en conséquence de quoi Soljénitsyne fut expulsé de son pays au lieu d'être jeté en prison.)

« Je ne suis pas d'accord avec vous, et le reste du monde non plus. — L'avez-vous rencontré ? »

Heureusement, ce n'était pas le cas — j'entends que cela n'aurait fait aucun bien à Soljénitsyne et que ç'aurait pu causer grand tort à Rostropovitch qui lui avait prêté sa datcha. L'entrevue, maintenant transformée en interrogatoire, se poursuivit quelque temps sur ce ton de plus en plus hostile de la part de Soupagine. A un moment, il eut un mot élogieux pour Staline, ce qui ne m'étonna pas ; c'était visiblement quelqu'un qui se trouverait toujours du bon côté du manche, et, apparemment, le stalinisme était en train de redevenir respectable. Mais je n'avais plus le temps de prolonger la controverse ; j'avais un avion à prendre ; j'exposai donc de but en blanc les deux cas qui m'avaient amené. Je me mis à lire les détails de la première affaire, mais Brünnhilde suggéra qu'il serait plus rapide qu'elle traduisît directement en russe le texte écrit. Je lui passai le document. Jusqu'à cet instant, malgré l'âpreté croissante de la conversation, Brünnhilde n'avait pas sourcillé, mais en lisant la liste des injustices subies par un citoyen soviétique, elle commença à s'émouvoir.

« Pure propagande capitaliste ! » commenta sèchement Soupagine quand ce fut fini ; lui, en tout cas, n'allait pas se laisser troubler par de telles vétilles. La seconde affaire ne fut pas mieux accueillie. Je me levai pour partir, contenant mon exaspération. « Je vous ai peut-être offensé, dis-je, mais c'est seulement parce que personne au monde ne souhaiterait davantage être de vos amis. Si l'on ne peut plus se parler, la vie sera bien triste sur cette planète. J'ai fait de mon mieux. Je ne pense pas que vous l'ayez pris dans l'esprit qui m'animait. Mais qu'y faire ? Au revoir. »

Une fois en voiture, je me laissai un peu aller à mon humeur : « S'il y a une sorte d'être humain que je déteste, c'est bien le bureaucrate qui fait son beurre aux dépens des gens qu'il tient en son pouvoir », commençai-je, mais, mon indignation retombant, j'enchaînai : « Je suppose que tout cela est parfaitement absurde. J'ai gâché ma salive. Ça ne sert strictement à rien. — Oh, mais non! fit Brünnhilde, au contraire, c'est terriblement important! » Nous n'ouvrîmes la bouche ni l'un ni l'autre pendant le reste du trajet. Boris Iaroutsovsky, chef de la section russe du CIM, vint nous dire au revoir à l'aéroport. Il réussit à avoir le dernier mot : « Si seulement vous n'aviez pas dit ça! » gémit-il, revenant sur mes propos concernant Soljénitsyne. Eh bien, si je n'avais pas dit « ça », tout aurait été parfait, tout aurait marché comme sur des roulettes mais peut-être les oubliés auraient-ils été encore davantage oubliés. Je n'avais remporté aucune victoire, mais je ne regrettais rien.

J'ai rencontré Alexandre Soljénitsyne et sa femme à Zurich, environ trois ans plus tard. Diana et moi les invitâmes à souper à notre hôtel après un concert. Au menu figurait une grosse boîte d'excellent caviar iranien; en un sens au moins, nous avions quelque chose qui était digne de nos invités.

Je fus terriblement impressionné par la personnalité de Soljénitsyne, tout comme je l'avais été en le lisant et en entendant parler de lui. J'avais devant moi un *heilige Tor*, comme dans *Parsifal*, un prince Michkine, un « fou de Dieu ». En sa présence, on s'apercevait que le bien aussi a des racines éternelles, qu'il peut y avoir en l'homme une force qui refuse purement et simplement le compromis, qui rejette la malhonnêteté. On n'est pas forcé d'être toujours d'accord avec sa tactique, mais c'est justement parce qu'il n'est pas un tacticien que son existence compte dans un monde où tout est question de degrés et de compromis. C'est bien plus qu'un écrivain. C'est une personnalité purificatrice, un prophète chargé d'une mission tant envers son pays qu'envers nous tous.

Slava Rostropovitch, comme chacun sait, s'est fait taper sur les doigts pour avoir défendu Soljénitsyne. Le connaissant depuis bien des années et le trouvant aussi charmant homme que grand musicien, j'aurais dans tous les cas profondément compati à ses ennuis, mais les événements voulurent que je m'y trouve impliqué par certain côté.

Le vingt-cinquième anniversaire du CIM devait être célébré à Paris au début de janvier 1974, notamment par un concert auquel devaient participer Rostropovitch, Dietrich Fischer-

Dieskau, Wilhelm Kempff, Régine Crespin, ainsi que moi-même et d'autres encore. Tout était réglé, les programmes imprimés, une transmission télévisée mise sur pied, et puis, juste avant Noël, j'appris que Slava avait eu une crise cardiaque. Je téléphonai immédiatement à Moscou, à sa femme la cantatrice Galina Vichnevskaïa, pour lui dire combien j'étais affligé. « Une crise cardiaque? s'écria-t-elle. Qui a bien pu vous raconter cela? Slava est en parfaite santé. Il dirige un orchestre en Géorgie en ce moment même, mais il doit être de retour à Moscou à la fin de la semaine. »

J'eus beau me réjouir de ces excellentes nouvelles, elles confirmaient mes soupçons et révélaient un sinistre dessein. La rumeur de la maladie de Rostropovitch, colportée au secrétariat du CIM par des musiciens tchèques revenant de Russie indiquait de façon détournée que l'on avait l'intention d'empêcher Slava de se produire à Paris, tout en cachant à l'étranger le caractère de représailles de cette mesure. Il y avait déjà deux ans qu'on lui refusait l'autorisation de sortir du pays, sans compter d'autres vexations : on le laissait rarement jouer à Moscou, on l'envoyait en province, on lui avait soustrait, juste avant la représentation qu'il était en train de préparer, la direction musicale d'une opérette sous prétexte qu' « il ne faisait pas du bon travail » — un musicien de son envergure! Ce n'étaient, bien sûr, que des coups d'épingle en comparaison de ce que les artistes indociles avaient subi une génération plus tôt, mais c'était tout de même éprouvant. La grossière sournoiserie de la tactique soviétique m'indiqua la marche à suivre.

De Berlin où je me trouvais à ce moment-là, j'envoyai un télégramme au ministère de la Culture soviétique, disant que, contrairement à ce qu'on m'avait annoncé, Rostropovitch était en bonne santé; nous n'étions pas assez bêtes pour tomber dans le panneau; et nous l'attendions pour jouer à Paris comme convenu. La réponse télégraphique essaya sans vergogne de nous soudoyer : le ministère proposait d'envoyer Chostakovitch à la place de Slava; il viendrait avec le nouveau quatuor qu'il avait juste fini, et c'est le quatuor Borodine, leur meilleur ensemble, qui viendrait le jouer, tous les frais étant à la charge du gouvernement soviétique. « Excellente suggestion, répliquai-je par un nouveau télégramme, Chostakovitch mille fois bienvenu, mais nous n'accepterons aucun remplacement pour Rostropovitch. » En réponse, les Russes se contentèrent de réitérer leur offre et de réclamer des invitations officielles pour Chostakovitch et compagnie. La correspondance aurait pu continuer ainsi indéfiniment sans progresser d'un pouce; aussi envoyai-je un troisième télégramme à Leonid Brejnev en personne, par-dessus la tête de Foursteva, en menaçant de révéler à la presse toute l'histoire de la punition de Rostropovitch et le contenu des télégrammes échangés; je soulignai combien cela serait dommageable pour la détente. Slava obtint son visa l'après-midi même.

A son arrivée à Paris le 6 janvier 1974, il me fit penser à ces pauvres chiens qui, après avoir subi en cage tout un voyage transatlantique, gambadent follement sans savoir où aller dès qu'ils ont sauté à terre. Il était comme un petit garçon; il riait, criait et se pinçait pour se convaincre que c'étaient bien là les rues de Paris et qu'il ne rêvait pas. Par reconnaissance pour le rôle que j'avais joué dans sa venue, il me proposa de jouer avec moi lors des concerts que je devais donner pour mon soixantième anniversaire.

Un artiste a besoin de puiser à la source de sa culture nationale; dans le meilleur des cas, c'est pour lui une solution boiteuse que de devoir quitter son pays. Comme la musique franchit les barrières nationales plus facilement que la littérature, il est moins déprimant de s'expatrier pour un Rostropovitch que pour un Soljénitsyne, mais bien que Slava profite à plein de la liberté, il a beaucoup sacrifié, notamment sa carrière de professeur au conservatoire de Moscou. Le devoir assigné aux grands virtuoses de transmettre leur savoir est l'un des nombreux traits admirables de l'éducation musicale russe. Je ne connais qu'une exception à la règle : Sviatoslav Richter — son excentricité fait qu'il est à lui-même sa propre loi.

J'ai rencontré Richter pour la première fois à Londres. Nous l'avions invité à dîner chez nous à Highgate avec son épouse si distinguée; mais sa réputation l'avait précédé longtemps avant qu'aucun Occidental ne fasse sa connaissance. Déjà, juste après la guerre, des pianistes russes avouaient qu'ils n'étaient que de pâles reflets du meilleur d'entre eux, qui avait nom Richter. Sa visite à Highgate ayant eu lieu par une belle soirée d'automne, nous prîmes l'air dans notre petit jardin et je fis de laborieux efforts pour entamer une conversation polie.

— Maintenant, vous allez rentrer à Moscou?

— Oui.

— Vous allez jouer?

— Oh non! Je ne joue jamais en hiver.

— Est-ce que vous allez enseigner, alors?

— Je n'enseigne jamais! Je déteste ça!

— Peut-être préférez-vous le Midi, la Crimée, en hiver?

— J'ai horreur de la Crimée.

— Je suppose que vous sortez beaucoup : au théâtre, à l'opéra?

— Je ne sors jamais.

— Mais alors, qu'est-ce que vous faites? demandai-je au bout du compte, à court d'imagination.

— J'hiberne. Je peux donner autant de concerts que vous voudrez en été, mais en hiver, j'hiberne.

Il décrivit alors avec beaucoup d'animation en quoi cela consistait : apparemment, on lui avait permis de se construire une petite maison au bord d'une rivière, près de Moscou, dans une zone normalement réservée aux pêcheurs; les murs (d'après ses gestes) étaient d'une épaisseur égale à l'envergure de ses bras, et les fenêtres n'étaient pas plus grandes que le rond qu'il dessinait avec son pouce et son index. La maison en question n'était pas seulement protégée des rigueurs de l'hiver, mais aussi de la société des humains, car il n'y avait pas de route, on ne pouvait y accéder qu'avec un véhicule tous terrains, « et encore, pas tout le temps ». Tout cela n'empêcha pas qu'à la fin de cette soirée, nous jouâmes ensemble la *Sonate en sol majeur* de Brahms, et il devint plus difficile de croire au personnage de misanthrope qu'il se composait. Il revenait des États-Unis; Diana lui demanda comment il les avait trouvés, et il avança que Chicago était sa ville préférée. Répondant à l'étonnement qui se peignait sur notre figure, il expliqua qu'à Chicago, dès qu'il quittait l'hôtel, il avait l'impression qu' « il pouvait se passer *n'importe quoi* ». Quelques années plus tard, je fus témoin d'un « happening » qui étancha peut-être la soif d'imprévu de Richter.

C'était à New York, en 1970 ou peu après; Diana et moi assistions à un récital de David Oistrakh et Sviatoslav Richter à Carnegie Hall. La sonate donnée en ouverture, la *Sixième Sonate en la majeur* de Beethoven (admirablement jouée, évidemment), se passa sans incident, mais au premier mouvement de celle de Brahms, en ré mineur, un jeune homme courut dans l'allée, bondit sur scène et s'écria : « La Russie soviétique ne vaut pas plus cher que l'Allemagne nazie! » La musique s'arrêta; Oistrakh quitta la scène, mais Richter resta assis devant son piano, à contempler avec intérêt le jeune fanatique, maigre et tendu, qui continuait de hurler des protestations contre le traitement infligé aux Juifs en URSS. On sait que des militants new-yorkais avaient mijoté une manifestation, mais les deux ou trois agents de police qui gardaient la salle n'avaient pas réussi à la prévenir. Un gros policier aux hanches copieusement garnies d'armes se lança à pas pesants à la poursuite du manifestant et fut hissé sur scène par des gens du public. Il arrêta le jeune homme. Oistrakh s'en revint, on recommença la Sonate de Brahms. Au cours du dernier mouvement, un second jeune homme fonça vers la scène, mais, cette fois-ci, il fut proprement intercepté par le public. Diana et moi nous rendîmes dans les coulisses pendant l'entracte. Richter était ravi, tandis que le pauvre David était sur un divan, épuisé et malheureux; Tamara, sa femme, ne savait où donner de la tête : il avait déjà eu deux crises cardiaques, un choc comme celui-là ne pouvait lui faire de bien ni rassurer son épouse. « Yehudi, me demanda-t-il avec un sourire lugubre, *waren das deine Juden oder meine Juden?* » (Est-ce que c'étaient tes Juifs ou les miens?) — « *Das waren unsere Juden* », lui répondis-je. (C'étaient les nôtres.) Et rien n'aurait pu être plus vrai.

Je crois avoir suffisamment développé mon intérêt pour les choses qui durent. L'envers de cet enthousiasme consiste en un certain manque de confiance pour la nouveauté, en un certain scepticisme à l'endroit des révolutions et autres tournants soudains, qui m'a donné, dès la fondation d'Israël, du souci pour son avenir. Les Juifs ont survécu pendant deux mille ans sans pays à eux; les pogroms, les inquisitions, les holocaustes ont renforcé leur capacité de résistance, accru leur sens de l'adaptation dans la mesure où ils n'avaient rien à défendre et, du même coup, les ont obligés à se spécialiser dans toutes les tâches spéculatives : idées, mots, argent, mathématiques, musique — dans tout ce qui échappait aux rubriques grossièrement matérialistes des lois de l'oppresseur. Nous avons été le sel de la terre, nous avons ajouté de la saveur à tous les pays dans la mesure même où nous n'avions de droits sur aucun. Je regrette de voir cette image réduite aux proportions étroites d'un seul État, mais je ne fais pas que le regretter : cela me fait peur. Éternelles victimes d'une autorité ou d'une autre, nous avons par le passé livré bataille sur un plan différent et pour une victoire différente de celle de nos persécuteurs. A présent, il nous faut perdre ou gagner une guerre semblable à celle de nos ennemis. Les Juifs souffraient pour leur religion et leur race; ils doivent aujourd'hui souffrir pour leur nationalité; peut-être est-ce le plus grand péril qu'ils aient jamais couru.

Et pourtant, bien que je ne puisse jamais adhérer au sionisme ni m'attacher à un destin purement nationaliste, Israël m'a transporté d'enthousiasme. Il est déjà extraordinaire en soi qu'une des plus anciennes civilisations du monde puisse connaître à nouveau une jeunesse aussi vigoureuse. Malgré toutes les faiblesses que j'impute aux mouvements nationaux, peut-être est-il vrai qu'une secousse comme une révolution, l'obtention de l'indépendance ou d'un territoire, injecte une nouvelle vie qu'aucun autre processus historique ne saurait prodiguer; une vie, dans le cas d'Israël, pleine de liesse en raison de ce qui s'était passé avant — et à cause de cette croyance, entretenue au fil des siècles par le sang versé, la patience, par les rêves et la prière, que la Terre promise sera à nouveau juive un jour; à cause aussi, dans l'histoire immédiate, du terrible enchaînement qui a rendu possible la naissance de cet État. Nul ne peut nier le paradoxe apparent de cette nation dynamique et résolue : issue des facteurs émotionnels de la foi et de la fidélité, restés intangibles pendant deux mille ans, en gestation dans l'ombre de la persécution, du préjugé, et comme par un caprice du hasard, elle a soudé ensemble des centaines de milliers de misérables réfugiés, rassemblement ethnique et racial le plus hétéroclite qui se soit jamais vu, et, avec le soutien de la Diaspora du monde industrialisé, en a fait un État moderne et stable, unique au Moyen-Orient, se distinguant par sa vie artistique, son artisanat, le développement des sciences et l'exercice des libertés. Dans le même temps, les États voisins, depuis longtemps peuplés de populations indigènes apparentées entre elles, pourvus de terres abondantes, de matières premières, d'une richesse minérale incroyable, de la chaleur solaire et d'une religion unificatrice pour couronner le tout, semblent incapables d'utiliser ces formidables ressources pour concevoir une politique à la fois prévoyante et généreuse. Mais peut-être est-ce une raison de plus de craindre que la puissance, la propriété du sol, voire même l'existence nationale ne soient également éphémères?

Il n'en est pas moins résulté un déploiement surabondant de zèle et d'activisme qui balaie au passage les nuances d'un jugement équilibré. Voir des gens plongés dans les Écritures depuis deux millénaires et qui se découvrent capables de manier la charrue ou le canon, qui exhument la langue de leurs ancêtres pour la faire babiller dans les écoles maternelles, qui absorbent sur une minuscule bande de terre des milliers de gens sans ressources venus des quatre coins du monde, voir s'élaborer avec tout cela une société débordante de vie et d'énergie, cultivée, démocratique et, dans l'ensemble, civilisée; voilà autant de choses à l'attrait desquelles ne peuvent résister que des esprits plus tempérés et des cœurs plus endurcis que les miens. Chaque voyage, depuis 1950, a renouvelé mon émerveillement et m'a donné d'innombrables amis en qui le génie particulier du pays se manifeste en chair et en os. Bien que nés à l'étranger, des compositeurs tels qu'Ödön Partos ou Paul Ben-Haim, des peintres comme Reuven Rubin ou Moshe Castel, montrent déjà dans leur œuvre les linéaments d'un style israélien original. Israël est tout bruissant d'exercices de piano et de violon; les jeunes affluent au conservatoire et, même si l'on peut se demander s'il s'agit de la dernière floraison du talent russe ou de la première floraison du talent israélien, je suis fier de remarquer qu'Israël a donné au monde plus que sa quote-part de grands interprètes, parmi lesquels Daniel Barenboïm, Gary Bertini, Pinchas Zukerman et Itzhak Perlman, un de mes jeunes collègues préférés, un des plus généreux, des plus vivants et des plus doués. Du point de vue artistique, ethnique, philologique et même médical, et à bien d'autres titres, Israël constitue une expérience fascinante. Des chercheurs m'ont dit par exemple que ce petit pays recelait une telle diversité de groupes sanguins qu'il formait un laboratoire idéal pour étudier la résistance et la vulnérabilité aux maladies. Si Israël survit, les Juifs auront bien des apports nouveaux à faire encore au monde.

Ce pays de la jeunesse par excellence réussit à honorer son passé sans se laisser entraver par lui; il fait de la recherche en histoire, en archéologie, en matière de folklore, d'art et de philologie, un tremplin pour ses entreprises actuelles, comme si la Diaspora n'avait fait qu'interrompre le cours de sa destinée. David Ben Gourion, en particulier, m'a fait la forte impression de vivre au XXe siècle l'histoire consignée dans la Bible. Je l'ai rencontré à plusieurs reprises, une fois à En Gev, colonie située au-dessous du plateau du Golan et dont la salle de concert, aux murs grêlés par les éclats de bombardements réguliers, accueillait tout aussi régulièrement l'Orchestre philharmonique national. Ben Gourion fut le second homme d'État en la compagnie duquel je me mis sur la tête : lui aussi était adepte du yoga. C'était un érudit et un écrivain, mais le côté volcanique de son caractère me rappelait Ernest Bloch; sa force, sa présence, son intégrité qui faisait fi des nuances du langage diplomatique et le ramena à la terre quand il prit sa retraite, tout cela me faisait aussi penser à un Lincoln israélien.

Par la suite, j'eus également l'honneur de rencontrer Golda Meir, femme charmante, à la spontanéité toute russe, avec un cœur assez grand pour y faire tenir le monde entier, mais contrainte par l'histoire à réserver au seul monde juif son dévouement maternel. Au début de 1974, j'essayai de faire jouer le bon cœur de Mme Meir en faveur des réfugiés palestiniens; je me disais qu'à défaut de plus nobles motifs, le bon sens déconseillait de se créer d'irréductibles ennemis; mais sa compassion ne s'étendait pas si loin : elle ne connaissait de « réfugiés » que les Juifs venus — de façon assez compréhensible — pour se réaliser eux-mêmes plutôt que pour libérer les autres. Je n'en regrette pas moins de voir se perdre ainsi des occasions de magnanimité. Soucieux du bon renom de mon peuple, je voudrais qu'Israël donne l'exemple aux autres et applique l'idéal juif par-delà ses frontières aussi bien qu'à ses minorités de l'intérieur. J'aimerais que Jérusalem devienne une capitale d'une nouvelle espèce, qui serve de foyer spirituel aux musulmans, aux protestants, aux Grecs orthodoxes et aux catholiques aussi bien qu'aux Juifs. Les ambitions exclusives ont trop souvent crucifié Jérusalem; cela ne doit plus se reproduire, ce serait trop terrible.

Est-il raisonnable d'attendre d'Israël une tolérance dont

aucun pays n'a encore fait preuve, alors même que l'État connaît une phase actuelle de nationalisme exacerbé et, qu'il est menacé dans sa sécurité par ses voisins? S'il est pourtant un pays qui peut accomplir ce bond en avant vers la sagesse, je suis convaincu que c'est Israël.

J'ai mes raisons de beaucoup attendre d'Israël et des Juifs. Prenez par exemple un bon Israélien comme Teddy Kollek, maire de Jérusalem : cet homme remarquable, pleinement conscient des responsabilités de sa charge, emploie toute son énergie naturelle à rapprocher les différentes communautés ethniques de la ville. Prenez une personnalité israélite internationale comme Nahum Goldman, qui a occupé les postes les plus élevés sans jamais devenir l'esclave d'aucune faction. Cet esprit indépendant, d'une grande culture et d'un humour infaillible, semble chez lui partout où il passe et persiste à considérer Israël dans le cadre de ses relations internationales plutôt qu'en simple refuge des Juifs. Il connaît l'avenir qui s'annonce; son talent de négociateur n'est pas fortuit.

Autre homme que j'admire tout particulièrement : Joseph Abileah. Doux mais ferme dans ses convictions, courageux mais peut-être pas au sens ordinaire du mot, il fait simplement ce qu'il croit devoir faire. Ancien violoniste de l'orchestre de Haïfa, il se consacre maintenant à faire campagne pour une confédération du Moyen-Orient. Il m'a conquis à sa cause dès l'un de mes premiers séjours en Israël. Parlant arabe aussi bien qu'hébreu, aussi apprécié des Arabes que des Juifs, c'est un idéaliste réaliste qui ne cherche pas à imposer ses solutions mais à dégager celles des autres, qui œuvre infatigablement pour inciter les peuples à renoncer à leur nationalisme aveugle, en faveur d'une notion universaliste, qui forme des équipes de secours de garçons et de filles israéliens pour reconstruire les maisons arabes détruites par l'armée. Si j'étais chargé de donner le prix Nobel de la paix, c'est à lui que je le décernerais; ce prix devrait aller de temps à autre à l'un de ces obscurs tâcherons qui consacrent leur vie à une œuvre de réconciliation.

Il y a donc des raisons d'espérer. Puissent-elles l'emporter! Mais, en attendant, les Juifs de l'extérieur aussi bien que ceux de l'intérieur doivent s'identifier à un État, assurer sa défense par la politique et la force militaire. Par suite, il ne nous a fallu que trente ans pour décourager les bonnes volontés et devenir les boucs émissaires du monde. C'est sans doute un beau succès que de faire l'unanimité contre soi, mais quel prix risque-t-il de nous en coûter encore! Ce que je redoute le plus, c'est que les Juifs d'Israël puissent avoir à payer ce prix; ce que je souhaite le plus vivement, c'est de voir l'État juif entretenir des relations viables avec ses voisins. Je suis résolu à y apporter ma contribution; mais je n'ignore pas que je risque de me trouver obligé de défendre la nation contre mes propres idéaux.

En 1975, il y a eu un moment où je me suis senti écartelé par ce dilemme. Tout commença par les résolutions votées par l'assemblée générale de l'UNESCO en novembre 1974; ces motions de censure condamnaient Israël pour ne pas avoir accordé d'autonomie culturelle aux Arabes des territoires occupés de la rive ouest du Jourdain, pour avoir détruit des maisons arabes à Jérusalem et les avoir remplacées par de nouveaux lotissements, pour avoir profané des lieux saints musulmans en procédant à des fouilles archéologiques, et ainsi de suite; il s'agissait de griefs authentiques, mais formulés dans le style imprécatoire de la vitupération internationale, indiquant bien que ces affaires étaient exploitées dans un but politique, que tout cet exercice d'antagonisme n'avait pas pour fin d'acheminer la discussion vers quelque conclusion harmonieuse. Je fus navré de voir l'UNESCO suivre les traces de l'ONU et devenir à son tour une arène politique stérile. Bien qu'il soit constitué de délégations nationales comme l'UNESCO, le Conseil international de la musique a une plus grande liberté d'action que l'organisation mère et n'est pas tenu par les résolutions de l'UNESCO; en fait, il n'est nullement obligé de faire de la politique. On nous a un jour avisés d'expulser Taïwan dans l'espoir que la Chine voudrait entrer au CIM, et nous avons refusé : aucune directive politique ne saurait balayer une culture de la surface de la terre. De même étions-nous prêts à entrer en dissidence au sujet de cette controverse sur Israël, sans aller toutefois jusqu'à rompre nos liens avec l'UNESCO, démarche conseillée par deux cents musiciens dans une protestation publiée à New York, à Paris et à Londres.

Leonard Bernstein avait signé ce document. Lennie est par ailleurs un musicien extraordinaire, un collègue très cher, cultivé, brillant, un esprit clair, conscient de ses responsabilités sociales — je ne sais en fin de compte qui je trouve le plus adorable, de sa femme Felicia, si charmante, sage et équilibrée, ou de Lennie lui-même. C'est un de ces hommes généreux qui méritent respect, parce qu'ils sont capables de défendre hautement leurs amis en public, tout en étant ouverts à d'autres points de vue que le leur : si nous ne sommes pas d'accord sur Israël, il a toute confiance dans le bien-fondé de mes intentions. Quand le comité exécutif du CIM eut rejeté à l'unanimité la suggestion d'une rupture avec l'UNESCO, je lui écrivis une lettre personnelle éclairant ma propre attitude :

> ... Tout comme un interprète doit être absolument convaincu de la validité de son interprétation, ou un compositeur de celle de sa création, je me sens intimement obligé, en tant qu'ami d'Israël et que collègue des artistes du monde entier, d'exprimer une opinion qui, je le crois fermement, sera adoptée par mes collègues eux-mêmes, guidés qu'ils sont par le même souci des intérêts de l'humanité en général et d'Israël en particulier. Le vote de censure contre Israël à l'UNESCO a sans aucun doute servi de point de ralliement au même chorus de délégués nationaux qui s'était déjà formé dans le même sens aux Nations unies. Cette fois, on a recouru à une justification d'ordre culturel, mais le but est resté le même.
>
> Or je prétends que cette condamnation exagérée ne méritait pas la réaction tout aussi exagérée de mes coreligionnaires; tout cela ne fait que noyer le poisson... La question est plus simple : il s'agit de la paix générale ou de la guerre généralisée; il s'agit tout bonnement de la survie d'Israël. Elle dépend du soutien qu'une position ferme et modérée peut rencontrer en Israël même et de la mesure dans laquelle cette position peut être reprise par les communautés juives du reste du monde, tout comme par les autres peuples du monde, y compris les voisins d'Israël. Des amis sages et courageux : voilà une chose précieuse pour Israël...
>
> ... Si Israël se montrait prêt à examiner cette condamnation et à la critiquer avec maturité (comme nous devons, nous musiciens, toujours faire), le pays se ferait beaucoup d'amis parmi des gens qui, aujourd'hui, soit le condamnent sans appel, soit ne sont que mollement réticents à blesser leurs amis et collègues juifs. Je ne saurais souligner avec assez d'insistance combien il est important pour Israël de rester présent et représenté à tous les congrès et à toutes les délibérations. Nous avons sans cesse rencontré de tels défis au cours de notre longue histoire, et ç'a été notre destinée que de les relever avec dignité...

> Peu de peuples au monde ont connu aussi profondément les souffrances du déracinement, de la dépossession, de la non-représentation. La seule façon dont le peuple juif puisse mettre en œuvre son immense expérience et son sens de l'avenir historique au service des Juifs du monde entier, d'Israël et du reste du monde, est d'appliquer à autrui la compréhension et la compassion dont il a si rarement bénéficié, en renversant ainsi le cours des événements désastreux dont l'escalade menace à nouveau d'engloutir les Juifs et le monde avec eux...

A cette date, Israël boycottait à la fois l'UNESCO et le CIM, refusait de rencontrer le nouveau directeur général de l'UNESCO, le Sénégalais Amadou Mahtar M'Bow, renvoyait les fonds — de faibles montants, mais d'une valeur symbolique certaine — qui lui avaient été versés en dépit des résolutions, et se montrait en somme parfaitement intransigeant. J'avais beau déplorer ce refus obstiné de collaborer de la part des assiégés, je le trouvais compréhensible : il est difficile d'être à la fois un animal aux abois et un philosophe au coin du feu. Je fis ce que je pus pour sortir de cette impasse. A la requête du directeur général, j'écrivis à plusieurs de mes connaissances en Israël, les pressant vivement d'accepter de le rencontrer, fût-ce en secret, pour entamer des négociations. La dernière carte qui me restait à jouer fut un geste d'impuissance : je menaçai de démissionner de la présidence du CIM si l'exécutif de l'UNESCO ne prenait pas position contre l'esprit vindicatif des résolutions. Ce n'était pas une position confortable que de n'avoir à offrir qu'une réaction négative, entraîné dans ce tourbillon; d'être considéré pour cela comme sioniste, ou comme antisioniste si je ne faisais pas un geste. Si ma démission était acceptée, l'antagonisme ne pourrait que devenir encore plus férocement politique, et l'UNESCO finirait par n'être plus qu'un club où échanger les clichés injurieux de propagandes opposées.

Tout au long de cette confrontation, la diplomatie habile, honnête, humaine et courageuse du directeur général ne cessa de me rendre courage. M. M'Bow n'épargna ni sa patience ni son énergie pour réconcilier Israël avec l'UNESCO; ses efforts furent finalement récompensés quand Israël accepta de recevoir des missions de l'UNESCO en juillet et en septembre 1975, et quand le bureau exécutif de l'organisation vota en octobre une atténuation de la position anti-israélienne.

Ma menace de démissionner n'eut donc pas de raison de prendre effet, et je pus terminer mes six ans à ce poste en présidant la seizième assemblée générale du CIM au Canada en septembre 1975.

M. M'Bow fit quelque chose de plus fondamental encore que de résoudre cette crise : il reconnut la faiblesse congénitale de l'UNESCO, dans sa composition de délégations nationales affligées de myopie nationaliste, et renforça l'organisation en constituant un comité de conseillers, d'individus non désignés par les gouvernements, qui se réunissent régulièrement pour évaluer de façon indépendante, à la fois critique et constructive, l'œuvre accomplie. On me demanda d'en faire partie, et les trois réunions de 1975 m'ont procuré un autre forum où défendre une morale de la tolérance et la séparation entre culture et politique. Tout parlement, avançai-je, devrait avoir des voix pour les créatures sans voix, des députés représentant les oiseaux du ciel, les poissons de la mer et les générations à naître. J'aimerais de même que l'UNESCO soit une organisation où toutes les cultures puissent s'exprimer. Qui parle pour les Kurdes dans les assemblées internationales d'aujourd'hui ? Qui représente les Indiens ou les Noirs américains ? Extrapolant l'affaire israélienne à un niveau plus général, je proposai l'idée de remplacer — ou du moins de compléter, à l'UNESCO pour commencer — la représentation des États-nations par une organisation plus authentique, reflétant mieux les cultures de l'humanité. Et je continuerai à faire campagne pour ce rêve.

Quand les délégués du CIM arrivèrent à Toronto à la fin de septembre 1975, je perçus leur appréhension que l'agressivité des nations n'imprime sa marque à notre assemblée. La délégation israélienne se composait de Joseph Tal, un saint homme qui avait perdu son fils unique à la guerre des Six Jours, de Mme Smoira-Cohen, de Radio-Jérusalem, une femme au grand cœur, et d'Israël Adler, musicologue et humaniste distingué. Cette délégation avait apporté une motion repoussant la condamnation d'Israël par les Nations unies, et elle comptait la soumettre au congrès. Ce texte avait déjà été distribué à titre privé. Évidemment, les préoccupations musicales qui faisaient l'objet de notre réunion risquaient fort d'être oubliées si les délégués se voyaient obligés de s'aligner sur les vieux mots d'ordre conventionnels et de réagir comme autant de chiens de Pavlov aux mêmes slogans. J'étais résolu à ce que cela ne se produise pas sous ma présidence.

Avant l'ouverture du congrès, la veille au soir, je dis à mes collègues israéliens que je prendrais des mesures à l'encontre de tout délégué, soviétique ou américain, arabe ou israélien, qui userait d'un mot quelconque n'ayant d'autre but que d'injurier et d'insulter. Je lui demanderais de quitter la salle. « Vous savez ce qu'il m'en coûterait d'être obligé de demander à la délégation israélienne de se retirer, précisai-je. Je vous en prie, faisons que ce congrès soit harmonieux. Donnons-nous en exemple à l'UNESCO et à l'ONU. Montrons que les musiciens savent ce que c'est que de maintenir l'harmonie. » Mon discours d'ouverture me donna l'occasion de faire entendre cet appel à tous :

> ... Contrairement à ce qui se passe en politique, des musiques différentes, si éloignées qu'elles soient en théorie, ne sont pas exclusives les unes des autres. La musique est comme la terre, l'air, le feu et l'eau, un grand élément fondamental qui a partout sa place et n'appartient à personne; l'humanité ne peut pas plus s'en passer que de pain ou de tendresse...
> N'oubliez jamais que nous ne sommes pas ici *seulement* en tant que délégués nationaux représentant des États, mais en tant que musiciens représentant les diverses cultures humaines. Nous avons le grave et noble devoir de nous conduire de façon à donner espoir et réconfort à l'humanité en général, conformément à la dignité et à l'abnégation de notre vocation...
> Dans cet esprit, j'invite personnellement mes collègues d'Égypte d'Irak, de Syrie, de Tunisie, ainsi que mes collègues d'Israël, à se retrouver ici dans la sérénité, de sorte que nous puissions profiter de cette occasion unique d'essayer de nous comprendre mutuellement, avec sensibilité et sympathie. Nous avons notre libre arbitre : nous sommes musiciens. Nous sommes sûrement en mesure de composer une fédération des cultures et des peuples du Moyen-Orient; j'appelle de mes vœux son avènement sur le plan politique dans un avenir point trop lointain, mais, sur le plan humain et musical, elle est peut-être déjà à notre portée...
> A l'UNESCO, à Paris, j'ai rencontré bien des individus qui, à côté de leur loyauté vis-à-vis de telle région du monde ou de tel État, font preuve de loyauté vis-à-vis de l'humanité en général. J'ai rencontré des Européens, des Africains, des Arabes, des Juifs, des Indiens, et d'autres, qui sont devenus de vrais citoyens du monde. Nous savons tous quelle angoisse peut engendrer le conflit entre loyauté personnelle et loyauté

publique; entre les intérêts de groupes et la société dans son ensemble, entre profit et moralité. Sans nous faire perdre notre allégeance nationale, notre époque exige de surcroît cette nouvelle loyauté, cette nouvelle allégeance. Nous avons appris à nos dépens que nous ne pouvons plus espérer créer de paradis en vase clos. Mais il ne s'agit pas non plus de niveler nos différences, au point d'aboutir à la monotonie et à l'anonymat... Soyons nous-mêmes. Soyons loyaux à nos proches, mais pas aux dépens des autres. Et ajoutons-y une loyauté plus vaste embrassant non seulement l'humanité mais les animaux et les plantes, toute cette vie organique dont nous faisions sciemment partie avant d'être entraînés dans le gouffre de la technologie.

Les jours suivants, l'harmonie régna effectivement — dans nos rangs seulement, bien sûr, car les hommes politiques n'ont pas encore choisi de suivre notre exemple; mais, malgré sa modestie, c'était déjà un succès. Notre discours musical n'a été interrompu par aucune machination politique, par aucun mot d'insulte, et, à deux déjeuners, délégués arabes et israéliens se sont retrouvés pour se réjouir de ce qui les rapprochait et oublier ce qui les divisait. Le dernier jour, nos travaux terminés hormis l'élection du bureau, un Israélien demanda la parole. Sa demande, au moment où elle intervint, n'entrait pas dans l'ordre du jour; je lui donnai néanmoins satisfaction. Il se leva. Ses collègues israéliens et lui-même, déclara-t-il, avaient été si touchés par la coopération de leurs collègues du monde entier, même de ceux de pays qui se considéraient comme les ennemis d'Israël, que sa délégation souhaitait apporter sa pierre à la bonne volonté générale. « Nous souhaitons retirer publiquement et officiellement notre motion de censure. »

Ce fut pour moi le moment de plus grande satisfaction. Si jamais mon rêve enfantin de donner paix et sérénité à l'humanité avait abouti à un résultat, c'était bien à ce moment-là. Moment si court, éphémère, illusoire! Mais est-il donc inutile, ou pire qu'inutile, de simplement essayer?

Il me paraît opportun de clore ce chapitre par l'aveu d'une tentative avortée d'infléchir le cours de l'histoire. Nous nous rendîmes à Athènes à la fin de 1974, officiellement invités par le nouveau gouvernement Karamanlis, quelques mois après que l'affaire de Chypre eut entraîné la chute des colonels, et juste avant que le pays ne se prononcât contre la monarchie. C'était, de la part du gouvernement, un geste de gratitude et de confiance pour nous remercier, Diana et moi-même, de la défiance dont nous avions fait montre vis-à-vis du régime des colonels. Pour ma part, j'étais décidé à plaider la cause d'une continuité réaffirmée, du non-pouvoir au-dessus du pouvoir, garantissant la stabilité dans le changement. J'aurais dû le prévoir : mon intervention n'eut pas le moindre effet, hormis de causer beaucoup de gêne et d'anxiété à Diana, à l'ambassade britannique où nous étions reçus (les Britanniques étant aujourd'hui à peine moins mal considérés en Grèce que les Américains), et aux autorités grecques obligées de nous faire protéger par la police. Je dois citer ici l'excellent ministre de la Culture, M. Trepanis, un homme qui a le sens des règles du jeu; il vint me voir dans les coulisses à l'entracte et reçut ainsi les excuses que je lui présentai pour mon impair : « Vous êtes parfaitement dans votre droit; nous sommes un pays libre! »

L'incident avait commencé par une conférence de presse le jour de mon arrivée. Je n'étais pas naïf en politique au point de supposer que ma cause avait toutes les chances de l'emporter, mais je m'obstinai à exprimer mon opinion malgré Cretas, mon agent, qui me tirait par la manche pour m'arrêter, et malgré l'air ombrageux des journalistes. Il en résulta deux ou trois articles dans les journaux du lendemain demandant au pays de se solidariser contre le visiteur étranger, et un début animé du concert donné le soir. L'orage éclata quand j'entrai en scène avec Louis Kentner. Quantité de tracts jonchaient la salle, on me cria : « Fasciste! », « Des excuses! », « Go home! », tandis que la majorité neutre du public applaudissait pour exprimer son indignation ou cacher son embarras, je ne sais. Ce genre d'éclats passionnels retombent toujours d'eux-mêmes au bout d'un certain temps. Celui-ci dura environ cinq minutes. Kentner resta patiemment assis au piano tandis que je faisais face à la tempête en vertu du principe qu'on ne doit pas tourner le dos aux animaux sauvages mais s'avancer vers eux. Ayant l'habitude de rester debout devant un auditoire, il ne me fut pas trop pénible d'attendre que le raz de marée eût épuisé son énergie. Quand il se fut calmé, j'exprimai mon admiration pour la résistance que les étudiants avaient opposée dès la première heure à la dictature, j'expliquai que le produit du concert était destiné à fonder une bourse destinée aux étudiants en musique, je proposai de passer à l'exécution du programme de la soirée et invitai les éléments hostiles à venir discuter et éventuellement fumer le calumet de la paix avec moi après le concert.

L'incident prit ainsi fin, mais, malheureusement, mon invitation au débat ne fut pas retenue, et mon offre de jouer le lendemain pour les étudiants qui, à part une poignée de chahuteurs peu concernés par la musique, n'avaient pu se payer de billets, fut décommandée par les autorités, par crainte de nouveaux troubles. Dommage : j'aurais volontiers payé de quelques insultes la chance de pouvoir m'entretenir avec eux. La Grèce rejeta la monarchie deux jours plus tard.

Règles de conduite

Il est toujours difficile d'expliquer un choix amoureux. La difficulté devient insurmontable s'il faut, pour l'expliquer, décrire le son de sa propre voix projeté sur un instrument! A ce titre, on aime toujours trop, mais jamais sagement. Voilà quelque soixante-dix ans, les grands luthiers britanniques, William Hill and Sons, faisaient les remarques suivantes dans leur étude désormais classique des Stradivari :

> La plupart des violonistes célèbres n'étaient guère versés dans l'art d'écrire, ou étaient peu enclins à se servir de leur plume; en l'absence presque totale de tout témoignage écrit des nombreux grands interprètes qui ont utilisé des Stradivari et dû à la sonorité superbe de ces instruments une bonne part de leur renommée, nous devons tenter de combler cette regrettable lacune [...] Malgré les progrès tant vantés de l'éducation au XIXe siècle, la tolérance, la diversité d'intérêts et la largeur de vues plus grandes, dit-on, des musiciens de notre époque, nous ne connaissons pas encore un seul exemple d'interprète célèbre qui ait pris la peine de coucher posément sur le papier ce qu'il pensait d'un instrument, comme Mozart, bien qu'il fût si occupé, quand il découvrit les pianos de Stein.

Leur rationalisme ayant failli à expliquer les Stradivari, ces messieurs fort doués dont les appareils, les mesures et les analyses chimiques avaient démontré qu'un violon est finalement plus que la somme de ses composantes, ont ainsi recours au violoniste. Et sur quel ton s'adressent-ils à lui ? Eh bien, naturellement, comme des maîtres d'école ratiocinant et grondant l'élève coupable dont ils redoutent et envient la vie tout instinctive. « Allons, depuis un siècle que tu es à ton pupitre, il est grand temps que tu apprennes à raisonner et à exprimer ta pensée », ont-ils l'air de dire, comme s'il suffisait au virtuose de se secouer pour trouver d'autres mots que les malheureux termes à *leur* disposition à eux. Oui, c'est vrai que Mozart a écrit ce qu'il pensait des pianos de Stein, mais il est évident que si les pianistes devaient se mettre à analyser leur propre *voix*, ils risqueraient fort de rester cois.

Si superbe que puisse être un piano, il est inanimé et neutre ; même s'il obéit aux intentions du pianiste, il le fait sur son propre plan, celui de la percussion, lui offrant seulement sept octaves, pas le moins du monde enharmoniques, le fournissant en notes, mais dépouillées de tout charme vocal, comme un sacrifice en nature exigé en contrepartie de sa servilité. Un grand violon, au contraire, est vivant ; sa forme même incarne l'intention de celui qui l'a fait, et son bois emmagasine l'histoire ou l'âme de ses propriétaires successifs. Je ne joue jamais sans avoir l'impression que je libère, intègre ou — hélas — viole certains esprits. C'est une chose pour un pianiste que de consigner noir sur blanc ses réflexions sur les vertus d'une vierge mécanique ; c'en est une autre, pour le violoniste, d'apprécier « posément » son totem.

Je pourrais raconter ma vie entière sous la forme d'un échange dialectique entre Stradivarius et Guarnerius del Gesù. Ce n'est pas à dire que chaque Stradivarius ou chaque Guarnerius n'ait pas une personnalité distincte de celle de ses frères : mon prince Khevenhüller a une sonorité moins charnue que celle de mon Soil, mais il n'a pas tout à fait le même puissant rayonnement sonore lorsqu'il est confronté à la masse d'un orchestre symphonique. Par-delà ces traits idiosyncratiques, il y a néanmoins un tempérament générique, une nature commune à tous les instruments de chacune des deux familles, reflétant sans doute, à mon avis, le génie de la main qui les a produits.

De même que la carrière de Stradivarius fut toute d'un trait, régulière et remarquable, lui apportant fortune et renommée, de même ses violons sont empreints d'une grande beauté formelle. Il vécut jusqu'à l'âge de Mathusalem, engendra de nombreux enfants et de nombreux instruments, et habita la même maison pendant cinquante-sept ans, comme un soleil si sûr de sa position qu'il ne se sentirait nul besoin d'en changer; ses instruments ont un son à la fois brillant et majestueux qui évoque, en tout cas chez moi, l'image d'une grande supériorité morale. Avant qu'un Stradivarius ne vous parle avec l'âme de son auteur, il faut s'élever jusqu'à lui. Il écarte celui dont la main exerce une pression exagérée ou dont le doigt dévie si peu que ce soit de l'emplacement assigné. Si l'on voit en lui un maître, on ne peut lui plaire que par une compétence irréprochable, car il fait contraste avec nos imperfections. Si on le considère comme une maîtresse, la seule façon de gagner son cœur est de remporter d'incessantes victoires sur soi, de démontrer une parfaite maîtrise de soi.

Les instruments de Giuseppe Guarnerius, qui portent les initiales IHS (*Jesus Hominum Salvator*), suggèrent tout au contraire un homme à la fois passionné et compatissant, brut et saint, un non-conformiste caractériel, un pécheur aimé de Dieu, qui se bagarrait, n'a pas trouvé le bonheur conjugal et est mort relativement jeune au moment où il commençait à connaître la prospérité. Le bois de ses instruments est, dans l'ensemble, inférieur à celui des Stradivari. Leurs ouïes ont à l'évidence été taillées approximativement, à vue d'œil. Curieusement, on retrouve une tache ou une veine foncée parallèle à la touche sur les deux côtés de la table de beaucoup de ses instruments, comme s'il s'était assez fortement identifié au Christ pour y faire apparaître des stigmates. Phénomène d'asymétries cohérentes, compagnon qui absout miséricordieusement le violoniste de ses gaffes, le Guarnerius, dont la voix plus terrienne correspond à sa taille souvent légèrement inférieure à celle de la plupart des Stradivari, chante par tous ses pores et c'est le *De profundis* qu'il chante. On n'a nul besoin avec lui de s'élever au-dessus de soi-même, car il fait résonner l'homme tel qu'en lui-même. Bien que les Stradivari aient été dominants dans ma vie, j'ai joué sur des Guarneri à intervalles réguliers. Le Stradivarius est de l'or pur; le Guarnerius évoque plutôt le rouge des vitraux de la Sainte-Chapelle.

Je fis ma première tournée avec un Guarnerius prêté qui s'appelait le « Bâle »; mon choix d'un Stradivarius, peu de temps après, sous l'œil bienveillant de Mr Goldman, fut donc une décision prise en connaissance de cause. De même d'ailleurs que celle, cinq ou six ans plus tard, d'emprunter à Émile Français le Guarnerius d'Ysaye. Au cours de la saison 1933-1934, je me souviens que j'étais plus ou moins engourdi et mélancolique, victime, comme tout adolescent, du mal du siècle, qui me poursuivit en tournée, me donnant le plus grand mal à faire quoi que ce soit d'autre que les gestes routiniers. Tandis que l'allure taurine d'Ysaye — pour ne pas parler de son avertissement inquiétant — m'avait intimidé, je pouvais, maintenant qu'il était mort, assimiler instantanément, magiquement, ses leçons par l'intermédiaire de son propre violon. Allergique à l'apprentissage scolaire, ma conviction animiste que l'esprit qui habitait le Guarnerius pouvait me régénérer s'avéra remarquablement efficace; tant que je jouai de cet instrument, je me sentis viril et capable de plus d'attaque que jamais. (La question des grands violons se situe à la frontière indécise entre l'animisme et la science. Si l'on en croit Émile Français, un instrument mal joué risque de devenir muet, comme si ses molécules mêmes avaient été chamboulées, et de ne reparler qu'après avoir été patiemment apaisé entre des mains expertes : serait-il possible d'en déduire que tout son tiré de l'instrument, avec le temps, imprime sa marque sur un violon sous forme de quelque arrangement moléculaire, que son bois même embaume l'âme de l'artiste?)

Pourquoi donc n'achetai-je pas ce Guarnerius-là ou un autre? Eh bien, c'est qu'il était très pratique pour moi d'avoir des Stradivari et d'emprunter des Guarneri, cela répondait tout à la fois à mon désir de m'affirmer et à ma crainte de le faire aux dépens du Maître, même si je ne le faisais pas en son nom; cela ressemblait fort au rêve de dédoublement de mon enfance dans lequel Kreisler me donnait son violon — un Guarnerius — tout en le gardant. (Il le légua finalement à la bibliothèque du Congrès, ce qui me permit d'en jouer enfin, voici quelques années.) Le mois de la naissance de Zamira, ma première femme me fit don d'un beau Joseph Guarnerius del Gesù, fabriqué en 1742; j'en ai rarement joué et l'ai prêté quelques années plus tard à Alberto Lysy, mon premier protégé, qui l'utilise depuis cette époque. Au moment de mon cinquantième anniversaire, je me surpris à consulter le catalogue de Guarneri de qualité exceptionnelle, établi par la maison Hill, et il m'intéressa de voir ceux qui étaient disponibles. Celui qui avait appartenu à Kohansky et que j'avais toujours admiré, ne l'était malheureusement pas; mais un autre, le « Comte d'Egville », propriété d'un collectionneur de Brunswick, me séduisit; je pris l'avion pour l'Allemagne à la première occasion. Il peut paraître curieux que le détenteur de deux Stradivari et d'un Guarnerius soit aussi surexcité à la perspective de jouer encore d'un autre grand instrument du XVIIIe siècle; à moins qu'il ne paraisse bizarre que je n'aie pas admis plus tôt mon désir d'en avoir tout un sérail à ma disposition! J'avais toujours reçu mes instruments à titre de cadeaux ou de prêts, par faveur ou par hasard — tous sauf le Soil. Mais je pouvais acheter un Stradivarius avec moins d'hésitation qu'un Guarnerius, sûr qu'en posséder un, c'était être possédé par lui, que la récompense intrinsèque qu'il me vaudrait épuiserait tout sentiment de culpabilité procuré par la fierté d'en être détenteur. J'empruntai le d'Egville et en jouai avec délice pendant dix-huit mois, avant de le rendre finalement à son propriétaire. En 1971, enfin, je trouvai un Guarnerius merveilleusement beau qui avait appartenu à une cousine de Charles Munch, Mlle Ebersholt; son père le lui avait donné quand elle avait quinze ans, en 1880. J'en ai fait l'acquisition en 1972.

Ayant à mon sens une vie à eux, tous les objets en bois ont donc le droit de recevoir un tribut de cire et d'encaustique. J'aime à m'entourer de la sympathique physionomie de chaises, d'armoires et de lambris anciens, et je me sens d'autant plus esseulé parmi l'anonymat clinique d'un ameublement moderne. Mes violons surtout ont droit de participer aux décisions que je prends pour leur avenir; cela se traduit par le sentiment de mes devoirs envers eux et s'exprime par les soins et l'affection que je leur prodigue. (Par parenthèse, qui pourrait prodiguer son affection à un piano? Comment le bercer, le porter dans ses bras ou le coucher dans un lit de soie et de velours?) Je nettoie mes violons, je leur donne le lustre qu'ils méritent avec des préparations d'Etienne Vatelot, de Paris; ce dernier partage aussi la responsabilité de les réparer avec la vénérable maison Hill and Sons et avec Charles Beare, un ami très cher. Je les monte avec des cordes Pirastro, faites en Allemagne, ou, en Amérique, avec des cordes Kaplan, qui conviennent bien au climat. Aux cordes entièrement métalliques d'aujourd'hui — claires, nettes, fiables, en somme pratiques dans tous les mauvais sens du mot, et exerçant de surcroît une tension pénible —, je préfère le compromis du métal enroulé sur le boyau, ou bien j'en reviens parfois aux simples cordes en boyau auxquelles songeaient Stradivarius et les Guarneri en sculptant les instruments qui me sont confiés. Quant à ce qui décide du choix de tel ou tel violon, c'est un colloque silencieux entre eux et moi, trop profond pour être intelligible, fût-ce à moi-même, mais qui n'est point dicté par la musique — charnelle ou spirituelle — à jouer. Chaque instrument a ses périodes de repos ; quand il en sort, il faut refaire connaissance, et cela nous prend une bonne quinzaine de jours.

Il semble que la sélection naturelle vienne mettre parfois le holà à l'ambition. Il paraît que les fourmis, certainement la plus tenace et la plus nombreuse des espèces, n'ont plus pris la peine d'évoluer depuis plusieurs millions d'années. Il en va de même, toutes proportions gardées, des violons ; ils ont connu leur apogée au XVIIIe siècle, après quoi tout changement ne pouvait plus être que déclin. Mais, en dehors de la perfection obtenue à Crémone ou à son ombre, le violon s'est multiplié en revêtant cent formes grossières depuis sa première apparition au Moyen Age comme moyen populaire de faire de la musique. Il lui restait alors à être reconnu socialement, à susciter de la musique de cour convenant à son nouveau statut ; il dut se plier à une discipline communautaire dans les groupes de musique de chambre et les orchestres symphoniques ; mais il survécut à ces adaptations pour devenir en définitive l'instrument solo par excellence, assez subjectif pour être porteur d'un sens, assez anonyme pour être universel, mobile comme l'homme qui l'emportait avec lui d'une ville à l'autre et d'une salle de concert à l'Opéra. Des générations de musiciens de cette sorte ont élaboré la tradition à laquelle j'appartiens, et ceux qui n'étaient pas tziganes tendaient à être juifs.

Le monopole juif-russe du violon est moins exclusif aujourd'hui qu'il y a soixante ans. A l'époque, tout enfant juif d'origine russe qui avait un don musical était plus ou moins destiné à devenir violoniste. Si cette observation peut paraître empreinte d'une nuance de regret, laissez-moi ajouter que je considère comme extrêmement chanceuses les circonstances de ma naissance; je bénis le destin qui m'a épargné le piano et m'a engagé dans une perpétuelle étreinte avec un Stradivarius. Il y avait eu chez nous, arrivé à peu près en même temps que moi, un piano droit, un Matushek, sur lequel ma mère, quand elle était d'humeur à le faire, jouait certaine valse de Chopin en *do* dièse mineur (le piano était le seul bien de mes parents qu'ils eussent fait expédier du New Jersey à San Francisco). Un Mason & Hamlin à queue, puis un second, vinrent par la suite s'ajouter à notre mobilier, à l'intention de mes sœurs. Mais aucun de ces instruments n'a jamais fait la moindre ombre à mon violon. En famille, nous n'allions guère à des récitals de piano, mais nous nous rendions à ceux de Jascha Heifetz, de Mischa Elman, de Toscha Seidel, de Fritz Kreisler, de Georges Enesco, aussi naturellement qu'en promenade. Un homme qui transporte sa voix avec lui doit probablement entretenir un rapport plus romantique et plus personnel avec ses auditeurs que celui dont jouit le pianiste. En jugerais-je différemment si j'avais passé ma vie devant le clavier aux dents découvertes? Je ne crois pas. Le piano emprunte beaucoup de voix, tandis que le violon est la voix individuelle dont toute l'histoire prouve qu'elle parle *à* et *pour* la multitude plus efficacement que toutes les décisions majoritaires qu'on voudra, si démocratiques qu'elles soient.

Il est assez étrange de constater que les violonistes laids épousent de très jolies femmes. Je n'ai nulle envie de m'étendre là-dessus; comme les comparaisons, certains jugements trop précis deviennent odieux si on les applique à son prochain ou à ses collègues, mais sans trop me soucier d'en fournir de preuves, ce que j'affirme, c'est qu'un violoniste peut être laid et sa femme belle, et qu'en outre, ce phénomène indique que le violoniste possède un magnétisme refusé aux autres mortels. Il est aussi, en règle générale, plus sensuel qu'intellectuel, ses horizons sont plutôt étroits, et il est souvent assez prétentieux. Il est fier du son qu'il produit comme sa belle femme est fière de ses beaux yeux, fierté que ni l'un ni l'autre ne devraient se permettre de laisser se muer en autosuffisance. Il est romantique en ce sens qu'il a des sentiments à exprimer qui partent « du fond du cœur », qui deviennent « épidermiques » et qui sont donc débordants; mais (en dépit des affinités physiques qui ne tiennent nul compte des traits disgracieux) il n'est pas du tout romantique — pur élan, planant en toute liberté — au sens où on l'entend généralement. Au contraire, c'est un animal enchaîné à une cage d'écureuil de son invention; il lui faut d'innombrables heures de labeur pour produire une maigre ration de satisfaction qui peut durer le temps d'un concert, s'il joue bien, mais qui se trouve presque épuisée avant les applaudissements. Étant donné que la plupart des gens usent leur vie dans une cage d'écureuil quelconque dont ils tirent une moindre récompense ou pas du tout, le violoniste fait en fin de compte figure de privilégié. J'ai eu un jour l'occasion d'évaluer combien je l'étais, du moins d'après les calculs d'un de mes interlocuteurs.

Quand il m'arrivait de passer par Chicago après la guerre, je logeais souvent chez Edward Ryerson, directeur d'Inland Steel et président de l'orchestre symphonique de la ville. C'était un Américain de la vieille école, svelte et preste, bien différent de cette chose plus ou moins ballonnée à quoi ressemblent aujourd'hui les hommes d'affaires américains. (Notre amitié avait commencé sous d'étranges auspices. Après la guerre, l'orchestre symphonique de Chicago avait invité Furtwängler à prendre sa direction; celui-ci avait accepté et le contrat avait été signé. Mais, le groupe de pression anti-Furtwängler ayant menacé de boycotter Chicago, l'accord fut dénoncé et l'on nomma Kubelik à la place de Furtwängler. Dans la chaleur de cette dispute, j'annonçai un contre-boycott, que j'observai pendant quelques années, pour protester contre l'affront fait à Furtwängler. Ainsi Ryerson et moi étions-nous devenus très amis par suite de mon refus de me produire avec son orchestre.) Un jour, Nora Ryerson donna un dîner pour nous présenter à l'aristocratie locale de la boucherie en gros. En fin de soirée, au moment de prendre congé, un monsieur — je ne sais si c'était Swift, Armour ou Cudahy — prit ma main et la retint d'un air méditatif comme pour la soupeser; je me demandai un instant s'il ne la prenait pas par hasard pour un pied de cochon, mais il me rassura en proférant ces mots d'un ton admiratif et solennel : « Quand je pense à tout l'argent que vous avez gagné avec ça... »

Il est incontestable que le capital du violoniste s'est dévalué depuis un demi-siècle : non pas à cause des prétentions montantes de quelque autre instrument à supplanter le violon, mais parce qu'il a été simplement submergé par la formidable quantité de musique déversée sur nos têtes par l'inépuisable corne d'abondance des moyens de reproduction sonore. Même à San Francisco — Odessa américaine pour ce qui est de la procréation des musiciens — ni, très vraisemblablement, à Odessa même, le fervent mélomane des années vingt n'entendait pratiquement jamais d'opéras, et son régime musical quotidien se limitait au menu germanique du brave Alfred Hertz, essentiellement composé de *plats du jour* * à base de Beethoven, de Brahms et de Wagner. Avec l'explosion musicale qui secoua les cinquante années suivantes, musiques exhumées du passé, empruntées à d'autres cultures, engendrées dans les arrière-cours de Johannesburg, de Rio ou de Kingston, ou produites par les synthétiseurs et les consoles des laboratoires électroniques, il n'est pas étonnant que la voix de soprano du violon ait été quelque peu étouffée. Pourtant, si ses adeptes exclusifs se sont aujourd'hui dispersés, attirés par des intérêts rivaux, le violon a acquis désormais un auditoire mieux informé qui pimente son amour d'une meilleure conscience critique. Les concertos de Beethoven et de Brahms sont encore la musique la plus demandée que je joue, mais Bach et Bartók — les deux compositeurs qui, à mon avis, ont le mieux compris le violon — ont aussi dorénavant leurs partisans passionnés.

Ce qu'on a peut-être perdu, c'est le courage d'apprécier le violon à tout autre niveau qu'à celui des sommets de son répertoire. Je n'ai aucune satisfaction à constater l'éclipse de la musique de salon, ni ne me réjouis de voir discrédité le style qui l'alimentait. Il n'y a pas longtemps, je jouais à Pampelune, ville natale de Sarasate; en voyant en quel honneur on le tenait — des places, des bâtiments et des institutions y portent son nom — je me suis dit qu'il y avait là suffisamment d'intérêt pour ce genre de musique et qu'on devrait y organiser un concours Sarasate ayant pour but de traiter le violon en instrument de salon, par contraste avec la tendance générale des concours existants qui insistent de plus en plus sur la taille et la solidité des œuvres, sur l'ampleur du son, sur l'énorme place faite à la technique plutôt qu'à l'élégance. Dès que cette idée me fut venue, j'en fis part aux élites de la ville en énumérant ses avantages : elle ne coûterait pas cher à mettre sur pied, puisqu'il n'y avait nul besoin d'orchestre; elle trouverait

* En français dans le texte.

immédiatement un public, les organisateurs de concerts ayant tort de croire que la musique de divertissement ne rapporte rien : il existait au contraire un intérêt fervent et une forte demande pour ce genre de musique; il n'y avait enfin aucune raison de se limiter au répertoire du XIXe siècle, on pouvait y ajouter les improvisations de jazz qui en sont en quelque sorte l'équivalent contemporain. Que ce caillou blanc jeté dans l'urne sonore de Pampelune ait ou non des échos durables, je trouve qu'il est dommage de négliger la moindre des facettes d'un instrument aussi varié que le violon.

Causes et effets étant en ce domaine inextricablement liés, en même temps que ce genre de musique, a disparu toute une lignée de violonistes qui infusaient de l'élégance à tout ce qu'ils touchaient. Sarasate en avait été un remarquable exemple, ainsi que Kreisler et Thibaud, chacun dans son genre. Le jeu élégant de Thibaud faisait partie de son code génétique français, il avait une faculté innée de traiter une phrase sans demander la permission au métronome. Bien que les Français soient dans la rue le peuple le plus mal poli du monde, ils ont au salon les manières les plus exquises, le sens des prévenances. Je me souviens d'avoir remarqué dans mon enfance que même un orchestre français de second ordre pouvait infailliblement faire valoir du Mozart, tandis que les orchestres allemands, sauf les meilleurs, gâtaient sa délicatesse par leur lourdeur; cette comparaison m'apprit qu'on ne peut apprécier Mozart que dans une tradition courtoise. Quand j'étais jeune, le Mozart de Thibaud était sans rival. Le culte que je rendais aussi à l'époque à Kreisler n'a pas diminué quand j'ai fait sa connaissance, c'est même plutôt le contraire qui s'est passé; Kreisler resta pour moi l'interprète entre tous qui *parlait* la musique, comme si chaque morceau était un poème récité à la bien-aimée. J'ai eu en outre de nombreuses occasions d'apprécier sa gentillesse, sa douceur, la générosité de son caractère. Il avait le chic pour donner un peu plus de couleur et de variété aux morceaux classiques qu'il adaptait; il pouvait lui arriver d'en remettre un peu, mais, dans l'ensemble, il apportait l'exacte dose de concision, d'élégance et de richesse harmonique qui sauvait la musique du poncif et la restituait au répertoire. Son arrangement du *Concerto no 22 en la mineur* de Viotti était particulièrement réussi; il me le donna pour que je le joue à ma guise.

Bon vivant de nature, il mit de la discipline dans sa vie en épousant une madame j'ordonne, Harriet, qui le tenait strictement en laisse et ne lui permettait pas de dévier d'un pouce du droit chemin. Il l'aimait tendrement, se lamentait quand elle était absente, répétait volontiers combien il lui devait; quand il était en tournée, je devais concilier ces hommages visiblement sincères avec la façon cavalière dont Harriet le traitait. Un jour, lors d'un déjeuner que Diana et moi donnions à New York, il échangeait avec Thibaud des anecdotes sur leurs frasques de jeunesse — visites furtives dans les chambres, retards à la répétition ou au concert dus à la poursuite d'occupations plus tentantes, substitution de l'un par l'autre lorsqu'il y avait des crises, etc — quand Harriet les interrompit brutalement : « Allons, Fritz! Ne vois-tu pas que ces souvenirs séniles d'anciens combattants n'intéressent personne? » Quand il avait besoin de se refaire financièrement, il signait pour une tournée en Angleterre, trente-deux concerts en trente jours, car les Anglais l'aimaient beaucoup et il le leur rendait bien. La dernière fois que je le vis, un après-midi d'été à New York, peu de temps avant sa mort en 1962, il me parla justement de l'Angleterre, plus précisément du montant des cachets et du prix des billets de concert à Londres, renseignements empreints de charme nostalgique plutôt que de préoccupations utilitaires. La chaleur de la ville, mon cher et vieil ami tout à son aise avec sa chemise à col ouvert, installé dans un fauteuil de cuir qui perdait de son rembourrage, la conversation décousue de son agent et ami Charles Foley, le bureau de Foley, au second ou au troisième étage d'une vieille maison, dans une rue étroite proche de la Cinquième Avenue, un bureau qui ne servait plus guère de quartier général à une carrière active mais paraissait lui-même avoir pris sa retraite —, tout cela se combinait pour donner une impression de douce lassitude au terme du chemin.

Le violoniste qui se produit en public ne cesse de mettre à profit les heures, les jours et les semaines précédant l'exécution, pour dresser le relevé des nombreux éléments qui libéreront son potentiel ou, au contraire, le freineront. Il n'ignore pas que, quand son corps a pris de l'exercice, que son sang circule, que son estomac est léger, son esprit clair, quand la musique résonne dans son cœur, que son violon est propre et bien astiqué, que les cordes sont bien réglées, le crin de l'archet en bon état et bien tendu, il sait qu'alors — mais alors seulement — les choses vont dépendre de lui. S'il néglige le moindre de ces éléments, il a mauvaise conscience. Le public, voire la critique peuvent ne rien soupçonner de ces remords ou attribuer quelque faute à des causes étrangères, ils ne se rendent pas compte que l'interprète reconnaît à part soi sa faiblesse, qu'il est dégoûté de lui-même, qu'il supplie qu'on lui donne une chance de faire mieux la prochaine fois. Même si l'on ne remarque aucun défaut, les applaudissements, les trépignements et les bravos du public ne lui sont en l'occurrence d'aucun réconfort.

La vie d'un violoniste, comme celle de tout autre artiste, est donc un entraînement constant. Son corps fait partie de sa vocation. Il doit se tenir droit, mais en restant souple, de façon à pouvoir osciller au vent comme un roseau gracile, tout le corps, de la tête aux pieds, demeurant dans le prolongement de la colonne vertébrale. Il est une structure vivante dressée entre les pôles opposés du soleil et de la terre. De même qu'une corde ne peut vibrer que si elle est tendue, de même le corps du violoniste ne peut le faire que lorsqu'il éprouve une attraction verticale, la tête délicatement posée sur les vertèbres, le diaphragme le soulevant sur un coussin d'air, tandis que les parties actives de son anatomie, épaules et bras, mains et doigts, flottent et s'équilibrent à leurs différents niveaux. Parmi les qualités que nous refuse la civilisation, il y a celle de conférer un maintien à notre corps, et le violon, qui invite pourtant à l'abandon, a trop souvent pour effet d'augmenter encore cette rigidité. Je me souviens de ma forte déception, un jour des années soixante où quelques jeunes violonistes jouèrent pour moi à San Francisco : il y avait parmi eux un jeune Noir long et délié qui avait, comme de juste, un maintien très flexible et dont j'attendais des révélations; mais, une fois le violon en main, il se montra aussi raide et gauche que ses camarades blancs. Par contre, beaucoup de musiciens asiatiques qui s'introduisent maintenant dans nos salles de concert font preuve d'une coordination du corps et de l'esprit qui est déjà la moitié de la maîtrise technique.

Avant d'entamer mon entraînement quotidien, qui consiste moins, aujourd'hui, en morceaux de musique qu'en une série de mouvements essentiels, j'ai quelque chose d'encore plus fondamental à faire. L'entraînement au violon commence pour moi par terre, sur le dos, ou en diverses autres positions, à explorer les lois qui gouvernent le fonctionnement de l'anatomie humaine.

Couché à plat, je soulève les deux bras, les deux jambes, séparément puis ensemble; je les fais tourner, je les laisse pendre, vérifiant le jeu de toutes les articulations, éprouvant la résistance de chacune, recherchant le minimum de tension nécessaire pour résister à l'action de la gravité et observant comment le corps s'y ajuste. Ces mouvements calmes s'accompagnent d'exercices respiratoires : inspiration en soulevant un membre, blocage de l'air au moment d'extension maximum, expiration quand le membre retombe, accompagnée d'une note murmurée entre les lèvres et dont la vibration doit pouvoir être ressentie dans tout le corps si aucun nœud, aucune tension anormale ne vient l'interrompre. Mettons que je lève le bras gauche : je prends conscience que l'initiative de ce mouvement se ressent d'abord dans l'épaule, et, en outre, que le bras commence à être porté avant même de quitter le sol; le corps roule légèrement vers la gauche en prévision de l'assiette qui va lui manquer et du poids supplémentaire à supporter. La partie visible, le bras levé, n'est que le dernier maillon d'une chaîne d'événements qui part de l'esprit. La conscience de ces événements, au fur et à mesure qu'ils se produisent et avant que l'œil ne les distingue, vous donne une leçon de cette subtilité que je considère comme un principe essentiel de la pratique du violon; mais y devenir attentif ne suffit pas. Le violoniste n'est pas de ceux qui bondissent de leur tabouret ou se jettent sur le clavier à la manière exhibitionniste et forcenée du pianiste virtuose, il ne se livre pas à des acrobaties comme certains chefs d'orchestre. Il fait un tout avec son violon; les doigts de la main gauche doivent trouver leur chemin sans la moindre marge d'erreur, se déplaçant dans les subdivisions millimétriques d'un espace qui varie comme une règle à calcul, et l'archet ne quittant jamais la corde que dans des conditions bien précises et voulues. Pour lui, pas de tolérance, aucune possibilité de fantaisie dépassant une légère oscillation des hanches, un intime balancement d'une jambe sur l'autre, un hochement de tête, un imperceptible frétillement des orteils. Il doit, entre tous les instrumentistes, apprendre à attraper le mouvement au vol, à perpétuer l'élan et à accumuler de la puissance sans pouvoir trouver appui nulle part, et d'ailleurs sans en chercher aucun. De la même manière qu'il donne l'impulsion rythmique à une idée musicale, il doit apprendre d'emblée à flotter et faire flotter, à dériver avec le courant, à entamer un mouvement et à le prolonger subtilement.

Pour jouer du violon, on doit se faire une idée claire de l'interaction de six directions jouant en quelque sorte à l'intérieur d'une sphère. Ce sont les directions centripète et centrifuge par rapport à soi-même, la poussée et la traction horizontales, la verticale descendante du poids à supporter et la verticale ascendante du poids qui supporte (c'est ainsi que sont bâtis les ponts, selon les principes verticaux opposés de l'arche et de la suspension). Ces six directions doivent être éprouvées séparément dans chacune des deux mains et chacun des dix doigts, sur toute la longueur de la touche et en chaque point de l'archet, pour les faire coopérer cinétiquement. On les met toutes en œuvre dans chaque position, et chacune est associée à la force qui la contrebalance, de sorte qu'il puisse y avoir entre les deux une tension soutenue qui nous permette de supporter le poids en mouvement et d'adapter la vitesse au poids. Ce poids, nous le conduisons jusqu'au bout des doigts et le soutenons sur des arcs, des voûtes, des cercles, des spirales. A l'instant de jouer, on ne calcule pas les orbites qu'on doit décrire, mais j'ai trouvé utile, au moment de l'entraînement, de penser à ces éléments de base — trois fois deux — destinés à mieux préparer les automatismes.

Au fil des années, j'ai perfectionné un type d'exercice spécifique, qui économise du temps et peut être enseigné à autrui. J'en ai étudié et vérifié individuellement chaque composante, mais avec le temps, les exercices de base, impliquant les deux mains, ont été assemblés de façon à permettre des permutations infinies : on peut coordonner les mains dans la même direction ou dans des directions opposées, on peut apparier ou décaler le mouvement des doigts, de l'archet et la respiration, on peut travailler l'indépendance des doigts de la main gauche tout en éprouvant les innombrables variantes de sensation de l'archet dans la main droite; il s'agit de défaire ce que j'appelle les adhérences, autrement dit, en termes d'informatique, les synchronisations involontaires qui sont l'équivalent des préjugés dans la vie quotidienne. Le poids de l'archet sur la corde de Sol est très différent de celui qu'il a sur la corde de Mi, et cette différence exige une modification correspondante du jeu des doigts, donnant par exemple une plus grande responsabilité au troisième et au quatrième doigt sur la corde de Sol. Naturellement, cela implique aussi un mouvement différent. Tout violoniste accomplit ces mouvements infiniments variés; mais le but de mes exercices est d'en définir le siège et d'en faire prendre conscience. Quelle est, par exemple, la prise minimum qu'on peut exercer sur l'archet? Peut-on le tenir simplement entre le premier et le quatrième doigt? Si l'on se penche en avant, on a à peine besoin du pouce, mais si l'on se penche en arrière, c'est lui qui doit porter le poids. De même, quand on appuie sur la corde avec un doigt de la main gauche, la main et le bras tout entiers doivent en ressentir l'effet et se soulever à la mesure même de la pression exercée vers le bas. Autrement, le son est sans vie et aucune dépense de volonté ne peut éviter la douleur, la rigidité, l'insatisfaction, ni ne saurait produire un beau son, un son qui porte.

Pour ces exercices abstraits, j'utilise une sourdine et place sous les cordes un morceau de tissu dont je fais rentrer les extrémités dans les ouïes. Je pourrais dire que ces exercices avec un violon muet et alourdi, ou, comme je les faisais autrefois, avec un archet dont le crin avait été passé au savon, épargnent à mon oreille un excès de son; que cette continence que je m'impose, en particulier dans le cas de morceaux que je connais depuis toujours (comme le Concerto de Brahms, par exemple), rend d'autant plus vif le plaisir de jouer tout haut et en public. Mais il y a aussi le fait que ce travail de mime m'oblige à intérioriser la musique jusqu'à ce que je puisse l'entendre par mes doigts, mes muscles, mes articulations, jusqu'à ce que le corps devienne une sorte d'intelligence auditive, un instrument parfaitement accordé et qui joue indépendamment de moi, une « pure » voix. En admettant, comme je le fais, qu'un beau son a un répondant visuel, je ferais de moi, si je le pouvais, sa forme ou sa statue, je sculpterais une figure intrinsèquement capable de donner une note exactement à mon gré, vibrante ou percutante, en bondissant ou en rampant pour l'atteindre, en glissant avec lenteur ou célérité, etc,. comme l'archer Zen si conscient de soi-même qu'il donne dans le mille les yeux bandés.

Si j'ai le temps, je passe une heure ou deux à travailler ainsi, et je fais souvent de nouvelles découvertes, car tout cela ne s'est pas fait en une fois, ce n'est pas un miracle sur le chemin de Damas, mais une exploration continuelle. On ne peut atteindre la perfection que si sa recherche devient mode de vie. Je me suis donné pour but de jouer du violon de telle façon que tout ce que je joue soit une préparation pour tout ce que je pourrais être amené à jouer. L'observation attentive, la pratique de la minutie s'intègrent petit à petit; le cerveau conscient est court-circuité; mais je tiens de temps à autre à récupérer dans le subconscient ces mouvements les plus infimes pour leur faire prendre l'air. Il existe une légende encourageante à propos de la méthode de travail de Paganini : un admirateur jaloux le suivit en tournée pendant des années, résolu à percer à jour les secrets de la méthode du Maestro. Il ne réussit jamais à le prendre sur le fait, mais un beau jour, enfin, regardant par le trou de la serrure, il vit le violon extrait de son étui. Son sang ne fit qu'un tour — un seul : au bout de quelques mouvements, Paganini reposa l'instrument. Que cette histoire soit vraie ou non, la morale en est toujours valable. Si l'on a tout maîtrisé, tout intériorisé, ordonné et assimilé, il arrive un moment où l'on a seulement besoin de s'assurer que cette assimilation reste totale.

Bien que ma vie soit en un sens commandée par l'horaire, c'est à moi d'ordonner l'emploi de mes journées. Assurément, j'ai eu bien des trains à prendre, mais jamais le train de banlieue quotidien de huit heures moins vingt. Avec des journées où tant de minutes sont attribuées à telle occupation et tant à telle autre, mon grand luxe est de tricher avec l'horloge sur les devoirs qu'elle m'assigne. Quand les circonstances le permettent, je me lève avant que la pression exercée par la vie des autres ne se fasse sentir, je fais mon yoga dans le vaste calme du petit matin, et je retourne passer une heure délicieuse au lit tandis que le reste du monde s'éveille. Lavé, rafraîchi, étiré, bien réveillé, je suis prêt à reprendre contact avec mon violon, auquel je réserve de préférence la matinée. Mais je ne suis pas esclave de la routine, même si c'est moi qui l'ai établie. J'ai beau accorder à mon travail d'artiste une priorité très élevée, je place encore plus haut mon prochain dont les besoins passent parfois avant ceux du violon. En revanche, j'ai appris à mettre à profit de courts laps de temps : je me mets très vite en état de jouer en public et suis capable de rattraper les retards de sommeil à peu près à n'importe quelle heure du jour et de la nuit.

Il y a au moins une tentation à laquelle je ne résiste pas toujours. Idéalement, si l'on bénéficie d'une journée de liberté, disons après quinze jours où l'on s'est produit quotidiennement en public, on devrait jeûner, passer au lit la plus grande partie de cette journée et ne faire qu'un peu de travail juste pour se dégourdir. Mais le besoin de rompre activement avec le train-train est toujours là, et la journée de liberté est trop souvent mal employée au détriment du prochain concert. Un jour férié par semaine, à la façon puritaine d'autrefois, serait quelque chose d'excellent pour les violonistes. Mais, si l'on veut jouer bien, le plus grand ennemi est encore l'excès de nourriture.

J'ai été élevé suivant un régime sain : ma mère nous donnait des salades, beaucoup de fruits et de légumes crus, une quantité raisonnable de viande, jamais de sauces ni rien de frit, et rarement du dessert. Comme elle ne s'intéressait pas scientifiquement à la question, un brave épicier la persuada un jour que les épinards en conserve constituaient un grand progrès sur les épinards en branches, qu'on avait tant de mal à laver. Nous passâmes à sa boutique et en rapportâmes une caisse d'épinards en boîte. Ma mère en servit à un repas, nous les goûtâmes tous et ce fut la fin de la nourriture en conserve chez nous; les boîtes qui restaient furent jetées à la poubelle sans être ouvertes (on sait aujourd'hui que les épinards peuvent agir sur le métal et devenir très toxiques). J'ai donc été encouragé dès l'enfance à manger sainement, tendance confirmée par le Dr Walter B. Price, comme je l'ai déjà raconté. Je changeai donc mon régime et celui des gens placés dans ma sphère d'influence conformément à ses conclusions.

Mon école n'achète ni farine blanche ni sucre blanc; les enfants, rarement malades, sont toujours de bonne humeur et pleins d'entrain pour travailler ou pour jouer. Dans mon zèle, j'ai également contribué à la fondation de Wholefoods, magasin monté à Londres par la Soil Association (les Amis de la terre) pour vendre de la nourriture végétale ou animale produite biologiquement. C'est un de mes regrets de ne pas avoir une « ferme biologique » à moi, mais, pour compenser ce manque, je rends visite à celle de Sam Mayall dans le Shrospshire. Il m'a donné un jour une leçon de choses qui m'a beaucoup frappé : il y avait deux champs de blé côte à côte, l'un qui avait reçu de l'engrais artificiel et dont les tiges étaient deux fois plus hautes que celles de l'autre, qui n'avait reçu que de l'engrais naturel; mais un violent ouragan avait balayé la campagne, couchant le blé le plus haut, tandis que le blé organique, court et robuste, n'avait pas été endommagé. Après quelques moments financièrement difficiles, Wholefoods rapporte à présent de l'argent, destiné à fonder d'autres magasins et à éduquer le public, puisqu'il s'agit d'une entreprise sans but lucratif.

En ce qui me concerne, je suis assez près d'être végétarien. L'itinéraire normal à parcourir, pour le consommateur, va des quadrupèdes à la volaille bipède, puis aux poissons sans pattes, pour aboutir aux fruits, aux légumes et aux céréales. Je n'en suis pas encore là; en société, il m'arrive encore de succomber à l'attrait du poisson, plus rarement à celui de la viande; mais toutes mes convictions me portent en direction des scrupules végétariens. Ce n'est pas seulement un choix plus humain et plus sain, mais son avantage économique est avéré : si tout le monde se nourrissait directement des produits de la terre au lieu de passer par l'intermédiaire des animaux, il y aurait assez de terre pour nourrir tout le monde. Outre ces considérations, l'argument décisif pour moi reste l'effet que peut avoir sur un concert un estomac lourd, qui n'a pas fini de digérer le pâté du déjeuner, et l'effet tout à fait différent que peut avoir un estomac léger qui a tiré le maximum de profit d'un repas de bonne qualité et facile à assimiler. Immédiatement avant un concert, je complète, si besoin est, cette nourriture saine par une tisane comprenant les graines essentielles, de la levure en poudre, diverses vitamines et du miel, ou par l'une de ces préparations vitales qu'on trouve de plus en plus sur le marché aujourd'hui.

Je suis persuadé que le lecteur ne sous-estimera pas l'importance de ces détails intimes. Je crois en vérité qu'il y a des satisfactions à trouver jusque dans les fonctions élémentaires de notre corps. On ne rencontre aucune mention de la digestion, de la miction ou de la défécation dans les philosophies politiques ou les annales des États; il n'en reste pas moins que toute vie dépend de ces processus, et qu'ils nous donnent certainement notre toute première leçon sur les égards qu'on doit avoir pour l'avenir, ainsi que sur l'importance d'un plaisir différé. Les Chinois, paraît-il, qui ont comme les Indiens le sens du temps, tiennent compte dans leur cuisine de cette satisfaction différée aussi bien que de la satisfaction immédiate. Que n'en faisons-nous tous autant! Une bonne part du malaise planétaire a son origine dans les malaises que nous nous causons à nous-mêmes, tout en cherchant toujours quelqu'un d'autre à blâmer; car la nature humaine est réticente à se défaire de ses habitudes malsaines mais agréables. Le musicien, lui, sait qu'il n'y a personne d'autre à blâmer; qu'il est seul à porter le fardeau de ses fausses notes.

Parfois, on ne saurait pas même invoquer la gourmandise. Ce fut le cas d'un concert en matinée à Milan, que j'eus pour seul souci d'oublier à l'époque, mais auquel je puis songer désormais avec une certaine sérénité. J'étais arrivé avec Diana du midi de la France, à bord d'un train redoutablement bondé de mammas italiennes qui distribuaient en famille leur affection débordante et le saucisson à l'ail, et augmentaient par contraste le sentiment de solitude de l'étranger qui ne participait pas à ces agapes. Nous étions arrivés peu après midi et, croyant que le concert n'avait lieu qu'en soirée, nous nous allongeâmes sur nos lits pour nous relaxer après un voyage où nous étions comme des sardines en boîte. Le téléphone sonna presque aussitôt, annonçant qu'on m'attendait sur scène d'ici une heure. Nous nous relevâmes. Je pris un bain, m'habillai et partis à la rencontre de mon auditoire sans la moindre minute pour jeter un coup d'œil à la musique. Je savais que je devais interpréter le *Concerto en si mineur* de Paganini, que je n'avais pas joué depuis des mois; mais, en le repassant mentalement, j'oubliai complètement que le soliste avait quelques cadences à jouer dans le premier mouvement.

Nous arrivâmes au Teatro Nuovo, salle souterraine où j'ai depuis lors refusé de jouer. Je suis tout à fait pour les usines en sous-sol, mais les salles de concert souterraines se sont révélées, jusqu'à présent du moins, catastrophiques. L'atmosphère renfermée et claustrophobique, l'éclairage, l'acoustique, tout était plus déprimant que je ne saurais le dire. Dans ce décor sinistre, l'appel des cadences oubliées m'assaillit à l'improviste, et je fus seulement capable de produire quelques arpèges avant de passer directement au trille conclusif. Je n'étais pas très fier de moi ce jour-là, et encore moins quand Rafael Kubelik vint me voir dans les coulisses, aussi chaleureux et encourageant que d'habitude. Jeune garçon, il avait beaucoup voyagé avec son père, le grand violoniste Jean Kubelik, et je suppose qu'il savait très bien qu'il n'y a pas de carrière d'artiste exempte de quelque incident honteux.

Nous n'attendîmes que la fin du concert pour regagner l'hôtel à toute vitesse et demander au portier à quelle heure partait le prochain train pour Venise; nous nous ruâmes dans l'escalier, jetâmes nos affaires dans les valises, fonçâmes à la gare et nous enfuîmes comme des voleurs. Quelques heures plus tard, nous glissions en gondole sur le Grand Canal sous un beau ciel d'été nocturne. Le concert s'était perdu dans les brumes du passé, la magie de Venise adoucissait l'heure présente. Je n'avais jamais été aussi heureux.

La sensation de fuir le lieu du crime est un soulagement qui se reproduit souvent dans la vie d'un violoniste itinérant. Même quand un concert s'est déroulé sans anicroche, j'aime bien disparaître pour profiter du calme revenu et de la solitude. Ma tâche accomplie, je n'ai qu'une envie : aller remplir mon prochain engagement, à moins que je ne me retrouve dans une ville où je compte beaucoup d'amis.

Une salle de concert contient tout un assortiment de gens différents, riches et pauvres, gens simples et snobs, caractères nobles et individus dissolus. Être en bons termes avec une telle profusion de types humains, en dépit de l'incompréhension qui peut régner entre eux, est l'un des à-côtés les plus agréables d'une vie de musicien. Il est possible que je l'apprécie particulièrement par contraste avec la solitude de ma jeunesse; mais, quelle qu'en soit la raison, je compte désormais dans ma vie beaucoup d'amitiés qui sont nées sans contact personnel, exprimées par des messages ou des présents répétés au fil des années, au point de devenir de petites traditions. Parfois, on arrive à une sorte d'intimité réelle. Je choisirai à cet égard l'exemple d'une dame, Angela Marris : Mlle Marris assiste à tous mes concerts en Angleterre et à un nombre respectable de ceux que je donne à l'étranger — nous avons fêté voici quelques années notre millième apparition ensemble en public, si j'ose dire. Elle possède une collection de mes disques plus complète que la mienne ou que celle d'EMI, et sa fidélité chaleureuse a pris la forme tangible de tricots aux mesures de toute la famille.

J'ai hautement conscience de ces liens avec autrui dont m'a gratifié la musique, mais je reconnais que j'apprécie par-dessus tout ceux qui se tissent avec des femmes, et plus ces dames sont âgées, plus je les chéris. La plus belle des réussites dans la vie, c'est peut-être d'atteindre le grand âge en ayant préservé son esprit, son sens de l'humour, sa santé et son charme. J'ai bâti, en esprit, pour mes vieilles dames, une galerie privilégiée que je visite souvent pour leur témoigner l'admiration et la reconnaissance qui leur sont dues. Quant à elles, elles comblent un manque certain chez moi qui n'ai pas connu de grand-mère.

La reine Elisabeth de Belgique fut l'une d'elles; elle ne fut pas seulement violoniste et protectrice de la musique, mais une souveraine qui avait un sens infaillible du devoir, qui défendit ses sujets contre l'occupation allemande bien qu'elle-même fût née allemande, et qui, après la guerre, voyagea en Russie et en Pologne malgré toutes les critiques auxquelles elle s'exposa dans son propre pays; également adepte du yoga et élève de mon propre gourou, Iyengar, elle était encore si jeune à quatre-vingts ans qu'elle apprit à se tenir sur la tête.

Dans mon enfance, il y eut les sœurs Godchaux, la majestueuse Mrs Koshland, Mrs Casserly, ma première grande dame new-yorkaise, et Mrs Leventritt, dont la fille Rosalie hérita le rire charmant. Un peu plus tard, j'ajoutai à ma galerie Emma Kodály, Nadia Boulanger et Magdalena Kash, une disciple de Constantin Brunner qui travaille encore, à quatre-vingt-dix ans, à l'institut Brunner de La Haye. En Grande-Bretagne, ma collection s'augmenta de Lady Cholmondeley, de Lady Meade-Featherstonehaugh, herboriste qui connaît les secrets de philtres magiques, et de la princesse Alice, comtesse d'Athlone, une marquise de conte de fées. Ce fut l'autorité royale de la princesse Alice qui persuada notre gouvernante de ne pas essayer de rendre droitier notre fils Jeremy, qui est gaucher. Parmi mes grandes vieilles dames, je dois encore citer Margot von Hausenstein, femme d'un ancien ambassadeur d'Allemagne en France, et Nesta Obermer, dame américaine douée d'un charme effervescent. A Gstaad, j'ai un appareil de relaxation sur lequel on s'attache des courroies en caoutchouc aux chevilles, ce qui permet de se laisser aller en arrière la tête en bas aussi longtemps qu'on veut et de ne plus sentir de poids dans ses pieds, tout cela sans la moindre peine. Nesta Obermer n'eut pas plus tôt vu l'engin qu'elle l'essaya, et cela lui plut suffisamment pour recommencer chaque fois qu'elle vient à Gstaad. Je ne crois pas qu'il y ait beaucoup de femmes de quatre-vingts ans douées d'un tel esprit d'aventure.

Points de vue professionnels

Entre 1945 et 1950, une tournée en Amérique m'amena dans la petite ville minière de Wheeling, sise incongrûment au cœur des beautés rurales de la Virginie occidentale. Cette localité manquait de grâce, ce qui ne l'empêchait pas d'avoir un orchestre, une société philharmonique réunissant des mécènes locaux, et un jeune chef énergique et talentueux nommé Henry Mazer (aujourd'hui assistant à l'orchestre de Chicago), qui portait toute l'entreprise sur ses épaules ; j'avais l'impression qu'outre son travail de chef d'orchestre, il faisait fonction d'appariteur, de vendeur de billets, de collecteur de fonds et de préposé à la publicité. En me reconduisant à mon hôtel après la répétition, il me pria à un souper donné après le concert en soirée. Il eut raison de la promesse que je m'étais faite de me coucher de bonne heure en m'annonçant que notre hôte serait l'un des principaux protecteurs de l'orchestre.

— Il y a pourtant quelque chose dont je dois vous prévenir, ajouta-t-il.

— Et quoi donc ?

— Il n'aime pas Beethoven.

« Euh ! » En demandant des précisions, j'appris que la donation annuelle de notre hôte s'élevait à deux cents dollars, somme qui paraissait mériter, de l'avis de Mazer, que l'on fît preuve d'un peu de tact ; je promis donc de garder pour moi mon admiration pour le Maître. Après un programme auquel, bien sûr, Beethoven ne figurait pas, et dans lequel j'avais joué la *Symphonie espagnole* de Lalo, un ascenseur nous rejeta en haletant sur le seuil d'un appartement en terrasse. En entrant, je reçus une violente bourrade entre les épaules. Essayant de retrouver mon équilibre, j'entendis un gros costaud plein d'entrain me demander :

— Alors, monsieur Menuhin, qu'est-ce que *vous* pensez de Beethoven ?

— Il y a beaucoup de gens qui ont l'air de l'aimer, me hasardai-je à insinuer.

— Bah! répliqua notre hôte d'un ton méprisant. Il n'a rien dans le ventre!

A part moi, je me dis qu'en cet instant, si ce jugement ne s'appliquait pas directement à Beethoven, je le méritais à coup sûr, mais je me retins : une promesse est une promesse. En fait, si l'on excepte la ville de Wheeling, les admirateurs de Beethoven sont si nombreux et si constants que le *Concerto pour violon* est devenu depuis des dizaines d'années l'étalon qui me permet de mesurer le niveau d'exigence plus élevé et les variations de mode en matière de jeu orchestral. J'aurais bien aimé qu'il en eût écrit deux ou trois de plus : c'est un de ces regrets lancinants du violoniste que les grands compositeurs romantiques ne lui aient laissé qu'un concerto chacun, comme s'il s'était agi pour eux de s'acquitter d'un exercice *pro forma* avant de se consacrer aux « choses sérieuses », d'écrire des symphonies et — faut-il l'ajouter — des concertos pour piano. A la différence du Concerto de Brahms dont le souple matériau doit être modelé par l'exécution, et dont la mise en valeur exige donc un orchestre et un chef de grand talent, celui de Beethoven est en soi un bel objet fini qui ne demande à celui qui le présente qu'un minimum de respect. C'est peu après la guerre que cette vérité me fut démontrée de façon assez probante.

Un mois environ avant d'entamer une tournée en Amérique du Sud, dont un récital dans la capitale du Guatemala, je reçus à San Francisco une lettre d'un certain Paco, chef d'orchestre et citoyen guatémaltèque. Voici en substance ce qu'il m'écrivait : « Veuillez nous excuser si nous vous paraissons présomptueux. Sachant que vous deviez venir ici, nous nous sommes demandé si vous pourriez envisager de jouer le Concerto de Beethoven avec nous. Nous comprendrions fort bien que vous refusiez. Nous ne sommes pas très bons, mais nous travaillerons beaucoup avant votre arrivée et si, à la répétition, vous trouvez que c'est vraiment trop mauvais, vous n'aurez qu'à nous le dire franchement. Ce sera déjà un honneur que d'avoir essayé avec vous... » Pas moyen de dire non à une requête ainsi tournée. Je proposai donc, si la répétition se passait bien, de jouer ensemble l'œuvre en public en seconde partie de mon concert. En arrivant, je fus touché plus que je ne saurais dire. Non seulement Paco avait fait répéter l'orchestre tous les jours pendant un mois, mais il avait fait répéter chaque section et chaque musicien individuellement. Le moindre détail était en place, la moindre note était juste et bien rythmée, chaque *piano* et chaque *forte* était respecté. On a certainement assisté à de plus grandes exécutions, mais ici, grâce à cette intégrité et à cette conscience, Beethoven ne perdit rien.

L'orchestre de Paco était suffisamment modeste pour ne rien tenir pour acquis. A l'autre bout de l'échelle, on trouve l'orchestre philharmonique de Berlin et ses équivalents de par le monde, qui ne tiennent rien pour acquis non plus. Mais, entre les deux, il existe de nombreux degrés de compétence et d'autosatisfaction! En contrepartie du Beethoven guatémaltèque, j'ai connu, une dizaine d'années plus tard, un Beethoven texan exécrablement mauvais, dans une petite ville que je dois m'abstenir de nommer, moins par charité que parce que j'ai oublié laquelle c'était. J'ai dit plus haut que c'est par respect qu'on servait le mieux Beethoven. Le soliste peut se rendre compte dès les premières mesures, et même dès les premières notes des timbales, qui ne sont souvent ni justes ni bien rythmées, s'il va être respecté ou non. Les quatre croches par lesquelles les cordes font leur entrée, si difficiles à traiter impeccablement, sont un autre indice de ce qui vous attend. Quand l'orchestre texan entama les tutti à la répétition, j'en fus tellement horrifié que, pour une fois dans ma vie, j'envisageai sérieusement d'annuler le concert. J'avais terriblement honte de moi : cela valait-il la peine de travailler, de voyager, de méditer, de se discipliner et de se consacrer à sa tâche pendant trente ans pour finir par accepter un tel massacre de Beethoven? Finalement, le sens de la solidarité avec ces musiciens, qui n'avaient visiblement aucune idée de l'atrocité de ce qu'ils faisaient, l'emporta sur les protestations de ma conscience. Aussi discrètement que possible, je demandai au chef d'orchestre si je pouvais faire répéter le premier tutti à l'orchestre. Si incorrecte et humiliante que pût paraître cette suggestion, il n'y fit pas d'objection, et nous arrivâmes à nous tirer tant bien que mal du Concerto.

Mes rapports avec les chefs d'orchestre ont été en général excellents. Enfant, je ne faisais jamais aucun commentaire, mais, même aujourd'hui, les discussions entre soliste et chef d'orchestre ne me plaisent guère. La musique est son propre langage, elle n'a nul besoin d'être étayée par des mots et une interprétation doit se défendre toute seule; c'est une affaire d'oreille et de sensibilité, non d'arguments plus ou moins convaincants. L'hypothèse de départ est que le chef d'orchestre accompagne le soliste, mais il existe une certaine marge de manœuvre de part et d'autre de cette prémisse, en fonction de l'autorité et de l'expérience des deux individus et de la liberté laissée au soliste par la partition. C'est essentiellement à lui qu'il revient de décider des tempi, et, comme son entrée est souvent précédée d'un tutti, un chef d'orchestre qui a imprimé dès le début le tempo qu'il a jugé convenable cherche alors parfois l'approbation du soliste plutôt que de poursuivre inutilement ce qui devra bien être corrigé par la suite. S'il ne le fait pas et joue par exemple plus vite que je ne le souhaite, mon entrée délibérément ralentie doit le convaincre de s'adapter. Cependant, il ne saurait y avoir là de rapport rigide d'autorité et d'obéissance. Le chef d'orchestre n'est pas seulement responsable des tutti, mais des passages d'accompagnement où l'orchestre doit jouer des notes plus rapides que le soliste, car ce sont ces notes qui déterminent alors la vitesse de base. Il y a des points d'interprétation auxquels je tiens et je ne puis toujours m'abstenir de presser le chef de s'y plier — par exemple, le crescendo sur les deux notes en levée des premiers violons au moment de la récapitulation, dans le premier mouvement du Concerto de Brahms, un des grands moments de la musique, qui est souvent escamoté. Quand on essaie d'intervenir ainsi, il faut le faire avec courtoisie. On ne saurait évidemment contredire un chef d'orchestre devant ses musiciens, et je dois lui demander d'abord la permission si, en tant que violoniste, je me sens enclin à suggérer tel doigté ou tel coup d'archet particulier aux premiers violons. Cette permission est d'ailleurs toujours accordée.

Il y a un cas de ce genre dans le Concerto de Beethoven. Quand j'étais petit, les premiers violons entamaient l'exposé du thème principal en tirant, de la façon suivante :

Il y a là, à mon avis, un élément de nécessité classique, car il n'est pas plus naturel de commencer une phrase musicale affirmative en poussant que de voter une loi en baissant le bras.

Cependant, la coutume de débuter en poussant, de façon à souligner le motif, a commencé à se faire jour voici une quinzaine d'années, et elle est maintenant adoptée par presque tous les orchestres. Il pourrait paraître assez prétentieux de regretter ce changement : si l'effet visuel est mauvais, la différence de son n'est pratiquement pas perceptible. En outre, ce nouveau choix est bien intentionné, et l'on hésite donc à le condamner. Bien qu'il me fasse faire chaque fois la grimace, j'en laisse ainsi généralement la responsabilité aux orchestres, sauf au mien avec lequel je tiens à en revenir aux usages de ma jeunesse.

Les grands orchestres d'autrefois étaient d'une noble qualité. Depuis lors, c'est le niveau des orchestres de deuxième, troisième ou quatrième catégorie qui s'est élevé; même les orchestres d'amateurs sont plus exigeants, et les orchestres de jeunes sonnent aujourd'hui professionnellement. C'est à l'enregistrement, qui, non content de mettre à notre disposition des exécutions définitives, nous permet à tous de nous écouter nous-mêmes comme les autres nous entendent, que nous devons en être dans une large mesure redevables; autre facteur à mon sens : cette période que nous venons de connaître, marquée par le respect pour les intentions du compositeur. Il n'y a pourtant pas de profit sans perte, et ces deux facteurs sont réunis dans mon esprit sous la même rubrique d'une ère mécanique qui accorde priorité aux règlements, aux choses programmées, planifiées à l'avance, au détriment de la sensibilité individuelle. Marcel Ciampi me disait souvent qu'avant la Première Guerre mondiale, un artiste pouvait réduire au silence ceux qui contestaient son interprétation rien qu'en disant : « C'est comme ça que je le sens. » Quand j'eus l'âge d'écouter régulièrement de la musique, le laxisme romantique cédait déjà la place à la « correction », à l'obsessionnelle régularité du tempo, à la conviction que l'on devait jouer la musique sur les instruments pour laquelle elle avait été écrite, avec les moyens à la disposition du compositeur et dans le style de l'époque. Lors de mon premier séjour à Paris, en 1926-1927, j'assistai à un concert du quatuor Capet qui se faisait une telle idée de la correction qu'il jouait sans vibrato. Jouer sans vibrato est un excellent moyen de contrôler l'intonation individuelle, donc de vérifier l'exactitude d'un ensemble, mais je trouvai la chose si intolérable à l'oreille, en exécution publique, que je quittai la salle (depuis lors, j'ai toujours regretté ma fuite, car les membres du quatuor Capet étaient des musiciens remarquables qui auraient sans doute pu beaucoup m'apprendre). Ces dernières années, le pendule montre des velléités de repartir dans l'autre sens — non pas au point de manquer de respect au compositeur, mais suffisamment pour que l'émotion paraisse de nouveau acceptable. J'ai l'impression que ma propre façon de jouer n'a pas suivi les oscillations de ce pendule, mais peut-être me trompé-je. Un poisson sait-il s'il nage dans l'eau de mer ou en eau douce ? A part le saumon, évidemment.

Le nom de certains chefs est indissociable de leur orchestre dont ils sont à la fois le créateur et la créature ; ainsi Eugene Ormandy à Philadelphie, Herbert von Karajan à Berlin. Ayant hérité d'un instrument magnifique, ils ont su l'entretenir et même l'améliorer. Karajan est venu après toute une longue lignée de grands chefs, mais c'est plus qu'un chef d'orchestre, c'est un meneur d'hommes. Il protège ses musiciens, fait en sorte qu'ils soient bien rémunérés, s'assure de la qualité de leurs instruments, les encourage à se répartir en petits groupes pour jouer de la musique de chambre, veille sur leur moral de toutes sortes de façons. Les Allemands ont en fait l'avantage de respecter le talent de leurs compatriotes, à l'inverse des Français qui, en dépit de leur chauvinisme, tendent à sous-estimer leurs grands hommes. C'est ainsi que l'orchestre de Paris n'a pas été confié à Paul Paray, à Pierre Boulez, à Ernest Bour ni à aucun autre Français, mais à des étrangers qui n'étaient pas forcément à même de bien comprendre l'orchestre français. Pourtant Paray, à quatre-vingt-dix ans, est tout aussi actif, vivace et efficace sur le podium que lorsqu'il dirigea mon premier concert, voici près de cinquante ans. Quant à Boulez, il sait pénétrer une partition avec une clarté d'esprit incroyable (ce fut une curieuse expérience, à New York, récemment, que de faire découvrir le *Concerto pour violon* de Brahms à cet homme qui connaissait sur le bout du doigt les mille subtilités de Berg et de Webern).

L'équilibre anglais offre, comme à bien d'autres égards, un compromis entre les attitudes française et allemande ; les Anglais honorent leurs propres musiciens tout en se montrant fort réceptifs à ceux de l'étranger. Sir Charles Groves a donné un exemple de cette magnanimité en créant à Liverpool un poste d'adjoint destiné à donner à la jeune génération une chance de faire ses premières armes. C'est là que Zubin Mehta, notamment, a commencé à faire ses preuves. J'ai également bénéficié de son dévouement au concours Carl Flesch de Londres, dont je m'occupe : il dirige les concertos de tous les finalistes, ce qui n'est pas seulement travailler pour l'amour de l'art, mais assumer une corvée très astreignante et harassante. Ce n'est pas un hasard si l'Angleterre a produit les jeunes chefs d'orchestre les plus prometteurs de cette génération (avec les Israéliens); ni peut-être tout à fait un hasard non plus si la Grande-Bretagne a eu, pendant quelques années, un chef de gouvernement musicien. Avec tout le respect que je dois à l'intégrité et à l'intelligence d'Edward Heath, je trouve que c'est parmi les musiciens qu'il est le plus détendu, le mieux dans sa peau. Au début de 1976, la Sorbonne lui décerna un diplôme *honoris causa* ainsi qu'à moi-même et à quatre autres pour notre contribution à l'idée européenne — je ne sais alors ce qui me flatta le plus, d'être le premier musicien à recevoir le titre de docteur en Sorbonne, ou la générosité avec laquelle on avait considéré qu'un Américain pouvait aussi être un bon Européen. Je jouai à cette occasion un morceau de Bach pour violon seul, et Edward Heath clôtura la séance en dirigeant l'orchestre et la chorale de la Sorbonne dans l'Alléluia du *Messie* de Hændel (les étrangers étaient déjà bien accueillis en Grande-Bretagne du temps de Hændel : le *Messie* fait aujourd'hui partie de la conscience nationale anglaise au même titre que les pièces de Shakespeare ou la Bible « King James »). Mais je fus encore plus impressionné par un dîner que Heath, alors Premier ministre, donna à Downing Street en 1972 pour fêter le soixante-dixième anniversaire de Sir William Walton. Il avait organisé des interludes musicaux entre les différents plats et présenta chaque morceau en quelques mots bien choisis. Il était et reste rassurant, quand on y songe, qu'une soirée aussi civilisée puisse avoir lieu au centre de commande d'un État. Existe-t-il un autre pays où pareille chose serait possible? Je me le demande.

Un interprète professionnel comme moi, par exemple, peut prendre une œuvre et l'étudier sans passion, en réservant le moment d'exaltation à l'exécution publique. Mais parmi les nombreux chefs d'orchestre professionnels que j'ai été amené à connaître en cinquante ans, il en est un qui a réussi, je ne sais comment, à conserver tout l'enthousiasme de l'amateur.

Edmond de Stoutz, chef de l'orchestre de chambre de Zurich, occupe dans le monde de la musique une place qui n'appartient qu'à lui, place que lui a taillée son dévouement total à son orchestre. Celui-ci comprend des musiciens de premier ordre et d'autres moins bons, mais, sous sa baguette, l'*ensemble* devient de premier ordre. Il ne se passe guère de jour sans qu'il le fasse répéter, et il dirige une répétition avec le même zèle et la même passion qu'il apporte à un concert. Il partage avec ses musiciens les rigueurs des transports en autocar et des hébergements de fortune, mais il exerce une autorité incontestée du seul fait qu'il assume à lui seul toutes les responsabilités. Je n'ai jamais connu quelqu'un de moins vaniteux — ce qui risque de paraître une contradiction dans les termes, car on n'est guère chef d'orchestre sans quelque vanité.

Dans les années qui ont suivi la guerre, j'ai renoncé à employer un accompagnateur régulier, bien que les deux derniers, Marcel Gazelle et Adolph Baller (qui ont d'ailleurs coexisté, Baller faisant mes tournées américaines et Gazelle mes tournées européennes), restent étroitement liés à ma vie; c'est d'ailleurs avec Gazelle que je devais me lancer dans cette grande aventure que fut l'ouverture d'une école. A partir de ce moment-là, ce n'est que par intervalles que je m'attachai les services d'un accompagnateur pour telle ou telle tournée; le plus remarquable d'entre eux fut Leon Pommers, charmant garçon qui parle encore avec l'accent russe, et l'un des meilleurs accompagnateurs des États-Unis; il est aujourd'hui professeur à Brooklyn College et joue aussi très bien du jazz.

Cependant, j'ai eu de plus en plus tendance à jouer avec les pianistes de la famille ainsi qu'avec d'autres pianistes accomplis comme Vladimir Ashkenazy, que j'invitai au festival de Windsor en 1972 — l'un des principaux avantages d'organiser des festivals est la faculté d'y inviter des musiciens qu'on a envie de rencontrer et d'entendre. Ashkenazy m'a rendu la pareille en m'invitant à jouer en Islande, l'étrange et belle patrie qu'il s'est choisie. Wilhelm Kempff est un autre éminent pianiste qui m'inspire infailliblement. Nous fîmes connaissance dans des circonstances assez comiques.

A la fin de 1955, on me demanda de participer à un concert à Athènes, auquel devaient assister le roi Paul et la reine

Frederika, le corps diplomatique et le « Tout-Athènes ». Peu désireux d'amener mon propre accompagnateur et ne tenant pas à y jouer des solos de Bach, je m'enquis de la présence éventuelle de quelque pianiste sur place; j'appris que Kempff devait y jouer, et il fut décidé qu'il m'accompagnerait. J'arrivai avec Diana par le train (c'était au cours de nos années sans avion) et nous découvrîmes, en arrivant à l'ambassade britannique où nous devions loger, que nos bagages avaient pris du retard. Plusieurs ambassades furent mises sens dessus dessous par la recherche de tenues appropriées, mais sans grand succès : le pantalon (français) avait l'air repassé en diagonale, les vernis (espagnols) étaient trop grands, l'habit (allemand) traînait par terre, la chemise (italienne) était assez bouffante pour me faire une splendide poitrine de diva, et l'effet d'ensemble était tel que l'ambassadeur italien demanda à Diana l'adresse de mon tailleur. Seul le ministre soviétique n'y trouva rien à redire.

Kempff et moi ne répétâmes guère ce jour-là. Nous nous contentâmes de parcourir le programme et découvrîmes tout de suite que nous nous comprenions. Cette façon de faire devint une habitude; pour enregistrer ensemble toutes les sonates de Beethoven, nous jouâmes sans répétition préalable et choisîmes même souvent la première prise de chaque mouvement. Je l'ai déjà dit : Kempff est aujourd'hui le plus noble représentant de la tradition allemande; resté fidèle à l'époque où le chronomètre et le métronome ne s'étaient pas encore substitués au rythme organique de la musique, il n'en est pas moins fidèle à notre temps par la discipline qu'il s'impose. Il concilie au plus haut niveau la spontanéité et le naturel, d'une part, et, de l'autre, le respect rigoureux des intentions du compositeur.

Nul musicien du XXe siècle n'aurait pu manquer d'apprécier le talent de l'Anglais Gerald Moore, l'un des grands accompagnateurs contemporains, qui a hélas maintenant pris sa retraite. Il me surprenait toujours par l'extraordinaire délicatesse de son jeu, que ne laissaient pas prévoir la longueur et la grosseur de ses doigts; à en juger par son allure quand il s'asseyait au piano, on avait l'impression qu'il se montrerait plutôt lourd et solide, alors qu'en fait je me demande s'il y a jamais eu accompagnateur plus sensible. Les deux grands accompagnateurs anglais que je connais le mieux, Ivor Newton et Gerald Moore, ont de grandes qualités en commun, mais aux deux extrêmes du spectre national : Ivor est un personnage de salon, urbain et cultivé, alors que Gerald représente la campagne. L'Angleterre semble avoir la spécialité de ce genre d'artistes qui appartiennent au paysage : tout comme les parcs londoniens ne sont jamais tout à fait citadins et restent comme des langues de campagne s'en venant lécher le cœur de la métropole. Elgar et Britten étaient des musiciens de cette espèce, Moore en est un autre. A la différence des musiciens de France ou d'Allemagne, complètement urbanisés, le musicien anglais se tourne une fois sur deux vers la campagne, comme pour se détendre : il peut avoir une ferme, élever des animaux ou, comme Gerald Moore, prendre sa retraite à Box Hill pour se sentir participer à la vie des plantes, des arbres et des champs.

Les pianistes avec qui je joue le plus souvent aujourd'hui sont mon beau-frère Louis Kentner et ma sœur Hephzibah. Louis, Hongrois de naissance, est un très grand musicien, l'un de ces derniers grandioses interprètes appartenant encore au monde de Liszt, de Busoni et des débuts de Rubinstein. Nous jouions déjà ensemble avant d'être alliés, et, depuis lors, nous avons joué par deux fois le cycle Beethoven à Paris, et une fois à Londres. Louis s'est partout acquis l'admiration des connaisseurs; il a une excellente nature et n'envie personne : il a une femme aimante et qu'il aime, Griselda, la sœur de Diana, ses livres, sa musique, son enseignement, et il est tout à fait heureux de la vie qu'il mène. Il a accompli des merveilles à mon école; depuis qu'il a pris la direction de la section de piano, les enfants se sont mis à jouer avec une maîtrise, une inspiration, une ampleur que seul peut susciter un grand artiste. Et je sais que ce travail lui donne bien des satisfactions à lui aussi.

Quoiqu'elle habite désormais à Londres et qu'il lui soit arrivé de se produire lors de festivals organisés par moi, j'ai très peu joué avec Yaltah. C'est une personne très féminine, sensible, délicate, fragile, qui aborde la musique de façon profondément émotionnelle. A l'époque où mes sœurs étaient toutes jeunes, à Bâle, Rudolf Serkin, qui leur donnait des leçons, considérait Yaltah comme la plus douée. Il serait plus juste de dire qu'elles ont des dons différents. Hephzibah est solide comme le roc, son exigence esthétique l'empêche de céder à la banalité, à la vulgarité ou à l'exagération. Yaltah, avec une moindre maîtrise du clavier, fait preuve d'une musicalité remarquable et ses interprétations sont plus révélatrices. Ayant longtemps habité Los Angeles où elle a lié connaissance avec de nombreux compositeurs modernes, elle a été davantage plongée dans le bain de la musique contemporaine qu'Hephzibah, qui a développé son indépendance et son autorité en jouant le répertoire classique en Australie pendant la guerre. Je doute que Yaltah pourrait supporter le côté pénible de la vie de tournées. A la différence d'Hephzibah, elle n'a pas été entraînée à cette discipline quasi militaire, et elle n'aurait peut-être pas non plus la force physique requise pour faire face à ses dures contraintes. Dans une destinée qui ne s'est guère montrée généreuse avec elle, le piano a peut-être été son refuge. Yaltah est un ange gardien qui distribue remèdes, béquilles ou réconfort aux êtres souffrants qui viennent frapper à sa porte, et récolte ainsi la tendresse et la gratitude que la vie lui a par ailleurs refusées.

A tort ou à raison, je crois pouvoir connaître les êtres humains d'après leur manière de jouer. En jouant, l'artiste se met à nu, exhibe son tempérament secret, ses ressorts cachés, il prend le risque de se révéler psychologiquement. Ma sœur Hephzibah tendrait à le prouver : son jeu a des caractéristiques de netteté, de clarté, une espèce de bon sens qui refuse les fioritures; il est aussi peu maquillé qu'elle-même, il tolère aussi mal le geste éclatant, voyant, qu'elle-même est exempte de toute envie d'attirer l'attention. Cette *pudeur* * d'Hephzibah a son côté négatif en ce qu'elle ne s'est jamais souciée de se faire valoir — que ce soit par sa présentation, son habillement, son interprétation — ou de se créer une « image ». Elle aurait pu être une virtuose connue, en tournée trois cents jours par an. Elle en a décidé autrement.

Ses ressemblances et ses différences avec ma mère sont fascinantes. Comme Mammina, elle est si équilibrée, méthodique et sérieuse qu'elle accomplira toujours le devoir qui se présente à elle sans se laisser influencer par le passé récent ou l'avenir immédiat; dans une maison en ébullition, avec un programme à préparer et dix minutes toutes les deux heures pour s'en acquitter, elle profite de chacune de ces rares minutes, tout comme elle avait jadis assimilé sans difficulté tous les verbes irréguliers français. Comme Mammina, elle a, par goût, horreur de l'exagération. Mais, à la différence de Mammina, elle n'a rien à réprimer en elle. Elle a trouvé un épanouissement

* En français dans le texte.

complet dans sa vie avec son mari, dans le service de la société et dans sa propre musique; la discipline n'est pas chez elle un frein à quelque tempérament explosif, mais une joyeuse égalité d'humeur, qu'elle porte comme le vêtement le plus naturel de son âme.

Le besoin de compagnie d'Hephzibah est un vieux sujet de plaisanteries familiales; en tournée avec elle, je me demande toujours qui elle peut bien avoir invité au petit déjeuner. Mais une vérité se cache sous ce trait extérieur. Tout comme les préoccupations sociales de Richard Hauser étaient destinées à faire l'objet de son propre engagement, elle préfère la musique de chambre à la gloire solitaire du soliste. Elle s'est surtout produite avec moi. Elle a toujours besoin d'un objet d'inspiration, son frère de préférence, en plus de la musique; tout comme elle a besoin, dans un autre domaine, de savoir qu'elle agit conformément aux intentions de son mari. Hephzibah ne fait pas un secret de sa nature. Elle admet avoir besoin des convictions des autres pour relever les siennes, qu'elle n'est pas autonome, qu'elle préfère briller par reflet. Cependant, il suffit d'un rythme pour la soutenir et d'un but qui l'aimante pour qu'elle se donne complètement. Le proverbe dit : « Celui qui sait, et qui ne sait pas qu'il sait, ouvre-lui les yeux. » Je crois justement qu'elle en est là, qu'elle est en train d'ouvrir les yeux sur ses propres dons. D'autres influences musicales que la mienne agissent maintenant sur elle : celle d'Efrem Kurtz et de sa femme, la merveilleuse flûtiste Elaine Schaffer, ou encore celle de l'altiste italien Luigi Bianchi, ont déclenché une expressivité nouvelle chez elle; et, malgré le paradoxe apparent, elle a récemment épousé la cause du mouvement féministe — peut-être pour compenser le côté soumis de son caractère, ou peut-être parce que ce caractère ne lui permet de s'affirmer qu'au service d'une cause plus générale.

Quand nous partons ensemble en tournée, nous avons nos rites. En nomades expérimentés, nous avons appris à éviter les déplacement inutiles, plutôt que de nous rendre à la salle de concert pendant la journée, et donc perdre du temps à s'habiller, à prendre des taxis pour aller et revenir, nous préférons nous installer rapidement à l'hôtel et dormir, faire des exercices ou travailler. Deux heures environ avant l'ouverture des portes au public, nous arrivons à la salle pour répéter, séparément d'abord — elle sur scène et moi au foyer —, puis ensemble.

J'aime me mettre en forme de cette façon progressive avant de jouer en public, mais l'heure passée sur scène devant des rangées de sièges vides a aussi un but plus prosaïque : il s'agit de tester l'acoustique, car s'il existe un fléau pour le musicien itinérant, c'est bien la mauvaise acoustique que les constructeurs et régisseurs de salles ont trouvé des dizaines de façons différentes de produire.

Notre culte de la technologie va de pair avec une sorte de perversité qui se jette à corps perdu dans l'aberration. La salle de concert parfaite existe : inventée par nos ancêtres, bien des villes ont encore la chance d'en posséder une qui prouve ses vertus à l'usage. Pourtant, combien d'architectes, d'ingénieurs et d'ingénieux acousticiens dédaignent-ils cette leçon vivante du passé pour investir leurs talents combinés dans une désastreuse réalisation moderne! Quelle débauche de réponses tordues à de fausses questions n'a-t-il pas fallu en effet pour engendrer le Royal Festival Hall de Londres, près de la Tamise, et le Lincoln Center de Manhattan! L'acoustique du Festival Hall relève de la même stupidité qui faisait concevoir les studios d'enregistrement d'il y a vingt-cinq ans sans aucune espèce d'écho, comme si la musique relevait des mêmes impératifs que la chirurgie, à savoir de s'exercer sous une lumière ne projetant aucune ombre, ne donnant ni profondeur, ni relief ni perspective. Moins purement antiseptique de conception, le Royal Festival Hall avait pourtant déjà, avant modification, exactement cette mesquinerie et cette sécheresse d'effets acoustiques que les ingénieurs avaient souhaité lui conférer.

A l'époque où le Lincoln Center n'était encore qu'en projet, j'envoyai à John D. Rockefeller III, qui en patronnait la construction, les plans du Liederhalle de Stuttgart, né d'un croquis d'artiste et non des calculs d'un ingénieur, une des salles modernes les plus astucieuses et les plus satisfaisantes qui soient. Doté d'une architecture aux lignes fluides et asymétriques, le Liederhalle a son parterre d'un ovale irrégulier situé entre un mur en bois incurvé et un autre en pierre zébrée; les allées sinueuses qui s'y faufilent sont, comme le système hydrographique auquel elles ressemblent, plus étroites vers la scène et plus larges à l'autre bout, vers les portes de sortie, où davantage de monde doit circuler; c'est le bon sens même, encore faut-il quelque génie à un dessinateur pour y penser. Mais je n'ai nullement réussi à influer sur la conception de Lincoln Center.

Au contraire, Zubin Mehta, qui a pu donner son avis aux constructeurs à chaque étape de l'élaboration des plans du Dorothy Chandler Pavilion, à Los Angeles, a obtenu un son riche et séduisant, un juste milieu convenant aussi bien à un chanteur seul qu'à un orchestre au grand complet. Comme au Festival Hall, on a installé au Avery Fisher Hall du Lincoln Center des dispositifs destinés à réfléchir le son par le plafond et qui ont rendu l'acoustique actuelle plus réjouissante; mais il en a coûté chaque fois un million de dollars, montant apparemment obligatoire en Amérique pour réaliser quoi que ce soit (au moment où j'écris, d'autres millions vont être dépensés pour une troisième tentative d'amélioration). La technologie peut beaucoup, mais elle aboutit à dégager la responsabilité de l'architecte. L'élégante économie qui tient compte des lois physiques pour atteindre à l'objectif ne reste-t-elle pas l'idéal?

Pour une heureuse distribution du son, un bâtiment doit être élevé, spacieux, et point trop profond de la scène au fond de la salle. Obéissant à ces exigences, les salles d'opéra du XIXe siècle sont parfaites, sans exception et quelle que soit leur taille. Leur forme en fer à cheval met la musique à la portée de tout l'auditoire; les balcons et loges peu encaissés ne cachent aucune partie du public dans une ombre étouffante; le son rebondit sur les murs et s'envole vers le plafond décoré. Je ne sais quelle était la précision des connaissances acoustiques à l'époque où ces bâtiments furent construits, car mon intérêt pour la question est plutôt pragmatique qu'historique, mais je ne cesse jamais de m'étonner que leur leçon ait pu être aussi impudemment négligée. La réponse à cette intrigante question réside peut-être dans l'intérêt dominant accordé aujourd'hui à l'image et au visuel, dans la perte d'influence de l'auditif et de l'oreille, et plus particulièrement dans cette hypothèse que le cinéma serait devenu la source principale de découverte, de plaisir et de distraction. Le cinéma a fait beaucoup de mal aux salles de concert en abaissant le noble plafond, en transformant l'espace en couloir, en enterrant le public sous des balcons massivement projetés en avant, en le réduisant à l'état de spectateur passif confortablement enfoncé dans des coussins, en amplifiant le son jusqu'à atteindre un volume assourdissant. Un rayon de lumière peut suffire à éclairer un tunnel, mais le son demande de la hauteur, et quand hauteur il y a, un murmure suffit. Un récital dans un tunnel est quelque chose d'aussi laborieux que de nager contre une marée de caramel fondu.

Le petit joyau de Venise, la Fenice, appelle la veine cantabile de Mozart ou de Paganini ; il y a de grands édifices du culte, comme la cathédrale de Canterbury ou le Münster de Bâle, qui semblent conçus pour les sonorités de Bach ; de même, la salle de concert européenne traditionnelle — le Concertgebouw d'Amsterdam, l'ancien Gewandhaus de Leipzig, ou le Symphony Hall de Boston, sa réplique vivante — va avec la musique des maîtres du XIXe siècle. Tout comme les salles d'opéra, ces beaux espaces rectangulaires, à la hauteur et à la surface bien proportionnées, avec des balcons étroits, en rien gênants, procurent à tout coup une acoustique sans défaut.

L'utilisation du bois en abondance est une de leurs vertus. Né à une époque où le bois était un matériau universel et où les forêts prospéraient dans des régions dont le sol est maintenant à nu, le violon donne ce qu'il a de meilleur dans une chambre d'écho en bois, comme j'en eus maintes fois la preuve pendant la guerre dans tous les baraquements préfabriqués de l'armée américaine. La salle de concert de l'opéra de Sydney, revêtue intérieurement de bouleau blanc australien, l'atteste pareillement. Il n'existe pas beaucoup de salles traditionnelles entièrement lambrissées, mais, dans les nobles proportions du bâtiment, le bois du sol et de la scène rend un son chaud et vivant. Même la salle Pleyel, grande et plutôt anonyme, porte bien le son à cause de sa scène en bois. Je suis tellement habitué à cette salle un peu disgracieuse que je l'ai prise en affection et suis prêt à oublier ses défauts. En l'absence de bois, j'aime jouer sur fond de roc, d'acier ou encore de verre, comme j'en ai eu la révélation lors de mon premier séjour à Mexico en 1941 : le fond de scène des Beaux-Arts était en verre moiré de couleur, lourdement serti de plomb, sur lequel le son rebondissait avec une brillance et une clarté égales à celles de ses teintes vives.

Par expérience, je fais des réserves sur les concerts en plein air. Même dans les paradis climatiques, les trois facteurs essentiels — immobilité de l'air, absence d'humidité et perfection acoustique — sont trop rarement réunis. L'un des sites les plus fiables pour des concerts aussi risqués était le Robin Hood Dell de Philadelphie, dépression naturelle entourée de pentes gazonnées sur lesquelles, les soirs d'été, les robes des dames avaient l'air de bouquets de fleurs géants. Même dans ce joli endroit, il fallait amplifier le son pour les auditeurs les plus éloignés, mais c'était fait avec discrétion. Puis on voulut améliorer le Dell, et on ne fit que le détruire. Les pentes furent excavées au bulldozer pour l'agrandir, on cimenta le sol, on installa des bancs, on augmenta l'amplification. Maintenant, on dirait un foirail. Mais peut-être que cette perte aura été compensée : sans relâche au service de Philadelphie, Frederick Mann a réalisé un nouveau Dell où je compte bien jouer un de ces jours.

J'ai eu des concerts qui ont bien marché dans des amphithéâtres antiques : les pierres et l'escarpement combiné avec le peu de profondeur y résolvent bien des problèmes acoustiques du plein air. Mais j'y ai aussi connu quelques désastres, comme lors du premier concert donné à l'amphithéâtre romain de Césarée, en Israël. En la matière, seul celui qui n'essaie pas ne se trompe jamais, et l'on n'avait encore rien essayé jusque-là à Césarée. Nous devions donner un programme de musique de chambre — il y avait là Maurice Gendron, Alberto Lysy, Ödön Partos, moi-même et Ernst Wallfisch, l'altiste (il avait travaillé avec Enesco et je le rencontrai pour la première fois à un déjeuner officiel donné en Roumanie par la Gauleiterin Anna Pauker et où il avait joué; par la suite, j'ai réussi à le faire venir aux États-Unis). Nous nous assîmes, ouvrîmes notre partition, la posâmes sur les pupitres, levâmes nos archets et nous mîmes à jouer. Tout allait à merveille quand, brusquement, arriva une bouffée de brise de la Méditerranée toute proche; la brise se mit à tourner les pages à toute vitesse, certains d'entre nous se retrouvèrent au deuxième mouvement, d'autres au dernier. Nous recommençâmes. Le deuxième coup de vent fut plus sérieux; deux partitions entières s'envolèrent de leurs pupitres respectifs. Quelqu'un proposa des pinces à linge, mais comme cette solution exigeait de s'arrêter à la fin de chaque page pour la détacher, la tourner puis remettre la pince, je demandai des volontaires parmi le public pour tourner les pages — ou plutôt pour les empêcher de tourner. A l'entracte, épouses et amis vinrent dispenser consolations et condoléances — à tous les musiciens sauf à moi, car Diana, malade de rire, vint me dire en pouffant : « Je ne me suis jamais tant amusée de ma vie à un concert! »

Comique ou tragique, cette expérience disait l'utilité des

paravents et plaques de résonance pour la musique en plein air. Aujourd'hui, on construit d'excellentes « salles » à ciel ouvert, et Césarée peut être mieux assurée de ses charmes.

Il est très rare de rencontrer un problème de résonance excessive — les églises constituant bien sûr la principale exception. J'ai souvent joué dans des églises, par exemple à l'occasion de mon festival annuel de Gstaad, qui a lieu à Saanen, et les problèmes et avantages de l'architecture religieuse me sont devenus familiers. Car elle offre de grands avantages. Jouer du Bach sans accompagnement à Westminster Abbey fut un des grands moments de ma carrière; c'était une sensation extraordinaire et merveilleuse que de savoir que la moindre note allait planer et se faufiler jusqu'au moindre recoin du majestueux édifice, et que la résonance des voûtes, qui n'eût fait qu'empâter le son de tout instrument harmonique, aidait le violon seul en soulignant ses harmonies implicites, comme la pédale permet de le faire au piano, rendant ainsi le son radieux et chaleureux. Compte tenu de la résonance de l'église, il convient de modifier son jeu, de traiter par exemple un mouvement rapide plus lentement que la normale; mais de tels calculs sont rarement nécessaires : l'imperfection d'une acoustique n'est pas due en général à l'excès de résonance, mais au contraire à l'aplatissement, à l'étouffement, au manque de vie. Et le pire de tout, c'est la scène municipale d'une petite ville, tendue de lourds rideaux de velours par les braves dames du cru.

Le fin du fin, dans le genre, je l'ai trouvé à Mayagüez, deuxième ville de Porto Rico (et lieu de naissance de Martita Casals), quand j'y ai joué avec Adolph Baller pendant la guerre. La petite salle prévue pour notre récital arborait non pas une, mais plusieurs épaisseurs de rideaux entre les coulisses et la scène; nous y jouâmes une difficile partie de cache-cache involontaire, nous cognant l'un dans l'autre dans nos tentatives désespérées de trouver une issue à ces replis suffocants. C'était comme d'essayer d'atterrir à Heathrow par temps bien couvert, quand on traverse une première couche de nuages en espérant découvrir le sol au-dessous de soi, mais pour ne trouver qu'une deuxième, puis une troisième couche...

Quand on rencontre des barrières de velours entre son auditoire et soi une heure avant la première note, on n'y peut rien; comme on ne peut ni déchirer les rideaux ni corriger leur effet, il ne reste plus qu'à jouer avec le plus de chaleur qu'on peut. Il est néanmoins possible d'apporter des améliorations à des salles moins désastreusement décorées. L'équilibre d'une exécution peut être favorisé ou défavorisé par la position des musiciens les uns par rapport aux autres et par rapport au public. Dans une salle qui a peu de résonance, on ouvre le piano en grand; si l'acoustique favorise le piano au détriment du violon, on ne l'ouvre qu'à demi. Toutes choses égales d'ailleurs, je préfère que le piano soit ouvert en grand, et j'aime bien me placer dans sa courbe, d'où le son des deux instruments jaillit comme un tout. Une fois les essais effectués et les décisions prises, c'est l'heure de l'arrivée du public, et il est temps qu'Hephzibah et moi disparaissions dans les coulisses. Là, j'ai un avantage sur elle. Peu de salles disposent d'un piano au foyer des artistes, de sorte qu'elle doit se tourner les pouces, tandis que je peux continuer à me mettre en doigts jusqu'au dernier moment (en fait, elle s'entraîne en pianotant sur n'importe quelle table).

Il y a, à mon avis, trois éléments dans une salle qui peuvent contribuer au succès d'une exécution : l'élément acoustique, l'élément visuel et l'élément social — et ils étaient tous trois généralement mieux dispensés dans le passé que de nos jours. Les présupposés égalitaristes semblent avoir conduit les architectes à penser que tout le monde veut un fauteuil pour écouter de la musique. Cette hypothèse est non seulement irréaliste par suite de ce qu'il en coûte aux constructeurs et au public, mais elle traduit mal l'image que le public se fait de lui-même. Si les étudiants évitent les loges et accourent en foule aux « concerts-promenades », c'est moins une question d'impécuniosité que de style de vie. Quand Pierre Boulez, qui plaide en faveur de concerts sans cérémonie, dirige les « concerts-promenades » de New York, il fait enlever les sièges du parterre et les remplace par des coussins. Cela a eu beaucoup de succès, mais on n'aurait nul besoin d'aller jusque-là si, pour commencer, les salles n'étaient pas faites uniquement pour la bourgeoisie.

Puis il faut que l'auditoire puisse assister à sa propre réjouissance et l'entendre. L'empêchement mis à la perception de l'acclamation collective était l'un des nombreux péchés originels du Royal Festival Hall; je me demande parfois si cette salle n'avait pas été conçue pour remettre l'artiste à sa place et, du même coup, diminuer son plaisir et celui de tous les participants. Hephzibah et moi y avons donné le premier récital, le lendemain de l'inauguration à grand renfort de fanfares et d'orchestres. A l'époque, la scène n'était pas à plus de trente centimètres du sol, et comme des portes de sortie s'ouvraient aussi à ce niveau, l'artiste qui revenait sur scène pour saluer était dérobé à la moitié de la salle par les gens qui s'en allaient, pressés de rentrer chez eux par le dernier autobus. A l'occasion de notre récital suivant, je demandai que l'on surélevât la scène; elle l'a été depuis lors à titre permanent, mais le Festival Hall reste conçu pour réduire le concert à un banal fait divers. Le Queen Elizabeth Hall, de construction plus récente, est à peine moins conçu en dépit du bon sens, mais ses parois de béton foncé ont au moins un certain chic sinistre, un côté mausolée royal.

Ces édifices peu satisfaisants ont fait apparaître aux yeux de tout un chacun les qualités du Royal Albert Hall de Kensington, jadis si décrié. Non seulement on y trouve des fantômes, une ambiance, un sentiment de dignité, mais son acoustique ne saurait être pire que celle des salles rivales. En outre, il fait entrer le soliste en oblique par rapport au public, parfaitement visible de toute la salle, c'est-à-dire dans les conditions les meilleures pour établir le contact. Par contre, au Festival Hall, comme en bien d'autres endroits, l'artiste arrive par le côté. La principale raison pour laquelle on lui fait traverser la scène est de le faire applaudir; or, si son trajet est parallèle à une bonne partie du public, il peut difficilement lui faire face, sourire, remercier; et toute l'affaire se réduit à une convention stupide et un peu gênante par laquelle artiste et public exhibent vaillamment leur plaisir de se rencontrer, parce qu'ils sont bien élevés plutôt que par sentiment spontané. Le vieux Shriners Auditorium de Los Angeles, où j'ai souvent joué dans ma jeunesse, a la scène de loin la plus pénible à traverser. C'est une salle de plusieurs milliers de places, et la scène a presque la longueur d'un pâté de maisons; il fallait si longtemps pour arriver en son milieu que l'accueil du public, si chaleureux fût-il, retombait bien avant, et que les applaudissements de la fin ne se prolongeaient jamais au-delà d'un deuxième rappel.

Le contraste offert par le foyer des artistes avant et après le concert est quelque chose qui me réjouit. Avant, c'est un lieu d'intense préparation (je peux travailler en présence de gens, si besoin est, mais je préfère le faire en privé). Après, il se remplit d'une foule dont j'ai plaisir, si j'ai bien joué, à recevoir les compliments. C'est bien entendu le retour de Diana et les commentaires d'amis et de collègues que j'attends avec le plus d'impatience; il n'en est pas moins vrai que toutes les contributions sont bienvenues, même quand elles s'expriment en silence. Mais cette cérémonie de l'après-concert a pu parfois s'avérer embarrassante. Je me souviens d'un récital donné avec Hephzibah pour une société musicale de Vevey — petite mais prestigieuse, et vis-à-vis de laquelle je m'étais senti une espèce d'obligation, le directeur m'ayant montré une lettre de refus un peu brusque écrite par mon père, peut-être quarante ans auparavant. Jouant donc là avec Hephzibah, il se trouva parmi les gens qui vinrent me voir après le concert une dame défigurée par un strabisme fort prononcé. Elle me confia que j'avais donné le premier concert auquel elle eût jamais assisté, et ajouta : « *Et cela m'a marquée pour la vie* *... »

Quel est le rôle de l'interprète? Certainement plus que de simplement transmettre. Entre le compositeur et le public, il apporte l'élément vivant, il donne le battement de la vie à la sécheresse des notes alignées sur la portée. Ce qui fait une interprétation, c'est une légère irrégularité ayant sa source dans le sentiment personnel, témoignant que la vie ne marche pas à vitesse constante, que le sang et le souffle doivent s'accélérer ou se ralentir au gré des circonstances. Comme j'ai tendance à la littéralité, j'ai cherché à réduire ce principe de distorsion à un moyen efficace; il s'agit d'imiter l'instinct, en quelque sorte, ou pour le moins d'indiquer, guidé par l'instinct, quelles sont les notes les plus importantes et celles qui le sont moins, là où une phrase s'élance et retombe, quels passages appellent de la résignation et quels autres de l'effort. Il y a des œuvres qui, par nature, supportent moins de distorsions que d'autres. La noble unité de la Chaconne de Bach, le plus grand morceau conçu pour violon solo, souffre si on le traite avec impulsivité. La note allongée, la précipitation, qui détruit la majesté de la progression, l'ornement inutile

* En français dans le texte.

ou le changement de volume à plaisir, rompent l'enchantement. Il est passionnant de remarquer que, chez Bach en général, on augmente souvent la puissance de communication en réduisant le volume, la variété dynamique, le vibrato et l'attaque. Il en va de même pour Schubert; il pâtit, plus peut-être que tout autre musicien du XIXe siècle, de la propension de l'interprète à s'attarder sur un passage calme ou à accélérer un crescendo, mais, joué avec une rigueur presque comparable à celle du métronome, l'effet devient irrésistible. Ainsi, bien que la distorsion soit vitale, on doit la pratiquer avec les plus grandes précautions, et une musique plus dramatisée qu'elle n'est censée être ne réussit qu'à devenir grossière.

L'interprète a un triple devoir. Il doit d'abord maîtriser les innombrables pressions musculaires qui, dans chaque position et sur chaque corde, produisent tous les sons possibles; c'est la phonétique de son langage. Il doit ensuite en réunir les éléments pour communiquer un message, et, pour ce faire, avoir en lui une sorte de plénitude à exprimer, sans quoi la plénitude du compositeur lui-même ne saurait trouver écho ni véhicule. Enfin, il a besoin de comprendre le style du compositeur, ce qui apporte un correctif à son envie de s'exprimer en lieu et place de la musique. Ainsi met-il tout son bagage, sa compétence, et la matière première de sa vie même au service de la vision d'un autre homme — vision qui est devenue la sienne sans qu'il soit besoin d'y penser au moment de l'exécution. La maîtrise technique consiste en des réactions automatiques aux impulsions, réactions accumulées au fil des années; elles alimentent l'ordinateur instinctif du cerveau, qui traduit alors mystérieusement l'impulsion en flexions et extensions appropriées des doigts pour faire bouger l'archet, en amplitude correcte du vibrato, en vitesse, en pression et en volume exacts. Tout se passe comme si l'on recélait en soi un catalogue personnel comprenant l'instinct, l'expérience, l'intellect et l'émotion, à portée de la main pour s'y référer à tout moment, guidé par la conception qu'on s'est faite du morceau à interpréter.

L'interprète doit évidemment créer, mais il existe plusieurs degrés de création et la composition est certainement le plus élevé. Je compense cette infériorité en commandant de la musique, activité qui dispense de nombreux plaisirs. Pour le compositeur, il y a la satisfaction de travailler pour quelqu'un qui a ainsi parié sur le résultat; pour l'interprète, cette association à l'acte de création satisfait un côté de sa nature qui, à défaut, pourrait être frustré. Je suis convaincu que la créativité est la norme par excellence de la condition humaine, qu'on l'exerce à la cuisine, à tenir sa maison, à tenir son violon ou de cent autres façons. J'ai parfaitement conscience qu'il est d'autres définitions de la normalité, mais je combats résolument l'idée qui assimile la normalité à l'état de malnutrition physique et spirituelle dans lequel doivent vivre la plupart des gens. Pour moi, le comble, la perfection de la normalité, c'est de pouvoir connaître le peintre dans son atelier, de recevoir le compositeur quand l'encre de son manuscrit est encore fraîche, de jouer son œuvre en première audition. C'est pourquoi, depuis l'époque de ma première rencontre avec Ernest Bloch, j'ai cherché à susciter de la musique partout et chaque fois que l'occasion s'en est présentée.

Les dernières œuvres de Bloch, les *Suites n°s 1 et 2 pour violon solo*, ont été écrites pour moi; il avait été mon premier compositeur, je fus son dernier interprète. Il était déjà malade en 1957 quand je lui commandai ces œuvres à Agate Beach, en Oregon, côte sauvage et isolée où viennent se briser sur la grève des vagues venues directement d'Asie, endroit qui convenait à la grandeur et à l'intensité de son caractère. Ses suites sont admirablement écrites pour le violon, expressives, mélodiques, classiques en un sens qui évoque le Bach des dernières années, et, pour cette raison, probablement vouées à être sous-estimées. Il est curieux qu'il faille juger une œuvre d'art d'après les critères de la mode et qu'on ne lui permette pas d'énoncer ses propres règles du jeu. Si c'était possible, j'aimerais tenter une petite expérience avec ces compositions : je les présenterais comme l'œuvre récemment découverte d'un contemporain encore inconnu de Bach, Juif russe peut-être, qui, ayant voyagé en Orient et subi l'influence tzigane, aurait rejeté le mode ordonné de la fugue pour écrire de façon plus rhapsodique et improvisée; on les considérerait certainement comme la trouvaille du siècle.

Bartók est assurément le plus grand compositeur que j'aie connu. Il avait des affinités avec Bloch, sur le plan humain comme sur le plan musical. Tous deux étaient connaisseurs et amants du monde de la nature; en musique, tous deux expriment la souffrance humaine, l'un comme l'autre ont quelque chose d'héroïque qui dépasse de loin les limites des simples mortels; de ces deux hommes émane une idée de puissance; en outre, techniquement parlant, ils ont en commun une prédilection pour les quartes et les quintes. Mais ces traits de ressemblance n'en soulignent que mieux ce qui les sépare. Tandis que l'indignation de Bloch exprime peut-être trop directement la triste condition humaine, Bartók résiste à cette facilité avec une intransigeance de non-Juif. Bloch est capable, si j'ose dire, de se laisser aller à grimper au Mur des lamentations; il peste contre la destinée, il secoue les fondements de la condition humaine, il en veut à Dieu de ne pas avoir créé un monde meilleur; tandis que Bartók se retient : son héroïsme refuse le genre héroïque, sa compassion est d'acier trempé.

La *Sonate pour violon seul* que Bartók a écrite pour moi est, je crois, sa dernière œuvre achevée. Mais il ajouta ensuite des compléments importants à deux concertos, pour piano et pour alto respectivement — le second est une magnifique composition, remarquablement orchestrée par Tibor Serly, son *alter ego*, et que j'ai mise à mon répertoire. Après la mort de Bartók, j'ai eu le bonheur de présenter au monde une autre de ses œuvres, le *Premier Concerto pour violon*, pièce adorable en deux mouvements, pleine de jeunesse, de tendresse et d'humour. Il l'avait écrit bien longtemps auparavant pour Steffi Geyer, dont il était alors amoureux, mais elle ne l'avait jamais joué et, pour cette raison ou pour une autre, il avait ensuite utilisé le premier mouvement dans ses *Deux Portraits pour orchestre*, qui exposaient des images opposées de la même personne. Steffi Geyer avait stipulé dans son testament que la première exécution publique du Concerto devrait être donnée par son collègue, le violoniste suisse Hansheinz Schneeberger; mais, par la suite, grâce à l'avocat et exécuteur testamentaire new-yorkais de Bartók, Bator, j'en reçus les droits exclusifs pour un an.

Ma vénération pour Bartók me mit un jour dans une situation assez gênante. Étant allé jouer à Helsinki au début des années cinquante, je fis mon pèlerinage chez Sibelius qui, ayant terminé l'œuvre de sa vie quarante ans plus tôt, vivait dans une retraite entourée de grande déférence. Il me reçut sur le perron de sa charmante petite maison en bois, située au milieu de son lopin de forêt personnel, comme toute maison finlandaise qui se respecte. Il ne tarda pas à me demander qui je considérais comme le plus grand compositeur du XXe siècle. Ainsi provoqué par quelqu'un qui, dans une certaine mesure, aurait pu lui-même revendiquer ce titre, j'étais écartelé entre l'honnêteté et la politesse; j'hésitai, mais c'est lui qui me tira d'affaire : « Notre plus grand compositeur, c'est Bartók », me dit-il, ajoutant qu'il l'avait connu alors qu'il était étudiant à Berlin. J'eus envie de l'embrasser — parce qu'il m'avait tendu la perche, mais surtout pour sa générosité et sa clairvoyance. Sa propre réussite était d'ailleurs admirable. Elle était un exemple du pouvoir privilégié qu'a la musique, pardessus les autres arts, de parler au subconscient d'un peuple et en son nom, de fournir un véhicule expressif à un idéal, à une vision du monde, à un imaginaire communs. Sibelius n'était pas, à ce niveau profond, le porte-parole de la seule Finlande, mais il était éminemment exportable dans le monde anglo-saxon, patronné en Grande-Bretagne par Sir Thomas Beecham et beaucoup joué aux États-Unis. En sens inverse, il ne saurait parler aux Latins ni en leur nom; leur esprit pratique, leur cartésianisme refusent l'extase romantique qui transforme le brouillard en mythe et les ténèbres en longues sagas hivernales.

A l'occasion d'un de mes voyages à Helsinki, on me proposa de jouer le Concerto de Sibelius au festival de 1955 destiné à fêter le quatre-vingt-dixième anniversaire du compositeur. Quand on me fit cet honneur, je n'osai avouer que je n'avais jamais joué ce Concerto; je promis de le faire et m'attelai au travail. Dans l'impossibilité d'assister au concert, Sibelius l'écouta à la radio et me téléphona ensuite pour exprimer sa satisfaction. Cela fait toujours plaisir de recevoir l'approbation d'un compositeur vivant; toutes autres considérations mises à part, vous y trouvez quelque confirmation que vous ne déformez pas l'œuvre des morts.

Après Bartók, le compositeur le plus important à qui j'aie passé commande est Frank Martin, mort récemment; sa réputation n'a coïncidé avec sa vraie valeur que dans les toutes dernières années de sa vie. Avant le congrès du CIM de 1973, il fut suggéré de demander au plus grand compositeur suisse vivant d'écrire une œuvre que je jouerais lors du concert d'ouverture en qualité de président. Edmond de Stoutz et moi fîmes la démarche ensemble, et il en résulta le très émouvant *Polyptique*, suite pour violon solo et orchestre à cordes, sous-titrée, suivant la suggestion de Diana, *Six Images de la vie du Seigneur*. Tandis que Martin l'écrivait, et au cours de l'enregistrement en 1974, en sa présence et celle de sa femme Maria qui y avait contribué, je fis la connaissance du compositeur; c'était un homme extrêmement bon et pur, humble devant Dieu, dévot mais avec beaucoup d'ouverture et de tolérance, quoique fort incisif. La profondeur de sa foi est omniprésente dans son œuvre. Il n'a jamais suivi les tendances de la mode, ni écrit exclusivement selon la théorie dodécaphonique ou toute autre; il a élaboré au fil des années un style qui garde un caractère harmonique individuel, qui a en outre un message humain à communiquer, tout en étant indubitablement contemporain. Il m'a dit qu'en recevant la requête du CIM, il se demanda ce qu'il allait bien pouvoir écrire, jusqu'au moment où, se trouvant à Sienne, il y avait vu dans un musée un polyptique de scènes tirées des Évangiles. Dans sa correspondance avec moi, Martin avait déjà suggéré d'écrire une série de mouvements courts plutôt qu'un concerto; cette structure s'adaptait admirablement à l'inspiration qu'il trouva à Sienne. Il choisit six scènes ayant un lien entre elles — le dimanche des Rameaux, la Cène, Judas, le jardin de Gethsémani, le Jugement et l'Ascension. Je lui fus reconnaissant — et je le lui dis — de m'avoir épargné la Crucifixion, le violon solo représentant tout à la fois Jésus et l'Évangéliste (tandis que l'orchestre joue les apôtres, la foule, et sécrète l'ambiance). Ayant joué plusieurs fois cette partition en différents pays depuis 1973, j'ai vu son attrait confirmé. Le *Polyptique* est une de ces œuvres que le XXe siècle peut être fier de léguer à l'avenir.

Je l'ai dit, un interprète peut se payer le luxe d'être plus tolérant qu'un compositeur. Le compositeur ne doit assimiler que les influences qui entretiennent ses propres dons créateurs et, quoique celles-ci puissent évidemment être exotiques ou inattendues, il doit d'emblée rejeter les autres; il tend donc à nourrir de fortes répulsions. Mes propres aversions ne se portent pas sur les œuvres d'un pays ou d'un siècle déterminé, ni sur celles d'un individu, mais, en général, sur tout ce qui galvaude la musique authentique d'une quelconque culture. La bonne fortune d'un interprète, c'est d'être à même de comprendre le maximum de choses possible. De larges affinités avec le passé n'assurent pas pour autant la compréhension du présent, qui, loin de ressembler à la poursuite d'une même expérience musicale, a parfois l'air d'exploser en cinq ou six directions différentes.

Maniant un instrument âgé de deux cent cinquante ans, de la musique dont une bonne part n'est guère plus récente, on risque de perdre le sentiment d'appartenance au monde contemporain qui est aussi essentiel à la vitalité d'une culture qu'un enracinement régional ou traditionnel. J'ai beau souhaiter que les compositeurs d'aujourd'hui tiennent le violon en plus grande estime, je n'en admets pas moins que la mélodie et le contrepoint, c'est-à-dire la fusion de lignes horizontales auxquelles cet instrument se prête avant tout, ne sont pas le premier souci de la plupart d'entre eux. J'ai néanmoins réuni beaucoup de bonnes œuvres, dont quelques-unes exceptionnelles, et j'ose espérer qu'il en sortira davantage de la tendance actuelle qui s'écarte de l'expérimentation abstraite pour renouveler l'expression du sentiment. Mais, en un sens, les gens qui ne jouent pas pour le public ont un avantage sur moi : ils peuvent passer des soirées enrichissantes à écouter des enregistrements et à étudier des partitions, alors que je consacre tout mon temps à préparer des interprétations déterminées. Il en résulte que je ne suis pas aussi au courant de tout l'éventail de la nouvelle composition que je voudrais l'être; et je ne suis pas sûr non plus que mes méthodes analytiques, élaborées pour le répertoire classique, soient à même de disséquer avec succès des œuvres si différentes — différentes de celles du passé, et différentes entre elles.

Un compositeur moderne a une telle diversité de moyens à sa disposition que son œuvre, balinaise ou arménienne le matin, peut être mozartienne ou électronique le soir, et qu'elle risque de tomber dans la surcharge par la simple richesse de ses références. Quand Viotti composait ses concertos pour violon (à la différence des Romantiques, il en a écrit quelque vingt-neuf), il était économe d'invention. On peut penser que toute nouveauté était plus saisissante pour les oreilles du début du XIXe siècle, avant que Brahms et Tchaïkovsky, Strauss et Stravinsky n'aient compliqué les notions populaires sur l'organisation des sons. Aujourd'hui, par contre, la nouveauté fait prime; toutes les boîtes de haricots en conserve doivent affirmer leur identité, tous les langages doivent être personnels, toutes les personnes originales, toute composition doit déconcerter en s'écartant de la tradition.

Cependant, si je suis bien content d'avoir un monde musical bien à moi, des arrières où je puis battre en retraite, à l'abri de l'expérimentation, mais à partir desquelles aller en excursion sur les côtes sauvages de la nouvelle composition : je sais aussi que je m'en reviendrai chez moi avec une conscience ravivée du son. Je serais le dernier à nier la fascination que peut exercer l'exploration des autres cultures aujourd'hui offertes à notre connaissance ou celle de la structure du son lui-même. L'un des aspects les plus séduisants de l'espèce humaine est assurément d'avoir l'esprit curieux. Par nature, les novateurs ont toujours été en avance sur leur auditoire; ils en souffraient déjà dans le passé. Mais aujourd'hui, ils sont si nombreux que la souffrance est du côté de l'auditoire qui ne sait plus après quel novateur courir.

Les premiers auditeurs du novateur sont souvent ses interprètes. Fait assez étrange, l'Italie est particulièrement riche en petites sociétés qui cultivent un intérêt pour la musique d'avant-garde, peut-être par impatiente réaction au goût de ce pays pour l'opéra sentimental. Dans ces sociétés, composées de musiciens et d'une intelligentsia très fortunée, plus la musique est de pointe meilleure on la trouve; mais ce n'est là qu'une infime minorité. En général, il suffit d'annoncer fût-ce une seule œuvre d'un compositeur inconnu pour dissuader le public de venir.

Ayant commandé en 1958 une sonate pour violon seul au compositeur américain Ross Lee Finney pour l'ouverture du pavillon américain à la Foire de Bruxelles, je l'avais incluse, peu de temps après, dans un récital que je devais donner à Londres avec ma sœur. Comme c'était un morceau dodécaphonique assez difficile, nous l'avions glissé entre des œuvres rassurantes et bien connues, comme une lame de rasoir dans un sandwich. Une semaine environ avant le concert, mon imprésario londonien, Ian Hunter, me fit savoir que les billets ne se vendaient pas très bien. Je manœuvrai alors en retirant Ross Lee Finney du programme officiel et en le remplaçant par la *Sonate « à Kreutzer »* de Beethoven. Les billets partirent comme des petits pains, comme c'est invariablement le cas chaque fois qu'on donne cette sonate. Au concert, j'admonestai gentiment le public en disant : « J'espère que vous n'aurez pas l'impression qu'on vous a trompés. Vous ne seriez pas venus entendre le Ross Lee Finney que je voulais vous jouer.

Nous avons annoncé que nous jouerions la *Sonate « à Kreutzer »*, et nous allons le faire. Mais vous devrez d'abord écouter Ross Lee Finney... » C'est par de tels artifices que les organisateurs de concerts et les artistes essaient d'élargir la base de la pyramide. Leur échec n'est d'ailleurs pas complet, car on ne voit plus guère de programmes aujourd'hui qui soient entièrement tournés vers le passé.

Parmi les œuvres nouvelles dont je suis fier qu'elles aient été composées à mon intention figurent des concertos de Lennox Berkeley, d'Easley Blackwood, d'Arnold Cooke, d'Ödön Partos, d'Andrzej Panufnik et de Malcolm Williamson; un double concerto du violoniste et compositeur Stanley Weiner, un concerto pour violon et sitar d'Alan Hohvaness; des sonates de Paul Ben-Haim et de Weiner; la *Musique pour violon solo* de Harry Somers; un duo pour deux violons que Darius Milhaud composa un soir chez moi en Californie, sans se laisser troubler apparemment par la conversation animée qui se poursuivait autour de lui; de la musique de circonstance d'Edwin Roxburgh, pour les émissions de télévision de Diana sur Lear et Commings; et des œuvres pour orchestre, ou pour d'autres solistes et orchestre, de Peter Maxwell Davies, d'Antal Dorati, de Nicholas Maw et d'Oliver Knussen. Un des jeunes compositeurs anglais les plus talentueux, Alexander Goehr, a écrit un trio qu'Hephzibah, Maurice Gendron et moi avons joué lors d'un des festivals de Bath. A première vue, certains passages me semblaient inutilement compliqués et je demandai à Sandy pourquoi il n'avait pas écrit plus simplement. Il me fit cette réponse déconcertante qu'il avait voulu me mettre à l'épreuve! En fait, épreuve ou pas, l'œuvre est de fort belle facture.

Bien sûr, à partir de l'époque d'Elgar, j'ai joué en outre ou dirigé beaucoup de musique nouvelle dans la production de laquelle je n'étais pour rien, notamment des œuvres d'Enesco, Bartók, Britten, Hindemith, Bloch, Ravel, Ildebrando Pizzetti, entre beaucoup d'autres.

Je ne saurais oublier encore une autre de mes dettes à l'égard du XXe siècle : l'amitié du plus singulier de mes collègues, le pianiste canadien Glenn Gould. C'est avec lui que j'ai joué du Schönberg pour la première fois. Il n'y a peut-être personne au monde qui en sache autant que lui sur Schönberg, ni personne qui en sache plus long sur l'enregistrement et la radiodiffusion de la musique. Cet homme est un vivant paradoxe; il choisit de mener une existence d'ermite dans son appartement de Toronto où sa secrétaire elle-même ne pénètre jamais; il dîne dans quelque motel anonyme pour ne pas être reconnu, mais passe ses étés dans les régions sauvages du Nord à vivre à la dure avec les bûcherons et à explorer des mines d'or. A l'occasion de la répétition d'un programme de télévision, j'eus le privilège d'enfreindre le secret de son appartement. A part le piano, l'ameublement et le reste du décor avaient plutôt l'air désaffecté. « Ne pensez-vous pas que vous auriez besoin d'une femme ici? » lui dis-je. Il me répliqua assez indigné qu'une femme de ménage venait une fois par semaine. Je lui dis que ses visites ne laissaient guère de traces et lui demandai s'il avait jamais songé à se marier. « Ah, fit-il d'un air désarmant, si je trouvais quelqu'un comme Diana, je n'hésiterais pas une seconde. »

Inspirations du destin

Le violon d'Enesco était trop petit pour satisfaire à l'exercice de ses possibilités; en ce qui me concerne, à soixante ans, je sais que je n'ai pas fini d'en explorer les limites. Sans avoir la diversité musicale d'Enesco, mon expérience de la vie de virtuose en tournée ressemble à la sienne en ce que j'y ai pareillement rencontré contraintes et satisfactions. Rien d'étrange à cela. Certains de mes collègues peuvent bien parcourir le monde avec un bagage des plus légers, pour chacun de ceux-là qui se contentent de leur instrument, il s'en trouve plusieurs qui découvrent telle ou telle façon d'élargir leur champ d'activité. C'est une des aspirations humaines les plus profondes que de vouloir transmettre ce qu'on a appris non sans mal; pour obéir à ce besoin, les violonistes publient des éditions musicales, écrivent des livres, prennent des élèves, fondent des quatuors ou dirigent des orchestres. En me mêlant de choses de ce genre, je suis heureux de constater que c'est une voie bien frayée, même si j'ai l'impression que mon histoire personnelle m'a poussé un peu plus loin dans cette direction que la plupart de mes contemporains.

Dans la cellule démocratique formée du temps de ma jeunesse par mes parents, mes sœurs et moi-même, aucun de nous ne s'affirmait par des actes de volonté individuels qui eussent exclu les autres. Sauf en ce qui concerne mon choix initial de jouer du violon, je n'ai pratiquement jamais, jusqu'à l'âge adulte, perturbé l'ordre familial par quelque manifestation unilatérale d'autorité. Nos journées étaient axées sur nos devoirs les uns vis-à-vis des autres, sur les leçons et la musique, et le vaste monde de par lequel nous voyagions sans arrêt restait à certaine distance, avec ses problèmes réels, certes, mais théoriques. Mon éducation n'a pourtant pas eu pour résultat d'étouffer en moi l'esprit d'initiative, mais de le laisser en suspens. Aucune des influences qui s'exercèrent sur ma vie n'était restrictive, et de tous mes maîtres, Persinger et Enesco en particulier étaient de ceux qui, humainement aussi bien que pédagogiquement, ouvrent sans cesse de nouveaux horizons. C'est ainsi que mes désirs d'explorer, d'entrer en contact, de travailler avec d'autres gens, de prendre de l'initiative, d'exercer une influence, grandirent d'abord en moi avant de trouver la moindre possibilité de se manifester activement; ils furent comme des graines germant à l'intérieur de leur cosse jusqu'au moment propice où celle-ci n'eut plus simplement qu'à céder, révélant non pas des pousses timides mais, si je puis dire, des plantes déjà bien formées.

Ce « moment propice » fut la chance maintes fois répétée de ma vie. Bien souvent, les circonstances se sont combinées pour m'offrir une occasion, voire même me sauver d'un danger. Il y eut ainsi, pour ne pas m'enfermer dans mon rôle de virtuose professionnel, les tournées du temps de guerre, ou bien la découverte du yoga et ses apports à la compréhension de la technique du violon, les gens ou événements qui m'ont poussé à m'occuper de festivals ou à monter sur le podium de chef d'orchestre, ou encore, tout à fait en dehors de la musique, à me soucier de problèmes de santé, d'éducation, d'écologie. On pourrait avancer qu'hormis l'ordinaire de mon travail, mon école est la seule chose qui soit due à une initiative purement personnelle, et que toutes les autres obligations dont j'ai surchargé ma vie sont dérivées de suggestions ou de sollicitations d'autrui. Il n'en reste pas moins que ces différents intérêts font partie de moi; ils représentent le contenu de plusieurs autres vies que je voudrais mais ne puis mener à plein temps. Je me suis jeté sur ce qui se présentait avec un appétit d'autant plus solide que j'avais longtemps attendu, mais, pour prévenir toute accusation d'activisme obsessionnel, je dirai que ma soif de loisir et de vacances est aussi insatiable que cet appétit de travail et de soucis.

La fréquentation d'autres musiciens fut l'un des manques particuliers de mon jeune âge que mes diverses activités ultérieures ont aidé à combler. Il peut paraître assez curieux de l'extérieur qu'ayant passé sa vie à faire de la musique, on puisse se sentir privé de compagnie musicale. En fait, le soliste qui remplit un engagement tel soir à Trifouilly-les-Oies et doit se rendre le lendemain à Yamamoto n'a guère le loisir de beaucoup fréquenter ses collègues. Ce mode de vie a sans doute des compensations : le constant renouvellement du public est un stimulant pour jouer de façon vivante, mais il restreint l'ampleur de notre développement musical et nous prive des simples plaisirs de parler métier. Cela est dû en partie à un phénomène sur lequel on a tant ressassé, le rythme de la vie moderne, analogue à l'inflation monétaire, qui consomme avidement des quantités toujours plus grandes d'énergie sans augmenter en rien le profit. A l'époque où les barèmes de l'impôt sur le revenu étaient tels qu'on pouvait vivre toute l'année avec ce qu'on gagnait en hiver, où les engagements étaient espacés en raison de la vitesse relativement réduite des bateaux et des trains, il était possible de faire la connaissance des célébrités musicales des villes par où l'on passait, de se laisser inviter dans les salons là où il en existait, de participer à des impromptus musicaux, et d'avoir encore tout l'été à soi pour réfléchir, se distraire et rencontrer ses collègues. Enfant, je n'eus pas cette sorte d'indépendance, je me consacrais à ma tâche particulière, ma vie musicale se déroulait sous l'œil de mes professeurs ou du public et je rentrais passer l'été en famille. Je n'eus pour ainsi dire jamais de relations d'égal à égal avec d'autres musiciens. Parvenu à l'âge d'homme, et après le bouleversement de la guerre, les choses avaient changé pour tout le monde. A ce moment-là, et maintenant plus encore, les fonctions assurées par les salons, les réunions estivales, les soirées sans engagement passées dans quelque centre musical de valeur, furent toutes couvertes par les festivals. Les nombreux festivals auxquels j'ai été associé au cours de ces trente dernières années, soit comme musicien, soit comme directeur artistique, ou bien les deux, m'ont donc livré accès à des satisfactions qui me faisaient défaut. Mais ils ne sont qu'une occasion parmi d'autres. Lors de festivals, annuellement, moins souvent à des concours, mais surtout en dirigeant et en enseignant, je me suis immergé dans un monde musical de plus en plus vaste, j'ai noué d'inestimables amitiés avec mes pairs, et peu à peu satisfait beaucoup de mes vieilles aspirations.

Si, contrairement à Enesco, je ne trouve pas le violon trop petit pour moi, cela ne m'a pas empêché d'apprécier l'alto parce qu'il est plus grand! Mon intérêt pour l'alto est encore une de ces choses que je dois à autrui — à mon cher collègue Nathan Firestone qui m'a légué, je l'ai dit, son Testori. Jouer de l'alto, c'est se doter d'une autre voix. C'est comme se laisser pousser la barbe et découvrir soudain de l'autorité à son menton fuyant. Pendant bien des années, après l'enterrement de Nathan auquel je jouai le mouvement lent d'une sonate pour alto de Brahms, je ne me suis servi de cet instrument que chez moi; mais en 1959, l'orchestre que je venais de fonder présenta les *Concertos brandebourgeois* au festival de Bath (il n'y a pas de violons dans le *Sixième Concerto;* ce sont les altos qui tiennent la voix supérieure). Depuis lors, je l'ai utilisé plus systématiquement, non seulement par intervalles pour tel enregistrement ou telle exécution publique, mais plus souvent comme instrument de travail, surtout durant les vacances. D'une quinte plus bas que le violon, un peu plus lourd, plus large, plus long, plus posé, il donne un sentiment de force et accentue donc la façon qu'on a de jouer du violon. Ce n'est pas un instrument pour le violoniste glorieux qui veut faire fuser tous ses artifices, mais pour le musicien sérieux qui joue son rôle dans l'harmonie interne de l'orchestre ou du quatuor à cordes. Il offre en somme au violoniste un nouveau répertoire et une expérience élargie sans requérir en compensation une technique totalement nouvelle.

Je me suis essayé à un autre instrument, le cor des Alpes suisse; malheureusement, je n'en tire que des sons tout à fait imprévisibles en volume comme en hauteur — quand toutefois il en sort quelque chose. N'ayant aucun talent pour les percussions, les cuivres ou les bois, je dois reconnaître que je n'ai rien d'un homme-orchestre, mais je me console en me disant qu'en temps de crise, j'arriverais probablement à jouer à peu près correctement du triangle.

Je ne suis jamais parvenu à décider si les *concours* * internationaux font plus de mal que de bien aux jeunes violonistes, ou le contraire. Pour celui qui est membre du jury, ce sont des événements fort agréables qui dispensent un plaisir que je ne trouve dans aucune autre de mes activités : celui de passer une semaine de temps à autre en la seule compagnie de violonistes. En outre, ils profitent certainement à l'art du violon, non seulement en en élevant le niveau mais en attirant l'attention du public sur un sujet qui échappe d'ordinaire aux préoccupations de la plupart des profanes. Il est agréable de constater la ferveur que suscite dans toute la Belgique le concours quadriennal de Bruxelles, sans doute le plus prestigieux de tous, où les candidats se trouvent bombardés — de façon inhabituelle et peut-être intimidante pour eux — héros nationaux, leurs chances de faire honneur à leurs pays respectifs étant discutées avec une belle ardeur dans les foyers, les cafés ou par les chauffeurs de taxis. Peut-être faudrait-il déplorer que le sentiment national ajoute ainsi du piquant à un événement exclusivement musical en apparence, mais ici le chauvinisme n'est pas tout. Quand on fait partie du jury de Bruxelles, on vous arrête souvent dans la rue pour vous dire ce qu'on pense de la sonorité de tel candidat par comparaison avec la technique brillante de tel autre, et l'on ne peut que se réjouir de savoir qu'un pays tout entier prend en l'occurrence le violon au sérieux.

Je me dois de soutenir tout événement qui est une promotion du violon, mais mon attitude vis-à-vis des concours reste ambivalente. Ils représentent indubitablement une fatigue et une tension terrible pour les candidats, et pourtant la victoire ne garantit pas nécessairement une carrière. Cela pourrait donner à penser que les jurys sont incompétents, mais en fait, c'est seulement la preuve qu'une carrière est quelque chose de tout différent d'une compétition. D'autre part, j'ai

* En français dans le texte.

connu le cas d'un échec en compétition qui a entaché une carrière, et ce souvenir m'est resté pénible. Cela se passa à Bruxelles en 1967.

Depuis la Seconde Guerre mondiale, le contingent russe de Bruxelles avait régulièrement remporté la plupart des prix; pareille routine dans le succès rendait horrible à envisager la perspective de tout autre résultat. Cette fois-là, David Oistrakh me parla du grand espoir de son pays, un jeune homme nommé Sitkovietsky, qui jouait brillamment. L'équipe russe, maîtres et élèves, membres du jury et candidats, faisait bloc, et si cette solidarité nationale permettait des contacts entre juges et concurrents dont ne bénéficiaient pas les autres participants, et qui pouvaient paraître trahir l'idéal d'impartialité, on pouvait faire semblant de l'ignorer, car les Russes n'avaient eu aucun mal à ce moment à faire preuve d'une incontestable supériorité. Quand il me parla de son jeune compatriote, David n'avait pas l'intention d'influencer mon jugement, mais de susciter ma sympathie — c'était d'ailleurs après la remise des prix. Sitkovietsky, me dit-il, était capable de travailler utilement nuit et jour, il le faisait depuis l'âge de six ans, accumulant des années de labeur infinies pour se préparer à devenir un virtuose de renommée mondiale. Et puis à Bruxelles, il n'obtint que la seconde place. C'eût été un triomphe pour la plupart des concurrents, mais, pour Sitkovietsky, c'était une tragédie, et le découragement d'Oistrakh m'en indiqua l'étendue. Remporter la victoire, c'était le droit de respirer, de voyager; ne pas la remporter, c'était être relégué dans quelque orchestre de Sibérie ou bien se voir proposer un circuit de concerts en province; c'était toute la différence entre la vie et la mort. Personnellement, j'avais trouvé un autre candidat plus musical, mais le drame créé par cette situation me révolta contre cette répartition en gagnants et en perdants — surtout lorsque Sitkovietsky mourut soudain, quelques mois plus tard, d'une tumeur au cerveau, le cœur encore lourd, sans doute, de son « échec » à Bruxelles.

Ce concours porte le nom de la défunte reine Elisabeth de Belgique, qui l'avait fondé avec l'aide de son professeur, Eugène Ysaye, et il continue aujourd'hui sous le patronage de la reine Fabiola. Le concours de violon qui aurait dû avoir lieu en 1975 a été retardé d'un an pour coïncider avec le centième anniversaire de la naissance de sa fondatrice. (Il sera aussi, hélas, un hommage à Oistrakh qui, jusqu'à sa mort en 1974, en faisait tellement partie qu'il y passait presque inaperçu.) Ma participation remonte à la reprise du concours après la guerre, mais, à la différence d'Oistrakh, par exemple, je n'ai jamais pu sacrifier un mois entier pour le suivre du début à la fin, et j'ai été obligé de réduire ma présence à la dernière semaine. Au moment où j'entre en scène, le nombre des concurrents est réduit à douze finalistes qui jouent à raison de deux par soirée, du lundi au samedi; on calcule alors les résultats, qui sont annoncés à la population impatiente. Chacun des douze, après avoir déjà subi plusieurs éliminatoires éprouvantes, doit jouer une œuvre pour violon et piano, son choix personnel parmi les grands concertos, et une *œuvre imposée* * écrite pour la circonstance, en général un court concerto qui est remis aux finalistes un certain nombre de jours avant qu'ils aient à le jouer. Comme le concours est radiodiffusé, les derniers concurrents ont l'avantage d'entendre cette œuvre jouée par les autres finalistes, mais, dans l'ensemble, le concours est aussi équitable — et aussi éprouvant — qu'on puisse humainement le rendre.

Pour quelqu'un comme moi qui n'ai jamais fréquenté un conservatoire ni comme élève ni comme professeur, et qui n'ai jamais joué dans un orchestre, ces rares semaines de contact prolongé avec d'autres violonistes sont particulièrement bénéfiques, car elles me permettent de rencontrer les gens avec qui j'ai le plus en commun mais que j'ai justement le moins l'occasion de voir. Celui dont je recherchais tout particulièrement la compagnie était Oistrakh, pour des raisons d'amitié et de compatibilité déjà exposées. Nous parlions de musique, bien sûr, et de beaucoup d'autres choses aussi, sauf de politique : il était inutile de revenir sur de tristes vérités que nous ne connaissions que trop bien.

Il faut reconnaître que tous les violonistes ne font pas de bons jurés. Il y en eut un (que je ne nommerai pas) qui scandalisa le reste du jury en favorisant ses propres élèves. Mais la partialité dans un jury pose en général moins de problèmes que la bizarrerie purement subjective de certains jugements. Joseph Szigeti était fort à blâmer à cet égard.

Je l'admirais beaucoup comme violoniste et l'aimais autant

* En français dans le texte.

comme homme. Le hasard voulant que nous ayons tous deux une maison en Californie et une autre en Suisse, nous nous voyions souvent, et je l'ai toujours trouvé parfaitement généreux, honorable et prévenant. A part Enesco, c'est le violoniste le plus cultivé que j'aie connu; mais tandis qu'Enesco était une force de la nature, Szigeti, maigre, petit, anxieux, était une porcelaine joliment modelée, un vase de Sèvres inestimable. Curieusement de la part d'un Hongrois dont on attendrait des traits de spontanéité, d'énergie brute, Szigeti s'engagea toujours plus avant dans la voie d'un intellectualisme délibéré. Un jeune accompagnateur qui avait travaillé avec lui m'a dit qu'en deux heures de travail acharné, ils ne dépassaient pas les trois premières mesures d'une sonate, tant Szigeti faisait entrer d'analyse et de ratiocination dans son étude. S'il avait travaillé de cette manière quand il était jeune, il ne serait pas devenu le grand violoniste qu'il était; je me souviens en particulier d'une interprétation du Concerto de Brahms à New York, et d'un récital dans une petite ville du Texas où nous nous étions par hasard trouvés ensemble : les qualités impressionnantes qu'il déployait ne devaient pas grand-chose au lourd effort de l'intellect. Mais il n'était pas moins pointilleux comme juré. Peu avant sa mort, en 1973, il fut membre du jury du concours Carl Flesh de la ville de Londres, que j'organise tous les deux ans avec Yfrah Neaman. Je fus frappé par l'acuité de sa compréhension intellectuelle, mais aussi par ce que j'estimai être de la perversité dans ses avis. Tel aspect particulier du jeu d'un des concurrents retenait son attention, et il le contestait violemment, à l'exclusion de toute autre chose. Pour lui, on faisait ou on défaisait un violoniste et on donnait ou on refusait un prix pour des vétilles qui n'avaient guère d'importance à mon sens.

Une fois échappé aux serres des Nazis (avec l'aide de Furtwängler), Carl Flesh avait fui en Suisse où il était mort en 1944. Peu avant sa mort, il avait passé quelque temps à Londres et une compétition portant son nom y fut organisée il y a environ trente ans. Pour qu'il acquière quelque ampleur, il a cependant fallu attendre que Ian Hunter prenne ce concours en main et persuade la ville de Londres de l'incorporer à sa biennale. Ian Hunter, mon agent en Grande-Bretagne, n'eut pas tant de mal à me convaincre de m'en occuper; ce n'est pas un homme qui se contente d'organiser des concerts et de négocier des cachets, il a marqué le monde musical en lançant ou en réformant bien des festivals, maints autres événements conçus avec imagination, et au moins un concours, le Carl Flesch. Bien normalement, ce concours n'a pas suscité beaucoup de réactions au début et, malgré la présence des jurés russes, on n'y rencontre pas encore de concurrents soviétiques; mais nous avons progressivement acquis du renom et, avec le renom, des candidats d'Europe de l'Ouest et de l'Est, des États-Unis, du Japon et d'Israël.

Sa conception générale me paraît plus humaine et peut-être plus musicale que celle de la plupart des autres compétitions. Chaque concurrent a la possibilité, après l'épreuve, de parler pendant une demi-heure au moins avec deux membres du jury; c'est une façon de reconnaître qu'il ne se réduit pas à un ensemble d'aptitudes qui méritent ou ne méritent pas un prix, mais qu'il est un violoniste luttant pour réussir et pouvant avoir besoin de conseils, ainsi qu'un être humain comme les autres s'assignant les mêmes devoirs que ses juges. Mais cette caractéristique originale n'est pas la seule. Le fils de Carl Flesch, qui est agent d'assurances, offre un prix de musique de chambre, de sorte qu'on y apprécie des qualités autres que la virtuosité. En outre, les auditeurs qui ont assisté à la totalité du concours ont le droit d'indiquer leur candidat préféré. Je crois que c'est là une innovation utile; après tout, le musicien joue pour le public et doit aussi tenir compte du magnétisme qui lui assurera une carrière. Enfin, le résultat des délibérations du jury ne s'exprime pas par un scrutin secret, comme à Bruxelles, mais fait l'objet d'une discussion ouverte. Il me semble en effet que l'un des principaux intérêts de l'événement est l'occasion offerte aux violonistes de discuter d'interprétation et de technique; la discrétion absolue sur les mérites des candidats paraîtrait donc forcée et bien peu naturelle. Après avoir conclu individuellement, nous parvenons à un consensus par le débat.

Pour éviter les outrances du jugement subjectif, je me propose d'introduire (si le reste du jury en est d'accord) une liste des points à prendre en considération que j'ai moi-même utilisée jusqu'ici. Les deux colonnes générales intitulées « main gauche » et « main droite » sont subdivisées en un certain nombre de rubriques auxquelles on attribue le nombre de points qu'on estime mérité. Pour la « main gauche », des points sont donnés au « vibrato », aux « trilles », au « changement de position », à la « clarté générale », à la « position du violon », et ainsi de suite. Il y a une répartition analogue entre les différentes fonctions de la main droite et, en outre, des points alloués à l'interprétation, à la communication et à la musicalité. Ces points serviraient de base à la discussion, en sorte que nous ne soyons pas rendus insensibles à différents traits d'une exécution par un seul aspect qui nous aveugle, garantissant ainsi peut-être un verdict plus juste. Je ne suis pas sûr que le résultat final serait en rien différent, mais quand je pense au pauvre Sitkovietsky, il me paraît important de se montrer aussi scrupuleux que possible.

On peut prendre au sérieux une triple inspiration du destin sans être pour autant taxé de superstition. C'est ainsi que le festival de Gstaad fut lancé en 1956 à la suggestion d'autrui, me laissant le beau rôle de n'avoir qu'à accepter. C'était l'année où Diana et moi transplantâmes notre famille des États-Unis en Europe; nous n'avions pas plus tôt loué un maison à Gstaad que le Kurdirektor de la ville vint nous voir pour évoquer la possibilité d'un festival qui donnerait un peu d'animation à la morte saison d'été. S'y ajoutèrent d'autres pressions d'amis agissant séparément.

Dès la fin de la guerre, des festivals avaient commencé à surgir ici et là. Au début, ils étaient aussi rares et peu prétentieux que des fleurs printanières, mais ils annonçaient déjà la luxuriance des étés à venir, un temps où presque chaque ville voudrait affirmer son identité par un festival et où les musiciens en feraient une bonne demi-douzaine par saison. Aldeburgh, dans le Suffolk, fut l'un des premiers; malgré l'austérité de l'immédiat après-guerre, Benjamin Britten avait trouvé le moyen de jouer sa propre musique et celle d'autres compositeurs avec le concours de ses amis. Nous étions restés en rapport après notre tournée commune dans les camps de concentration, et je sautai sur l'occasion quand Ben m'invita à Aldeburgh. Le festival était encore dans l'enfance, il n'avait rien de son prestige actuel et Ben n'avait pas atteint au renom international; tout se faisait dans la simplicité, on jouait pour l'amour de l'art — entre autres raisons parce qu'il n'y avait pas ou guère d'argent. De temps à autre, la BBC diffusait un programme et cela procurait des cachets aux musiciens, mais c'était une manne sur laquelle on ne comptait pas; tout l'attrait de l'événement était dans la rencontre de collègues et dans le fait de jouer de la musique avec eux.

Ben voulait cependant manifester sa reconnaissance de façon positive et, après plusieurs festivals d'Aldeburgh, proposa de payer sa dette en nature. S'il me prenait envie de lancer mon festival personnel, Peter Pears et lui donneraient les premiers concerts, me dit-il. Pourquoi pas à Gstaad? Gstaad avait l'avantage de la beauté du site et de l'église de Saanen pour y jouer. Une coïncidence supplémentaire me parut confirmer que l'entreprise était placée sous une bonne étoile : Antal Dorati, qui venait de visiter Gstaad, remarqua lui aussi que c'était l'endroit rêvé pour un festival, et me pressa d'en profiter. Sans plus hésiter, l'idée se transforma en réalité. Ben et Peter participant comme ils l'avaient promis aux deux concerts qui constituèrent le tout premier festival, celui de l'été 1956 : les *Quatre Saisons* de Vivaldi, pour lesquelles Peter lut la description par Vivaldi lui-même de ce qui se passait dans sa musique, et un cycle de mélodies de Schubert. Il n'était pas possible de faire plus petit, mais ce nouveau bourgeon était plein de vie et il l'a prouvé en fêtant sa vingtième année de floraison ininterrompue en 1976.

Entre-temps, d'innombrables autres festivals voyaient le jour en différentes parties du monde, de sorte que les étés devinrent aussi chargés d'engagements que les hivers. L'un des tout premiers fut Edimbourg, auquel j'assistai dès sa seconde année, en 1948. J'ai trois bonnes raisons de ne pas l'oublier : la naissance de Gerard, mes retrouvailles avec Bruno Walter, et une superbe interprétation de la *Symphonie concertante pour violon et violon alto* de Mozart par Isaac Stern et William Primrose. Trois ans après les débuts de Gstaad, je devins directeur artistique du festival de Bath, poste que j'ai occupé jusqu'en 1968, avant de prendre la direction du festival de Windsor au cours des quatre années suivantes. J'ai eu ainsi l'occasion de me rendre compte que la responsabilité d'un festival vaut bien d'y sacrifier ses vacances. On explore de la musique dépassant l'horizon habituel du soliste ou du répertoire de concert; les collègues se retrouvent dans une atmosphère pétillante de camaraderie et de joyeux entrain; on travaille dix-sept heures par jour, on court de l'étude à la répétition de son propre concert, puis à celle de quelqu'un d'autre, puis du concert à une réunion, on se sent à la fin parfaitement réaccordé et revigoré.

Bath est un endroit idéal pour un festival. On ne saurait voir cette ville anglaise, belle entre toutes, sans aussitôt vouloir la faire voir à d'autres. Conformément au schéma de ma vie, j'en ai découvert les possibilités à l'instigation d'autrui, mais conformément aussi à l'habitude, dès que j'eus accepté la proposition, je m'aperçus que cela servait aussi bien mes propres desseins. Le festival de Bath avait connu par le passé une carrière inégale; il semblait avoir besoin de quelqu'un d'extérieur pour bander l'enthousiasme local et n'avait pas toujours trouvé cette sorte de parrainage miraculeux. Du temps du patronage de Sir Thomas Beecham, j'avais joué le *Concerto en la mineur* de Viotti avec lui — c'était la dernière fois que je devais jouer sous sa baguette, et la première que je jouais à Bath; mais c'était tout ce que j'avais fait pour le festival jusqu'en 1959. Ian Hunter, qui en avait alors repris l'administration, suggéra que je m'essaie à l'organisation du programme. Grâce à son imagination et à son énergie, Bath se ranima, et s'il avait eu l'impression de me donner une occasion de réaliser des ambitions secrètes en me confiant une telle responsabilité, il ne s'était certainement pas trompé.

Il est des festivals qui doivent leur caractère à un but particulier, d'autres à l'hommage rendu à tel ou tel compositeur, d'autres encore à la personne responsable. Les années durant lesquelles je me suis occupé de Bath et de Windsor appartinrent à cette dernière catégorie : pas de centre unique présidant à la conception du programme, aucune mission visant à conduire le public sur quelque voie ésotérique, aucune tentative de conférer à l'événement un caractère distinctif, donc limitatif. Les programmes reflétaient ma trajectoire, mes préférences et mes aspirations, ainsi que ce que je considérais comme mes responsabilités vis-à-vis de la musique et des musiciens contemporains. J'ai mis ma famille, mes amis et mon passé à contribution.

Comme à Gstaad trois ans plus tôt, Benjamin Britten et Peter Pears sont venus marquer mon entrée en fonction; mais Hephzibah et Yaltah y ont également joué, tant cette année-là que souvent par la suite, et l'*Octuor en ut majeur* d'Enesco figurait au programme. Plus tard, il y eut d'autres contributions familiales, de Diana, de Jeremy, de mes beaux-frères Louis Kentner et Joel Ryce, de Fou T'Song, alors marié avec Zamira, et d'Alberto Lysy, mon premier élève, devenu un collègue assez proche pour être considéré comme de la famille. Je m'efforçai de jeter des ponts dans le temps et dans l'espace, faisant venir de France Nadia Boulanger et Pierre Monteux pour y diriger, et mon ami le violoncelliste Maurice Gendron pour y jouer, souvent en trio avec Hephzibah et moi-même; Hossein Malek vint d'Iran pour présenter le santour en Grande-Bretagne; l'Inde envoya Ali Akbar Khan, Ravi Shankar, d'autres encore; la Grèce, Gina Bachauer dont la bonne humeur me fait toujours penser à ces poêles d'Europe centrale qui réchauffent des pièces immenses; Igor Oistrakh vint une fois de Russie, et Rudolf Barshai, avec l'orchestre de chambre de Moscou, deux fois. Parmi des événements trop variés et trop nombreux pour en dresser la liste, j'aimerais encore mentionner l'expérience très agréable, en 1963, d'une « rencontre musicale » au cours de laquelle Johnny Dankworth, moi-même et une sélection de musiciens, classiques ou de jazz, improvisâmes sous la direction de Raymond Leppard et jouâmes la *Musique pour violon et orchestre de jazz* de William Russo.

La venue de Ravi Shankar au festival de 1966 transforma pour un temps notre bivouac à l'hôtel Landsdowne en quelque recoin de la Vieille Delhi, et m'obligea à faire face à l'une des gageures de mon existence qui m'ont demandé le plus de ressources. En échange de sa venue, Ravi exigeait que je donne un concert conjoint avec son groupe : moi d'abord, avec une sonate de Bach; puis les Indiens; puis, pour le finale, l'Orient et l'Occident se mettraient ensemble dans un *raga* spécialement choisi pour tenir compte de mon inexpérience. Pour m'initier à l'improvisation publique, tous autres devoirs me furent épargnés pendant un jour et demi consacré à la répétition. Un matin de bonne heure se pressèrent dans notre modeste parloir Ravi, son joueur de *tabla*, son joueur de *tanpura*, et la cohorte d'admirateurs fanatiques qu'on rencontre toujours dans le sillage d'un musicien indien. On étendit un tapis, on alluma des bâtonnets d'encens, on se mit en position du lotus et on commença. J'avais pris la précaution d'apporter une feuille de papier à musique sur laquelle je pourrais esquisser ma partie à mesure qu'elle se préciserait.

Au bout de quelques heures épuisantes, Diana se joignit à nous et nous apporta des bols de légumes au curry, entre autres petits plats à manger avec les doigts sans bouger d'où nous étions, assis par terre. L'odeur du curry, mêlée à celle de l'encens, submergea petit à petit le fumet typique de l'hôtel à base de mouton et de chou bouilli. Après déjeuner, tout le monde s'allongea pour faire la sieste, puis la répétition reprit. Le concert devait avoir lieu le lendemain après-midi. Le matin, nous transférâmes notre tapis, notre encens et nos peines dans une salle du conseil de l'hôtel de ville pour encore quelques heures de travail sous le regard des portraits d'édiles appendus aux murs. Le concert arriva. Quand je vins m'installer avec Ravi et ses collègues sur la scène pourvue d'un tapis et de bâtonnets d'encens, le public éclata d'un rire franc. Sans doute avais-je une allure peu ordinaire, pieds nus et vêtu d'une chemise indienne d'emprunt, mais ce rire n'exprimait que de bonnes dispositions. J'eus la chance de ne pas commettre de bêtises trop manifestes au cours du morceau, et le public nous bissa. « C'est la plus grande sottise de votre vie, dis-je à mes auditeurs, j'y suis arrivé une fois, mais je n'y arriverai pas une seconde fois. — Allons! Ne vous faites pas prier! » me répondit-on. Nous prîmes donc le risque, et je me débrouillai à nouveau sans trop me fourvoyer sur cette piste inexplorée. Les festivals ont la spécialité de ce genre de concerts pleins de bonne humeur.

Parmi les interprètes avec qui j'ai travaillé, aucun ne m'a plus ému qu'Irmgard Seefried par la musique qu'elle sécrétait. Elle *est* elle-même la musique qu'elle chante, elle captive par son total abandon à son élan vital. On a l'impression, en lui parlant comme en l'écoutant chanter, qu'il n'y a pas un mot qu'elle profère ou une note qu'elle chante qui ne fasse partie des cellules de sa propre chair, de la substance même de sa vie. J'ai aussi beaucoup d'affection pour son mari, Wolfgang Schneiderhan, à la fois en tant qu'ami et comme collègue; cet admirable violoniste est de surcroît un excellent homme et un esprit très pénétrant.

J'ai également profité des festivals pour essayer de créer, en commandant au moins une œuvre presque chaque année, un climat favorable à la musique nouvelle de genres différents. Il me semblait que je devais assumer ce devoir d'offrir à mes contemporains une chance de se faire écouter, mais il y avait aussi à cela un côté égoïste, le plaisir de m'associer avec des compositeurs dans le feu créateur de leur production. Nous n'avons pas non plus négligé les amateurs ni les enfants. A Bath, nous avons eu régulièrement une répétition publique de l'orchestre de jeunes de la ville, et lors de mon passage à Windsor, les élèves de ma propre école étaient déjà prêts à se produire dans le programme et à faire honneur à leurs professeurs. Diana, en verve, appela un jour nos vacances annuelles aux frais de la princesse le « Bathfest ». Dans la mesure où le mot « fest » évoque quelque chose de plus gai et de moins solennel que celui de « festival », son esprit avait marqué un point; je repense toujours à ces années chargées avec plaisir et gratitude, et je me réjouis que Gstaad connaisse encore son « fest » annuel.

Avec le temps, nous avons réalisé à Gstaad quelques projets ambitieux, dont la *Messe en si mineur*, mais notre champ d'activité est forcément limité par la nécessité de faire tenir musiciens et public dans une petite église; l'accent est donc mis sur la musique de chambre ou pour orchestre de chambre, classique ou contemporaine. Je ne regrette pas ces limitations qui préservent le caractère même du village. En outre, cet apprentissage à Gstaad nous a préparés aux entreprises plus considérables de Bath et de Windsor, dont les ressources nous invitaient à tirer le meilleur parti. On y a presque toujours mis du ballet au programme, notamment à Bath en 1964, avec Margot Fonteyn et Rudolf Noureev qui dansèrent sur un mouvement de la *Sonate pour violon seul* de Bartók, joué par moi; le théâtre était toujours représenté, et nous avons parfois eu des oratorios, notamment la *Création* de Haydn pour mon dernier festival de Windsor. Nous ne nous limitions pas non plus aux spectacles; Diana eut l'idée d'un débat annuel auquel je conviai, comme au reste du programme, des amis tels que Pierre Bertaux, Isaiah Berlin ou Nicolas Nabokov, entre autres. Parmi les sujets abordés dans l'espoir de briser les barrières d'une spécialisation trop rigoureuse, on peut citer la communauté européenne, l'architecture, la critique, la paramédecine, ainsi que des questions plus directement musicales. Enfin, nous nous sommes risqués à produire de l'opéra.

Diriger un opéra était l'une de mes ambitions secrètes. Elle se réalisa en son temps avec la production de *Cosi Fan Tutte* au théâtre royal de Bath en 1966; mon orchestre occupait la fosse et les chanteurs appartenaient à la Phoenix Opera Company, jeunes gens très doués qui commençaient tout juste leur carrière. Cette entreprise n'allait pas, on va le voir, sans problèmes techniques, et c'est aussi à cause des difficultés pratiques suscitées par l'opéra que mes liens avec Bath se sont rompus. Après *Cosi Fan Tutte*, nous avons encore monté deux autres Mozart : *l'Enlèvement au sérail* en 1967 et *l'Impresario* en 1968 ; je dus sauver cette dernière œuvre par une donation privée, les autorités municipales ayant annoncé au dernier moment qu'elles ne pouvaient faire face à mon devis. Le conseil municipal ayant refusé de souscrire à un quatrième opéra, je jugeai qu'il valait mieux me retirer. Au demeurant, dix ans, c'est un chiffre rond, et il est peut-être avisé, au bout d'une telle période, de donner sa chance à quelqu'un d'autre. Je fus ravi d'être remplacé par le compositeur Michael Tippett, enseignant qui a généreusement pris à cœur la scolarisation des enfants de son quartier. Étant donné qu'il habitait sur place, j'espérais que le festival de Bath deviendrait « sa chose », un équivalent de celui de Benjamin Britten à Aldeburgh ; mais je crois qu'il n'en a gardé la responsabilité que quelques années.

Bath m'avait fait citoyen d'honneur de la ville, et nos adieux furent on ne peut plus élégants.

J'ai toujours adoré la musique viennoise des Strauss, père et fils. Je me souviens d'une production de la *Chauve-Souris* par Max Reinhardt, à Berlin en 1929, qui m'avait soustrait à l'action de la pesanteur pendant trois bonnes journées. Les mélodies allègres des Strauss, comme celles de Kreisler, épousaient des formes idéales dans mon esprit ; je savais exactement comme je voulais les entendre jouer, avec un entrain qui soulève les gens de terre et les fasse tourbillonner ; il arrivait de temps à autre que la réalisation fût à la hauteur de mes vœux, mais ce n'était pas assez souvent à mon gré. Ainsi donc, au dernier soir de mon dernier festival de Bath, mon orchestre donna un programme de valses de Strauss, que je jouai et dirigeai à la façon de Willy Boskovsky, ou d'ailleurs de Johann Strauss lui-même ; dans les salons de l'hôtel de ville, le public en costumes appropriés se montra aussi ravi que Strauss et moi l'avions souhaité. Depuis, j'ai donné ce même programme en concert de Nouvel An avec l'orchestre philharmonique de Berlin. Sans doute devrais-je m'abstenir de le dire, mais j'ai trouvé cela franchement réussi.

Le festival de Windsor, dont Ian Hunter et moi nous sommes occupés depuis ses débuts en 1969 jusqu'au moment où, surchargé de travail, je décidai à regret de le quitter en 1972, fut le cadre d'une fête d'adieux non moins splendide. Cette manifestation avait été très sympathique à diriger, les gens du pays prenant son sort tellement à cœur, mais on avait dû regretter l'absence de la reine. Sa Majesté avait mis chaque année certaines parties du château de Windsor à notre disposition — la salle Saint-George, le magnifique salon de Waterloo, décoré de portraits de Wellington, et la chapelle Saint-George; nous avions trouvé fort agréable de faire de la musique dans de tels décors. Malheureusement, le festival ayant lieu en septembre, la famille royale, se trouvant à Balmoral à cette époque de l'année, n'avait jamais pu y assister. Ne voulant pas me montrer ingrat quand la reine avait été si généreuse pour nous, j'offris de donner en 1973 un concert d'adieux à son intention, au château lui-même. Non seulement elle accepta mon offre, mais elle eut l'amabilité de mettre elle-même les choses sur pied en se faisant notre hôtesse, choisissant le jour et le programme, donnant ensuite une réception à laquelle elle convia les meilleurs talents et amateurs de musique; l'éventail des invités allait des musiciens eux-mêmes à ces personnages publics, civils ou militaires, typiquement britanniques, qui sont autant de musiciens, de peintres ou de poètes dans l'âme. Ce fut une belle fête dans un cadre admirable et qui dura jusqu'à l'aube.

Je me félicite donc à plusieurs titres de m'être occupé de festivals; mais j'ai gardé pour la bonne bouche ce qu'ils m'ont personnellement apporté de plus important, comme je l'avais escompté, à savoir une meilleure connaissance de la musique de chambre et certains progrès dans ma formation de chef d'orchestre.

En 1958, quelques mois avant de prendre mes responsabilités à Bath, la firme EMI avait voulu me faire enregistrer les *Concertos brandebourgeois* et décidé de réunir un orchestre de chambre à cette fin, tâche qui fut confiée à deux musiciens remarquables, Robert Masters et Ronald Kinloch Anderson. Cela fait, nous nous rencontrâmes au studio même, si je me souviens bien, pour ce qui devait être sinon ma toute première tentative de jouer en dirigeant un orchestre, du moins la première fois que j'allais m'essayer de façon prolongée à cette sorte d'activité musicale. Les enregistrements, qui prirent plusieurs jours, eurent un tel succès qu'il ne pouvait plus être question, après cela, d'abandonner le travail en commun, et les *Concertos brandebourgeois*, juste mis au point pour l'exécution publique, furent inscrits au programme du premier festival de Bath. L'orchestre, qui existe encore et dont Robert Masters est toujours le premier pupitre, se produit et enregistre maintenant sous mon nom; mais tant qu'ont duré nos liens avec Bath, il s'est appelé le Bath Festival Orchestra et a constitué l'élément central du programme, que nous jouions dans une église, sur scène ou dans la fosse d'orchestre. En outre, les chefs de chaque section formaient un excellent quatuor. Du même coup, j'avais accès à la musique de chambre et un orchestre de chambre à ma disposition, ainsi qu'une superbe école — quoique peu ordinaire — pour m'apprendre à diriger.

L'ambition de diriger des orchestres était une chose de plus que j'avais en commun avec David Oistrakh. Pendant près de trente ans, j'ai eu le plaisir de jouer souvent, quoique irrégulièrement, avec lui; il ne reste pourtant qu'une seule trace matérielle de toute la musique que nous avons faite ensemble : un enregistrement sur bande magnétique du *Double Concerto* de Bach, joué au concert donné pour le dixième anniversaire de l'UNESCO à Paris en 1958. Je suis heureux que cette bande existe, mais je dois avoir recours à ma mémoire pour ce qui est de tous les autres concerts où nous avons joué du Bach ensemble, ou bien le *Triple Concerto* de Vivaldi pour lequel nous nous étions adjoint Igor Oistrakh, ou toutes les fois que nous nous sommes dirigés l'un l'autre, échangeant les rôles d'un concerto au suivant. Un jour, je l'ai même remplacé comme soliste. C'était en octobre 1971; une crise cardiaque l'avait obligé à annuler un concert qu'il devait donner à Londres, et je revins de Madrid pour le remplacer. Après avoir joué en matinée dans cette dernière ville, je pris l'avion pour Heathrow avec Diana et me rendis aussitôt à la répétition au Royal Albert Hall. C'est une des rares fois depuis la guerre où j'aie donné deux concerts dans la même journée, il est vrai dans deux villes distantes de treize cents kilomètres et dans un cas d'espèce assez urgent. Après le concert, j'allai voir David à son hôtel et le trouvai en train de mettre sa convalescence à profit : partition en main et enregistrement en marche sur le magnétophone, il étudiait une œuvre qu'il avait l'intention de bientôt diriger.

Y a-t-il activité plus épanouissante que de diriger un orchestre? L'étude solitaire de la partition, le travail en commun lors des répétitions, l'abandon final à la marée sonore, remplissent ensemble tous les besoins : musicaux, intellectuels, sociaux et même physiques. La grande longévité de beaucoup de chefs d'orchestre n'a rien d'étonnant. Pour un violoniste qui a passé sa vie à calculer des déplacements millimétriques sur la touche, il y a quelque chose de particulièrement libérateur à pouvoir lancer les bras dans toutes les directions et même à sauter sur place si cela peut paraître utile à la communication (quant à moi, je me suis abstenu jusqu'à présent de jamais quitter le sol). En outre, quand les ravages de la vieillesse rendent trop harassant l'effort d'entretenir le mécanisme instrumental, la direction d'orchestre offre l'avantageuse consolation de récompenser nos services passés en nous gratifiant d'une promotion dans la hiérarchie des travailleurs manuels, et en nous donnant l'harmonie des orchestres pour en jouer.

Hélas, David n'a pas vécu assez vieux pour se cantonner dans cette tâche. Il avait entrepris une épuisante série de concerts où il devait donner toutes les œuvres pour orchestre de Brahms avec le Concertgebouw en 1974; il répétait tous les matins et jouait tous les soirs; ce fut plus que son organisme n'en put supporter. Il avait, au début de sa carrière de chef d'orchestre, une technique plus assurée que la mienne à mes propres débuts; je suppose qu'il avait reçu des leçons d'un maître compétent les moyens de faire passer ses propres idées, et que ses hautes qualités de musicien avaient fait le reste. Quant à moi, je fus jeté dans le bain la tête la première; il est vrai qu'on ne m'y laissa point patauger tout seul.

Ce qui m'est arrivé d'unique en son genre, peut-être, c'est que ce sont les musiciens que je dirigeais qui m'ont appris à diriger. Quand je parle de technique du violon, je le fais avec la confiance que m'ont donnée tant d'années passées à méditer sur le sujet. Par contre, ma technique de direction n'a pas fait l'objet d'une analyse méticuleuse et, même aujourd'hui, je ne saurais prétendre en avoir élaboré une approche parfaitement méthodique. Tout de même, je crois avoir fait pas mal de progrès depuis cette époque où tout mon apport consistait en une certaine conception de la musique et en ma bonne volonté à prendre conseil. Je suis redevable de ces progrès à mon orchestre, et surtout à Robert Masters.

Mon orchestre et mon école sont désormais deux des plus grandes joies de ma vie, et Masters a énormément fait pour leur développement. C'est un excellent violoniste et il est, en tant qu'homme et que musicien, sensible, discret, digne de confiance, et d'un jugement sûr. Il n'y a personne avec qui j'aie partagé autant d'idées sur le violon, sur l'interprétation et sur la musique en général, que ce soit en préparant des exécutions de Boyce, de Bartók, de Schubert ou de Stravinsky, ou en apprenant aux enfants à jouer du violon avec plaisir. Non seulement il a réuni l'orchestre avec l'aide de Kinloch Anderson, mais il en est resté depuis lors le premier pupitre, tout en employant sa femme Noël à son administration et à sa gestion, ce dont elle s'acquitte avec compétence. Ainsi, avec lui pour s'occuper des musiciens et elle de l'intendance, je n'ai plus qu'à me soucier des plaisirs et des problèmes de la direction d'orchestre. Le fait que EMI [1] m'ait trouvé un tel ami et un tel collègue est un autre exemple de ces bonheurs fortuits qui me sont échus toute ma vie durant : rencontré au studio d'enregistrement pour un travail déterminé, Robert Masters est devenu l'un des piliers de mon existence, et je n'ai aucune honte à m'appuyer sur lui.

Sans sa présence décisive, je ne sais ce qu'il serait advenu de mes tentatives de direction d'orchestre. Avec les musiciens par lui rassemblés, il a su mener à bien le délicat problème de ma formation, avec le plus grand tact, et je ne lui en serai jamais assez reconnaissant. Peut-être ne me suis-je pas montré à la hauteur de leur entraînement, toujours est-il que je n'aurais pu en connaître de meilleur. Détendus, patients, résolus à faire quelque chose de moi, ils ont réussi à se montrer en même temps des maîtres compréhensifs et des serviteurs obéissants, se soumettant à la baguette d'un amateur qui savait ce qu'il voulait entendre mais n'avait pratiquement aucune expérience de la façon d'exprimer ses desiderata; ils faisaient ce que je leur demandais en m'expliquant comment le leur demander.

1. Electrical and Musical Industries. Maison mère de « La voix de son maître » et de Pathé-Marconi (NdT).

Ils étaient assez bien disposés à mon égard pour mériter ma franchise. Je leur demandais comment ils préféraient que je les fisse commencer, quel geste ils trouvaient le plus clair, comment exprimer au mieux une intention musicale, et ils me guidaient toujours sans embarras. On raconte des histoires terribles d'orchestres malveillants se vengeant d'un chef d'orchestre méprisé; mon histoire est, exactement à l'opposé, celle du noble sacrifice d'un groupe de musiciens d'élite déguisé sous une avenante camaraderie. Il était vital pour le succès de cet effort qu'ils fussent des musiciens d'élite, bien sûr, mais non moins vitale était leur camaraderie. Nous nous sommes davantage amusés ensemble qu'on ne saurait l'imaginer, car il n'est pas d'équipe plus exubérante et d'une plus franche gaieté qu'une troupe de musiciens d'orchestre heureux et satisfaits de leur travail. Il n'a jamais été le moins du monde question entre nous d'autorité fondée sur le rang, on n'a jamais eu recours aux diktats de la hiérarchie professionnelle : la souplesse de nos relations convenait admirablement à un chef d'orchestre en apprentissage; et je crois que cela, c'est quelque chose qu'on ne pouvait rencontrer que dans un orchestre anglais.

Grâce à leurs encouragements, ma tâche s'est trouvée progressivement facilitée. Nous avons commencé par jouer des œuvres telles que les *Concertos brandebourgeois,* dans lesquelles je dirigeais du premier pupitre, abandonnant dans une large mesure l'orchestre à son heureuse inspiration une fois que j'avais indiqué les tempos, le phrasé, etc., que je désirais. Je laisse au lecteur le soin d'imaginer l'émotion du novice entendant pour la première fois ses idées matérialisées par d'autres, même quand mon double rôle ne me permettait pas de me soucier exclusivement de modeler l'exécution. Mais la liberté de m'y consacrer vint bientôt avec les symphonies de Haydn et de Mozart et le *Divertimento pour orchestre à cordes* de Bartók.

Le *Divertimento* était un choix ambitieux de la part d'un presque débutant, mais je connaissais bien l'œuvre, je l'aimais, et, me fiant au conseil jadis donné par Enesco de viser une étoile lointaine pour maintenir son propre cap, je décidai de l'inscrire au programme du festival de Bath de 1961. Il y fut bien reçu, mais il me fallut quatorze ans de plus pour éliminer un problème de direction qui tenait autant, je crois, à mon tempérament qu'à une question de pure technique.

Mon tempérament est un compromis entre ceux de mes parents. D'un côté, je fais honneur à la prudence de mon père, de l'autre, je suis enchanté comme ma mère, d'envoyer au diable la prévoyance et toutes ses restrictions. Quand elle moquait d'un « Plans... ran tan plans » les efforts de mon père soucieux de maîtriser l'avenir, elle ne faisait pas seulement justice à l'idée ridicule qui veut que la répétition engendre la clarté, elle réhabilitait l'intuition artistique. L'art est le produit d'un long labeur et d'une discipline personnelle austère et nul ne respecte plus que moi ces postulats, mais quand vient le moment de frotter l'archet sur la corde, il n'y a plus moyen de chercher la certitude dans l'hésitation, il n'est plus question de « vérifier plutôt deux fois qu'une » que la note est juste avant de la jouer. La circonspection avec laquelle on s'assure que le pont est solide, que la route est libre, que le partenaire dans une transaction n'est pas malhonnête, est le fruit de l'expérience juive, longuement éprouvée et nécessaire. Elle se traduit chez moi par l'analyse musicale minutieuse, destinée à vérifier l'intuition et à me défendre contre la contestation, de la part d'autrui comme de moi-même. Mais le côté nomade vient contrebalancer le Talmud. Ce qui fait mes délices, c'est de me libérer de toute prudence pour m'abandonner délibérément à mon impulsion profonde. Ces deux facettes de ma nature ont tour à tour laissé leur marque sur le *Divertimento*.

L'œuvre débute avec une intensité dramatique et même brutale, qui exige une attaque rythmée, extrêmement vigoureuse. Pour m'assurer que l'orchestre débuterait comme je le souhaitais, j'avais décidé de battre deux temps pour rien au tempo voulu et de le faire partir sur le troisième. Il ne restait, en théorie, aucune marge d'incertitude, et pourtant l'ouverture manquait trop souvent de conviction. Puis, en 1975, enfin porté par un accès de confiance, je décidai de me passer complètement des mesures préparatoires et de faire entrer l'orchestre en action en abattant le poing d'un seul coup, massif et énergique. Le résultat fut presque miraculeux : nous n'avions jamais débuté aussi bien. J'ai encore joué deux ou trois fois ce morceau depuis lors, et chaque fois le miracle s'est reproduit, à la satisfaction générale; plus je me montre décidé, plus mon orchestre a à cœur de me suivre.

Toute musique de valeur permet beaucoup d'interprétations. Sans nécessairement condamner celles des autres, je préfère naturellement la mienne et suis toujours armé d'arguments destinés à la justifier. Il est possible que l'héritage de la Loi et des Prophètes me rende enclin à trop expliquer; ce serait regrettable. Ayant subi les cours magistraux de Mengelberg, je m'en voudrais de faire une telle dépense de vaines paroles dont les musiciens pourraient parfaitement se passer. Mais quand bien même le désir de paraître avoir raison serait une faiblesse en termes d'autorité, je ne regrette pas mes explications. Il y a des gens qui se moquent pas mal d'être compris par les autres, et leur indifférence les rend peut-être d'autant plus forts; je ne fais pas partie de ceux-là. Cela ne m'intéresse pas d'exercer un pouvoir sur des machines, sur des orchestres réagissant comme des automates parfaitement rodés à qui il n'appartiendrait pas de raisonner et encore moins d'être d'accord ou en désaccord; je veux des compagnons qui s'allient avec moi pour faire entrer de la conviction dans la musique. Et je crois qu'en ce qui les concerne, les musiciens d'orchestre sont ravis d'être complices de leur chef; c'est du moins ce qui m'a été dit par une équipe aussi compétente que celle de l'orchestre philharmonique de Berlin.

Mes rapports avec l'orchestre philharmonique de Berlin remontent à 1929. Jusqu'en 1974 ou 1975, il s'y trouvait encore quelques-uns des musiciens qui avaient joué lors de mes débuts berlinois. Aussitôt après la guerre, je fis ce que je pus pour procurer des instruments et des cordes à ces musiciens, de sorte qu'une certaine intimité s'était déjà instaurée entre nous lorsqu'ils me remercièrent, voici quelques années, de prendre la peine de m'expliquer devant eux. Je n'avais pourtant douté à aucun moment qu'un orchestre de ce calibre pouvait combler les vœux du chef le plus avare de paroles, voire même jouer superbement en l'absence de tout chef. C'est justement à l'orchestre philharmonique de Berlin, la première fois que je l'ai dirigé, que je me suis découvert en train de superviser l'interprétation d'un autre. Il s'agissait de la *Septième Symphonie* de Beethoven, que cet orchestre venait de jouer en tournée sous la direction de Herbert von Karajan, et, lors de notre première répétition, il entama brillamment le Beethoven de Karajan. Je pris mon courage à deux mains et les interrompis : « Vous jouez à merveille, dis-je à l'orchestre. Vous connaissez probablement l'œuvre mieux que moi. Mais j'ai un peu réfléchi à la musique, j'ai quelques idées qui me démangent l'oreille, et je vous serais reconnaissant de m'aider à les entendre. » Après quoi, ils n'auraient pu être plus prompts à se soumettre à mes exigences ni plus habiles à traduire ma propre conception.

C'est, curieusement, un orchestre que l'on n'a jamais besoin d'inviter à jouer lentement. Il y a en effet des orchestres et des artistes qu'il faut freiner, car ils n'ont pas la patience ou le rythme intérieur nécessaires pour tenir une note ou une pause. Tel n'est pas le cas de l'orchestre philharmonique de Berlin : chaque note est abordée avec appétit et abandonnée comme à regret; par suite, il faut souvent le pousser à aller de l'avant; mais quel privilège que de jouer un mouvement lent avec de tels interprètes! C'est une des choses les plus merveilleuses que je connaisse.

Je ne voudrais pas donner l'impression que je ne trouve de satisfactions qu'avec mon propre orchestre et l'orchestre philharmonique de Berlin. Plus de grands orchestres que je ne saurais en nommer ici se sont soumis à ma direction. Et quelques grands chefs aussi m'ont aidé à assumer cette responsabilité. Efrem Kurtz, ami très cher, voisin de Gstaad et collègue admiré, est toujours disposé à me prêter ses propres partitions et parties instrumentales des symphonies de Beethoven, où les annotations de Toscanini, de Furtwängler et d'autres grands interprètes ont été soigneusement recopiées. Il y a aussi Sir Adrian Boult, doyen des chefs d'orchestre britanniques, que je connais depuis ma tendre enfance. Je ne l'ai vu perdre son remarquable sang-froid qu'une seule fois. C'était à l'époque où les cameramen de télévision faisaient rouler leurs appareils jusque sous le nez de leurs victimes pour obtenir des gros plans. Après avoir supporté quelque temps ce désagrément, Sir Adrian finit par exploser et refusa de continuer à faire de la musique dans ces conditions — ce sur quoi je fus entièrement d'accord avec lui. Avant de diriger la *Symphonie fantastique* de Berlioz à Washington, je suis allé le voir pour lui demander conseil. Et non seulement il me conseilla, mais il me donna sa propre baguette, spécialement pourvue d'une extrémité bulbeuse entourée de bandelettes de caoutchouc pour l'empêcher de glisser des trois doigts censés la manier. De fait, elle m'aida on ne peut mieux, me permettant de contrôler un énorme orchestre avec un minimum de tension, faisant faire le plus gros du travail aux doigts dans le style même de Sir Adrian. Quant à sa dignité britannique, à son noble détachement, je ne sais si je parvins à les égaler, mais j'en doute un peu.

Comme l'ont assez montré mes tribulations avec le *Divertimento* de Bartók, un des épineux problèmes qui se posent au chef d'orchestre est de commencer, de faire sortir du silence et accéder triomphalement à l'existence, avec le geste le plus net et le plus sobre, le rythme, le volume et la texture de la note d'ouverture. C'est essentiellement un problème technique, mais il s'est peut-être trouvé aggravé chez moi par une préoccupation philosophique obsessionnelle pour le commencement des choses. Enfant, j'avais coutume de me demander avec une angoisse non feinte où commençaient et où finissaient les villes, par exemple (la tournure légaliste de mon esprit exigeait qu'il y eût à cela une réponse précise), et l'idée de me lancer dans quelque chose sortant de l'ordinaire pouvait me paralyser complètement. J'avais peut-être six ans quand un conseil de famille décida que j'avais besoin d'un camarade de jeux; on invita donc Max Kahn, le fils de l'héroïque Mr Kahn (que je vois encore à San Francisco). Nous nous retrouvâmes tous deux sur le trottoir à nous regarder. Je me souviens encore combien j'étais désemparé. Je me déchargeai du problème sur Max : « Qu'est-ce qu'on fait maintenant? » lui dis-je. « Comment est-ce qu'on commence? » Certes, j'espère bien avoir fait des progrès depuis, en matière de commencements musicaux comme en d'autres, mais le choix du bon moment met encore à rude épreuve la subtilité du travail de direction.

Le choix du bon moment, important dans toute musique, est crucial pour l'opéra, surtout dans les récitatifs accompagnés. Régler le geste de façon à introduire la ponctuation orchestrale exactement à une fraction de seconde près, est quelque chose de très délicat, et je ne prétends pas y avoir toujours réussi du premier coup à Bath. Même une fois que les répétitions avaient aplani les difficultés, je continuais à me faire du souci, et je n'ai acquis une certaine confiance qu'au fur et à mesure que les opéras se sont succédé. A l'heure où j'écris, Mozart reste ma principale expérience en fait d'opéra, bien que j'aie fait une incursion dans le langage de Purcell en donnant *Didon et Énée* à Windsor en 1969. J'aimerais beaucoup m'essayer de nouveau à l'opéra, voir si les années écoulées m'ont apporté quelque ressource supplémentaire, et tenter l'aventure du répertoire italien; je puis seulement imaginer pour l'instant les ardentes sensations qu'il doit apporter à celui qui le dirige.

L'opéra italien n'est d'ailleurs qu'un des nouveaux mondes que j'espère encore pouvoir explorer. Ma carrière de chef d'orchestre a été menée à la va comme je te pousse, dans un sens au demeurant fort agréable; elle m'a dispensé maints cadeaux que je ne méritais pas avec la générosité d'un oncle fortuné et un peu excentrique, tout en me réservant pour les années à venir bien des « premières fois » que tout chef d'orchestre aurait normalement à ranger parmi son passé. Tandis que la plupart des aspirants chefs d'orchestre passent laborieusement par le conservatoire, gravissent les pentes menant aux grandes œuvres en rêvant du jour — dans vingt ou trente ans — où l'on confiera les symphonies de Schubert à leur expérience avérée, on m'a permis d'enregistrer ces chefs-d'œuvre dès le milieu des années 1960, alors que je n'avais que quelques années de direction d'orchestre à temps partiel à mon actif. Bien sûr, j'y ai mis tout le savoir-faire et toute la sensibilité dont j'étais capable, mais cela n'en restait pas moins un cadeau, plutôt que la récompense de capacités acquises. Mon propre orchestre n'ayant pas les ressources nécessaires pour jouer les dernières symphonies, on lui adjoignit les premiers pupitres et chefs de section de la moitié des orchestres de Londres, qui acceptèrent tous volontiers, au moins pour un enregistrement, de rentrer dans le rang. Il en résulta un des plus parfaits orchestres qu'on ait sans doute jamais réunis. Avec d'admirables musiciens pour jouer sous ma baguette une musique admirable, on ne s'étonnera pas que ç'ait été là un des moments musicaux les plus enivrants qu'il m'ait été donné de connaître.

Tard monté sur le podium du chef d'orchestre, j'ai bénéficié d'un avantage que ne partagent pas tous ceux qui sont dans mon cas : une longue expérience de l'enregistrement m'avait donné une oreille objective, un sens de l'équilibre, du rythme et des détails importuns, à un degré que ne permet pas d'atteindre normalement la simple préparation aux interprétations publiques. La plupart des gens, un jour ou l'autre, ont éprouvé ce choc d'entendre leur propre voix enregistrée, ont été gênés par quelque caractéristique de hauteur, de timbre ou d'accent, et ont douté de l'impartialité de l'appareil, ou bien se sont demandé s'ils pourraient jamais retrouver le courage de parler. Un musicien qui écoute une prise de son enregistrée est dans une situation très analogue, entre un franc étonnement et un dégoût menaçant : « Est-ce que j'ai vraiment fait ça ? » se demande-t-il jusqu'à ce que la répétition du fait lui ait appris à se juger sans passion, comme le ferait un étranger. Rarement — *très* rarement, en vérité — ce qu'il a fait surpasse le souvenir qu'il en a gardé. Il m'arriva un jour d'entendre, diffusé par les haut-parleurs d'un transatlantique, le Concerto de Beethoven interprété comme j'aurais bien aimé en être capable, et je découvris seulement ensuite que c'était moi qui avais fait cet enregistrement avec Furtwängler en 1947.

Dans le cours normal des choses, j'aimerais assez que les gens ne soient pas excessivement conscients de l'impression qu'ils font sur autrui ; après tout, nous sommes des êtres subjectifs et nous devrions accepter les limites de notre condition. L'enregistrement n'en demeure pas moins un outil inestimable pour le musicien, précisément parce qu'il fait éclater le confortable cocon de la subjectivité et lui fournit un nouvel arsenal de facultés critiques. Je ne veux pas aller trop loin dans ce sens ; évidemment, les grands musiciens savaient ce qu'ils faisaient avant qu'on n'ait inventé l'enregistrement sonore, mais je crois que celui-ci a contribué à l'élévation générale du niveau musical d'aujourd'hui, a raccourci le temps qu'il nous fallait pour y atteindre.

J'ai toujours aimé enregistrer. J'apprécie beaucoup cet isolement monastique qui vient de ce qu'on ne se préoccupe plus de l'auditoire, et des leçons données par la relecture du matériel enregistré. Dans mes jeunes années, la technique n'était pas totalement fidèle. La gamme de vibrations qui pouvait être captée était plus étroite qu'aujourd'hui, la dureté d'un son était en quelque sorte filtrée ; les disques au son si mélodieux de Kreisler, de Heifetz, ou de moi-même dans ma jeunesse, devaient une partie de leur charme à ces déficiences techniques. Mais les perfectionnements de la haute fidélité depuis la guerre ont démaquillé cet aimable camouflage avec la brutalité d'une douche froide, grossissant de façon terrifiante la moindre stridence, comme un cheveu vu au microscope se transforme en bûche et chacun des pores de notre peau en un cratère. Cela a beau être éprouvant d'essayer de faire passer du sentiment dans ces conditions cliniques, c'est une excellente école, exigeant une perfection dépassant l'ambition de l'oreille humaine ordinaire. Je suis content d'être passé par là.

Si mon agenda me laisse davantage de temps pour faire des disques que pour en écouter, on ne doit pas en déduire que l'enregistrement tient beaucoup de place dans mes occupations. Au contraire, il s'agit de le faire coïncider avec les heures de liberté qui me restent entre les tournées et autres engagements; ce qui implique en général une jonglerie compliquée avec les emplois du temps pour arriver à réunir l'orchestre, le chef d'orchestre, le soliste — s'il y en a un — et les ingénieurs dans un studio disponible, avec de la musique prête à être jouée. J'admets qu'une vie aussi encombrée que la mienne ne facilite guère ce genre de tâche, mais l'industrie du disque elle-même, en se développant, est devenue pesante. Comme je l'ai raconté, un disque que je fis avec Persinger en 1928 fut enregistré, pressé et mis sur le marché en l'espace de vingt-quatre heures. Aujourd'hui, même le désir de profiter de l'écho d'un grand événement ne saurait réduire la gestation d'un disque à moins de quelques mois. Chaque branche des activités de cette industrie fonctionne avec la même auguste lenteur. Il faut des mois d'étude de marché pour justifier le tirage d'un disque, et aucune décision brutale ne saurait venir bouleverser le majestueux déroulement de la planification à long terme.

Il peut arriver que je prépare une œuvre pour une circonstance donnée et souhaite l'enregistrer sur-le-champ, mais il est très rare de pouvoir rattacher de cette façon un enregistrement non prémédité à une exécution publique. D'un autre côté, les maisons d'enregistrement sont de plus en plus réticentes à proposer des œuvres non prévues pour des concerts publics : lorsqu'elles le sont, cela veut dire en effet que les frais d'étude et de répétition sont supportés par quelqu'un d'autre. En outre, le temps de studio est calculé au plus juste. Ayant vu des musiciens demander des prix exorbitants — les orchestres américains ayant été remplacés par les orchestres anglais meilleur marché, jusqu'à ce que ceux-ci, ayant à leur tour augmenté leurs exigences, soient maintenant supplantés par les orchestres d'Europe de l'Est —, ayant vu tout cela, je comprends bien le dilemme des éditeurs; mais je ne puis les suivre jusqu'au bout. J'ai la chance que EMI ait résisté à ces considérations strictement comptables au point de m'encourager à enregistrer de nombreuses œuvres jamais jouées en public, telles que le *Concerto pour alto* de Bartók, *Harold en Italie* de Berlioz, ou les six symphonies de Boyce. Mon expérience s'est ainsi élargie bien au-delà de ce que permettaient même les festivals. Les symphonies de Boyce constituaient une gageure particulière. Elles étaient « vierges » pour nous ; ni mon orchestre ni moi ne les avions jamais entendues, et les partitions n'étaient même pas révisées, les conventions musicales, du temps de William Boyce (1710-1779), étant plus importantes que les directives éditoriales. Avec seulement cinq séances d'enregistrement pour venir à bout de six œuvres, nous avons dû partir de zéro ; il fallait, autant que faire se pouvait, indiquer les coups d'archet, les doigtés et le phrasé à l'avance, se faire une idée des tempos, du volume, des accents et de l'équilibre, puis vérifier ces prescriptions au studio même. Un travail de ce genre demande un orchestre d'un genre particulier, et peut-être un flair particulier, mais le processus d'enregistrement contribue à le rendre possible. Après chaque prise de son, nous pouvions écouter, juger, corriger, améliorer et réécouter : une évolution qui, dans l'ordre habituel de l'exécution publique et de la réaction qu'elle suscite, aurait pris des mois ou des années, pouvait s'accomplir ici en deux heures. Il n'est pas souvent donné de s'entendre faire des progrès aussi rapides dans notre vie si courte.

Enfin, je compte bien qu'elle ne sera pas trop brève. J'ai compilé une liste d'enregistrements à faire suffisante, si du moins je reste en vie et valide, pour m'occuper plusieurs dizaines d'années encore.

Legs à la postérité

J'ai passé ma vie à essayer de créer une utopie. Si c'est une ambition vouée par définition à l'échec, puisque l'utopie ne peut exister qu'hors du temps, que le tragique et le négatif font partie intégrante du monde où nous vivons, elle n'en a pas moins réussi de-ci de-là, fugacement et partiellement. Il y a eu conspiration des circonstances en ma faveur; avant tout, elles m'ont fait don de la musique et de la chance d'en faire mon métier; malgré les déceptions inhérentes et les échecs inévitables, c'est une bénédiction qu'il n'est pas donné à la plupart des gens de connaître. Je puis seulement imaginer ce que j'aurais pu devenir si les circonstances avaient été différentes, ou ce que je pourrais encore devenir si elles devaient changer : si j'étais obligé de subir la torture ou de vivre sans hygiène dans une pièce partagée avec six autres personnes, j'imagine que toutes sortes de souffrances me rendraient fou de rage ou me réduiraient à une passivité amère, me privant dans les deux cas de toute énergie pour faire quoi que ce soit. De nos jours, on peut pour ainsi dire fabriquer le bonheur, puisqu'on a localisé la région du cerveau où s'inscrit le plaisir et qu'on peut déclencher ses réactions au moyen d'électrodes. Je n'ai pas peur de dire qu'il y a des situations auxquelles j'aimerais bien échapper en ayant simplement à appuyer sur un bouton, mais, en général, j'ai horreur de ce qui permet de se réfugier artificiellement à l'abri de la réalité. Selon moi, il faut avoir gagné une récompense pour être à même de l'apprécier. Je fais donc constamment effort pour modeler la réalité de telle sorte qu'elle justifie le bonheur, pour en faire quelque chose qui ne me donne pas mauvaise conscience. Je puis me permettre d'être satisfait si je joue bien, parce que c'est le travail de toute ma vie qui l'a rendu possible. En plus du bien-être, j'ai besoin d'éprouver le sentiment que ce que je fais sert à quelque chose. Heureusement, ni l'un ni l'autre ne m'ont jamais manqué.

Entre l'isolement protecteur et orienté de mon enfance et les innombrables activités que je poursuis aujourd'hui, on pourrait croire qu'il n'y a qu'un simple rapport antithétique; en fait, comme je l'ai indiqué, une ligne droite court d'un état à l'autre. Une éducation principalement axée sur l'acquisition des langues, une jeunesse passée en voyages, une conscience à laquelle on avait inculqué le souci du monde en général, c'étaient là autant de choses qui me préparaient à m'engager activement, qui déterminaient mon intérêt pour les gens et une disposition à me rendre utile dans la mesure de mes moyens. Ce qu'il y a de bizarre dans ma vie, pourtant, c'est que je ne puis me consacrer qu'à ce à quoi je me suis engagé : je puis apprendre le *Requiem* de Vivaldi si je dois le jouer, mais je n'ai pas le temps de l'apprendre dans le cas contraire; la lecture de partitions que je n'ai pas l'intention de jouer est pour moi un pur divertissement, comme, pour d'autres, la lecture de romans policiers. Mais le revers de cette médaille n'est pas négatif, car, si je ne trouve de temps que pour ce qui me paraît utile, il s'avère que tout ce qui suscite mon enthousiasme — l'écologie, le recyclage de l'énergie, la médecine, l'éducation — ont justement des applications remarquablement pratiques dans la sphère de mes propres responsabilités. Il est par exemple légitime de s'intéresser à la médecine quand on a une responsabilité dans la protection d'enfants d'âge scolaire. Le possible et le souhaitable sont ainsi plus ou moins conciliés; j'ai ce que je veux et ne m'en plains pas.

Parmi les nombreuses causes auxquelles je suis activement attaché, il en est quatre qui me sont particulièrement chères. L'une est l'œuvre d'Amnesty International en faveur des gens emprisonnés pour leurs convictions. Les autres concernent l'éducation au sens le plus large.

Il y a d'abord le Puffin Club, dont je suis président, mais dont le véritable animateur est Kaye Webb. Je tiens beaucoup aux Puffins (les « macareux » ou « moines »), cette centaine de milliers d'enfants en Grande-Bretagne qui dessinent, peignent, écrivent de la poésie, conçoivent des machines, recueillent des fonds pour acheter une île au large de l'Écosse où les macareux pourront vivre en paix, et qui font quantité d'autres choses merveilleuses. Ensuite, il y a le collège de West Dean dans le Sussex, le seul dans le pays à offrir l'apprentissage des arts de conservation, tels que la restauration du mobilier, les réparations d'horlogerie, la reliure, la tapisserie, etc. — effort destiné à essayer d'enrayer le déclin de l'artisanat et de préserver le patrimoine national. Il avait été fondé et généreusement donné au pays par Edward James, amateur et bienfaiteur des arts avec qui Diana avait travaillé, dansant alors dans une compagnie financée par lui pour Balanchine. En acceptant sa proposition de devenir l'un des administrateurs de West Dean, je ne comptais pas seulement soutenir les buts de ce collège, j'y voyais aussi la possibilité d'y faire prévaloir bien des choses qui m'intéressaient, y compris les moulins à vent destinés à fournir de l'électricité à bas prix, ou la conversion de la ferme du collège aux méthodes écologiques — objectifs qui restent à atteindre.

En troisième lieu, surtout, il y a ma propre école. Tous les enfants n'ont pas comme moi deux parents juifs dévoués à leur progéniture, et un psychologue pourrait soupçonner que mon école n'est rien de moins qu'une tentative destinée à combler cette triste lacune pour de moins chanceux que moi. En fait, à un niveau plus conscient, elle traduit mon sentiment de dette envers la vie et d'obligation envers la société dans laquelle je vis. Après ma propre carrière musicale, c'est là que je suis parvenu au plus près à modeler la réalité suivant les formes de l'utopie, créant une heureuse et saine communauté de jeunes, non pas une élite, mais un exemple pour les autres. Elle m'est une satisfaction constante et croissante, et l'une des moindres raisons n'est pas qu'elle tire son origine des difficultés de ma longue marche d'adulte vers la compréhension du violon. Ayant effectué cette longue marche, j'ai voulu guider autrui ; ayant appris, j'ai voulu transmettre ce que j'avais trouvé. Ainsi mon école est-elle le couronnement de ma vie et restera-t-elle, j'espère, un legs durable.

En un sens, ma carrière de mentor musical a commencé alors que j'étais encore tout jeune garçon, durant ces années où Hephzibah et moi jouions ensemble dans la salle de musique de Ville-d'Avray. Plus tôt encore, j'avais été obligé de m'exprimer clairement en formulant mes idées à l'intention de mes accompagnateurs — expérience qui m'a été d'un grand secours, car je puis aujourd'hui communiquer à un orchestre les sons que je veux qu'il produise rien qu'en les lui disant ou les chantant. Mais les véritables débuts de mon apprentissage de professeur remontent à la musique que je faisais avec Hephzibah, et ce qu'il y avait de merveilleux dans ces débuts, c'est qu'ils dérivaient de notre rapport fraternel et de l'atmosphère familiale aussi naturellement que le pain lève sous l'effet du levain.

Cela me faisait plaisir d'y repenser : je savais déjà garder, à l'époque, l'équilibre entre technique et interprétation. L'interprétation était le motif de ces séances de travail avec ma sœur, mais je ne pouvais déblayer la voie conduisant aux sons que j'imaginais qu'en tenant compte de ce que nos quatre mains faisaient avec nos deux instruments. Je n'ai jamais beaucoup cru dans les recommandations du genre : « Joue plus gaiement », ou « plus tristement », qui décrivent le but à atteindre et non la méthode pour y accéder; mais, étant donné la gaieté ou la tristesse de telle ou telle musique, il y avait des indications à en tirer sur le tempo, l'accentuation, l'équilibre. Toute tentative de clarification commence dans le noir, et ces débuts étaient forcément tâtonnants. Une chose pourtant me handicapait : c'était que la sensibilité d'Hephzibah la dispensait d'avoir beaucoup recours à la parole. Mais elle était un extraordinaire instrument, presque une extension de moi-même. Tout se passait comme si nous n'avions pas simplement réuni nos instruments, mais joué ensemble du violon-et-piano. Et j'ai continué d'être favorisé par la suite de ma carrière : en jouant avec des musiciens que je connaissais et comprenais bien, comme Kentner, Casals, Toscanini et bien d'autres — les mots étaient tout aussi inutiles.

Le premier violoniste à devenir mon protégé m'échut seulement vers 1955, dans des circonstances où ni le maître ni l'élève ne pouvaient jouer très pédagogiquement leurs rôles respectifs. En premier lieu, Alberto Lysy n'était nullement un débutant à former, mais déjà un jeune violoniste accompli; deuxièmement, j'étais constamment en voyage : Alberto devait me poursuivre à Gstaad, Londres, New York, si nos rencontres voulaient garder le moindre esprit de suite. Avant que les influences musicales concurrentes ne soient devenues aussi largement disponibles qu'elles le sont aujourd'hui, il n'était pas exagéré d'employer le mot « paternité » lorsqu'on parlait de la formation des violonistes; un grand professeur pouvait créer toute une ribambelle de musiciens à son image. Aujourd'hui encore, il y a des styles « familiaux », en quelque sorte, qui se laissent reconnaître, et je crois que l'un de ces styles est en train de se dégager de mon école. Mais quand Alberto Lysy vint me trouver, il n'était pas question, comme je viens de l'expliquer, qu'il devînt ma création.

Il avait seize ou dix-sept ans quand il débarqua de son Argentine natale pour se présenter au concours de Bruxelles de 1955. Pas aussi scolairement formé que certains autres candidats, il n'obtint que la cinquième ou la sixième place, mais il joua avec une passion communicative qui dépassait de loin celle de tous les autres. A quoi qu'il touchât, on sentait qu'on avait là un garçon pour qui la musique était tout. Il était très pauvre, jouait sur un violon d'emprunt, et tout le monde s'intéressa beaucoup à lui. De retour en Argentine, il m'écrivit pour me demander si je voulais bien le prendre comme élève. Étant donné que je ne pouvais lui accorder tout le temps dont il avait besoin, je l'emmenai aux États-Unis, où il put côtoyer d'autres bons violonistes, notamment Galamian, rencontrant mes amis à d'autres moments, partageant ma vie musicale et jusqu'à ma vie familiale. Ce fut un bon compagnon pour Gerard et Jeremy, encore tout jeunes; il jouait au football avec eux et les emmenait en promenade comme un frère aîné. Je ne sais si j'ai beaucoup donné à Alberto, mais il a tout de même passé quelque chose entre nous. Son sens de la musique est très proche du mien. Il n'a jamais visé à faire exclusivement une carrière du virtuose, mais a choisi au contraire de combiner le travail de soliste avec la musique de chambre et l'enseignement, activités qu'il mène désormais avec beaucoup de succès, tandis que son fils Tonino étudie le violoncelle à mon école.

A l'époque où Alberto vint à faire partie de ma vie, l'ambition de créer une école était près de voir le jour, ce qu'elle fit quand nous nous installâmes en Angleterre en 1959. Si je n'avais pas voulu m'embarquer plus tôt dans l'aventure, c'était faute de savoir exactement ce que je pouvais y apporter, mais il y avait des années que l'idée mûrissait lentement. Dès novembre 1945, visitant l'École centrale de musique de Moscou, la seule chose qui avait l'air encore de marcher dans un pays épuisé par la guerre, j'avais eu envie de fonder quelque chose d'analogue en Occident.

Je suis retourné depuis à l'école de Moscou, la dernière fois en 1971, et chaque fois je l'ai retrouvée aussi bien portante, aussi sérieuse, aussi stimulante qu'elle m'avait paru la première fois. Elle se compose de deux bâtiments adjacents, l'un où les enfants étudient la musique, l'autre où ils dorment et prennent leurs repas. Les deux bâtiments ont l'air un peu vétustes et ordinaires, mais tout y est pratique et fonctionnel; la brique s'y montre parfois sous le plâtre et les rangées de hautes fenêtres sont typiques de l'architecture des bâtiments publics baltes. A l'intérieur, on a la même impression de caserne; les dortoirs de dix lits alignés avec précision se succèdent interminablement; mais, la literie impeccable, dans ce bâtiment, et le dévouement dont on fait preuve à l'égard du moindre petit débutant, dans l'autre, témoignent avec chaleur que rien n'est négligé pour le bien-être et l'éducation des enfants. En dépit du sérieux du travail, du feu de l'ambition qui doit couver en chaque enfant, du zèle des professeurs et de la rigueur de l'entraînement, on n'a nullement l'impression d'une contrainte excessive. Je me dis que c'était là le seul coin de Russie où j'aurais pu moi-même trouver ma place.

A l'époque où je visitai pour la première fois cet internat musical pour enfants, l'Union soviétique était le seul pays à disposer d'un tel établissement, et elle en possédait même plusieurs. Chaque ville de quelque importance en abritait un, analogue à celui que j'avais vu, mais il existait entre eux une hiérarchie, de sorte que les meilleurs élèves aboutissaient à Moscou — entre les mains des meilleurs maîtres. On prenait les enfants à partir de l'âge de cinq ans et on les gardait jusqu'à seize ans environ, âge auquel ils entraient au conservatoire (celui-ci était situé tout à côté et, pendant vingt ans, ces jeunes Russes passaient leur vie dans un rayon de quelques centaines de mètres). Après une visite de politesse au bureau du directeur, on m'emmena sans autre forme de procès écouter jouer les enfants.

Ce que je pus voir, c'était le résultat de cet enseignement à différents stades de finition, mais non pas l'enseignement lui-même. Soit par fierté des résultats obtenus, soit par une certaine circonspection, les autorités ne me firent pas assister au travail en classe et se contentèrent d'exhiber une gamme d'élèves entre sept et seize ans. Je fus très impressionné par la qualité réellement professionnelle commune à tous ces enfants bien portants, bien faits et pleins d'énergie. Même les plus jeunes, en jouant de simples exercices, montraient un aplomb, un sens de la forme et de la présentation à faire croire qu'ils jouaient sur la scène de Carnegie Hall! On devinait là aisément la solidité, la sûreté, le souci du détail propres aux méthodes russes. On ne précipitait rien, on ne recouvrait aucun défaut d'un mince vernis; un enfant ne pouvait passer au deuxième niveau que s'il avait la complète maîtrise du premier et s'il échouait, mettons au niveau sept, à exécuter parfaitement quelque chose qui relevait du niveau trois, il lui fallait de nouveau parcourir tous les échelons. Ces échelons, tout un chacun doit les gravir : talent, flair ou génie, rien n'y fait, on ne saurait en sauter un seul. Il est remarquable de constater que la Russie ne produit pratiquement pas d'enfants prodiges; ce n'est pas indigence, mais stratégie délibérée. On me dit que les élèves ne jouaient pas de concertos complets avant l'âge de seize ans, mais seulement des passages ou de simples mouvements. Après avoir terminé leurs classes à l'École centrale et au conservatoire, les plus prometteurs reçoivent encore quatre ans d'entraînement, de sorte qu'ils ne sont finalement lâchés en public qu'à l'âge de vingt-cinq ans environ. Cette exigence d'un apprentissage exhaustif est justifiée dans une certaine mesure, mais elle contraint les élèves à passer toute leur jeunesse à monter péniblement dans la hiérarchie comme on gagne ses galons à l'armée.

Pour autant que j'aie pu m'en rendre compte, l'éducation non musicale des enfants se limitait aux principaux rudiments des matières de base, y compris le minimum essentiel d'endoctrinement politique, et une ration raisonnable de sport. Comme dans ma propre formation, on insistait sur l'acquisition des langues vivantes en se disant que ces jeunes élites, en grandissant, auraient probablement l'occasion de voyager; mais tout le reste était intimement lié à la musique. Cette exclusive s'expliquait peut-être en partie par l'ardeur des Soviétiques à spécialiser leurs élites, mais je ne pus m'empêcher d'y voir un effet du statut même de la musique, qui reste l'un des principaux domaines d'avancement et d'émancipation individuels en URSS. Je me suis souvent demandé quelle proportion de ses rêves un pays avait besoin de réaliser pour mettre en branle l'ensemble de la société. Une telle estimation est possible en prenant l'exemple d'un casino où il suffit, disons, d'un gagnant sur mille, pour que les neuf cent quatre-vingt-dix-neuf autres joueurs gardent espoir. Aux États-Unis, l'effort et le talent sont assez hautement et assez généralement récompensés pour inspirer à tout le monde le sentiment que chacun peut réussir. En Russie, où les voies de l'entreprise individuelle sont fermées, les symboles de la réussite sont différents : il s'agit de devenir un grand technicien, un grand professeur, un haut responsable, ou bien le mineur de charbon le plus productif de toute l'Union soviétique. Mais l'une des façons les plus naturelles de s'accomplir est la musique, qu'on peut dans une certaine mesure apprendre à titre privé et qui dépend du cœur et de la volonté qu'on y met. Les musiciens russes ont une telle réputation que chaque succès de carrière doit, j'imagine, faire naître des milliers d'ambitions. Le plus curieux, c'est qu'il n'existe pas d'institution officielle chargée d'apprendre aux enfants à jouer du violon avant l'âge de cinq ans, or l'école de Moscou n'accepte que les enfants de cinq ans qui savent déjà jouer, et il n'y a pas pénurie de candidats.

Depuis mon voyage à Moscou en 1945, le reste du monde a commencé à combler son retard sur la Russie en matière d'enseignement musical. Au Japon, aux États-Unis, en Europe de l'Ouest et de l'Est, notamment en Roumanie, le niveau est plus élevé qu'il n'a jamais été, et quelques internats spécialisés se sont ouverts. Mais l'Union soviétique étant le pays pilote jusqu'à une époque récente, il était bien normal de la prendre comme modèle au moment d'élaborer mon projet personnel. Au printemps 1963, juste six mois avant l'ouverture de ma petite école londonienne, j'envoyai Marcel Gazelle et Alberto Lysy passer une quinzaine de jours à Moscou, apprendre tout ce qu'ils pourraient. Ils ne réussirent pas plus que moi à assister aux cours, mais ils revinrent avec une impression assez précise de la façon dont les enfants étaient organisés, schéma général que nous allions pouvoir modifier en fonction de nos propres besoins.

Car il n'était pas question que notre école fût une pâle copie. Moscou a trois cents élèves, je n'en ai que trente-huit. Les priorités aussi sont différentes. Tandis que Moscou forme des solistes, nous voulons faire des musiciens complets, capables de passer à l'enseignement, de faire partie d'ensembles de musique de chambre, d'orchestres, ou bien de jouer en solo; même pour ceux dont la destinée n'était pas d'en faire une source de revenus, la musique devait rester un facteur d'équilibre mental et spirituel et une source de joie. Ce que je n'approuve pas dans l'idée de base de l'école de Moscou (et que je trouve bizarre dans un pays où l'on développe un tel culte du collectif), c'est cette façon de mettre terriblement l'accent sur la production d'exécutants individuels; toute l'école était orientée dans ce sens, et l'on y faisait vraiment trop peu pour encourager la formation de quatuors ou l'exécution d'autre musique de chambre. Il en résulte que celle-ci n'est pas répandue en Russie, et que les merveilleux orchestres de Moscou et de Leningrad sont dans une large mesure composés de solistes déçus. A l'un des festivals de Bath, j'ai vu un exemple frappant de cette déficience soviétique. Un soir, après un concert donné par cette exception qu'est en Russie l'orchestre de chambre de Moscou, je voulus faire un peu de musique pour le plaisir avec les chefs de sections; entre autres, nous jouâmes le

Quintette en ut majeur de Schubert, et je fus extrêmement surpris de constater que ces jeunes artistes extraordinairement bien rodés, et qui jouaient avec une perfection extraordinaire, étaient à peine entraînés au déchiffrage. Ce qui n'empêche pas la Russie de disposer aujourd'hui de plusieurs quatuors de premier ordre.

Les membres des orchestres anglais, au contraire, déchiffrent admirablement, en partie parce qu'ils n'ont pas assez de temps pour répéter, en partie aussi parce qu'ils n'ont pas peur de se servir de leur intelligence; les enfants de mon école se mettent sans effort à la discipline de la lecture à vue, ainsi que je l'avais toujours conçu. L'Angleterre est un pays où l'esprit d'équipe prédomine. D'où il résulte que les Anglais donnent de très bons altistes, excellant dans les quatuors, dans les ensembles de musique de chambre et dans l'art de coexister. Je suis heureux que mon école soit placée dans un cadre où prévaut une telle attitude; si elle avait vu le jour dans un climat de compétition comme à Moscou ou à New York, j'aurais eu beaucoup plus de mal à réaliser mes ambitions.

Il était tout à fait prévisible que les premières personnes à catalyser mes espoirs fissent partie de la famille. Même avant d'avoir des enfants à qui enseigner quelque chose, je savais que je voulais Marcel Gazelle et Alberto Lysy pour le leur enseigner. Finalement, la carrière d'artiste d'Alberto ne lui en laissa pas le temps, mais Marcel, notre premier directeur musical et notre professeur principal de piano pendant plusieurs années, fut le père adoptif de l'école; il se révéla aussi doué pour traduire nos rêves en programme scolaire qu'il l'avait été naguère pour comprendre et rendre la musique que nous jouions ensemble. Non seulement il dirigeait admirablement l'école, mais du fait de notre longue intimité, nous avions la même vision de l'entreprise dans laquelle nous nous étions embarqués. Nous avons eu la grande douleur de le perdre en mars 1969. Il fumait depuis l'âge de six ou sept ans et c'est de cela qu'il est mort trop tôt. Je regrette qu'il n'ait pas assez vécu pour mieux contempler le fruit de ses efforts. Sa veuve, Jacqueline, mon amie de Ville-d'Avray, enseigne encore à l'école aujourd'hui. On s'en souvient, c'était elle aussi une élève d'Enesco. Je suis heureux de pouvoir me dire que, par notre double lignée, Enesco est indiscutablement le grand-père de mes violonistes et, dans une certaine mesure, de tous les enfants dont j'ai la charge.

De façon plus immédiate, mon école fut l'émanation d'un comité, le comité de l'Académie de musique, comme nous nous appelâmes d'abord, constitué en avril 1961 ; je persuadai d'en faire partie ceux de mes amis qui s'intéressaient à l'éducation musicale : Sir Robert Mayer, Ernest Read, Ruth, Lady Fermoy, aujourd'hui membre du conseil de l'école, mon avocat, F.R. Furber, et mon comptable, Arthur Hollis, qui s'occupait de mes impôts depuis 1929. Nous complotâmes pendant deux ans et demi. Au début, nous doutions de pouvoir tenter l'aventure tout seuls et nous escomptions nous rattacher à une institution déjà existante, puis nous nous rendîmes compte que, si l'école devait réussir, il fallait qu'elle soit *sui generis*. Ces mois de discussion préalable me parurent beaucoup trop longs. J'aurais souhaité qu'on déclarât les préparatifs terminés et qu'on se lançât dans l'aventure dès septembre 1962. D'autres, qui avaient la tête plus froide que moi, me convainquirent qu'il n'était pas sage de commencer sans savoir au juste qui enseignerait ni combien d'élèves nous aurions, et sur des bases financières mal assurées. Il fallut donc attendre encore un an.

Les vingt mille livres nécessaires pour la première année de fonctionnement furent fournies par quatre bienfaiteurs, dont Lady Cholmondeley, l'une de mes alliées les plus solides, et le Dr Günter Henle, d'Allemagne, qui est à la tête de ce qui est peut-être la meilleure édition de musique classique au monde. Oscar Van Leer, fils d'un industriel philanthrope hollandais, nous aida alors comme il le fit à plusieurs reprises par la suite. Déjà un problème résolu. Maintenant, il fallait trouver des élèves. On partit en chasse; Gazelle et moi leur fîmes passer des auditions; la plus jeune, Rosemary Furniss, âgée de sept ans, devait établir un autre record en étant la première à terminer ses dix ans de scolarité (j'ignorais si elle jouerait très bien du violon et cela ne m'importait pas tellement, j'étais décidé à la prendre parce que c'était une enfant adorable; heureusement, elle s'est aussi avérée excellente violoniste). Mon ami Frederick Grinke, professeur de violon exceptionnel, qui fit partie du personnel enseignant au début, nous amena d'autres élèves. Le jour de l'ouverture, nous avions réuni onze jeunes musiciens.

Nous avons eu la chance immense, pour commencer, de

ne pas être obligés de tout faire à la fois. Quelle n'aurait pas été notre angoisse si, du jour au lendemain, nous nous étions retrouvés entièrement et exclusivement responsables de onze enfants, de leur logement et de leur nourriture aussi bien que de leur instruction élémentaire ou moins élémentaire, de leur santé et de leurs problèmes de digestion, de leurs exercices physiques et de leurs émotions, sans compter cette mince affaire d'une éducation musicale intensive pour couronner le tout! Quand on a la vision de quelque chose de bon et de beau, l'excès de lumière tend peut-être à estomper les détails épineux, mais au fur et à mesure que l'objectif se dessine à travers les nuées de la gloire, la dimension et la complexité de ces mêmes menus détails apparaissent avec une précision peu réconfortante. Je dois à Mlle Grace Cone, femme d'un courage et d'une assurance indomptables, d'avoir été plongé très progressivement dans ces obligations redoutablement étendues.

Au début des années soixante, quand je la rencontrai en quête de soutiens pour mon projet, Gracie Cone, qui a maintenant pris sa retraite, était la dynamique directrice d'une école précisément analogue à celle que j'envisageais de créer, mais spécialisée dans le ballet et le théâtre. La Fondation pour l'éducation artistique (Arts Educational Trust) disposait d'un internat et de salles d'enseignement spécialisé à Kensington et de locaux destinés à l'enseignement général non loin de là, à Hyde Park Corner; de sorte que les enfants habitaient, prenaient leurs leçons et suivaient leurs cours dans un rayon réduit, tout comme je l'avais conçu pour les miens. Miss Cone nous offrit de prendre nos élèves en pension complète, de leur faire donner des cours d'enseignement général réguliers et de nous louer des locaux à Kensington pour le côté musical de l'entreprise. Cela résolvait quantité de problèmes et nous procurait une sorte de matrice où nous développer; il n'y avait plus de raison d'hésiter. « Si vous êtes prête, moi aussi », dis-je en septembre 1963. « Vous pouvez commencer quand vous voulez », répondit cette femme magnifique d'énergie. « Fort bien, dis-je, nous commençons jeudi en huit. » Le jeudi en question, les pionniers se rassemblèrent : Gazelle, Grinke, moi-même et nos onze jeunes espoirs, confiants et pleins d'ardeur. L'école existait. On en avait enfin terminé avec les plannings. On avait désormais affaire à de nouveaux problèmes : continuer et croître.

Il fallait d'abord trouver un endroit bien à nous. Si utile que fût notre adoption par l'Arts Educational Trust, il ne pouvait nous héberger indéfiniment. Mrs Langton, la première intendante de l'école, résolut le problème pour nous en nous dégottant la propriété de Stoke d'Abernon, dans le Surrey, non loin de Londres : deux bâtiments sur six hectares de campagne typique de cette région. Élèves et personnel en prirent possession en septembre 1964.

Nous tombâmes on ne peut mieux pour le choix de notre premier principal. Il se montra si capable dans ce difficile travail qu'il fallait qu'il eût secrètement rêvé toute sa vie d'un tel rôle de pionnier. Antony Brackenbury, qui enseignait auparavant à Bryanston School, l'une des « public schools » anglaises, avait choisi de renoncer à la sécurité pour une aventure qui avait alors à peine un an d'âge. Je ne crois pas que j'aurais pu trouver quelqu'un de plus compétent si j'avais mis sur fiches tout le corps enseignant d'Angleterre. Dans cette profession, il doit toujours y avoir alliage d'autorité et d'humilité — autorité de l'adulte qui procure un cadre stable aux enfants qui lui sont confiés, et humilité vis-à-vis du prochain, son égal, qu'il éduque mais qui peut fort bien lui devenir supérieur. Dans une école spécialisée, une particulière humilité est requise du personnel non spécialisé. Antony Brackenbury devait partager son autorité sur l'école avec un directeur musical de même rang et accepter que ses élèves fussent choisis pour leur haut niveau musical et non pas scolaire — c'est-à-dire que c'était le personnel musical qui, en dernier ressort, choisissait les élèves auxquels lui-même allait devoir dispenser son enseignement. Sous sa supervision, les élèves ont d'ailleurs obtenu de bons résultats scolaires, y compris des admissions à l'Université, à côté de leurs propres succès musicaux.

Son successeur, Peter Renshaw, qui a été nommé récemment, est un jeune universitaire qui a préféré renoncer à sa spécialité, la théorie de l'éducation, pour s'occuper d'enfants en chair et en os. La façon dont la succession s'est opérée a été encore un autre exemple des vertus du travail d'équipe à la britannique. Mr Brackenbury, quelques semaines avant son départ, a invité Peter Renshaw à résider à Stoke d'Abernon, lui a fait prendre des classes, lui a fait faire connaissance avec ses élèves et ses collègues, facilitant ainsi au mieux sa prise de fonctions.

Au bout d'une seule année d'exercice, la fondation constituée pour gérer nos finances n'avait pas les fonds nécessaires pour acheter les bâtiments et le terrain de Stoke d'Abernon. La Banque de Suisse et d'Israël nous avança de l'argent à des conditions de faveur, nous achetâmes la propriété à crédit et nous nous lançâmes dans une nouvelle série de démarches pour liquider nos dettes. Une bonne partie fut couverte par des mécènes, une autre par des organisations charitables, une autre par nous-mêmes. Les recettes d'un concert que je donnai furent partagées entre mon école et l'orchestre philharmonique d'Israël, ce qui nous valut beaucoup d'aide des milieux juifs, les donateurs sachant que notre entreprise n'était pas une affaire sectaire mais une école internationale destinée aux enfants de toutes confessions et de toutes races. Il faut d'ailleurs ajouter que ce sont tous les milieux et toutes les couches de la société anglaise qui nous aidèrent à nous installer.

Dans un moment critique, Lady Claire Strafford nous tira d'affaire en organisant une vente aux enchères d'œuvres d'art, de sorte que les arts plastiques ont eux aussi généreusement parrainé mon école. Parmi les quarante artistes représentés figuraient Cecil Beaton, Jacob Epstein, Elizabeth Frink, Oskar Kokoschka, Juan Miró et Henry Moore, ainsi que des artistes indiens ou d'autres nationalités. Un matin de bonne heure, le peintre australien Sidney Nolan débarqua chez moi à Highgate sans prévenir; il portait sous le bras une toile roulée représentant un paysage du centre de l'Australie, et n'attendit même pas que je le remercie. Je ne connais pas cadeau plus touchant qu'une œuvre que l'on tient des mains mêmes de l'artiste. Je fis l'acquisition d'un tableau indien qui représente pour moi l'essence même de l'Inde, à la fois conscience de la mort et beauté décorative : c'est un squelette de vache encore debout, qui porte des ornements autour du cou. Marc Chagall, que j'étais allé voir avec Diana dans le midid de la France, fit don de trois lithographies. Tandis que Mme Chagall parlait avec Diana à l'intérieur de la maison, le peintre me montra son jardin. Comme je lui demandais s'il l'avait jamais peint, il me fit cette réponse émouvante : « Ma femme est issue d'une famille russe très aisée. Elle a toujours eu un jardin, ce qui fait que celui-ci ne compte pas tellement pour elle. Mais ma famille était trop pauvre pour avoir un jardin; alors mon jardin est une telle joie pour moi que j'ai peur qu'il ne s'évanouisse si je me mets à le peindre. »

En 1972, l'école comptait déjà trente-huit enfants et une demi-douzaine de membres du personnel à demeure; les deux bâtiments, la Maison-Blanche et la Maison de musique, commençaient à craquer aux entournures. Des subventions de trois fondations (Gulbenkian, Wolfson et Max Rayne) permirent de financer un nouveau bâtiment consistant en quatre pavillons communicants reliant entre elles les deux bâtisses existantes. En plus de nouvelles chambres et de nouvelles salles de musique, nous fut ainsi donnée la place d'installer une importante bibliothèque musicale. La même année, notre voisin du Surrey, Sir Ronald Harris, restaura une vieille grange pour la transformer en salle de concert de trois cents places. Nous devions donc beaucoup de remerciements pour tant de générosité et notre dixième anniversaire, en septembre 1973, nous parut digne d'être fêté.

L'orchestre de l'école donna un concert, et Rosemary Furniss (maintenant âgée de dix-sept ans et la plus ancienne de nos internes) joua le *Double Concerto* de Bach avec moi. Nous eûmes un palais royal, Saint-James, au centre de Londres, pour y jouer, et des membres de la famille royale pour qui jouer. Ce fut un splendide témoignage de l'affection que nous avions conquise dans le cœur des Britanniques, ainsi que de nos propres succès. Nous en eûmes une nouvelle preuve la même année en nous voyant décerner une subvention annuelle du ministère de l'Éducation, qui nous conféra aussi (tout comme à l'École royale de ballet) le statut spécial d'établissement d'enseignement des arts du spectacle. C'était vraiment être reconnu, et, en même temps, cesser de devoir vivre au jour le jour.

Mais ce jalon marquant dix années d'existence appartient déjà au passé. Nous voici dans notre deuxième décennie, confiants en nos capacités, jouissant de la sécurité financière, administrés avec sagesse, prudence et bon sens par un conseil d'administration que je ne saurais trop féliciter. Sous la présidence de la duchesse de Hamilton, ce conseil sait prendre en main les situations comme un grand chef d'orchestre le fait des partitions; quant à moi (qui en suis simple membre), je trouve un peu le plaisir d'un auditeur de concert à assister à ses travaux.

Ai-je fait moi-même ce que j'envisageais, au cours de ces treize ans? Je répondrai : pas encore, pas tout à fait. En mettant l'école sur pied, j'étais convaincu que si j'enseignais le violon comme je savais qu'on pouvait l'enseigner, tout le monde allait jouer brillamment en l'espace de deux ou trois ans. Si je me sens ainsi responsable, c'est que je sais qu'il est possible d'aller très loin avec des enfants de l'envergure de ceux qui viennent chez nous. Ils m'ont d'ailleurs déjà donné bien des raisons d'être fier d'eux.

Ils se produisirent pour la première fois en public à Croydon, tout près de là, en décembre 1966, dans le cadre d'une série de concerts d'enfants. Ils jouèrent un *Concerto grosso* de Hændel et le premier mouvement du *Double Concerto* de Bach. Contrairement à ce qui se passe à l'École centrale de musique de Moscou, je l'ai dit, l'accent était mis chez nous sur le travail d'orchestre. Dans notre effort pour produire des musiciens complets, nous avons encouragé les formations en trio, en quatuor, et toute sorte de musique de chambre; la musique de chambre figure d'ailleurs à l'emploi du temps comme discipline à part entière. Un quatuor d'élèves joua aux festivals de Gstaad et de Windsor de 1970 et, depuis lors, des groupes sont allés par deux fois aux États-Unis, où ils ont émerveillé les professeurs et étudiants de la Juilliard School et du Curtis Institute par leur interprétation de la *Nuit transfigurée* de Schönberg. En vérité, des musiciens adultes n'auraient pu mieux la jouer; je puis le dire sans vantardise, car ce n'est pas à moi que revenait l'honneur de les y avoir préparés, mais à Peter Norris, chargé de la musique de chambre.

A la demande de la reine, un troisième voyage en Amérique fut organisé. Les enfants jouèrent brillamment au Smithsonian le 8 juillet 1976, à l'occasion d'un divertissement donné par Sa Majesté pour le président Ford à Washington. Un autre concert doit encore être donné qui, je l'espère, inaugurera un système d'échanges permettant à de jeunes Américains de venir dans le Surrey et à mes propres diplômés de poursuivre des études supérieures aux États-Unis. Je ne vois guère de meilleure façon d'honorer les liens entre l'Angleterre et l'Amérique, qui survivent à deux cents ans de séparation — à moins que les États-Unis ne rentrent dans le Commonwealth et ne reconnaissent la reine!

Fondée en Angleterre, l'école a cependant quelque chose de très français, qui reflète mes premières attaches européennes.

Outre l'esprit francophile d'Enesco qui plane sur nous, il y a eu Marcel Gazelle, de Belgique francophone, et Robert Masters, qui lui a succédé comme directeur musical, est à moitié français; il y a Jacqueline Gazelle, qui enseigne le violon, et Maurice Gendron, professeur invité de violoncelle : tous deux sont français à part entière. De surcroît, Marcel Ciampi venait régulièrement nous voir, et Nadia Boulanger, âgée de quatre-vingt-neuf ans à l'heure où j'écris, le fait encore. A Ciampi a maintenant succédé Louis Kentner, mais son ancienne élève Barbara Kerslake est professeur de piano à demeure. Nous avons aussi le Canadien Peter Norris pour la musique de chambre; sa femme, Margaret Norris, dont l'aide m'est appréciable, pour le violon; et Myra Chahin pour le violoncelle. Tous les enfants apprennent l'harmonie et la composition, le solfège et le chant, ainsi que leurs instruments respectifs, en solo et en ensemble. Le grand claveciniste George Malcolm, avec qui j'ai fait beaucoup de disques, a été pendant deux ans leur maître de chœur. Je regrette que nous l'ayons perdu; si les enfants chantent encore bien, ce n'est pas aussi bien que de son temps.

J'aime faire venir à l'école des visiteurs de marque : de grands pédagogues comme les Andreevsky et Michael Goldstein; de grands artistes comme Itzhak Perlman, Stephane Grappelli et Ravi Shankar; ou simplement des gens de grande valeur comme l'économiste Fritz Schumacher, auteur de *Small Is Beautiful*[1]. Ainsi les enfants profitent-ils presque chaque semaine de l'inspiration apportée par un savant, un artiste ou un sage.

Helen Dowling est de ceux qui sont venus à plusieurs reprises à Stoke d'Abernon. Sa vie est assez parallèle à la mienne. Bien qu'elle ait étudié à Moscou, elle fut elle aussi élève de Busch et d'Enesco. Elle a été un grand soutien pour Enesco à la fin de sa vie, et elle fait désormais tout ce qui est en son pouvoir pour diffuser ses œuvres et son message. Depuis notre première rencontre à New York où elle se trouvait avec lui vers 1935, j'ai su que nous avions des affinités dans notre approche du violon, de la musique et des apprentis musiciens. Son rôle dans la vie est d'enflammer : son intensité communicative de

1. La traduction française de *Small Is Beautiful* a paru en 1978 aux Éd. du Seuil, sous son titre original (NdE).

Russe abat les barrières de la réticence et éveille les vocations cachées.

Mon école profite donc de l'influence de beaucoup d'énergies et d'esprits différents. Je suis sans doute heureux de savoir qu'elle est mienne, en ce sens que j'ai souhaité qu'elle existe et œuvré à la faire advenir, mais je suis tout aussi heureux de savoir qu'elle n'est pas mienne du tout, en ce sens qu'elle marche toute seule, avec une vitalité et un tempérament qui ne dépendent pas de ma présence. J'aime à déléguer des responsabilités, et je risquerais fort de manquer l'aventure de chaque nouveau jour si je me limitais à l'enseignement à plein temps. Les choses étant ce qu'elles sont, j'enseigne quand je le peux et y trouve énormément de plaisir.

On n'enseignc que quatre instruments à mon école : le violon, l'alto, le violoncelle et le piano. Cette limitation est intentionnelle et il n'est pas question de la lever, car il faut bien reconnaître cette triste vérité que, dans l'ensemble, le climat musical d'aujourd'hui défavorise les instruments à cordes. Nous maintenons une certaine proportion de pianistes par rapport aux instrumentistes à cordes, nous les accueillons comme complément utile et parce que le piano est un grand instrument de base qu'on ne saurait négliger dans l'étude de la musique occidentale; pourtant, Dieu sait qu'il n'est pas besoin de notre concours pour produire plus de pianistes que le monde n'en peut absorber! Nous sommes contents de nos violoncellistes, en nombre et en qualité; mais l'étude de l'alto, ce bel instrument injustement méprisé, doit être encouragée presque artificiellement. Quand nos violonistes, à douze ou treize ans, sont assez grands pour manier l'alto, plus volumineux, j'en convaincs quelques-uns de changer; et, de ceux que j'ai ainsi convaincus, il s'en trouve plus d'un qui s'est révélé plus doué pour l'alto. Nous essayons cependant de prendre une majorité de violonistes; c'est à eux que j'ai la meilleure chance de transmettre durablement ce que j'ai appris; et, avant tout, ce qu'Enesco lui-même m'a appris.

Alors que je n'avais que dix ans, Enesco me traitait avec le respect et le sérieux dus à un égal, et il traitait ainsi tous les êtres humains (je suis même sûr qu'il n'y avait nul besoin de faire partie de l'espèce humaine pour être accueilli par lui avec courtoisie). Je respecte à mon tour les façons de faire de chacun et n'entends pas les brimer en imposant les miennes.

Le genre de pédagogie reposant sur une conception unique ou sur une technique d'expression unique, me paraît asservissant. J'ai mes préférences, mais je me montre tolérant pour celles des autres, et j'estime que celui qui joue avec conviction — la sienne — doit y être encouragé.

Il n'en reste pas moins que j'ai quelque chose de spécifique à donner, qui découle de ma propre expérience du violon. La compréhension consciente tient bon là où échouent d'autres modes de compréhension plus mystérieux. Voici quelques années, Diana m'a offert un disque rassemblant des enregistrements de grands violonistes, des vedettes d'il y a près d'un siècle et qui étaient déjà des vieillards quand l'appareil à capter leurs sons évanescents a vu le jour. Le plus extraordinaire, c'est que celui d'entre eux qui était professeur, Leopold Auer, jouait mieux dans sa vieillesse que les virtuoses, Ysaye, Sarasate, Joachim et compagnie. Sa technique ne leur arrivait probablement pas à la cheville, mais ce qu'il savait, il le savait pour de bon, et ce savoir avait survécu à leur brio. Je crois de même que, toutes choses égales d'ailleurs, c'est mon savoir qui me permettra de continuer à jouer; sans compter qu'en attendant, il sera toujours profitable à mon école.

Ainsi mon enseignement se manifeste-t-il à deux niveaux, dont l'un a spécifiquement trait au violon. Je ne me sens libre de parler musique que si l'on joue convenablement; c'est ce en quoi mon enseignement ressemble le plus à celui d'Enesco, sans en égaler les moyens. Je ne joue pas du piano, je ne compose pas, mon savoir musical n'a pas la même étendue, mais je puis tout de même faire partager certaines conceptions, ce qui est peut-être un vague reflet de ce qu'il a fait pour moi. Loin d'être un aussi grand bonhomme que lui, peut-être suis-je davantage professeur dans l'âme. Je parle plus qu'il ne le faisait, car je ne veux pas seulement que l'élève accomplisse quelque chose, mais qu'il comprenne et soit capable de défendre sa position contre d'autres choix possibles. Peut-être cela traduit-il certain désir chez moi d'être dans mon bon droit — moralement, légalement et techniquement —, mais j'espère que c'est aussi une source de sûreté dans la pratique du violon, voire en musique en général.

On s'en doute, je m'intéresse très vivement à d'autres conceptions de l'enseignement du violon, qu'il s'agisse de la méthode russe-juive, qui tend à produire des virtuoses, ou des méthodes de groupes de Suzuki, lesquelles, il me l'a dit lui-même, visent essentiellement à former de bons amateurs. Ces deux conceptions ont ceci de commun qu'elles comptent sur des parents attentifs (en fait, Suzuki apprend à jouer au père ou à la mère avant de prendre l'enfant, de sorte que l'atmosphère musicale se retrouve à la maison), mais les Japonais supplantent désormais les Juifs; au fur et à mesure que les Juifs trouvent d'autres moyens de se libérer, les vides qu'ils laissent dans les orchestres sont remplis par des Japonais. Suzuki a beau préférer les amateurs, il est en grande partie à l'origine de ce phénomène.

Je suis d'accord avec lui sur bien des choses. Son opinion que la musique est une langue maternelle qu'il faut apprendre depuis la petite enfance, qu'elle devrait même faire partie de l'expérience prénatale de l'enfant pour devenir ensuite un jeu, le violon étant un jouet merveilleux, tout cela est largement démontré par le nombre de violonistes accomplis qu'il a formés. Mais il y a des inconvénients à sa méthode. Elle atteint son efficacité maximale à un âge — neuf ou dix ans — où l'enfant n'a pas encore l'esprit analytique; et elle n'est pas facile à acclimater en Occident où peu de parents ont le loisir de jouer le rôle que Suzuki leur destine, où peu d'enfants ne sont pas déjà à la maternelle ou à l'école. Voici quelques années, l'Américain Paul Rolland publia un livre, accompagné de la série de films correspondants, pour adapter la méthode de Suzuki à l'Occident; aucun de ceux qui s'intéressent à l'enseignement collectif du violon ne saurait choisir meilleur guide. Mais, dans une école spécialisée comme la mienne, l'enseignement a besoin d'être lui aussi plus spécialisé. Avec l'aide de mes élèves, j'ai moi-même réalisé six films, centrés chacun sur un aspect différent de la pratique du violon, mais je n'ai jamais songé à transformer mon enseignement en méthode rigide. Dès qu'il pourrait être question de quelque chose d'aussi rigide et d'aussi sec que « la méthode Menuhin » ou « le système Menuhin », qui me fait penser à du béton armé, je m'empresse d'en revenir au terrain plus sûr des problèmes particuliers et des solutions particulières. Ce que j'essaie avant tout de communiquer, c'est le sens de l'aisance, de l'économie et de la précision dans le mouvement.

La conviction que le violon et celui qui en joue doivent être rivés l'un à l'autre est un des défauts majeurs des jeunes violonistes. Leur main gauche qui s'agrippe à l'instrument est dans l'incapacité de bouger pour en jouer. Leur cou raide, leur tête vissée, leurs bras et épaules bandés, sont autant d'obstacles entre la liberté et eux. Je me mets aisément à leur place, me souvenant fort bien de ce que c'était. Ma propre erreur de débutant consistait à écarter le quatrième doigt de la main gauche, comme un intrus chassé de cette fête. Chaque fois que je me rends à mon école, j'ai l'habitude d'inventer toute une série d'exercices plus ou moins bizarres pour soustraire à leur servitude les muscles de mes élèves. Je leur fais tourner le manche du violon entre le pouce et les doigts pour qu'ils relâchent leur prise désespérée; ou bien je leur fais décrire des cercles, le plus haut possible en direction du plafond, pour entraîner leurs mains à porter sans effort; ou je leur demande de faire glisser leurs doigts le long de la touche, dans les deux sens et selon un certain rythme; je leur fais tenir l'archet par le milieu, ou à l'envers, afin de rompre avec toutes les habitudes et de leur donner le sens de la découverte. Si un mouvement ascendant de l'archet suggère un mouvement vers la gauche, j'invite l'élève à laisser pendre sa tête également vers la gauche, car le menton qui est coincé trop fermement contre le violon ne peut tourner librement, il freine l'action de la main et du poignet et anéantit tout le travail. Pour lui donner un avant-goût de la liberté dont il jouira un jour, je prends la main gauche d'un enfant et laisse son coude pendre et se balancer, souple et détendu.

Traditionnellement, les débutants jouaient leurs premières notes dans la première position, les doigts montant la gamme à partir des cordes à vide. Cette exigence les faisait débuter dans la posture la plus difficile de toutes, le coude plié selon l'angle le plus ouvert, la main la plus éloignée du corps, le violon faisant le plus sentir son poids, le problème du contrôle s'avérant alors le plus aigu. Je préfère que les enfants débutent dans la troisième position, les mains opérant à partir du milieu de la touche. La main se trouvant ainsi à distance confortable du corps, et le violon légèrement retenu entre le pouce et les autres doigts, il leur est plus facile de déterminer leur rapport avec l'instrument, et les chances de jouer d'emblée avec assurance, de façon détendue, sont incomparablement plus élevées.

La coordination des mains est d'une importance capitale. J'invente aussi des exercices à cette fin. Par exemple, pour donner à éprouver aux enfants, dans les os de leurs phalanges, cette coordination subtile entre la main droite et la main gauche, je leur demande de jouer une gamme chromatique avec un seul ou deux doigts, tandis que la main droite exécute des mouvements d'archet en staccato. C'est quelque chose qu'un enfant accomplit d'instinct sans même savoir comment il procède; mais je veux qu'il ressente exactement où et comment se produit la coordination — la main droite bougeant au même moment où la main gauche tient la note, la main gauche changeant de note durant la pause momentanée de la droite. D'autres fois, je leur fais coordonner respiration et mouvements d'archet. Les enfants inspirent au mouvement ascendant, expirent au mouvement descendant, ou bien l'inverse. L'étape suivante est plus difficile: il s'agit de décaler ces moments, en inspirant ou en expirant avant ou après que l'archet ne change de direction. De tels exercices sont conçus pour contrer les préjugés en faveur d'une coordination particulière, et pour rendre plus conscients les passages permettant l'enchaînement de ces mouvements. Imaginez qu'on doive reprendre son souffle chaque fois qu'on pose un pied devant l'autre, ou à chaque mesure de la partition : chaque segment de chaque mouvement serait doué d'une existence indépendante, et il n'y aurait ni marche ni symphonies. Nous faisons donc notre gymnastique à l'école, qui atteint souvent une haute complexité, par exemple lorsqu'il faut tourner le violon dans une direction en faisant glisser les doigts dans une autre direction tout en respirant suivant un rythme syncopé; il s'agit en somme de développer la coordination dans toutes ses innombrables permutations.

L'intuition, à mon avis, se manifeste dans les cas où il arrive beaucoup de choses en même temps, mais pas tout à fait simultanément. La raison, elle, est équipée pour prendre un problème à part, l'analyser, et en déduire la façon de procéder. Mais quand nous sommes confrontés à dix facteurs différents qui agissent tous les uns sur les autres et se combinent pour engendrer au total un nombre astronomique de variantes, la raison abdique et seule l'intuition s'avère à la hauteur. C'est ce qui se produit quand on joue du violon; il se passe trop de choses pour que la pensée consciente puisse en régler le ballet. L'enseignement peut préparer le terrain, assouplir les muscles, donner de la force aux doigts, indiquer tous les éléments à coordonner de façon que n'importe quelle combinaison de mouvements puisse être produite à tout moment; mais c'est tout, on ne saurait aller plus loin. Après cela, c'est la vision même du musicien qui passe à l'acte en sélectionnant parmi des milliards de possibilités les quelques milliers dont elle a besoin pour se réaliser.

Quand j'étais petit, j'éprouvais de la pitié quand je voyais un autre enfant dans la rue avec son étui à violon. Encore un qui allait à sa leçon comme un inculpé va au tribunal, encore un qui se posait les mêmes problèmes que moi, mais, me disais-je, sans avoir des parents comme les miens, ni mes maîtres, ni toute ma chance. Probablement n'avait-il jamais le bonheur de se sentir inspiré ou ravi; sans doute faisait-il ses trois heures obligatoires par jour en serrant les dents et répétait-il interminablement des morceaux dont il avait plus qu'assez. En vieillissant, j'ai été de plus en plus convaincu que des enfants comme ceux-là méritent en effet notre pitié, et de plus en plus indigné qu'un art qui peut répondre aux besoins les plus profonds de l'homme et satisfaire l'intellect et la spiritualité la plus élevée, puisse se réduire pour certains enfants à une pénible servitude.

Je suis bien résolu à ce qu'il n'en soit rien dans mon école. Dès qu'un enfant est à même de faire quelque chose d'à peu près bien — c'est-à-dire tenir le violon sans attraper de crampe et mouvoir l'archet en ligne droite —, j'essaie de lui communiquer un certain sens de la musique, de sorte qu'il ait déjà un but dans la vie. Il existe à l'opposé des professeurs qui voudraient faire passer l'inspiration musicale avant toute technique correcte; un enfant doit certes avoir un but dans son travail, mais, si je suis prêt à me montrer fort souple en la matière, je persiste à considérer la technique et l'interprétation comme des sœurs siamoises qui doivent se développer de pair.

Il ne sert à rien de demander à un enfant de comprendre la musique s'il ne comprend pas grand-chose à son instrument. On ne saurait trouver de plaisir dans cette voie, qui ne mène qu'à la confusion et à l'impuissance. De même est-il vain de lui dire simplement qu'il joue faux tant qu'il ne s'est pas familiarisé assez intimement avec le violon. L'ancienne méthode consistait à faire remarquer : « Votre *do* est trop aigu », et le malheureux bambin n'avait plus qu'à faire de son mieux pour le bémoliser. Mais il est possible de produire une note trop haute pour une demi-douzaine de raisons différentes, et il faut découvrir la nature particulière de cette difficulté si l'on veut pouvoir la corriger. Est-ce une question élémentaire d'apprentissage de l'oreille? Est-ce que le chemin de l'oreille au doigt n'est pas encore bien frayé, de sorte que le doigt ne se révèle pas capable de changer ce qui déplaît à l'oreille? Ou bien encore est-ce que le second, le troisième ou le quatrième doigt n'a pas la souplesse nécessaire pour trouver le centre de la note? Si la main est rigide, si elle a des réticences, ou si elle est occupée à retenir le violon, elle ne peut corriger la faute; on aura beau répéter ses injonctions à l'élève, il continuera de jouer faux.

C'est un trait curieux de l'esprit humain qu'il apprenne à accepter ce qu'il ne peut corriger. Une personne qui joue faux et qui essaie en vain de s'améliorer cesse bientôt d'entendre les fausses notes pour ne plus écouter que son intention. Pourtant, le fait qu'une note soit juste ou fausse n'offre pas matière à discussion. L'un des principaux soucis du violoniste est donc de s'entendre lui-même comme les autres l'entendent, sans cette indulgence mentale qui nous rend sourds et aveugles à nos imperfections persistantes. J'espère en avoir assez dit sur ma façon d'aborder le violon pour qu'il soit clair qu'en tant que professeur, j'accorde priorité à la souplesse sur l'intonation impeccable. Dans notre école, nous ne nous attendons pas que les débutants possèdent toutes leurs notes sur le bout des doigts, nous leur apprenons à trouver le centre du *do* par approximations successives : série de corrections qui deviennent bientôt trop rapides pour être perceptibles et aboutissent finalement à la précision automatique.

La souplesse est tout parce qu'elle mène à tout. Sans elle, il ne saurait y avoir de finesse d'expression dans l'art du violon; or, en art, on n'atteint à la force que par la finesse. Il est possible pour un boxeur professionnel d'améliorer sa performance à force de taper dans un punching-ball, quoique je soupçonne que l'art d'assommer son prochain ait aussi ses raffinements dans la feinte et l'adresse. Mais, pour maîtriser une expression artistique fluide, rapide et sensible, il faut absolument pouvoir apprécier des subtilités minuscules, de toutes petites divergences par rapport à la norme dans le volume et la nuance du son, des dislocations rythmiques infinitésimales par rapport à la régularité martiale du métronome. Cette appréciation ne peut s'acquérir qu'en écoutant de la musique, en l'aimant et en en jouant de tout son cœur — et avec un corps détendu. Je pense que si nous avons obtenu des résultats, c'est en mettant l'accent sur ces priorités.

Si les motifs conscients qui m'ont poussé à fonder une école — un sentiment d'obligation vis-à-vis du passé, du présent et de l'avenir, la conviction que j'avais quelque chose à dire, la poursuite d'une utopie — cachaient quelque mobile inconscient, c'était assurément de prouver que je n'étais pas un monstre du fait que je jouais bien du violon dès l'enfance. Le bon sens de mes parents m'avait épargné tout sentiment d'anormalité, mais, en grandissant, je fus un peu énervé de découvrir que je devais constamment démentir cette imputation. Je l'ai dit, « normalité » est un mot sujet à plusieurs interprétations; pour certains, il recouvre les choses telles qu'elles sont, alors qu'il désigne pour moi le potentiel que les choses telles qu'elles sont déforment trop souvent. Tous les enfants sont doués; la chance de développer leurs dons est refusée à presque tous. Les enfants qui viennent à mon école sont de bons enfants ordinaires, doués pour la musique et à qui l'on a donné leur chance. Les gens n'arrêtent pas de s'extasier devant eux. Devant des cameras de télévision, des enfants de sept à huit ans parlent, agissent et jouent sans la moindre gêne, je puis leur donner une leçon comme s'il n'y avait pas de caméra dans la pièce; des enfants de douze ou quatorze ans entrent en scène pour jouer avec l'assurance que seuls possèdent des gens se trouvant dans une situation qu'ils estiment normale et naturelle; comme solistes, comme membres d'un trio ou d'un quatuor, ils combinent les joies de l'amateur et le sérieux du professionnel sans une once de suffisance ni le plus léger indice qu'il pourrait en être autrement. Le public s'émeut presque aux larmes d'assister à l'exécution musicale pleine d'exubérance et de maîtrise à la fois, préparée et pourtant spontanée, de n'importe lequel de ces enfants. Cela, je l'affirme, vient seulement de ce qu'on leur a donné leur chance. A mon école, nous n'avons pas encore tout à fait atteint le degré de haute virtuosité obtenu par les écoles russes, bien que nous ayons quelques sujets qui n'en sont pas tellement éloignés; mais je crois que notre approche plus souple — au point même de permettre aux enfants de jouer de la musique pour laquelle ils ne sont pas tout à fait prêts — est aussi plus prometteuse. Quand je les vois trouver les mêmes satisfactions que moi et maîtriser telle ou telle œuvre contemporaine difficile que je n'avais aucune chance d'aborder à leur âge il y a cinquante ans, et qu'ils restent, malgré leurs succès, gais, francs, exempts de tout cynisme, je me dis que mon école est quelque chose de bien à léguer à la postérité, qu'en outre elle justifie ma vie et prouve assez que j'ai toujours été quelqu'un de normal.

Épilogue

Après avoir passé en revue ensemble, chers lecteurs, la plus grande part du XXe siècle, peut-être est-il temps de nous demander où nous en sommes. Qu'est-ce qui a été accompli au terme de cette kyrielle d'années avec leur grandeur d'âme apparente, leurs efforts pour surmonter la faiblesse humaine, engendrer la compréhension et dispenser la paix ?

Considérant les choses aussi froidement que possible, je dois admettre que ce que j'ai accompli est bien peu. A cette époque critique où, Juif, j'allai jouer dans l'Allemagne vaincue, je n'ai pas abouti à hâter la réconciliation judéo-allemande. Les réparations allemandes devaient aider à mettre sur pied l'État d'Israël, et des équipages de blindés israéliens s'entraînaient déjà en Allemagne au moment où je vins y jouer. Face à la crise actuelle du Moyen-Orient, tous mes efforts dans le petit secteur d'opinion auquel j'ai accès n'ont rien fait d'autre que tenir la ligne de la tolérance internationale, si toutefois ils y sont même arrivés.

Ce bilan affligeant ne me porte pourtant pas à la désillusion, il m'incite seulement à réduire mes visées. J'ai appris que mon rêve enfantin d'apporter la paix au monde entier était à la fois trop vaste (ne tenant pas compte du fait que la paix et le bonheur de tout un chacun ne sont pas nécessairement compatibles) et trop étroit (en bon Juif urbain, mes ambitions se limitaient à la société humaine). Aujourd'hui, je m'aperçois que c'est à la vie que je dois allégeance. En devenant plus réaliste que je ne l'étais jadis, je n'en suis pas devenu moins idéaliste. Je continue de me tourner vers la musique pour rapprocher et guérir; je persiste à penser que le musicien est quelqu'un à qui l'on peut s'en remettre pour dispenser de l'apaisement à son prochain, mais qu'il est aussi un rappel de ce qu'est l'excellence humaine; aussi fermement que jamais je crois que notre monde fini sécrète des efforts individuels finis pour donner corps à un idéal.

Il se trouve peut-être des théâtres d'action plus modestes qui me permettent de revendiquer certaine réussite. Dans le domaine du violon, je puis évoquer une compréhension de mon instrument qui a grandi de jour en jour, d'année en année. J'ai très tôt connu les sommets de la maîtrise, mais je ne pouvais assurer l'avenir de mon savoir, ni l'analyser, ni l'enseigner. Ce sont des choses que je peux faire à présent. Musicalement aussi, je connais désormais en pleine conscience, par toutes les parties de mon anatomie, le répertoire de violon de mon enfance dont je n'avais jadis qu'une connaissance immédiate. La direction d'orchestre m'a élargi l'esprit, a développé mon imagination, équilibrant la perfection miniature du jeu des phalanges sur la touche par la vaste interprétation collective des grandes partitions.

Je reconnais humblement, avec gratitude, à quel point je suis privilégié. Hormis la mort d'un enfant à la naissance, je n'ai connu la tragédie qu'à distance. Tous les protagonistes directs de l'histoire ici racontée sont encore vivants et continuent d'enrichir ma vie de leur affection. La crise soudaine, l'isolement, le mépris et la haine dont tant de Juifs ont souffert m'ont été épargnés, ainsi que la grisaille d'une existence sans but. Un réseau de liens affectueux me lie aux amoureux de la musique à travers les continents et me prépare, jusque dans des endroits où je n'ai encore jamais joué, un climat de confiance mutuelle. Je puis au moins me flatter de n'avoir jamais voulu me montrer indigne de cette confiance, de ne jamais avoir cherché la liberté en me soustrayant aux exigences manifestées à mon égard. Les vrais plaisirs ne se distinguent pas des devoirs, la vraie liberté est synonyme de responsabilité, et le vrai salut, c'est cette quête quotidienne de l'idéal à laquelle le musicien doit tendre.

L'histoire d'un musicien est celle d'un être particulièrement protégé, depuis ce premier hasard qui a conjugué l'heure et les circonstances, plantant la semence du talent dans un sol approprié. J'ai eu cette bonne chance. Ensuite, depuis ma toute première enfance, j'ai été protégé par le besoin de tout sublimer. La sublimation implique la patience : un appétit vite satisfait ne peut jamais revêtir la forme de l'art. J'ai eu bien peu d'occasions de choisir le plaisir immédiat, très rarement ce désir, plus fort que tout, qui menace de tout emporter devant soi. J'ai pourtant passé ma vie à jouir directement d'un plaisir sensuel, à me délecter du son du violon. C'est en luttant pour faire de mon mieux que j'y ai trouvé ma satisfaction.

Au moment où j'écris ces lignes, j'approche de mon soixantième anniversaire, événement qui va inaugurer douze mois passés loin des salles de concert, comme je l'ai promis à Diana il y a trois ans. Deux célébrations ont déjà empiété sur ma promesse — le XXe festival de Gstaad et le 200e anniversaire de l'indépendance de l'Amérique. Je compte bien qu'il ne se trouvera pas d'autre anniversaire pour me réclamer.

Le début de ma soixante et unième année (ou presque de la soixante-deuxième, si l'on compte la période prénatale) ouvre une période nouvelle et rafraîchissante dans notre vie commune. Il y a trois ans, donc, j'ai promis à Diana une année sabbatique : l'artiste itinérant, avec des engagements trois ans à l'avance, n'est pas plus son propre maître que l'ouvrier migrant sous contrat. Cette nouvelle période est à présent commencée. Elle s'est ouverte sur les passionnants concerts donnés au bénéfice de l'école Yehudi Menuhin, d'Amnesty International et de la fondation de Jérusalem, au cours desquels j'ai joué de la musique de chambre avec Jeremy à New York, Londres, Paris, Amsterdam, Bruxelles et Monte-Carlo; Slava Rostropovitch s'est spontanément offert à me prêter ses services à New York et à Londres, et Ernst Wallfisch à New York. L'idée de la participation de Slava remonte à nos retrouvailles inoubliables et passionnées à Paris en janvier 1974, quand il était venu participer aux concerts du vingt-cinquième anniversaire du Conseil international de la musique. (Nous avons, avec ces concerts, inauguré le MIMAF, le Fonds d'aide mutuelle internationale des musiciens; ce fonds a pris des proportions appréciables et promet de devenir une importante fondation au service de la musique et des musiciens du monde entier.) Slava, qui n'en croyait pas ses yeux, finit par s'apercevoir qu'il avait vraiment gagné notre monde libre. Dans sa joie et son exubérance (c'est un état permanent chez lui), il m'avait promis, pour mes soixante ans, de se joindre à moi pour donner des concerts dans diverses capitales et jouer au profit de n'importe quelle cause de mon choix. C'est à ces heureuses retrouvailles que je dois les festivités de Carnegie Hall où, avec Jeremy au piano, nous avons joué le *Trio de l'archiduc*, de Beethoven, et, avec la contribution de mon vieil et cher collègue Ernst Wallfisch, le *Quatuor pour piano en ut mineur* de Fauré. Pour finir, il y a eu le *Double Concerto* de Brahms, au Royal Albert Hall, le 9 mai 1976, la dernière fois que j'ai joué officiellement en public. Slava m'a soulevé à bras le corps pour m'installer sur le podium de chef d'orchestre, a couru dans les coulisses chercher mon violon, et, du geste généreux d'un collègue affectueux, m'a fait jouer un bis tout seul.

Deux événements ont pourtant empiété sur mon congé sabbatique : d'abord, les fêtes du bicentenaire à Washington. A la demande de Kay Jouett Shouse, infatigable bienfaitrice de la nation, j'ai inauguré les cérémonies du 4 juillet en jouant à minuit en compagnie d'André Kostelanetz. Nous avons donné le *Concerto en sol mineur* de Bruch et une œuvre que j'avais commandée à Alan Hovhaness pour cette occasion : *Une ode américaine*. Après le compte à rebours, il a été émouvant d'entonner la *Bannière étoilée* en sachant que la nation entière nous regardait et chantait avec nous. L'autre événement a été mon XXe festival de Gstaad. Mon école a participé aux deux réjouissances : à Washington, quand la reine a reçu le président à l'ambassade britannique le 8 juillet; et à Gstaad, par des concerts orchestraux, de musique de chambre et de solistes. La ville de Gstaad y a mis du sien, avec cette allègre solennité qui distingue un peuple sérieux. Nous avons donné seize concerts, dont deux premières auditions des œuvres ultimes de Chostakovitch, un quatuor à cordes extrêmement émouvant qu'il a dû certainement concevoir comme son requiem, et une sonate pour piano et alto; nous avons terminé par la *Messe « Nelson »* de Haydn.

Je me réjouis à l'avance des quelques mois qui restent de mon congé sabbatique; je le trouve de plus en plus délicieux à mesure que mon agenda s'allège et que je garde jalousement des journées en blanc.

J'y aspire non parce que la musique et/ou mon métier ont perdu pour moi de leur saveur, mais afin d'explorer les délices inconnues de l'oisiveté et d'un semblant d'irresponsabilité. Qu'est-ce que ce peut-être, de n'avoir pas d'emploi du temps à respecter? de trouver à remplir des journées spacieuses comme jamais auparavant? de ralentir, d'aller enfin au pas? Riches perspectives. Peut-être vais-je apprendre quelque chose de nouveau? Je pourrais apprendre le jardinage, ou bien accepter l'invitation de Sidney Nolan et m'essayer à peindre dans son atelier? Je n'ai pas le moindre talent, mais ce serait amusant d'essayer. Après n'avoir été qu'un voyageur pendant tant d'années, peut-être pourrais-je devenir touriste et enfin m'attarder à Venise ou flâner parmi les châteaux de la Loire? Mille velléités réprimées, mille occasions négligées, et des amis que je vois trop rarement, m'attendent; le problème est de savoir que choisir. Mais que ces mois soient actifs ou inactifs, une chose est sûre : ma Diana bien-aimée et moi serons ensemble, libres de toutes contraintes pour la première fois d'une vie remplie d'obligations; si généreuse en récompenses que cette vie ait été et qu'elle doive le redevenir sans doute, j'accueille d'un cœur allègre et plein d'espoir cette autre vie si différente qui s'offre à moi.

Table

	Non une préface mais quelques mots de remerciements	9
1	Un âge d'or	13
2	Une Chevrolet et un petit violon	37
3	En famille	60
4	D'Ouest en Est, retour aux sources	91
5	Commencer à bâtir par le toit	120
6	Voyages d'hiver	152
7	Intermèdes au paradis	175
8	Guerre et paix	192
9	Libération	220
10	Diana	255
11	Neutralité passionnée	276
12	Du bon usage du temps	310
13	En mon nom et en celui de quelques autres	343
14	Règles de conduite	381
15	Points de vue professionnels	402
16	Inspirations du destin	430
17	Legs à la postérité	458
	Épilogue	483

IMP. HÉRISSEY À ÉVREUX
D.L. 4e TRIM. 1979 No. 5326 (23979)

Collection Points

1. Histoire du surréalisme, *par Maurice Nadeau*
2. Une théorie scientifique de la culture *par Bronislaw Malinowski*
3. Malraux, Camus, Sartre, Bernanos, *par Emmanuel Mounier*
4. L'Homme unidimensionnel, *par Herbert Marcuse* (épuisé)
5. Écrits I, *par Jacques Lacan*
6. Le Phénomène humain, *par Pierre Teilhard de Chardin*
7. Les Cols blancs, *par C. Wright Mills*
8. Stendhal, Flaubert, *par Jean-Pierre Richard*
9. La Nature dé-naturée, *par Jean Dorst*
10. Mythologies, *par Roland Barthes*
11. Le Nouveau Théâtre américain, *par Franck Jotterand*
12. Morphologie du conte, *par Vladimir Propp*
13. L'Action sociale, *par Guy Rocher*
14. L'Organisation sociale, *par Guy Rocher*
15. Le Changement social, *par Guy Rocher*
16. Les Étapes de la croissance économique, *par W. W. Rostow*
17. Essais de linguistique générale, *par Roman Jakobson* (épuisé)
18. La Philosophie critique de l'histoire, *par Raymond Aron*
19. Essais de sociologie, *par Marcel Mauss*
20. La Part maudite, *par Georges Bataille* (épuisé)
21. Écrits II, *par Jacques Lacan*
22. Éros et Civilisation, *par Herbert Marcuse* (épuisé)
23. Histoire du roman français depuis 1918 *par Claude-Edmonde Magny*
24. L'Écriture et l'Expérience des limites, *par Philippe Sollers*
25. La Charte d'Athènes, *par Le Corbusier*
26. Peau noire, Masques blancs, *par Frantz Fanon*
27. Anthropologie, *par Edward Sapir*
28. Le Phénomène bureaucratique, *par Michel Crozier*
29. Vers une civilisation du loisir?, *par Joffre Dumazedier*
30. Pour une bibliothèque scientifique, *par François Russo* (épuisé)
31. Lecture de Brecht, *par Bernard Dort*
32. Ville et Révolution, *par Anatole Kopp*
33. Mise en scène de Phèdre, *par Jean-Louis Barrault*
34. Les Stars, *par Edgar Morin*
35. Le Degré zéro de l'écriture, *suivi de* Nouveaux Essais critiques *par Roland Barthes*
36. Libérer l'avenir, *par Ivan Illich*
37. Structure et Fonction dans la société primitive *par A. R. Radcliffe-Brown*
38. Les Droits de l'écrivain, *par Alexandre Soljénitsyne*
39. Le Retour du tragique, *par Jean-Marie Domenach*
41. La Concurrence capitaliste *par Jean Cartell et Pierre-Yves Cossé* (épuisé)
42. Mise en scène d'Othello, *par Constantin Stanislavski*
43. Le Hasard et la Nécessité, *par Jacques Monod*

44. Le Structuralisme en linguistique, *par Oswald Ducrot*
45. Le Structuralisme : Poétique, *par Tzvetan Todorov*
46. Le Structuralisme en anthropologie, *par Dan Sperber*
47. Le Structuralisme en psychanalyse, *par Moustafa Safouan*
48. Le Structuralisme : Philosophie, *par François Wahl*
49. Le Cas Dominique, *par Françoise Dolto*
51. Trois Essais sur le comportement animal et humain *par Konrad Lorenz*
52. Le Droit à la ville, *suivi de* Espace et Politique *par Henri Lefebvre*
53. Poèmes, *par Léopold Sédar Senghor*
54. Les Élégies de Duino, *suivi de* les Sonnets à Orphée *par Rainer Maria Rilke* (édition bilingue)
55. Pour la sociologie, *par Alain Touraine*
56. Traité du caractère, *par Emmanuel Mounier*
57. L'Enfant, sa « maladie » et les autres, *par Maud Mannoni*
58. Langage et Connaissance, *par Adam Schaff*
59. Une saison au Congo, *par Aimé Césaire*
60. Une tempête, par *Aimé Césaire*
61. Psychanalyser, *par Serge Leclaire*
63. Mort de la famille, *par David Cooper*
64. A quoi sert la Bourse ?, *par Jean-Claude Leconte*
65. La Convivialité, *par Ivan Illich*
66. L'Idéologie structuraliste, *par Henri Lefebvre*
67. La Vérité des prix, *par Hubert Lévy-Lambert*
68. Pour Gramsci, *par Maria-Antonietta Macciocchi*
69. Psychanalyse et Pédiatrie, *par Françoise Dolto*
70. S/Z, *par Roland Barthes*
71. Poésie et Profondeur, *par Jean-Pierre Richard*
72. Le Sauvage et l'Ordinateur, *par Jean-Marie Domenach*
73. Introduction à la littérature fantastique *par Tzvetan Todorov*
74. Figures I, *par Gérard Genette*
75. Dix Grandes Notions de la sociologie, *par Jean Cazeneuve*
76. Mary Barnes, un voyage à travers la folie *par Mary Barnes et Joseph Berke*
77. L'Homme et la Mort, *par Edgar Morin*
78. Poétique du récit, *par Roland Barthes, Wayne Booth Philippe Hamon, Wolfgang Kayser*
79. Les Libérateurs de l'amour, *par Alexandrian*
80. Le Macroscope, *par Joël de Rosnay*
81. Délivrance, *par Maurice Clavel et Philippe Sollers*
82. Système de la peinture, *par Marcelin Pleynet*
83. Pour comprendre les média, *par Marshall McLuhan*
84. L'Invasion pharmaceutique *par Jean-Pierre Dupuy et Serge Karsenty*
85. Huit Questions de poétique, *par Roman Jokobson*
86. Lectures du désir, *par Raymond Jean*
87. Le Traître, *par André Gorz*
88. Psychiatrie et Anti-Psychiatrie, *par David Cooper*
89. La Dimension cachée, *par Edward T. Hall*
90. Les Vivants et la Mort, *par Jean Ziegler*

91. L'Unité de l'homme, *par le Centre Royaumont*
1. Le primate et l'homme, *par E. Morin et M. Piattelli-Palmarini*
92. L'Unité de l'homme, *par le Centre Royaumont*
2. Le cerveau humain, *par E. Morin et M. Piattelli-Palmarini*
93. L'Unité de l'homme, *par le Centre Royaumont*
3. Pour une anthropologie fondamentale
par E. Morin et M. Piattelli-Palmarini
94. Pensées, *par Blaise Pascal*
95. L'Exil intérieur, *par Roland Jaccard*
96. Semeiotiké, recherches pour une sémanalyse, *par Julia Kristeva*
97. Sur Racine, *par Roland Barthes*
98. Structures syntaxiques, *par Noam Chomsky*
99. Le Psychiatre, son «fou» et la psychanalyse, *par Maud Mannoni*
100. L'Écriture et la Différence, *par Jacques Derrida*
101. Le Pouvoir africain, *par Jean Ziegler*
102. Une logique de la communication,
par P. Watzlawick, J. Helmick Beavin et Don D. Jackson
103. Sémantique de la poésie, *par T. Todorov, W. Empson*
J. Cohen, G. Hartman F. Rigolot,
104. De la France, *par Maria-Antonietta Macciocchi*
105. Small is beautifull, *par E.F. Schumacher*
106. Figures II, *par Gérard Genette*
107. L'Œuvre ouverte, *par Umberto Eco*
108. L'Urbanisme, *par Françoise Choay*

Collection Points

SÉRIE HISTOIRE

H1. Histoire d'une démocratie : Athènes
des origines à la conquête macédonienne, *par Claude Mossé*
H2. Histoire de la pensée européenne
1. L'Éveil intellectuel de l'Europe du IXe au XIIe siècle
par Philippe Wolff
H3. Histoire des populations françaises et de leurs attitudes
devant la vie depuis le XVIIIe siècle, *par Philippe Ariès*
H4. Venise, portrait historique d'une cité
par Philippe Braunstein et Robert Delort
H5. Les Troubadours, *par Henri-Irénée Marrou*
H6. La Révolution industrielle (1780-1880), *par Jean-Pierre Rioux*
H7. Histoire de la pensée européenne
4. Le Siècle des Lumières, *par Norman Hampson*
H8. Histoire de la pensée européenne
3. Des humanistes aux hommes de science *par Robert Mandrou*
H9. Histoire du Japon et des Japonais
1. Des origines à 1945, *par Edwin O. Reischauer*
H10. Histoire du Japon et des Japonais
2. De 1945 à 1970, *par Edwin O. Reischauer*
H11. Les Causes de la Première Guerre mondiale, *par Jacques Droz*
H12. Introduction à l'histoire de notre temps. L'Ancien Régime
et la Révolution, *par René Rémond*
H13. Introduction à l'histoire de notre temps. Le XIXe siècle
par René Rémond
H14. Introduction à l'histoire de notre temps. Le XXe siècle
par René Rémond
H15. Photographie et Société, *par Gisèle Freund*
H16. La France de Vichy (1940-1944), *par Robert O. Paxton*
H17. Société et Civilisation russes au XIXe siècle
par Constantin de Grunwald
H18. La Tragédie de Cronstadt (1921), *par Paul Avrich*
H19. La Révolution industrielle du Moyen Age, *par Jean Gimpel*
H20. L'Enfant et la Vie familiale sous l'Ancien Régime
par Philippe Ariès
H21. De la connaissance historique, *par Henri-Irénée Marrou*
H22. Malraux, une vie dans le siècle, *par Jean Lacouture*
H23. Le Rapport Khrouchtchev et son histoire, *par Branko Lazitch*
H24. Le Mouvement paysan chinois (1840-1949), *par Jean Chesneaux*
H25. Les Misérables dans l'Occident médiéval *par Jean-Louis Goglin*
H26. La Gauche en France depuis 1900, *par Jean Touchard*
H27. Histoire de l'Italie du Risorgimento à nos jours
par Serge Romano
H28. Genèse médiévale de la France moderne, XIVe-XVe siècle
par Michel Mollat
H29. Décadence romaine ou Antiquité tardive ? IIIe-VIe siècle
par Henri-Irénée Marrou

H30. Carthage ou l'Empire de la mer, *par François Decret*
H31. Essais sur l'histoire de la mort en Occident
du Moyen Age à nos jours, *par Philippe Ariès*
H32. Le Gaullisme 1940-1969, *par Jean Touchard*
H33. Grenadou, paysan français
par Ephraïm Grenadou et Alain Prévost
H34. Piété baroque et Déchristianisation en Provence
au XVIIIe siècle, *par Michel Vovelle*
H35. Histoire générale de l'Empire romain, *par Paul Petit*
1. Le Haut-Empire
H36. Histoire générale de l'Empire romain, *par Paul Petit*
2. La crise de l'Empire
H37. Histoire générale de l'Empire romain, *par Paul Petit*
3. Le Bas-Empire
H38. Pour en finir avec le Moyen Age, *par Régine Pernoud*
H39. La Question nazie, *par Pierre Aycoberry*
H40. Comment on écrit l'histoire, *par Paul Veyne*
H41. Les Sans-culottes, *par Albert Soboul*

Nouvelle histoire de la France contemporaine

H101. La Chute de la monarchie (1787-1792), *par Michel Vovelle*
H102. La République jacobine (1792-1794), *par Marc Bouloiseau*
H103. La République bourgeoise de Thermidor à Brumaire
(1794-1799), *par Denis Woronoff*
H104. L'Épisode napoléonien (1799-1815). Aspects intérieurs
par Louis Bergeron
H105. L'Épisode napoléonien (1799-1815). Aspects extérieurs
par J. Lovie et A. Palluel-Guillard
H106. La France des notables (1815-1848). L'évolution générale
par André Jardin et André-Jean Tudesq
H107. La France des notables (1815-1848). La vie de la nation
par André Jardin et André-Jean Tudesq
H108. 1848 ou l'Apprentissage de la République (1848-1852)
par Maurice Agulhon
H109. De la fête impériale au mur des fédérés (1852-1871)
par Alain Plessis
H110. Les Débuts de la troisième République (1871-1898)
par Jean-Marie Mayeur
H111. La République radicale? (1898-1914), *par Madeleine Rebérioux*
H112. La Fin d'un monde (1914-1929), *par Philippe Bernard*
H113. Le Déclin de la troisième République (1929-1938)
par Henri Dubief
H114. De Munich à la Libération (1938-1944)
par Jean-Pierre Azéma

Collection Points

SÉRIE POLITIQUE

1. La Démocratie, *par Georges Burdeau*
2. L'Afrique noire est mal partie, *par René Dumont*
3. Communisme, Anarchie et Personnalisme, *par Emmanuel Mounier*
4. Que faire?, *par Lénine*
5. Machiavel, *par Georges Mounin*
6. Dans trente ans la Chine, *par Robert Guillain*
7. Citations du président Mao Tsé-toung
8. Pour une réforme de l'entreprise, *par François Bloch-Lainé* (épuisé)
9. Les Socialistes, *par André Philip* (épuisé)
10. Hô Chi-minh, *par Jean Lacouture*
11. Histoire de la Révolution russe, 1. Février, *par Trotsky*
12. Histoire de la Révolution russe, 2. Octobre, *par Trotsky*
13. Réflexions sur l'histoire d'aujourd'hui, *par Tibor Mende* (épuisé)
14. Histoire du syndicalisme britannique, *par Henry Pelling*
15. Trois Encycliques sociales, *de Jean XXIII et Paul VI*
16. Bilan de l'URSS, 1917-1967, *par J.-P. Nettl* (épuisé)
17. Mahomet, *par Maxime Rodinson*
18. Citations du président de Gaulle, *par Jean Lacouture*
20. Les Libertés à l'abandon, *par Roger Errera*
21. Qu'est-ce que la politique?, *par Julien Freund*
22. Citations de Fidel Castro, *par Henri de la Vega et Raphaël Sorin*
23. Les lycéens gardent la parole, *par les CAL* (épuisé)
24. Les Communistes français, *par Annie Kriegel*
25. La CGT, *par André Barjonet* (épuisé)
26. Les 20 Amériques latines, t. 1, *par Marcel Niedergang*
27. Les 20 Amériques latines, t. 2, *par Marcel Niedergang*
28. Les 20 Amériques latines, t. 3, *par Marcel Niedergang*
29. Introduction à une politique de l'homme, *par Edgar Morin*
30. Le Nouveau Christianisme, *par H. de Saint-Simon*
31. Le PSU, *par Michel Rocard* (épuisé)
32. La Nouvelle Classe ouvrière, *par Serge Mallet* (épuisé)
33. Réforme et Révolution, *par André Gorz*
34. L'État SS, *par Eugen Kogon*
35. L'État, *par Georges Burdeau*
36. Cuba est-il socialiste?, *par René Dumont*
37. Les Paysans dans la lutte des classes, *par Bernard Lambert*
38. La Pensée de Karl Marx, *par Jean-Yves Calvez*
39. La Pensée politique arabe contemporaine *par Anouar Abdel-Malek*
40. Pour le nouveau parti socialiste, *par Alain Savary*
41. Autogestion, *par Daniel Chauvey*
42. Un socialisme du possible, *par François Mitterrand* (épuisé)
43. La CFDT, *ouvrage collectif* (épuisé)
44. Paris libre 1871, *par Jacques Rougerie*

45. Les Nouveaux Intellectuels, *par F. Bon et M.-A. Burnier* (épuisé)
46. Les Origines du gauchisme, *par Richard Gombin*
47. La Société bloquée, *par Michel Crozier*
48. Classe ouvrière et Révolution, *par F. Bon et M.-A. Burnier*
49. Histoire des démocraties populaires
 1. L'ère de Staline, *par François Fejtö*
50. Histoire des démocraties populaires
 2. Après Staline, *par François Fejtö*
51. La Faute à Voltaire, *par Nelcya Delanoë*
52. Géographie de la faim, *par Josué de Castro*
53. Le Système totalitaire, *par Hannah Arendt*
54. Le Communisme utopique, *par Alain Touraine*
55. Japon, troisième grand, *par Robert Guillain*
56. Les Partis politiques dans la France d'aujourd'hui *par François Borella*
57. Pour un nouveau contrat social, *par Edgar Faure*
58. Le Marché commun contre l'Europe, *par Bernard Jaumont Daniel Lenègre et Michel Rocard* (épuisé)
59. Le Métier de militant, *par Daniel Mothé*
60. Chine-URSS, *par François Fejtö*
61. Critique de la division du travail, *par André Gorz*
62. La Civilisation au carrefour, *par Radovan Richta*
63. Les Cinq Communismes, *par Gilles Martinet*
64. Bilan et Perspectives, *par Léon Trotsky*
65. Pour une sociologie politique, t. 1 *par J.-P. Cot et J.-P. Mounier*
66. Pour une sociologie politique, t. 2 *par J.-P. Cot et J.-P.Mounier*
67. L'Utopie ou la Mort, *par René Dumont*
68. Fascisme et Dictature, *par Nicos Poulantzas*
69. Mao Tsé-toung et la Construction du socialisme *textes inédits traduits et présentés par Hu Chi-hsi*
70. Autocritique, *par Edgar Morin*
71. Nouveau Guide du militant, *par Denis Langlois*
72. Les Syndicats en France, t. 1, *par Jean-Daniel Reynaud*
73. Les Syndicats en France, t. 2, Textes et documents *par Jean-Daniel Reynaud*
74. Force ouvrière, *par Alain Bergounioux*
75. De l'aide à la recolonisation, *par Tibor Mende*
76. Le Patronat, histoire, structure, stratégie du CNPF *par Bernard Brizay*
77. Lettres à une étudiante, *par Alain Touraine*
78. Sur la France, *par Stanley Hoffmann*
79. La Cuisinière et le Mangeur d'hommes, *par André Glucksmann*
80. L'Age de l'autogestion, *par Pierre Rosanvallon*
81. Les Classes sociales dans le capitalisme aujourd'hui *par Nicos Poulantzas*
82. Regards froids sur la Chine, *ouvrage collectif*
83. Théorie politique, *par Saint-Just*
84. La Crise des dictatures, *par Nicos Poulantzas*
85. Les Dégâts du progrès, *par la CFDT*
86. Les Sommets de l'État, *par Pierre Birnbaum*
87. Du contrat social, *par Jean-Jacques Rousseau*

88. L'Enfant et la Raison d'État, *par Philippe Meyer*
89. Écologie et Politique, *par A. Gorz/M. Bosquet*
90. Les Racines du libéralisme, *par Pierre-François Moreau*
91. Syndicat libre en URSS
par le Comité international contre la répression
92. L'Informatisation de la société, *par Simon Nora et Alain Minc*
93. Manuel de l'animateur social, *par Saul Alinsky*
94. Mémoires d'un révolutionnaire, *par Victor Serge*
95. Les Partis politiques dans l'Europe des Neuf, *par François Borella*
96. Le Libéralisme, *par Georges Burdeau*
97. Parler vrai, *par Michel Rocard*
98. Mythes révolutionnaires du Tiers Monde, *par Gérard Chaliand*
99. Qu'est-ce que la social-démocratie, *par la revue « Faire »*

Collection Points

SÉRIE ÉCONOMIE

E1. L'Or jaune et l'Or noir, *par Jean Carrière*
E2. Les Travailleurs face au capitalisme, *par Culture et Liberté*
E3. La Population mondiale, *par Jean-Marie Poursin*
E4. Keynes, *par Michael Stewart*
E5. Vocabulaire économique et financier
par Yves Bernard et Jean-Claude Colli
E6. L'Inflation mondiale et les Firmes multinationales
par Charles Levinson
E7. Les Grands Économistes, *par Robert L. Heilbroner*
E8. Comprendre l'économie, *par Éliane Mossé*
E9. Comprendre la politique économique, *par Éliane Mossé*
E10. L'Agriculture française, *par Joseph Klatzmann*
E11. Le Budget de l'État, *par Jean Rivoli*

Collection Points

SÉRIE ACTUELS

A1. Lettres de prison, *par Gabrielle Russier*
A2. J'étais un drogué, *par Guy Champagne*
A3. Les Dossiers noirs de la police française, *par Denis Langlois*
A4. Do It, *par Jerry Rubin*
A5. Les Industriels de la fraude fiscale, *par Jean Cosson*
A6. Entretiens avec Allende, *par Régis Debray*
A7. De la Chine, *par Maria-Antonietta Macciocchi*
A8. Après la drogue, *par Guy Champagne*
A9. Les Grandes manœuvres de l'opium
par Catherine Lamour et Michel Lamberti
A10. Les Dossiers noirs de la justice française, *par Denis Langlois*
A11. Le Dossier confidentiel de l'euthanasie
par Igor Barrère et Étienne Lalou
A12. Discours américains, *par Alexandre Soljénitsyne*
A13. Les Exclus, *par René Lenoir*
A14. Souvenirs obscurs d'un Juif polonais né en France
par Pierre Goldman
A15. Le Mandarin aux pieds nus, *par Alexandre Minkowski*
A16. Une Suisse au-dessus de tout soupçon, *par Jean Ziegler*
A17. La Fabrication des mâles
par Georges Falconnet et Nadine Lefaucheur
A18. Rock babies, *par Raoul Hoffman et Jean Marie-Leduc*
A19. La nostalgie n'est plus ce qu'elle était *par Simone Signoret*
A20. L'Allergie au travail, *par Jean Rousselet*
A21. Deuxième Retour de Chine
par Claudie et Jacques Broyelle et Evelyne Tschirhart
A22. Je suis comme une truie qui doute, *par Claude Duneton*
A23. Travailler deux heures par jour, *par Adret*
A24. Le rugby, c'est un monde, *par Jean Lacouture*
A25. La Plus Haute des solitudes, *par Tahar Ben Jelloun*
A26. Le Nouveau Désordre amoureux
par Pascal Bruckner et Alain Finkielkraut
A27. Le Voyage inachevé, *par Yehudi Menuhin*

Collection Points

SÉRIE SCIENCES

S1. La Recherche en biologie moléculaire, *ouvrage collectif*
S2. Des astres, de la vie et des hommes, *par Robert Jastrow*
S3. Autocritique de la science
par Alain Jaubert et Jean-Marc Lévy-Leblond
S4. L'Électronucléaire en France
par le syndicat CFDT de l'Énergie atomique
S5. Une révolution dans les sciences de la terre
par Anthony Hallam
S6. Jeux avec l'infini, *par Rôzsa Péter*
S7. La Recherche en astrophysique, *ouvrage collectif*
S8. La Recherche en neurobiologie, *ouvrage collectif*
S9. La Science chinoise et l'Occident, *par Joseph Needham*
S10. Les Origines de la vie, *par Joël de Rosnay*
S11. Échec et Maths, *par Stella Baruk*
S12. L'Oreille et le Langage, *par A. Tomatis*
S13. Les Énergies du soleil, *par Pierre Audibert*
en collaboration avec Danielle Rouard
S14. Cosmic Connection, *par Carl Sagan*
S15. Les Ingénieurs de la Renaissance, *par Bertrand Gille*
S16. La Vie de la cellule à l'homme, *par Max de Ceccaty*
S17. La Recherche en éthologie, *ouvrage collectif*

Collection Points

SÉRIE PRATIQUE

P1. Guide pratique du logement
Institut national de la consommation (épuisé)
P2. Guide pratique de l'épargne et des placements, *INC* (épuisé)
P3. Guide pratique de l'automobile et des deux roues, *INC*
P4. Guide des médicaments les plus courants, *par le Dr Henri Pradal*
P5. Donner la vie, *par Jacqueline Dana et Sylvie Marion*
P6. Le temps qu'il fera, *par le Centre nautique des Glénans*
P7. Les Dangers des produits domestiques, *par Jean-Pierre Fréjaville*
P8. Comment payer moins d'impôts, *par Pierre Tardy*

Collection Points

SÉRIE SAGESSES

dirigée par Jean-Pie Lapierre

Sa1. Paroles des anciens. Apophtegmes des Pères du désert *par Jean-Claude Guy*
Sa2. Pratique de la voie tibétaine, *par Chögyam Trungpa*
Sa3. Célébration hassidique, *par Élie Wiesel*
Sa4. La Foi d'un incroyant, *par Francis Jeanson*
Sa5. Le Bouddhisme tantrique du Tibet, *par John Blofeld*
Sa6. Le Mémorial des saints, *par Farid-ud-Din' Attar*
Sa7. Comprendre l'Islam, *par Frithjof Schuon*
Sa8. Esprit zen, Esprit neuf, *par Shuryu Suzuki*
Sa9. La Bhagavad-Gîtâ, *traduction et commentaires par Anne-Marie Esnoul et Olivier Lacombe*
Sa10. Qu'est-ce que le soufisme?, *par Martin Lings*
Sa11. La Philosophie éternelle, *par Aldous Huxley*
Sa12. Le Nuage d'inconnaissance *traduit de l'anglais par Armel Guerne*
Sa13. L'Enseignement du Bouddha, *par Walpola Rahula*
Sa14. Récits d'un pèlerin russe, *traduit par Jean Laloy*
Sa15. Le Nouveau Testament, *traduit par É. Osty et J. Trinquet*
Sa16. La Voie et sa vertu, *par Lao-tzeu*
Sa17. L'Imitation de Jésus-Christ, *traduction de Lamennais*
Sa18. Le Mythe de la liberté, *par Chögyam Trungpa*
Sa19. Le Pèlerin russe, *trois récits inédits*

Collection Points

SÉRIE FILMS

dirigée par Jacques Charrière

F1. Octobre, *S.M. Eisenstein*
F2. La Grande Illusion, *Jean Renoir* (épuisé)
F3. Le Procès, *Orson Welles*
F4. Le Journal d'une femme de chambre, *Luis Buñuel*
F5. Deux ou trois choses que je sais d'elle, *Jean-Luc Godard*
F6. Jules et Jim, *François Truffaut*
F7. Le Silence, *Ingmar Bergman*

Collection Points

SÉRIE MUSIQUE

dirigée par François-Régis Bastide

Mu1. Histoire de la danse en Occident, *par Paul Bourcier*
Mu2. L'Opéra, t. I, *par F.-R. Tranchefort*
Mu3. L'Opéra, t. II, *par F.-R. Tranchefort*